简明建筑工程
质量管理小组实务问答

Concise Questions and Answers for Construction Quality Control Circle Practice

季生平 著

Ji Shengping

·北 京·

图书在版编目（CIP）数据

简明建筑工程质量管理小组实务问答 / 季生平著. — 北京 ：中国市场出版社有限公司，2022.1
ISBN 978-7-5092-2164-8

Ⅰ. ①简… Ⅱ. ①季… Ⅲ. ①质量管理－问题解答 Ⅳ. ①F273.2－44

中国版本图书馆 CIP 数据核字(2021)第 231691 号

简明建筑工程质量管理小组实务问答

JIANMING JIANZHU GONGCHENG ZHILIANG GUANLI XIAOZU SHIWU WENDA

著　　者：季生平
责任编辑：晋璧东(874911015@ qq. com)
出版发行：中国市场出版社
社　　址：北京市西城区月坛北小街 2 号院 3 号楼(100837)
电　　话：(010)68033539
经　　销：新华书店
印　　刷：河南省环发印务有限公司
规　　格：170mm × 240mm　　16 开本
印　　张：20.5　　**字　　数**：470 千字
版　　次：2022 年 1 月第 1 版　　**印　　次**：2022 年 1 月第 1 次印刷
书　　号：ISBN 978-7-5092-2164-8
定　　价：90.00 元

前　言

PREFACE

在质量管理小组活动的实践、推进等过程中，笔者经常遇到小组成员提出各种与活动相关的问题，像有关于课题注册、选题、活动程序、统计应用等。为了解答这些问题，笔者不断地去学习、探索，尽力为小组成员解答疑惑，以推进小组活动的开展。经过数载的积累，如今把它们整理出来，初衷是帮助小组活动顺利推进。

书中介绍了质量管理小组在活动中常见的问题，并采用问答的形式，简明扼要地给出相应答案。全书共分四章：第一章“质量管理小组成立”，介绍了小组注册、课题注册、小组成员职责分配等内容；第二章“问题解决型课题”，涵盖活动程序、选择课题、现状调查、设定目标、原因分析、确定主要原因、制定对策、对策实施、效果检查、制定巩固措施、总结和下一步打算等内容；第三章“创新型课题”，涵盖了活动程序、选择课题、设定目标及目标可行性论证、提出方案及确定最佳方案、制定对策、对策实施、效果检查、标准化、总结和下一步打算等内容；第四章“统计方法”，介绍了数据的统计、图示技术描述统计、语言文字描述统计、试验设计、统计推断、数据质量等统计知识。

全书内容紧扣质量管理小组的活动开展，重在实用，为广大质量管理小组在活动中解决有关问题提供思路和参考。书中举例主要来自本人在质量管理小组活动实践、推进等过程中所接触的例子,大部分例子是本人直接参与、指导并提出的,有少部分例子参考了中国建筑业协会工程建设质量管理分会 2018 年(银川)、2020 年(西宁、成都)工程建设质量管理小组成果交流会中的案例,在书中略做了修改。在写作过程中,还参考了相关文献并列入“参考文献”中。在此对所有的作者、译者等表示感谢。由于本人水平有限,错误和不妥之处在所难免,恳请读者、同行等指正。

季生平

2022 年元月

目　录

CONTENTS

二、选择课题

三、现状调查

四、设定目标

五、原因分析

六、确定主要原因

七、制定对策

第一章　质量管理小组成立

问题1:质量管理小组成员是否有岗位要求

答:只要是在单位里工作的人员,包括领导、各类技术管理人员、现场作业人员等,都可以自愿组建质量管理小组,并切实解决工作中存在的各类质量管理问题。

组建质量管理小组有几点要注意:小组是自主建立的,不是由哪个职能部门或领导指令成立的;小组成员自愿结合,目的是为了解决质量问题、降低消耗、提高人员的素质、提高经济效益等;小组成员之间是相互平等的,以便发挥每一个成员的作用,组长主要起到召集作用并参与一定的小组职责分配等。

通常,同一个小组的成员是在同一个单位,比如在同一个部门、同一个项目部、同一个公司,但也有些小组成员是由跨部门、跨项目、跨单位、跨企业而组成,以便更好地完成小组活动。表1-1是某个质量管理小组的成员情况,从表中可以看出,该小组由9名成员组成,主要是某个机电项目上的项目班子成员,包括项目经理、技术负责人、暖通施工员、电气施工员、资料员、材料员、劳务作业人员。

表1-1　某质量管理小组情况表

序号	姓名	学历	职务	职称	小组分工
1	赵××	本科	项目经理	高级工程师	组长
2	朱××	本科	技术负责人	高级工程师	技术支持
3	钱××	大专	资料员	工程师	资料分析
4	邓××	高中	材料员	工程师	材料检测

(续表)

序号	姓名	学历	职务	职称	小组分工
5	秦××	本科	暖通施工员	助理工程师	现场安装(暖通设备)
6	杜××	本科	电气施工员	助理工程师	现场测试
7	沈××	本科	电气施工员	助理工程师	数据分析
8	周××	高中	作业人员	高级电工	现场作业
9	顾××	高中	作业人员	中级通风工	现场作业

制表人:××× 日期:××年××月××日

问题 2:小组注册怎么做

答:企业的质量管理小组主管部门,如技术质量部或综合管理部门等负责本企业的质量管理小组注册工作。一般来说,可以按照小组成立的时间先后,结合当年的小组成立流水号,由主管部门分配注册号。如有的企业在分配注册号时,用本企业名称的汉语拼音首字母,加上年份,加上注册标识,再加上流水号,这样就是一个比较完整的小组注册号。表 1-2 是某小组的概况表,其中有小组的注册情况。小组注册号可以方便使用者的检索等工作,而且,从小组的注册信息中,能快速得知小组的历史、成员的变化情况,以及小组曾经开展过的 QC 活动情况等。

表 1-2 某小组概况表

小组名称	××公司××质量管理小组
课题名称	提高抗震支吊架安装一次合格率
课题类型	问题解决型
小组成立时间	2017.10
小组注册号	SHYJAZ-2017-05
课题注册时间	2018.04
课题注册号	SHYJAZ-2018KT-01

制表人:××× 日期:××年××月××日

问题 3:课题注册怎么做

答:课题注册时,由企业的相关主管部门根据本企业的 QC 活动开展情况,结合行业中相关活动情况,为小组提供相应的课题注册信息。小组活动在本企业内开展时,要避免与其他小组开展同样的课题活动,以免造成人力资源等的浪费。主管部门在进行课题注册时,还要关心行业中最新的课题进展,避免做“井底之蛙”,因为,本企业刚开始开展的活动,可能其他兄弟单位已经有相应的成果,那么,不妨去兄弟单位学习一下,可以节约很多的人力、物力。当然,企业出于提高竞争能力的需要,独立开展相关活动,也是合情合理的。课题注册号可以由企业的主管部门根据当年的课题列表流水号进行分配。表 1-3 是某公司的一个年度课题注册情况。

表 1-3　××公司××年度质量管理小组活动课题注册情况表

序号	小组名称	小组成立时间	小组注册号	课题名称	课题注册号	联系人
1	超越 QC 小组	2015.5	SHYJAZ-2015-03	提高空调系统一次调试成功率	SHYJAZ-2020KT-01	张××
2	飞翔 QC 小组	2017.4	SHYJAZ-2017-02	提高空调调试时间利用效率	SHYJAZ-2020KT-02	李××
3	冲锋 QC 小组	2018.9	SHYJAZ-2019-06	提高 PSP 钢塑复合管安装合格率	SHYJAZ-2020KT-03	施××
4	××项目 QC 小组	2019.3	SHYJAZ-2020-01	降低空调机房噪声发生率	SHYJAZ-2020KT-04	韩××
	……					

制表人:×××　　　　日期:××年××月××日

问题 4:小组注册时的名称有何规定

答:小组的名称没有强制性规定。有些小组注册时,取了一个朗朗上口的名称，如“激流勇进”等，这样的话，小组在开展新的课题活动时，可以继续沿用“激流勇进”这个名称，保持了小组活动的延续性，可以追溯小组的历史、曾经开展的活动、取得的成绩等。小组如果能常年保持新课题的注册和活动，对于小组成员来说，有着相当大的激励作用，是企业质量文化的重要组成部分。比如表 1-4 中的“未来之星”QC 小组，成立于 2015 年 5 月，该小组每年都会开展相应的 QC 活动课题。2019 年，小组注册了一个新的课题开展活动，但该小组的名称保持不变。人们从该小组的注册信息中可以看出，小组成立有多年历史，小组成员对于 QC 小组活动程序是比较熟悉的，而且，同行对于这样的小组活动是比较认可的。

表 1-4　××小组注册情况表

小组名称	未来之星 QC 小组		
课题名称	超大空间操作移动平台研制创新		
课题类型	创新型	小组注册时间	2015-05-08
活动频率	4 次/月	小组注册号	SHYJAZ-2015-05
活动出勤率	100%	课题注册时间	2019-04-05
活动日期	2019 年 4—9 月	课题注册号	SHYJAZ-2019KT-07

制表人：×××　　　　**日期：××年××月××日**

小组如果引用项目的名称来注册登记，也有它的优势：一是项目如果是重大工程、重点工程，知名度高，小组可以巧妙地借助该项目的品牌为自己助力；二是当小组取得相应的活动成果后，能非常方便地得到业主、同行、社会等的认可，有时还能够为企业的经营活动增添砝码。如表 1-5 中的小组就是借用了“锦绣艺术中心”项目的名称。当然，小组使用项目名称来作为小组的名称后，小组成员一旦换到了新的项目部工作，那么，原来的小组名称只能更新了。另外，有些小组以项目部的某个成员的名字来命名小组名称，也是可以的，而且能够巧妙地打响该成员在行业中的品牌。

表 1-5　"锦绣艺术中心"QC 小组注册情况表

课题名称	提高超厚混凝土预埋件安装合格率				
课题类型	问题解决型	起止时间	2018.8—2019.6	课题注册号	SHYJAZ-2018KT-04
小组名称	"锦绣艺术中心"QC 小组			小组注册号	SHYJAZ-2018-02
活动次数	每周 2 次	教育时间	人均 48 小时	小组人数	12 人

制表人:×××　　　　日期:××年××月××日

问题 5:小组的成员应当以几名为宜

答:小组成员的组成应当以能够完成本课题的所有活动程序为宜,具体由几名成员组成,没有标准答案。通常来说,小组成员以 3～10 名为宜,但没有统一的规定。假如一个小组少于 3 名成员,不是说不能开展质量管理活动,而是在开展活动的过程中缺少很多资源的支撑,例如在寻找产生质量问题的原因、主要原因确认、对策制定与实施等方面,会受到很多制约。当小组人数太少时,不妨邀请一些其他部门或其他单位的成员一起参与,以方便小组活动顺利完成。小组成员超过 10 名也无可厚非,例如在一个项目上有 12 名成员,也可以组建一个 QC 小组。但如果小组成员超过一定的数目,比如超过 15 名,那么小组在开展活动的时候就会感到不方便,如讨论问题时难以较快地形成统一的意见等。还有的小组在组建时,设立了很多小组负责人,这并不恰当,毕竟小组活动讲究民主性,以方便小组开展活动为宜。从组建一个良好团队的角度来说,小组成员之间最好能有互补的角色,包括性格互补、能力互补等,但也不必强求,可以在活动过程中磨合、提高。表 1-6 某小组成员情况表中,小组成员有 9 名,属于比较适当。

表 1-6　××小组成员情况表

序号	姓名	性别	年龄	职务	组内分工
1	陆××	男	42	项目经理	全面负责
2	王××	男	36	项目副经理	现场协调

（续表）

序号	姓名	性别	年龄	职务	组内分工
3	金××	男	45	项目总工	技术支持
4	谢××	男	28	专业工程师	施工协调、质量检查
5	李××	男	30	技术主管	现场实施、数据整理
6	施××	男	34	工段长	质量检查、数据收集与分析
7	龚××	男	30	技术员	效果检查
8	应××	男	32	测量员	过程测量
9	吴××	男	28	试验员	试验检测、数据收集与分析

制表人：×××　　　　日期：××年××月××日

问题 6：小组成员内部的职责如何分配

答：小组成员的职责分配，以能够顺利完成小组各项活动为宜。以问题解决型课题为例，问题解决型课题共有 10 个程序，包括选择课题、现状调查、设定目标、原因分析、确定主要原因、制定对策、对策实施、效果检查、制定巩固措施、总结和下一步打算。那么，小组成员的职责分配，应当紧紧围绕这 10 个程序的内容，在小组内部进行合理安排，可以由一至两个人负责其中的一个或多个程序，但能够确保每个成员都有相应的职责，都能够积极参与到小组活动中，能够发挥团队的力量来完成课题活动，实现活动目标，并且有较好的经济效益、社会效益等。当然，有的小组在职责分配时，从统筹安排、技术负责、原因分析、组织实施、数据收集、统计分析等角度来开展工作，也是可行的，关键是不要有各步骤的遗漏项。

表 1-7 是某小组的成员情况表，从表中可以看出，该小组有 6 名成员，在职责分工中，有 4 名成员各负责活动程序中的两个程序。

表 1-7　某小组组员情况表

序号	成员	性别	年龄	组内职务	职位/职称	学历	职责分工
1	曹××	男	43	组长	经理	本科	全面负责、指导
2	章××	男	35	组员	高级工程师	本科	组织协调

（续表）

序号	成员	性别	年龄	组内职务	职位/职称	学历	职责分工
3	朱××	男	38	组员	工程师	本科	设定目标、效果检查
4	乔××	男	29	组员	工程师	本科	调查现状、制定对策
5	王××	男	26	组员	工程师	本科	原因分析、效果检查
6	甘××	男	30	组员	工程师	本科	要因确认、对策实施

制表人：××× **日期：××年××月××日**

表1-8是另一个小组的组员情况表，从表中可以看出，该小组的组员分工是比较详细的：组长负责全面工作，组员们分别负责组织与协调、技术实施与监督指导、协调管理、方案实施、效果反馈、信息反馈、信息采集与统计分析、资料收集及汇总。

表1-8 某小组组员情况表

序号	姓名	学历	职称	职务/小组内职务		组内分工
1	林××	硕士	高级工程师	项目总经理	组长	负责全面工作，是本课题选择阶段负责人
2	方××	本科	高级工程师	项目工程师	副组长	组织与协调，是现状调查和设定目标阶段负责人
3	施××	硕士	工程师	专业工程师	组员	技术实施、监督、指导，是原因分析阶段负责人
4	孙××	本科	高级工程师	专业工程师	组员	协调管理、方案实施，是要因确认阶段负责人
5	徐××	本科	工程师	专业工程师	组员	方案实施、效果反馈，是制定对策阶段负责人
6	李××	大专	工程师	专业工程师	组员	方案实施、效果反馈，是对策实施阶段负责人
7	官××	本科	工程师	专业工程师	组员	方案实施、效果反馈，是效果检查阶段负责人

（续表）

序号	姓名	学历	职称	职务/小组内职务		组内分工
8	马××	高中	工程师	安全工程师	组员	信息采集、统计，是制定巩固措施阶段负责人
9	王××	大专	助理工程师	质量工程师	组员	信息采集、统计，是总结和下一步打算阶段负责人
10	周××	高中	助理经济师	资料员	组员	资料收集及汇总，参与对策实施

制表人：×××　　　　日期：××年××月××日

问题7：小组活动的时间长度是否有要求

答：小组活动的时间长短没有专门的设定，一般来说，以小组完成一个PDCA（即策划、实施、检查、处理）循环后，能够实现小组活动的目标，完成制定巩固措施、总结和下一步打算等程序，这样的一个周期即为小组活动的时间。当然，还要考虑一些后续的工作，如成果的总结、申报等。

有的小组在一个PDCA循环后，没有实现小组初定的目标，还需要进入新一轮的PDCA循环，直至实现活动目标，那么，小组活动的时间就相应延长了。

有个别小组在短短两三周的时间里完成了一次QC活动，这是可能的，但不是特别值得提倡，毕竟小组开展QC活动是利用了正常上班时间和一些业余时间、休息日等完成的，小组还有另外的主要工作要做，时间过分压缩，活动的效果有可能受到影响，或者对其他工作有一定影响。

也有个别小组的活动时间超过三四年，这也是有可能的，在这种情况下，可能小组的活动缺少专业的指导，或者开展的课题过于庞大，小组缺少资源支撑，也可能是小组总是难以实现活动目标。

因此，小组选题一定要小，要在小组的能力范围内，在比较适当的时间内实现活动目标、完成整个活动为宜。表1-9是某小组的活动时间安排表。

表 1-9 ××QC 小组活动时间安排表

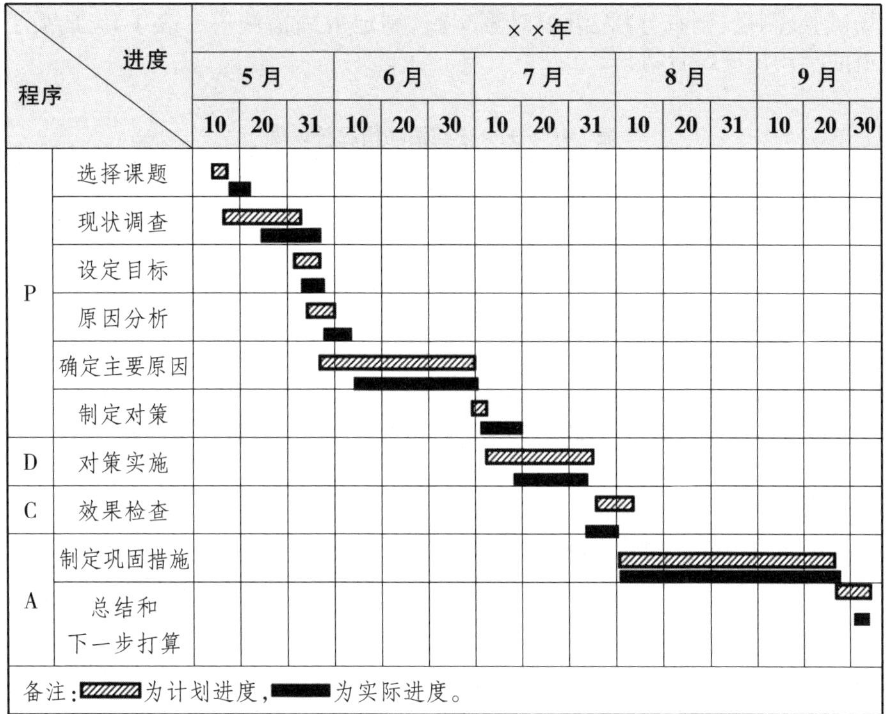

程序 \ 进度		××年														
		5 月			6 月			7 月			8 月			9 月		
		10	20	31	10	20	30	10	20	31	10	20	31	10	20	30
P	选择课题															
	现状调查															
	设定目标															
	原因分析															
	确定主要原因															
	制定对策															
D	对策实施															
C	效果检查															
A	制定巩固措施															
	总结和下一步打算															
备注：▨为计划进度，■为实际进度。																

制表人：××× 日期：××年××月××日

问题 8：小组活动的次数怎么计算

答：小组活动的次数应当包括小组在整个 PDCA 循环中所经历的所有程序而开展的活动个数。以问题解决型为例，至少是每个程序有一次活动，这样就有 10 次及以上。有的小组在某个程序中可能有多次活动。如小组在现状调查时，只通过一次现状调查活动，可能找不到影响质量问题的症结，因此，为了进一步查找症结，需要进行第二次的现状调查活动，这样，现状调查程序就有了两次活动。再比如在要因确认阶段，有的末端原因的确认不一定通过一次活动就能得出结论，可能需要进行多次的试验、测量和调查分析才能得出结论。还有的小组通过一轮的 PDCA 循环不能实现小组目标，需要进行新一轮的 PDCA 循环，活动次数肯定就相应增加了。

小组开展的具体活动包括各种形式,如小组的定期活动、专题活动、现场试验、测量、调查分析、组织对策实施、制定巩固措施等。表 1-10 是某小组的活动情况统计表。

表 1-10　××小组活动情况统计表

活动内容	次数	人次	出勤率(%)
定期活动	5	38	95%
专题活动	1	8	100%
现场测量、调查分析	2	16	100%
探讨交流	3	21	88%
小计	11	83	96%

制表人:×××　　　　日期:××年××月××日

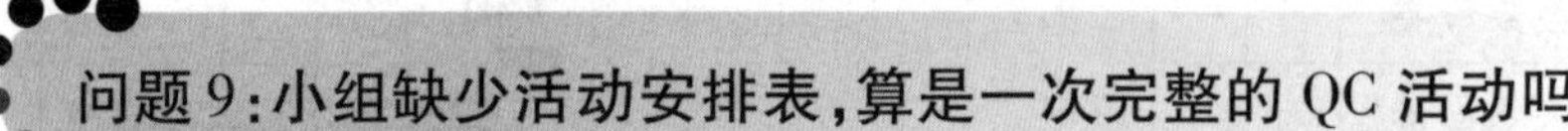

问题 9:小组缺少活动安排表,算是一次完整的 QC 活动吗

答:质量管理小组的一次完整活动,实质上也是完成了一个特定项目管理的过程,只是这个项目的课题相对有点小。俗话说:"凡事预则立,不预则废。"因此,尽管 QC 小组的活动课题并不一定体现高、大、上,但为了保证活动的正常开展,尽早实现小组的活动目标,也为了避开一些小组工作中的其他要事,小组在活动之初就集体商讨一个活动计划安排表是非常有必要的。但也会存在这样一种情况:小组在整个活动期间的计划性不是很强,但小组活动还是遵循了 PDCA 循环来开展 QC 活动,而且实现了活动目标,制定了巩固措施,并提出了下一阶段的打算,那么小组尽管缺少了活动安排表,也不能否定它是一次完整的 QC 活动。

问题 10:QC 小组活动是偏重技术还是偏重管理

答:QC 小组活动是综合性比较强的活动,从 QC 程序来说,它是个逻辑缜密的管理工具,而且在活动过程中用到了一定的管理理论和管理知识。以问题解决型课题为例,选题时是因为发现了当前存在的质量问题,现状调查是为了找到产生质量问题的症结,原因分析是找到产生症结的末端原因,主要原因确定是找到影响症结程度大的因素,就此再制定对策及采取相应措施等。在整个活动过程中,程序是一环紧扣一环,错了一环,活动结果就会大相径庭,所以,管理的特征在 QC 活动中是很明显的。

同时,QC 小组活动又是切实解决各类质量问题的活动,在选择课题、现状调查、原因分析等各环节中,小组如果没有专业知识的支撑,也是很难开展相应活动的,而且离开了专业知识,小组的活动成果是很难让人信服的。

再拿创新型课题来说,从选择课题开始到每个程序之间的衔接,同样逻辑性很强,管理的特性很明显。同时,小组为了达到创新的目标,从一开始就需要查询借鉴各类相关文献、资料等,在总体方案的提出、分级方案的比选、最佳方案的确定、制定对策、对策实施等环节,也是具有技术要求甚至是技术难度的,可谓管理与技术并重。所以说,QC 小组活动是需要小组成员既懂得专业技术,又需要了解管理知识,两者之间没有偏重。

问题 11:小组成员需要具备哪些知识

答:从 QC 小组活动的程序来说,主要是完成一个或多个 PDCA 循环的过程。要完成整个活动程序中的每一个步骤,并不是特别难。但小组成员如果没有一定的综合能力和相应知识,要完成一次活动也是有挑战性的。作为小组成员,首先应当具备基本的 QC 基础知识,对于活动的程序有较好的掌握,这样开展活动的时候,大家就容易形成统一的认识,在过程中相互协助,共同克服困难,一直到完成活动目标,取得活动成果。

其次,小组成员应当掌握一定的统计知识,比如要学会使用调查表,学会抽样分析,掌握排列图、鱼骨图(又名因果图)、关联图、散布图、控制图、直方图等的绘制和应用,对于统计方法的应用要适宜、正确,对于在哪个阶段应用哪些统计方法最适宜要清楚。

再次,小组成员还应当掌握一定的质量管理知识,如方针目标管理、现场管理改善、过程方法、管理的系统方法等,让自己的质量管理知识饱满起来。另外,小组成员掌握必要的专业技术知识是必不可少的,而且要了解相应的技术规范、质量验收标准等,掌握一定测量知识,否则小组活动中遇到一定的技术难题,就无法正常开展下去。

最后,小组成员还要确保小组的活动结果符合国家和地方的各项标准、规范等要求。

第二章　问题解决型课题

一、活动程序

问题 1:为什么问题解决型课题活动程序设定为 10 个步骤

答:问题解决型课题的活动程序(如图 2-1 所示),是经过广大 QC 小组成员和有关 QC 小组活动推进者、专家等反复实践证明了的、能够精确反映 PDCA活动全过程的科学程序。这 10 个步骤,分别是策划 P 阶段的选择课题、现状调查、设定目标、原因分析、确定主要原因、制定对策等 6 个步骤(注:指令性目标课题的策划 P 阶段,则有选择课题、设定目标、目标可行性论证、原因分析、确定主要原因、制定对策等 6 个步骤);实施 D 阶段的对策实施为一个步骤;检查 C 阶段的效果检查为一个步骤;处置 A 阶段有制定巩固措施、总结和下一步打算两个步骤。它们是被高度概括了的步骤,前后步骤之间的逻辑非常缜密,而且每一个步骤也是高度精练的,小组在活动中无论缺少了哪个步骤,都无法完成一个完整的 PDCA 循环,小组的活动目标就不能确保实现,小组的活动成果难以得到保证。

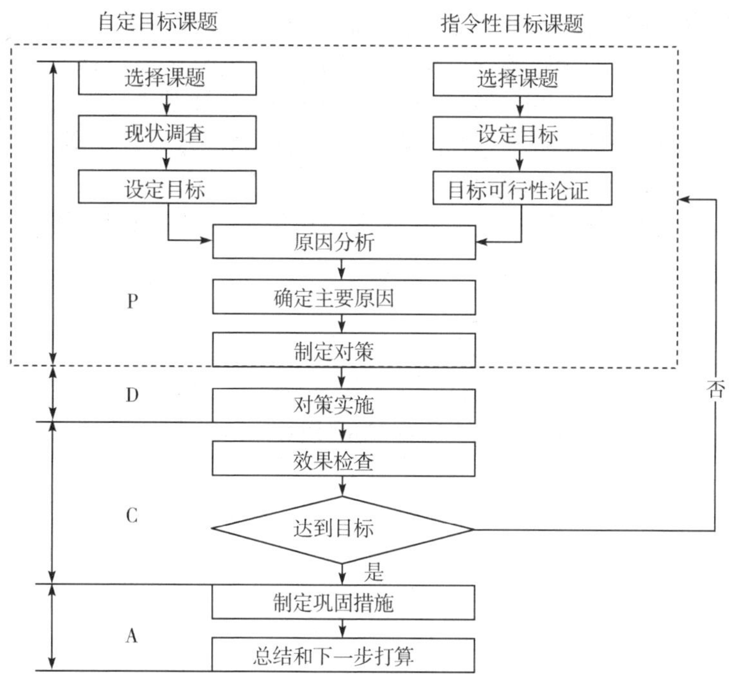

图 2-1　问题解决型课题活动程序

问题 2:为什么自定目标课题在选择课题后要先进行现状调查,然后设定目标,而且不需要进行目标可行性论证

答:小组选择自定目标的课题,主要是因为小组在生产工作的实践中发现有相关的质量问题存在,可以通过 QC 小组活动来解决相关质量问题。为了弄清楚这个质量问题当前的实际情况,掌握这个质量问题的严重程度,小组就需要先进行现状调查工作。现状调查是针对小组课题中的质量问题而设定的。如果没有现状调查,那么小组成员就不知道这个质量问题当时的真实情况,也不了解导致这个质量问题的缺陷,更不清楚产生质量问题的症结,小组如果直接设定活动目标,活动就缺少了依据。而小组在现状调查后,找到了产生质量问题的症结,那就为小组的活动目标设定提供了有力依据。

小组在设定目标时,应该考虑很多方面的情况,比如:小组的上级单位所下达的相关考核指标或者要求、业主的相关要求、国内外同行业在相关方面已经达到的先进水平、本单位或者本小组曾经偶然达到过的最好水平等，再加上小组的活动目标是经过计算了的，比如考虑到症结预计可以解决的程度，再测算小组在本课题上可以达到的水平。另外，小组在进行上述各类情况综合考量时，往往也考虑到了一些客观因素的影响。综上所述，小组在进行现状调查完，并设定小组的活动目标后，不需要再进行目标可行性论证。

问题3：为什么指令性目标课题在选择课题后没有现状调查环节，而是直接设定目标并进行目标可行性论证

答：指令性目标是上级下达给小组的课题目标，或者是小组直接选择上级的考核指标作为目标，也可能是业主提出的具体目标需要小组去完成。作为上级下达给小组的目标或小组选择上级的考核目标，实际上是上级为了满足生产经营的需要，尽快解决当前存在的问题而作出的决定，需要小组成员迎难而上、群策群力去解决问题。

上级一旦确定了目标以后，能否实现该目标是存在很大不确定性的，小组需要了解目前国内外同行中的先进水平达到怎样的程度、本小组或本企业曾经达到过的最好水平等；小组还需要把握现状、找到症结，论证需要解决的具体问题、当前这些具体问题可以解决的程度，来确定课题目标是否能够实现。该目标的不确定性还可能包括技术储备上有无足够准备、各类技术管理人员的个人能力是否满足要求、活动所需的材料设备检测仪器等能否得到保障、在活动的各种方法上是否有足够的支撑等，可以说，这样的目标可行性论证是全方位的，甚至是超越了现状调查的范畴。因此，小组在拿到上级的目标后，首先应当进行目标可行性论证，若目标可行性比较高，小组则继续开展活动；若目标可行性不高，小组应当分析是否目标设定太高，或者课题选择上难度太大等。

同样，如果是业主提出的具体目标，从服务好业主的角度，小组应当积极开展活动，来实现业主的目标要求。但该目标是否可行，小组也要理性分析，比如需要分析业主提出的目标在当前国内外同行中处于怎样的水平、小组历史上的最佳水平如何、小组是否通过努力可以实现该目标等。总之，作为指令性目标课题，上级或业主等已经明确了目标，因此，小组可以直接设定目标，并进行目标可行性论证工作。

问题4:指令性目标课题在选择课题后进行了现状调查,是否属于程序出错

答:有的小组针对指令性目标课题开展活动,在选择课题后,小组没有直接把上级下达的目标作为课题目标,或者小组没有直接选择上级的考核指标、业主的要求等作为课题目标,并就此开展目标可行性论证,而是在选择课题后先进行了现状调查程序。如果严格按照问题解决型课题活动程序来判断,这样的小组活动程序是不正确的,建议小组在选择指令性目标课题后不要立即开展现状调查工作,而是先设定目标,再进行目标可行性论证工作。

客观地讲,小组如果开展指令性目标课题活动,在选择课题后进行了现状调查,也不能算是完全不正确或是没有一点用处的。小组成员一定要清楚调查研究是取得第一手资料、解决实际问题的基础性工作,而现状调查正是小组成员获得与课题相关的质量问题的信息,了解其严重程度,并找到症结,从而找到改进质量问题的路径,也能够为目标能否实现提供依据。

按照问题解决型课题活动程序,小组若选择指令性目标课题,在设定目标以后,应着手开展目标的可行性论证工作。在开展目标可行性论证工作中,小组需要把握质量现状,找出对课题造成影响的质量问题中的症结,再论证需要解决的具体问题。究其实质,其实是暗含了现状调查的内容,为了能够实现小组的活动目标,小组必须通过现状调查的方式来获得各类质量问题、症结的资料。不同的是,在自定目标课题中,小组先开展现状调查,然后找到症结,并针对症结来预计其解决的程度,再测算课题将达到的水平。而在指令性目标课题中,小组在目标可行性论证中,先要针对症结来看该症结解决以后,课题目标是否能够实现,如果症结解决了,但还是不能达到小组设定的目标,那么小组还需要考虑其他问题的解决程度,再判断能否实现活动目标。

二、选择课题

问题5:如何区分自定目标课题、指令性目标课题和指导性目标课题

答:自定目标课题是质量管理小组根据本企业、本部门、本项目等在生

产经营的过程中发现的实际问题、需求等而选定的课题，这些课题可能是在落实企业的方针、目标、关键工作时需要解决的问题，可能是在生产运营中的质量、安全、进度、效率、成本、环保等方面存在的问题，也可能是业主、员工的意见、期望和要求等。自定目标课题的特点是小组选题的自主性强，课题是小组自己所发现。

指令性目标课题是企业的质量管理小组活动主管部门为了满足生产经营活动的需要，切实解决当前存在的各运营环节中存在的问题，以行政指令的形式向质量管理小组下达的课题。指令性目标课题的特点是上级的行政指令性强，小组必须要开展相关活动以实现目标，课题涵盖了企业生产经营工作中迫切需要解决的问题。

指导性目标课题是上级有关部门为了实现企业的经营战略、方针、目标，把本企业在生产经营过程中所遇到的综合性较强的问题，分解成更为具体的问题，包括质量、技术、管理、安全、环保、节能、降耗等方面的课题，向下属各单位、各质量管理小组公布、推荐，由各质量管理小组根据自身条件和实际情况从中选择的课题。指导性目标课题的特点是课题由上级主管部门推荐、发布，小组选题有一定的自主性和灵活性。

问题 6：小组如何在生产一线找到适合自己开展小组活动的课题

答：很多小组对于开展 QC 活动有着浓厚的兴趣，特别是年轻人占比高的小组，对于开展小组活动跃跃欲试。但是又有很多小组因为缺少开展 QC 活动的经验，来到了生产一线后，面对庞大的生产、作业环境和各种各样的生产、管理工作，对于开展 QC 小组活动往往会感到既兴奋又迷茫，似乎千头万绪，对于具体选题却不知所措。其实小组成员只要多留心观察，就会在生产一线发现很多需要解决的课题。小组选题时，不妨把视野拓宽一点，选题的范围可以是提高质量、减少不良损失、确保安全生产、推进绿色施工、改善企业管理、推广应用新技术、开发新产品、提高员工素质、增加经济效益、加快工程项目进度、提高工作效率等。带着这样的思考，小组成员就可以找到很多可选的课题，然后在众多课题中挑选迫切需要解决的课题，或者有一定技术难度的课题，或者是有一定挑战性的课题等来进入下一步工作。

在下面的例子中，某小组在进入现场开展施工管理之初就拟定了 4 个课题，然后逐一开展 QC 活动并进行选题的情况。

某小组在上海××项目上进行机电安装施工管理工作。小组经过调查分析,研判该项目作为一个商业办公一体的综合体项目,在机电安装及调试过程中会遇到许多技术难题需要解决。尤其是空调系统多样、施工要求高,因此小组自2015年进场之初就列出了4个空调系统相关的QC课题:一是"提高温度智能控制一次调试成功率";二是"提高VAV系统一次调试成功率";三是"提高预制风管一次安装成功率";四是"提高跨层大堂采暖空调制热效率"。其中第一个课题"提高温度智能控制一次调试成功率",小组已经在2015年9月完成,其QC成果还获得了2016年度全国工程建设优秀QC成果一等奖;第二个课题"提高VAV系统一次调试成功率",小组于2016年7月完成,其QC成果获得2017年度全国工程建设优秀QC成果一等奖。

针对第三个、第四个课题,该小组从项目实际出发,就课题的有效性、时间性、经济性、可靠性、可实施性等5个方面进行综合打分评价,最终选用第四课题,即"提高跨层大堂采暖空调制热效率"作为本次QC活动小组的课题,而第三个课题"提高预制风管一次安装成功率",小组计划于2019年展开质量攻关活动。选题比较参见表2-1所示(注:表中每项评价满分为5分)。

表2-1　××小组选择课题分析表

课题序号	课题名称	前景分析	必要性分析	工程要求	技术及交房要求	合计	比选结果
1	提高跨层大堂采暖空调制热效率	5分	4分	5分	4分	18分	选择
2	提高预制风管一次安装成功率	3分	4分	5分	2分	14分	暂时不活动

制表人:×××　　日期:2018年××月××日

以上例子是小组在选题时做的一些前期工作,是为了说明小组如何在生产一线捕捉课题的过程,具体各子项的打分情况是由详细的步骤构成。后续的"选题理由"步骤,小组另有详细说明。

问题7:小组选题为什么要在小组能力范围内,且课题宜小不宜大

答:QC小组有4个鲜明的特点,即自主性、群众性、民主性、科学性,由

此可以知道,QC 小组是植根于基层的一项科学管理活动,它能够解决日常生产经营活动中存在的很多问题,这些问题不一定体现高、大、上的特点,因此,小组的选题就要控制在小组自己能力的范围内。如果课题过大、过难,那么仅仅凭借小组成员的能力是有限的,小组就需要借助大量的外部力量,在资源的调配、技术的支撑上都会困难重重,而且也不一定能保证实现目标,那就背离了 QC 小组活动的初衷,大量的一线员工就不再愿意参与 QC 活动了。

小组的选题小,课题就更容易接近小组在日常工作中遇到的问题,小组解决问题的可能性就大,给予小组成员开展活动的信心就更大。积沙成塔,当众多的小组一起参与 QC 活动时,对企业来说就是一笔巨大的财富。而课题过大的话,会造成课题的综合性强,小组成员能力有限、资源有限,就难以开展活动,或者在短时间内难以完成全部活动。小组如果遇到了综合性较强的课题,那么把综合性课题分解为若干个小课题,容易调动小组成员的积极性,小组成员通过活动也相对容易达成目标获得成果,还收获信心。表 2-2是某小组在项目上把一个综合性较大的课题“提高空调系统运行效率”分解为 4 个小课题,然后逐一开展活动。如果小组选题是“提高空调系统运行效率”,那么由于这个课题综合性比较强,小组直接开展活动会面临很多困难,甚至不能开展下去。但小组把大课题分解为“提高温度智能控制一次调试成功率”“提高 VAV 系统一次调试成功率”“提高预制风管一次安装成功率”“提高跨层大堂采暖空调制热效率”等 4 个小课题,就相对容易完成每个课题的小组活动了。

表 2-2　小组课题分解表

综合性课题名称	提高空调系统运行效率
分解后小课题名称	①提高温度智能控制一次调试成功率
	②提高 VAV 系统一次调试成功率
	③提高预制风管一次安装成功率
	④提高跨层大堂采暖空调制热效率

另外,课题选得小一些,小组在活动中应用到的统计方法相对可以简单些,基本都是一些常用的统计方法,如调查表、排列图、关联图、亲和图等,稍微复杂一点的,用到控制图、直方图、正交试验等。如果课题选得大,活动中需要应用到一些比较复杂的统计方法,比如针对多元的统计分析,需要使用 Minitab 统计软件等,那对于普通的小组来说,是有一定难度的。所以,小组

选题宜小不宜大,而且选题应该是处于小组成员在技术上能够做到、在管理上能够控制、在物资资源上能够协调、在资金上能够得到保障的范围内。

问题8:小组课题的"小、实、活、新"是指什么

答:"小、实、活、新"是QC小组选题的重要原则,是为了让小组的活动更贴近生产经营工作的实际需要,更容易获得活动成果。

"小",是指小组的选题要小,特别是课题的综合性不要太强,让小组在一定的资源条件下有能力完成活动。

"实",是指小组的选题要符合企业的实际工作需要,小组针对课题所开展的活动要扎实,确保实现方针目标,接地气。

"活",主要是指小组的选题比较灵活,小组后续的活动过程和形式也比较灵活多变,不拘泥于一种固定模式,小组可以开展头脑风暴、进行现场调研、通过测量和试验取得数据、调查分析等,紧紧围绕小组的活动目标,按程序完成全部活动,取得成果。

"新",是指小组所选的课题要有一定的新意,小组成员不做井底之蛙,如果是其他小组已经开展过的活动并已经取得成果的,小组就不要重复选择。"新",也表示这个课题是略有一定的难度,另外小组的活动方式新颖,成员之间相互支持,活动过程也是一个学习、提高的过程。

问题9:小组如何知道自己的选题不算过大

答:小组在生产经营过程中根据工作情况进行选题,但有时候并不是很清楚自己的选题是否过大,也不知道接下来的活动是否能正常开展下去。这就需要小组把握好选题的"度"。小组在选题的时候,一定要遵循"小、实、活、新"原则,所选的课题要符合企业的方针目标,服从生产经营大局,从课题的重要性、紧迫性等着手。小组找到的问题主要来自企业一线生产、制造、设计、服务和管理的过程,而不是坐在办公室里从资料中寻找。如果课题的综合性很强,可以咨询企业里开展QC小组活动的推进者,或者咨询相关的管理、技术方面的专业人士,是否能把课题开展下去。如果的确有难度,可以把综合性的大课题拆分为若干小课题,或者是另选其他的课题。

另外,小组设定的课题目标要尽量缩小,有着明确的解决问题的针对

性。小组所采取的对策措施基本上是小组通过自身努力能够完成。

小组若能够按照上述方法去选题，那么所选课题基本是适宜小组开展活动的，也谈不上课题过大了。

问题10：小组如何知道自己的选题不算过小

答：有的小组在开展活动之初，为了确保自己的活动能够得到顺利开展，就尽力考虑在小组力所能及的范围内、目标比较单一、质量问题不是太突出的课题。这种做法本来无可厚非，但如果所选的课题只需要小组成员通过举手之劳就能解决，那就属于选题过小，根本不需要小组硬套质量管理小组的活动程序来开展。比如某个小组选择的课题为"提高经营标书的制作效率"，初看课题名称是不错的，但小组费了很大的劲，最后采取的对策只是"设立清晰的文件夹"，然后把不同内容投放到对应的文件夹中，从而算是提高了制作效率。这样的课题显然不需要按照活动程序来进行，这种选题就属于"过小"。当然，小组如果能够从标书的内涵制作，包括技术标和商务标的具体改进、制作标书人员的能力提升、竞争对手的相关分析等来进行详细分析，那么小组活动就有实际价值，选题也比较适当。

另外，小组如果只是把某一种手段、某一种对策或措施、某一个症结或原因等作为课题，也是属于选题过小。比如某个小组开展的课题是"提高某种钢管的分类效率"，小组在按照活动程序开展后，制定的对策只是"给某种钢管贴上二维码标签"。其实针对这种课题，小组只要梳理一下钢管管理的思路即可。

问题11：小组的课题名称一定要符合"对象、问题特性、结果"三要素吗

答：小组活动的课题名称应当能够清晰、简洁、正确地表述小组将要开展的活动，因此，如果课题名称中含有"对象、问题特性、结果"三个要素，那么这个课题名称既精炼又恰当，高度概括了小组的活动内容。一般来说，"对象"是指产品、工序、过程、作业、材料等的名称；"问题特性"是指对象当前的状态，如质量、效率、成本、消耗等特征、性质、要求等；"结果"是指小组期望该问题特性在小组活动后能够达到的效果，通常表现为"提高""降低""增大""减少""改进""消除"等。

例如：某小组的课题名称为"降低空调风管漏风率"，对象是"空调风管"，问题特性是"漏风"，结果是"降低漏风率"，字数虽然少，但精准地表达了小组要开展的活动，是个符合要求的课题名称。如果缺少了三要素之一，那么课题名称就显得别扭。前述的课题名称如果只提"降低漏风率"，缺少了对象，那就让人不知道是哪个环节、哪个设备漏风，摸不着头脑；如果课题为"解决空调风管问题"，缺少了问题特性，那么会让人看不明白具体解决什么样的问题；如果课题为"关于空调风管漏风的情况"，缺少了结果，则小组活动的方向显得不清楚。所以，小组的课题名称包含"对象、问题特性、结果"三要素是有必要的。

问题 12：课题名称中使用"解决某某外观质量"等字眼是否合适

答：以前的工人师傅在现场施工作业时，缺少测量工具，往往采用目测的方法来判定施工质量，由于老师傅们施工经验丰富，一般来说，他们能够凭借施工完成后的"外观质量"来作出施工质量优劣的判断。但现在的项目施工中，项目部可采用的测量工具是非常多的，有些电子测量仪器还是相当精准的，因此再使用"外观质量"来描述产品质量就过于依赖人为的判断能力，也容易发生偏差。

在质量管理小组活动中，有的小组在课题名称中出现"解决某某外观质量"等字眼，显得很笼统，没有把问题特性描述清楚，活动的结果也描述得模糊，仅仅使用"外观"来表达存在的质量问题就显得不合适。举例来说，有小组使用"提高清水混凝土外观质量"，可能小组表述的本意是指"混凝土浇筑后表面不平整，需要把它的平整度提高上去"，但是"外观"更多的是依赖人的观察和经验来判断，缺少科学的依据，无法用数据来支撑，把"外观质量"作为具体的特性值，是难以测量和计算的。而小组如果把课题名称改为"降低清水混凝土蜂窝麻面发生率"，课题名称就变得非常具体，活动开展的针对性就很强。

问题 13：小组选题时可以选择哪些方面的内容

答：小组在选题时可以紧紧围绕在生产经营过程中已经发生的各种不合格或不满意等质量问题，从而开展相关的质量改进活动，应当说选题的面是相当广的,它们存在于生产过程、服务一线和管理现场等。小组可以从稳定生产工序质量,改进产品、服务、工作质量,降低消耗,改善现场环境等方面考虑,来确定小组的选题范围,也可以从解决某项技术关键问题入手来作为选题范围。有些课题需要小组在生产一线直接开展活动,活动开展的时间相对短一些,可能在几个月至一年时间就完成了,参与的小组人员可以是现场有关人员,而且往往需要有一线作业人员一起参与活动。有些课题除了在一线开展活动外,还可能需要企业内的相关部门一起参与,如技术部门、设计部门等,活动的场所不仅在生产一线,还需要在试验室、工厂车间内进行,需要动用的资源比较多,相关检测机构等都可能会参与其中,课题的技术难度较高,活动开展的时间较长。如果质量改进难度大、技术含量高,有些小组需要通过多次的 PDCA 循环来完成活动,活动时间甚至要几年时间。

小组选题时,还可以从提高工作质量、解决管理中存在的问题入手,从提高管理水平的角度来开展,这些管理改进中的问题看似简单,其实是个非常复杂的系统工程。要解决日常管理中的问题,不像解数学方程那样,通过输入几个数据、代入公式等程序就能取得好的效果,有时候是为了解决某个小环节的管理问题,但往往会牵涉更多更广的管理环节,可能需要跨部门、跨单位才能解决。又因为关于管理问题的原因分析,大多数都是与人有关,而人是具有思维的生命体,其活动不像机械那样呈有规律的活动,所以选取管理改进的课题是具有挑战性的,是小组选题的一个重要方面。

还有些小组选择服务改进的课题,从推动服务工作的标准化、程序化、科学化,提高服务质量和效益的角度来开展小组活动。应当说"服务"是"管理"的一种表现形式,随着时代的发展,服务的理念越来越渗透到各行各业,渗透到管理中的很多细节中。现代企业的施工生产技术已经日臻完善,竞争越来越激烈,很多企业逐步转型到"服务商"的角色,因此,小组选择服务改进的课题,围绕生产经营过程中的"服务"来开展活动,也是小组选题时的重要内容。

问题 14:怎样表述选题理由会显得比较清晰

答:选题理由的表述重点在于讲清楚选择该课题的目的性和必要性。通常可以用这样的方式来表述:先介绍与课题相关的一些信息,如上级的方针目标、中心工作等是什么样的要求,或者是业主、顾客有什么要求,或者是同行中的标杆、竞争对手是什么状况等;再具体描述当前存在什么样的问题,通过数据对比、统计分析等方法来看清楚与方针目标、业主要求、同行标杆等之间的差距;接下来根据分析出的差距或者是要解决的问题,提出具体所选课题。通过以上三个步骤的描述,选题理由应该是比较清晰的。

问题 15:描述选题理由时应注意哪些方面

答:正如上一题所说的,描述选题理由时必须把选择该课题的目的性和必要性讲清楚。在具体描述选题理由时,应注意以下几点:

一是如果课题比较复杂或者综合性、技术性比较强,那么小组可以运用成果报告的"前言"或"课题概括"部分,把本课题的相关内容做一个简要介绍,为后续表述做好铺垫工作,也可以通过图文并茂的方式来介绍相关的选题背景、工艺流程等。

二是把当前与课题有关的质量问题现状用数据来充分说明。实践中,小组可以用统计方法来描述、分析、对比,找出所选课题与上级要求、业主要求、竞争对手或者同行标杆之间的差距。如图 2-2 中,小组把选题理由的内容进行分层,然后用框图来表示,即是一种比较简单明了的描述方法。

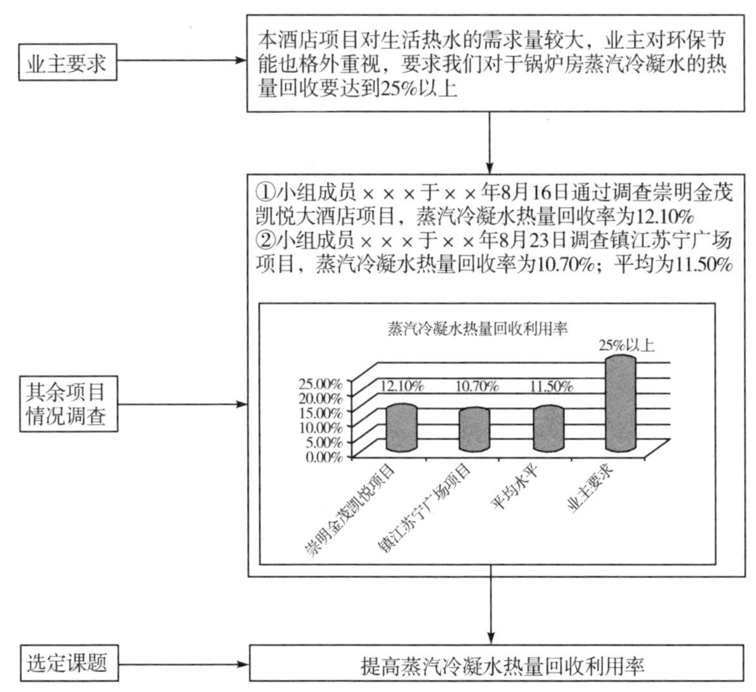

图 2-2 某小组选题理由框图

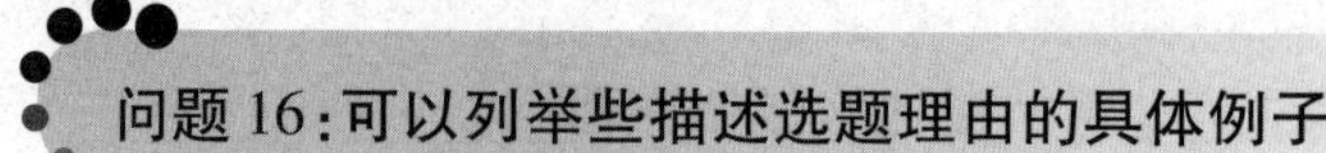

问题16:可以列举些描述选题理由的具体例子吗

答:具体描述选题理由的时候,每个小组都可以有自己的方法,没有统一的格式。下面举两个例子。

例1:关于"提高幕墙预埋件一次安装合格率"的选题理由。

公司施工生产部××年4月底,对公司所有在建工程的幕墙预埋件进行了专项检查,并结合公司"提升工程质量,争创优质工程"的方针,要求各项目的幕墙预埋件一次安装合格率不低于92%。

小组成员于××年5月6日至6月25日,检查了本工程主体结构首层的幕墙预埋件检查记录,幕墙预埋件一次安装合格率为82.59%,如表2-3所示。

表2-3 幕墙预埋件一次安装合格率检查统计表

检查日期	检查点数	合格点数	不合格点数	合格率(%)
××年5月6日~6月25日	1 350	1 115	235	82.59

制表人:××× 日期:××年××月××日

从表2-3可以看出,××年5月6日至6月25日,项目部施工的幕墙预埋件一次安装合格率仅为82.59%,不能满足公司92%的质量要求。

小组还查阅了公司质量部上一年度的质量检查记录,发现有项目部在××项目A楼8至12层施工作业时,其幕墙的预埋件一次安装合格率曾经达到过92.25%,但在其余楼层的幕墙预埋件一次安装合格率均低于85%,参见表2-4所示的××项目A楼幕墙预埋件一次安装合格率统计表。

表2-4 A楼幕墙预埋件一次安装合格率检查统计表

楼层分布	检查点数	合格点数	不合格点数	合格率(%)
3层至7层	800	665	135	83.13
8层至12层	800	738	62	92.25
13层至18层	800	650	150	81.25
平均合格率				85.54

制表人:××× 日期:××年××月××日

小组综合了表2-3、表2-4的数据，绘制了柱状图（如图2-3所示）。

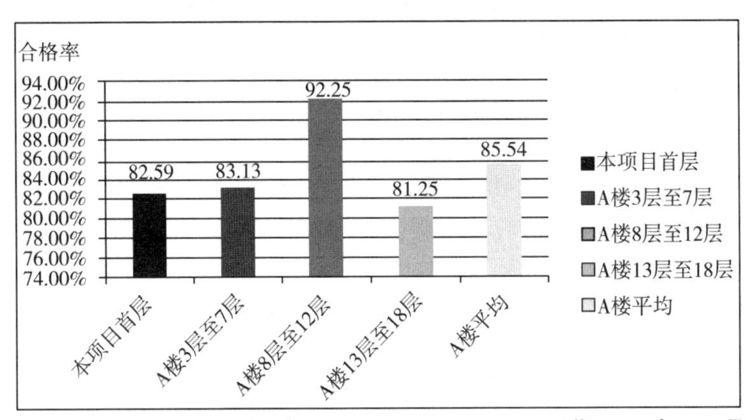

图2-3　幕墙预埋件一次安装合格率柱状图

小组汇总了各方面信息后发现，本小组的幕墙预埋件安装一次合格率为82.59%，低于其他项目部85.54%的水平，而且同行曾经达到过92.25%的较好水平。为了争创优质工程，公司施工生产部提出了幕墙预埋件一次安装合格率达到92%的要求。所以，小组选定的课题为：提高幕墙预埋件一次安装合格率。

从例1中可以看到，小组的选题理由主要有：一是企业施工生产部提出了“提升工程质量，争创优质工程”的方针，并要求公司内部的各项目部，在幕墙预埋件安装施工中，一次合格率达到92%；二是其他项目部在幕墙预埋件施工中的平均合格率达到85.54%，高于小组在本工程抽样中所得到的82.59%的合格率，是值得小组去学习的；三是其他项目部的幕墙预埋件一次安装合格率虽然只有85.54%，但是该项目部在8至12层的施工中曾经达到了92.25%的较高水平，更是值得该小组去追赶了。由此看来，该小组在幕墙预埋件一次安装合格率与上级要求、同行先进水平相比，是有明显差距的，故选题理由表述得比较清晰。

例2：关于“提高VAV空调系统一次调试成功率”的选题理由。

外滩××中心位于黄浦区核心位置，是黄浦江两岸开发的重点项目。作为一个商业办公一体的综合体项目，在机电领域会遇到许多新技术、新工艺,伴随产生许多的技术难题亟待解决。在项目组进场以后,课题组成员发现有以下几条技术难题,希望通过质量管理小组活动来进行解决。

①提高温度智能控制一次调试成功率。

②提高 VAV 空调系统一次调试成功率。

③提高预制风管一次安装成功率。

④提高跨层大堂采暖空调制热效率。

其中,第一个课题本小组已经于××年的 QC 活动中得以解决并已形成作业指导书。针对剩下的三个课题,小组从前景分析、必要性分析、工程要求、技术难度及要求等 4 个方面进行比选(以打分形式进行比选,总分 5 分),参见表 2-5 所示,以确定迫切需要解决的施工难题予以解决。

表 2-5 课题选择比较表

课题名称	前景分析	必要性分析	工程要求	技术难度及交房要求	合计	比选结果
提高 VAV 空调系统一次调试成功率	5 分	5 分	5 分	5 分	20 分	选择
提高预制风管一次安装成功率	3 分	4 分	5 分	2 分	14 分	暂时不活动
提高跨层大堂采暖空调制热效率	5 分	4 分	5 分	4 分	18 分	暂时不活动

制表人:××× 日期:××年××月××日

各分析环节的具体内容展开如下:

(1)前景分析。随着国家对节能环保方面的重视,对新时期的建筑节能提出了更高的要求。从大的方面看,所有建筑的节能潜力都不尽相同,但建筑的最大节能潜力平均可达 41%,最低限度也有 3% 节能。建筑的空调系统一直是建筑耗能的主力军。数据显示,暖通空调能耗占比最大能达到建筑能耗的 50%,所以一个节能高效的空调系统可以给建筑节能带来质的提升。

(2)必要性分析。一次调试成功率是衡量 VAV 空调系统是否节能、经济、合理的重要的因素之一。小组成员从本公司其他采用 VAV 空调系统的项目采集数据,统计一次调试成功率如表 2-6 所示,并根据表 2-6 内容,绘制了 VAV 空调系统一次调试成功率统计柱状图(如图 2-4 所示)。根据柱状图我们发现,VAV 空调系统一次调试成功率普遍不理想。

表 2-6　其他项目 VAV 空调系统一次调试成功率统计表

序号	项目	VAV 空调系统一次调试成功率	调试周期
1	白玉兰广场	41.2%	10 个月
2	淮海路 3 号	38.7%	9 个月
3	浦东金融广场	45.0%	12 个月
4	平均值	41.6%	—

制表人：×××　　　　日期：××年××月××日

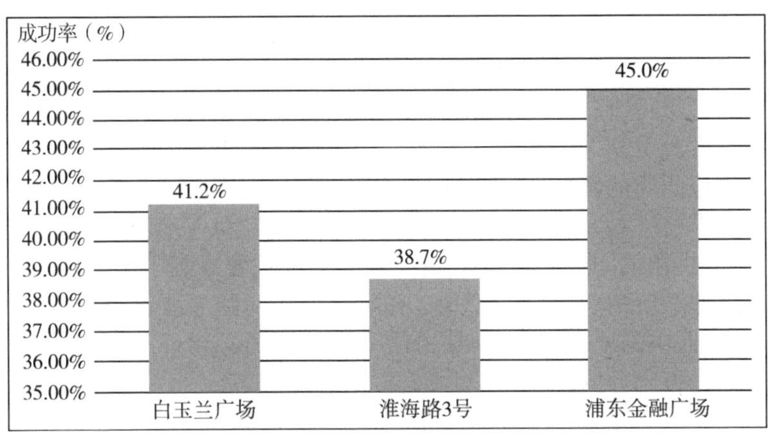

制图人：×××　　　　日期：××年××月××日

图 2-4　VAV 空调系统一次调试成功率统计柱状图

(3)工程要求。本项目目标是：确保“白玉兰奖”(上海市建筑工程质量的最高荣誉奖)，争创“鲁班奖”(全国建筑工程质量的最高荣誉奖)。对工程质量要求很高，而 VAV 空调系统的调试效果对整个项目的工程质量把控很重要，因此，公司要求必须尽快解决 VAV 空调系统调试的有关问题。

(4)技术难度及交房要求。VAV 空调系统作为一项新兴的空调系统，在系统调试领域本项目所研究的变风量空调系统优化控制主要包括空气处理机组的送风静压和送风温度优化控制两部分，即根据室内负荷的变化来改变送风静压和送风温度的设定值，从而实现对空气处理机组的控制。根据与业主合同要求，业主对于 VAV 空调系统的成功应用非常看重，整个项目空调系统必须于 2016 年 12 月份前调试完成，时间非常紧迫。

综上所述,小组成员将本次小组活动课题定为“提高 VAV 空调系统一次调试成功率”。

例 2 中的小组活动有着自己的特色,该小组在进驻外滩××中心项目后,发现该项目的机电系统方面有许多新技术、新工艺,随之而来产生许多技术难题亟待解决。为此,小组经过分析、讨论,提出了 4 个与空调系统有关的课题,分别是:提高温度智能控制一次调试成功率、提高 VAV 空调系统一次调试成功率、提高预制风管一次安装成功率、提高跨层大堂采暖空调制热效率。针对第一个关于温度智能控制的课题,小组活动已经完成,并取得了作业指导书。在剩下的 3 个课题中,小组从课题的前景分析、必要性分析、工程要求、技术难度及交房要求等 4 个方面进行比选,初步拟定针对 VAV 空调系统一次调试的课题来开展活动。随后,小组针对 VAV 空调系统的相关内容进行进一步的了解分析,在“前景分析”中提到了节能有关的需求;在“必要性分析”中,分析了其他三个项目的 VAV 空调系统调试情况,提出了解决该问题的紧迫性;在“工程要求”中,提到了公司对解决 VAV 空调系统的要求;在“技术难度及交房要求”中,提出针对 VAV 空调这个新技术的应用,解决相关问题的必要性,并把业主的相关要求提了出来。整个选题过程思路非常清晰,有节能等需求,有当前存在问题需要解决的紧迫性、公司的要求、业主的要求、解决新技术所带来问题的必要性等,所以该小组的选题理由是很充分的。

三、现状调查

问题 17:现状调查的目的和内容是什么

答:现状调查是为了了解课题所提到质量问题的现状以及该质量问题的严重程度,为目标设定和原因分析提供依据,这是现状调查的目的。因此,现状调查应当紧紧围绕课题所对应的质量问题来开展,从逻辑上来说,是寻找造成课题所对应质量问题的症结。现状调查的内容主要包含三个方面的内容:一是把握问题现状,小组通过现状调查来获取与课题有关质量问题的状况和问题严重性的程度;二是找出症结,小组通过现状调查后,找到了若干质量问题,接下来要从这些质量问题中找到对于课题影响最大的症结;三是确定改进方向和程度,小组在找到症结以后,就可以明确下一步的改进工作和方向，在预计解决症结以后，来确定当前质量可以改进的程度，并判断这个改进程度是否能满足小组活动的初衷，是否能够改进课题的质量状况。

例如：小组选择了课题“提高抗震支吊架安装一次合格率”，为了掌握现在抗震支吊架安装的质量问题状况和该质量问题对于整个安装工程施工的影响程度，小组需要随即开展现状调查。在现状调查中，小组通过质量问题的分层调查分析，找到了影响“抗震支吊架安装一次合格率”的症结是“抗震支吊架定位偏差大”，而且它在质量问题中的占比达到87.0%，需要小组尽快解决该症结。为此，小组明确了本次活动的改进方向，即解决“抗震支吊架定位偏差大”这个问题，以切实提高抗震支吊架的安装一次合格率。

问题18：现状调查的简要步骤是什么

答：小组在确定了课题后，接下来的工作就是对该课题所呈现出的质量问题现状作出判断，这个判断应当基于课题相关的资料、数据等得出，而与课题相关的质量问题资料则需要小组通过全面、彻底地调查而得到。小组要获取与课题相关的质量问题资料，基本上有两种途径：一是到生产一线进行调查，直接收集有关质量问题的数据，获得分析质量问题的第一手资料；二是从企业的有关部门获得有关质量问题的数据，比如从施工生产部门、技术质量部门、企业工程档案室等获得相关资料。如图2-5所示。

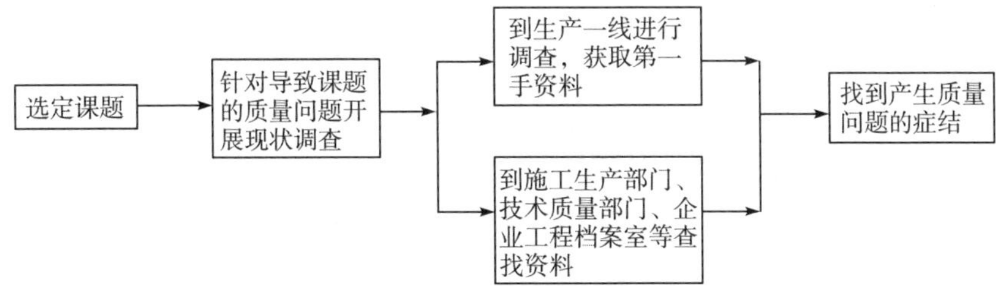

图2-5　现状调查过程示意图

在现状调查中，整个查找资料的过程有着明确的目的，就是找到导致课题质量问题的症结。通俗地讲，是在若干质量问题中找到对于课题质量影响最大的一项或两项问题。

问题 19:开展现状调查主要有哪些方法

答:开展现状调查的方法主要是收集与课题有关质量问题的数据和信息,并对这些数据和信息进行分类、分层整理和分析。这里的关键点有三个方面:一是收集相关的数据和信息;二是这些数据和信息必须与课题的质量问题有关,并且能真实反映相关的质量问题;三是在收集完成数据和信息后,小组应当对它们进行分类、分层整理和分析。

关于具体收集数据和信息的方法,主要有全面调查、抽样调查等方法。如果产生质量问题的区域不多,小组成员的人数、时间等足够多,那么小组可以用全面调查的方法;如果质量问题的覆盖面很广,小组成员的人数和时间有限,那么小组应采用抽样调查的方法。

当数据和信息收集完成以后,小组可以运用排列图、饼分图等统计方法,来找到问题或相关质量问题中的症结。有时候,由于找出的主要问题带有综合性,或者是难以开展下一步的活动,小组就需要围绕该主要问题继续进行现状调查,通过分类、分层分析,最终找到症结。如果遇到课题比较重大,对于企业的生产经营或者项目的施工管理等产生非常大的影响的时候,小组成员可以在现场进行一段时间的跟踪调查,进一步收集相关数据,以验证问题的严重程度,证实选题定位是准确的。现状调查的方法示意图如图 2-6 所示。

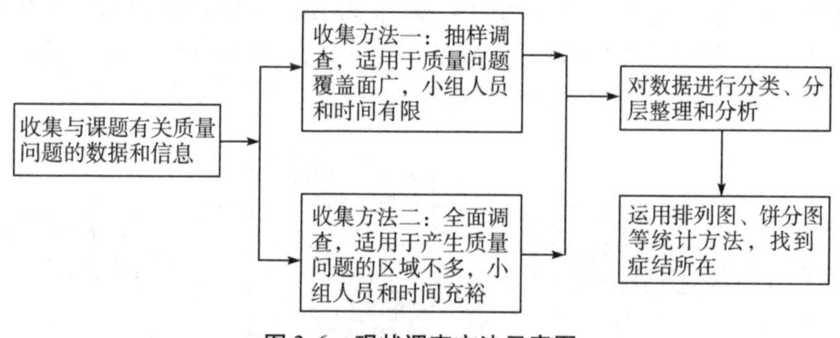

图 2-6　现状调查方法示意图

问题 20:对于现状调查中收集的数据和信息有什么要求

答:小组在现状调查过程中,要注意收集方法的广度和深度,广度即多维度,深度即多层次。收集的数据和信息,应当具有客观性、可比性、时效性和全面性。客观性是指小组实际测量或记录的数据必须是真实的，不做任何的修饰。可比性是指数据的特性和计量单位等应当一致、可比。需要注意的是：在不同的项目上收集数据时，项目的类型、体量等应接近；做试验的环境、主要参数等应一致；不同人员做试验时，应当进行相同内容的交底等。时效性是指收集数据的时间能够真实反映现状。有些数据需要在恰当的时间点去收集，有些数据收集的时间过短，不能反映事实全貌，而收集的时间过长，也会导致数据失真。小组还要注意在不同时间段收集数据时，它们的时间长度应当一致。全面性是指多维度描述反映课题状态的数据，不局限于已有的统计数据，要重视到现场实地测量数据，要多角度地把问题讲清楚。

例如：某小组在现状调查中，收集不同地铁线路线缆敷设用时的相关数据，参见表2-7所示。

表2-7　不同地铁线路线缆敷设用时一览表

序号	线路名称	区间	收集数据日期及收集的时间跨度	每公里敷设平均时长(分钟)
1	上海地铁6号线	世纪大道站—龙阳路站	××年6月3日起，连续收集2周	62.3
2	上海地铁3号线(高架段)	淞虹路站—虹口公园站	××年6月18日起，连续收集2周	61.8
3	上海地铁18号线(在建)	复旦大学站—江浦路站	××年7月5日起，连续收集2周	63.0
平均				62.37

从上面例子中可以看到，该小组的现状调查所获得的数据是符合要求的。首先是数据具有客观性，小组到现场去收集关于地铁线路线缆敷设的用时数据，并真实记录下来。其次是数据具有可比性，小组收集的是上海的三条地铁线路，每条线路收集的时间跨度为2周，数据具有相同的时间长度，而且2周时间有一定的时间延续性，避免了短时间敷设的偶尔性，数据的单位都是“每公里敷设平均时长(分钟)”。再次是数据具有时效性，分别是从××年的6月3日起、6月18日起、7月5日起，而且都是连续收集2周，保持在同一年份、相同季节中连续进行。最后是全面性，小组收集了3条地铁线路，分别是6号线地下及地上铁路、3号线高架铁路、18号线地下铁路(在建)。因此，这些数据是符合要求的，可信度较高，对于开展后续工作有很好的价值。

问题 21:现状调查和现场调查有区别吗

答:现状调查与现场调查是有区别的。现状调查是小组成员针对课题所提到的问题进行相关调查,在方法上,小组成员可以进入一线现场进行调查,获得第一手资料,也可以到企业的技术质量部门等去调查,获得与质量问题相关的信息、数据等,还可以到其他第三方机构、科技情报所、技术档案室等去调查,获取与问题有关的资料。所以说,现状调查是为了精准把握质量问题的现状,获得相关数据信息的方法、渠道多种多样。而现场调查主要是小组成员到生产现场一线获得质量问题的相关信息、数据,小组成员并没有通过其他途径来获得相关资料。应当说,现状调查的范畴是包含了现场调查的内容。在通常情况下,的确有大量生产、施工单位的小组是在生产一线和施工现场完成了课题的现状调查工作。

需要注意的是,有时候现场调查的结果并不能完全反映质量现状的情况。举例来说,2010 年某超高层项目正在施工,大底板已经浇筑完成,钢筋混凝土主体结构开始向上爬升。此时,同步需要施工的是依赖主体结构而施工的玻璃幕墙架构的施工。为了提高幕墙施工一次成优率,项目部的小组成员开展了相应活动。由于该超高层的幕墙是整体按照顺时针从下向上旋转的,几乎每一块幕墙的尺寸都是异形而且互不相同。小组如果只是在施工现场进行相关质量情况的调查是无法达到要求的。为此,项目部与幕墙的生产厂家合作,在附近地区按照 1∶1的比例,真实搭设了 20 层的幕墙框架,并在此基础上进行真实的玻璃幕墙安装,以此来搜集施工质量问题的数据和信息。另外,2010 年刚好 BIM(建筑信息模型)进入中国市场,项目部经理与业主沟通后,率先启动 BIM 的应用工作,逐步建立起整栋大楼的玻璃幕墙综合模型和相应族库,通过电脑的模拟来进一步获取幕墙施工质量的数据和信息。通过上述两个完全仿真的施工,小组才克服了在施工现场难以取得幕墙数据的难题,找到了活动的症结,确保了整个幕墙施工的正常开展,并保证了一次成优率。

问题 22:现状调查一定要分层进行吗

答:在现状调查中,小组通过分层的形式来获取质量问题有关的数据和信息,目的是找到影响质量问题的症结。所以,小组成员一定要明白,分层和不分层只是现状调查中的形式,而小组进行现状调查最重要的工作是找到影响课题质量问题的症结。小组只要找到了影响质量问题的症结，哪怕只是进行了一层的现状调查和数据分析也是恰当的。小组如果进行了一层分析之后，还没有找到症结，或者说找到的主要问题还是有较强的综合性，那就要分两层甚至多层来进行调查，小组需要针对上一层分析中找到的主要问题再次开展调查，直至找到症结。有时候，课题本身就是综合性的，那么进行分层调查、分类分析是比较合适的。

例如：某小组活动的课题是“提高跨层大堂采暖空调制热效率”，由于大堂是分区域的，所以，小组的第一次现状调查就需要先找到哪个区域是主要问题所在，然后进行第二次现状调查来找到症结。在实际活动中，小组在第一次现状调查中，通过对大堂高区、中区、低区三个分部的调查，整理形成了大堂高、中、低区出风口缺陷率表（如表2-8所示）。

表2-8　大堂高、中、低区出风口缺陷率表

出风分区	高风区	中风区	低风区
总检查点数	23	18	14
存在缺陷点数	16	3	2
缺陷占比（%）	69.57	16.67	14.29

制表人：×××　　　　日期：××年××月××日

根据大堂高、中、低区出风口缺陷率表，小组绘制了大堂各区出风口缺陷占比饼分图（如图2-7所示）。从饼分图中可以看到，影响大堂采暖空调制热效率的主要问题是在高风区。为此，小组针对高风区的制热缺陷开展了第二层现状调查。

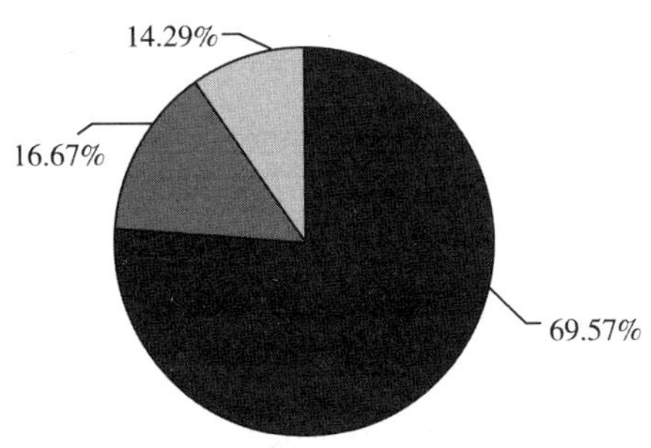

制图人：×××　　　　日期：××年××月××日

图2-7　大堂各区出风口缺陷占比饼分图

通过第二层的现状调查，小组成员找到了若干导致高风区制热效率低的相关缺陷，并及时记录了现场数据，具体数据参见表2-9所示。

表2-9　大堂高风区采暖空调验收缺陷调查表

序号	高风区缺陷名称	调查日期	合格范围	调查人	检查点数	不合格点数	不合格率
1	风速衰减太快	××年10月12日	风速降△V/d不超过1米/秒	王××	49	35	71.4%
2	出风口温度不达标	××年10月13日	出风口温度不低于25 ℃	张××	49	28	57.1%
3	风口风速偏差大	××年10月14日	与风速平均值差值不大于±3米/秒	沈××	49	5	10.2%
4	空调水温波动大	××年10月15日	空调水温稳定保持在64 ℃以上	费××	21	2	9.5%

制表人：×××　　　　日期：××年××月××日

根据表2-9，小组制作了大堂高风区采暖空调验收缺陷统计表（如表2-10所示）。

表2-10　大堂高风区采暖空调验收缺陷统计表

序号	项目	频数	频率	累计频率
1	风速衰减太快	35	49%	49%
2	出风口温度不达标	28	40%	89%
3	风口风速偏差大	5	7%	96%
4	空调水温波动大	2	4%	100%
	合计	70		

制表人：×××　　　　日期：××年××月××日

根据缺陷统计表2-10，小组绘制了大堂高风区采暖空调调试缺陷排列图（如图2-8所示）。

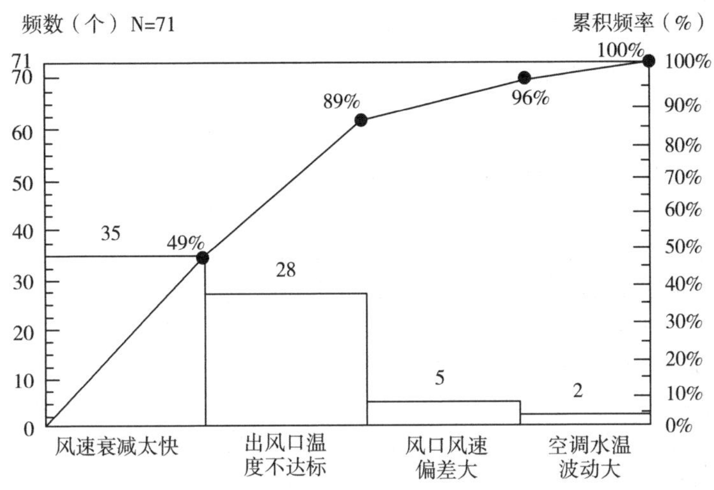

图 2-8 大堂高风区采暖空调调试缺陷排列图

从图 2-8 中可以看出，“风速衰减太快”有 35 次，“出风口温度不达标”有 28 次，两项缺陷的累计次数达到 63 次，两项缺陷的累计频率达到 89%，因此小组确定影响跨层大堂采暖制热效率的症结是“风速衰减太快”及“出风口温度不达标”。

假设小组的活动课题从原来的“提高跨层大堂采暖空调制热效率”，改为“提高大堂高风区采暖空调制热效率”，此时的课题变为一个小课题，其综合性不强。由于课题已经缩小了范围，那么小组只要进行一层的现状调查就可以。在这种情况下，小组的现状调查数据和信息直接针对“大堂高风区采暖空调调试缺陷”，然后经过整理和统计分析找到症结。

问题 23：小组在现状调查中进行分层分析，是否分层越多越好

答：现状调查分几层开展要根据小组的实际情况来判断。现状调查的目的是为了找到影响课题质量问题的症结，至于小组是分几层来找到症结，不是人为设定的，而是小组在逐层开展现状调查的时候，找到了症结，就是完成了现状调查的任务。小组可能需要开展一层或两层的现状调查并进行分析，也有可能开展多层的现状调查并分析。所以，不能轻率地说，小组在现状调查中的分层越多越好。

有个别的小组在开展活动的时候，进行了 5 层及以上的现状调查。首

先应当肯定该小组活动是非常严谨的,为了精准找到症结,进行多次现状调查,开展分层分析,从而深入了解产生质量问题的数据和信息,为后续小组活动的开展提供依据。其次,该小组所选择的课题综合性太强,所以需要开展多层的分析,才能找到症结。通过5层的分析才找到的症结,应该是相当细微的,但存在一种可能,即解决好该症结之后,有可能小组的课题目标还是没有完成。假设某小组进行了5层分析,每一层的主要问题占比都在80%左右,那么,到最后解决症结时,该症结占到课题总问题的比例只有33%左右,解决该症结以后,课题全部质量问题的三分之二还没有解决,怎么能保证课题目标实现呢?因此,如果小组的确是分了5层或更多层才找到症结,那么,小组最好把课题分解成若干小课题再开展若干QC活动,效果可能更好。另外,小组如果需要开展5层或更多层次的现状调查,需要动用不少的人力、物力、财力、时间等宝贵要素,因此,小组也需要对这方面的情况做慎重的考虑。

问题24:怎么区分现状调查中所提到的症结和问题

答:症结和问题都源于现状调查工作。小组为了更好地开展活动,需要抓住导致课题质量问题的主要矛盾,因此,小组通过对有关质量问题的现状数据进行统计分析后,可以找到主要矛盾。其中,对于综合性较强的课题,小组通过多层次的现状调查和分析,然后找到的主要矛盾就称之为“症结”。而对于综合性一般的小课题,小组通过一层的现状调查就找到了导致课题质量问题的主要矛盾,此时就称之为“问题”。

例如:小组选择了课题“提高PSP钢塑复合管安装一次合格率”,在现状调查中,小组共进行了两次调查分析。第一次现状调查,小组针对PSP钢塑复合管安装的合格率问题,找到了支吊架制作偏差、管道热熔连接差、穿墙孔洞修补多、穿墙套管内堵塞等4个质量问题,经过数据的统计分析,得到“支吊架制作偏差”为导致PSP钢塑复合管安装合格率低的主要问题。在第二次现状调查中,小组找到了吊架直线度偏差、吊架松动、吊卡垂直度偏差、吊卡裂纹等4个导致“支吊架制作偏差”的质量缺陷,经过数据的统计分析,小组得到“吊架直线度偏差、吊架松动”占比高达87.5%,因此把“吊架直线度偏差、吊架松动”作为导致PSP钢塑复合管安装一次合格率低的“症结”。

小组选择的课题如果改为“提高PSP钢塑复合管支吊架安装一次合格

率”,那么根据课题的情况,小组只要开展一次现状调查就可以了。小组通过现状调查,同样找到了吊架直线度偏差、吊架松动、吊卡垂直度偏差、吊卡裂纹等4个导致“支吊架制作偏差”的质量缺陷,经过数据的统计分析,小组找到了影响“支吊架制作偏差”频数最高的两个质量缺陷为“吊架直线度偏差、吊架松动”,因此,可以把“吊架直线度偏差、吊架松动”作为影响PSP钢塑复合管支吊架安装一次合格率的“问题”。

问题25:可以举例来说明现状调查的全过程吗

答:举例如下。

某工程系科研设计及文化教育场所,属于1类声环境功能区,即昼间噪声低于55 dB(A),夜间噪声低于45 dB(A)。小组成员结合本项目实际情况,对各通风机房的潜在噪声源进行罗列和标定。图2-9中圈定部分即为噪声源。汇总结果如图2-9所示。

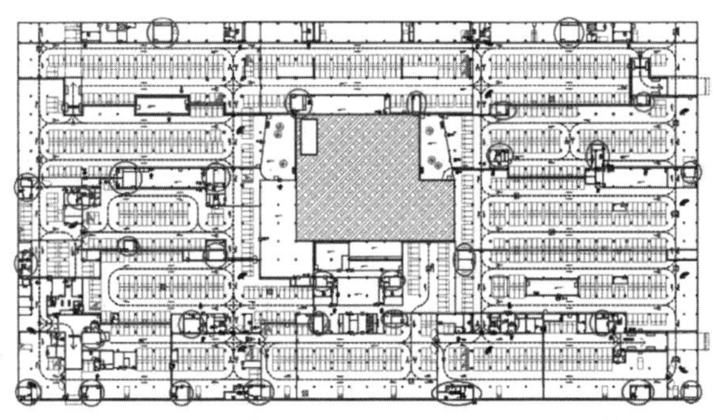

制图人:××× 日期:××年××月××日

图2-9 地下车库噪声源分布情况

为验证该项目地下车库实际噪声值是否超标,小组成员对风机房逐个进行排查并记录声级计实测值和风机运行状况。

1.第一次质量问题调查分析

经过小组成员查阅资料、调研分析,初步明确通风机房内的噪声主要分为高频噪声、中高频噪声、中频噪声、低频噪声,而噪声源主要由设备连接晃动噪声、进排风噪声、结构振动噪声和再辐射噪声等6个方面构成,如图2-10所示。

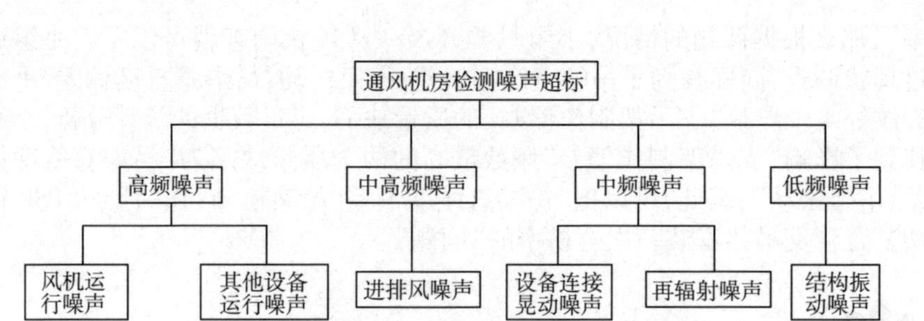

图 2-10　构成通风机房噪声源的各个因素

××年××月××日，小组成员研究的该项目地下车库共 30 个通风机房及 3 个配电间，合计44 台轴流风机进行全面噪声检测。为保证结果的有效性，小组成员在对通风机房进行噪音测量时，分别选取距离主门位置和侧墙位置各 1 米处作为有效测量地点，以二者平均值与规范值比较来判断噪音是否超标。按照规范要求，昼间机房外噪声需控制在 55 dB(A)以下，若实测结果超出此范围即视为超标。汇总结果如表 2-11 所示。

表 2-11　设备机房噪声检测原始记录表

序号	机房	轴线位置	风机数	噪声实测值 dB(A)		是否超标
				主门位置	侧墙位置	
1	1#排风机房	9-10/X-W	2	73.2	71.3	超标
2	2#排风机房	1-2/N-P	1	73.4	72.6	超标
3	3#排风机房	12-13/N-P	1	64.9	62.9	超标
4	4#排风机房	1-2/M-N	1	62.1	59.8	超标
5	4#平时排风机房	1-2/A-B	1	62.8	61.2	超标
6	5#排风机房	7-8/N-P	2	71.2	70.8	超标
7	5#进风机房	12-13/J-K	2	74.4	73.1	超标
8	6#排风机房	7-8/J-K	1	63.4	61.8	超标
9	6#进风机房	11-12/J-K	2	73.6	71.8	超标
10	7-1#平时进风机房	5-6/A-B	1	64.9	63.4	超标
11	7-2#平时进风机房	10-11/A-B	2	75.1	73.5	超标

（续表）

序号	机房	轴线位置	风机数	噪声实测值 dB(A)		是否超标
				主门位置	侧墙位置	
12	7-1#平时排风机房	14-15/E-F	1	54.3	52.8	达标
13	7-2#平时排风机房	15-16/E-F	1	62.2	60.8	超标
14	7#排风机房	17-18/E-F	1	52.2	50.7	达标
15	8#排风机房	17-18/H-J	1	54.1	52.8	达标
16	9#排风机房	17-18/S-T	1	53.9	51.4	达标
17	10#排风机房	23-24/S-T	1	60.6	59.1	超标
18	11#进风机房	22-23/G-H	2	78.9	77.8	超标
19	11#排风机房	18-19/G-H	2	74.5	72.9	超标
20	12-1#排风机房	18-19/E-F	1	65.1	63.8	超标
21	12-2#排风机房	22-23/E-F	1	61.6	60.0	超标
22	13#排风机房	32-33/X-W	2	76.1	74.7	超标
23	14#排风机房	36-37/S-T	1	63.9	62.3	超标
24	15#排风机房	28-29/S-T	1	63.4	62.1	超标
25	16-1#排风机房	39-40/N-P	1	64.1	62.2	超标
26	16-2#排风机房	26-27/J-K	1	62.4	61.0	超标
27	17-1#排风机房	39-40/A-B	1	62.3	61.1	超标
28	17-2#排风机房	26-27/H-J	1	70.4	68.5	超标
29	18#平时排风机房	26-27/A-B	1	71.0	69.2	超标
30	18#排风机房	36-27/A-B	1	60.0	57.9	超标
31	总配电间	17-22/S-T	2	54.6	50.9	达标
32	东部配电间	34-38/N-P	2	55.0	48.7	达标
33	西部配电间	7-12/N-P	2	54.9	49.4	达标

总机房数	噪声检测达标机房数	噪声检测超标机房数	总达标率
33	7	26	21.21%

制表人：×××　　　　**日期：××年××月××日**

小组成员对机房噪声检测原始记录表中的所有数据进行整合汇总,得到各类型通风机房噪声污染情况统计表(如表2-12所示)。

表2-12　通风机房噪声污染情况统计表

序号	噪声类型	频率范围	频数	频率	噪声来源
1	低频噪声	60~200 Hz	1	3.85%	结构振动噪声
2	中频噪声	200~1 000 Hz	3	11.54%	设备连接晃动噪声、再辐射噪声
3	中高频噪声	1 000~5 000 Hz	20	76.92%	进排风噪声
4	高频噪声	>5 000 Hz	2	7.69%	风机运行噪声、其他设备运行噪声

制表人:×××　　　　日期:××年××月××日

根据表2-12,小组成员制作了通风机房噪声频率分布图(如图2-11所示)。

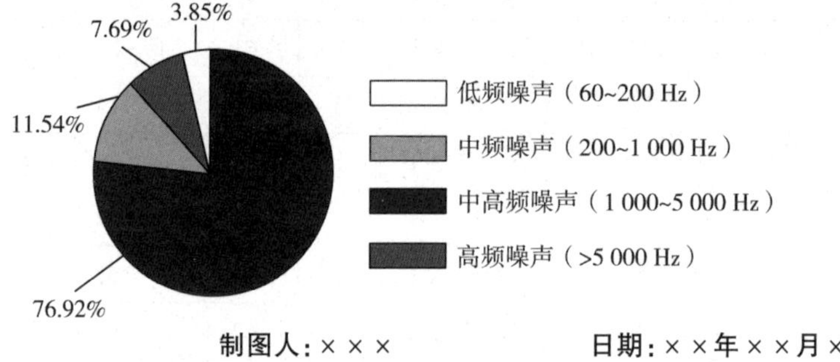

制图人:×××　　　　日期:××年××月××日

图2-11　通风机房噪声频率分布图

结合表2-11可知,通风机房噪声检测总达标率为21.21%,超标占比为78.79%。

为了明确机房噪声检测普遍超标的原因所在,小组成员根据图2-11进一步分析:未达标的通风机房主要呈中高频噪声污染,占比76.92%。查阅图2-9中通风机房各噪声来源,中高频噪声超标的主要原因在于进排风噪声超标。

小组初步确认导致噪声检测达标率低下的主要问题是"进排风噪声超标(中高频噪声)"。

2. 第二次质量问题调查分析

为进一步剖析质量问题的症结所在,小组成员于××月××日再次开展调研活动，对“进排风噪声超标”进行了调查分析。经过小组现场调查和讨论，认为“进排风噪声超标”的因素有多种，如消声器质量不合格、进排风管道安装不良、风管表面鼓振强烈等。如图 2-12 所示。

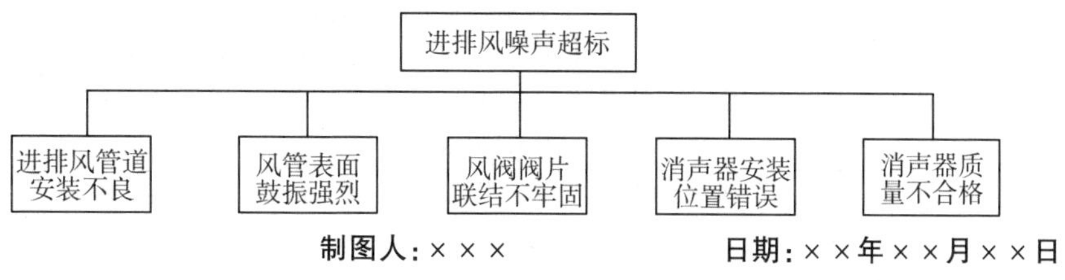

制图人：×××　　日期：××年××月××日

图 2-12　影响进排风噪声超标的因素

小组将常规的因素罗列如下。

（1）进排风管道安装不良：进排风管道的漏风性、稳定性未达到规范要求。

（2）风管表面鼓振剧烈：由于风机侧风速最大，风管表面受强气流影响会出现振动，当振动超出一定范围则会形成噪声。

（3）风阀阀片联结不牢固：风阀阀片在额定流速下产生异常振动和异常噪声。

（4）消声器安装位置错误：消声器未按图纸安装，对机房内降噪无有效作用。

（5）消声器质量不合格：消声器消声性能及有效长度达不到设计要求。

由于每台风机的进风侧和排风侧均存在风管、阀门和消声器等部件，因此需要在对应两侧设立质量缺陷检查点以保证检查结果的全面性。如图 2-13 所示。

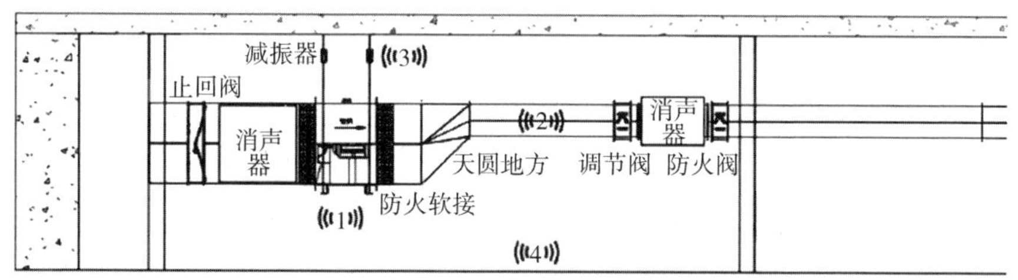

制图人：×××　　日期：××年××月××日

图 2-13　轴流风机机房示意图

地下车库共44台风机，小组成员共设立88个调查点，得到进排风噪声问题调查表（如表2-13所示）。

表2-13 进排风噪声问题调查表

序号	缺陷	合格标准	调查数	合格数	不合格数
1	风管表面鼓振强烈	风管平面度符合规范要求，风管再生噪声检测值低于50 dB(A)	88	33	55
2	进排风管道安装不良	漏风量、漏光点检测合格；法兰、支架设置符合GB 50243—2016要求	88	82	6
3	消声器安装位置错误	消声器安装位置符合设计图纸	88	85	3
4	风阀阀片联结不牢固	风阀阀片联结牢固，驱动扭矩符合JG/T 436—2014要求	88	86	2
5	消声器质量不合格	具备完整合格证及检验报告，消声器有效长度达1 000毫米	88	87	1

制表人：××× 日期：××年××月××日

为保证完全满足规范要求，我们选择以机房外测量噪声值超出昼间55 dB(A)作为评判条件，并选取××年××月15日至20日的检查数据，统计出以上噪声源问题并记录出现频度，参见表2-14所示。

表2-14 进排风噪音超标缺陷统计表

序号	噪声原因	频数	累计频数	频率百分比	累计百分比
1	风管表面鼓振强烈	55	55	82.090%	82.090%
2	进排风管道安装不良	6	61	8.955%	91.045%
3	消声器安装位置错误	3	64	4.478%	95.523%
4	风阀阀片联结不牢固	2	66	2.985%	98.508%
5	消声器质量不合格	1	67	1.492%	100%

制表人：××× 日期：××年××月××日

根据以上噪声问题的统计，小组将各问题的整改难度以及对整体噪声的影响程度进行分析，并得到进排风噪音超标缺陷排列图（如图2-14所示）。

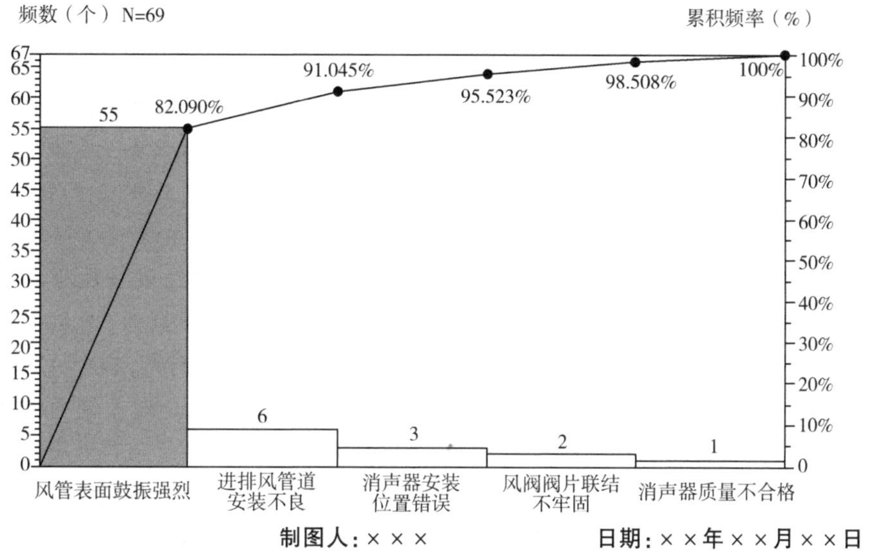

图 2-14 进排风噪音超标缺陷排列图

3. 结论

小组通过比较噪声问题统计数据，结合图 2-14 展开分析后得出以下结论：

“风管表面鼓振强烈”占总缺陷数的 82.09%，因此造成“进排风噪声（中高频噪声）检测超标”的症结是“风管表面鼓振强烈”。

四、设定目标

问题 26：目标设定的作用是什么

答：开展质量管理小组活动，目的是要解决有关课题的质量问题。就自定目标课题来说，小组在现状调查之后设定活动目标；就指令性目标课题来说，小组在选题之后直接设定目标。这两种活动程序中目标的设定，都是为了掌握课题解决的程度，看这个目标是否能满足各方的要求，并为效果检查提供依据。在对策实施后，小组可以清晰地看到活动目标是否实现。如果一轮 PDCA 活动后没有实现设定的目标，那么小组还得进入下一轮 PDCA

循环,直至课题目标的实现。

举例来说,某小组选择的课题是“提高桩头整体破除施工一次成功率”,小组在现状调查后找到了“套管封堵不严密”及“套管定位偏差大”两个症结,设定活动目标为“提高桩头整体破除施工一次成功率达到95%”。这个目标比小组在选题阶段所获得数据“一般项目的桩头整体破除施工一次成功率仅为70%”要高出很多。该项目工期紧,如果采用传统桩头破除法施工,则每台破除设备每天破除5~6个桩头,而且传统工艺多数为“先桩头整体破碎,后清除桩头碎渣”或“先对钢筋保护层从桩头进行剥离,后对桩头截断再移除”,需要耗费大量的人工、机械台班和时间。为此,小组希望通过开展活动,大大提高桩头的破除成功率,而95%的破除成功率是能够满足工期的要求,也满足企业和业主等各方的要求。在目标设定后,小组按照活动程序开展了各项活动,在效果检查阶段,桩头的整体破除一次成功率达到了95.3%。小组还设定了巩固期,在巩固期中桩头的整体破除一次成功率达到了95.4%。因此,活动目标的设定,让小组清晰地看到质量问题的改进程度:在效果检查中有了活动前后桩头整体破除效果的质量对比;在巩固期中,桩头整体破除成功率相比设定目标值的保持和进一步提升,让小组对于巩固措施有了信心,活动取得了成功。

问题27:目标的来源有哪些

答:一般来说,小组的目标主要有两个来源。

一为自定目标。是由小组成员共同制定的课题目标。对于自定的目标值,也有一定的要求:一是目标值应该比课题当前的质量问题情况有明显的改进;二是目标值可以参考上级下达的指标;三是目标值应该符合工程建设相关标准,符合施工组织设计、施工方案的要求;四是目标值应考虑到业主、设计院、监理单位等相关方的要求;五是目标值可以参考国内外同行的相关先进水平;六是目标值可以参考本小组曾经接近或达到过的最好水平,可以高于最好水平,也可以略低于最好水平;七是鉴于目标是自定的,小组就按照自定目标课题的活动程序开展活动,小组在经过现状调查后,找到了问题或症结,预计问题或症结的解决程度,通过相应测算后,明确课题改进的程度,得到小组能够达到的目标值。

二为指令性目标。这是小组把自己不能改变的相关目标值要求设定为目标,这些不能改变的要求来自以下几个方面:一是上级以指令形式下达的考核指标或目标;二是小组自己直接选择上级的考核指标或目标;三是小组直接选择了行业的强制性标准,而且该标准显然高于小组当前课题的相关情况;四是小组直接选择业主所明确的具体要求等。需要注意的是,有时候上级虽然设定了相关目标,但是小组选定的目标值低于上级设定的目标值,那么这个课题还是应当按照小组自定目标课题的活动程序开展。

问题 28:目标设定的依据是什么

答:目标设定的依据,根据该目标是小组自定目标还是指令性目标是有所不同的。如果是自定目标,那么小组可以考虑上级下达的考核指标或要求、工程建设的相关标准规范的要求、施工组织设计或施工方案的要求、业主的要求、设计院或监理方等相关方的要求、施工承包合同中的要求、国内外同行业的相关先进水平、小组曾经达到过或接近的最好水平、小组预计问题或症结解决的程度后测算将达到的水平等。如果是指令性目标,那么直接把上级的相关指令目标设为小组活动的目标,并且做目标的可行性论证工作。

目标设定的依据有以下几个作用:一是说明小组活动中设定的目标值是事出有据的;二是有充分的事实与数据来说明这个目标值设定是合理的、科学的;三是说明目标值与各方的要求是相符合的;四是小组根据课题所反映的质量问题,是在现状调查后经过数据的分析、整理、测算后得到的;五是小组经过努力,在活动后可以实现该目标值。目标设定的依据与目标的来源有相似之处,也有不同之处。相似之处在于两者所表述的内容基本相同。不同的是,目标的来源是为了说明目标制定时目标值的出处,目标来自哪儿;而目标设定的依据是为了说明小组活动的目标值是经过一个过程或程序而得到的,是经过参考、认定、比较、计算等步骤而得到。

例如:某小组开展活动的课题是"提高大跨度钢梁柱施工一次合格率",在经过现状调查的步骤后,小组得到了"梁柱位置偏移"和"预留钢筋孔数量缺少”的症结，而且该症结的发生频数占总问题发生频数的80.2%。为此，小组进入到目标设定的步骤，具体如下。

(1)行业的相关要求。根据《××省优质结构工程质量评价表》要求，凡是参评省优质结构工程的项目，其钢梁柱的施工一次合格率应当大于90%。本项目的质量目标是参评国家鲁班奖，小组设定的目标应该为“钢梁柱施工一次合格率≥90%”。

(2)与国内同行业的先进水平比较。小组通过公司的施工生产部，与××省质量监督站联系，获得了施工条件基本接近、施工质量较高的4家公司在钢梁柱施工方面的合格率情况，参见表2-15所示。发现同行业的合格率处于89.7%~93.0%，平均合格率为91.0%。

表2-15　××省大跨度钢梁柱施工一次合格率调查表

序号	公司名称	工程名称	钢梁柱施工一次合格率	行业标准
1	××第二公司	××剧院工程	90.1%	≥90%
2	××华南公司	××大会场工程	91.2%	≥90%
3	××公司华东分部	××商业工程	93.0%	≥90%
4	××总公司	××图书馆工程	89.7%	≥90%
		平均合格率	91.0%	≥90%

制表人：×××　　　　日期：××年××月××日

(3)公司曾经的最好水平。小组查阅了公司的技术档案资料，调取了本公司在2016—2020年钢梁柱施工的一次合格率数据，发现在2020年曾经有过最好的钢梁柱施工一次合格率记录，达到89.8%，参见表2-16所示。小组经过详细分析后认为小组活动后，可以达到更好的水平。

表2-16　××公司2016—2020年钢梁柱施工一次合格率情况表

序号	年份	调查项目个数	平均钢梁柱施工一次合格率	年度最好水平
1	2016年	4个	84.3%	87.6%
2	2017年	3个	83.5%	86.9%
3	2018年	5个	85.4%	88.3%

（续表）

序号	年份	调查项目个数	平均钢梁柱施工一次合格率	年度最好水平
4	2019 年	5 个	86.7%	87.9%
5	2020 年	7 个	87.5%	89.8%
		平均合格率	85.5%	

制表人：×××　　　　日期：××年××月××日

(4)目标值的测算分析。根据现状调查的结果显示，大跨度钢梁柱施工合格率为 81.0%，其中症结“梁柱位置偏移”和“预留钢筋孔数量缺少”这两项累计频率达 80.2%。根据同行业的经验值，结合企业长期的钢梁柱实际施工情况，“梁柱位置偏移”都能够解决 90% 以上，故小组预计能够解决症结的 90%，小组经过计算，合格率可达到 92.11%。因此，小组成员经过分析讨论后认为，课题设定目标可以达到合格率为 92.0%。

(5)综合分析。小组综合以上预计解决症结程度后的测算、国内同行较好的施工水平、公司曾经的最好水平、行业要求等 4 个方面的数据和信息，经过认真分析后提出，本次小组活动的目标值设定为：“大跨度钢梁柱施工一次合格率达到 92.0%。”

问题 29：目标设定有什么要求

答：这里所指的目标设定的要求，是为了保证小组活动程序的科学性，让小组的活动开展更顺畅些，也能够体现出小组活动的价值。具体目标设定的要求有以下几个方面。

一是目标设定应当与小组活动的课题相对应，即课题所包含的“对象、特性、结果”三个要素，在目标里面要体现出来。比如小组选择了课题“提高环墙基础施工一次合格率”，那么小组在现状调查后，设定了“环墙基础施工一次合格率从 83.3% 提高到 92.0%”的目标是合适的。

二是目标设定的数量不宜多，一般以一到两个目标为宜。小组所选择的课题有“小、实、活、新”的特点，通常其综合性不会太强，所对应的活动目标就不会太多。小组设定一到两个目标,也方便小组后续活动的开展,在对策实施完成以后,可以较快地进行效果检查,看小组活动能否达到目标。小组如果设定了两个或两个以上的目标,那么每个目标都应是独立的,目标之间应当不具有相关性。也就是说,当其中一个目标实现的时候,另一个目标不会随之实现。比如:某小组选择课题为"提高输电线路支架立杆外表施工合格率",小组设定了两个目标,一个是"输电线路支架立杆端头施工合格率从95.9%提高到99.0%",另一个是"输电线路支架立杆封头施工合格率从96.8%提高到99.0%",由于输电线路支架立杆的外表质量问题主要由"立杆端头的碰崩或碰裂""立杆封头的裂纹或分层"等造成,因此小组设定以上两个目标是适当的。有的小组在设定一个目标后,还会加上一个辅助目标,如"安全事故为零""成本控制在一定的百分比内"或者"绿色环保达标"等,其实有关安全、成本、环境、管理等方面的内容,小组可以在相关对策实施后,进行专门的评价。

三是目标要可测量、可检查,目标必须量化。如果小组设定的目标过于笼统,采用定性的方法描述,那么后续小组在效果检查阶段就无法进行活动前后效果的对比了,小组的活动是否取得成功就难以下结论。比如某小组选择的课题是"降低轻集料砌块施工损耗率",如果小组设定的目标为"轻集料砌块施工损耗率有明显下降",那么小组活动的前后效果是难以得到清晰的对比;如果把目标设定为"轻集料砌块施工损耗率由原来的10.5%下降到5.0%",那么该目标就可以测量,小组就可以在活动中对其进行检查了。

四是目标要具有一定的挑战性,需要小组成员努力攻关才能达到。如果设定的目标轻易就能实现,那就不需要按照整个小组的活动程序来开展,而是通过一些小的改变或简易创新就能完成。目标设定具有挑战性,就需要小组成员团结一心,发挥好每个人的综合能力,凝聚起团队的智慧,综合运用好各类资源,采取先进的管理方法,根据活动程序来解决相应的课题质量问题,并使自己的活动成果在企业内部,甚至是行业中有一定的推广价值。另外,小组成员在选择一个课题并设定目标时不能做井底之蛙,要对于该目标在同行中处于怎样的一个水平有充分了解,如果自己设定了一个较高的目标,但同行的实现水平更高时,小组也应当以同行的高水平来作为对标学习。

问题 30：怎么判断目标设定的合理性

答：一般来说，小组能够按照目标设定应当与小组活动的课题相对应、目标设定的数量以一到两个为宜、目标要可测量可检查、目标要具有一定的挑战性这 4 个方面的要求来设定目标，基本上目标设定是比较合理的。这个“合理”是个相对的概念，即目标相对于课题当前的质量状况，有一定的改进、提升幅度。

关于这个“合理”，小组可以把握住 4 点：第一是质量改进提升的幅度不能太小，如果质量改进提升的幅度很小，小组只需要通过简单的一些活动就可以实现目标，那就属于小改小革，不必按照质量管理小组的程序来完成目标。第二是质量改进提升的幅度比较符合小组的实际情况，目标是在小组“跳一跳，能摘到桃子”的范围，可以在当前行业的最佳水平之上，这样设定的目标既有挑战性，又有可实施性。第三是不要把质量改进提升的幅度设置太高。如果小组设定的目标过高，脱离了实际情况，成为难以逾越的理想目标，那么该目标显然是难以实现的，很可能导致小组活动不成功。第四是小组在设定目标时，还需要小组成员达成共识，以利于小组成员在活动开展过程中齐心协力、团结合作，一起完成目标。

具体目标值的设定，由小组根据课题的实际情况而定。有很多小组在设定目标时，通常会把目标值设定为“提高的 × × 比例在 90% 以上”等。其实，小组只要考虑上级的相关要求、顾客及相关方要求，参考同行的先进水平，结合小组曾经达到的最好水平，根据课题情况、现状调查等，通过测算、分析、比较等步骤，得到一个实事求是的目标值即可。见下例，某小组开展“提高空调水系统调试时间利用效率”，在经过现状调查步骤后，小组的设定目标如下。

空调水系统调试时间一直是由项目工程师根据系统的总负荷与复杂程度进行初步计划的，其计划时间与项目工期有紧密关系。在真正的空调调试过程中，小组成员不断发现前期施工留下的隐患影响着后期调试，需要通过不断地排查并解决问题，以维持调试过程的正常推进，往往在较紧的周期安排下出现延误的现象。

为了衡量该空调系统调试时间的合理性，小组成员经过详细的分析、讨论,引入一个时间利用效率的概念。通过实际工期与计划工期的对比,判定该空调系统调试情况与计划情况的拟合程度,从而判断是否具备较高的时间利用效率。

$$\eta = \frac{a\sum n \cdot P}{Q} \cdot \frac{T_p}{T_a}$$

式中,a——系统复杂程度系数。

n,P——调试末端数量,末端承受负荷。

Q——系统设计总负荷。

T_p——总计划调试天数。

T_a——实际调试天数(关键步骤调试天数与其余步骤调试天数之和)。

××项目一期末端系统设计负荷为5 146千瓦,参与调试的末端数量与平均承担负荷分别是382台和12.5千瓦,计划周期为23天(总调试计划45天,其中3#楼23天),实际周期为38天(其中,关键步骤调试天数为17天,其余步骤天数为21天),系统复杂程度系数取值1.2。相关数据代入公式计算得出其现状值:

$$\eta = 1.2 \times \frac{382 \times 12.5}{5\ 146} \times \frac{23}{(17+21)} \approx 67.40\%$$

经组内成员讨论,清理末端脏堵、热泵检查、管路阀门检查等时间不宜压缩,"系统无法拉动循环"可以通过快速定位问题,制定解决方案,将其调试用时压缩8天,总调试用时压缩至29天以内是合理的。代入公式计算其目标值为:

$$\eta = 1.2 \times \frac{382 \times 12.5}{5\ 146} \times \frac{23}{(8+21)} \approx 88.31\%$$

综上所述,小组设定的目标为:通过本次小组活动,将空调水系统调试时间利用效率提高到88.31%,从而满足各方要求,提升工程质量,降低工程成本。

从上述例子中可以看到，小组设定的目标值是“将空调水系统调试时间利用效率提高到88.31%”，这个空调水系统调试时间利用效率并非在90%以上，但这个效率已经明显高于小组平时56.13%的水平，该目标值在行业中也具有相当的领先水准，因此这个目标值的设定是合理的。

问题31：什么情况下需要做目标可行性论证，什么情况下不需要做目标可行性论证

答：就问题解决型课题来说，指令性目标课题需要做目标可行性论证，因为指令性目标是由上级直接下达，或者是小组直接选择了上级的考核指标或目标，或者是小组选择了行业的强制性标准、业主的具体要求等，因此，能否实现这个目标，必须要做可行性论证。而对于自定目标的课题，小组就不需要做目标可行性论证，小组需要针对课题提出的质量问题，开展相应的现状调查，从中找到问题或症结，预计问题或症结解决的程度来测算小组的活动目标。需要指出的是，无论是自定目标课题还是指令性目标课题，两者在设定目标时也有一些共同之处，比如都可以考虑国内同行业的先进水平，考虑小组曾经接近或达到的最好水平，把握现状找出症结，论证需要解决的具体问题，以确保课题目标的实现等。另外，对指令性目标值进行测算分析时，可以不受课题症结的限制，因为在具体实践中，有时候症结已经被解决，但课题的目标还是没能实现，此时就需要考虑到其他问题的解决程度，通过测算看能否实现课题目标。

例如：某小组活动的课题是“提高空调系统保温完成合格率”，该项目位于××市的××岛上。该项目部的上级提出，为了确保项目质量，获得业主的充分信任，为后续工程的投标创造有利条件，要求项目部的机电安装施工整体质量达到优质水平，各分部分项的施工质量合格率必须达到90%以上。所以小组设定的活动目标是：“空调系统保温的完成合格率达到90%”。

(1)国内同行业先进水平。经小组成员从公司总部所在的××市安装行业协会提供的资料进行分析，得知××市空调系统保温完成合格率前5位的加权平均数达到89.65%，中位数合格率达到89.90%，参见表2-17所示。小组还调查了中国安装协会的相关资料，确认了“空调系统保温完成合格率89.65%”属于目前国内较高的施工水平。

表 2-17　××市安装行业空调系统保温完成合格率前 5 位统计表

序号	会员企业名称	调查项目个数	平均合格率	
1	××市工业设备安装集团公司	10	91.2%	加权平均合格率 89.65%，处于国内领先地位
2	××省工业设备安装工程公司	12	90.1%	
3	××市××建筑工程公司安装分公司	8	89.7%	中位数合格率 89.90%，处于国内领先地位
4	××省建筑安装工程公司	8	88.6%	
5	××集团华东公司第一安装公司	6	87.5%	
	注 1：单个项目的最好水平为××省工业设备安装工程公司××项目部，达到 95.3%			
	注 2：单个项目的最低水平为××省建筑安装工程公司××项目部，达到 83.8%			

制表人：×××　　　　**日期：××年××月××日**

（2）小组所在公司曾经达到的最好水平。小组成员调阅了公司近 5 年空调系统保温完成合格率的相关资料，参见表 2-18 所示。统计资料显示，公司曾经在 2019 年××项目上的合格率最好，达到 91.3%，而且当年的中位数平均合格率达到了 88.2%，公司近 5 年加权平均合格率达到 86.62%。

表 2-18　××集团××安装公司空调系统保温完成合格率统计表

序号	调查年份	调查项目个数	平均合格率	
1	2020 年	8	87.3%	加权平均合格率 86.62%
2	2019 年	6	88.2%	
3	2018 年	4	85.7%	中位数合格率 88.2%
4	2017 年	4	84.6%	
5	2016 年	3	85.6%	
	注 1：单个项目的最好水平为 2019 年××项目部，达到 91.3%			
	注 2：单个项目的最低水平为 2017 年××项目部，达到 83.1%			

制表人：×××　　　　**日期：××年××月××日**

(3)找出症结,论证问题解决后的课题目标。

①第一次质量缺陷调查分析。

为了准确地掌握现场空调保温的现状,找到影响课题质量的相关问题,小组成员决定开展第一次的空调系统保温质量缺陷调查。小组成员在××项目一期项目中,对C、D办公楼与文化楼两座塔楼的空调系统保温的现状进行了调查。小组对标准层的房间、走道、电梯厅三个部分进行区域分割,然后小组在每个区域进行抽检。办公楼标准层抽检位置及文化楼标准层抽检位置分别如图2-15、图2-16所示。两个标准层各选取了50个点,总计100个点位。经过小组成员的调查分析后发现,现场出现空调系统保温不合格的问题主要包括:一是空调系统保温整体开裂;二是空调系统保温表面开裂;三是空调系统保温部分脱落;四是空调系统保温整体脱落。小组对出现的质量问题进行了汇总,得到相关统计结果,参见表2-19所示。

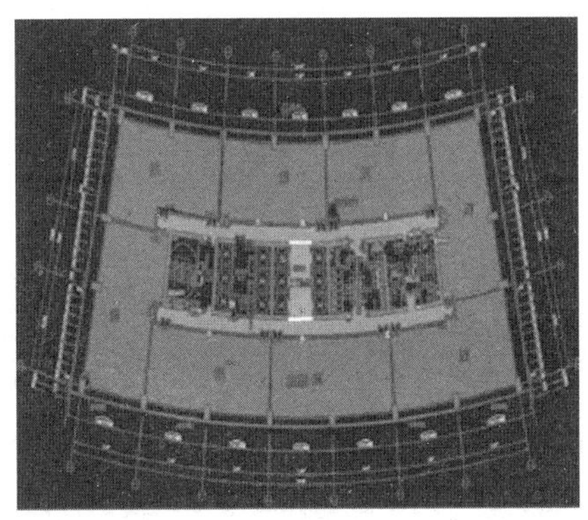

图2-15　办公楼标准层抽检位置

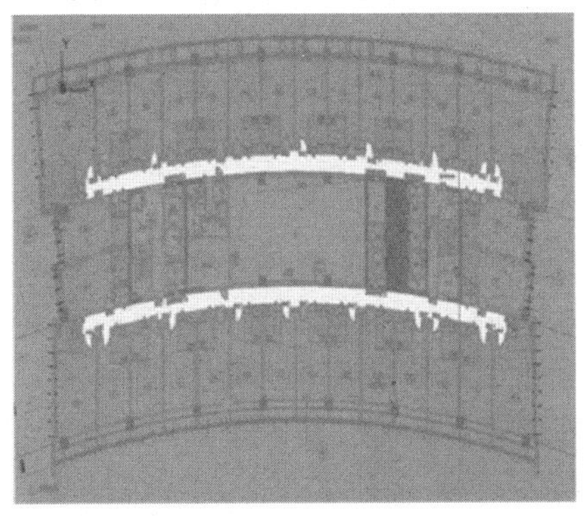

图2-16　文化楼标准层抽检位置

表 2-19　××项目影响空调系统保温安装合格率质量缺陷统计表

序号	影响保温的质量缺陷类型	质量缺陷出现次数	质量缺陷占比
1	空调系统保温整体开裂	21	80.8%
2	空调系统保温表面开裂	2	7.7%
3	空调系统保温部分脱落	2	7.7%
4	空调系统保温整体脱落	1	3.8%
	合计	26	

制表人：×××　　　　日期：××年××月××日

根据表 2-19，小组绘制了质量缺陷占比饼分图，如图 2-17 所示。

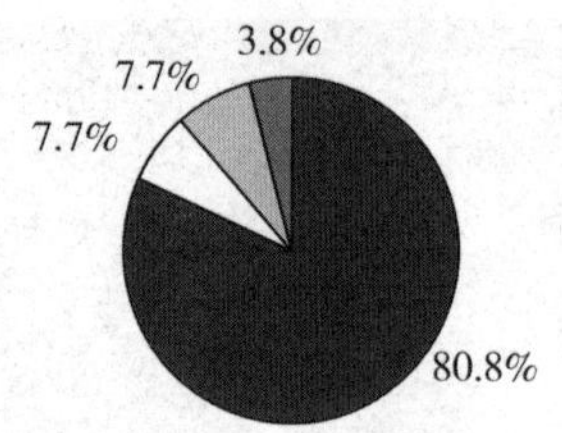

制图人：×××　　　　日期：××年××月××日

图 2-17　影响空调保温质量缺陷饼分图

小组分析了图 2-17 的质量缺陷饼分图，发现空调系统保温整体开裂的缺陷占比最大，占总体的 80.8%。由此，小组得出初步结论：空调系统保温整体开裂是影响空调系统保温完成合格率的主要问题。

②第二次质量缺陷调查分析。

为了进一步找到影响空调系统保温整体开裂的症结，小组根据第一次质量缺陷调查分析的初步结论，决定进行第二次的质量缺陷调查，本次调查的重点便放在造成空调系统保温整体开裂的问题上。小组对 C、D 办公楼与文化楼两座塔楼的空调系统保温整体开裂的情况进行了相关质量缺陷的调查，发现导致空调系统整体开裂有三个方面的问题，分别是“保温破损开裂”“保温接口处开裂”“保温自然开裂”。小组成员对现场已完成保温的位置选取了100个点位进行深入调查并进行了汇总，得到调查后的影响空调系统保温整体开裂的质量缺陷统计表（如表2-20所示）。

表2-20　影响空调系统保温整体开裂的质量缺陷统计表

序号	质量缺陷类型	出现次数	缺陷占比
1	保温破损开裂	19	73.1%
2	保温接口处开裂	4	15.4%
3	保温自然开裂	3	11.5%
	合计	26	100.0%

制表人：×××　　　　日期：××年××月××日

根据表2-20，小组绘制了质量缺陷占比饼分图，如图2-18所示。

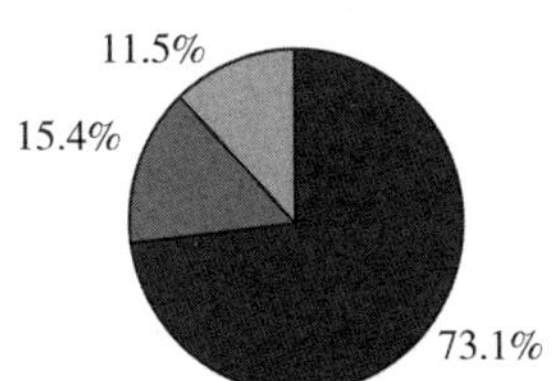

制图人：×××　　　　日期：××年××月××日

图2-18　影响空调保温整体开裂质量缺陷饼分图

由表2-20和图2-18可以看出，“保温破损开裂”出现19次，占总体的73.1%；“保温接口处开裂”出现4次，占总体的15.4%；“保温自然开裂”出现3次，占总体的11.5%。由此，小组成员确定，影响空调系统保温完成合格率的症结是“保温破损开裂”。

③论证问题解决后的课题目标。

小组根据相关调查、经验、分析等，认为能解决症结“保温破损开裂”的90%（过程略），在此基础上小组先计算“空调系统保温整体开裂”问题解决情况，计算公式如下：

空调系统保温整体开裂问题解决百分比 =(保温破损开裂 ×90%)/空调系统保温整体开裂数 =(19 处 ×90%)/26 处≈65.8%

由此可知,"空调系统保温整体开裂"问题可以得到解决 65.8%。

然后小组成员再计算最终的空调系统保温的完成合格率,计算公式如下:

空调系统保温的完成合格率 =[调查总量 -(不合格数 - 空调系统保温整体开裂数 ×65.8%)]/调查总量 =[100 处 -(26 处 -26 处 ×65.8%)]/100 处≈91.1%

由此可知,空调系统保温的完成合格率可以提高到 91.1%。

(4)综述。综合以上结果:国内同行的先进水平为 × × 市空调系统保温完成合格率前 5 位的加权平均合格率达到 89.65%,中位数合格率达到 89.90%。其中,× × 省工业设备安装工程公司 × × 项目部的最佳水平达到 95.3%;小组所在公司的 × × 项目部在 2019 年的最佳空调保温合格率达到 91.3%;经测算论证,解决症结后空调系统保温的完成合格率可以达到 91.1%。

小组认为,通过开展小组活动,把本项目的空调系统保温完成合格率设定为 90%,与国内同行先进水平 89.65% 的加权平均合格率、89.90% 的中位数合格率相比,略有超出;与小组所在公司的 × × 项目部最佳水平 91.3% 接近;与经过论证症结解决后的测算结果 91.1% 也接近,并略有保留。虽然与行业内的最佳水平 95.3% 相比还有差距,但小组对于实现 90% 的合格率是可行的。

(5)论证结果。小组本次活动"提高空调系统保温完成合格率"的目标设定为 90%。

问题 32:目标值的计算步骤是什么

答:小组在设定目标时,需要针对症结来预计该症结的解决程度,测算出小组能够达到的水平。目标值的计算步骤主要包括:首先,小组通过现状调查后找到症结,从现状调查的数据中获取症结占全部质量问题的百分比。

其次,小组预计该症结的解决程度,比如有的小组预计症结的90%能得到解决,有的预计症结的70%能得到解决。这个解决程度不是凭空想象出来的,而是小组成员通过分析自己的技术与管理能力、作业环境、得到的技术支撑与资源配置、以往同类型项目的施工经验、企业内部的经验数据、行业的相关资料、解决同类型症结的概率、小组以往解决问题的稳定概率等,在综合分析的基础上得出的数据,可以说,症结的解决程度有点类似于症结完全解决的基础上乘以一个百分比的系数。最后,小组在预计症结的解决程度后,把现状调查中获得的质量问题的总频数减去症结的发生频数,再根据剩下的质量问题所占原来总质量问题的百分比,由此来测算得到预计的目标值。

小组如果在现状调查时,通过分层分析的步骤才找到症结,那么在计算目标值的时候,就需要从最末层的症结开始逐步计算,先预计症结的解决程度,计算出上一层质量问题的发生频数,再根据上一层质量问题的发生频数,计算出更上一层质量问题的发生频数。以此类推,一直计算到第一层质量问题的发生频数,再计算剩下的质量问题占总质量问题的百分比,从而测算出目标值,参见例1所示。

例1:设定目标。

某小组的活动课题是“提高通风机房噪声检测达标率”,小组在现状调查中进行了两次分层分析。在第一次的现状调查分析中,小组发现总机房数为33台,其中噪声检测达标机房数为7台。小组找到了影响“噪声检测达标率低”的主要问题是“进排风噪声超标”,发生频数20次,占该层总问题频数26次的76.92%。在第二次的现状调查分析中,小组找到了症结是“风管鼓振幅度超标”,发生频数是55次,占总问题频数67次的82.09%。为此,小组分别进行了“进排风噪声超标”解决情况和“通风机房噪声检测达标率”目标值的计算。

(1)“进排风噪声超标”解决情况测算。

小组根据调查、经验、分析等,认为能将90%的“风管鼓振幅度超标”问题予以解决,在此基础上,小组计算“进排风噪声超标”问题解决情况,计算公式如下:

$$\eta_{jp}=90\%\times p$$

其中，η_{jp}是“进排风噪声超标”问题解决比例；p 是“风管鼓振幅度超标”缺陷占比。把 $p=82.09\%$ 代入计算，得到：$\eta_{jp}=90\%\times 82.09\%\approx 73.88\%$。

即“进排风噪声超标”解决比例可以达到 73.88%。

(2)“通风机房噪声检测达标率”目标值测算。

根据“进排风噪声超标”解决情况，结合其他各类型噪声分布，经加权平均可明确“通风机房噪声检测达标率”目标值，计算公式如下：

$$\eta=(73.88\%\times S_m+S_i)/S$$

其中，S_m、S_i 分别代表中高频噪声超标机房数、原噪声达标机房数；S 是噪声检测超标总机房数。把 $S_m=20$、$S_i=7$、$S=33$ 代入计算，得到：

$$\eta=(73.88\%\times 20+7)\div 33\approx 65.99\%$$

即“通风机房噪声检测达标率”在相应条件下可达到 65.99%。考虑到一些其他因素的影响，小组决定把本次活动的目标设定为：通风机房噪声检测达标率由原来的 21.21% 提高到 65.00%。

计算目标值还有另外一种方法，即小组通过现状调查获得症结、上一层主要问题等在对应质量问题中的发生频率，然后把症结产生的频率与上一层主要问题发生频率相乘，直接得到症结在总质量问题中的发生频率，再预计该症结的解决程度后，计算得到目标值，参见例 2 所示。

例 2：设定目标。

某小组就课题“提高户内顶板架空给水管安装一次合格率”进行了现状调查，共进行了两次分层分析。第一层质量问题分析找到主要问题是“支吊架制作安装”，其所占问题总频率的 62.92%；第二层质量问题分析，找到问题症结为“吊架直线度偏差”和“吊卡松动”，两者分别占问题总频率的 55.36%、32.14%。

小组成员对上述给水管安装中产生返修问题的两个症结进行计算，两个质量问题占整体质量问题的比率为：

$$(55.36\% + 32.14\%) \times 62.92\% \approx 55.06\%$$

如果把这两个问题全部解决，给水管安装一次合格率将达到：

$$[1 - 89 \times (1 - 55.06\%) \div 400] \times 100\% \approx 90\%$$

小组以往活动中对于常规问题的解决概率都在 90% 以上，小组从某安装公司技术部了解到该公司解决同类型问题的概率在 87.5% 左右，因此小组经过讨论、分析后，一致认为将以上两个问题解决 85% 以上是可以实现的，由此，一次安装合格率也可以达到：

$$[1 - 89 \times (1 - 55.06\% \times 85\%) \div 400] \times 100\% \approx 88.16\%$$

因此小组将目标值设定为：给水管安装一次合格率达到 88%。

五、原因分析

问题 33：原因分析的目的是什么

答：小组进入原因分析的程序，目的就是从人、机、料、法、环、测等多方面进行考虑，充分展示产生问题或症结的原因，然后对每一条原因进行逐层分析，一直分析到末端，找到影响问题或症结的末端原因。小组只有在找到所有的末端原因后，才能进入到下一个活动程序，即开展主要原因的确认工作，从这些末端原因中找到影响问题或症结的主要原因，从而使对策的制定有针对性。可以说，原因分析环节是问题解决型课题程序中一个承上启下、相当重要的步骤。假设没有原因分析环节,那么就不存在主要原因的确认,这样造成的结果是:小组只能直接针对问题或症结进行对策的制定。由于问题或症结所反映的具体内容,是属于造成课题质量问题的表象,其背后深层次的原因是不清楚的,如果缺少了对这些深层次原因的多角度、多维度分析,小组开展活动就显得迷茫。

假设小组直接针对问题或症结来制定对策,由于表象背后原因的多重性、复杂性,小组就会感到无从下手,要么采取的对策失去针对性,所定对策牛头不对马嘴;要么采取的对策过于笼统,所定对策隔靴搔痒,甚至是制定了一堆的对策,实施过程耗时、耗力,而且效果不佳。这其中的重要原因就是课题的问题或症结虽然找到了,但影响问题或症结的因素还有很多:有些是人的能力问题引起的;有些是机器故障引起的;有些是工艺方法不正确导致的;有些是因为材料上面出了问题;有些是受到了周边环境的影响等。而且小组还需要逐层分析原因,直到找到可以采取的对策。因此,为了增强对策的针对性,小组还需要对问题或症结进行深入的分析,抽丝剥茧,从多维度、多角度找到影响问题或症结的末端原因。

问题 34:为什么原因分析要针对问题或症结进行

答:小组在现状调查时,针对引起课题质量问题的情况进行了调查,收集到了有关数据,然后开展相关分析,得到若干影响课题质量的缺陷,并找到了影响课题质量的问题或症结。因为问题或症结是属于影响课题质量缺陷中的主要矛盾,为了尽快解决问题,也同时为了节省相关人力、物力、财力,小组开展原因分析就着重针对问题或症结而展开,从而找到影响问题或症结的末端原因。当然,如果小组的活动目标设得特别高,小组需要解决更多的质量问题,或者影响课题质量的缺陷之间的频数比较接近,那么,小组进行原因分析时,需要对其他的次要问题甚至是微小问题也要开展分析,以获得更好的预期效果,但这种情况是不多见的。

有个别小组在现状调查时,找到了症结所在,但在开展原因分析时,却是针对课题进行相关原因分析。这可能是因为小组混淆了概念,认为针对课题开展 QC 活动就需要针对课题进行原因分析,没有搞明白针对课题进行原因分析与针对症结开展原因分析，两者的结果是相差很大的，小组也没有真正明白现状调查的作用。

在活动程序中，介于"选择课题"和"原因分析"两个步骤中，有一个相当重要的步骤就是"现状调查"。实际上，小组通过现状调查找到问题或症结后，就是找到了解决课题质量问题的"牛鼻子"。小组针对问题或症结这个"牛鼻子"开展后续活动，可以集中各类资源来解决问题，相对顺利地开展活动以实现课题目标。

下面的例子是某小组选择了课题"提高空心楼板面层施工一次合格率"，这是一个比较常见的课题，课题也具有一定的综合性。小组在选题之后进行了现状调查工作，找到了问题。但接下来小组没有针对问题开展原因分析，而是直接针对课题进行了原因分析，对后续活动产生了不利影响。

例如：××年××月××日，小组人员张××、忻××等人进行现状调查工作，小组成员选择了 SJ-02 地块××房地产开发建设项目，对近两年已施工完成的 A-03、A-05 两个区间的空心楼板施工质量开展调查，对影响空心楼板质量的 86 个质量问题进行了详细的分类统计，参见表 2-21 所示。

表 2-21　空心楼板面层施工质量问题调查统计表

序号	质量问题	频数（点）	累计频数（点）	频率（%）	累计频率（%）
1	混凝土有孔洞	73	73	85%	85%
2	面层蜂窝麻面	5	78	6%	91%
3	平整度偏差过大	4	82	5%	96%
4	混凝土裂缝	2	84	2%	98%
5	其他	2	86	2%	100%

制表人：×××　　　　日期：××年××月××日

从以上统计表中可以看出，"混凝土有孔洞"的累计频率达 85%，是影响空心楼板面层施工质量的问题。小组如果在空心楼板面层施工中能解决好这项问题，那么就可以实现大幅度提高空心楼板的施工质量。紧接着，小组运用因果图开展了原因分析工作，如图 2-19 所示。

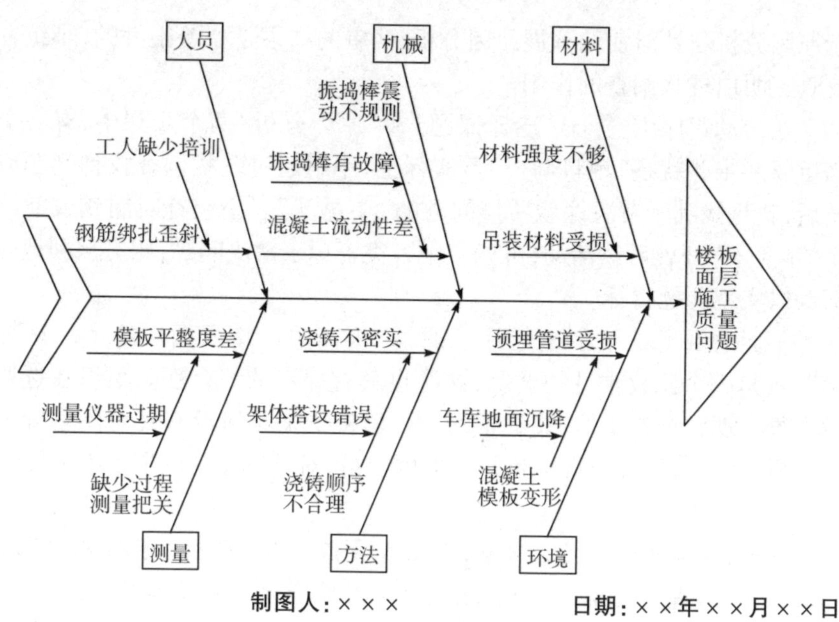

图 2-19　空心楼板施工质量因果图

从这个例子中可以看到:小组通过现状调查找到的问题是“混凝土有孔洞”,但小组进行原因分析时,没有针对“混凝土有孔洞”开展,而是针对了课题“楼层面板施工”的质量问题开展。因此,该小组虽然找到了末端原因,并通过现场试验等方式确认了主要原因为“混凝土浇筑后芯模上浮”和“垫块设置不足”(注:小组在原因分析中,把“垫块设置不足”与“混凝土流动性差”的逻辑关系颠倒了,因果图中的末端原因应该为“垫块设置不足”),但后续在对策实施后,空心楼板面层的施工质量还是不理想。小组如果针对问题“混凝土有孔洞”来开展原因分析,那么后续确认的主要原因将都会紧紧围绕“混凝土有孔洞”这个问题,针对性就强,后续开展活动的效果会更好。

但不可否认的是,在实际活动中,小组直接针对课题进行原因分析的情况是存在的。出现这样的情况,基本上是小组所选择的课题特别小,几乎没有什么综合性。比如,有个小组选择的课题是“提高地脚螺栓定位精度”,由于课题本身已经非常小,小组直接针对课题开展原因分析是可以的。但如果小组选择的课题是“提高地脚螺栓安装精度”,那么这个课题就有一定的综合性,小组必须通过现状调查来找到症结,症结有可能是"定位精度差",也有可能是其他问题,比如"预留孔洞偏移"等,然后再针对症结开展原因分析。

问题35:怎么理解"问题和原因之间的因果关系清晰、逻辑关系紧密"

答:在原因分析过程中,小组成员针对问题或症结,需要进行相关的分析,去揭示导致问题或症结的原因,而第一层的原因找到之后,又要分析是哪些原因导致了第一层的原因,以此类推,直至找到末端原因。这个分析过程是严谨的,是在不断探寻这个"末端原因"导致问题或症结的答案。"问题和原因之间的因果关系清晰、逻辑关系紧密",说明"问题"和"原因"之间是存在一种紧密的关系,可以这么来理解:

每个原因和问题之间存在着清晰的因果关系,因为有了某个具体的原因,导致了结果的发生,即问题的产生。这里的问题,是影响课题质量的主要问题,对于综合性课题而言是症结。很多时候,小组为了找到导致问题背后的潜在原因,就需要进一步地展开分析。此时,后一层的"因"又构成了再后面一层的"果",这就展示了原因和问题之间的因果关系。在具体对某一个维度进行展开分析时,讲究的是紧密的逻辑关系,这时的逻辑关系既可以是因果关系,也可以是包含关系,也可能是递进关系。也就是说,后一层的"因"导致了前面一层的"果",也可能是后一层的"果"包含了前一层的"因"。逻辑关系紧密是指原因是逐层展开的,不能省略中间层次,不能把不同层次的原因放在同一层,不能跳跃式分析,更不能从一层直接跳跃到末端。整个原因分析的过程是系统的、有逻辑的、无遗漏的分析过程,不是凭直觉、突发奇想等而得出的,而且必须要分析到末端原因。

例如:某小组针对课题"提高PC叠合板电气管线预埋一次合格率"开展活动,在现状调查后,找到了症结"管线与墙板槽无法对接"。为此,小组针对症结,运用鱼骨图层层分析,并按照人、机、料、法、环、测等6个方面层层分解至末端原因,如图2-20所示。

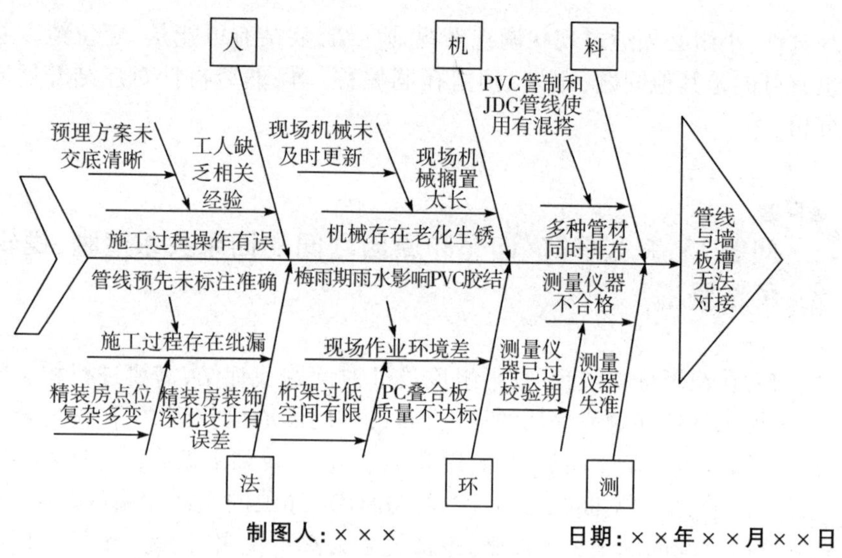

制图人：×××　　　　　　　　　　日期：××年××月××日

图 2-20　原因分析鱼骨图

从这个例子中可以看到，小组针对症结“管线与墙板槽无法对接”，从人、机、料、法、环、测等 6 个方面进行原因分析，每个方面的每一条原因与症结之间的因果关系非常清晰，比如从“方法”的角度，“施工过程存在纰漏”与症结存在清晰的因果关系。在每一个维度的分析过程中，后一层的原因与前一层的原因之间有清晰的逻辑关系。另外，从“方法”这个维度分析，引起“施工过程存在纰漏”的原因是“管线预先未标注准确”和“精装房装饰深化设计有误差”，而导致“精装房装饰深化设计有误差”的原因是“精装房点位复杂多变”。

但有的小组在原因分析时，会存在逻辑关系不紧密、因果关系不清晰的问题。图 2-21、图 2-22、图 2-23、图 2-24 分别是 4 个小组原因分析步骤的局部图。

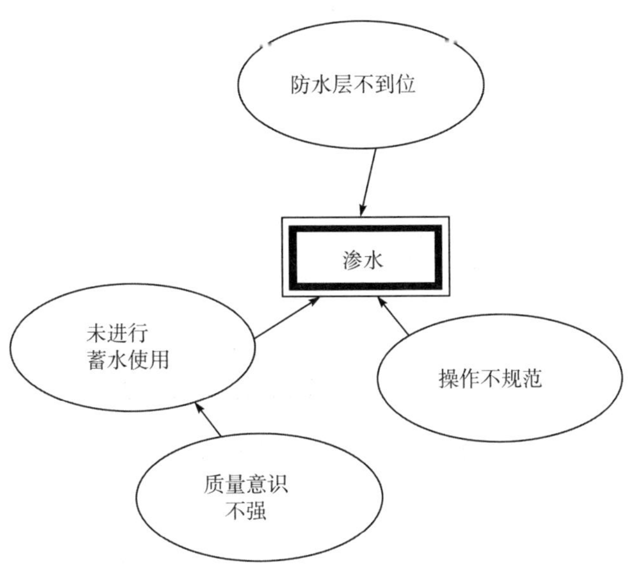

图 2-21　原因分析关联图(局部)

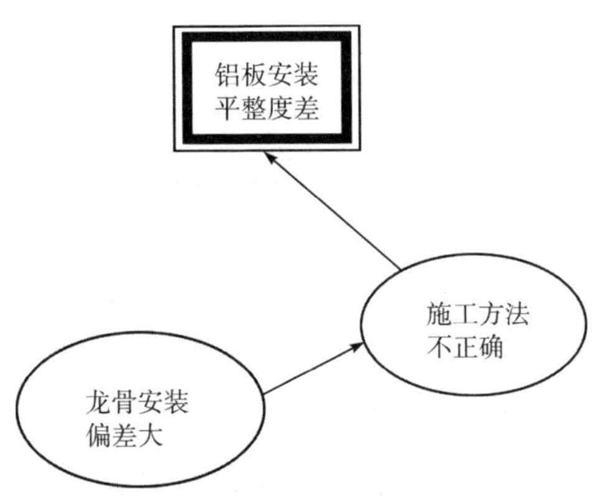

图 2-22　原因分析关联图(局部)

从图 2-21 中可以看到,“质量意识不强”不是导致“未进行蓄水使用”的原因,两者之间没有因果关系。“防水层不到位”和“操作不规范”究竟是怎样的问题没有讲明白,故两者与症结之间的逻辑关系不清晰。

从图 2-22 中可以看到,“施工方法不正确”与“龙骨安装偏差大”的因果关系倒置了。

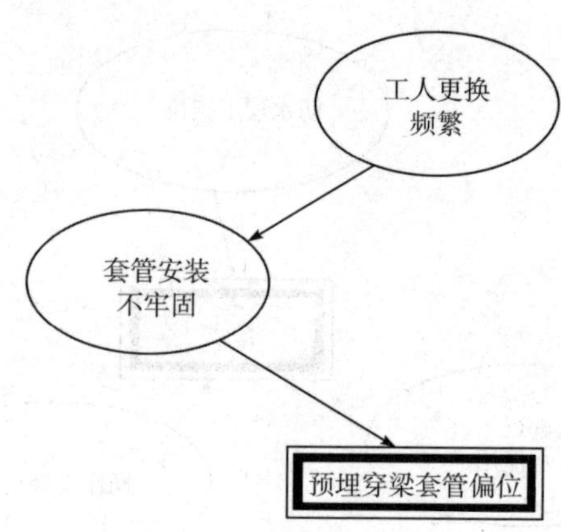

图 2-23　原因分析关联图(局部)

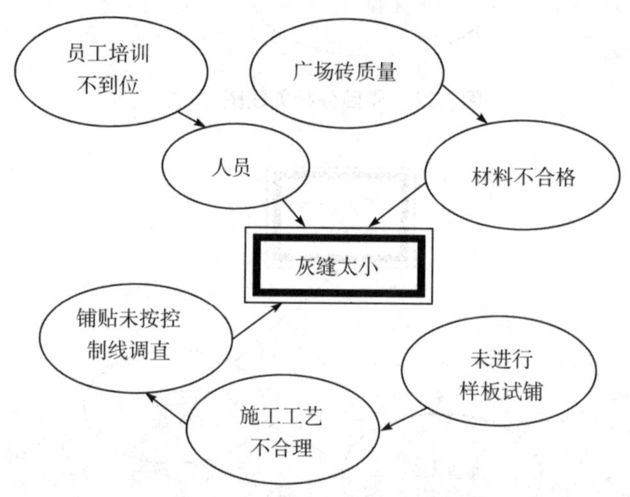

图 2-24　原因分析关联图(局部)

从图 2-23 中可以看到,“工人更换频繁”不是导致“套管安装不牢固”的原因,两者的逻辑关系错误。从图 2-24 中可以看到,“人员”不能作为一个问题项,它既不是导致“灰缝大小”的原因,也不是“员工培训不到位”的结果。导致了“人员”什么结果,没有交代清楚,这些都是逻辑关系不清的地方。“铺贴未按控制线调直”与“施工工艺不合理”之间的因果关系倒置。“未进行样板试铺”与“施工工艺不合理”之间的因果关系倒置。“广场砖质量”是怎样的问题没有表述清楚;“广场砖质量”不是末端原因,小组还可以分析,是什么原因导致了“广场砖质量”出现了问题,另外“广场砖质量”和“材料不合格”之间缺少逻辑关系。

问题 36:为什么原因分析要从人、机、料、法、环、测等 6 个维度展开

答:原因分析的结果,是为了充分展示产生问题的原因,因此,需要从各个维度去调查,以展示问题的全貌,避免遗漏。一般来说,对某一个问题产生明显影响的因素有人员、机器、材料、方法、环境、测量等 6 个方面,简称为 5M1E(英文 man,machine,material,method,measure,environment 的首字母缩略)。具体应用时,小组应当结合实际情况来分析。当小组针对某一个课题的问题进行调查时,有时候也会碰到某一个或多个维度的原因不存在,那么就不需要从该维度进行分析,并不是非上述 6 个维度不可(见下面举例)。当然,随着各类小组的大量实践,有些维度可以增加,比如在数字化时代已经开始进入生产经营领域的信息维度、人工智能维度等,有的小组把“信息”维度归于“材料”维度就比较勉强,而把“人工智能”维度归入到“方法”维度也显得不恰当,所以不妨把它们作为单独的维度来考虑。

例 1: 某小组进行原因分析,从 4 个维度开展。

某小组开展活动的课题是“减少管线搬迁对地下工程设计的影响”,在现状调查中,小组找到了症结为“管线迁移平面设计有差异”,为此,小组进行了原因分析。小组仔细分析了本工程中影响症结“管线迁移平面设计有差异”的因素,结合多个已完成项目平面设计中管线迁移的各种弊端和不利因素,并邀请了专家、顾问进行了多次座谈,归纳出了人员理念、设计方法、环境因素、地质条件等 4 个维度的影响因素,并逐一分析到末端原因,如图 2-25 所示。

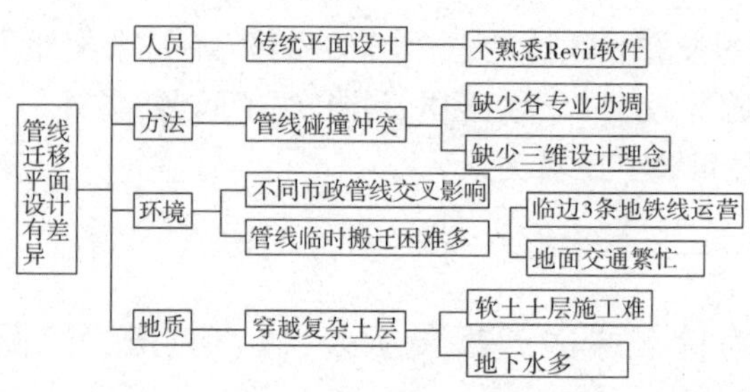

图 2-25　原因分析系统图

从例 1 中可以看到,小组结合了工程设计的具体情况,针对症结“管线迁移平面设计有差异”,从人员、方法、环境、地质等 4 个维度进行了原因分析,充分考虑到本次课题的实际情况。因为症结是“管线迁移平面设计有误差”,因此,没有从“材料”“机械”“测量”三个维度来展开原因分析。当然,小组具体的原因分析中有一些地方是需要纠正的,比如:“缺少三维设计理念”“缺少各专业协调”与“管线碰撞冲突”前后的因果关系倒置。另外,地质条件这个维度是可以放在环境因素维度中的。

例 2:某小组进行原因分析,从 5 个维度开展。

某小组活动的课题是“提高冷却塔的施工一次合格率”,在现状调查中,找到了“筒壁砼施工质量差”这一症结。为此,小组运用鱼骨图进行了原因分析,如图 2-26 所示。

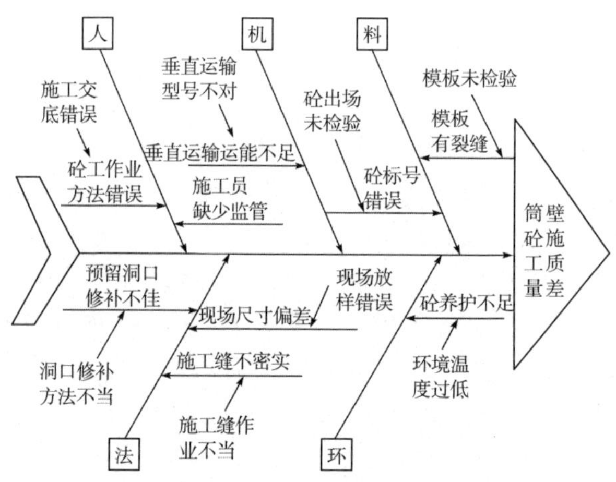

图 2-26　原因分析因果图

从例 2 中可以看到，小组从人、机、料、法、环等 5 个维度展开了原因分析。但是，小组在原因分析中，提到了“模板拼装差”“筒壁几何尺寸差”“放样不准确”等原因，而这几个原因都会涉及测量方面的内容，如测量工具是否有效准确、测量人员的测量方法是否正确等，同时这些测量方面的内容也会对症结“筒壁砼施工质量差”形成影响，甚至有可能是导致症结的主要原因，因此，小组应当增加从测量的维度来进行原因分析。

问题 37：怎么理解“原因分析要彻底”

答：原因分析彻底的标志是分析到了末端原因。末端原因应该是具体的、能够确认的并且可以直接采取对策的因素。有的小组在进行原因分析时会感到采取的对策有点笼统，或者是感到不知所措，那往往是因为没有分析到末端原因的缘故。原因分析的过程要一层一层展开，直至分析到末端原因，目的是使小组制定的对策针对性强，可以直接采取措施，对策与措施相当清晰，而且可以制定明确的对策目标。有的小组纠结于原因分析要分析几层，那大可不必，小组只要分析到可以采取对策的那一层原因即可，不必拘泥于分析了一层还是两层还是更多层。另外，原因分析时不能局限于从某一个方面的角度去思考原因，而必须是多维度思考，这样才能充分展示问题的全貌，不至于遗漏每一个维度的原因，以保证后续小组活动的质量。

例 1： 某小组针对问题“抗震支架定位偏差”运用系统图进行原因分析。

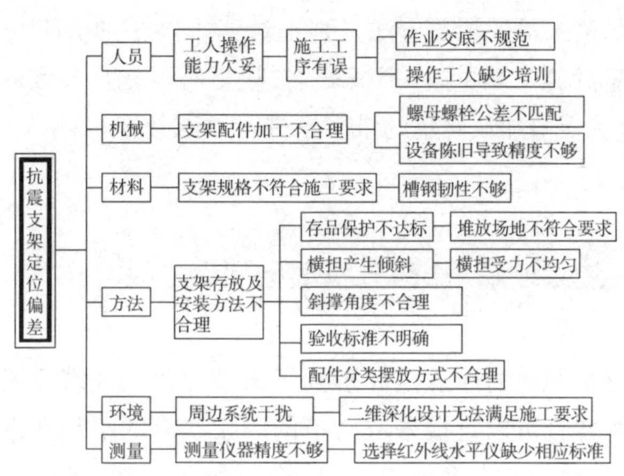

图 2-27　原因分析系统图

从图 2-27 中可以看到，小组在开展原因分析时，从人、机、料、法、环、测等 6 个维度进行分析，其中，人员维度分析了三层；方法维度有的分析了三层，有的分析了两层。每一层分析中，因果关系清晰，逻辑关系紧密。比如：在材料维度，影响问题“抗震支架定位偏差”的第一层原因是“支架规格不符合施工要求”，接着影响“支架规格不符合施工要求”的第二层原因是“槽钢韧性不够”；在方法维度，影响问题的第一层原因是“支架存放及安装方法不合理”，紧接着的第二层原因有 5 个，分别是“存品保护不达标、横担产生倾斜、斜撑角度不合理、验收标准不明确、配件分类摆放方式不合理”。其中，针对“斜撑角度不合理、验收标准不明确、配件分类摆放方式不合理”已经可以直接采取对策，为末端原因；影响“存品保护不达标”的第三层原因是“堆放场地不符合要求”，是末端原因；影响“横担产生倾斜”的第三层原因是“横担受力不均匀”，是末端原因。可以说，该小组分析问题的维度、分析原因的层次、逻辑关系及因果关系等非常清晰，也都分析到了末端原因，属于“原因分析彻底”。

例 2：某小组针对症结"外漏钢筋尺寸误差大、混凝土表观完整性差"，运用关联图进行原因分析。

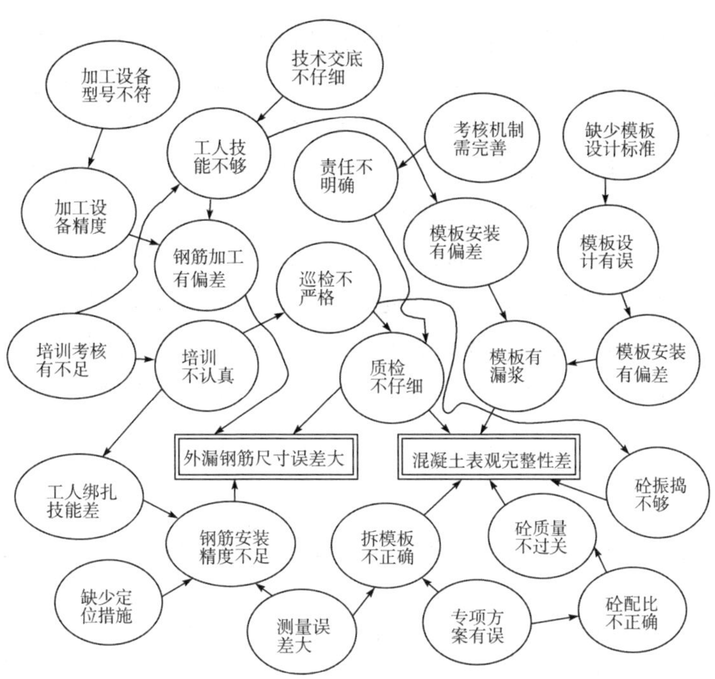

图 2-28　原因分析关联图

从图 2-28 中可以看到，小组的原因分析不彻底。一是没有多维度思考，小组考虑到的维度有人员、机械、方法、测量，缺少的维度有材料、环境。小组在分析中，已经提到了"模板安装有偏差"，分析的上一层原因是"模板设计有误"，缺少从模板自身的材料质量角度去分析原因。另外，环境对于安装精度、测量误差、模板安装质量等都会产生影响，但小组缺少该维度的分析。二是因果关系不清晰，比如小组认为"工人绑扎技能差"会导致"钢筋安装精度不足"，事实上，安装精度、测量误差都有可能受到测量仪器、测量方法、测量人员的操作水平等影响。三是逻辑关系不紧密，比如"专项方案有误"未必会导致"砼配比不正确"，"拆模板不正确"有可能是周边环境引起。

问题38:怎样知道原因分析到了末端原因

答:原因分析的整个过程,就是展示已知的问题与潜在原因之间关系的过程。怎么知道原因分析到了末端原因,那就是随着小组多维度逐层展开分析时,问题与原因、第二层开始的原因与结果之间的因果关系清晰和逻辑关系紧密,一直到小组针对某一层的因素可以直接采取对策,此时的因素即为末端原因。小组在具体开展原因分析步骤时,可以从5M1E(人、机、料、法、环、测)6个维度展开,在对每个维度进行分析时,对于每一步找到的原因,都可以思考这样一个问题,即能够针对该条原因采取什么对策。如果感到要采取的对策有点空或有点笼统,那么还得继续分析下去,一直分析到可以采取具体措施的那一层原因为止,此时小组就找到了对应的末端原因。

例1:小组针对症结"风管鼓振幅度超标",运用鱼骨图进行原因分析。

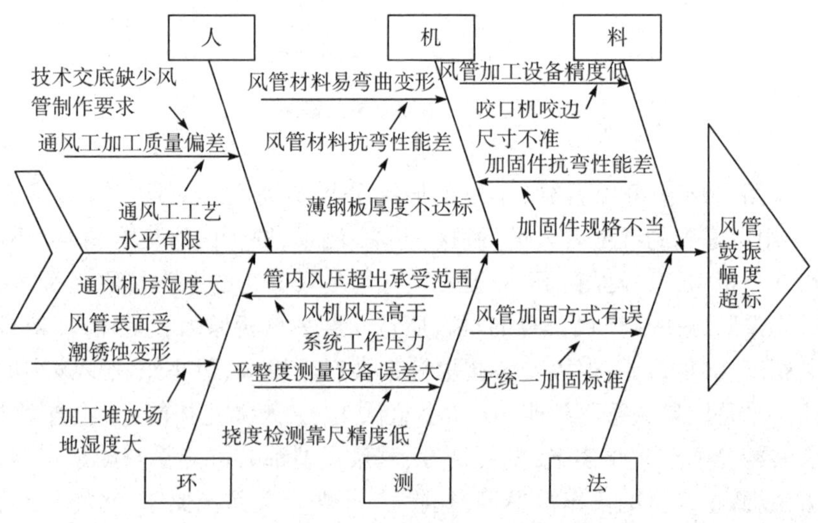

图2-29 原因分析鱼骨图

从图 2-29 中可以看到，小组针对症结，从人、机、料、法、环、测等 6 个维度展开分析，每层分析逐层展开，问题与原因、原因与结果之间的因果关系清晰且逻辑关系紧密，都分析到了末端原因。

例 2：小组进行原因分析，但没有分析到末端原因。

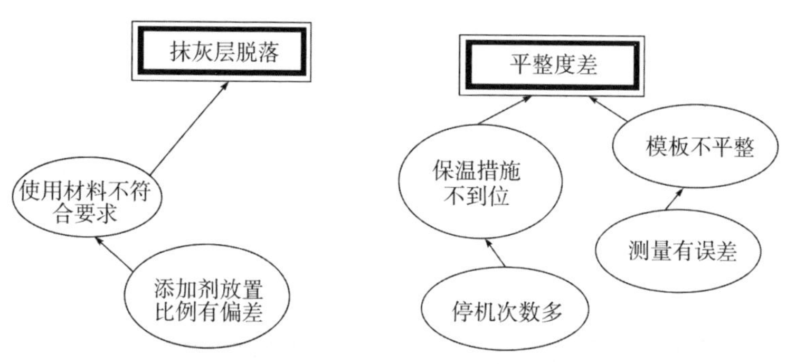

图 2-30　原因分析关联图(局部)　　**图 2-31　原因分析关联图**(局部)

从图 2-30 中可以看到，“添加剂放置比例有偏差”不是末端原因，小组应当继续分析是什么原因导致了“添加剂放置比例有偏差”，有可能是操作人员误操作，也有可能是规定的放置比例不准确等，直至可以采取对策为止。从图 2-31 中可以看到，“测量有误差”不是末端原因，小组应继续分析是人员不具备测量能力还是测量仪器有问题；“停机次数多”不是末端原因，小组应分析是什么原因造成了停机次数多，是机器故障还是供电问题等，直至分析到可以采取对策为止。

在实际活动中，有的小组已经分析到了可以采取对策的因素，却还是继续分析，那么会很惊讶地发现，分析到最后往往是集中在“人”的维度上，那就没必要了。为什么会出现这种情况呢？主要是因为当每一个维度都分析到末端原因后，每一条末端原因所对应的对策都是由“人”来完成的，那就造成了每个维度都是对应“人”方面的原因了。

例3：某小组针对症结“凸台标高偏差”和“精确定位耗时长”进行原因分析。

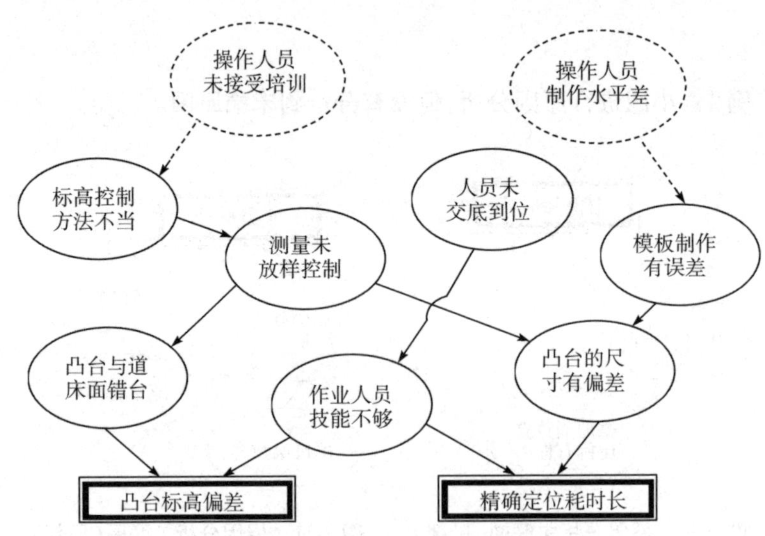

图2-32　原因分析关联图(局部)

从图2-32中可以看到,小组针对症结开展了原因分析,分析得到了末端原因,分别是:从测量的角度为“操作人员未接受培训”;从方法的角度为“操作人员制作水平差”;从人员的角度为“人员未交底到位”,这三个末端原因都归到了与人员有关的因素,出现这种情况的原因就在于每一条末端原因所对应的对策都是由人来完成的。其实,针对“标高控制方法不当”“模板制作有误差”这两条原因,小组已经可以采取相应的对策,那么它们就已经是末端原因,不用再继续分析得到“操作人员未接受培训”和“操作人员制作水平差”(图中虚线框所示)两个原因。所以,图中正确的末端原因应该是:从测量的角度为“标高控制方法不当”;从人员的角度为“人员未交底到位”;从方法的角度为“模板制作有误差”。

有的小组虽然知道末端原因是指可以采取具体措施的那个原因,但在具体进行原因分析逐层展开时,对于哪一层的原因算是末端原因,还是否需要继续分析下去有点把握不准。

例4：小组用因果图（局部）分析导致症结“管件切口毛糙”的原因。

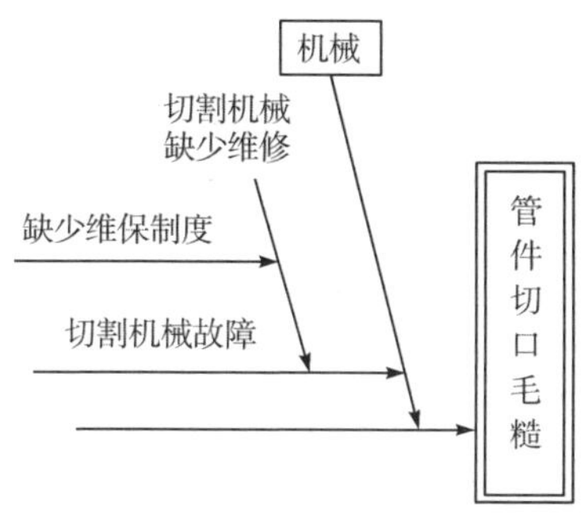

图2-33　原因分析因果图（局部）

从图2-33中可看出，小组从机械的维度分析，第一层原因是“切割机械故障”，第二层是“切割机械缺少维修”，第三层是“缺少维保制度”。小组在讨论时，有的人认为“切割机械缺少维修”是末端原因，因为可以采取相应的措施；有的人认为“缺少维保制度”是末端原因，同样可以采取相应的措施，而且是导致“切割机械缺少维修”的原因。针对这种情况，应当这样分析：小组如果已经有了相应的机械维保制度，那么“切割机械缺少维修”是末端原因；小组如果没有相应的机械维保制度，那么“缺少维保制度”是末端原因。

问题39：能举例说明一下完整的原因分析过程吗

答：当小组找到影响课题质量问题的症结后，就可以进入到原因分析的程序了。针对症结，小组到现场从多个维度进行调查，以充分展示产生问题的原因，通常小组可以从人员、机械、材料、方法、环境、测量等6个方面来分析。当然，结合课题的实际情况，可能分析的维度会有变化。在每一个维度进行分析时，原因要逐层展开，并保证每一层的原因和结果之间的因果关系清晰、逻辑关系紧密，切忌因果关系不清、因果关系颠倒、无直接因果关系、省略中间层次分析、逻辑关系错乱等情况发生。逐层展开各维度的分析，一直分析到能直接采取对策,此时的原因即为末端原因。当所有的维度都分析到末端原因后,原因分析过程即结束。下面举例说明分析过程。

某小组针对2.8米超厚混凝土中成排异形束流套管安装的一次成优率开展QC活动。通过现状调查,小组找到了症结为“束流套管定位偏差”。为此,小组运用鱼骨图按照人员、机械、材料、方法、环境、测量等6个方面进行原因分析,如图2-34所示。

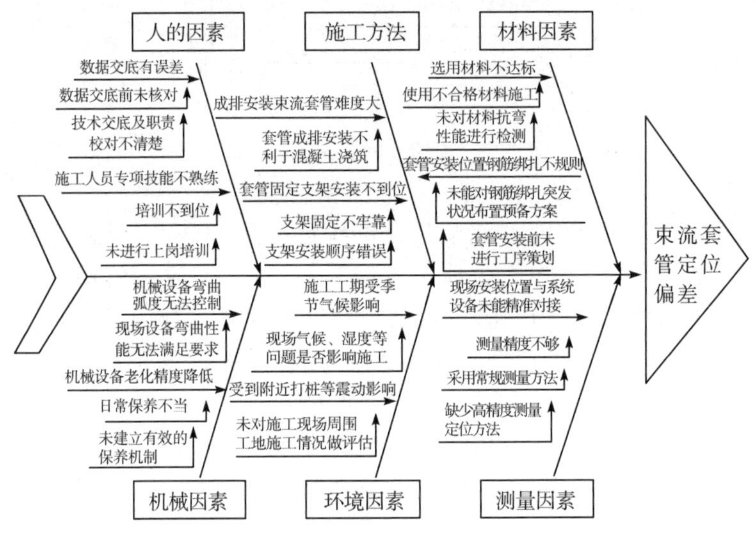

图2-34　原因分析鱼骨图

小组从人员的维度分析,得出原因为“数据交底有误差”,进一层分析得出原因为“数据交底前未核对”,再进一层分析得到末端原因为“技术交底及职责校对不清楚”。分析中,另一原因为“施工人员专项技能不熟练”,进一层分析得出原因为“培训不到位”,再进一层分析得到末端原因为“未进行上岗培训”。

小组从机械的维度分析,得出原因为“机械设备弯曲弧度无法控制”,进一层分析得出末端原因为“现场设备弯曲性能无法满足要求”。分析中,另一原因为“机械设备老化精度降低”,进一层分析得出原因为“日常保养不当”,再进一层分析得到末端原因为“未建立有效的保养机制”。

小组从材料的维度分析,得出原因为“选用材料不达标”,进一层分析得出原因为“使用不合格材料施工”，再进一层分析得到末端原因为“未对材料抗弯性能进行检测”。

小组从方法的维度分析，得出原因为“成排安装束流套管难度大”，进一层分析得到末端原因为“套管成排安装不利于混凝土浇筑”。分析中，另一原因为“套管固定支架安装不到位”，进一层分析为“支架固定不牢靠”，再进一层分析得到末端原因为“支架安装顺序错误”。分析中，还有一个原因为“套管安装位置钢筋绑扎不规则”，进一层分析得出原因为“未能对钢筋绑扎突发状况布置预备方案”，再进一层分析得到末端原因为“套管安装前未进行工序策划”。

小组从环境的维度分析，得出原因为“施工工期受季节气候影响”，进一层分析得到末端原因为“现场气候、湿度等问题是否影响施工”。分析中，另一原因为“受到附近打桩等震动影响”，进一层分析得到末端原因为“未对施工现场周围工地施工情况做评估”。

小组从测量的维度分析，得出原因为“现场安装位置与系统设备未能精准对接”，进一层分析得出原因为“测量精度不够”，再进一层分析得到原因为“采用常规测量方法”，继续分析得到末端原因为“缺少高精度测量定位方法”。

从上例中可以看到，小组针对症结“束流套管定位偏差”，从人员、机械、材料、方法、环境、测量等6个维度进行原因分析，而且每一个维度的分析都是逐层展开，因果关系清晰、逻辑关系紧密。在分析完成后，小组得到影响症结的末端原因共有11个，它们是：“技术交底及职责校对不清楚”“未进行上岗培训”“现场设备弯曲性能无法满足要求”“未建立有效的保养机制”“未对材料抗弯性能进行检测”“套管成排安装不利于混凝土浇筑”“支架安装顺序错误”“套管安装前未进行工序策划”“现场气候、湿度等问题是否影响施工”“未对施工现场周围工地施工情况做评估”“缺少高精度测量定位方法”。

六、确定主要原因

问题40：确定主要原因的任务是什么

答：确定主要原因的任务就是把对问题或症结影响程度大的末端原因找出来，便于小组采取的对策更有针对性，提高解决问题的有效性。小组在针对问题或症结进行原因分析时，分析出若干项末端原因，少的有七八项，多的可以达十多项。如果针对每一个末端原因都制定对策，就会受到很多因素的制约，比如小组人员人力有限、时间不够、精力有限、可动用的其他资源有限、各种辅助条件有限等。因此，小组需要在全部末端原因中找出主要矛盾，把对问题或症结影响程度大的末端原因甄别出来，这样，小组可以在有限时间、有限资源等条件下，科学而有针对性地采取对策，尽快实现小组的活动目标。

另外，有的小组在原因分析时，只分析得到很少的末端原因，比如只有五六条末端原因。对此，还是建议小组从这些末端原因中确定主要原因，这样小组可以很快地抓住主要矛盾，在相对较短的时间内，以有限的资源完成整个小组活动。

例如：某小组针对模板排架的施工质量问题开展活动，针对症结“拉杆变形、模板漏浆”小组运用关联图进行原因分析，如图2-35所示。从图中可以看到，小组共找到了“扣件检验不严格”“无受力复核”等6条末端原因。小组在后续的“确定主要原因”程序中，分析得到了“扣件检验不严格”“无受力复核”两项主要原因，在后续的一周时间内，小组在不影响正常施工的情况下，就完成了对策制定、对策实施等程序，并实现了对策目标。效果检查中，也实现了课题目标。

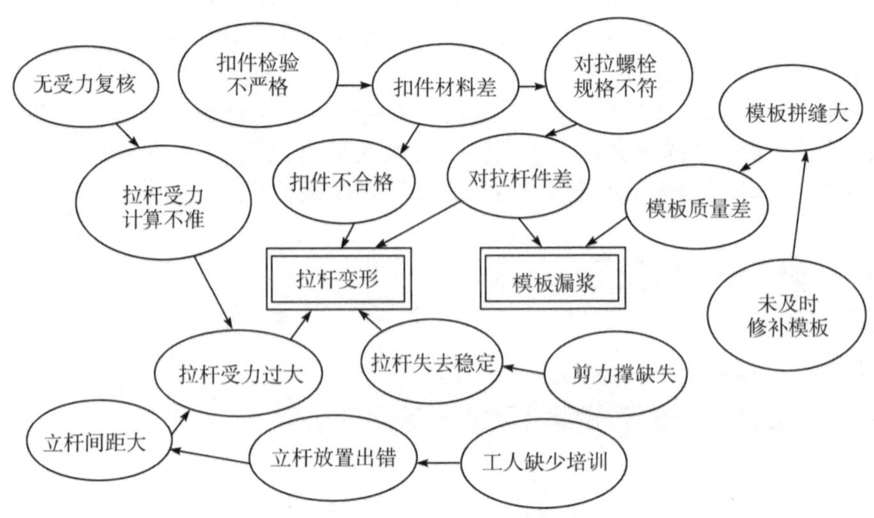

图2-35　原因分析关联图

分析:小组通过“确定主要原因”程序,找到了两项主要原因,在不影响正常施工的情况下,在一周内有针对性地完成制定对策和对策实施,实现了对策目标。效果检查时,小组也完成了课题目标。小组取得这样的成效,与“确定主要原因”这一程序是密不可分的。假设小组认为末端原因只有6条,跳过“确定主要原因”程序,直接针对所有末端原因来制定对策并实施,那么小组就得动用大量的施工资源,在活动时间上也不可控,对于正常的项目施工管理工作会造成很大影响。假设小组在原因分析时,如果分析得到了十几条末端原因,如果不进行“确定主要原因”,直接针对所有末端原因制定对策并实施,那么小组活动将非常烦琐,造成很多资源浪费,小组的活动缺少理性、科学性,活动效率也降低。

问题41:为什么确定主要原因时,要收集所有的末端原因,识别并排除小组能力范围以外的原因

答:先说为什么在确定主要原因时,要收集所有的末端原因。小组在进行原因分析程序时,必须是多维度、多层次进行分析,分析完成后,将会得到若干末端原因,少的有五六个末端原因,多的有十几个甚至更多。但不论原因分析的结果得到多少个末端原因,小组成员是不能主观地判断哪一条是必须进行要因确认的、哪一个是不重要的且不需要进行要因确认的。如果小组遗漏了某一个末端原因,没有对其进行要因确认的步骤,那就有可能会错失一个主要原因,其后果就是当针对其他要因的对策实施之后,小组的活动目标无法实现。因此,为了确保主要原因在确认时没有遗漏,小组必须收集所有的末端原因,然后逐一确认这些末端原因是否为主要原因。

再来说为什么要识别并排除小组能力范围以外的原因。小组能力范围以外的末端原因,主要是两种情况,一个是小组无法采取对策解决的末端原因,如果不排除掉,那么小组是无法把活动开展下去的。这种情况的发生,有可能是课题的技术难度特别大,远远超出了小组成员的能力范围,甚至是超出了小组所在企业的技术力量范围;也有可能是针对这个末端原因,小组所能调动的各类资源无法去采取相应的对策来解决,出现这种情况,有可能是小组的课题综合性特别强,远远超出了小组的能力范围。另一个是自然界发生的不可抗拒的因素,如超大强风、恶劣天气等,遇到这些因素,小组只能选择等待这些不可抗拒因素消失后,再继续开展活动。另外,针对小组无

法采取对策解决的末端原因，有的小组对其进行了隔离，然后继续开展活动，但由于被隔离的是一个极其重要的因素，那就存在着课题活动目标无法实现的可能，这样小组就需要寻求其他人、其他资源的支持和帮助，需要对原小组进行人员补充、重新注册或备案等工作，然后继续开展该课题的活动。

在实际活动中，有个别小组发现，虽然末端原因中出现了不可抗力的现象，但小组还是能够对其进行要因的确认，并采取相应对策来解决。究竟是怎么回事呢？请看下面的例子。

某小组在活动中通过现状调查，找到了症结是"砖胎模砌筑速度慢"。为此，小组进行了原因分析，其中有一条末端原因是"雨天影响施工"，如图 2-36 所示。

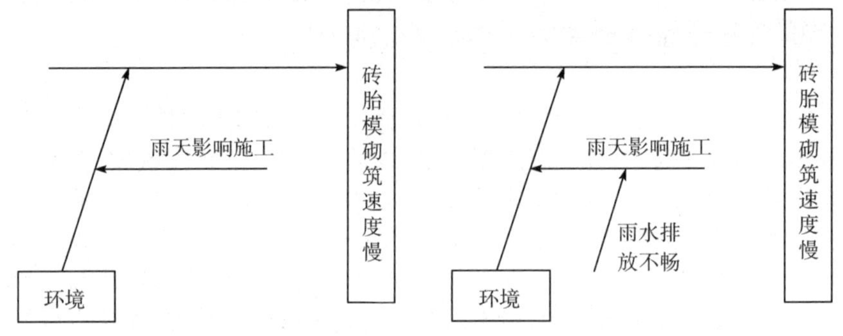

图 2-36　原因分析因果图(局部)　　**图 2-37　原因分析因果图**(局部)

虽然下雨天属于不可抗力的原因，但小组还是就"雨天影响施工"这个末端原因进行了要因确认工作，同时小组还确认了"雨天影响施工"为要因。小组针对"雨天影响施工"这个主要原因，采取的对策是"疏通临时泄水管路"，方才明白小组的分析思路是：下雨天雨水能否快速排放掉。因此，在进行原因分析时，"雨天影响施工"不是末端原因，小组应当继续分析下去，末端原因可能是"雨水排放不畅"，如图 2-37 所示。然后在小组确认其为要因后，再采取"疏通临时泄水管路"的对策就正确了。因此，在这个例子中，"雨天影响施工"不是末端原因，当然也不属于不可抗力因素。

问题 42：小组必要时可制定主要原因确认计划，怎么理解“必要时”

答：小组通过原因分析步骤后找到了影响问题或症结的末端原因，接下来就需要对每条末端原因逐条进行确认，以判断是否为主要原因。如果末端原因数量不多，那么小组只要依次逐一确认即可。但如果末端原因数量比较多，比如有七八条，甚至是十多条，那么为了增强活动的计划性，确保小组活动能按时开展、活动目标能在预期的时间内完成，就需要制定要因确认计划。所以，这里的“必要时”，应该可以理解为“当末端原因的数量比较多的时候”。

从保证小组活动质量的角度看，制定要因确认计划表是有很多益处的，比如：小组成员可以根据每条要因来制定清晰的要因确认标准，同时可以明晰具体的确认内容；针对小组采取具体试验、测量、调查分析中的确认方法，也可以提前策划；小组成员之间可以根据每个人的工作能力、工作特性等，来推选出以某个成员为主来完成要因确认工作；小组可以根据活动开展之初的小组活动计划，结合生产经营的具体情况，来安排每一条末端原因确认的具体时间。下面是某小组制定的主要原因确认计划表。

例如：某小组活动课题是关于“提高通风机房噪声检查达标率”。小组在原因分析程序中，找到了10条末端原因，为此，小组制定了主要原因确认计划表（如表2-22所示）。主要原因确认计划表中明确了针对每一条末端原因进行确认的依据和确认内容，拟定了确认方法，明确了责任人和确认时间。

表2-22　主要原因确认计划表

序号	末端原因	确认依据	确认内容	确认方法	责任人	确认时间
1	技术交底缺少风管制作质量要求	技术交底是否有风管制作质量要求对风管鼓振幅度超标的影响程度	技术交底中含和不含质量要求两种情况下，风管鼓振幅度是否均低于规范限值1.8%	调查分析	顾××	××年9月26日

（续表）

序号	末端原因	确认依据	确认内容	确认方法	责任人	确认时间
2	通风工工艺水平有限	通风工工艺水平对风管鼓振幅度超标的影响程度	不同水平工人制作风管，其鼓振幅度是否均低于规范限值1.8%	调查分析	吴××	××年9月28日
3	薄钢板厚度不达标	薄钢板厚度达标与否对风管鼓振幅度超标的影响程度	不同厚度薄钢板制成风管后，其鼓振幅度是否均低于规范限值1.8%	现场测量	戴××	××年10月8日
4	咬口机咬边尺寸不准	咬口机咬边尺寸是否精准对风管鼓振幅度超标的影响程度	不一致的咬口宽度拼合成风管后，其鼓振幅度是否均低于规范限值1.8%	现场试验	吴××	××年10月10日
5	加固件选用规格不当	加固件选用规格对风管鼓振幅度超标的影响程度	采用不同规格加固件，风管鼓振幅度是否均低于规范限值1.8%	现场测量	李××	××年10月12日
6	加工及堆放场地湿度大	加工及堆放场地湿度对风管鼓振幅度超标的影响程度	分别在相对湿度40%和80%条件下加工堆放风管20天，对应风管鼓振幅度是否均低于规范限值1.8%	现场试验	胡××	××年10月13日
7	通风机房环境湿度大	通风机房环境湿度对风管鼓振幅度超标的影响程度	不同机房环境湿度条件下，风管鼓振幅度连续20日检测值是否均低于1.8%	调查分析	曹××	××年10月15日

（续表）

序号	末端原因	确认依据	确认内容	确认方法	责任人	确认时间
8	风机风压高于系统工作压力	风机风压高于系统压力对风管鼓振幅度超标的影响程度	不同风机超压条件下，同一风管的鼓振幅度是否均低于规范限值1.8%	现场试验	顾××	××年10月16日
9	挠度检测塞尺精度低	挠度检测塞尺测量精度对风管鼓振幅度超标的影响程度	不同精度塞尺测量结果计算所得风管鼓振幅度是否均低于规范限值1.8%	现场测量	朱××	××年10月16日
10	加固方法无统一标准	加固方法是否有统一标准对风管鼓振幅度超标的影响程度	不同加固方法加固同一规格风管，其鼓振幅度是否均低于规范限值1.8%	现场测量	刘××	××年10月17日

制表人：×××　　　　日期：××年××月××日

问题43：为什么主要原因确认的依据是末端原因对问题或症结的影响程度

答：在开展要因确认之前，小组应当已经完成了原因分析程序，找到了所有的末端原因。需要注意的是，小组进行原因分析的时候，是针对问题或症结，从多维度（人、机、料、法、环、测）来查找导致问题或症结产生的原因，从而找到末端原因，但并不是所有的末端原因对于问题或症结的影响程度都很大，那么接下来小组要从所有的末端原因中，找到对问题或症结影响程度较大的末端原因。

抓住主要矛盾来解决问题的方法是QC小组活动的重要方法。从末端原因对问题或症结的影响程度大小来判断是否为要因，那就是抓住了主要矛盾。当主要原因确认步骤完成以后，把对问题或症结影响程度大的末端原因归纳起来，采取相应的对策并实施，可以有效消除或降低末端原因对问题、症结的影响，实现小组课题目标的可能性就大大增强了。有些末端原因对于问题、症结的影响程度小，如果也需要采取相应对策来完全消除影响，那就需要动用很多人力、物力、财力、时间等宝贵资源。末端原因如果对问题、症结没有影响，那小组就不需要采取对策。

假设存在这么一种情况，小组确认的依据是“末端原因对于其他问题的影响程度”。由于小组在现状调查的时候的确找到了若干项问题，小组针对非症结的问题来判断影响程度，就算是有一定的影响程度，但随后小组采取的对策所解决的问题只能是次要问题或者是更次要的问题，而真正的症结还是没有解决，那么小组的课题目标是没办法实现的，小组活动就不成功。

例如：某小组活动的课题是“提高楼宇火灾报警系统准确率”。小组在现状调查中发现，影响火灾报警准确率低的问题共有5项，分别是光栅探测器识别率低、光栅信号处理器定位不准确、传输光缆受到侵蚀老化、光缆连接不稳定、工人操作不熟练。小组通过两层的分析，找到了症结是“光栅探测器识别率低”，其在所有问题中的占比达到87.6%。随后小组运用因果图进行了原因分析，找到了8条末端原因，分别是调试测试不符合要求、实时在线测量故障、不同通信接口与外部系统的兼容性差、防护等级低、单位长度上信号衰减大、故障响应迟钝、用户界面无法显示报警信息、链路断纤定位功能不稳定。为此，小组根据每条末端原因对于症结的影响程度大小来确认主要原因，共确认三条主要原因，分别是实时在线测量故障、不同通信接口与外部系统的兼容性差、链路断纤定位功能不稳定。

通过以上的步骤，小组很顺利地找到了主要原因，思路、过程非常清晰。那么随后小组所采取的对策就有针对性，课题目标的实现有了保证。

问题44：为什么不能根据“确认标准”来确认主要原因

答：主要原因确认的依据是末端原因对问题或症结的影响程度，影响程度大判定为主要原因，影响程度小则为非主要原因。有的小组在实践中，有时候会采用“主要原因确认标准”来判断末端原因是否为主要原因。但按照

“主要原因确认标准”来判断是否为要因，是有局限性的，有时候就会引起判断失误。

按照常规的情况，对应于每条末端原因的所谓确认标准，的确能够起到一定的辅助判断作用。也就是说，如果末端原因不满足对应的确认标准，通常该条末端原因对于问题或症结的影响程度会比较大一些。下例就说明了这种情况的存在。

某小组在活动中，通过现状调查找到的症结为“蒸汽冷凝水收集效果差”，在原因分析中，其中一条末端原因为“疏水器选用类型不合理”。小组设定的确认依据是“使用疏水器后蒸汽冷凝水流速不得小于0.5米/秒”对“蒸汽冷凝水回收效果的影响程度”。小组的确认过程如下：

××年××月××日，由小组成员×××对疏水器的选用类型进行现场测量和调查分析，步骤为：先拆除所有疏水器上方的保温材料，接着对测点处管道使用钢刷将防锈漆清理干净，然后在系统运行时使用超声波流量计进行管道测速，测量结果参见表2-23所示。

表2-23　蒸汽冷凝水管流速检测表

测试部位	水管管径	安装方法	测量流速(米/秒)	测量时间	测量人
空调板换	DN50	V法安装	0.31	××年××月××日	×××
			0.26	××年××月××日	×××
客房高区板换	DN32	V法安装	0.42	××年××月××日	×××
			0.39	××年××月××日	×××
客房中区板换	DN32	V法安装	0.38	××年××月××日	×××
			0.37	××年××月××日	×××
客房低区板换	DN32	V法安装	0.26	××年××月××日	×××
			0.31	××年××月××日	×××

制表人：×××　　　　**日期：××年××月××日**

根据表 2-23，小组绘制了冷凝水管流速折线图（如图 2-38 所示）。

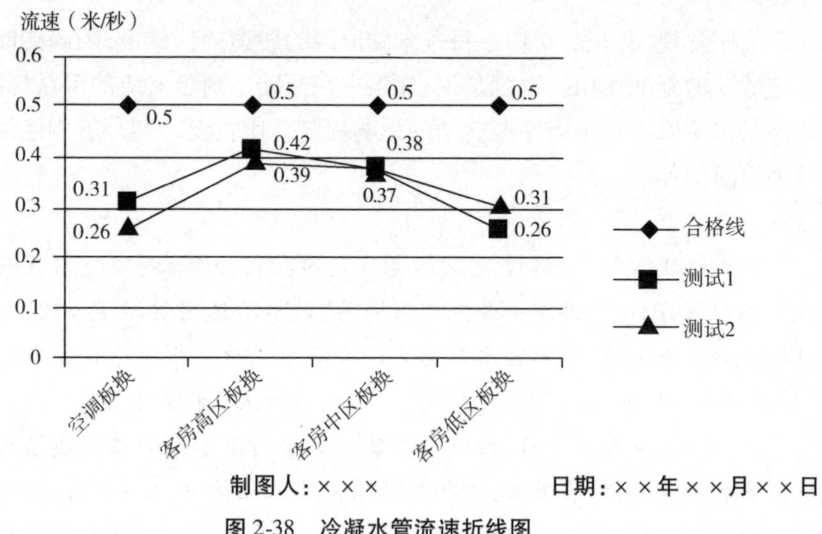

图 2-38　冷凝水管流速折线图

从图 2-38 中可以看出，小组选用原先的疏水器，在不同区域、不同管径的冷凝水管内的流速都小于标准 0.5 米/秒。那么，小组是否可以据此来判定该条末端原因就为主要原因呢？小组随后进行了“使用疏水器后蒸汽冷凝水流速小于 0.5 米/秒”对于“对蒸汽冷凝水回收效果的影响程度”的测量。当天××采集了后端冷凝水管的流速与蒸汽冷凝水回收之间的 30 组对应数据，参见表 2-24 所示。

表 2-24　后端冷凝水管的流速与蒸汽冷凝水回收相关表

流速（米/秒）	蒸汽冷凝水回收量（立方米/时）	流速（米/秒）	蒸汽冷凝水回收量（立方米/时）	流速（米/秒）	蒸汽冷凝水回收量（立方米/时）
0.50	8.06	0.39	5.25	0.24	3.12
0.49	7.42	0.37	5.56	0.22	2.65
0.44	7.03	0.40	4.75	0.21	3.02
0.48	7.81	0.33	4.31	0.18	2.53
0.47	7.13	0.32	4.10	0.17	2.05
0.50	7.00	0.31	4.67	0.15	2.34

（续表）

流速（米/秒）	蒸汽冷凝水回收量（立方米/时）	流速（米/秒）	蒸汽冷凝水回收量（立方米/时）	流速（米/秒）	蒸汽冷凝水回收量（立方米/时）
0.46	6.25	0.29	3.98	0.13	1.67
0.44	6.39	0.28	3.75	0.11	1.15
0.43	5.80	0.27	3.94	0.09	1.20
0.40	5.84	0.25	3.46	0.24	3.12

制表人：×××　　　　**日期：××年××月××日**

小组根据表2-24的数据，绘制了相应的散布图（如图2-39所示）。

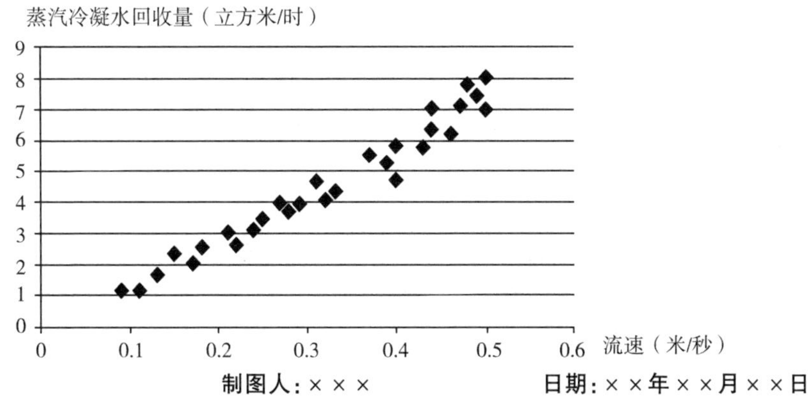

图2-39　后端冷凝水管的流速与蒸汽冷凝水回收散布图

从图2-39中可以看出，后端冷凝水管的流速与蒸汽冷凝水回收呈正相关，小组由此确认选用原疏水器对症结“蒸汽冷凝水回收效果差”产生较大影响，因此该条末端原因为主要原因。

从上例中可以看到，小组如果设定了要因确认标准为“使用疏水器后蒸汽冷凝水流速不得小于0.5米/秒”，那么从测量的结果冷凝水管内的流速都小于标准0.5米/秒，的确可以得出该条末端原因为主要原因的结论。这个结论与小组设置要因确认依据为末端原因对于症结的影响程度后所得到的结论是一致的。所以,通过设定确认标准是能够起到一定的辅助判断作用。

但是,通过设定确认标准来判断末端原因是否为主要原因是有局限性的。比如:标准有时效性,不满足于某一阶段的标准,未必意味着对症结影响程度大。假设一个作业工人的上岗证书刚过期几天,不一定意味着该工人的操作水平就急剧下降。反过来,一个作业工人是有上岗证书的,但不等于该工人的操作水平就非常好,作业质量就高。另外,末端原因即使满足了标准,也未必对症结的影响程度小,比如螺栓与螺母的组合,两者的合格标准均为 2 厘米 ±2 毫米,若一个螺栓的检测结果为 2 厘米 +2 毫米,一个螺母的检测结果为 2 厘米 -2 毫米,两者均满足标准的要求,但却无法组合在一起,即两者的组合会对症结影响程度大。因此,在确认要因的时候,不能根据要因确认标准来确认,而是通过末端原因对于症结的影响程度大小来判断。

问题 45:为什么主要原因的判定方式是"现场测量、试验、调查分析"

答:主要原因确认的过程是小组活动中的重要环节,针对众多的末端原因,小组成员应该持审慎的态度,科学地进行判定。在进行判定时,关键要注重客观依据,杜绝主观影响。小组通过现场测量、试验、调查分析等方式,可以找到末端原因对问题或症结影响程度的相应事实和数据,再结合使用适宜的统计方法来开展分析,可以得到准确的影响程度结论,从而可以进一步判定该末端原因是否为主要原因。整个主要原因确认的过程是严谨的,小组不能只通过理论分析或纯定性文字的描述来推断判定结果,也不能仅仅依据末端原因是否符合标准来判定,所以小组必须依据末端原因对症结或问题的影响程度,以事实和数据来判定。

现场测量是一种直接的判定方式,小组到现场针对需要确认的内容,通过测量的方式取得相应数据,再根据所取得的数据进行统计分析后,得出末端原因对问题或症结的影响程度。在具体测量中,有些测量值只需要通过简单的测量仪器就可直接测得,比如测量长度、重量、比重、高度、温度、流量、电压等,这在小组活动中比较常见;有些测量值则需要通过比较复杂的测量系统而获得，它需要测量人员、测量仪器、测量软件、测量程序等组合在一起，测量过程是一个数据制造的过程，比如测量某些信号的特征、某种元素的含量、高精度数据等，这在小组活动中相对不多。

例如：某小组活动的课题是“提高钢塑复合管安装一次合格率”，小组通过现状调查，找到影响课题质量问题的症结是“吊架直线度偏差”，在原因分析中，小组通过鱼骨图分析得到了末端原因，其中一条末端原因是“作业环境光线不足”，为此，小组进行了主要原因的确认。

(1)末端原因：作业环境光线不足。

(2)确认人：×××。

(3)确认时间：××年××月××日。

(4)确认方法：现场测量。

(5)确认依据：检查现场作业环境照度不足对吊架直线度偏差的影响程度大小。

(6)确认内容：请作业人员在现场光线照度环境下进行实际操作，检查吊架安装后直线度偏差情况，如果直线度偏差数量小于等于5%，则为影响程度小；如果直线度偏差数量大于5%，则为影响程度大。

(7)确认过程：

①现场样板间施工过程中，×××发现作业环境光线不足对吊架定位安装质量会产生影响，光线不足会导致作业时吊架直线度偏差，最终导致吊架直线度不符合要求。

②小组成员参照国家标准《建筑照明设计标准(GB 50034—2013)》对新建、改建和扩建的居住、公共和工业建筑的一般照度标准值的要求(参见表2-25所示)，将现场施工作业照度确定为“工业建筑机械加工粗加工”场所的照度要求，即照度标准值为200勒克斯；将参考平面及其高度确定为正常吊架安装时作业人员眼睛所在位置的高度，即距地面2.4米的位置。

表2-25　建筑照明设计标准照度值标准

序号	房间(场所)	参考平面及高度	照度标准值(勒克斯)
1	居住建筑起居室(一般活动)	0.75米水平面	100
2	居住建筑起居室(书写阅读)	0.75米水平面	300宜用混合照明

（续表）

序号	房间(场所)	参考平面及高度	照度标准值(勒克斯)
3	居住建筑餐厅	0.75 米餐桌面	150
4	图书馆一般阅览室	0.75 米水平面	300
5	办公建筑普通办公室	0.75 米水平面	300
6	一般超市营业厅	0.75 米水平面	300
7	医院候诊室、挂号厅	0.75 米水平面	200
8	学校教室	课桌面	300
9	学校教室黑板	黑板面	500
10	公用场所普通走廊、流动区域	地面	50
11	公用场所自动扶梯	地面	50
12	工业建筑机械加工粗加工	0.75 米水平面	200
13	工业建筑机械加工 一般加工公差≥0.1 毫米	0.75 米水平面	300 应另加局部照明
14	工业建筑机械加工 精密加工公差<0.1 毫米	0.75 米水平面	500 应另加局部照明

制表人：××× **日期：××年××月××日**

③项目部向工程公司技术部借用一台经检测合格并在检测周期内的照度计，用于项目施工作业现场作业环境照度情况的检测。照度计参数参见表 2-26 所示。

表 2-26 照度计参数

器具	制造厂商	型号	编号	管理编号	校准日期	检定单位	检定周期	校准证书编号
照度计	××电子工业有限公司	TES-1330A	140705274	08-OI01-01	××年××月××日	通标标准技术服务(上海)有限公司	12	800048653

制表人：××× **日期：××年××月××日**

④小组随机抽取 12 号楼第 5、7、10 层吊架安装作业现场的情况，使用照度计进行照度检测，作业现场使用一台带反射罩的金属卤化物灯，照度情况检测结果参见表 2-27 所示。

表 2-27　吊架安装现场照度测量结果

序号	检测地点	设置灯具数量	照度计放置高度(米)	照度值(勒克斯)
1	5 层吊架安装现场	1	2.4	263.4
2	7 层吊架安装现场	1	2.4	301.5
3	10 层吊架安装现场	1	2.4	240.3
4	国家标准			200.0

制表人：×××　　　　日期：××年××月××日

根据表 2-27，小组制作了吊架安装现场照度测量结果柱状图(如图 2-40 所示)。

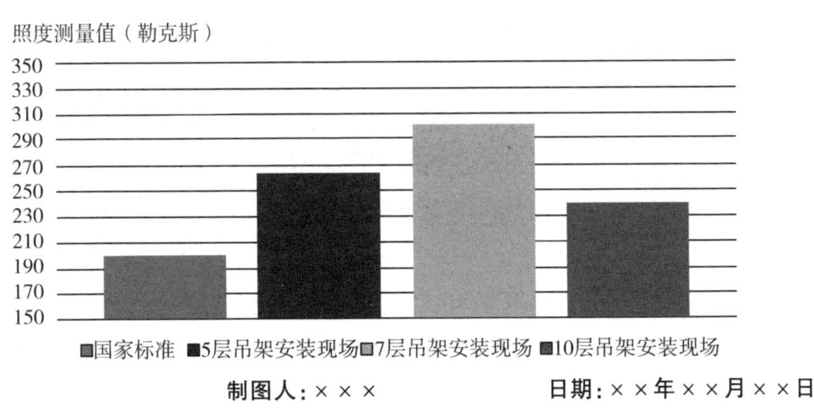

制图人：×××　　　　日期：××年××月××日

图 2-40　吊架安装现场照度测量结果柱状图

⑤小组抽调 4 组作业人员进行现场操作，检查现场作业环境照度不足对吊架直线度偏差的影响程度大小，具体影响情况参见表 2-28 所示。

表 2-28　吊架直线度偏差的影响率

序号	检测地点	检测数量	直线度偏差数量	影响率
第一班组	5 层吊架安装现场	120	3	2.50%
第二班组	7 层吊架安装现场	100	2	2.00%
第三班组	10 层吊架安装现场	133	2	1.50%
第四班组	12 层吊架安装现场	111	2	1.80%

制表人:×××　　　　日期:××年××月××日

小组根据表 2-28,制作了作业环境光线不足对吊架直线度偏差影响率折线图(如图 2-41 所示)。

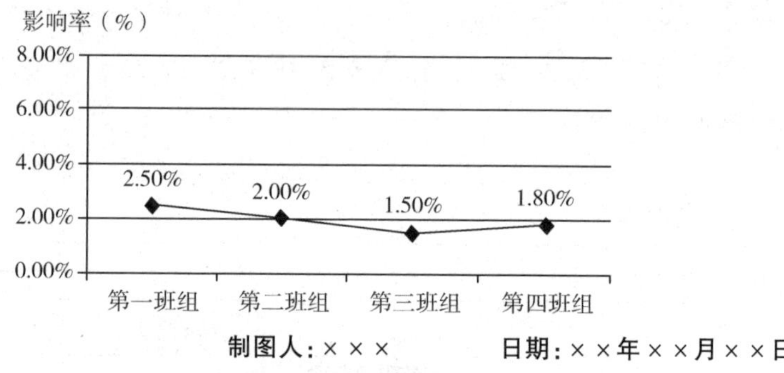

制图人:×××　　　　日期:××年××月××日

图 2-41　作业环境光线不足对吊架直线度偏差影响率折线图

确认结果:小组根据图 2-40、图 2-41 进行分析,吊架制作安装现场照度情况满足照度不低于 200 勒克斯(lx)的要求,工人现场操作发现对吊架直线度偏差影响率 1.94%,该影响率低于 5%,可以判定末端原因"作业环境光线不足"为非主要原因。

试验也是一个数据制造的过程。小组通过试验取得数据,得到末端原因对问题或症结的影响程度,以判定其是否为主要原因。通常的情况有:小组通过试验直接得到影响程度的数据,或者是小组选择不同的参数、不同的工艺条件、不同的方案等以达到不同效果等，小组通过不同试验结果的对照比较来得到影响程度的数据。还有种试验是模拟试验或称为仿真试验，利用计算机对一个客观复杂系统的结构、行为、运行等进行模仿，以安全、经济的方法得到影响程度的数据。

例如：某小组活动的课题是“提高抗震支吊架管安装一次合格率”，小组通过现状调查，找到影响课题质量问题的症结是“抗震支吊架定位偏差大”，在原因分析中，小组通过系统图分析得到了末端原因，其中一条末端原因是“槽钢韧性不够”，为此，小组进行了主要原因的确认。

(1) 末端原因：槽钢韧性不够。

(2) 症结：抗震支吊架定位偏差。

(3) 确认方法：现场试验。

(4) 确认人：×××。

(5) 确认时间：××年××月××日。

(6) 确认依据：检查槽钢韧性是否合格，验证在韧性合格的前提下，不同韧性的材料对抗震支吊架定位偏差的影响程度大小。小组使用不同韧性的材料进行安装，若定位偏差小于等于 2 厘米为影响程度小，大于 2 厘米为影响程度大。

(7) 确认过程：

①××月××日，小组成员×××经过对抗震支架材料及资料进行分析，发现支架采用热镀锌单面及双面槽钢，轴向加劲肋的设计增加了抗弯能力，钢板按照 DINEN10025 标准生产，热浸镀锌工艺参照 DINEN10320 标准执行，材料选用符合《建筑机电工程抗震设计规范（GB 50981—2014）》及《建筑机电设备抗震支架通用技术条件（CJ/T 476—2015）》的相关要求，有检测报告。

②根据对槽钢韧性的要求，槽钢的屈服强度需要达到 200 牛顿/平方毫米以上才为合格，小组和厂家针对材料性能进行了大量试验，得到材料的韧性数据表，参见表 2-29 所示。

表 2-29　韧性数据记录表

序号	材料	屈服强度（牛顿/平方毫米）	是否合格	序号	材料	屈服强度（牛顿/平方毫米）	是否合格
1	轻型槽钢 1	245	合格	6	中型槽钢 1	246	合格
2	轻型槽钢 2	245	合格	7	中型槽钢 2	245	合格
3	轻型槽钢 3	246	合格	8	中型槽钢 3	245	合格
4	轻型槽钢 4	245	合格	9	中型槽钢 4	243	合格
5	轻型槽钢 5	244	合格	10	中型槽钢 5	245	合格

制表人：×××　　　　日期：××年××月××日

③由表 2-29 中的检查结果可知，材料韧性都满足规范设计要求，且标准皆比要求还高。为了进一步了解韧性对抗震支吊架定位偏差的影响，小组又让厂家生产了满足要求的不同屈服强度的槽钢，并在××日进行安装和定位偏差测试，定位偏差大于 2 厘米为影响大，小于等于 2 厘米为影响小，测试结果参见表 2-30 所示，并制作了韧性对支吊架定位偏差影响折线图（如图 2-42 所示）。

表 2-30　韧性对偏差程度影响记录表

槽钢序号	屈服强度（牛顿/平方毫米）	定位偏差距离（厘米）	是否合格	槽钢序号	屈服强度（牛顿/平方毫米）	定位偏差距离（厘米）	是否合格
1	205	0.5	合格	6	230	1.0	合格
2	210	1.0	合格	7	235	0.5	合格
3	215	0.0	合格	8	240	1.0	合格
4	220	0.5	合格	9	245	1.0	合格
5	225	1.5	合格	10	250	0.5	合格

制表人：×××　　　　日期：××年××月××日

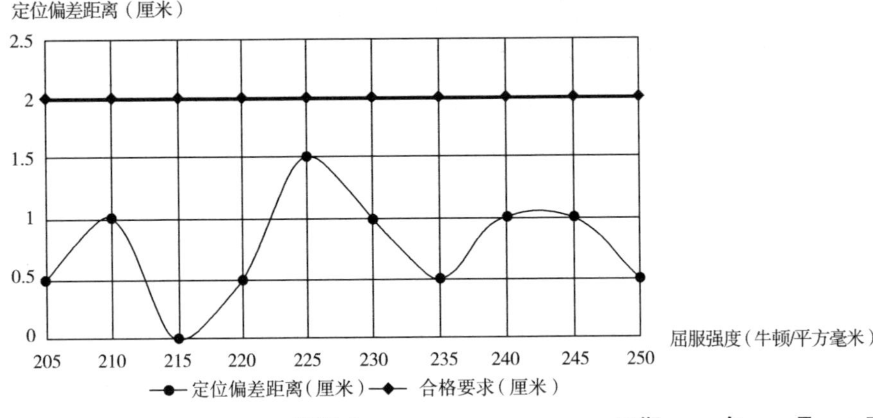

图 2-42 韧性对支吊架定位偏差影响折线图

④从图 2-42 中的显示（横坐标是屈服强度），可看出，使用不同屈服强度下的槽钢进行安装，定位偏差都符合要求，可见槽钢韧性和定位偏差程度大小没有明显直接的联系。

确认结果：槽钢韧性满足规范设计的要求，且在合格前提下，槽钢韧性强度对抗震支吊架定位偏差未产生影响。由此判定末端原因“槽钢韧性不够”为非主要原因。

调查分析是一种间接的判定方式，小组如果通过现场测量或试验后取得的数据，还是不能直接进行判断，小组就需要进一步开展调查分析，如借助统计方法等帮助分析数据，以判断末端原因对问题或症结的影响程度。

例如：某小组活动的课题是“提高抗震支吊架一次安装合格率”，小组通过现状调查，找到影响课题质量问题的症结是“抗震支吊架定位偏差”，在原因分析中，小组通过因果图分析得到了末端原因，其中一条末端原因是“配件分类摆放方式不合理”，为此，小组进行了主要原因的确认。小组的确认依据是：先检查配件分类摆放方式是否合理，再看配件堆放混乱和配件堆放整齐两种情况下，对抗震支吊架定位偏差的影响程度大小。针对两种不同的配件摆放方式，小组检查工人的取件速度和准确率，同时检查工人支吊架的安装情况。如果工人的取件速度和准确率接近，且安装偏差符合规范要求小于等于2厘米，为影响程度小；如果工人的取件速度和准确率差距大，安装偏差大于2厘米，为影响程度大。

确认过程：

(1) ××月××日，小组成员××到作业现场调查，发现在安装抗震支吊架时，由于施工面积较大，抗震支吊架配件和型号种类繁多，故现场堆放配件时都比较混乱，不利于操作工人选取配件。

(2) 为进一步收集配件堆放混乱对工人进行抗震支吊架作业以及支吊架定位偏差的影响，小组分两步进行验证。

第一步，要求操作工人把一部分配件进行整理，使配件型号、规格、码放等规范整齐，另一部分配件就处于堆放混乱的现状。分别抽取6名操作工人进行现场测试，看同一个操作工人在配件摆放不同的两种情况下，对其取件速度和准确率进行测试和比较。具体为工人在两种情况下取10件配件的时间和在一定时间(90秒)内取10件配件的准确率，现场测试结果参见表2-31所示。

表2-31　操作工人现场取件速度和准确率记录表

序号	姓名	情况1:配件堆放混乱			情况2:配件堆放整齐		
		时间(秒)	错误个数	准确率(%)	时间(秒)	错误个数	准确率(%)
1	吴××	102	1	90	29	0	100
2	李××	158	3	70	34	0	100
3	倪××	89	2	80	32	0	100
4	张××	125	1	90	26	0	100
5	马××	131	1	90	41	1	90
6	黄××	115	2	80	30	0	100
	平均	120	1.67	83.3	32	0.17	98.3

制表人：×××　　　　日期：××年××月××日

小组根据表2-31中的数据,绘制了取配件时间对比图(如图2-43所示)、取配件准确率对比图(如图2-44所示)。

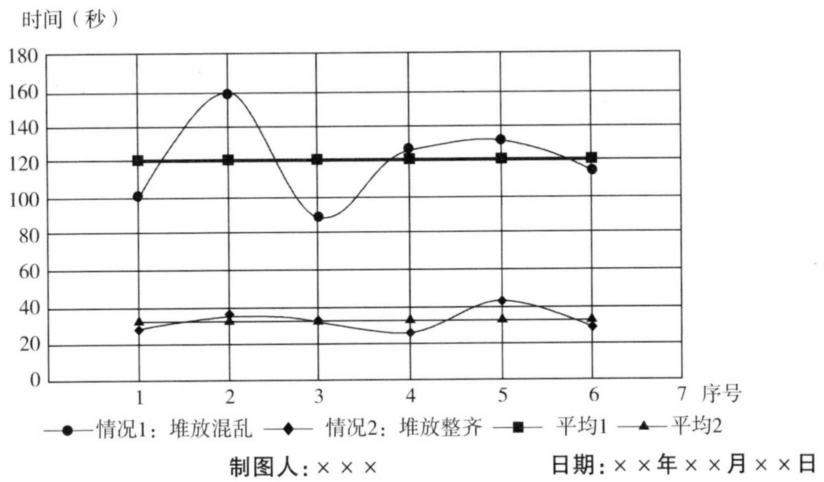

图2-43 取配件时间对比图

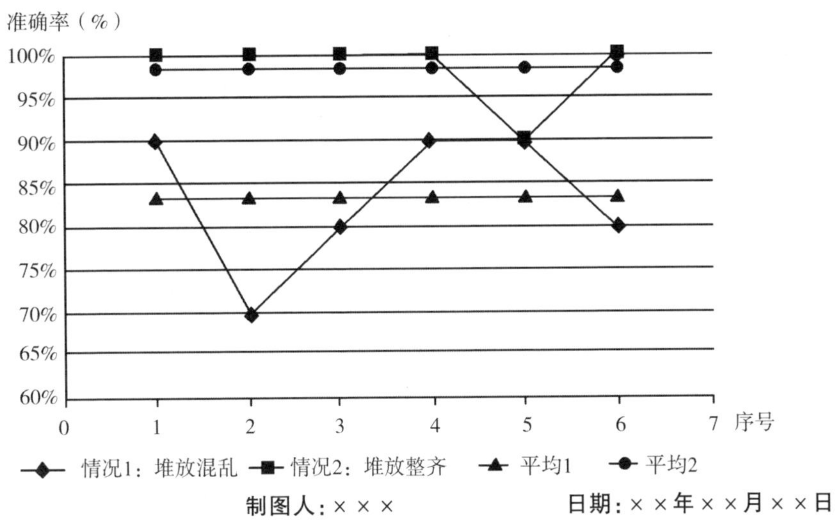

图2-44 取配件准确率对比图

分析:小组通过分析图 2-43 及图 2-44,发现配件堆放混乱时工人取配件的时间明显比堆放整齐时耗费的时间长,而且准确率远比堆放整齐时低得多,说明配件堆放混乱对操作工人实际取件的影响程度较大。

第二步,为了进一步调查配件堆放情况对抗震支吊架定位偏差的影响,小组又进行了第二个测试,即在配件堆放混乱和配件堆放整齐两种情况下,分别让同一个操作工人安装抗震支吊架,最终测量抗震支吊架定位的偏差程度,如果偏差符合规范要求,即小于等于 2 厘米认为合格,大于 2 厘米则为不合格。小组也是抽取了 6 名工人进行了测试,同时测量了安装时间,统计结果参见表 2-32 所示。

表 2-32　工人安装抗震支吊架定位偏差记录表

序号	姓名	情况 1:堆放混乱			情况 2:堆放整齐		
		时间（分钟）	定位偏差（厘米）	合格情况	时间（分钟）	定位偏差（厘米）	合格情况
1	吴 × ×	121	2.5	不合格	94	1.5	合格
2	李 × ×	124	2.4	不合格	91	1.0	合格
3	倪 × ×	102	2.0	合格	82	1.5	合格
4	张 × ×	116	2.3	不合格	85	1.0	合格
5	马 × ×	99	2.5	不合格	80	2.0	合格
6	黄 × ×	105	1.8	合格	92	0.5	合格
平均		111	2.25		87	1.25	
不合格数		4			0		

制表人:× × ×　　　　日期:× ×年× ×月× ×日

(3)分析:由表 2-32 可以发现,在配件堆放混乱时操作工人安装定位偏差明显比堆放整齐时大,而且不合格情况也更多,花费的时间也更长。这说明配件堆放混乱对抗震支吊架安装定位的影响程度大。

(4)确认结果:综合以上分析,配件堆放不合理影响操作工人取件,从而影响抗震支吊架安装定位,且对其定位偏差产生了较大影响。因此,小组判定末端原因“配件分类摆放方式不合理”是影响症结的主要原因。

问题 46:如何设定主要原因确认的依据

答:因为主要原因确认的依据是末端原因对于问题或症结的影响程度,所以设定主要原因确认的依据,有以下几个步骤:首先需要列出某一个具体的末端原因,列出导致课题质量情况的问题或症结;其次,在末端原因和问题或症结之间构建一种关联关系,这种关联关系能够通过某种特性值来反映,并清晰地表达出末端原因对问题或症结的影响程度。也就是在末端原因处于正常稳定的状态下,找到末端原因对问题或症结的影响所对应的特性值,看该特性值是否能够被接受。需要注意的是,这个特性值被接受的程度,与小组自行设定主要原因确认的标准是不同的概念,这里的"特性值被接受的程度"是指与已经产生的影响有关、能够客观反映影响程度,而设定"主要原因确认的标准"并不一定能客观地反映出影响程度。再接下来是进行判断,对于综合性不强、比较小的课题,那就看末端原因对问题的影响程度的可接受度。对于综合性比较强的课题来说,看末端原因对症结的影响程度的可接受度。这个"可接受度"不是主观的判断,也不是小组可以人为调节的,而是末端原因对问题或症结产生了影响,这个影响所对应的特性值是继续扩大问题、症结的发生,还是会减少问题、症结的发生,或者是与问题、症结没有任何的关联性。如果影响所对应的特性值是扩大了问题或症结的发生,影响程度不在可接受的范围,属于影响程度大;如果影响所对应的特性值减少问题或症结的发生,或者与问题或症结没有任何关联性,则属于影响程度小。

例如:某小组活动课题为"提高超高层冷却塔换热效率"。小组通过现状调查找到的症结为"冷却塔进水速度过大",小组通过原因分析,其中一条末端原因是"冷却塔布水器通水率低下"。因此,小组提出的确认依据为:"冷却塔布水器通水率低下"对症结"冷却塔进水速度过大"的影响程度,如果布水器通水率越大而冷却塔溢水情况越小,则为影响程度小;反之,如果布水器通水率越小而冷却塔溢水情况越大,则为影响程度大。

为了找到末端原因"冷却塔布水器通水率低下"与症结"冷却塔进水速度过大"之间的关系,小组成员到现场进行冷却塔调试开机工作,针对冷却循环水泵的流量进行调查分析,以确认冷却塔进水管是否存在溢水现象,接着协调水泵厂家进行水泵功率以及流量复核、协调劳务班组进行接头阀门现场复核以排查溢水原因、协调冷却塔厂家进行冷却塔技术参数复核以确认进水管大小是否符合产品要求。调查发现,水泵的各项参数满足设计要求,管道尺寸符合设计要求,管道连接紧固,法兰规格满足设备要求,但冷却塔的布水器不满足设计工况。接着,小组调查原配布水器以及更换高效布水器后的冷却塔溢水情况。结果为:使用原配布水器,冷却塔存在溢水情况,而更换高效布水器后,冷却塔没有溢水情况,说明原配布水器通水效率低下并且冷却塔存在溢水情况。所以小组确认:末端原因"冷却塔布水器通水率低下"对症结"冷却塔进水速度过大"的影响程度大,为主要原因。

从例中可以看出,要因确认的依据必须能在末端原因和问题或症结之间构建一种关联性,这种关联性能够通过某种特性值来反映,并清晰地表达出末端原因对问题或症结的影响程度。

问题 47:怎样判断末端原因对问题或症结的影响程度

答:末端原因对问题或症结的影响程度是大还是小,是需要设定影响程度所对应的评价指标。这个评价指标有 4 种情况:一是相关性指标,即末端原因与问题或症结之间存在着一定的相关性,如果两者呈正相关、负相关,或者是非线性相关,则可以判定为影响程度大;如果两者呈弱相关或无相关,则判定为影响程度小。二是特性值指标,即当末端原因处于正常状态时,找到末端原因对于问题或症结的影响程度所对应的特性值,并判断该特性值被小组的接受程度。如果特性值能够被接受,为影响程度小;如果特性值不能被接受,为影响程度大。三是对照性指标,即选取具有明显差异性的两组末端原因,看它们对于问题或症结的作用结果,如果两组的作用结果差异大,则为影响程度大;如果两组的作用结果差异不同或基本接近,则为影响程度小。四是显著性指标,即收集不同状态下的末端原因对问题或症结的作用结果,在一定的显著性水平下,分析其统计显著性,原假设 H_0 为无显著差异,H_1 为有显著差异。如果分析结果表明样本检验的临界值落入接受域,即检验值小于 H_0,为无显著差异,判定为影响程度小;如果样本检验的临界值落入拒绝域,即检验值大于 H_0,为显著差异,判定为影响程度大。

常用的判定影响程度的方法主要有:直接判断法、对比分析法、相关系数法。

直接判断法。其实质是特性值指标的判断。小组直接收集在末端原因作用下相应问题或症结的特性值数据，根据问题或症结的受影响情况是否在认可的范围内来直接判断。如果特性值在认可的范围内，为影响程度小，反之，如果超出了认可范围，则为影响程度大。

例 1：运用直接判断法判定影响程度。

某小组在活动中，通过现状调查找到的症结是“吊架直线度偏差”和“吊架松动”，小组运用关联图分析得到其中一条末端原因是“仰面操作的作业环境不利于施工”，其对应的症结只有“吊架直线度偏差”。小组的确认方法是现场试验。确认依据是检查操作人员在仰面作业环境下进行“仰面打孔”和“吊架安装”作业，看作业后的吊架直线度的偏差程度，根据规范要求，偏差影响率在5%以内，为影响程度小，如果偏差影响率大于或等于5%，则为影响程度大。

确认过程：

(1)××年××月××日，小组成员××对现场进行钻孔及吊架安装作业的 4 个作业小组进行作业跟踪测量。

(2)连续跟踪××月××日至××日的三个工作日作业测量数据，时间段为每个工作日 8:00—9:00 和 14:00—15:00。

(3)将每个时段的吊架直线度不合格数量进行统计；分析由于仰面操作造成孔洞倾斜而产生吊架直线度不合格的占比。现场收集到的数据参见表 2-33 所示。

表 2-33　仰面操作对吊架直线度偏差的影响率

小组编号	作业日期	作业时段	钻孔及吊架安装数量	孔洞倾斜数量	造成吊架直线度偏差数量	影响率	平均影响率
吊架安装 01 组	××年××月××日	上午	26	2	0	0	4.76%
		下午	24	4	0	0	
	××年××月××日	上午	25	3	1	33.33%	
		下午	27	3	0	0	
	××年××月××日	上午	28	5	0	0	
		下午	20	4	0	0	

（续表）

小组编号	作业日期	作业时段	钻孔及吊架安装数量	孔洞倾斜数量	造成吊架直线度偏差数量	影响率	平均影响率
吊架安装02组	××年××月××日	上午	20	3	0	0	0.00%
		下午	23	2	0	0	
	××年××月××日	上午	28	3	0	0	
		下午	25	1	0	0	
	××年××月××日	上午	28	2	0	0	
		下午	24	4	0	0	
吊架安装03组	××年××月××日	上午	25	2	0	0	0.00%
		下午	28	2	0	0	
	××年××月××日	上午	19	0	0	0	
		下午	25	1	0	0	
	××年××月××日	上午	23	2	0	0	
		下午	24	3	0	0	
吊架安装04组	××年××月××日	上午	21	4	0	0	4.55%
		下午	23	2	0	0	
	××年××月××日	上午	25	4	0	0	
		下午	25	5	0	0	
	××年××月××日	上午	26	2	0	0	
		下午	29	5	1	20%	
			累计数量	68	2	影响率	2.94%

制表人：×××　　　　日期：××年××月××日

根据表2-33，小组制作了仰面操作对吊架直线度偏差影响折线图（如图2-45所示）。

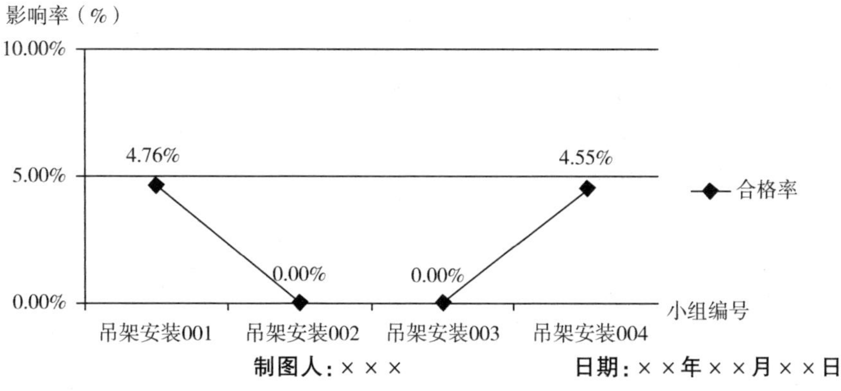

制图人：×××　　**日期：××年××月××日**

图2-45　仰面操作对吊架直线度偏差影响折线图

（4）确认结果：作业人员仰面操作造成的孔洞倾斜，直接影响到吊架的直线度，而且孔洞倾斜造成的吊架直线度偏差比率达到2.94%，低于5%规范的要求。因此，小组判定末端原因"仰面操作的作业环境不利于施工"为非主要原因。

对比分析法。小组可以使用一组对照组的数据，来评价影响程度所对应的特性值，对照组之间数据差异性小，为影响程度小；对照组之间数据差异大，为影响程度大。

例2：运用对比分析法判定影响程度。

某小组在活动中，通过现状调查找到的症结是"吊架直线度偏差"和"吊架松动"，小组运用鱼骨图分析得到其中一条末端原因是"操作工人未进行岗前培训"。小组的确认方法是现场试验和调查分析。确认依据是"检查对照组的操作人员吊架安装作业情况，看作业后的吊架直线度的偏差程度和吊架松动的情况"。如果对照组的操作结果接近，且满足规范要求，则判定末端原因为非要因；如果对照组的操作结果迥异，且不满足规范要求，则判定末端原因为主要原因。

确认过程：

（1）小组成员利用完工后的业余时间，询问操作工人是否参加过吊架安装相关岗前培训，并核对作业工人的相关培训台账。小组发现有部分操作工人未接受过相关岗前培训，而管理人员及部分工人则进行过专门的岗前培训。

（2）小组成员将作业工人分成两组，接受过岗前培训的为第一组，未接受过岗前培训的为第二组,组成了对照组。

(3)对工人进行应知考核。小组成员将给水管安装关键技术要求、规范要求、施工难点及常见误区等编制成考题,对上述两组人员进行考核,试卷采用百分制,90分及以上视为达标。小组成员将考核结果进行统计,具体情况参见表2-34所示。

表2-34　考核成绩汇总表

第一组		第二组	
姓名	成绩	姓名	成绩
张××	87	易××	72
刘××	90	朱××	63
邵××	91	王××	57
宋××	94	邱××	91
陈××	92	王××	84
闫××	93	马××	63
曹××	85	李××	78
蒋××	91	潘××	67

制表人:×××　　　　日期:××年××月××日

根据表2-34,小组进行了考核达标率汇总,参见表2-35所示。

表2-35　考核达标率汇总表

人员分组	60分以下	60~70分	70~80分	80~90分	90分以上	达标率
第一组	0	0	0	2	6	75.0%
第二组	1	3	2	1	1	12.5%

制表人:×××　　　　日期:××年××月××日

小组分析表2-35中的相关数据,表明对照组在应知的考核上存在很大差异,第一组达标6人,达标率为75.0%,另有2人也接近达标;第二组达标1人,达标率12.5%。

(4)对工人进行应会考核。小组成员请参加考核的两组工人分别进行现场实际操作,并检查吊架直线度偏差情况,规范要求偏差影响率均小于5%。操作结果参见表2-36所示。

表 2-36　两组工人对吊架松动和吊架直线度偏差的影响率

人员分组	吊架安装数量	吊架松动数量	吊架松动影响率	吊架直线度偏差数量	吊架直线度偏差影响率
第一组	120	4	3.33%	3	2.50%
第二组	120	11	9.17%	10	8.33%

制表人：×××　　　　　　　　　　日期：××年××月××日

根据表 2-36 中的数据，小组绘制了相应的吊架松动影响率柱状图（如图 2-46 所示）和吊架直线度偏差影响率柱状图（如图 2-47 所示）。

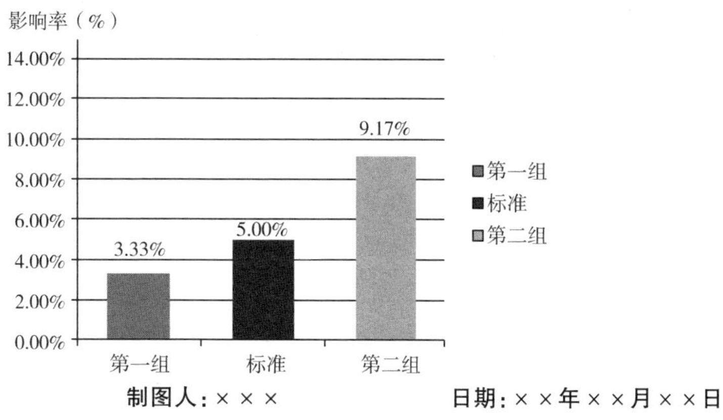

制图人：×××　　　　　　　　　　日期：××年××月××日

图 2-46　吊架松动影响率柱状图

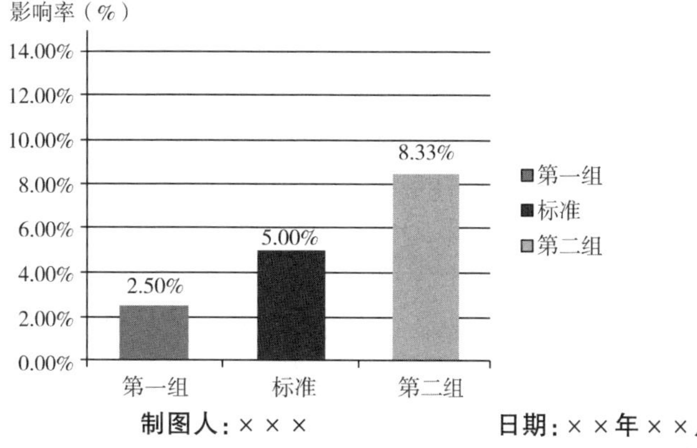

制图人：×××　　　　　　　　　　日期：××年××月××日

图 2-47　吊架直线度偏差影响率柱状图

(5)确认结果:经过岗前培训的工人对吊架松动的影响率和吊架直线度偏差的影响率分别为3.33%和2.50%,且都符合规范的要求;未经岗前培训的工人操作,对吊架松动的影响率和吊架直线度偏差的影响率分别为9.17%和8.33%,高于规范5%的要求。小组经过分析后,认为对照组工人的操作结果有明显的差异,因此判定末端原因"操作工人未进行岗前培训"为主要原因。

相关系数法。小组可以构建末端原因与问题或症结之间的相关关系,两者呈现正相关关系或负相关关系,为影响程度大;两者之间不相关,为影响程度小。一般来说,两者的相关系数 r 大于0,为正相关;相关系数 r 小于0为负相关;当相关系数 r 越接近0,则相关程度越小。

例3:运用相关系数法判定影响程度。

某小组活动的课题是"提高跨层大堂采暖空调制热效率",小组通过现状调查,找到影响课题质量问题的症结是"出风口温度不达标",在原因分析中,小组通过关联图分析得到了末端原因,其中一条末端原因是"回风位置不合理"。小组的确认依据是:小组测量不同高度的回风温度,观察不同高度位置对出风口温度的影响程度。如果回风位置与出风口温度呈现明显正相关关系,即随着回风位置高度的降低,出风口温度也降低,那么末端原因对症结的影响程度大,可以判定为主要原因;反之,随着回风位置高度的降低,出风口温度呈现高低无规律状态,那么末端原因对症结的影响程度小,为非主要原因。

确认过程:

(1)根据计算,结合小组经验和现场实际情况,要达到40 ℃的出风温度,则回风口温度须在30 ℃以上。××年××月××日,小组成员×××为了获得回风口位置和出风口温度的关系,先测量了不同高度下的回风温度,测试数据参见表2-37所示。

表2-37 不同高度回风温度统计表

高度(米)	3.0	3.2	3.4	3.6	3.8	4.0	4.2	4.4	4.6	4.8
回风温度(℃)	22.5	23.3	23.4	23.0	24.0	23.7	24.8	24.7	24.5	24.7

（续表）

高度（米）	5.0	5.2	5.4	5.6	5.8	6.0	6.2	6.4	6.6	6.8
回风温度（℃）	25.4	26.4	26.9	26.5	26.5	27.1	26.8	27.5	28.1	27.9
高度（米）	7.0	7.2	7.4	7.6	7.8	8.0	8.2	8.4	8.6	8.8
回风温度（℃）	28.3	27.5	28.2	28.8	29.1	30.1	29.5	30.4	30.3	30.7

制表人：×××　　　　日期：××年××月××日

（2）为了分析清楚不同高度与回风温度之间的关系，小组根据表2-37中的数据制作了散点图（如图2-48所示）。

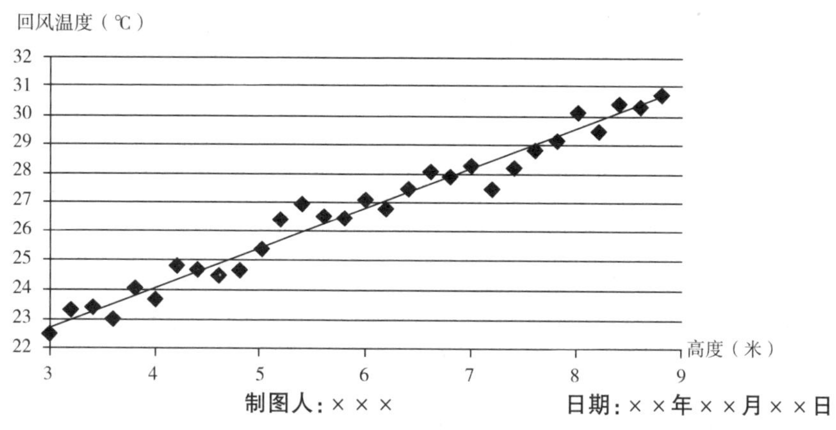

制图人：×××　　　　日期：××年××月××日

图2-48　不同高度回风温度散点图

（3）通过图2-48，小组确认回风温度和风口高度位置呈正相关。为了进一步确认大堂内回风口的回风温度，于是小组成员×××现场测试了大堂内回风口的回风温度，其中，回风口温度达到30 ℃才符合要求。测试温度值参见表2-38所示。

表2-38　回风口高度－温度统计表

现场回风口高度	回风口处回风温度（℃）
距地8米	30.1
距地6米	27.1
距地4米	24.2

制表人：×××　　　　日期：××年××月××日

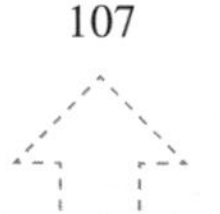

(4)根据表 2-38 中的数据,小组绘制了柱状图(如图 2-49 所示)。

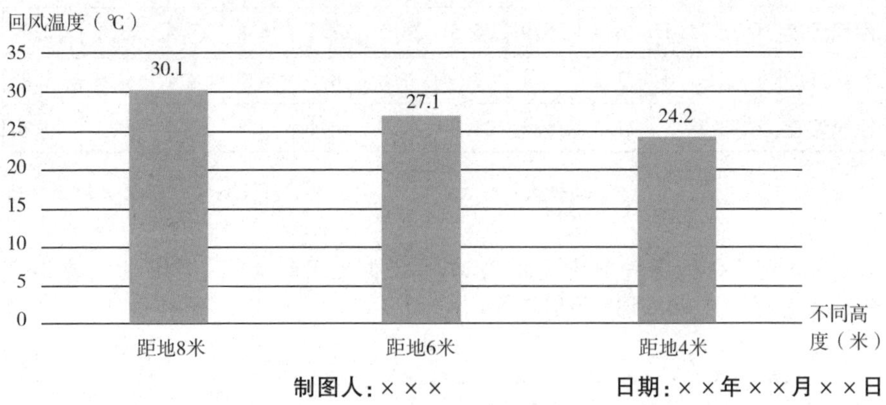

图 2-49　不同高度回风温度柱状图

(5)分析:从图 2-49 可以看出,大堂内只有回风口距离地面 8 米处,其温度才达到了 30 ℃的设定要求,其余高度回风口的温度均没有达到 30 ℃的要求,说明"回风位置不合理"对症结"出风口温度不达标"的影响程度大。

(6)确认结论:末端原因"回风位置不合理"是主要原因。

其他判别影响程度的方法还有模拟实验法和显著性检验法。模拟实验法是指小组可以通过模拟(仿真)实验,看理想状态下的数据曲线与当前实际状态下的数据曲线之间的拟合情况,若拟合程度好为影响程度小,若拟合程度差则为影响程度大。显著性检验法是指小组可以通过统计分析(比如秩和分析等)来进行末端原因与问题之间差别的显著性检验,若显著性强为影响程度大,若显著性小则为影响程度小。关于统计显著性的判定方法,使用者要用到一定的统计专业知识,有兴趣的读者可以参考《质量管理统计应用》。

问题48:是否可以只针对末端原因的状况进行辨识来确认主要原因

答:要因确认的依据是末端原因对问题或症结的影响程度。因此,通常来说,小组在进行要因确认时,要通过现场试验、测量、调查分析等方式来获得具体的影响程度数据。但是,小组在实践中也遇到了这么一种情况,比如测量装置精度足够、加工设备完全正常、周边环境完全正常,那么这些末端原因基本上就不是主要原因了。

例如:某小组开展活动,末端原因为“设备陈旧导致精度不够”,问题症结是“支吊架定位偏差”。小组的确认依据是“检查设备是否合格并且精度高,其对支吊架定位偏差的影响程度大小”,如果设备合格并精度高,且加工成品安装后偏差符合要求,则为影响程度小,反之影响程度大。

确认过程:

(1)××月××日,小组成员××查阅厂家相关设备技术资料,发现其生产设备较为先进,全部有合格证明,并且有国际认证证书。虽然使用时间长,但每年有保养和鉴定合格证书,对其加工质量有保证。

(2)小组对设备的精度进行现场测量,以鉴定设备的精度是否满足要求。设备精度记录数据参见表2-39所示。

表2-39　设备精度记录表

序号	检定项目	规范和设计要求	鉴定结果
1	外观及各部分相互作用	表面涂层均匀,光泽一致,刻线和数字清晰均匀;测量面的表面粗糙度Ra不大于0.2微米,无碰伤、锈蚀,镀层脱落及划痕等影响测量准确度的外观缺陷;各移动零部件灵活,移动平稳,能可靠固定;游标零刻线与主尺零刻线重合时,游标的尾刻线与主尺的相应刻线的重合度不大于分度值的1/2	设备合格且精度符合要求

(续表)

序号	检定项目	规范和设计要求	鉴定结果
2	测量面的平面度	在100毫米长度上不大于0.003毫米;在200毫米长度上不大于0.004毫米;在300毫米长度上不大于0.005毫米	符合要求
3	直尺和基尺测量面的平行度	在100毫米长度上不大于0.006毫米	符合要求
4	零位正确性	不大于1/2分度	符合要求

制表人:××× **日期:××年××月××日**

(3)由表2-39中的鉴定结果可知,相关设备都较为先进,质量合格,并且精度都满足了规范和设计要求。

(4)为保险起见,小组挑选8名有上岗证书、经验丰富的操作工人,使用该型设备加工后的支吊架进行现场安装,发现安装偏差都符合要求。安装结果参见表2-40所示,其中规范要求定位偏差小于2厘米。为此,小组分析后认为,这些设备的精度对支吊架定位偏差的影响程度较小。

表2-40 支吊架安装记录表

序号	姓名	支吊架完成情况	定位偏差距离(厘米)	是否合格
1	张××	完成良好	1.6	合格
2	庆××	完成良好	0.8	合格
3	李××	完成良好	1.5	合格
4	朱××	完成良好	1.0	合格
5	沈××	完成良好	0.7	合格
6	陆××	完成良好	0.5	合格
7	葛××	完成良好	1.2	合格
8	唐××	完成良好	1.3	合格

制表人:××× **日期:××年××月××日**

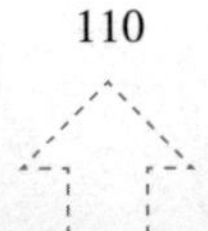

(5)确认结果:末端原因"设备陈旧导致精度不够"为非主要原因。

从上例中可以看出,如果生产设备的精度满足要求,并且其加工质量得到保证,小组把加工后的产品用于作业,对症结的影响程度小。因此,针对测量装置精度足够、加工设备完全正常、周边环境完全正常等通常属于管理方面的末端原因,小组如果确认了这些管理状况完全符合要求,可以判断其对于症结的影响程度为小,可以省去后续很多工作。

七、制定对策

问题49:制定对策时,对策必须与主要原因一一对应吗

答:小组在制定对策时,必须针对主要原因逐条制定,且每条对策与主要原因必须一一对应。由于在原因分析时,每条末端原因都已经分析至可以采取具体对策的状态,因此,通常的情况下,有一条主要原因就制定一条相应的对策。如果出现针对一条主要原因制定两条或两条以上的对策,那么小组应在这些对策中进行比选,选择最佳的对策实施即可。有的小组在活动时,主要原因已经确认完毕,但制定的对策与主要原因之间无法对应,那么小组的活动会失去针对性,活动目标难以实现;也有的小组制定的对策有漏项,即对策的数量比主要原因的数量少,那么缺少相应对策的主要原因就无法得到改进,小组活动目标同样难以实现。

制定对策时,由于每一条对策与相应的主要原因都是一一对应的,因此,一般不会出现一条对策可以解决两个或两个以上主要原因的情况。如果小组发现针对两个主要原因,采取的对策是一样时,说明这两个主要原因应当是一致的或者是强相关的,也说明在原因分析阶段小组没有甄别出两者的关联关系。

例如:某小组活动的课题是"提高柔性排水铸铁管的一次安装合格率",小组在确定主要原因程序中找到了三条主要原因,并制定了对策表,参见表2-41所示。

表 2-41　对策表

序号	要因	对策	目标	具体措施	地点	责任人	完成时间
1	卡箍螺栓没有紧固	借助手枪钻机具进行紧固	用手枪钻拧紧卡箍螺栓,受力均匀,卡箍100%一次性安装到位	1. 组织小组会议,分析统计产生的情况结果 2. 小组成员制定详细的不锈钢卡箍安装步骤 3. 成立专门的施工质量跟踪监督小组 4. 制定"带教"制度 5. 进行针对性质量技术交底,并借助手枪钻机具进行不锈钢卡箍螺栓紧固	现场办公室、作业现场	×××	××年××月××日
2	卡箍强度不足	更换卡箍厂家及卡箍类型以保证强度	保证卡箍在≤0.4兆帕下,100%不破裂	1. 组织小组讨论会,制定更换卡箍流程 2. 联系厂家更换卡箍 3. 成立专门的施工质量跟踪监督小组进行检查	作业现场	×××	××年××月××日
3	管道下料后切口不平	严格按照规范进行管道下料作业,以保证切口平整	切口表面平整,切口端面倾斜不得超过3毫米	1. 按照规范进行管道下料作业技术交底 2. 制定管道下料步骤流程,对工人进行详细的讲解 3. 工人作业时,有管理人员进行监督和测量,以确保下料操作符合规范标准	作业现场	×××	××年××月××日

制表人:×××　　　　日期:××年××月××日

从表2-41中的数据可以看出,小组确认的主要原因有三条,分别是"卡箍螺栓没有紧固""卡箍强度不足""管道下料后切口不平"。小组针对主要原因"卡箍螺栓没有紧固"采取的对策是"借助手枪钻机具进行紧固";针对主要原因"卡箍强度不足"采取的对策是"更换卡箍厂家及卡箍类型以保证强度";针对主要原因"管道下料后切口不平"采取的对策是"严格按照规范进行管道下料作业,以保证切口平整"。主要原因与对策之间做到了一一对应,没有遗漏一条主要原因,也没有制定多余的对策。

问题50:怎样理解"必要时,提出对策的多种方案"

答:"必要时,提出对策的多种方案"关键是掌握在什么时候属于"必要时"。这里的"必要时"主要包含两层含义,一是指该对策与技术、工艺等相关,而且对策实施时有一定的难度,这时需要提出对策的多种方案,从每一种方案的有效性、可实施性、经济性、可靠性、时间性等方面进行综合评价,从中选择最优的方案来具体实施。二是指小组成员针对某一项主要原因商量对策时,小组成员之间有各自不同的意见,产生了不同的对策方案,需要从中选优。所以,小组在开展活动的时候,并不是针对每一条要因都要提出多个方案,而是根据实际情况再确定是否需要提出对策的多种方案。如果小组按照常规经验就能制定对策,那就不需要提出对策的多种方案。

例如:某小组开展活动,共确认了三条主要原因。针对第一条主要原因"软化水箱材质防腐性能差",小组认为在水箱材质防腐上要慎重,故提出了两条对策方案,分别是"对渗漏处进行固溶处理""更换软化水箱材质,使用不锈钢316型";针对第二条主要原因"冷凝水回收装置安装位置较远,管线过长",小组成员之间有了不同的意见,提出了两条对策方案,分别是"更换流量更大的冷凝水回收水泵""缩短设备间距离";针对第三条主要原因"节能器循环水与蒸汽冷凝水共同汇入软化水箱导致水温过高",小组认为制定的对策与技术、工艺有关,故提出了两条对策方案,分别是"增加换热设备,回收软化水箱内的热量""不再回收节能器循环水或蒸汽冷凝水至软化水箱"。上述分析思路参见表2-42所示。注意:该表不是完整的对策分析评价内容。

表 2-42　提出不同对策汇总表

序号	主要原因	提出不同的对策	对策的分析
1	软化水箱材质防腐性能差	(1)对渗漏处进行固溶处理	施工技术人员按需对水箱渗漏处进行修补
		(2)更换软化水箱材质,使用不锈钢316型	改用耐腐蚀性更佳的不锈钢316型材质,原不锈钢304型材质水箱报废
2	冷凝水回收装置安装位置较远,管线过长	(1)更换流量更大的冷凝水回收水泵	回收效率加快,减少热量损耗
		(2)缩短设备间距离	缩短设备间距离,减少管内存水
3	节能器循环水与蒸汽冷凝水共同汇入软化水箱导致水温过高	(1)增加换热设备,回收软化水箱内的热量	对设备采购的投入较大
		(2)不再回收节能器循环水或蒸汽冷凝水至软化水箱	断开任意一路管线不进行回收

制表人:×××　　　　日期:××年××月××日

问题 51:怎样进行对策效果的评价和选择

答:当小组针对某一个主要原因,需要从多个对策中比选时,应当对这些对策做全面分析,以确保小组选择的对策为最优方案。在进行每个对策效果的评价时,主要可以从对策的有效性、可实施性、经济性、可靠性、时间性等方面开展。“有效性”主要评价对策的实施效果。“可实施性”主要评价对策是否符合小组的能力范畴和资源调配状况、对策开展的可能情况、存在的制约因素等。“经济性”主要评价对策实施需要的各类资源投入,特别是资金的投入,也包括各类人力、财力等折算成的成本。“可靠性”是指在规定的条件下和规定的时间内,对策能完成规定功能的能力。“时间性”主要评价对策实施所需要的周期、对策实施的效率等。当然,小组也可以结合活动的实际情况,增加考虑的维度,比如安全保证、质量保证、环保影响、管理控制等方面存在的优势与劣势。

例如：某小组开展活动，症结是“蒸汽冷凝水收集效果差”。小组在完成要因确认程序后，找到其中一条主要原因是“冷凝水回收装置安装位置较远，管线过长”。小组经过讨论后，从技术和工艺的角度提出了两条对策，分别是“更换流量更大的冷凝水回收水泵”“缩短设备间距离”，小组分析认为，第一条对策“更换流量更大的冷凝水回收水泵”可以加快冷凝水的回收效率，减少热量损耗，从而提高冷凝水的收集效果；第二条对策“缩短设备间距离”可以减少冷凝水管内的存水，提高冷凝水的收集效果。这两条对策对于症结的控制与解决都可行。为了在两者中间选择最优方案，小组从有效性、可实施性、经济性、可靠性、时间性等5个方面展开了计算和分析，具体内容参见表2-43所示。最终，小组选择了第二个对策“缩短设备间距离”为实施方案。

表2-43　对策分析评价表

主要原因	提出对策	对策分析	综合评定					结果
			有效性	可实施性	经济性	可靠性	时间性	
冷凝水回收装置安装位置较远，管线过长	（1）更换流量更大的冷凝水回收水泵	回收效率加快，减少热量损耗，以提高冷凝水收集效果	通过计算，更换1 080立方米/时大流量水泵后，冷凝水收集有效性达50%	需设计单位配合提供水泵参数；管线要重新布置；设备底部砼基础要重做	水泵采购费用约10 000元；管线部分需要10 000元；底座基础5 000元；人工增加3 000元	增加后期设备运行故障风险	水泵采购周期1个月；基础砼养护2周；水泵安装调试10天	不通过
	（2）缩短设备间距离	减少冷凝水管内存水，提高冷凝水收集效果	设备间距离缩短后，计算管内冷凝水存水量，有效性达85%	本小组可自行进行作业；设备底部砼基础要重新做	增加人工费用6 000元；底座基础部分5 000元	可有效减少管道存水问题；整体实施相对简单、可靠	预计7天完成水泵间距调整；基础部分砼养护2周	通过

制表人：×××　　　　日期：××年××月××日

当然，进行对策评价的维度并非只有有效性、可实施性、经济性、可靠性、时间性，关键是小组能够从客观、恰当的维度，把每条对策的综合优势和劣势讲清楚，以方便决策。有的小组就从其他维度进行了评价，比如：加工运输及仓储成本、成品的使用及运营维护便捷性、加工周期、对于症结的控制效果、对于症结的反应速度、对于周边环境的影响、质量控制难度、安全性等。

问题52：能举例说明对策比选的内容吗

答：下面举一个对策比选的例子。

某小组开展活动，课题是“提高VAV空调系统一次调试成功率”。小组通过现状调查找到了影响课题质量问题的症结为“送风量达不到设计要求”。针对症结，小组通过原因分析和主要原因确认程序，共确认了4个主要原因，分别是“调试人员缺乏培训”“VAV控制策略不完善”“建筑幕墙未完全封闭，风速测定有偏差”“网线故障率过高”。

小组成员针对上述4个主要原因，仔细研究、讨论后，对每个主要原因分别提出了两种对策，并从可靠性、可实施性、经济性、时间性及有效性5个方面，对每种对策进行了评价及选择。小组在评价过程中，给予可靠性、可实施性、经济性、时间性、有效性5个维度各20%的权重，然后给予每个维度单独评价并进行打分，打分标准为：与小组初始执行的施工方案进行比较，如果在这个维度执行新对策比执行原来施工方案差，获0~1分；执行新对策与原来施工方案相比一致，获2~3分；执行新对策能基本或完全解决问题，获4~5分。具体评价内容参见表2-44所示。

表 2-44　对策评价选择表

主要原因	提出的对策方案	评估维度、理由及得分					综合得分	选定方案
		可靠性	可实施性	经济性	时间性	有效性		
		20%	20%	20%	20%	20%		
调试人员缺乏培训	集中对调试人员进行培训	与原方案基本一致，几乎无风险	由公司技术部给予支持，可行	需暂停调试工作，进行集中培训后再上岗。有一定的停工费用及集中培训费20 000元	需花费一周培训时间，但调试返工率降低	有效解决人员未培训的根本问题	4.2分	选择
		3.0分	5.0分	3.8分	4.2分	5.0分		
	边调试边对调试人员进行培训	与原方案一致，工人可能接受新调试知识略显迟缓	由公司技术部支持，项目部有相应人员对工人进行边调试边培训，可行	可直接开始调试，几乎不停工，节省人工，有培训费开支8 000元	无须浪费时间，但调试返工率提高，变相增加调试时间	存在培训系统性不够，不能解决根本问题	3.8分	不选
		2.8分	5.0分	4.8分	3.2分	3.2分		

（续表）

主要原因	提出的对策方案	评估维度、理由及得分					综合得分	选定方案
		可靠性	可实施性	经济性	时间性	有效性		
		20%	20%	20%	20%	20%		
VAV控制策略不完善	每当有VAV风阀开度最大时，采取逐步提高AHU频率的控制策略	更新了控制策略，操作人员需要逐步熟悉和掌握，存在一定风险性	操作人员需要有专业人士进行指导，可行性尚可	只需BA系统更改控制策略，预计增加3 000元费用	节省了调试时间，为确保系统调试一次性成功提供了可能	可以有效解决VAV控制策略问题，对系统调试有很大支撑作用	3.8分	选择
		2.9分	2.8分	3.5分	4.8分	5.0分		
	仍然沿用现有的VAV控制策略	采用原先控制策略，操作人员已经熟悉控制策略	现有VAV控制策略本身就存在不完善的地方，需要予以改进	只需要BA系统更改控制策略，预计增加3 500元费用	调试时间没有增加，也没有减少。但总体调试时间还是偏长	无法解决根本问题，对于系统调试效果不佳	3.6分	不选
		5.0分	2.8分	3.2分	4.2分	2.8分		

（续表）

主要原因	提出的对策方案	评估维度、理由及得分					综合得分	选定方案
		可靠性	可实施性	经济性	时间性	有效性		
		20%	20%	20%	20%	20%		
建筑幕墙未完全封闭，风速测定有偏差	等幕墙施工完成后再进行调试	与原方案一致，对于后续施工、调试几乎没有影响	遵循原施工方案，完全可行	对于原来的施工方案不变，经济运行无影响	需等幕墙封闭后再调试，调试计划存在不可控的因素	可以一定程度解决问题，对于系统整体调试有影响	4 分	不选
		5.0 分	5.0 分	3.0 分	3.2 分	3.8 分		
	与幕墙单位沟通，需要调试的楼层先行施工	需协调沟通，对于原施工计划有变化，幕墙单位的配合有一定困难	通过与幕墙单位的协调，可以变更施工方案，按新方案执行	施工的内容基本不变，但增加协调、变更等费用约 5 000 元，对经济有影响	通过沟通安排调试计划，调试时间完全可控，节省了总进度	需要与幕墙单位建立良好的沟通关系，可以较好地解决系统调试问题	4.2 分	选择
		4.2 分	4.2 分	2.8 分	5.0 分	4.8 分		
网线故障率过高	更换故障网线	时有发生网线故障，系统调试可靠性受到一定影响	网络通信原理没有变化，按照原施工方案进行	更换网线比较经济，增加费用 3 000 元，成本较少	需要检测故障后，再依次更换网线，时间上基本受控	虽然更换了网线，但还可能会出现故障	3 分	不选
		3.0 分	3.2 分	3.0 分	3.2 分	2.6 分		

（续表）

主要原因	提出的对策方案	评估维度、理由及得分					综合得分	选定方案
		可靠性	可实施性	经济性	时间性	有效性		
		20%	20%	20%	20%	20%		
网线故障率过高	全部更换为六类网线	网线故障率降低，几乎对于系统调试没有影响	网络通信原理基本不变，比原施工方案略有改进	更换六类网线价格很高，费用增加 15 000 元，成本支出大	直接全部采用超六类网线，节约时间，有利于加快总进度	从根本上解决了网线问题，系统调试效果有保障	3.8 分	选择
		4.8 分	3.2 分	2.0 分	4.0 分	5.0 分		

制表人：××× 日期：××年××月××日

通过对上述每条对策的分析评价，小组确认了相应的对策：针对主要原因“调试人员缺乏培训”，小组选择的对策为“集中对调试人员进行培训”；针对主要原因“VAV 控制策略不完善”，小组选择的对策为“每当有 VAV 风阀开度最大时，采取逐步提高 AHU 频率的控制策略”；针对主要原因“建筑幕墙未完全封闭，风速测定有偏差”，小组选择的对策为“与幕墙单位沟通，需要调试的楼层先行施工”；针对主要原因“网线故障率过高”，小组选择的对策为“全部更换为六类网线”。至此，小组的对策分析评价工作结束，可以进入制定对策表的步骤。

问题 53：制定对策表时所遵循的“5W1H”原则指什么

答：5W1H 是英文 What、Why、Who、Where、When、How 的首字母简称，在对策表中分别代表对策、目标、负责人、地点、时间、措施。5W1H 最早是由美国政治学家、传播学奠基者哈罗德·拉斯维尔（Harold Lasswell）在 1948 年撰写的论文《传播在社会中的结构与功能》中提出的，是一种科学的工作分析方法。最初分析思路是这样的:what 指对象,即生产什么产品,为什么生产该产品,是否可以生产别的产品,确认生产什么;why 指目的或原因,即生产该产品是为了什么,为什么是这个目的,还有别的目的吗,确认是什么目的;who 指人员,即谁来做,为什么是那个人做,可以由他人替代吗,确认是谁来做;where 指地点,即在哪儿做,为什么在那个地方做,可以在别处做吗,确认在这个地方做;when 指时间和程序,即什么时候做,为什么在那个时候做,可以在其他时间做吗,确认在那个时间做;how 指措施,即怎么做,为什么那样去做,有其他方法吗,确认是这样做。

在 QC 小组活动中,what 的含义从"对象、产品"引申成了"对策";why 的含义从"目的、原因"演化成了"对策的目标";who 的含义从"人员"引申成了"对策实施的负责人",where 的含义还是"地点",when 的含义还是"时间",how 的含义还是"措施",是"具体怎么做"。

在管理实践中,还有人在"5W1H"的基础上增加了一个维度"H",指"how much",是花费多少或者做到什么程度的意思。目前在 QC 活动中,很多小组是把"how much"的维度放在对策方案的比选环节完成,或者是放在效果检查时完成。

表 2-45 为某小组根据 5W1H 原则制定的对策表。

表 2-45　对策表

序号	主要原因	对策（what）	目标（why）	措施（how）	地点（where）	负责人（who）	完成时间（when）
1	薄钢板厚度选用不达标	壁厚非标风管通过内衬扁钢提高等效厚度	无风压负载及 600 帕风压负载下,风管单面最大挠度均小于 10 毫米	1. 根据风管自重情况合理选取对应规格的扁钢 2. 安排操作工人对厚度不达标的风管进行扁钢内衬作业 3. 对改进后风管再次进行挠度值检查,合格后进行安装,运行系统再次观察表面鼓振情况	通风机房、通风加工厂	李×× 龚××	××年××月××日

（续表）

序号	主要原因	对策（what）	目标（why）	措施（how）	地点（where）	负责人（who）	完成时间（when）
2	加固方法无统一标准	按配件形状特点自行设计方案，试验效果达标后作为统一标准施行	配件管壁鼓振幅度小于1.8%，加固检测合格率达100%	1. 收集数据，分析各类配件形变特点 2. 结构验算，设计加固方案 3. 按照设计方案进行力学模拟，模拟合格后完成实物压力试验，观察管壁鼓振幅度	办公室、通风机房、通风加工厂	余×× 单××	××年××月××日

制表人：××× 日期：××年××月××日

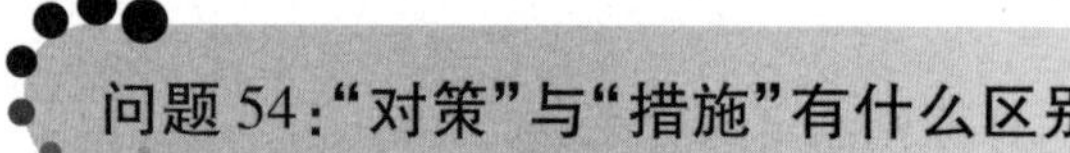

问题54：“对策”与“措施”有什么区别

答：对策表中的“对策”是指针对主要原因所采取的改进方案，“措施”则是该对策的具体展开，具有操作性。对策与措施相比较，对策偏宏观，指明了实施的方向；而措施偏微观，是具体的实施步骤。就某一个主要原因而言，对策有一个，而措施则有若干条。比如：针对主要原因“某流水线上某个阀门坏了”，对策是“更换该型号阀门”，措施则为“一是选择适当的某型号阀门；二是阀门采购与验收；三是流水线暂停；四是更换阀门；五是重启流水线”等。因此，对策与措施紧密相关又有不同，对策是其对应措施的实施方向，措施是其对应对策的具体实施步骤。

表2-46为某小组在活动中制定的对策表。从表中可以看出，小组共确认了三条主要原因，并制定了相应对策。

对策一“土建注浆前再次调整绑扎线盒位置，并在浇筑时现场看护”，小组细化了三条措施，分别是：严格按照图纸点位在二结构钢筋柱中绑扎线盒；土建注浆前再次调整绑扎线盒位置，并在浇筑时派专人看护；土建注浆完毕，检查线盒位置，确保无深陷偏移。

对策二“统一配管间距以及配管距墙尺寸标准，并进行技术交底至各班组”，小组细化了4条措施，分别是：制定出统一的管间距以及配管距墙尺寸;确定开槽尺寸并列入技术交底中;确保操作工人全部掌握配管间距、配管距墙尺寸标准;严格管控开槽尺寸,定期检查、记录。

对策三"将机械开槽加入技术交底内容中,并定期巡查施工现场,对违规人员进行纠正",小组细化了3条措施,分别是:将机械开槽加入技术交底的内容中,并定期进行技术交底强化;定期巡查施工现场施工方法,确保全部使用机械开槽;发现违规现象立即予以纠正,并采取预防措施。

表2-46 对策表

序号	主要原因	对策	目标	措施	责任人	地点	完成时间
1	土建浇筑二次结构墙体钢筋移位	土建注浆前再次调整绑扎线盒位置,并在浇筑时现场看护	二结构墙体预埋线盒点位正确率达100%,线盒深陷偏移发生率为0	1. 严格按照图纸点位在二结构钢筋柱中绑扎线盒 2. 土建注浆前再次调整绑扎线盒位置,并在浇筑时派专人看护 3. 土建注浆完毕,检查线盒位置,确保无深陷偏移	×××	所有二次结构墙体区域	××年××月××日
2	开槽尺寸未考虑配管间距、配管与墙的间距	统一配管间距以及配管距墙尺寸标准,并进行技术交底至各班组	开槽尺寸统一达到100%;配管间距以及配管距墙尺寸统一达到100%	1. 制定出统一的配管间距以及配管距墙尺寸 2. 确定开槽尺寸并列入技术交底中 3. 确保操作工人全部掌握配管间距、配管距墙尺寸标准 4. 严格管控开槽尺寸,定期检查、记录	×××	现场所有配管区域	××年××月××日

（续表）

序号	主要原因	对策	目标	措施	责任人	地点	完成时间
3	未使用机械开槽	将机械开槽加入技术交底的内容中，并定期巡查施工现场，对违规人员进行纠正	使用机械开槽达到100%，槽口平整率100%	1. 将机械开槽加入技术交底的内容中，并定期进行技术交底强化 2. 定期巡查施工现场施工方法，确保全部使用机械开槽 3. 发现违规现象立即予以纠正，并采取预防措施	×××	施工现场所有开槽的区域	××年××月××日

制表人：×××　　　　日期：××年××月××日

问题55：对策表中的“目标”与课题“目标”有什么不同

答：在对策表中，每一条对策都有与其相对应的目标，这个目标是就对策所对应的主要原因应当改善到一定程度的具体描述，以消除或减轻主要原因对症结的影响，目标是可测量的，也是可以检查的。对策目标的制定是便于每一条对策实施完成后对该条对策进行检查验证工作，以检验该对策的目标是否实现，在此基础上判断该条对策的实施是否有效。课题目标则是针对课题所面临的质量问题，通过小组活动后得以解决、改进的程度，它也是可测量的、可检查的，课题目标确定后，为小组活动中的“效果检查”提供了依据。对策的目标与课题的目标没有直接的关系，对策目标也不是课题目标的分解。在所有对策实施后、各项对策所对应的对策目标实现以后，小组可以检查课题目标是否实现，以判断小组活动是否取得预期效果。

例1：某小组开展活动，课题是“提高超大型光井通风管道施工一次合格率”，小组在现状调查后，设定的课题目标为“超大型光井通风管道施工一次合格率达到95%”。小组在原因分析、确认主要原因等程序完成后，制定了对策表，参见表2-47所示。

从表中可以看出，与对策一“采用夹具将需要焊接的法兰固定在制作好的法兰模型框上，确认固定后再进行焊接”相对应的目标为“保证法兰端面的平整度不大于1毫米/米”；与对策二“增加两根槽钢做承重用，并进行受力计算”相对应的目标为“保证支架安装正确，横向及纵向位移不大于3毫米，风管整体无沉降”。显然，对策表中的“目标”与课题“目标”是有区别的。但两者也有联系，如果对策目标不能完成，那么课题目标也是很难实现的。

表2-47　对策表

序号	主要原因	对策	目标	措施	责任人	地点	完成时间
1	风管法兰焊接时未加固	采用夹具将需要焊接的法兰固定在制作好的法兰模型框上，确认固定后再进行焊接	保证法兰端面的平整度不大于1毫米/米	1. 在法兰四边处利用夹具将需焊接的法兰与已制作好的法兰模具固定 2. 检查固定效果。焊接前检查上下法兰内外边是否垂直，避免偏位 3. 焊接完成后检查焊渣、焊瘤等是否处理干净	王×× 钱××	风管法兰制作加工厂	××年××月××日

（续表）

序号	主要原因	对策	目标	措施	责任人	地点	完成时间
2	支架设置或选用不合理，而且未按实际情况进行支架受力计算	增加2根槽钢做承重用，并进行受力计算	保证支架安装正确，横向及纵向位移不大于3毫米，风管整体无沉降	1. 重新绘制风管支架详图并进行受力计算 2. 在7层增加2根16#槽钢固定支架，2根槽钢与悬臂支架用螺栓固定，中间放置垫木，相对槽钢用通丝对拉 3. 上层安装风管时采用新设计的支架，安装完成后对6层以下已施工支架进行拆改，并记录风管的每层沉降量及总沉降量	汪×× 赵××	光井内支架安装区域	××年××月××日

制表人：××× 日期：××年××月××日

问题56：制定对策时有哪些方面容易被忽视

答：小组在制定对策时，应当按照5W1H（对策、目标、措施、负责人、地点、实施时间）原则来制定。小组在实际活动时，会存在一些容易忽视的地方，的确需要引起关注：

一是对策的目标设定要适当，要确保目标值实现以后能减轻或消除其对应的主要原因对症结的影响，但也不要把目标值设定过高，导致小组需要投入太多的资源才能完成，或者不能完成。当然，如果必须设定高目标值，那另当别论。

二是不能把“措施”与“目标”混淆，有的小组把措施当作目标，其实是没有搞清楚对策、目标、措施三者的含义和相互关系。

三是设定的目标要可以检查，如果笼统地用定性文字描述，小组在开展活动时就无法准确判断措施执行以后其对策是否达到预期效果。

四是不能多个对策共用一个目标，有的小组两个不同的对策对应了同一个目标，这说明存在这样的可能：这两条所谓的“对策”其实是同一条对策的内容，但小组没能进行内容的整合与提炼；或者是小组把措施误当作对策，然后多条对策（其实是措施）对应了同一个目标；或者是小组在进行原因分析时，自以为在同一个维度分析出了两个不同的主要原因，而实际上这两个主要原因是同一个内容。

五是对策不能超出小组的能力范围，有的小组制定的对策是需要集成整个公司的技术力量甚至是外界很多资源才能完成，那就不是本小组能控制的活动了。

六是对于技术、工艺等难度较大的对策，制定时要有分析、论证、评价等过程；对于关键改进的对策等要经过相关责任部门的批准，特别是涉及重要技术方案、重大危险源时，必须经过一定的审批程序，经批准后才能实施，否则产生的后果是小组无法承担的。

七是小组在制定对策时就要谋划“制定巩固措施”的相关内容，要把活动所形成的作业指导书、作业方案、工法、管理制度、相关图纸等内容纳入与对策对应的具体措施中，这样小组在对策实施时会尽早关注这些标准化内容的形成过程，关注标准化成果的针对性、适用性、有效性等内容。

当全部对策基本出来后，小组还应该看一下对策中的内容是否能够体现出小组的能力和智慧，不能全部对策都是关于基础管理方面的内容，如“管理不到位”“相关人员缺少培训或培训不达标”“设备缺少定期保养”“设备更新”“测量仪器缺少定期检测”“操作工人没有按照规定的工艺进行作业”“作业环境杂乱无章”“材料进场没有检验”等。通常来说，质量管理小组要开展好活动，就得有一个比较良好的活动环境，那么小组应当注重日常各方面的管理工作，尤其是基础管理工作必须做到位。这样，小组才能够把活动重点放在质量改进、管理创新等方面，集中资源和注意力到提升产品质量、生产过程管控质量、服务质量等方面，更好地体现小组活动的实质。不过，如果只是在某一条对策中出现基础管理方面的内容是可以的。

需要注意的是，在制定对策表中，“对策”“目标”“措施”三者之间的前后顺序不要搞混，因为它们之间有严密的逻辑性。针对某一条主要原因，小组首先放的是“对策”，因为对策就是针对该条主要原因所需采取的改进方案。紧接着“对策”的是“目标”，这个目标与对策相对应，目标能体现出对策实施后主要原因的改进程度，以消除或减轻主要原因对症结的影响。“目标”后面是“措施”，这些措施的实施是为了确保该目标的实现。

问题 57：为什么“制定对策”和“对策实施”不放在一起作为实施阶段的内容

答：小组进入制定对策的阶段，此时小组成员针对各个主要原因，一起商量相应的对策，有的还需要提出多个对策并进行比选，确定每一条对策相应的目标，细化与对策相应的具体措施，落实对策的实施地点，确认每一条对策的责任人和完成时间，整个制定的过程是具有明显的策划性质，因此，“制定对策”是属于 P 策划阶段的内容。而对策实施的步骤是小组具体落实对策的过程，是小组成员根据确认完毕的对策表的内容，由责任人牵头，在相应的实施地点、规定的时间内组织落实各项措施，并达到对策目标，整个对策实施的过程重点在于“执行”，因此属于“对策实施”D 阶段。有的小组只关注了“对策”两个文字，把“制定对策”与“对策实施”混放在同一个步骤中，是混淆了 P 策划阶段与 D 实施阶段的内涵。虽然从程序上来说，小组制定对策完成后，就进入对策实施，但两者分别属于不同的阶段，不要把它们放在同一个程序中。

图 2-50 中，小组把“制定对策”与“对策实施”混放，都归入到“D 实施阶段”，是错误的。图 2-51 中，“制定对策”属于“P 策划阶段”，“对策实施”属于“D 实施阶段”，是正确的。

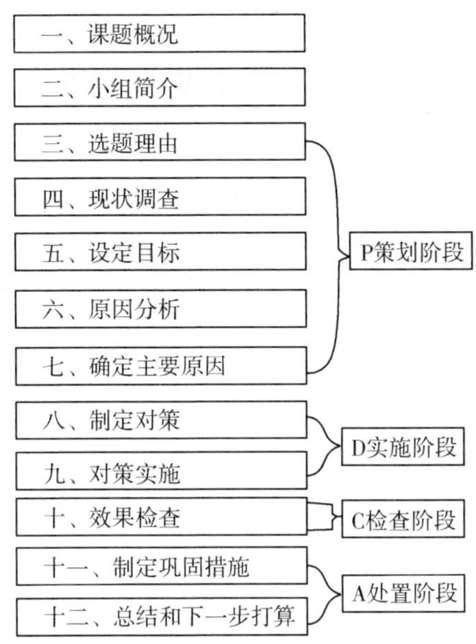

图 2-50　制定对策与对策实施混放在同一阶段

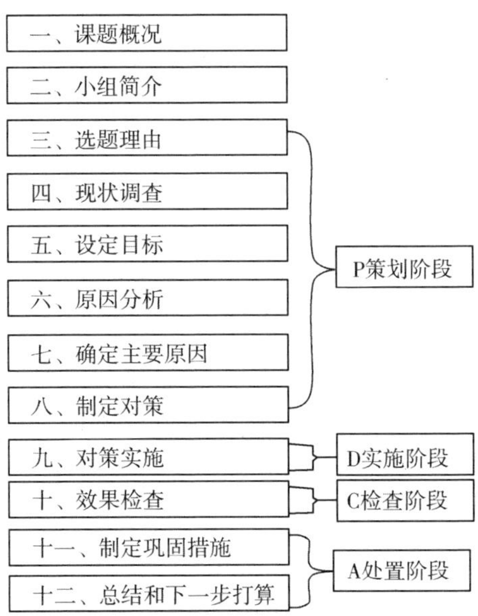

图 2-51　制定对策与对策实施分处于两个阶段

问题 58:能详细解读一个对策表的内容吗

答:下面解读一个对策表所包含的内容。

某小组开展活动,课题是“提高成排异型束流套管安装一次合格率”。小组通过现状调查,找到的症结是“束流套管定位偏差”。小组在原因分析和主要原因确认程序完成后,找到了两条主要原因,分别是“成排安装束流管不利于混凝土浇筑”“缺少高精度测量方法”。小组针对这两条主要原因,制定了多种对策进行分析评估,然后确定了各主要原因的具体对策,并按照“5W1H”的原则,制定出对策表。参见表 2-48 所示。

表 2-48　对策表

序号	主要原因	对策	目标	措施	负责人	地点	完成时间
1	(施工方法维度)成排安装束流管不利于超厚混凝土浇筑	采用成组束流套管安装,先固定 3 ~ 4 根套管为一组,再进行安装与钢筋绑扎	束流套管成排安装对混凝土浇筑的工期、工序以及结构安全性的影响率低于 5%	1. 根据设计院出具的图纸,决定套管成组的数量 2. 根据既定施工工序、工法进行安装施工 3. 混凝土浇筑前反复检查,保证施工质量一次合格 4. 进行混凝土浇筑	王×× 孙××	束流套管施工区域	××年××月××日至××年××月××日

（续表）

序号	主要原因	对策	目标	措施	负责人	地点	完成时间
2	（测量维度）缺少高精度测量方法	采用高精度激光定位仪与BIM模型相结合测量定位	保证套管安装位置正确，套管安装定位与图纸误差小于±10毫米	1. 通过绘制BIM模型反映二维图纸中的束流套管在建筑结构中的位置 2. 通过对现场的位置进行修正，从而使套管安装和固定位置更加精准	徐×× 倪××	束流套管施工区域	××年××月××日至××年××月××日

制表人：×××　　　　日期：××年××月××日

"对策"的内容是小组针对主要原因所采取的质量改进方案。本例中，小组针对第一个主要原因"成排安装束流管不利于超厚混凝土浇筑"，采取的对策是"采用成组束流套管安装，先固定3～4根束流套管为一组，再进行安装与钢筋绑扎"，这样的对策将确保超厚混凝土的浇筑质量，以期从"施工方法"的维度来解决对症结"束流套管定位偏差"的影响。

"目标"的内容是小组针对与"对策"相对应的主要原因，预期该主要原因可以改善到的具体程度，这个改善的程度是可测量的、可检查的，以便在该对策实施完成后进行检查验证。小组为第一项对策设定的目标为"束流套管成排安装对混凝土浇筑的工期、工序以及结构安全性的影响率低于5%"，希望该目标实现后，其对应的主要原因将得到改善，从而减少或消除该主要原因对症结的影响。

"措施"的内容是其对应对策的具体展开，具有明确的可操作性。针对第一项对策，小组共细化了4条措施，分别是"根据设计院出具的图纸，决定套管成组的数量""根据既定施工工序、工法进行安装施工""混凝土浇筑前反复检查，保证施工质量一次合格""进行混凝土浇筑"，这4条措施流程清晰、前后呼应，以确保对策的实施完成并实现对策目标。

“负责人”的内容是对应措施的具体责任人，以保证每条措施的执行到位，这里对应的负责人有两位。

“地点”的内容是每条措施实施的具体地点，不能笼统地表述为“施工现场”，更不是小组制定对策时的地方，这里的实施地点为“束流套管施工区域”。

“完成时间”是指全部措施实施完成的日期，也可以是从措施开始实施至实施完毕的日期，通常要具体到日。

小组针对第二个主要原因“缺少高精度测量方法”，采取的对策是“采用高精度激光定位仪与 BIM 模型相结合测量定位”，该对策能够提高测量精度，以期从“测量”的维度来解决对症结的影响。针对该对策，小组设定的目标为“保证套管安装位置正确，套管安装定位与图纸误差小于 ±10 毫米”，这个目标是该主要原因可以改善到的具体程度，从而可以减少或消除该主要原因对症结的影响。小组细化的措施共两条，分别是“通过绘制 BIM 模型反映二维图纸中的束流套管在建筑结构中的位置”“通过对现场的位置进行修正，从而使套管安装和固定位置更加精准”。这些措施实施的对应负责人有两位，实施地点为“束流套管施工区域”，后面有明确的完成日期。

八、对策实施

问题 59：小组成员是否应当全部参与对策实施的过程

答：在对策实施过程中，对小组成员是否应当全部参与整个实施过程是没有硬性规定的。但是，QC 小组活动作为一项群众性的活动，鼓励小组成员积极参与到活动的每一个过程中。在对策实施时，小组成员积极参与，相互协作，群策群力，致力于完成各项对策目标，以确保课题目标的实现。因此，小组成员最好能全部参与到整个实施过程中，这样既锻炼了团队精神，又可以促进目标的完成，使小组活动成功进行。

在具体对策实施过程中，可以分为两种情形。一种情形是小组成员全部参与到每一项对策的实施中，这样每一项对策都可以在该项对策负责人的协调下，由小组成员各司其职，协作完成。这样做的好处是全体小组成员在实施时可以多沟通、共协同，在面临实施过程中的困难时，可以一起出谋划策，发挥每个人的积极性。特别是遇到对策实施有一定技术难度、作业难度时，小组成员充分调动自己的资源，以确保对策实施完成。但这种方法也有一定的不足，即动用人力较多，等每个对策都实施完成，会占用大量时间；如果小组成员人数多，那么对策实施时可能有些成员的工作事务相对少一些，造成忙闲不均；如果生产经营、施工作业繁忙，可能对正常的运营管理也会造成影响。另一种情形是根据每个小组成员的能力和特长，把小组成员相对分散到各项对策的实施中，如果遇到对策实施有难度，再把负责其他对策的成员召集起来一起攻克。这种做法的长处在于既保证每个小组成员都参与到对策实施过程中，也保证每项对策都有若干名小组成员参与，而且能充分发挥小组成员的能力和特长；可以节省小组的活动时间，尽可能减少对于正常管理工作的开展。这种方法的不足在于小组成员只能参与一部分的对策实施，不能参与到全部的对策实施，缺少了一定的锻炼机会。因此，如果小组成员不是特别多，在基本不影响成员正常管理工作的前提下，应尽量让小组成员参与到每项对策的实施过程中；而如果小组成员数量很多，正常的管理工作也很繁忙，那么可以把小组成员分解到各项对策的实施过程中，尽量做到每个成员都有机会参与到对策的实施中。

问题60：每一条对策实施后，是否都应当确认该对策目标的完成情况

答：小组按照制定好的对策表逐条实施具体措施，为了摸清楚每一条对策实施是否有效，就需要在每一条对策实施后，把该条对策实施后的效果与该对策目标进行比较。如果某一项对策目标的实现结果没有得到确认，则这项实施步骤没有完成；小组一定要得到各项措施完成后的量化的效果，才能判断这项对策的实施结果。而判断依据就是对策实施后的效果是否达到对策目标的要求，判断方法就是把对策实施后的效果与对策目标进行比较。如果对策实施后的效果达到对策目标的要求，则这项对策实施有效。如果对策实施后的效果不能达到对策目标的要求，那么这项对策的实施步骤虽然从形式上完成了，但此时的对策实施效果没有达到预期，小组就需要分析没有实现的原因，对该对策的具体措施进行调整或修改，再按照新的措施重新组织实施，在新措施实施完成后再次确认实施效果，直到对策目标的实

现。因此,小组在对策实施的程序中,当每一条对策所对应的所有措施实施完成后,需要及时、准确收集相关数据,经过统计分析后与对策表中的目标进行比较,以确认对策目标的完成情况。等到全部的对策都实现对应的对策目标,小组才能进入效果检查程序。

例如:某小组活动的课题是"提高空调水系统调试时间利用效率",活动过程中小组确认了三条主要原因,分别为:空调水管未排尽空气、循环泵扬程不满足管路要求、循环泵进水侧压力不足。为此,小组制定了对策表,参见表2-49所示。从表中可以看出,小组针对三条主要原因制定的对策分别为:空调水管排气补水、改善变频控制设备、循环泵进水侧增压,对应的目标分别为:水管内空气含量为0立方米、循环泵变频调节精度控制在5立方米/时(9.8千帕)、保证进水侧压力稳定在3.5米水柱以上。

表2-49　对策表

序号	要因	对策	目标	措施	责任人	地点	完成时间
1	空调水管未排尽空气	空调水管排气补水	空调水管内空气含量为0立方米	1. 在管路系统中高处加设4个自动排气阀 2. 选取合适位置接入水管进行补水 3. 所有排气阀均无气体排出为止	×××	4#楼屋面	××年××月××日
2	循环泵扬程不满足管路要求	改善变频控制设备	循环泵变频调节精度控制在5立方米/时(9.8千帕)	1. 进行内环回路控压差控制 2. 设定外环回路流量差控制 3. 将二者压差关联,从而实现工况变化时扬程的自动调节	×××	4#楼屋面	××年××月××日

（续表）

序号	要因	对策	目标	措施	责任人	地点	完成时间
3	循环泵进水侧压力不足	循环泵进水侧增压	保证进水侧压力稳定在3.5米水柱以上	1. 连通生活水变频泵定压补水 2. 启动循环泵 3. 拉动回路循环	×××	4#楼屋面	××年××月××日

制表人：×××　　　　日期：××年××月××日

随后，小组根据《对策表》，分条线组织了实施。

实施一：空调水管补水排气

（1）在管路系统中高处加设4个排气阀，具体位置参见表2-50所示。

表2-50　空调水管加设排气阀

加装位置	供水管		回水管	
	主管高点	供水汇集管高点	主管高点	回水汇集管高点
排气阀规格	DN15	DN15	DN15	DN15
数量/枚	1	1	1	1

制表人：×××　　　　日期：××年××月××日

（2）选取合适位置接入水管进行补水。

（3）到所有排气阀均无气体排出时停止补水，具体数据参见表2-51所示。

表2-51　空调管排气记录汇总

排气阀编号	1	2	3	4
加设位置	供水主管	供水汇集管	回水主管	回水汇集管

（续表）

排气时间	45 秒	51 秒	55 秒	49 秒
第一次排气间隔(10 分钟)				
排气时间	21 秒	16 秒	17 秒	16 秒
第二次排气间隔(30 分钟)				
排气时间	5 秒	0 秒	0 秒	3 秒
第三次排气间隔(2 小时)				
排气时间	0 秒	0 秒	0 秒	0 秒
第四次排气间隔(5 小时)				
排气时间	0 秒	0 秒	0 秒	0 秒
结论	空调水管内空气含量确认为 0 立方米			

制表人：×××　　　　日期：××年××月××日

从表 2-51 看出，对策一实施后空调水管内空气含量确认为 0 立方米，对策一的目标实现。

实施二：改善变频控制设备

(1)进行内环回路控制，包括：设定水泵进出口压差设定值，检测水泵进出口压差实际值，比较前述压差设定值和压差实际值得出压差偏差值，根据当前时刻和前一时刻压差偏差值，通过 PID 计算出输出水泵运行频率变化量，参见表 2-52 所示。

表 2-52　循环泵变频(压差主导)调试情况

循环泵编号	管路压力	管路流量	自启压差	结论
1 号循环泵	16.75 米水柱	101.12 立方米/时	9.81 千帕	符合要求
2 号循环泵	20.53 米水柱	189.74 立方米/时	9.80 千帕	符合要求
3 号循环泵	24.06 米水柱	261.37 立方米/时	9.81 千帕	符合要求

制表人：×××　　　　日期：××年××月××日

(2)进行外环回路控制,包括:设定水泵供回水流量差设定值,检测水泵供回水流量差实际值,比较前述流量差设定值和流量差实际值得出偏差值,根据当前和前一时刻流量差偏差值,计算水泵供回水压差设定值变化量,参见表2-53所示。

表2-53　循环泵变频(流量差主导)调试情况

循环泵编号	管路压力	管路流量	自启流量差	结论
4号循环泵	27.37米水柱	289.54立方米/时	5.03立方米/时	符合要求
5号循环泵	29.28米水柱	310.51立方米/时	5.01立方米/时	符合要求
6号循环泵	30.50米水柱	321.19立方米/时	5.00立方米/时	符合要求

制表人:×××　　　　日期:××年××月××日

(3)将供回水流量差与水泵供回水压差关联,基于供回水流量差控制供回水压差,变频泵自动调整循环泵转速,参见表2-54所示。

表2-54　改善变频控制设备调试汇总

管路流量特性阶段	调试情况	结论
压差主导变频阶段	各循环泵启动正常,变频调节精度为5立方米/时,符合要求	满足变频控制要求
流量差主导变频阶段	各循环泵启动正常,变频调节精度为5立方米/时,符合要求	

制表人:×××　　　　日期:××年××月××日

从表2-54中的数据可以看出,对策二实施后,各循环泵启动正常,变频调节精度为5立方米/时,对策二的目标实现。

实施三:循环泵进水侧增压

(1)暂时切断膨胀水箱与空调系统主管连接。

(2)连通生活水变频泵,调整供水压力,直连主管进行供水增压,压力情况参见表2-55所示。

表 2-55 给水泵供水压力检测情况

检查时间	上午 9:00	上午 9:05	上午 9:10	上午 9:15
给水泵压力设定值	4 米水柱	4 米水柱	4 米水柱	4 米水柱
主管段实测压力值	3.9 米水柱	3.8 米水柱	3.7 米水柱	3.8 米水柱

制表人：×××　　　　日期：××年××月××日

(3)进水侧达到要求，开启稳定循环后，切断供水管路，恢复膨胀水箱连接，进水侧压力参见表 2-56 所示。

表 2-56 循环泵进水侧压力检测情况

<table>
<tr><td colspan="2">检查时间</td><td>上午 10:00</td><td>上午 10:05</td><td>上午 10:10</td><td>上午 10:15</td><td rowspan="2"></td></tr>
<tr><td colspan="2">给水泵压力设定值</td><td>4 米水柱</td><td>4 米水柱</td><td>4 米水柱</td><td>4 米水柱</td></tr>
<tr><td>循环泵</td><td>编号</td><td colspan="4">压力表示数(千帕)</td><td>水柱高度(米水柱)</td></tr>
<tr><td rowspan="6">进口侧实测值</td><td>1</td><td>38.12</td><td>38.12</td><td>38.08</td><td>38.10</td><td>3.89</td></tr>
<tr><td>2</td><td>37.73</td><td>37.70</td><td>37.70</td><td>37.70</td><td>3.85</td></tr>
<tr><td>3</td><td>37.24</td><td>37.26</td><td>37.24</td><td>37.24</td><td>3.82</td></tr>
<tr><td>4</td><td>37.04</td><td>37.08</td><td>37.06</td><td>37.06</td><td>3.79</td></tr>
<tr><td>5</td><td>36.75</td><td>36.74</td><td>36.74</td><td>36.74</td><td>3.75</td></tr>
<tr><td>6</td><td>36.56</td><td>36.56</td><td>36.56</td><td>36.54</td><td>3.73</td></tr>
<tr><td>结论</td><td colspan="6">各循环泵进水侧压力均稳定在 3.5 米水柱以上，循环确认已稳定开启</td></tr>
</table>

制表人：×××　　　　日期：××年××月××日

从表 2-56 中的数据可以看出，各循环泵进水侧压力均稳定在 3.5 米水柱以上，对策三的目标实现。

从小组整个对策实施过程看，小组每条对策相应的各项措施均得到了落实，每项对策实施完成后，都进行了相应对策目标的检查，确认了每一个对策目标的完成情况。

问题61:如果对策实施完成后没有达到对应的对策目标怎么办

答:如果对策实施完成后,小组发现所对应的对策目标没有实现,那么小组成员还需要继续做以下工作:一是检视所有的措施是否得到完全落实,如果有遗漏措施的步骤,那么尽快把各项措施落实到位。二是如果措施全部落实了,那么检视各项措施的制定是否科学、合理,或者是否在执行的过程中出了偏差。三是如果各项措施是科学合理的,执行也是有保障的,那么检视执行的周期是否过短,导致真实的效果没有反映出来;或者是采集样本的方法不正确、采集的数据不准确;或者是实施的地点不适宜等。四是检视小组执行各项措施的资源是否足够,包括人力支持、技术支持、资金支持等方面。五是检视对策目标是否设置合理,如果目标值设置过高会导致对策目标无法实现,那么小组需要修正对策目标。但要注意对策目标下调后,是否会影响到整个课题目标的实现结果。如果对策目标略有下调后,能够保证主要原因的改进程度,不影响课题目标的实现,那么该对策目标下调有效;如果对策目标设定过低,导致主要原因的改进程度不够,从而使整个课题目标无法实现,那么小组就需要认定原来制定的对策目标不变,再针对该对策原定目标进一步修正相应措施,等新的措施全部实施完毕后检验对策目标的完成情况,直到目标实现。六是如果以上方法均没有问题,那么小组需要检视对策的制定是否科学、合理,是否与主要原因相对应,对策是否真正能够对主要原因起到改善的作用,如果有必要,那么小组需要重新制定相应的对策。

问题62:怎样理解“必要时,验证对策实施结果在安全、质量、环境、管理、成本等方面的负面影响”

答:小组在所有对策实施完成、相应的对策目标都实现的情况下,可以根据课题和对策的实际情况,来决定是否需要验证对策实施结果在安全、质量、环境、管理、成本等方面的负面影响。一般来说,对于重要对策的实施、新技术新工艺的实施、技术含量高的对策的实施、对项目完成有重大影响的对策的实施、对周边环境有较大影响的对策的实施等情况，出于慎重考虑，建议小组做安全、质量、环境、管理、成本等方面的相关评价，验证是否存在一定的负面影响。如果小组在主要原因确认完成后进行多项对策的比较选择时，小组成员已经考虑到在安全、质量、环境、管理、成本等方面的影响情况，并做了相关比选以后再制定具体对策，那么在对策实施完成后就不需要再做安全、质量、环境、管理、成本等方面的验证。

例如：某小组开展活动，课题是“提高深基坑结构衬墙内排水系统一次安装合格率”，小组通过现状调查找到的症结为“预埋管道的定位误差大”。小组通过原因分析、要因确认程序，找到其中一项主要原因为“钢筋绑扎定位不准确”，为此，小组采取的对策是“编制并实施‘预埋管道（套管）割断钢筋局部加强方案’”，具体实施如下。

对策：编制并实施“预埋管道（套管）割断钢筋局部加强方案”。

对策目标：90%的预埋管道定位误差控制在0.5厘米以内，100.0%的预埋管道定位误差控制在1厘米以内。

××年××月××日，小组成员根据对策表内已制定的措施，编制了操作流程，并按照流程具体实施（这里操作流程省略）。

（1）措施一：编制“预埋管道（套管）割断钢筋局部加强方案”并审批完成。

针对钢筋绑扎定位不准确导致的钢筋与预埋管道位置冲突的问题，小组成员编制了预埋管道施工工艺方案，对于与管道定位有冲突的钢筋采取割断后安装预埋套管，然后再对割断的钢筋采取补强措施，从而在满足管道定位需求的同时，确保了结构的安全。××年××月××日，方案经公司技术部门、监理单位等审批通过。

（2）措施二：按照方案进行管道的预埋作业，并对割断钢筋进行加固。

为确保预埋方案能够顺利执行，小组成员于××年××月××日，组织土建、监理等单位召开“项目地下室预留套管工作交底会”，会议主要向土建的技术部、施工部、施工班组汇报并交底已经报批审核通过的预埋方案的技术内容，并同钢筋班组讨论钢筋切割加固方案执行过程中需要互相配合的内容。随后小组成员又对管道预埋班组长以及工人进行了预埋方案交底。

××年××月××日，当作业工人开始在地下室预留预埋管道时，小组成员在现场交底具体实施细节，以确保工人能够按照方案落实施工。

(3)措施三：检查方案实施后钢筋的定位位置是否与预埋管设计位置冲突。

为检查预埋方案实施后，“钢筋绑扎定位不准确”导致的钢筋与预埋管道位置冲突这一问题的解决情况，小组对方案执行效果进行验证：××年××月××日，在工人进行B4F层的管道预留预埋施工过程中，随机选取24个预埋点，针对“钢筋定位误差对预埋管道定位误差的影响”的情况进行了统计，统计结果参见表2-57所示。

表2-57　方案实施后钢筋定位误差对预埋管道定位误差的影响程度统计表

序号	横向定位误差(厘米)	竖向定位误差(厘米)	是否合格	序号	横向定位误差(厘米)	竖向定位误差(厘米)	是否合格
1	0.0	0.0	合格	13	0.0	0.0	合格
2	0.3	0.0	合格	14	0.3	0.0	合格
3	0.0	0.1	合格	15	0.0	0.0	合格
4	0.0	0.2	合格	16	0.2	0.0	合格
5	0.0	0.0	合格	17	0.1	0.0	合格
6	0.0	0.0	合格	18	0.0	0.0	合格
7	0.0	0.0	合格	19	0.0	0.0	合格
8	0.0	0.0	合格	20	0.0	0.2	合格
9	0.0	0.0	合格	21	0.0	0.0	合格
10	0.0	0.1	合格	22	0.0	0.0	合格
11	0.0	0.0	合格	23	0.0	0.0	合格
12	0.1	0.0	合格	24	0.0	0.0	合格

制表人：×××　　　　日期：××年××月××日

根据表2-57，小组分别制作了“横向定位误差折线图”，如图2-52所示；“竖向定位误差折线图”，如图2-53所示。

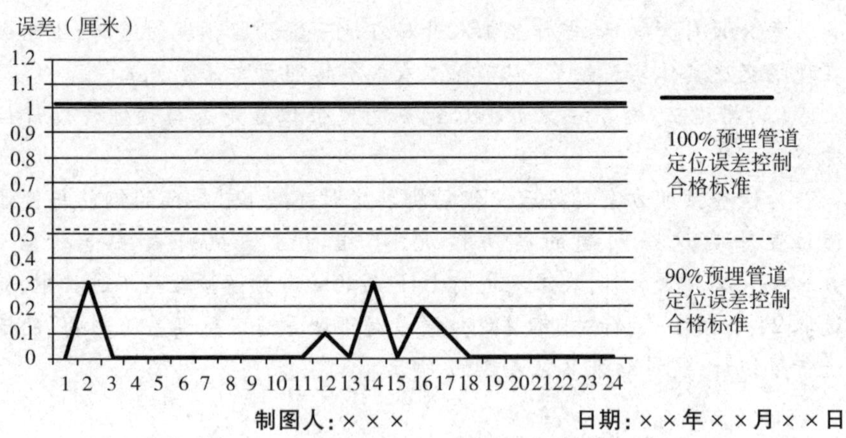

图 2-52　横向定位误差折线图

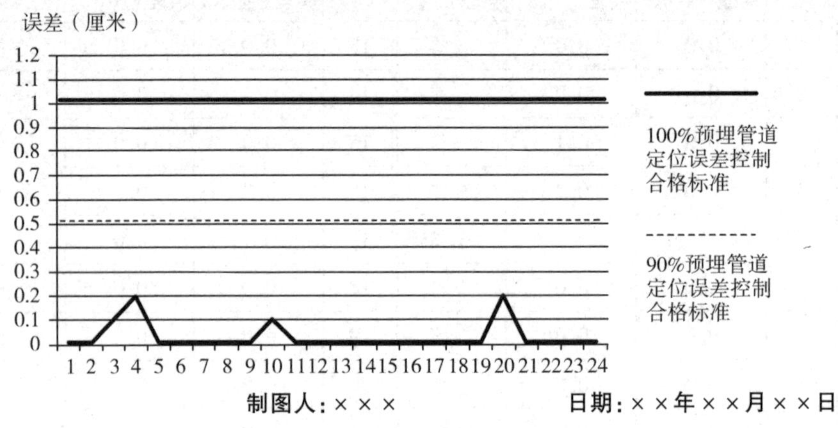

图 2-53　竖向定位误差折线图

从图 2-52、图 2-53 可以看出，各项措施实施完成后，预埋管道横向定位误差、竖向定位误差都符合要求。随后，小组做了两项工作：

第一项工作是进行对策实施前后“症结”的改善情况分析。

小组把“方案实施前后钢筋定位误差对预埋管道定位误差影响程度”，与“主要原因确认时现场预埋管道定位误差统计数据”进行了对比，结果参见表 2-58 所示，并绘制折线图，如图 2-54 所示。

表 2-58 方案实施前后钢筋定位误差对预埋管道定位误差影响程度统计表

方案实施前后定位误差对比	总数	合格数	不合格数	横向定位误差大于1厘米	竖向定位误差大于1厘米
方案实施前	24	18	6	4	2
方案实施后	24	24	0	0	0

制表人:××× 日期:××年××月××日

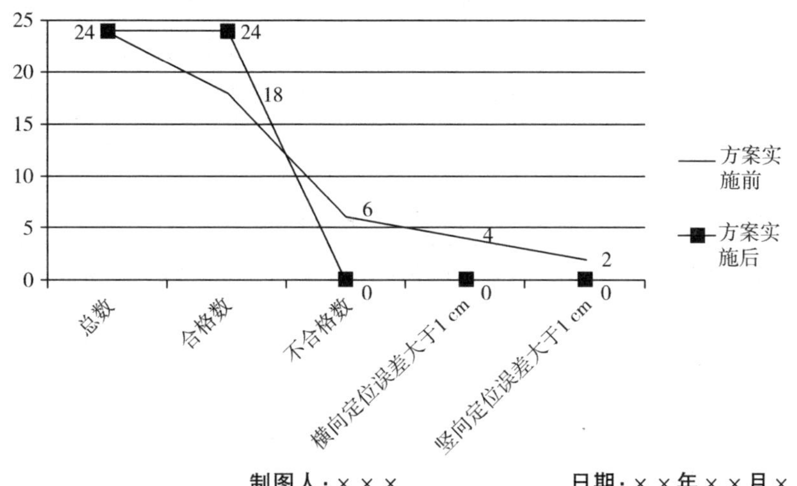

制图人:××× 日期:××年××月××日

图 2-54 方案实施前后钢筋定位误差预埋管道定位误差影响程度统计图

由图 2-54 可知,在对策实施完成后,原来的主要原因“钢筋定位不准确”对预埋管道的定位误差影响程度明显降低,不合格数降为 0。

第二项工作是验证对策实施后对策目标的完成情况。

小组设定的对策目标为:定位误差 90% 控制在 0.5 厘米以内,100.0% 控制在 1 厘米以内。从表 2-58 可知,实施方案后,横向定位误差以及竖向定位误差值大大降低,大部分因钢筋绑扎不准导致的管道位置误差情况已经消除,最大误差值均控制在 0.3 厘米以内,对策目标实现。

鉴于将小组编制并经审批的“预埋管道(套管)割断钢筋局部加强方案”作为新方案,小组决定对于对策实施后,对策效果在质量、成本、进度、环境、安全等 5 个方面的负面影响进行验证,具体如下。

质量方面：对策实施后，各类误差全部控制在0.3厘米以内，预埋管道的横向偏差和竖向偏差不合格率降低为0，质量能力明显提升。另外，通过钢筋切割加固方案的实施，在确保结构主体安全的同时，也降低了因管道定位不准确而导致的积水情况的发生，间接减少了结构渗漏情况的发生。因此，对策实施后工程质量方面无负面影响。

成本方面：小组汇总了对策实施前后的各类成本发生情况，并绘制了“对策实施前后成本估值表”，参见表2-59所示。从表中可知，对策实施后虽然增加了“割断钢筋后局部加强”所耗人工约5万元，但是该项对策的实施大幅度减少了返工返修人工、材料以及管理费用，经过综合对比，对策实施后合计节省成本2.55万元。因此，对策实施后在成本方面无负面影响。

表2-59　对策实施前后成本估值表

对比清单项	对策方案实施前成本估值(元)	对策方案实施后成本估值(元)
1. 人工总计	7.96万	12.96万
(1)(单价200元/工)	加工切割管道需耗人工18个	加工切割管道需耗人工18个
(2)(单价200元/工)	预埋、安装固定管道需人工380个	预埋、安装固定管道需人工380个
(3)(单价200元/工)	割断钢筋局部加强需人工0个	割断钢筋局部加强需人工250个
2. 材料总计	21万	21万
(单价84元/米)	管道费用:2 500米DN75镀锌钢管	管道费用:2 500米DN75镀锌钢管
3. 机械、设备费用总计	0万	0万
	方案实施前后基本相同,不计入	方案实施前后基本相同,不计入
4. 管理费用总计	0.7万	1.4万
(单价350元/工)	管道预埋复核检测及管理20个人工	管道预埋复核检测及管理40个人工
5. 返工返修费用总计	8.25万	0万

（续表）

对比清单项	对策方案实施前成本估值(元)	对策方案实施后成本估值(元)
(1)(单价200元/工)	重新加工切割管道、需耗人工8个	0
(2)(单价200元/工)	重新预埋、安装固定管道需耗人工76个	0
(3)(单价200元/工)	拆除管道需耗人工76个	0
(4)材料费用(单价84元/米)	管道费用:约500米DN75镀锌钢管	0
(5)(单价350元/工)	管道预埋复核检测以及管理:30个人工	0
总计成本:	37.91万	35.36万

制表人:××× 日期:××年××月××日

进度方面:由于在安装过程中实施钢筋切割加固方案,“钢筋定位不准确对预埋管道定位的影响”已经基本消失,即在管道预埋完成后、模板封闭前,不存在因为钢筋定位不准确而导致的返工现象,因此在整个施工进度上,对策实施后有积极的作用。

环境方面:由于返工率大大降低,现场减少了材料损耗、焊接等产生的气体、噪声以及光污染,因此在环境方面,对策实施后有积极影响。

安全方面:由于在安装过程中严格采用“通过实施钢筋切割加固方案”进行加固,确保了工程结构的安全。另外,由于返工率的降低和返工作业面小、空间小而导致的施工安全隐患同样降低。因此,对策实施后对整个施工安全有正面影响。

对策实施结果综合评价:综上所述,在本对策实施后,现场有效解决了“钢筋定位不准确对预埋管道定位的影响”,作业工人在现场对预埋管道进行定位时的误差大大降低,产生的误差都在可控范围,合格率达到100%,对策目标实现。因此对策对于主要原因的改进程度有效,本项对策实施圆满完成。

问题 63:能举例说明对策实施的完整过程吗

答:下面举一个对策实施的例子。

某小组开展活动,课题是“提高通风机房噪声检测达标率”。小组在确定了主要原因后,按“5W1H”的原则,制定出对策表,参见表 2-60 所示。

表 2-60　对策表

序号	主要原因	对策	目标	措施	地点	责任人	完成时间
1	薄钢板厚度选用不达标	壁厚非标风管通过内衬扁钢提高等效厚度	无风压负载及 600 帕风压负载下,风管单面最大挠度均小于 10 毫米	1. 根据风管自重情况合理选取对应规格的扁钢 2. 安排操作工人对厚度不达标的风管进行扁钢内衬 3. 对改进后风管再次进行挠度值检查,合格后安装,运行系统再次观察表面鼓振情况	通风机房、通风加工厂	李×× 顾××	××年 11 月 1 日至 5 日

（续表）

序号	主要原因	对策	目标	措施	地点	责任人	完成时间
2	加固方法无统一标准	按配件形状特点自行设计方案，试验效果达标后作为统一标准施行	配件管壁鼓振幅度小于1.8%，加固检测合格率达100%	1. 收集数据，分析各类配件形变特点 2. 结构验算，设计加固方案 3. 按照设计方案进行力学模拟，模拟合格后完成实物压力试验，观察管壁鼓振幅度	办公室、通风机房、通风加工厂	赵×× 单××	××年11月8日至15日

制表人：×××　　　　　日期：××年××月××日

小组根据对策表，在相关责任人的带领下，分条线组织了实施，具体如下。

实施一：壁厚非标风管通过内衬扁钢提高等效厚度

××年××月××日，小组根据对策表中已制定的措施，绘制流程图如图 2-55 所示，以完成风管内衬扁钢的刚度加强处理。

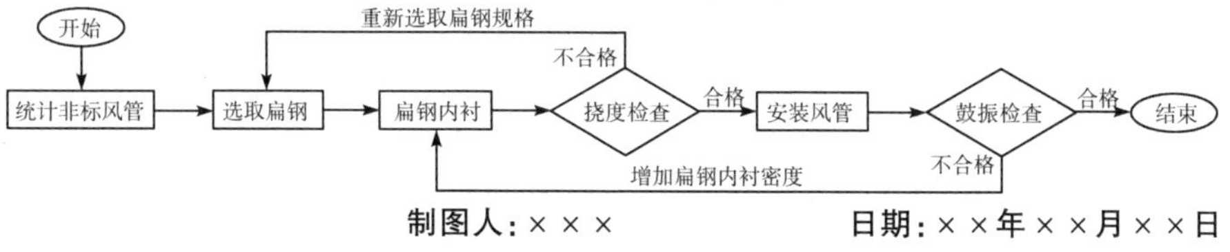

制图人：×××　　　　　日期：××年××月××日

图 2-55　非标风管内衬扁钢工作流程图

措施 1：根据风管自重情况合理选取对应规格的扁钢

××年××月××日，小组成员××对地下车库的通风机房进行全面排查，尤其对噪声检测超标机房进行重点排查，统计各尺寸直管段、各类型配件管壁厚度并进行详细记录。

小组成员对于记录的结果进行汇总,具体结果参见表 2-61 所示。同时小组查阅相关资料,得到各规格扁钢截面特性结果,参见表 2-62 所示。

表 2-61　各类厚度非标风管统计汇总表

类型	长边尺寸（毫米）	短边尺寸（毫米）	单边面积（平方米）	单面自重（千克）	数量（个）
直管段	2 500	400	3.125	29.58	4
	2 000	400	2.500	23.67	11
天方地圆（Φ1 000）	2 500	400	1.663	15.74	21
	2 000	400	1.425	13.49	13
	1 000	1 000	0.950	8.99	34
矩形弯头（45°）	2 500	400	3.436	32.53	5
	2 000	400	2.356	22.31	9
矩形变径	2 500/2 000	400/400	1.130	10.70	1
	2 000/1 600	400/400	0.900	8.52	1

制表人:×××　　　　日期:××年××月××日

表 2-62　各规格扁钢截面特性表

扁钢型号		理论重量（千克/米）	外表面积（平方米/米）	惯性矩（面积惯性矩）	截面模数（立方毫米）
宽度(毫米)	高度(毫米)				
25	3.0	0.592	0.056	56.25	37.50
	5.0	0.986	0.060	260.41	104.17
32	3.0	0.757	0.070	72.00	48.00
	5.0	1.262	0.074	333.33	133.33
35	3.0	0.828	0.076	78.75	52.50
	5.0	1.381	0.080	364.58	145.83
40	3.0	0.947	0.086	90.00	60.00
	5.0	1.578	0.090	416.67	166.67

制表人:×××　　　　日期:××年××月××日

当薄钢板与扁钢固结时，二者综合惯性矩增大至当前惯性矩的2～3倍，即可有效消除因自身刚性不足而引起的变形过大问题。因此，小组以系统工作压力作为承受荷载，在均布条件下扁钢挠度小于规范限值50%作为选用标准，将其与以上厚度不达标的风管进行适配。

经过综合考虑，小组成员认为：单面自重25千克以下宜选取32×5扁钢；单面自重25千克以上宜选取40×5扁钢。

措施2：安排操作工人对厚度不达标的风管进行扁钢内衬

小组按照扁钢适配结果来编制内衬扁钢的安装方式，对操作工人进行交底。因为涉及的风管配件类型及适配扁钢工序较为复杂，小组成员将安装工序和取件规格用二维码进行了编辑，贴于施工现场。通风工人可通过扫二维码来熟悉流程、辅助操作，确保不因工序复杂而操作失误造成材料的浪费。

措施3：对改进后风管再次进行挠度值检查，合格后安装，运行系统再次观察表面鼓振情况

××年××月××日，地库所有厚度不达标的风管全部改造完成。为了验证对策实施的实际效果，项目部对改造完成的风管配件进行了挠度检查。小组成员决定分两步进行，第一步先检查无风压负载情况下风管单面挠度，确定满足要求后，进行第二步有风压负载情况下风管单面挠度变化检查。

经小组讨论分析，本工程风管工作压力为340～520帕，为验证在实际运行风压下的单面挠度变化情况，小组成员取600帕作为试验风压，进行有风压负载情况下单面挠度检查。具体情况参见表2-63所示。

表2-63　实施前后风管挠度检查对比表

序号	类型	规格	壁厚	无风压负载		600帕风压负载		合格数
				实施前挠度（毫米）	实施后挠度（毫米）	实施前挠度（毫米）	实施后挠度（毫米）	
1	直管段	2 500×400	1.2	9.8	4.2	14.8	7.1	4
2		2 000×400	1.2	9.4	2.7	14.5	5.8	11

（续表）

序号	类型	规格	壁厚	无风压负载		600 帕风压负载		合格数
				实施前挠度（毫米）	实施后挠度（毫米）	实施前挠度（毫米）	实施后挠度（毫米）	
3	天方地圆（Φ1 000）	2 500 × 400	1.2	11.2	4.1	14.7	6.8	21
4		2 000 × 400	1.2	10.5	3.9	14.1	6.7	13
5		1 000 × 1 000	1.0	11.0	3.2	14.2	5.4	34
6	矩形弯头（45°）	2 500 × 400	1.2	10.7	4.4	12.8	6.8	5
7		2 000 × 400	1.2	10.3	4.2	12.2	6.4	9
8	矩形变径	2 500/2 000 × 400	1.2	9.4	3.6	12.9	5.5	1
9		2 000/1 600 × 400	1.2	9.2	3.2	13.0	5.6	1

制表人：× × ×　　　　日期：× ×年× ×月× ×日

根据表 2-63，小组成员绘制实施前后挠度检查对比图，如图 2-56 所示。

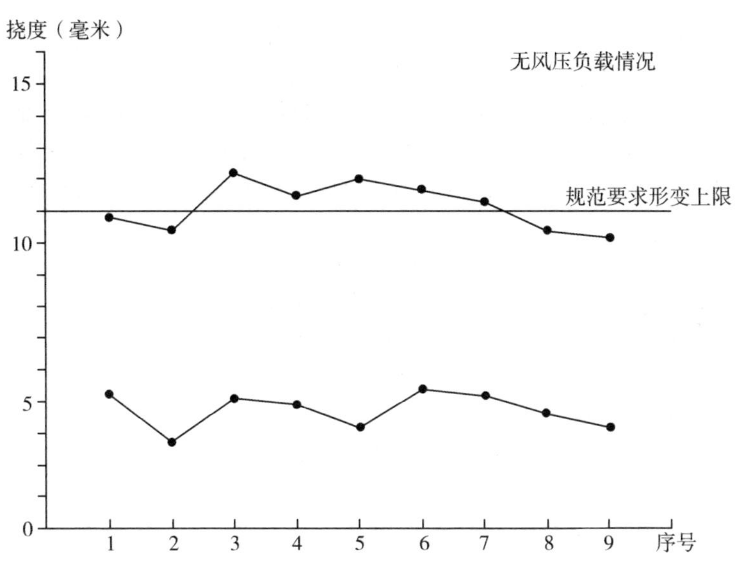

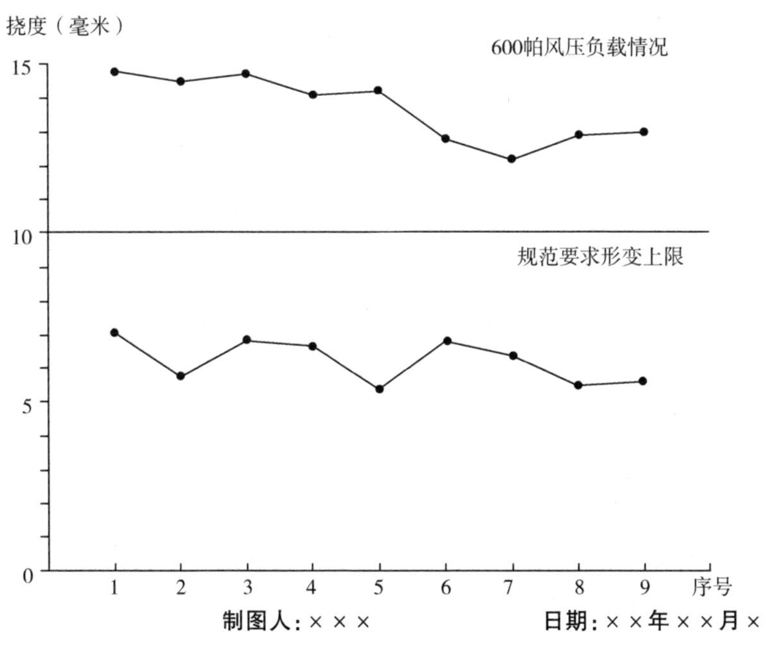

制图人：×××　　　　　　　　　　日期：××年××月××日

图 2-56　实施前后风管挠度变化对比图

从图 2-56 可以发现,扁钢内衬之后的风管单面变形程度明显减少,整体刚度大幅增加,无论在无风压负载情况下还是在600 帕风压负载情况下,风管单面最大挠度均小于 10 毫米,实现了既定目标。同时,风管恢复安装后,小组开启风机检验表面鼓振情况,发现已经大幅改善。这说明对于材料厚度不达标的风管,使用扁钢内衬加强刚度以提高等效厚度的对策是十分有效的。

在安全、质量、成本、进度、环保等 5 个方面的验证情况如下。

(1)安全方面:对部分厚度非标风管使用扁钢内衬以提高等效厚度的方法,可以避免大量拆卸安装工作,减少现场安全隐患,对安全有促进作用,并无负面影响。

(2)质量方面:风管制作质量得到保障,实施完成后经测量,厚度不达标风管的单面挠度最大值均低于10 毫米且始终维持在低水平,对风管表面鼓振现象有改善作用,并无负面影响。

(3)成本方面:扁钢内衬加强壁厚不足的风管,避免了对已装风管的作废处理及制作加工新风管的费用,估算共节省风管处理成本、风管制作费用约 12 万元,无负面影响。

(4)进度方面:对壁厚不足的风管采用扁钢辅助加强使之达到规范要求,原拆装风管需要 30 ~ 40 天时间,改进后施工时间为 10 ~ 15 天,大大缩短了更换风管所带来的重新制作安装的时间,明显加快了施工进度,故并无负面影响。

(5)环保方面:原需作废处理非标风管约 530 平方米,重新加工厚度达标风管约 530 平方米,我们通过扁钢内衬加强处理,减少了共 1 060 平方米的原风管材料浪费,故对环保无负面影响。

实施结果分析:该实施方案有效解决因薄钢板厚度选用不达标引起的问题,风管单面形变挠度降低至 10 毫米以下,满足设计及规范要求,至此对策一的目标实现。

实施二:按配件形状特点自行设计方案,试验效果达标后作为统一标准施行

× ×年× ×月× ×日,小组希望通过对风管配件加固方式的设计与推广,实现现场加固工序标准化、规范化,以大幅减轻风管外表面的鼓振情况。小组成员根据要因对策表内已制定的措施,绘制工作流程图,如图 2-57 所示。

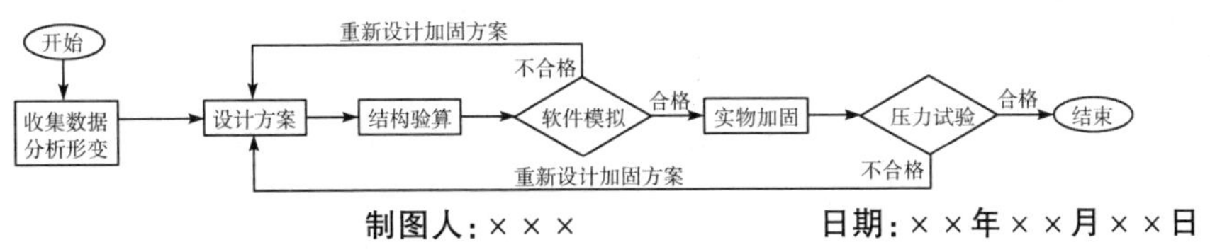

制图人：××× 日期：××年××月××日

图 2-57 加固方案自行设计工作流程图

措施 1：收集数据，分析各类配件形变特点

针对风管配件加固方式形式多样、效果不佳的情况，小组成员于××年××月××日起开始为期一周的收集数据活动。收集的数据内容包括：风管配件种类、各类加固失效配件占比、加固失效配件规格分布、各类配件形变特点等。

经组内充分讨论分析，各类数据汇总成"风管配件加固失效情况统计表"，参见表 2-64 所示。

表 2-64 风管配件加固失效情况统计表

配件种类	总数(个)	加固失效数(个)	失效占比	规格分布(长边尺寸)				
				1 000	1 250	1 600	2 000	2 500
矩形弯头	47	32	68.09%	—	3	4	11	14
矩形三通	32	25	78.13%	1	—	4	9	11
矩形四通	8	6	75.00%	—	—	—	—	6
矩形变径	95	4	4.21%	—	2	2	—	—
平均失效占比			72.41%					

制表人：××× 日期：××年××月××日

根据表 2-64 可以发现，弯头、三通及四通属于加固失效情况比较严重的配件，平均失效占比约 72.41%，并且其规格尺寸大多分布为 1 600～2 500 毫米。小组成员对这三种配件的形变特点进行总结，并绘制形变示意图，如图 2-58 所示。

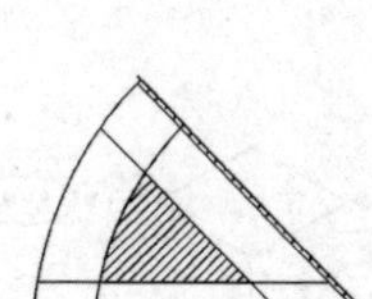
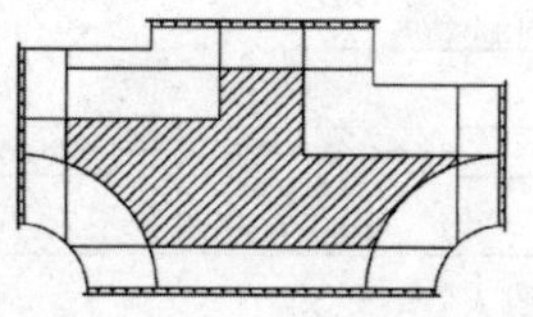
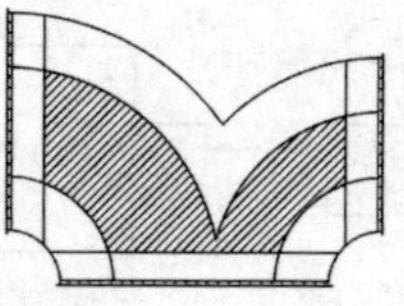

制图人：×××　　　　日期：××年××月××日

图 2-58　三类配件形变示意图

措施 2：结构验算，设计加固方案

在初步完成数据收集工作后，小组成员于××月××日召开了一次专题研讨会，集中对弯头、三通、四通这类失效率高的配件进行分析思考。小组成员优先考虑加固件设置的合理性和可实施性，同时在确保加固效果的前提下尽量实现加固件精简化和经济最优化。

根据研讨会结果，小组成员经具体结构验算，初步得出加固方案，如图 2-59 所示。

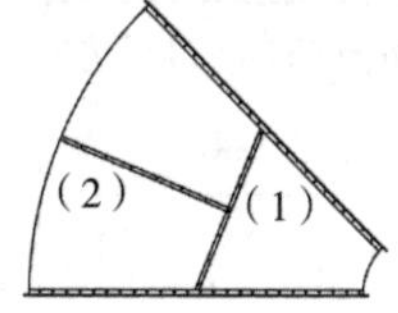

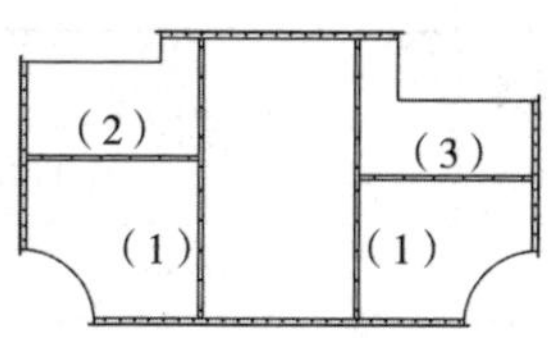

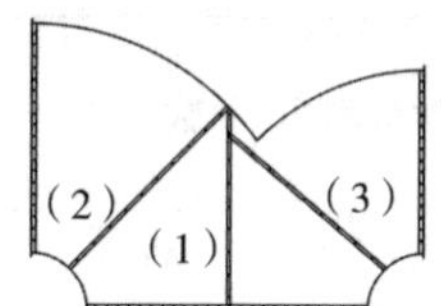

制图人：×××　　　　日期：××年××月××日

图 2-59　三类配件初步加固方案

措施 3：按照设计方案进行力学模拟，模拟合格后完成风压试验，观察管壁鼓振幅度

在初步得出加固方案并经过结构验算合格后，小组成员运用软件 Inventor Nastran 对实验风压条件下风管表面鼓振幅度进行仿真模拟。为验证实际工作中风管鼓振情况是否合格，小组成员经商议决定仍然沿用对策一中 600 帕风压作为试验参数，并以 600 帕风压条件下风管鼓振幅度小于规范限值 1.8% 作为评判标准，模拟结果如图 2-60 所示。

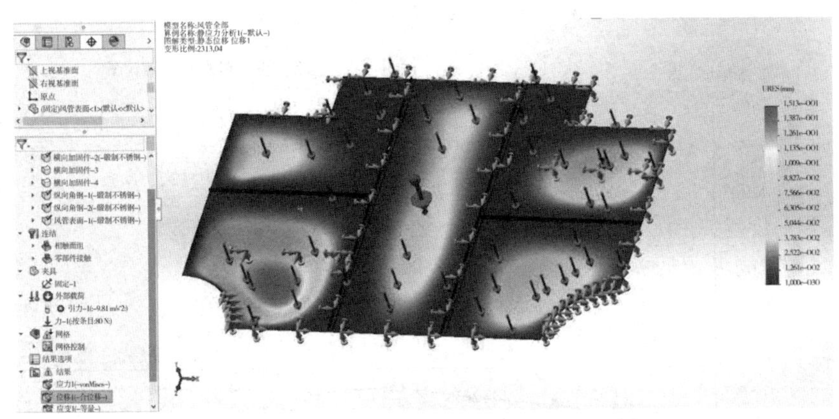

图 2-60　Inventor Nastran 仿真模拟图结果

模拟合格后，小组对通风班组进行交底，弯头、三通、四通各选三种规格配件进行实物加固，并对加固结果进行 600 帕负载风压试验，同样以鼓振幅度小于规范限值 1.8% 作为合格标准。风压试验合格后，加固方案推广实施，小组将检查所得加固效果汇总，并制作实施前后加固效果对比表，参见表 2-65 所示。

表 2-65　实施前后加固效果对比表

序号	配件类型	规格	鼓振幅度		加固合格率	
			实施前	实施后	实施前	实施后
1	矩形弯通	1 600 × 400	2.046%	1.203%	33.34%	100.00%
2		2 000 × 400	2.276%	1.339%	31.25%	100.00%
3		2 500 × 400	2.384%	1.451%	36.36%	100.00%
4	矩形四通	2 500 × 400	4.153%	1.620%	25.00%	100.00%
5	矩形三通	1 600 × 400	3.532%	1.520%	21.43%	100.00%
6		2 000 × 400	3.752%	1.574%	25.00%	100.00%
7		2 500 × 400	3.832%	1.588%	20.00%	100.00%

制表人：× × ×　　　　日期：× × 年 × × 月 × × 日

由表 2-65，小组绘制了“实施前后风管加固效果对比图”，如图 2-61 所示。

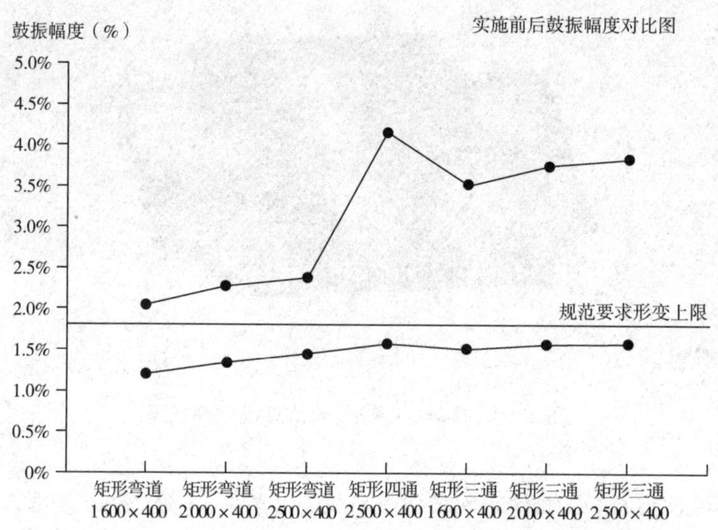

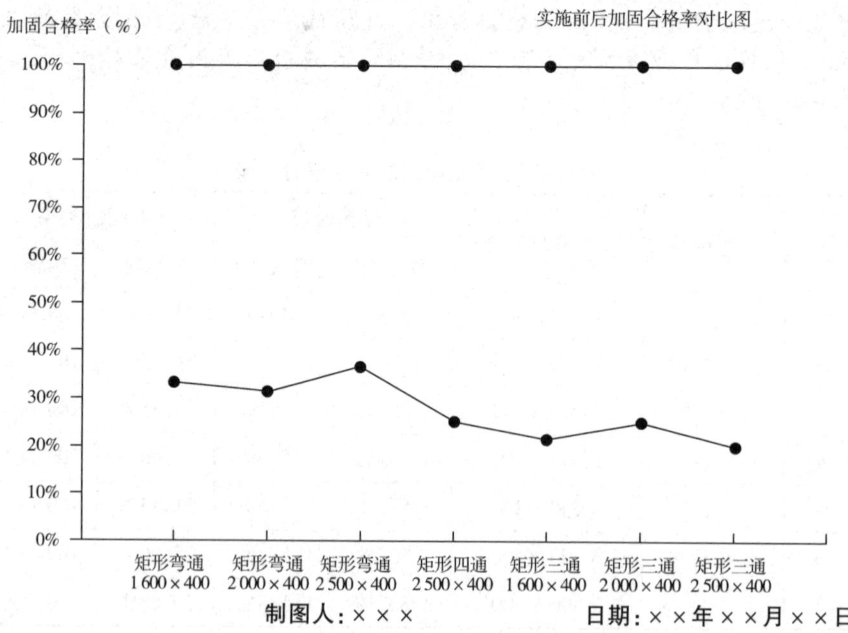

制图人：× × ×　　**日期：× ×年 × ×月 × ×日**

图 2-61　**实施前后风管加固效果对比图**

如图 2-61 所示，可以很直观地发现风管配件按照小组自行设计的加固方案加固后，配件单面变形程度明显减少，鼓振幅度全部低于规范限值 1.8%，加固合格率整体均达 100%，实现了既定目标。这说明根据风管配件自身形变特点设计加固方案的对策是十分有效的。

在安全、质量、成本、进度、环保等 5 个方面的验证情况如下。

(1) 安全方面：风管加固的优化设计以精简性作为原则，可以保证风管不会因为内部加固件冗余而出现超重现象，减少现场安全隐患，对安全有促进作用，并无负面影响。

(2) 质量方面：优化设计后的加固推广方案，风管鼓振幅度始终控制在规范限值内，加固合格率跃升至 100%，风管表面鼓振现象明显减轻，并无负面影响。

(3) 成本方面：加固件优化设计后，相比于原先冗余的加固方式，加固件耗量大幅减少，累积共节约钢材 2 吨，节省人工约 200 个，合计节省成本约 2 万元，并无负面影响。

(4) 进度方面：加固优化方案简化了风管加固工序，过程极大简化，原加固风管共需 63.3 个工日，实施后减少至 39.6 个工日，并通过对班组的充分技术交底，避免了返工的用时浪费，故并无负面影响。

(5) 环保方面：采用优化后的加固方案，减少了加固材料浪费共 2 410 米，对环保无负面影响。

实施结果分析：该实施方案有效解决因欠缺规范图集参考而引起的加固方式混乱、加固效果差等现象。以加固优化方案作为统一标准推广实施后，风管配件鼓振幅度低于 1.8%，满足设计及规范要求，加固合格率跃升至 100%，实施有效，至此对策二的目标实现。

九、效果检查

问题 64:效果检查阶段的工作主要有哪些

答:当小组对策实施全部完成并实现对策目标后,小组活动就进入了效果检查程序。在效果检查阶段,小组的工作主要有以下三项。

一是检查小组设定的课题目标是否完成。小组在活动之初,为了解决课题的质量问题,设定了相应的课题目标,到了效果检查阶段,正是小组检查该课题目标的实现情况。如果课题目标实现,则小组本次活动的主要工作得到了完成;如果课题目标没有实现,那么小组就需要分析没有完成课题目标的具体原因,从策划阶段的各程序开始,逐步寻找原因。先分析现状调查程序,看现状调查是否全面、彻底;收集的资料是否真实反映现场质量情况;抽样的方法是否正确、样本量是否足够、是否产生第一类误差或第二类误差;是否对取得的数据从多维度、多角度来分层整理,并准确找到问题或症结。接着分析设定目标是否合理,在设定目标时有没有预计到症结的解决程度,或者是预计解决症结的程度太过乐观,或者是目标设定太高而导致小组很难实现该目标。当然,如果课题目标设定过低,课题质量情况的改进程度也可能无法实现。再者要看原因分析程序是否正确,原因分析是否展示了问题的全貌,小组是否从“人、机、料、法、环、测”等各个维度来展开分析;原因分析是否分析到末端原因;原因分析时,各层次的问题与原因之间是否因果关系清晰、逻辑关系紧密。再往下,就看主要原因的确认是否正确,小组是不是根据每一条末端原因对症结的影响程度来判断,而且对症结的影响程度大小的界定是否正确、合理。最后看小组选择的对策是否合理,在对策比选时,是否从有效性、可实施性、经济性、可靠性、时间性等方面进行评价,而且评价时是否根据客观的事实和数据来进行;小组根据每一条对策所细化的措施是否合理、准确,每一条措施是否执行到位等。根据上述步骤,小组展开新一轮的 PDCA 循环,直至课题目标的实现。

二是把对策实施完成后的课题质量问题情况与对策实施前的质量问题现状进行对比,判断该质量问题的改善程度、症结是否得到解决或症结是否降为次要问题。如果相关的质量问题得到明显改善,则小组的活动效果是基本成功的。如果相关的质量问题没有得到改善,那么小组可以参照课题目标没有实现的解决方案,分析具体的原因,从现状调查、设定目标、原因分析、确定主要原因、制定对策、对策实施等每一个程序中查找可能存在的问题,以确保质量问题得到改善。

三是在必要时,确认小组活动产生的经济效益和社会效益。这是小组基于小组活动效果的客观事实,实事求是地评价小组在整个活动中所产生的经济效益和社会效益。有些小组还会检查一下在技术上是否有收获,重要对策全部实施后有无在质量、环境、管理、安全、成本等方面的负面影响等。

在整个效果检查阶段,小组要注意收集相关的数据信息,进行适宜的统计分析,以提供科学的判断依据。需要注意的是,效果检查与现状调查两个阶段收集数据的时间长度、样本量等要尽可能保持一致,各阶段所用的度量单位要一致,使数据具有可比性。

问题 65:效果检查的程序是否可以在对策实施的过程中开始执行

答:效果检查的程序不能在对策实施的过程中就开始执行。有的小组把在对策实施过程中进行的、有关对策目标的检查,与整个小组活动的效果检查混淆起来了,其实两者有着明显的区别。一是两者所处的阶段不同。在对策实施过程中,小组进行的各项对策目标的检查,是属于 PDCA 循环中的实施 D 阶段的内容。而小组活动的效果检查,是属于 PDCA 循环中的检查 C 阶段的内容。二是两者检查的对象不同。在对策实施过程中,每一条对策实施后小组检查的对象是该对策的执行情况。而效果检查的对象是小组在活动之初就确定的、与课题有关的质量状况。三是两者执行的先后次序不同。根据 PDCA 循环和活动程序,对策实施在前,效果检查在后。因此,对策实施过程中的对策目标检查在前,而效果检查只能在对策全部实施完成后进行。四是两者检查后反映的结果不同。对策实施过程中检查对策目标实现情况,反映的是对策措施实施后的效果,而效果检查所反映的是小组设定的课题目标的实现情况。因此,当对策实施还在进行的过程中,就开始整个小组活动课题的效果检查是不科学的,也是不必要的。当然,效果检查中的课题目标与对策目标检查是有着前后逻辑关系和关联性的,如果对策目标无法实现,那么课题目标就基本无法实现。

问题66：怎样理解“必要时，确认小组活动产生的经济效益和社会效益”

答：QC小组活动是一项群众性活动，课题“小”是其主要特点，因此，有许多小组活动以后未必能产生很好的经济效益，甚至有的小组由于活动过程中投入较多，活动所产生的经济效益很少，甚至没有产生经济效益。有的小组受限于课题情况，在社会效益等方面也未必显著，或者活动刚结束，社会效益一下子没能突显出来，无形效益几乎没有。所以，并不是每一个小组每一次活动都需要确认小组活动所产生的经济效益和社会效益。

活动程序中的“必要时”，可以理解为小组根据整个小组活动的效果，实事求是地判断小组活动是否产生了经济效益和社会效益。如果有，则进行确认；如果没有，也没有关系，只要小组完成了课题目标，解决了症结，课题的质量状况得到明显改善，那么小组活动还是成功的。

例如：某小组活动课题是“提高VAV空调系统一次调试成功率”，小组在“制定巩固措施”程序中，就小组活动所取得的社会效益、经济效益进行了确认。

1. 社会效益

通过本次QC活动，小组成功地解决了VAV空调调试成功率低、调试效率不高的问题，在提高项目整体施工质量水平的同时，取得了一系列社会效益，具体为以下三点。

(1)通过本次QC活动，业主方面认可了本小组所在项目部的新调试方案，控制方式的改变大大减少了调试时间，使空调系统调试时间比原计划缩短一个月，最终提前完成交付时间20天。

(2)通过本次新调试方案的实施，项目整体质量明显提升，空调控制效果良好，促成了“某外滩国际金融峰会”在本项目地成功举办，空调效果得到了业主和监理单位的一致好评。峰会主办方专门致函本项目，对于空调系统的保障工作给予高度肯定。

(3)VAV空调效果得到了众多知名企业家的一致赞赏和肯定，打响了项目部的品牌，为项目后期商业改造及小业主进场改造招投标打下扎实基础。

2. 经济效益

小组严格根据新方案施工，确认该课题经济效益如下。

（1）节省调试人工 30×200（调试人员日工资）×12（调试人员人数）=72 000 元。

（2）新方案增加成本（更换网线成本）：

60（单层网线数量，单位：米）×33（楼层数）×5（单位网线增加成本，单位：元/米）=9 900 元。

（3）BA 程序更新费用：1 000 元。

（4）最终计算，得出本次活动产生经济效益：72 000 - 9 900 - 1 000 = 61 100元。

以上经济效益，得到公司财务科的确认（附图略）。

问题 67：计算小组取得的经济效益需要注意哪些方面

答：小组在计算整个活动所取得的经济效益时，要注意以下几个方面。一是只能计算小组在活动周期内所产生的效益，小组在巩固期内所产生的效益也要计算，但不要把整个项目所取得的经济效益纳入本小组活动的计算范畴内；二是要计算小组活动中真实产生的效益，不要计算预期能产生的效益，更不能计算未来可以产生的效益；三是小组在具体计算经济效益时，要扣除小组在活动期间所投入的人工、设备、材料等各类成本；四是小组所取得的经济效益，要有清晰的计算步骤，同时需要有企业相关部门的认可，比如财务部门、商务管理部门等出具的书面证明。

例如：某小组活动课题是“提高蒸汽冷凝水热量回收利用率”，小组在“效果检查”程序中，对于小组活动过程中所取得的经济效益进行了分析，具体如下。

通过本次小组活动，使蒸汽冷凝水热量回收率明显提高。本锅炉蒸汽系统在满负荷状态下每小时可产生蒸汽冷凝水 9 吨，回收的蒸汽冷凝水平均温度为 80 度左右，通过将蒸汽冷凝水的热量回收利用后，将水温降低并稳定在 53 度左右。经调查及分析，在蒸汽冷凝水回收方面，小组产生了一定的经济效益,具体如下。

(1)9 吨 80 度的蒸汽冷凝水经热量回收降至 53 度,热量回收总量为:Q=4.2 千焦/(千克·摄氏度)×9 000 千克×80 摄氏度 -4.2 千焦/(千克·摄氏度)×9 000 千克×53 摄氏度 =1 020.6×10^3 千焦(4.2 千焦/(千克·摄氏度)为水的比热容,9 000 千克为3 台蒸汽锅炉的运行时产生的凝结水质量,80 摄氏度为蒸汽冷凝水的水温)。

(2)按每天运行 12 小时、全年运行 300 天计算,热量回收总量为:1020.6×10^3 千焦×12 小时×300 天 =3.674×10^9 千焦。

(3)经调查,1 立方米天然气可产生 8 000 大卡热量,1 大卡 =4.185千焦,即每立方天然气可产生热量为 Q=4.185 千焦/大卡×8 000大卡/立方米 =3.348×10^4 千焦/立方米。

(4)经计算,全年回收利用的热量换算为天然气的量为:V=3.674×10^9 千焦 ÷3.348×10^3 千焦/立方米 =1.097×10^6 立方米。

(5)按照上海地区的天然气单价:户年用气量 520 立方米以上的天然气价格为 4.2 元/立方米,那么全年经过蒸汽冷凝水的热量回收利用后,通过节约燃气得出的经济效益为 1.097×10^6 立方米×4.2 元/立方米 =4 607 400元。

小组活动期间进行设备购置的费用,参见表 2-66 所示。

表 2-66　小组活动期间购置设备费用一览表

序号	名称	数量	单位	价格(元)
1	9 立方米不锈钢 316 软化水箱	1	座	36 000
2	9 立方米不锈钢 316 冷凝水水箱	1	座	38 000
3	生活热水预热换热器	1	台	64 000
4	冷凝水换热循环水泵	2	台	6 000
5	冷凝水预热换热系统阀件	若干	只	3 000
6	倒吊桶式疏水器	8	只	18 000
	合计			165 000

(6)人工费用如下。

新增设备及阀件等人工安装费用:21 000 元;返工及维修费用:4 800 元,

合计 25 800 元。

综上所述,小组在活动期间共计创造经济效益为:4 607 400 − 165 000 − 25 800 = 4 416 600(元)。

问题 68:能举例说明效果检查的内容吗

答:下面举一个效果检查的例子。

某小组活动课题是“提高成排异型束流套管安装一次成优率”。小组在现状调查中找到的症结是“束流套管定位偏差”,活动前缺陷统计排列图如图 2-62 所示。小组设定的目标为:束流套管预埋安装一次成优率提高至 94.4%。小组在对策实施完成后,进行了效果检查,具体如下。

1. 质量效果

××年××月××日,小组人员组织公司技术科人员及施工技术员对套管预埋进行了现场审核和复核,就套管焊接点不牢固、套管未接地、束流套管定位偏差、施工顺序错误、热镀锌层损坏管等 5 个质量缺陷进行了统计,参见表 2-67 所示。

表 2-67　活动后缺陷统计调查表

序号	施工缺陷	检查点数	不合格点数	合格点数	合格率	不合格点数	频率	累计频率
1	套管焊接点不牢固	128	5	123	96.09%	5	33.34%	33.34%
2	套管未接地	128	4	124	96.88%	4	26.67%	60.01%
3	束流套管定位偏差	128	2	126	98.44%	2	13.33%	73.34%
4	施工顺序错误	128	2	126	98.44%	2	13.33%	86.66%
5	热镀锌层损坏	128	2	126	98.44%	2	13.33%	100.00%
6	合计	640	15	625	97.66%	15	100.00%	100.00%

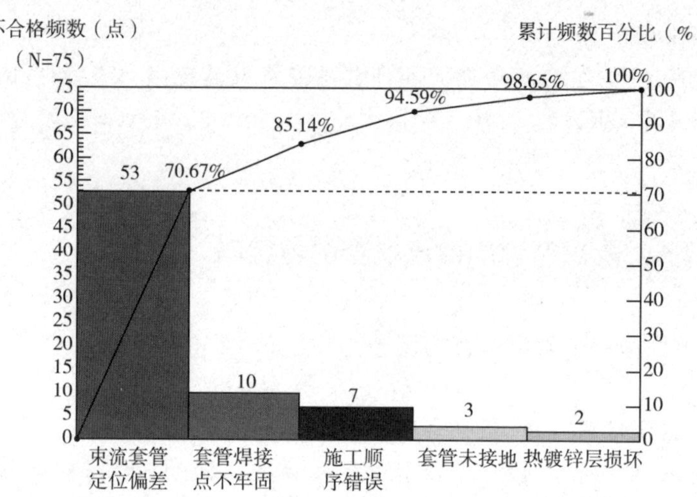

图 2-62　小组活动前缺陷统计排列图

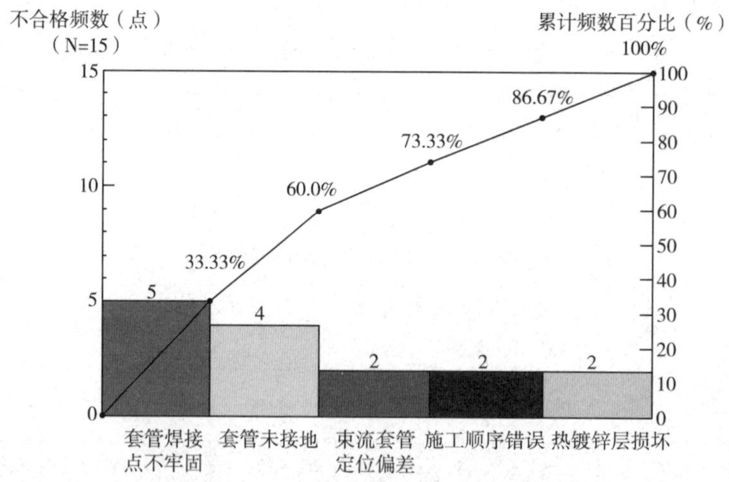

图 2-63　小组活动后缺陷统计排列图

根据表 2-67 中的数据，小组绘制了“小组活动后缺陷统计排列图”（如图 2-63 所示），并与“小组活动前缺陷统计排列图”（如图 2-62 所示）进行了对比分析。

从小组活动后的缺陷统计排列图和活动后缺陷统计调查表可以得出，影响成排束流套管安装一次成优率的各问题中：套管焊接点不牢固为

33.34%、套管未接地为26.67%、束流套管定位偏差为13.33%、施工顺序错误为13.33%、热镀锌层损坏为13.33%，说明通过小组活动之后，“束流套管定位偏差”的问题已经不是症结了。经过计算，小组利用BIM信息化模型与现场施工相结合的方式，使成排束流套管安装一次成优率由原先的80.75%提高到了97.66%，超过了预定的目标值94.4%，如图2-64所示。

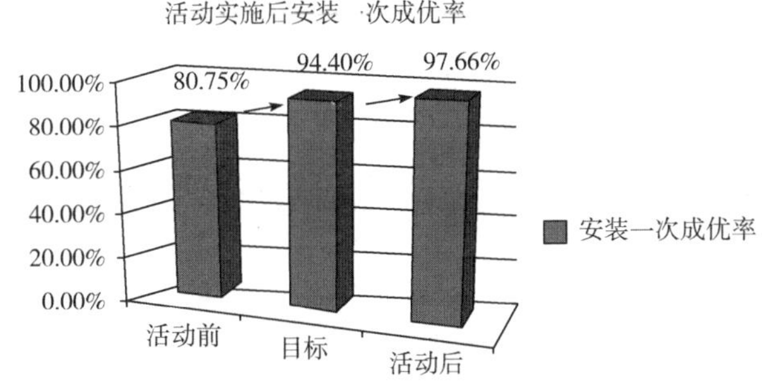

图2-64　**活动后目标值**

2. 社会效益

在本次小组活动期间，本项目受到了国家相关部门、某市政府、某区政府、业内同行等各方面的关注。××年××月××日住房和城乡建设部组织了有关行家对××质子中心项目进行了“两年质量行动”专项检查，给予了高度肯定，本项目在参与检查评比的6家施工单位中获得了第一名。

××年××月××日，××市政府副秘书长视察了××质子中心项目，实地察看施工现场，听取工程建设情况的汇报，并详细了解该工程建成后各功能分区情况，对于项目部解决了束流套管质量问题，提高了施工质量给予高度评价。

此外，××市质量体系审核中心、市质监站、中科院、××医院等相关专家、领导也前来视察、检查，对于本项目的束流套管安装成优施工给予高度肯定，并经相关媒体予以报道。

通过这次活动，小组不仅提高了公司在医疗行业内的知名度，而且还在行业内提高了自身的综合影响力。

3. 经济效益

小组在活动期间取得的经济效益计算清单，参见表2-68所示。

表 2-68　经济效益计算清单

实施前费用	实施后费用
实验等费用:20 000 元	实验等费用:100 000 元
返工、修补费用:200 000 元	返工、修补费用:50 000 元
误工费用:100 000 元	误工费用:0 元
人工费用:100 000 元	人工费用:25 000 元
合计:420 000 元	小计:175 000 元
	采购高精度激光定位仪购置费 26 700 元
	小组活动经费 1 500 元

通过本次小组活动的实施,让小组在成排套管安装能力方面有了很大的提升,几个月的辛苦实施和付出,共为公司节省返工费、修补费、人工费、误工费等共计:42 - 17.5 = 24.5 万元。扣除“高精度激光定位仪”的购置费 26 700 元和小组活动经费 1 500 元,在活动期间,实际创造效益 21.68 万元。

以上成果得到公司财务科的确认,如图 2-65 所示。

上海××医学院附属某医院肿瘤（质子）中心

提高成排异形束流套管安装一次成优率

效　益　确　认　表

经上海××集团有限公司安装工程公司财务科对××QC 小组《提高成排异形束流套管安装一次成优率》的效益进行严格审计，确认该课题经济效益如下：

通过本次小组活动，使成排束流套管安装一次成优率由原先的 80.75%提高到活动后的 97.66%。

实施前预计费用	实施后实际费用
实验块费用：2 万元	实验块费用：10 万元
返工费用：20 万元	返工费用：5 万元
误工费用：10 万元	误工费用：0 万元
人工费用：10 万元	人工费用：2.5 万元
合计：42 万元	合计：17.5 万元

共为公司节省返工费，修补费，人工费，误工费等共计：42-17.5=24.5 万元。扣除“高精度激光定位仪”的购置费 26700 元和小组活动经费 1500 元，在活动期间，实际创造效益 21.68 万元。

特此证明

上海××集团有限公司

安装工程公司财务科

2016 年 1 月 19 日

图 2-65　财务部门出具的经济效益确认单

结论:通过本次小组活动,小组顺利完成了活动计划,圆满实现了课题目标。

十、制定巩固措施

问题69:制定巩固措施阶段的主要工作是什么

答:在制定巩固措施阶段,小组的主要工作是把对策表中通过实施证明有效的相关措施,经过整理、提炼后报有关主管部门批准,纳入企业的相关标准中。这些标准的形式可以是工艺标准、管理标准、作业指导书、施工方案、管理制度、班组的管理办法等。这些标准化的成果对于整个小组活动来说,起到画龙点睛的作用,是从实践到理论的一次升华,是企业知识成果的重要组成部分。标准一旦形成以后,可以在企业内部得到推广,使相关课题的质量问题在企业范围内得到有效控制,防止同类问题的重复发生,进一步完善了企业的质量管理体系。如果课题涉及的质量问题涉及行业内相当广的范围,那么,小组活动后形成的标准今后在行业内也具备很好的推广价值,对于解决行业内的相关质量问题,提升行业整体的质量管理水平有很好的推进作用。

另外,小组还可以根据实际的管理工作需要,设立活动的巩固期,把所取得的标准化成果继续实施,对实施后的效果进行跟踪,看标准得到贯彻落实后,课题相关的问题或症结的解决程度是否能够得到保持,课题的目标是否还能继续完成。如果小组在执行新的标准后,课题相关的问题或症结继续处于较好的解决状态,并成为次要问题,而且课题的目标还是能够保持实现,那么说明小组形成的标准是有效的。如果执行新的标准后,课题相关的问题或症结又处于回升状态,课题目标无法继续实现,那么存在两种可能:一种可能是,新的标准没有得到完好的执行,小组在具体执行环节出了偏差,这时,小组就需要分析执行过程中出现了哪些具体问题,设法解决后再看执行的效果;另一种可能是,小组在第一次 PDCA 循环时所采用的对策及具体措施具有偶然性,是碰巧解决了问题或症结,偶然达到了课题目标,这时,小组应当把这种状况视作对策失败,需要开展新一轮的 PDCA 循环,从现状调查、查找症结、原因分析、确定主要原因、制定对策、对策实施等每一个步骤上重新检查、分析,直至实现课题目标后,再行检查哪些措施需要补充进入标准、哪些措施需要调整后编入标准,并再次对巩固措施实施后的效果进行跟踪。

应当说,巩固期的设立,是从理论到实践的再次升华,对于标准化成果在本企业或同行业中的推广、借鉴等有着重要意义。

问题 70:制定巩固措施需要注意哪些方面

答:制定巩固措施是小组活动中的重要程序,小组不能因为课题的目标已经实现,就对制定巩固措施不重视,甚至出现走过场的情况。小组在制定巩固措施时,有以下 6 个方面的内容要注意。

一是巩固措施的内容必须与列入对策表中的具体措施相吻合。有的小组在对策表中的内容与巩固措施中形成标准的内容是不相符的,对策表中描述的是一种做法,而形成的标准中是另外一种做法。出现这种情况,很大的可能是编制标准化内容的成员没有真正参与到小组活动中,尤其是没有参与到制定对策活动,或者是对策实施过程中对于活动的内容不了解;另一种可能是小组在完成课题目标后,认为小组活动就结束了,然后在整理成果报告时,为了完成整个程序而临时编制了标准化的内容,造成了对策内容与标准化内容的脱节;还有一种可能是企业内部已经有了相关标准化的内容,或者是小组在活动前期已经有了标准化的基本内容,然后为了编制成果报告,就根据标准化的内容而展开小组活动,导致了成果倒装。

二是巩固措施的内容必须是通过小组在对策实施过程中证明为有效的具体措施。小组在制定对策表时是经过全体成员认真讨论、计算、分析过的,很多小组还进行了多个对策的评价对比,经过计算、试验、分析等步骤以后才确定了具体对策,与每个对策相对应的具体措施是该对策的具体细化步骤。小组在全部对策实施完成后达到了课题目标,那么这些具体措施是被实践证明为有效的措施,这些有效措施包括了工艺流程、操作要领、工作环境、材料要求、机械设备性能及要求、测量要求等,只有把这些有效措施标准化以后,才能够为小组今后的活动提供借鉴、参考,才能在企业内部甚至行业内部进行推广。

三是巩固措施的内容必须把全部有效措施标准化。只有全部有效措施的实施才能够实现课题的目标,解决课题的质量问题,因此,只有把全部有效措施标准化以后,才能确保在今后工作中解决课题相关的质量问题。如果小组在制定巩固措施时,只是把少部分甚至是个别的措施纳入标准,那么该标准的执行无法保证课题相关质量问题的改进,也就失去了推广和借鉴的意义。

四是巩固的具体方式是把对策表中的有效措施分门别类地纳入相关标准。之所以需要分门别类,是因为这些具体措施涉及的面很广,有的措施用于指导施工生产,有的措施用于技术方面工作的开展,有的措施是关于人员管理方面的,有的措施是关于机械设备管理方面的等。这些内容分别属于不同的职能管理、不同的门类,因此,在标准化的时候需要把它们区分开,按照不同的门类来进行归集、整理、提炼,这样形成的标准或管理制度在执行时具有很强的针对性,有利于推广和借鉴。

五是制定巩固措施时形成的标准、制度并不限制于某一个层级。有的小组分不清标准、制度应该属于哪个层级;有的小组以为只有地方标准、行业标准、国家标准才算是正式的标准。其实,小组通过活动后制定的相关标准,可以是企业层级的,也可以是更高层级的,如行业标准、地方标准等;这些标准也可以是企业内部相关部门层级的,或者是班组层级的。关键是小组形成标准、制度时,必须按照企业或行业关于标准、制度的制定办法来执行,不能泛泛而谈小组进行了标准化工作,形成了某一项标准。形成的标准、制度,不仅要讲清楚是把对策表中的哪些措施进行总结转化而成,还要有批准人、批准日期、发布日期、执行日期、标准制度的序列号等。

六是巩固措施的内容中,不包括标准或制度的今后推广、应用等后续管理工作。除了在巩固期,小组是应用了新制定的标准或制度,这是为了检验小组采取的具体措施在实际运行中的效果是稳定的。至于这些标准、制度今后的推广应用工作,已经不是本次小组活动中的内容了,因此就不需要放入了。

问题 71:怎么理解“必要时,对巩固措施实施后的效果进行跟踪”

答:这里的“必要时”可以理解为小组成员根据课题的实际情况,结合小组或所在单位的实际需要,自行决定是否需要进行巩固期的效果跟踪。设定巩固期的目的是为了取得相关数据来证明小组活动所采取的巩固措施在实际运行中具有稳定的效果,也为小组活动所取得的标准化成果在今后工作中的推广打下很好的基础。

在实际活动中,小组可以根据以下情况来判断是否要设立巩固期:如果小组在对策目标检查、课题效果检查时,发现整个活动状态是稳定的,质量的改进是稳定的,没有出现很大的波动,那么说明所有的对策实施是处于稳定状态的,质量的改进有保证,在这种情况下,小组就不需要设立巩固期;反之,如果质量的改进有较大波动、小组的活动状态不是很稳定,那么小组就有必要设立巩固期。当然,如果课题的内容特别重要,小组出于谨慎的考虑,也应当设立巩固期。

下面举例说明小组在活动中设立巩固期的情况。

例如:某小组活动课题是"提高超大型光井通风管道施工合格率",小组在现状调查中找到的症结为"风管法兰偏差"。小组在对策全部实施完成后,施工合格率达到了96.14%,实现了活动目标95.2%,小组还形成了相关作业指导书。由于在超大光井进行通风管道施工是非常规的作业,因此,小组决定设立巩固期,以跟踪后续光井中通风管道的施工质量情况。

小组的对策实施完成时间为××年6月15日至7月15日,小组把7月20日至10月20日设定为巩固期。在巩固期内小组成员对已安装完成或正在安装的风管进行沉降观测,得到"实施巩固期风管沉降统计表",参见表2-69所示。

表2-69 实施巩固期风管沉降统计表

时间	楼层及沉降量(毫米)															
	3F	4F	5F	6F	7F	8F	9F	10F	11F	12F	13F	14F	15F	16F	17F	18F
7月20日	2	1	1	0	0	0	0	0	0	0	0	0	0	0	0	0
8月20日	2	1	1	0	0	0	0	0	0	0	0	0	0	0	0	0
9月20日	2	1	1	0	0	0	0	0	0	0	0	0	0	0	0	0
10月20日	2	1	1	0	0	0	0	0	0	0	0	0	0	0	0	0

制表人:××× 日期:××年××月××日

小组根据表2-69中的数据,经统计分析后制作了"实施巩固期缺陷统计表",参见表2-70所示。

表 2-70　实施巩固期缺陷统计表

序号	施工缺陷	检查点数	不合格点数	合格点数	合格率	不合格频率	累计频率
1	风管翻边不到位	80	2	78	97.50%	33.33%	33.33%
2	风管法兰偏差	80	0	80	100.00%	0.00%	33.33%
3	风管垫料搭接不到位	80	0	80	100.00%	0.00%	33.33%
4	预加工钢板偏差	80	1	79	98.75%	16.67%	50.00%
5	风管板材厚度不达标	80	0	80	100.00%	0.00%	50.00%
6	风管支架设置不合理	80	1	79	98.75%	16.67%	66.67%
7	风管支架焊接差	80	2	78	97.50%	33.33%	100.00%
	合计	560	6	554	98.93%	—	100.00%

制表人:×××　　　　日期:××年××月××日

从表 2-70 中的数据可以看出,在巩固期原来的症结“风管法兰偏差”出现的频次为零,而且 3 楼、4 楼、5 楼的风管沉降保持稳定,其余各楼层风管的沉降都为零。经过统计计算,巩固期内光井内的风管安装合格率为 98.93%,大于活动目标 95.2%。以上数据说明在巩固期的对策实施继续保持有效。

问题 72:巩固期的时间长度有无要求

答:巩固期的时间长度应当根据小组活动的实际需要来确定。一般情况下,要把握好以下三点。

一是巩固期的时长至少有 3 个统计周期的数据,这样可以有足够的时间来说明小组所取得的标准化成果在实际运行中的效果是稳定有效的。小组如果碍于自身条件或现场条件,没有设立巩固期,也不能说明小组活动就不成功;或者由于条件所限,巩固期设立的时间长度没有达到 3 个统计周期,那么至少证明小组的标准化成果在一定时间范围内是有效的。

二是每一个巩固期的统计周期应当相同,这样统计的数据才具有可比性。如果每一个统计周期各不相同,甚至是相差甚远,那么相关质量问题出现的概率是不一样的,会使巩固期的结论失真。

三是在每一个统计周期内,小组实施的对策应保持一致,而且对策实施处于稳定的状态中。尤其是涉及加工产品等工序,其过程能力应稳定在1.33以上,以确保对策实施的输出质量。

例如:某小组活动课题是“提高温度智能控制一次调试成功率”。小组在现状调查中找到的症结是“调试界面操作不方便”。小组设定的活动目标是:温度智能控制一次调试成功率达到45%。在对策全部实施完成后,小组的温度智能控制一次调试成功率达到了53.85%。考虑到智能家居正逐步进入市场,但总体的一次调试成功率不是很理想,小组决定设立巩固期,以检验对策实施的有效性。

××年××月××日,小组人员开始对×××项目9#、10#楼的52间房间,分为3次进行智能化温度调试成果巩固期统计。巩固期第一次统计时间为9月11日至9月15日,巩固期第二次统计时间为9月16日至9月20日,巩固期第三次统计时间为9月23日至9月27日。每次巩固期的统计时间均为5天,覆盖1楼至14楼全部楼层的全部房间,实施的对策均保持不变。

1. 巩固期第一次统计

9月11日至9月15日,小组进行了巩固期的第一次调试统计,结果参见表2-71所示。

表2-71 巩固期第一次温度智能控制一次调试成功统计表

缺陷 取样房间	调试界面操作不方便	控制通信方式非标准方式	施工布线过于复杂	智能与暖通责任界面不清晰	智能照明、智能窗帘系统出错	一次调试情况
14F-3BR	-	-	-	-	-	成功
14F-4BR	-	-	-	-	√	失败
13F-3BR	-	√	-	-	-	失败
13F-4BR	-	-	-	-	-	成功
12F-3BR	-	-	√	-	-	失败
12F-4BR	-	-	-	-	-	成功
11F-3BR	-	-	-	√	-	失败

（续表）

缺陷 取样房间	调试界面操作不方便	控制通信方式非标准方式	施工布线过于复杂	智能与暖通责任界面不清晰	智能照明、智能窗帘系统出错	一次调试情况
11F－4BR	√	－	－	－	－	失败
10F－3BR	－	－	－	－	－	成功
10F－4BR	－	－	－	－	－	成功
9F－3BR	－	－	√	－	－	失败
9F－4BR	－	－	－	－	－	成功
8F－3BR	－	－	－	－	√	失败
8F－4BR	－	－	－	－	－	成功
7F－3BR	－	－	－	－	－	成功
7F－4BR	－	－	－	－	－	成功
6F－3BR	－	－	√	√	－	失败
6F－4BR	－	－	－	－	－	成功
5F－3BR	－	－	－	－	－	成功
5F－4BR	－	－	－	－	－	成功
4F－3BR	－	－	－	√	－	失败
4F－4BR	－	－	－	－	－	成功
3F－3BR	－	－	－	－	－	成功
3F－4BR	－	－	－	－	－	成功
2F－3BR	－	－	√	－	－	失败
1F－3BR	－	√	√	－	－	失败
累计频次	1	2	5	3	2	
图例："√"表示存在该项缺陷；"－"表示无缺陷						
一次调试成功15间房，总共26间						

制表人：×××　　　　**日期：××年××月××日**

根据表2-71中的数据，小组得到巩固期第一次的温度智能控制一次调试成功率为 15 ÷ 26 × 100% = 57.69%。“调试界面操作不方便”的发生频次为 1 次,从症结变为次要问题。

2. 巩固期第二次统计

9 月 16 日至 9 月 20 日,小组进行了巩固期的第二次调试统计,结果参见表 2-72 所示。

表 2-72 巩固期第二次温度智能控制一次调试成功统计表

缺陷 取样房间	调试界面操作不方便	控制通信方式非标准方式	施工布线过于复杂	智能与暖通责任界面不清晰	智能照明、智能窗帘系统出错	一次调试情况
14F – 3BR	–	–	–	–	–	成功
14F – 4BR	–	–	–	–	–	成功
13F – 3BR	–	–	√	–	–	失败
13F – 4BR	–	–	–	–	–	成功
12F – 3BR	–	–	–	√	–	失败
12F – 4BR	√	–	–	–	–	失败
11F – 3BR	–	–	–	–	–	成功
11F – 4BR	–	–	–	–	–	成功
10F – 3BR	–	√	–	√	–	失败
10F – 4BR	–	–	–	–	–	成功
9F – 3BR	–	–	√	–	–	失败
9F – 4BR	–	–	–	–	–	成功
8F – 3BR	–	–	–	–	–	成功
8F – 4BR	–	–	–	–	–	成功
7F – 3BR	–	√	–	–	–	失败
7F – 4BR	–	–	–	–	–	成功
6F – 3BR	–	√	–	–	√	失败
6F – 4BR	–	–	–	–	√	失败
5F – 3BR	–	–	–	–	–	成功

（续表）

缺陷 取样房间	调试界面操作不方便	控制通信方式非标准方式	施工布线过于复杂	智能与暖通责任界面不清晰	智能照明、智能窗帘系统出错	一次调试情况
5F－4BR	－	－	－	－	－	成功
4F－3BR	－	－	－	－	－	成功
4F－4BR	－	－	－	－	－	成功
3F－3BR	－	－	－	－	－	成功
3F－4BR	－	－	－	－	－	成功
2F－3BR	－	－	√	－	－	失败
1F－3BR	－	√	√	－	－	失败
累计频次	1	4	4	2	2	
图例："√"表示存在该项缺陷；"－"表示无缺陷						
一次调试成功16间房，总共26间						

制表人：×××　　　　日期：××年××月××日

根据表2-72中的数据，小组得到巩固期第二次的温度智能控制一次调试成功率为(16/26)×100%=61.54%。"调试界面操作不方便"的发生频次为1次，继续为次要问题。

3. 巩固期第三次统计

9月23日至9月27日，小组进行了巩固期的第三次调试统计，结果参见表2-73所示。

表2-73　巩固期第三次温度智能控制一次调试成功统计表

缺陷 取样房间	调试界面操作不方便	控制通信方式非标准方式	施工布线过于复杂	智能与暖通责任界面不清晰	智能照明、智能窗帘系统出错	一次调试情况
14F－3BR	－	－	－	－	－	成功
14F－4BR	－	－	－	－	－	成功
13F－3BR	－	－	√	－	－	失败
13F－4BR	－	－	－	－	－	成功

（续表）

缺陷 取样房间	调试界面操作不方便	控制通信方式非标准方式	施工布线过于复杂	智能与暖通责任界面不清晰	智能照明、智能窗帘系统出错	一次调试情况
12F－3BR	－	－	－	－	√	失败
12F－4BR	－	－	－	－	－	成功
11F－3BR	－	－	－	√	－	失败
11F－4BR	－	√	－	－	－	失败
10F－3BR	－	－	－	－	－	成功
10F－4BR	－	－	－	－	－	成功
9F－3BR	－	√	－	－	－	失败
9F－4BR	－	－	－	－	－	成功
8F－3BR	√	－	－	－	－	失败
8F－4BR	－	－	－	－	－	成功
7F－3BR	－	－	－	－	－	成功
7F－4BR	－	－	－	－	－	成功
6F－3BR	－	－	－	√	√	失败
6F－4BR	－	－	－	－	－	成功
5F－3BR	－	－	－	－	－	成功
5F－4BR	－	－	－	－	－	成功
4F－3BR	－	－	√		－	失败
4F－4BR	－	－	－	－	－	成功
3F－3BR	－	√	√		－	失败
3F－4BR	－	－	－	－	－	成功
2F－3BR	－	－	－	－	－	成功
1F－3BR	－	－	－	－	－	成功
累计频次	1	3	3	2	2	
图例："√"表示存在该项缺陷；"－"表示无缺陷						
一次调试成功17间房，总共26间						

制表人：×××　　　　**日期：××年××月××日**

根据表2-73中的数据，小组得到巩固期第三次的温度智能控制一次调试成功率为(17/26)×100%=65.38%。“调试界面操作不方便”的发生频次为1次，继续为次要问题。

4. 总结

从三次巩固期的统计数据来看，三次温度智能控制的一次调试成功率分别为57.69%、61.54%、65.38%，均大于课题目标45%。原来的症结“调试界面操作不方便”的发生频次都为1次，已经成为次要问题，说明小组制定的对策在巩固期继续保持有效。

问题73：能举例说明制定巩固措施的内容吗

答：下面举一个制定巩固措施的例子。

例如：某小组活动课题是“提高通风机房噪声检测达标率”。小组在现状调查中找到的症结是“风管鼓振幅度超标”，小组设定的活动目标是“通风机房噪声检测达标率由原来的21.21%提高到65.00%”。小组在全部对策实施完成后，通风机房噪声检测达标率升至72.73%，大于小组活动目标65.00%；“风管鼓振幅度超标”成为次要问题。小组在制定巩固措施阶段，主要采取的工作如下。

1. 巩固措施中形成的标准

通过此次QC活动，通风机房噪声检测达标率升至72.73%，“风管鼓振幅度超标”成为次要问题，小组实现了预定的目标。在完成了相应的施工任务后，小组不仅及时总结了施工成果和经验，还开展了成果巩固工作，形成了三个标准，参见表2-74所示。

表 2-74　巩固措施中形成的标准

序号	有效措施	标准化形式	文件名称	文件编号	实施日期
1	采用扁钢内衬加强风管刚度,标明了通过内衬操作后整体刚度的提升程度及扁钢内衬方式	制定新的文件	《通风机房噪声检测作业指导书》	SHYJAZ - 作业指导书 - ×××	××年××月××日
2	结构验算,设计加固方案;力学模拟后完成实物压力试验,观察管壁鼓振幅度	编制新的加工图集	《风管配件内加固方式图集》	SHYJAZ - 施工图集 - ×××	××年××月××日
3	整理每类风管配件、规格的形变特点及对应加固措施,将加固所用的材料及特性、省材率进行详细备注	编写技术创新成果	《基于配件外观效果对其内加固方式的优化设计》	准备参加集团科技创新成果发布	××年××月××日

制表人:×××　　　　**日期:××年××月××日**

上述标准具体内容。

(1)编制施工作业指导书。活动结束以后,QC 小组及时对施工技术进行总结,确认了在机房施工过程中的降噪措施和注意事项,同时对噪声检测过程中的噪声源及解决方案进行归纳,编制形成《通风机房噪声检测作业指导书》(编码为 SHYJAZ - 作业指导书 - ×××),如图 2-66 所示,报总工程师审批纳入企业标准。

《通风机房噪声检测作业指导书》中包含对策实施的主要内容有:①问题概述;②适用范围;③作业准备;④检测程序与要求;⑤测量设备要求;⑥噪声源及影响因素(包含本次活动找到的两点要因:风管材料刚度不足和内加固方式不标准);⑦对策实施(其中包括了本次采用的扁钢内衬加强风管刚度的措施,标明了通过内衬操作后整体刚度的提升程度及扁钢内衬方式,在使用后能大幅减少返工材料与人工浪费,也包括风管配件的角钢内加固方式,注明不同角钢内加固方式其表面鼓振幅度的对比情况,同时也标明了内加固施工顺序及工艺细节);⑧巩固提高;⑨结束语等 9 项内容。

SHYJAZ-作业指导书-2019.12

通风机房噪声检测作业指导书

（2019.12 制）

审批部门：技术科

审批日期：2019.12.23

实施日期：2020.08.01

上海某集团有限公司安装工程公司

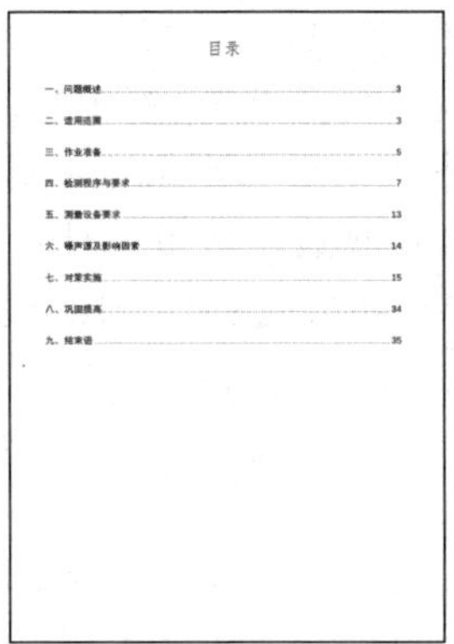

目录

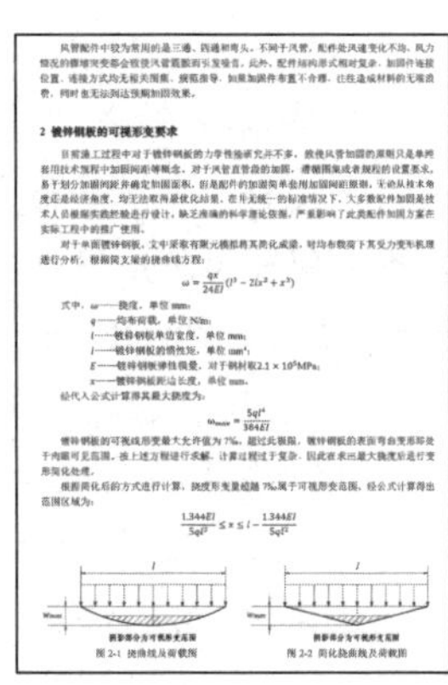

风管配件中较为常用的是三通、四通和弯头。不同于风管，配件处风速变化不均，风力情况的骤增突变都会致使风管震颤而引发噪音。此外，配件结构形式相对复杂，加固件连接位置、连接方式均无相关图集、规范指导，如果加固件布置不合理，往往造成材料的无端浪费，同时也无法达到预期加固效果。

2 镀锌钢板的可视形变要求

$$\omega = \frac{qx}{24EI}(l^3 - 2lx^2 + x^3)$$

式中，ω——挠度，单位 mm；

q——均布荷载，单位 N/m；

l——镀锌钢板单边宽度，单位 mm；

I——镀锌钢板的惯性矩，单位 mm⁴；

E——镀锌钢板弹性模量，对于钢材取 2.1×10^5MPa；

x——镀锌钢板距边长度，单位 mm。

经代入公式计算得其最大挠度为：

$$\omega_{max} = \frac{5ql^4}{384EI}$$

根据简化后的方式进行计算，挠度形变量超越 7‰属于可视形变范围，经公式计算得出范围区域为：

$$\frac{1.344EI}{5ql^3} \le x \le l - \frac{1.344EI}{5ql^3}$$

图 2-1 挠曲线及荷载图　　图 2-2 简化挠曲线及荷载图

图 2-66　《通风机房噪声检测作业指导书》(内容节选图)

(2)编制风管配件内加固方式图集。为了进一步细化活动成果，在风管配件内加固方面，小组成员根据此次活动的实验结果进行了归纳总结，并单独编制《风管配件内加固方式图集》(编码为 SHYJAZ - 施工图集 - ×××)，如图 2-67 所示，报总工程师审批纳入企业标准以推广实施。

图集中详细表明各类配件的形变特点、加固条件、加固件选用、加固顺序、铆接间距、焊接处理等细节内容。

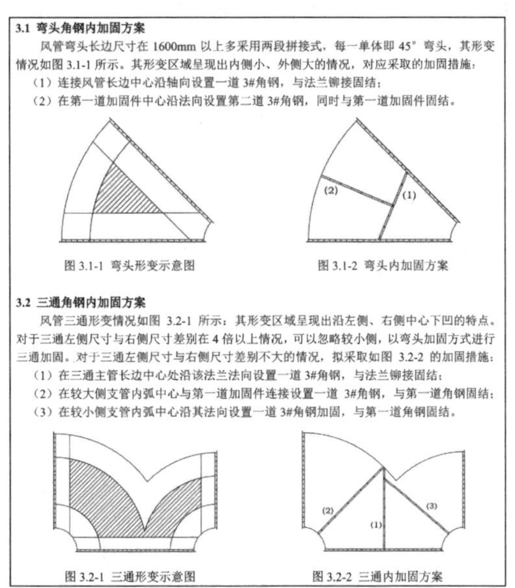

3.1 弯头角钢内加固方案

风管弯头长边尺寸在 1600mm 以上多采用两段拼接式，每一单体即 45° 弯头，其形变情况如图 3.1-1 所示。其形变区域呈现出内侧小、外侧大的情况，对应采取的加固措施：

（1）连接风管长边中心沿轴向设置一道 3#角钢，与法兰铆接固结；

（2）在第一道加固件中心沿法向设置第二道 3#角钢，同时与第一道加固件固结。

图 3.1-1 弯头形变示意图　　图 3.1-2 弯头内加固方案

3.2 三通角钢内加固方案

风管三通形变情况如图 3.2-1 所示：其形变区域呈现出沿左侧、右侧中心下凹的特点。对于三通左侧尺寸与右侧尺寸差别在 4 倍以上情况，可以忽略较小侧，以弯头加固方式进行三通加固。对于三通左侧尺寸与右侧尺寸差别不大的情况，拟采取如图 3.2-2 的加固措施：

（1）在三通主管长边中心处沿该法兰法向设置一道 3#角钢，与法兰铆接固结；

（2）在较大侧支管内弧中心与第一道加固件连接设置一道 3#角钢，与第一道角钢固结；

（3）在较小侧支管内弧中心沿其法向设置一道 3#角钢加固，与第一道角钢固结。

图 3.2-1 三通形变示意图　　图 3.2-2 三通内加固方案

图 2-67　《风管配件内加固方式图集》(内容节选图)

(3)撰写技术创新成果。小组成员对本次活动中风管配件加固的优化设计进行细致总结,形成技术创新成果《基于配件外观效果对其内加固方式的优化设计》。创新成果中记录了每类风管配件每种规格的形变特点及对应的加固措施,并将每种加固措施的所用材料特性、省材率进行了详细的备注,以便将本次QC活动得出的风管配件加固处理经验推广到同类项目。

2. 巩固期统计

小组将活动实施后的1个月(××年11月25日至××年12月25日)设定为此次QC小组活动的巩固期。通过对地库机房所有降噪策略的研究,小组将总结的噪声治理经验应用于地上部分的通风机房中。地上部分共有风机15台,含排烟风机与排风风机,其风量分布为49 000~56 000立方米/时,全压处于478帕~523帕范围内,属于低压高风量轴流风机,运行噪声更为明显。小组成员按照地库的成功处理措施,以控制地上部分机房噪声作为巩固项目。巩固期后,小组对地上部分通风机房实测噪声进行了再统计,统计数据参见表2-75所示。

表2-75 地上部分通风机房实测噪声统计表

序号	风机	轴线位置	实测噪声	噪声类型	是否合格
1	PY(WM)01	10-11/U-V	53.0 dB(A)	—	合格
2	PY(WM)02	16-17/W-X	52.2 dB(A)	—	合格
3	PY(WM)03	23-24/W-X	54.2 dB(A)	—	合格
4	PY(WM)04	30-31/V-W	64.0 dB(A)	中高频	超标
5	PY(WM)05	30-31/Q-R	52.8 dB(A)	—	合格
6	PY(WM)06	30-31/E-F	54.6 dB(A)	—	合格
7	PY(WM)07	26-27/E-F	54.8 dB(A)	—	合格
8	PY(WM)08	22-23/E-F	51.6 dB(A)	—	合格
9	PY(WM)09	18-19/E-F	52.8 dB(A)	—	合格
10	PY(WM)10	14-15/E-F	52.6 dB(A)	—	合格
11	PY(WM)11	9-10/E-F	58.5 dB(A)	中高频	超标
12	PY(WM)12	9-10/M-N	52.1 dB(A)	—	合格
13	PY(WM)13	6-7/G-H	54.8 dB(A)	—	合格

（续表）

序号	风机	轴线位置	实测噪声	噪声类型	是否合格
14	PY(WM)14	19－20/J－K	50.2 dB(A)	—	合格
15	PF(WM)01	19－20/J－K	53.8 dB(A)	—	合格

制表人：×××　　　　日期：××年××月××日

小组成员根据表 2-75 的原始记录，对通风机房噪声检测达标情况进行汇总，具体结果参见表 2-76 所示。

表 2-76　巩固期后通风机房噪声检测对比表

检测时间	总机房数	噪声检测达标数	噪声检测超标数	噪声检测达标率
巩固期后	15	13	2	86.67%

制表人：×××　　　　日期：××年××月××日

同时，小组成员根据巩固期检测原始记录对其质量缺陷进行汇总，参见表 2-77 所示。

表 2-77　巩固期后质量缺陷汇总表

序号	缺陷	合格标准	调查数	合格数	不合格数
1	风管鼓振幅度超标	风管加固符合技术规程要求，风管再生噪声检测值低于 50 dB(A)	30	29	1
2	进排风管道安装不良	漏风量、漏光点检测合格；法兰、支架设置符合 GB 50243—2016 要求	30	27	3
3	消声器安装位置错误	消声器安装位置符合设计图纸	30	85	0
4	风阀阀片联结不牢固	风阀阀片联结牢固，驱动扭矩符合 JG/T 436—2014 要求	30	86	1
5	消声器质量不合格	具备完整合格证及检验报告，消声器有效长度达 1 000 毫米	30	87	0

制表人：×××　　　　日期：××年××月××日

“实施前缺陷统计排列图”如图2-68所示。根据表2-77,小组成员绘制了缺陷统计图,如图2-69所示。

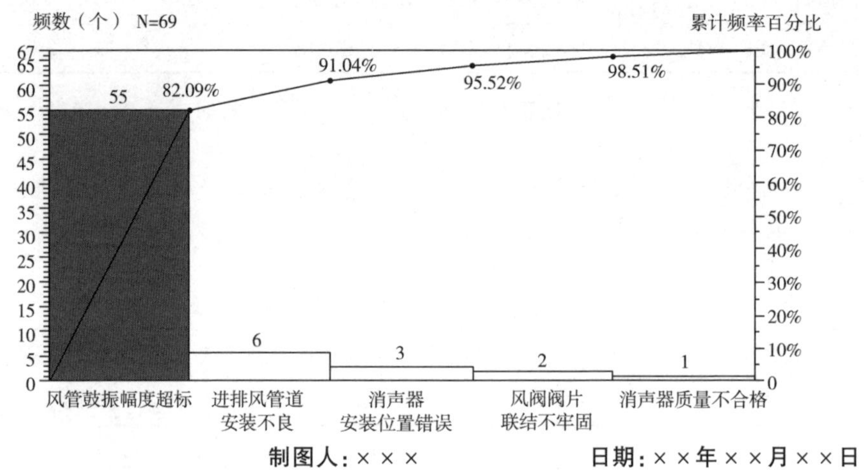

制图人:×××　　　　日期:××年××月××日

图2-68　实施前缺陷统计排列图

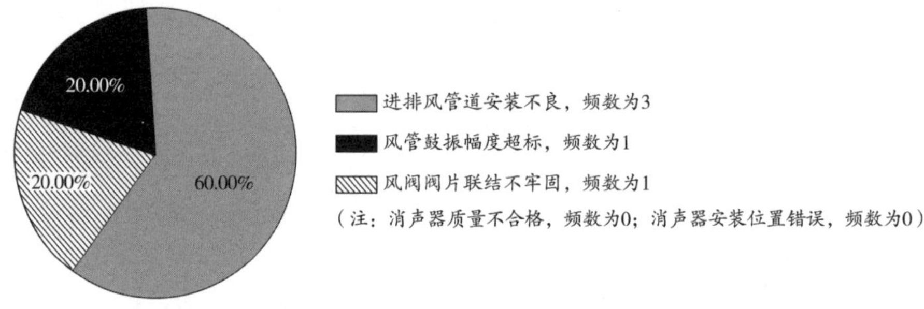

制图人:×××　　　　日期:××年××月××日

图2-69　巩固期后缺陷统计饼分图

通过图2-68、图2-69,可以发现“风管鼓振幅度超标”转化成为影响“进排风噪声”的次要问题。

巩固期后噪声检测达标率:$\eta = a/s \times 100\%$。公式中,a为噪声检测合格机房数;s为总机房数。本次活动中,$a=13$,$s=15$。代入数据,计算得出:

$$\eta = 13 \div 15 \times 100\% = 86.67\%$$

小组发现，通过巩固期，各风机房始终保持较好的噪声控制效果，机房噪声检测达标率进一步提高，由活动前的21.21%提升至巩固期前的72.73%，在巩固期后达86.67%，说明巩固措施保持有效，实现了小组的目标，如图2-70所示。

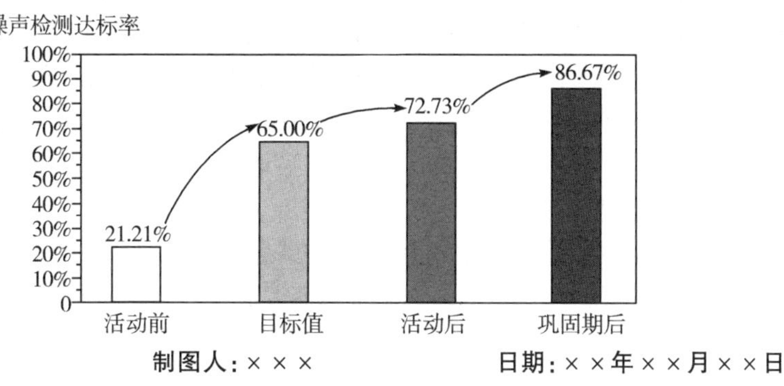

图2-70　巩固期前后噪声检测达标率情况

十一、总结和下一步打算

问题74：小组活动总结的主要内容有哪些

答：在总结阶段，小组应当对整个QC活动的全过程进行回顾和总结，主要内容有以下5个方面。

一是要从专业技术、管理方法、小组成员综合素质等方面进行全面、系统的总结。小组在完成了整个小组活动后，相关课题的质量状况得到了改进，在这个过程中，小组开展活动所运用到的专业技术也是得到了同步的提高。在活动过程中，小组成员运用了相关质量管理方法，运用统计方法等方面也得到了提高。小组从活动开始到活动结束，每个成员在参与的过程中学到了很多知识，掌握了很多技能，相互协作等方面都有所提高，因此是需要认真总结一番的。

二是看小组在活动的PDCA各步骤中，有哪些方面是取得了成功，哪些方面还存在不足或者是失败的。这包含了很多内容，比如：在选题阶段，小组所选用的数据来源是否有代表性；在现状调查阶段，小组的分层分析是否彻底;小组设定的目标是否具有挑战性,在行业内处于怎样的水平;原因分析是否都分析到了末端原因,整个分析过程是否逻辑性紧密、因果关系清晰;在要因确认阶段,是否都按照末端原因对症结的影响程度来进行确认,确认所用到的数据是否全面、真实、有效;制定的对策针对性是否强,对策的评价是否科学、全面,对策是否清晰,措施是否具体、可操作等;对策实施过程中,过程能力是否稳定,实施过程中是否有遗漏的地方,有无创新的地方,采集数据是否及时;效果检查是否准确,验证方法是否科学;巩固措施中的标准化是否合理,有无错漏等。通过这些总结,小组获得了开展好活动的宝贵经验,即针对不成功或失败的地方应吸取哪些教训,为小组今后的活动提供了宝贵的借鉴资料。

三是通过本次活动,小组除了解决课题的症结外,还解决了哪些相关问题,还有哪些问题没解决,哪些方面是需要在下一次活动中解决的。有些小组在活动的时候,能够把影响课题质量的多个问题一并解决,有的只能解决其中的症结,还有若干个次要问题需要进一步解决等,这些工作做好了,对于提升整体质量水平是有很大帮助的。

四是在以事实为依据用数据说话方面、统计方法的应用方面,哪些是成功的,哪些是不成功还需要改进的。比如小组运用了很多统计方法,那么统计方法的应用是否适宜。有的小组用了很多统计方法,但不一定适用某个程序;而有的小组在整个活动过程中很少用到统计方法。还有,小组采集数据的方法是否科学,采集到的数据是否准确,采集到的数据质量是否可靠、稳定等。

五是在全面总结的基础上,提出下一次小组活动的课题,让小组在继承本次活动经验的基础上,能够更好地投入到下一次活动中,以期取得更好的活动效果。

问题 75:怎样理解“专业技术、管理方法、小组成员综合素质”三个方面的内涵

答:小组在活动的最后阶段进行总结,是为了今后小组的工作更好地开展,总结的内容是全方位的,“专业技术、管理方法、小组成员综合素质”三个方面的内容,是能够较好地概括小组在整个 QC 活动中取得的收获、存在的不足之处、可以进一步提高的方面等。

专业技术方面的总结是指小组在QC活动中所涉及的相关专业技术方面的内容。主要是小组在课题所相关的专业技术上有哪些地方得到了提高，比如施工工艺得到了改进，施工方案的先进性、合理性有了提高，新技术有了突破，新材料的应用有了进展，专业技术难题予以攻克，在同行业内开创了新的领域，达到了新的技术高度，掌握了新的技术要点，取得了相关专业方面的专利与工法，形成了相关标准与各项制度等。这些专业技术方面的成绩，是小组在本次活动中所取得的，如果是后续小组与其他部门或单位的人员所取得的成绩，就不能算在本次活动的内容中。另外，小组在专业技术方面存在的不足也要进行总结，有哪些技术方面需要进一步提升，有哪些方面是失败的，有哪些方面还可以优化等，这样小组在今后活动时就可以重点关注，不断提升专业技术水平。

管理方法方面的总结是指小组在活动中对于涉及的各项管理工作，尤其是质量管理、统计管理等方面有哪些提高，包括遵循PDCA循环内容，以客观事实为依据运用统计方法的情况，各项管理工作中持续改进的情况等。小组在活动中会涉及大量管理工作，如协调管理、运筹管理、进度管理、人力资源管理、物资管理等，有些管理内容是小组成员本来就熟悉的，有些管理内容是小组偶尔碰到或者从没接触过的，小组成员在这方面会有很多体会。质量管理是小组活动的重要工作，其涉及面也非常广，有PDCA循环的内容，在各程序的活动中有哪些亮点和收获、存在什么不足、今后改进的地方；有小组活动中涉及质量管理体系方面的内容，小组提出哪些改进建议；有的活动中涉及全面质量管理、卓越绩效模式、六西格玛管理等，小组也可以提出取得的成绩、存在不足和改进提高之处。统计方法的应用是小组活动高质量完成的保证。小组在活动中会运用到很多统计方法，也可能学会了新的统计方法，如何准确理解各种统计方法的含义，把适宜的统计方法运用到活动过程中，是小组成员需具备的重要管理能力。精确采集数据、提升数据质量，是小组的又一项重要工作。到哪儿采集数据、如何采集数据、怎样分析数据等方面都是小组需要认真总结分析的内容。

小组成员综合素质方面的总结，主要指小组成员在活动前后个体素质、团队素质等方面发生的一些情况，包括团队精神、质量意识、QC知识、进取精神、工作热情、个人能力等方面。小组可以通过活动前后的分析对比，来得出哪些方面有了提升，哪些方面还需要进一步加强，为小组今后的活动提供指导等。

问题76:提出下一次活动课题有什么规定吗

答:小组在活动的最后阶段提出下一次活动课题,是为了保持小组活动的延续性,主要有三种方法:一是小组在全面总结后,可以根据课题症结已经解决的情况,把症结以外的其他问题作为下一次活动的课题;二是小组在活动之初就提出了多个课题的选项,当小组在本次活动结束后,可选择其他课题作为下一次活动的课题;三是小组可以结合企业的生产经营实际情况,根据工作的需要来选择新的活动课题。以下举例说明这三种情况。

例1:小组选择症结以外的课题作为下一次活动课题。

某小组开展的活动课题是"提高柔性排水铸铁管一次安装合格率"。"柔性排水铸铁管道本体安装不到位"是症结,当小组对策实施完成后,小组进行了效果检查,具体质量缺陷统计参见表2-78所示。经过计算,活动后柔性排水铸铁管一次安装合格率达到了95.2%,实现了课题目标。在提出下一次活动课题时,小组提出,为了进一步提升柔性铸铁排水管的安装质量,决定对现在处于"症结"的"管道预留洞预留位置发生偏移"继续开展QC活动。因此,小组提出的下一个活动课题是"提高预留洞预留准确率"。

表2-78　小组活动前后质量缺陷统计表

序号	缺陷类型	活动前出现次数	现出现次数
1	柔性排水铸铁管道本体安装不到位	45	3
2	管道预留洞预留位置发生偏移	10	12
3	管道支架定位设置安装有偏移	3	4
4	混凝土浇筑后结构面的水平状况差	2	1
	合计	60	20

制表人:×××　　　　日期:××年××月××日

例 2：小组在活动之初就定了若干课题，然后逐一进行活动。

某小组为了提高空调系统的运行效率，经分析后提出了 4 个课题，分别是：提高温度智能控制一次调试成功率、提高 VAV 空调系统一次调试成功率、提高预制风管一次安装成功率、提高跨层大堂采暖空调制热效率，参见表 2-79 所示。小组在完成了课题“提高温度智能控制一次调试成功率”后，下一个活动课题选择了“提高 VAV 空调系统一次调试成功率”。

表 2-79　小组活动课题列项表

综合性课题	提高空调系统运行效率
分解后小课题	1. 提高温度智能控制一次调试成功率
	2. 提高 VAV 空调系统一次调试成功率
	3. 提高预制风管一次安装成功率
	4. 提高跨层大堂采暖空调制热效率

制表人：×××　　　　日期：××年××月××日

例 3：小组根据生产实际情况选择了新的课题。

某小组本次活动的课题是“提高深基坑结构沉墙内排水系统一次安装合格率”，经过 PDCA 循环后完成了课题目标，原症结成为次要问题。现小组根据生产实际需要，提出了 3 个新的课题，制作了“课题选择评价表”，参见表 2-80 所示。小组通过课题的“重要性、可实施性、经济性、时间性、预期效果”等比选后，选择了新的课题“提高线盒预埋的一次安装合格率”作为下一次活动的课题。

表 2-80　课题选择评价表

序号	课题名称	评估理由及得分					结果
		重要性	可实施性	经济性	时间性	预期效果	
1	提高焊接钢管的一次焊接合格率	焊接质量直接影响管道使用功能、焊缝美观性	主要和焊工个人素质有关，可实施性较差	一次成型可减少不合格焊缝数量，减少材料和返工的投入	减少后期返工调整	可提高 70% 一次焊接合格率	×

（续表）

序号	课题名称	评估理由及得分					
		重要性	可实施性	经济性	时间性	预期效果	结果
2	提高线盒预埋的一次安装合格率	数量大、返修难。课题是评奖创优的重要指标	影响工序小，可实施性强	预埋线盒定位不合格率达到40%，有大幅度节省返工的空间	减少后期返工调整	一次定位精准到位，后期无须返工	√
3	提高地库出外墙管道封堵的一次安装合格率	封堵不当直接导致室外水倒灌至地下室	影响工序小，可实施性强	封堵到位可节省返工30%，但需封堵数量不多，节约成本不多	工艺措施比较复杂，比较费时	封堵95%达到不渗漏	×

制表人：×××　　日期：××年××月××日

问题77：能举例说明小组总结和下一步打算的内容吗

答：下面举一个小组在“总结和下一步打算”程序中的例子。

例如：某小组活动课题是“提高超高层抗震支吊架安装一次合格率”，小组在完成了课题目标、制定了巩固措施后，进入“总结和下一步打算”的程序。

1. 活动总结

经过小组成员的共同努力，本次QC活动完成了既定目标，加强了小组成员间的合作精神，无论是对项目管控还是对抗震支吊架安装技术的深层次理解，小组成员都有了很大提升，同时也加强了小组成员的管理能力，为项目部综合管理水平的提高提供了不小的帮助。此次活动也使团队在QC意识上有了明显的提高，让小组成员对问题的处理更为全面、透彻。具体总结如下。

(1) 专业技术方面，小组成员在以下方面得到提高。

①掌握了新型抗震支吊架的性能、适用范畴，了解了新型支吊架与传统

支吊架的异同之处。

②熟练掌握了抗震支吊架安装的具体规程。

③找出了确保抗震支吊架安装一次合格的技术要点。

④形成了新的抗震支吊架施工方案，提升了新型抗震支吊架施工的能力。

(2)管理方法方面，小组成员在以下方面得到提高。

①小组成员学会了科学地研究、分析、解决问题的统计方法。

②对PDCA循环有了更进一步的认识，改进了我们固有的管理思维方式。

③学会了用数据讲话，要求今后的技术管理工作更为严谨。

④提高了项目信息化动态管理和组织协调的能力。

(3)小组成员综合素质方面，小组成员在以下方面得到提高。

①成员之间对于团队协作的认识更为深刻。

②相互配合更为密切，以达到团队最高的工作效率。

③互帮互助，取长补短，发挥每个人的优势和长处。

④团队为一个整体，每个人都要为团队付出、负责，让团队最优化。对此，小组总结、绘制了综合能力评价表，参见表2-81所示，并绘制雷达图，如图2-71所示。

表2-81　QC小组综合能力评价表

项目	活动前(分值)	活动后(分值)
团队精神	6	8
个人能力	7	9
专业水平	7	9
质量意识	8	9
QC意识	5	8
创新意识	5	8

制表人：×××　　　　日期：××年××月××日

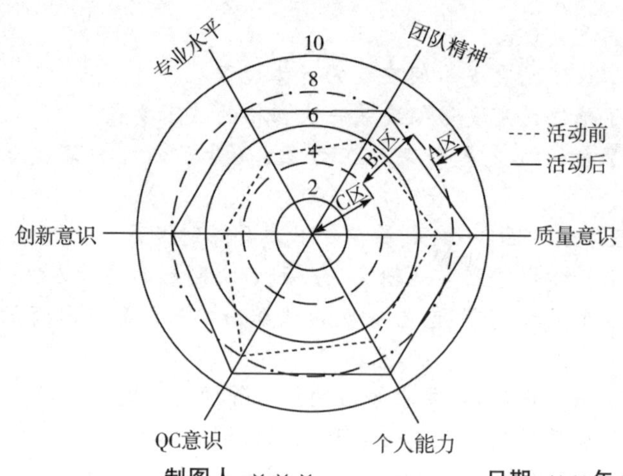

制图人：××× 日期：××年××月××日

图 2-71　QC 小组综合能力评价雷达图

(4)小组活动程序各阶段总结评价。××年××月××日，小组对整个QC 活动进行了回顾总结，找出了各步骤中的优缺点和改进内容，参见表2-82所示。

表 2-82　QC 小组活动总结评价表

序号	活动内容	主要优点	存在不足	改进内容
1	选题理由	采集多个项目的信息，用数据说话，实事求是	对影响因素收集不够系统全面	全方面考虑采集相应数据
2	现状调查	从两个层面进行考虑分析，分析过程清晰	选取的层面少，数据偶然性较大	收集大量数据，对数据全面统筹考虑
3	设定目标	计算详细，有图和计算式支撑	目标值设定依据应更充分	完善目标设定的依据
4	分析原因	问题的整体分析过程逻辑性强，原因分析层层展开，易于找出解决问题的对策	原因分析中主观性较强	分析时，对于原因应该更加客观全面

（续表）

序号	活动内容	主要优点	存在不足	改进内容
5	要因确认	要因确认过程详细，有大量的统计数据和试验来说明，对要因分析透彻全面	未做到每个要因确认用实际操作情况来讲话	每个要因确认应该用实际操作情况来讲话
6	制定对策	从多角度对对策进行评估，对对策表中的各项目标进行量化	评估的量化较为主观	评估应该更客观，可向技术专家请教，总结出最佳对策
7	对策实施	实施过程条理清晰，对安全、质量、成本、进度、环保等5个方面分析全面	实施措施相对偏少，相对较为简单	多方面考虑，创新方法，保证合理性
8	效果检查	有大量的统计数据和图形来对比分析，使检查结果更为可靠	验证方法不够多样	可集思广益，多方面考虑，增加验证方法，保证科学性
9	巩固措施	把方法标准化，利于其他项目借鉴，提高整体质量水平	标准化内容可以更多一些	对其进行再深化，提高成果水平

制表人：×××　　　　日期：××年××月××日

（5）小组活动各阶段统计工具应用汇总，参见表2-83所示。

表2-83　小组活动各阶段统计工具应用汇总表

活动内容	统计工具						
	统计表	折线图	柱状图	饼分图	散点图	雷达图	系统图
课题概况	–	–	–	–	–	–	–
小组概况	4	–	–	–	–	–	–
选题理由	2	1	–	–	–	–	–
现状调查	5	–	1	1	–	–	–

（续表）

活动内容	统计工具						
	统计表	折线图	柱状图	饼分图	散点图	雷达图	系统图
设定目标	–	–	1	–	–	–	–
分析原因	–	–	–	–	–	–	1
要因确认	14	7	–	–	2	–	–
制定对策	2	–	–	–	–	–	–
对策实施	3	3	–	–	–	–	–
效果检查	5	1	1	2	–	–	–
巩固措施	2	–	1	1	–	–	–
总结与下一步打算	4	–	–	–	–	1	–

制表人：×××　　　　日期：××年××月××日

2. 下一步打算

经小组讨论并结合生产实际情况，提出了“如何提升预埋线管走向一次合格率、提高办公楼散热器一次安装合格率和提高地下室桥架安装一次合格率”这三个课题，并分别从重要性、可实施性、经济性、时间性、预期效果等5个方面综合评价，最终将下个活动课题确定为“如何提升预埋线管走向一次合格率”，参见表2-84所示。

表2-84　课题选择评价表

序号	课题名称	评估理由及得分					选题结果
		重要性	可实施性	经济性	时间性	预期效果	
1	如何提升预埋线管走向一次合格率	影响后期大量的安装步骤	影响工序小，可实施性强	现在预埋管线利用率基本不超过50%，可大幅度节省返工	节省预埋时间，减少工期需求，也减少后期返工	走向节省美观，后期利用率高，返工少	√

（续表）

序号	课题名称	评估理由及得分					选题结果
		重要性	可实施性	经济性	时间性	预期效果	
2	提高办公楼散热器一次安装合格率	影响散热器效果	和工人素质关系较大，可实施性较差	可节省返工20%，经济性相对较差	减少后期返工调整	散热器效果好，减少返工	×
3	提高地下室桥架安装一次合格率	影响桥架和电缆敷设	工况复杂，可行性较差	可节省返工10%，但安装桥架敷设电缆较贵，故经济性较高	在提高合格率的同时需考虑的问题较多，也比较费时	利于桥架安装和电缆敷设	×

制表人：×××　　　　**日期：××年××月××日**

第三章　创新型课题

一、活动程序

问题 1:问题解决型课题和创新型课题有什么区别

答:问题解决型课题与创新型课题是有着明显区别的,主要有以下 4 个方面。

一是活动的对象有区别。从定义上看,问题解决型课题是指小组针对已经发生不合格或不满意的生产、服务或管理现场存在的问题进行质量改进,所选择的质量管理小组课题。因此,问题解决型课题活动的对象是当前存在的“问题”。创新型课题是指小组针对现有的技术、工艺、技能和方法等不能满足实际需求,运用新的思维研制新产品、服务、项目、方法,所选择的质量管理小组活动课题。因此,创新型课题活动的对象是当前存在的“需求”。

二是活动的程序不同。虽然问题解决型课题和创新型课题两者活动都遵循 PDCA 循环,但在具体程序上是有区别的,特别在策划 P 阶段和处置 A 阶段存在明显不同。一般来说,问题解决型的策划 P 阶段包含选择课题、现状调查、设定目标、原因分析、确定主要原因、制定对策等 6 个程序,其中在现状调查时需要找到影响课题质量问题的症结,为设定目标、原因分析提供依据;在处置 A 阶段有“制定巩固措施、总结和下一步打算”两个程序,其中在制定巩固措施时,把对策表中经实践证明有效的措施,分门别类地纳入相关标准或管理制度之中,并且必要时可设立巩固期。而创新型课题在策划 P 阶段包含选择课题、设定目标及目标可行性论证、提出方案并确定最佳方案、制定对策等4个程序，其中需要通过借鉴来为选择课题、设定目标、提出方案等提供依据；在处置A阶段有“标准化、总结和下一步打算”两个程序，其中在执行标准化时，对有推广应用价值的创新成果进行标准化，形成相应技术标准或管理制度，对专项或一次性的创新成果，则把相关资料整理存档，在这个程序中不用设立巩固期。

三是侧重点不同。客观地讲，问题解决型课题中蕴含着创新的思路，创新型课题中也蕴含着解决问题的思路。但是，问题解决型课题的关键词是“对不合格或不满意”的问题进行质量改进，重点在于“质量改进”。创新型课题的关键词是“对不能满足实际需求”的技术、工艺等进行新产品、新方法等的研制，重点在于“创新”。

四是对策实施后的结果不同。问题解决性课题在全部对策实施完成后，改进或解决了课题有关的质量问题。小组在开展问题解决型课题活动时，是有可能申请专利的。而创新型课题在全部对策实施完成后，研制或研发出了新的产品、服务、方法、软件、工具、设备等，满足了课题提出时的“需求”。小组在开展创新型课题活动时，几乎肯定能申请相关专利。

问题2：创新型课题的活动程序有几个步骤

答：创新型课题的活动程序有8个步骤（如图3-1所示），分别是策划P阶段的选择课题、设定目标及目标可行性论证、提出方案并确定最佳方案、制定对策等4个步骤；实施D阶段的对策实施步骤；检查C阶段的效果检查步骤；处置A阶段的标准化、总结和下一步打算两个步骤。这8个步骤从上至下逻辑紧密、条理清晰。小组在开展创新型课题活动时，不能跳过某个步骤来开展活动，也不能缺少其中的某个步骤，否则就无法形成科学而严谨的PDCA循环，小组的活动目标就不能保证完成，小组活动的创新成果也难以实现。

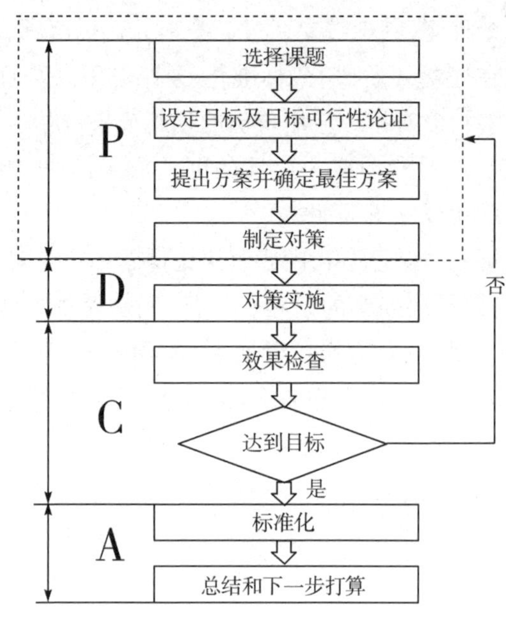

图 3-1　创新型课题活动程序图

问题 3:创新型课题为什么要做借鉴的步骤

答:一般来说,创新主要有三种形式:原始创新、集成创新、引进消化吸收再创新。

原始创新是指前所未有的重大科学发现、科学原理、技术发明等。比如,牛顿发现万有引力定律是重大科学发现,爱因斯坦提出的 $E = mc^2$(质能方程)是重要的科学原理,爱迪生发明的电灯是重大的技术发明等。应当说,原始创新是在研究开发方面,特别是在基础研究、高技术领域研究等方面取得独有的发现或者是发明。原始创新是最根本的创新,原始创新需要有扎实的原始积累,包括学术传统的积累、学术思想及知识的积累、基础研究人才的积累、国家科学能力的积累、科研人员长期的知识能力经验积累,以及他们对于前辈的思想、价值理念、治学态度、研究方法等方面的积累。从事原始创新,需要挑战传统理论,具有独立的创意实验能力,对事实有敏锐的观察力，在科学基础上进行前沿性研究及交叉性研究，有时需要有特殊的仪器设备对自然现象、理论等进行检验，有的需要借助大型计算机来模拟相关技术原理的实现条件等。原始创新具有首创性，研究开发的成果前所未有；具有突破性，在科学原理、技术、方法等方面有重大变革；具有带动性，在对科技自身发展产生重大牵引作用的同时，带动经济结构、产业形态等的重大变革。

集成创新是指围绕市场的特定需求，通过对各种现有技术的有效融合、集成，形成新的技术、产品或管理方式。比如，现在的高铁就是集成创新的结果，它是相关工程、技术人员等集成了初期各类铁路技术，再融合了现代的信息、材料、设备、管理等各项技术而获得的创新成果。集成创新的形式有多种：技术集成创新，它是把相关的各类技术、前沿理念、资源等集成而形成新的技术，比如现在的手机、大飞机等；服务集成创新，它是把市场中的供应链、人员流、物资流、信息流、资金流等集成而形成新的服务，比如微信；平台集成创新，它是把供应商、客户、合作方等产业链的各方，或者是不同产业链的各方，集成为一个新的平台，形成新的生态链，比如淘宝等。集成创新所用到的各单项技术都不是原创的。通常集成创新的主体是企业，需要集成众多的要素，调动各类的资源，聚合各类的知识等才能完成集成创新，一般的小组完成集成创新是有难度的。

引进消化吸收再创新是指在引进国内外先进技术的基础上，通过借鉴、分析和学习的方式进行再创新，从而形成新的技术、新的产品。它是最常见的一种创新形式，有时动用较少的资源就能完成。要做好引进消化吸收再创新工作，就需要相关人员进行事前的借鉴工作，以了解相关技术等目前的先进之处、可以被自己学习借鉴之处等，以便更好地开展后续工作。

这三种创新形式中，原始创新的难度相对是最高的，集成创新的难度次之，引进消化吸收再创新的难度相对是低的。对于群众性活动的质量管理小组来说，由于小组成员的能力有限，进行原始创新工作难度太高，目前几乎没有。同样碍于小组成员的能力相对不足以及拥有的资源有限，小组的活动范畴受到一定的影响，所以小组开展集成创新也有相当的难度。而最适合小组开展创新活动的形式就是引进消化吸收再创新。因此，对于质量管理小组开展创新型课题的活动，需要做好借鉴的工作。

二、选择课题

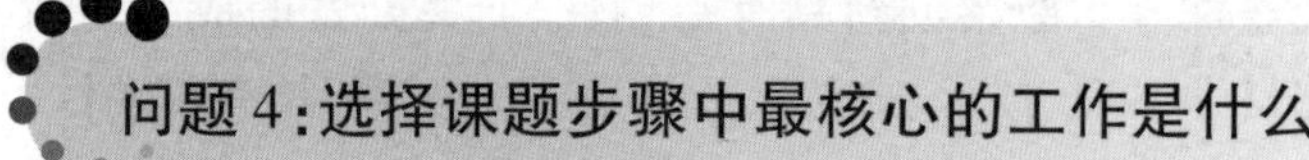

问题4:选择课题步骤中最核心的工作是什么

答:选择课题步骤中最核心的工作是识别需求。这个需求既可以是工作任务的需求,也可以是顾客的需求。只有把需求识别出来,小组才能有针对性地确认本次创新活动的主题,因此,选择课题的过程,重点就是寻找、识别需求的过程。作为QC小组成员,在日常的生产经营过程中会面临各式各样的工作任务,面对不同的客户,有些工作任务中会产生新的问题需要解决,小组可以通过开展问题解决型活动予以解决;有些工作任务中,小组会遇到现有的技术、工艺、设备机具、技能、方法等无法满足实际的需求,小组就需要把这些需求识别出来,运用新的思维来开展创新活动。

例如:某超高层项目应用预制外墙板,其外墙保温采用泡沫保温板与墙体预制成一体的PC保温板,目前尚无该种新型PC外保温墙体的施工方法。小组准备针对此情况,开展创新型活动,以研究一种新型的PC外保温墙体施工方法。其需求识别内容参见表3-1所示。

表3-1 需求识别表

需求来源	业主需求	工作任务需求
需求内容	业主积极响应国家关于推进建筑节能及绿色建筑的发展目标,在新开发的××超高层项目上,首次采用装配式砼结构,外墙采用泡沫保温板与墙体预制成一体的PC外保温墙体,是××市首次	本工程质量目标为创国家鲁班奖。项目部第一次接触到泡沫保温板与墙体预制合一的新型PC外墙施工,整个施工过程中必须确保墙体的整体质量。上级集团还要求该主体结构施工工期控制在160天内
现状分析	1.没有现存方案。××超高层项目根据设计要求,采用的PC外保温墙板体是一种新型墙体,其泡沫保温板与墙体预制成一体,目前技术、生产等部门没有现存的作业方案供施工指导用 2.总工期必须受控。××超高层主体结构计划工期为160天。因配合园区招商需要,业主、当地政府有关部门及施工方上级都提出工期不变的要求。由于前期设计修改、图纸深化设计等,导致××超高层工期已延误20天	

（续表）

需求来源	业主需求	工作任务需求
目前施工方案满足需求的情况	1. 质量上：按照现有的普通预制墙板施工方法，外墙节点处不易操作，支模拆除困难；费工费时效率低，无法满足质量控制的要求 2. 工期上：如果采用普通预制外墙的施工方法，以单层外墙工程量计算，施工一层的工期需 7 天（其中预制外墙安装部分需 4 天），到封顶预计需 7×28 =196（天），则工期预计延误总天数为 196 −160 +20 =56（天），无法满足工期受控的要求 3. 安全上：传统预制外墙的施工方法，无法满足新型墙体施工时在防火、防高空坠落等方面的要求	
需求结论	目前的施工方法已无法满足新型墙体施工在质量、工期、安全等方面的要求，因此，小组需要研发一种高效、安全性高、施工质量好的新型 PC 外保温墙体施工方法	

问题 5：怎样针对需求开展借鉴工作

答：小组在识别出工作任务的需求或者顾客的需求后，针对需求运用新思维选择相应课题，这个“新思维”来源于小组开展的广泛借鉴工作。在开展借鉴工作时，小组需要借鉴本行业或其他行业中已有的知识、信息、方法、技术、原理、思路、经验等，明确哪些借鉴的内容可供小组使用。小组的借鉴路径示意图如图 3-2 所示。小组在具体开展借鉴时，要明确借鉴的对象和借鉴的内容。小组借鉴的对象有：各类文献、技术原理、自然现象中的创作灵感、同行的产品（注：比如是国外的某个产品，但是小组拿不到相应的技术）等。小组进行借鉴的内容有：工作原理、技术方案、思路想法、工作经验、自然规律等。

小组所借鉴的对象、内容等主要通过小组查询的方式获得，这需要小组识别出活动的课题是本行业中还没有的新产品、新服务、新工艺、新方法、新设备、新工具、新软件等。有时候小组借鉴的对象、内容等并不是通过查询而获得，而是小组通过观察自然现象等而获得创新灵感，当然这种方式相对较少。

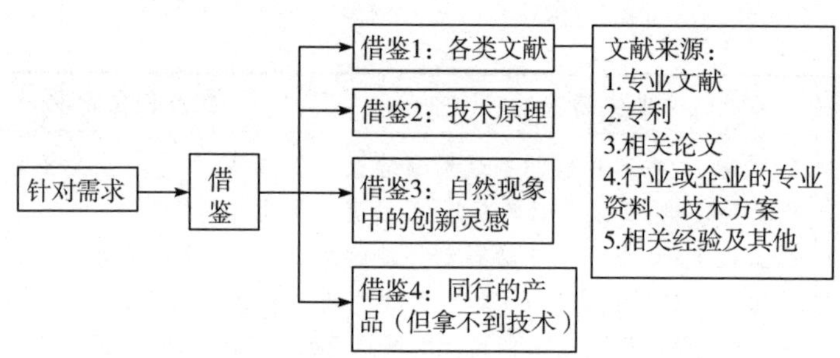

图 3-2　借鉴路径示意图

下面举例说明小组开展借鉴工作。

某小组根据某会展中心项目服务大厅吊顶改造施工过程中，满堂脚手架搭设难度高、搭设时间长等实际情况，产生了研制一种可移动桁架操作平台的需求。在需求识别工作完成后，小组开展了借鉴工作，具体如下。

小组人员通过查阅专利检索平台及××市科技情报所网站，搜索“钢桁架”“移动操作平台”等关键词，同时集思广益海量搜索同行业类似项目的施工技术，共查询得到3项技术或产品能够为小组的创新活动提供借鉴思路，查询结果参见表3-2所示。

表 3-2　查询结果表

序号	名称	类型	来源
1	《大跨度钢桁架操作平台施工技术》（选自《建筑施工》2012年第12期）	论文	××公司广州分公司
2	《一种可移动的钢结构高空操作平台》中国知网	专利	××集团××工程公司
3	施工吊篮系统	产品	工作中经验

制表人：×××　　　　**日期：××年××月××日**

根据查询的结果，小组开展了借鉴工作。

借鉴一：“大跨度”“钢桁架”——操作平台

(1) 文献名称：《大跨度钢桁架操作平台施工技术》。

(2) 主要内容：钢桁架操作平台（参见图3-3所示）涉及本工程长廊及矩

形采光顶，跨度较大、高度较高，施工时操作难度很大，搭设满堂脚手架费用较高。经计算复核，长廊及矩形采光顶跨度为 10 ~ 16 米，两侧设计为混凝土结构边梁，有条件采用钢结构桁架搭设施工平台。采光顶施工平台采用钢桁架作为主要受力构件，间距 2 米布置，桁架上部密铺方通，间距 300 毫米，面板采用厚 18 毫米木夹板。施工操作平台搭设完成后，平台面之上的施工高度为 5.3 米，扣除高 1.5 米的施工作业空间，最高点尚余 3.8 米的施工高度，比原结构 21 米的施工高度已大为减少，尚余的 3.8 米左右施工高度可采用双层普通门式脚手架搭设，搭设时可根据施工要求局部搭设或搭设成移动式。

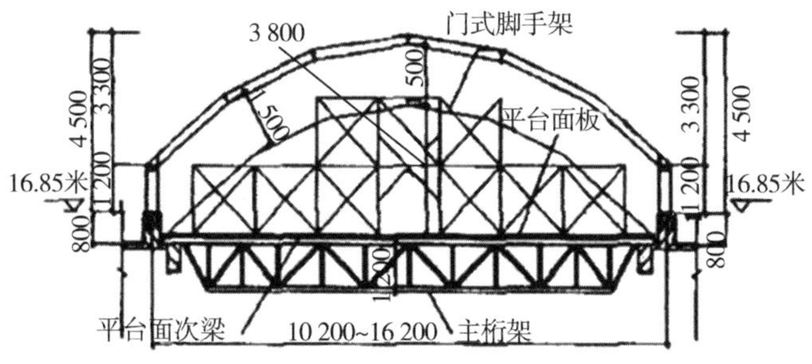

图 3-3　钢桁架操作平台

(3) 借鉴思路及原理：采用钢桁架可以满足本项目 3 点需求：①跨度宽；②高度高；③承重大。此文章设计的项目距地高度有 17 ~ 20 米，跨度 10 ~ 16米，采用钢桁架搭设施工平台减少了工期，节省了费用，安全可靠性比普通钢管脚手架更好，跟本项目施工条件基本符合，可以采用此思路。

借鉴二："可移动""原有结构体系"——移动导轨

(1) 文献名称：《一种可移动的钢结构高空操作平台》。

(2) 主要内容：一种可移动的钢结构高空操作平台(如图 3-4 所示)，包括支撑平台上部四周的围栏和安装在平台两端底部的移动装置；支撑平台由 M 组平行排列的主支撑单元和 M－1 组纵向连接单元构成，相连两组主支撑单元之间通过一组纵向连接单元连接。主支撑单元为一个包含两个矩形的长方形框架，两个矩形内的主支撑斜梁构成一"人"字形结构，支撑平台上铺有台板。该高空操作平台可移动性好，安装、拆卸方便，安全可靠，标高调节灵活便捷，可利用建筑物的原结构体系，如吊车梁体系、导轨体系作为移动支撑体系，便于高空作业，构件可重复使用，成本低。

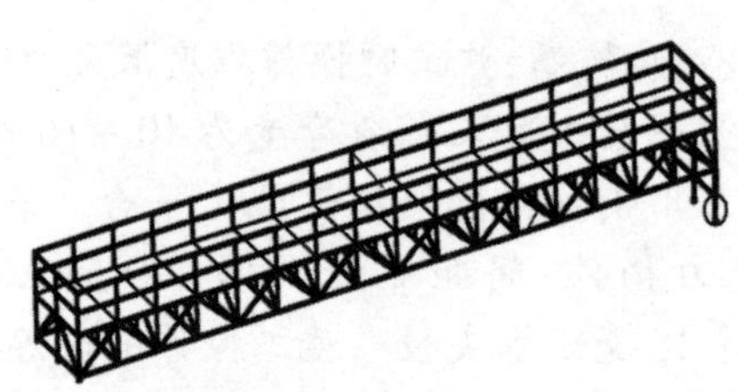

图 3-4　可移动的钢结构高空操作平台

(3)借鉴思路及原理:采用移动导轨可满足本项目 2 点需求:①可移动;②利用原结构体系。可以利用原有建筑结构体系提供移动支撑体系,有利于高空作业便利,可移动可拆卸可重复使用。本项目施工面广,必须使用可移动的操作平台,可以借鉴此原理搭设移动式的平台。

借鉴三:"提升机""同步提升"——升降系统

(1)借鉴名称:施工吊篮系统。

(2)借鉴内容:提升吊篮设在悬吊平台两端,沿工作钢丝绳上、下运行的动力机构。每台吊篮(如图 3-5 所示)配有两个提升机。每个提升机均由电磁制动电机、"a"型摩擦传动爬升机构、离心限速装置等组成。电动机的上部装有电磁制动手动释放手柄,其作用是当施工时突然停电或电气故障而悬吊平台需要下降时,只需将手动释放手柄向上抬起,平台即能自动滑降,使操作人员到达安全位置。若扳动释放手柄提升机没有下降动作时,可将电动机手轮插入电机上端的手轮孔内,抬起手动释放手柄的同时,顺时针旋转电动机手轮,也能实现悬吊平台的下降(左右提升机同步操作)。

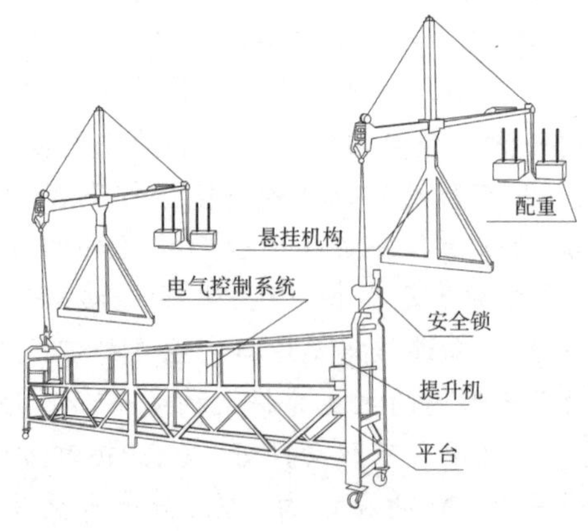

图 3-5　施工吊篮系统

(3)借鉴思路及原理:采用升降系统可满足本项目1点需求:可升降。可以利用机械拉动整体升降铝合金操作平台,方便不同高度的施工要求。

问题6:小组怎样进行查询工作

答:有的小组活动时,出于课题的实际情况,需要进行与课题相关的查询工作,主要是通过各类文献的查询,来找到与需求相关的思路、方法、工作原理、技术方案等,以便小组进行课题确认、设定目标、目标可行性论证等工作。小组进行查询工作,主要有以下4种办法:

一是到科技情报研究所查询。这是比较权威的查询渠道,提供查询服务的单位有国家级的单位,如中国科学技术情报研究所、国家图书馆等;有省部级的单位,如各省市的科学技术情报研究所、各省市的图书馆等。上述单位专业广泛、资料齐全、检索查询的范围宽广,其查询的结果具有相当的权威性。小组只要去联系,把相关的查询关键词等提供给这些单位,就可以得到一份权威的查询报告,有的单位提供查新报告。这种查询渠道是向全社会开放的,但查询工作需要一定的时间和费用。

二是到高等院校等地方去查询。这也是比较权威的查询渠道,一般小组可以到相关的高等院校开展查询工作。高等院校提供的查询,其专业性强,往往与该院校的传统优势学科以及强势专业等有关。但不是每一个院校都向社会开放,对于小组活动来说,有一定的难度。但小组若能联系上有关高等院校开展查询,其查询结果也是权威的、专业的。

三是利用各种图书馆的电子阅览室进行查询。这种查询方式比较方便、快捷。一般社会上的各类图书馆是向大众开放的,小组成员在电子图书馆上进行注册,即可进行相应资料的查询。查询的结果也受到广泛认可,通常也不会发生什么费用。

四是利用网络搜索引擎和搜索系统进行查询。这种查询方式非常普遍,没有任何门槛,没有时间和空间的限制,通常也没有什么费用。小组经常使用的搜索引擎和搜索系统有百度、中国知网、万方数据库、维普数据等。通常情况下,小组利用网络来进行查询,输入关键词等信息以后,小组便可以得到一份检索的结果,有时候能够直接得到相关文献的全文。现在有些搜索引擎和搜索系统会要求查询者支付一定的费用后,才能得到完整的结果。当然,网络查询的结果不是专门的查询报告,在某些场合其权威性比专业查询单位的查询逊色一点。但作为小组活动的查询渠道,则受到广大小组的欢迎。

例如:某小组准备开展一种新型深基础监测装置的研制,在选择课题程序中,小组利用网络搜索引擎进行了查询工作,具体如下。

××年××月××日,小组成员通过"中国知网"对深基础监测装置的相关文献进行了查询,希望通过查询检索,找到可提供借鉴的思路。小组在输入查询的关键词"深基础""监测""监测系统"后,检索到相关文献共45篇,查询截图如图3-6所示。

图3-6　中国知网查询网页截图

小组对检索结果筛选后,发现一篇论文《自动化监测系统在深水基础双壁钢围堰中的应用》提到的有关内容,对于小组选题等有借鉴作用。该论文主要内容为:某跨江大桥需要采用钢围堰进行桥梁基础及下部结构施工,因其在各个阶段下结构受力状态的临时性、复杂性和动态性不同,在安全方面存在许多不确定性。为保证围堰结构安全,建立钢围堰自动化监测系统,实现对钢围堰实时监测与控制的有机结合,以便及时采取措施确保工程顺利进行。小组讨论后,认为有两个地方值得借鉴。

借鉴点1为报警思路:钢围堰体系产生变形后,会连通相关装置启动报警。小组可借鉴其体系产生变形后连通报警装置的思路。

借鉴点2为设定报警值:借鉴该论文,为了保证深基础施工的安全,当钢围堰变形速率超过2毫米/天、累计变形超过10毫米时,启动报警。

问题 7:创新型课题的名称有要求吗

答:创新型课题的名称应该是开门见山,直接描述研制的对象,如研制的新产品、新服务、新方法、新软件、新工具、新设备等的具体名称。它不像问题解决型课题的名称必须具有对象、问题特性、结果三个特性,创新型课题的名称只要有明确研制的对象即可。通常创新型课题的命名分为如下两种情况。

一是如果借鉴的内容很具体、单一,不管有多少来源,但原理、核心技术只有一个,课题比较具体,命名课题时可以针对借鉴内容直接确定课题,也就是课题直接描述研制对象。比如,某小组针对建筑物内各种地方膨胀螺丝难以拆除的情况,准备研制一种相应的拆除工具。小组在识别需求时,考虑到打入墙体的膨胀螺丝中,有的是在空间比较大的位置,而有的是在空间比较狭小的位置,甚至是在墙角拐弯的地方,需要有一种专门的拆除工具,这种工具必须是可以从多方向伸入到墙体,而且能够调节拆除装置咬紧部位的大小尺寸。在这种情况下,小组借鉴的内容就很具体、单一,其最核心的技术就是“多向、可调节、拆除”,所以小组的课题也是非常具体的,最后小组确认了课题名称为“研制一种多向可调节膨胀螺丝拆除工具”。

二是借鉴的思路比较多,原理、核心技术不止一个,它们各有不同,那么命名课题时可以直接针对需求来确定。还是以小组针对建筑物内各种地方膨胀螺丝难以拆除,准备研制一种相应的拆除工具为例。小组在识别需求时,只是确认了需要有一种膨胀螺丝的拆除工具。在进行相应借鉴步骤时,有 2 个核心技术可供借鉴:有“固定式、单向”的,有“可调节、多方向”的,这两个核心技术之间是相互独立的,因此,小组就直接针对需求而确认课题名称为“研制一种新型膨胀螺丝拆除工具”。

问题 8:选择课题的完整步骤是什么

答:小组根据创新背景开始启动创新型课题的选择工作,整个选题步骤可以概括为以下 4 个方面。一是识别需求,需求来自内外部顾客或者相关方,也可能来自工作任务。需求的具体内容,就是现有的技术、工艺、技能和方法等不能满足实际生产、经营、科研等工作情况,比如:没有可以替代的产品、没有可以借鉴的经验、没有可以参考的做法等，从而引发小组自己创新的想法。二是针对需求，小组进行广泛的借鉴工作。小组可以通过文献检索和查询，以了解不同行业或类似专业中有哪些知识、信息、技术、方法等可以供小组借鉴；小组可以借鉴某种自然现象，从中获得创新思路；小组可以借鉴某个工作经验；小组也可以直接借鉴某个产品，以受到启发。小组应当明确借鉴了什么新技术、知识、信息等，借鉴的内容清晰、直接，并且用数据说话。三是根据已经借鉴的内容，从而引发小组成员的具体创新灵感，找到创新的切入点，探索出创新的思路和创新方法等。四是小组最终确定本次活动的创新课题，课题名称应当直接描述研制的对象。图 3-7 为简单的选题步骤示意图。

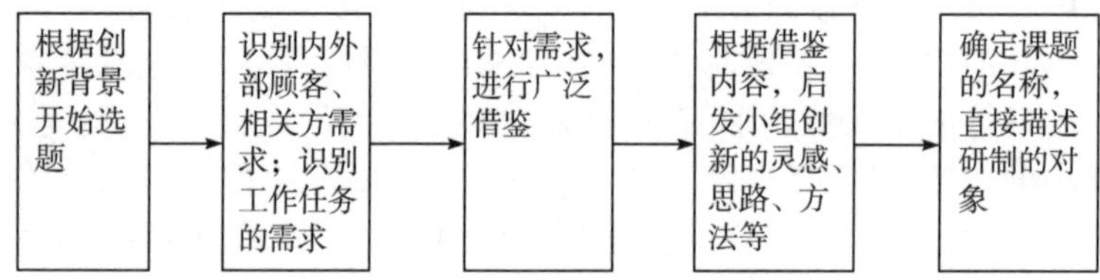

图 3-7　选题步骤示意图

例如：某小组根据 ×× 项目的实际情况，准备开展创新活动。小组的“选择课题”步骤如下。

1. 课题背景

为响应国家“保护生态环境、提升抗洪能力”的号召，×× 市成立“×× 河道治理工作小组”，启动对 ×× 河道的综合整治工作，内容有：河道整治与开挖、边坡防护与整修、景观蓄水坝建设等。其中，对于该河道中的黑水处理，群众反映呼声高。

2. 识别需求

①社会民生的需求。×× 市的市民多次反映，×× 河道的黑水应尽早治理，还市民以“绿水青渠”。

②“河道治理工作小组”的需求。工作小组提出，在河道中设置钢围堰，把其中的积水抽干后，彻底清除底部淤泥。为保证整个治理工作的工期，确保后续工作的开展，工作小组要求设置钢围堰，抽水清除淤泥的工作必须在 30 天内完成。

③工作任务的需求。地质勘探结果表明，河道内的淤泥层普遍较深，最深超过 2 米，必须清除全部淤泥。小组现有的潜水泵放入该河道抽水作业

时，因淤泥厚实，平均每天每台泵堵塞5次，造成水泵干抽现象平均每天每台泵发生3次。小组需要研制一种抽水时使用的杂物过滤装置，以确保潜水泵的正常作业。项目部还提出该过滤装置应可以重复利用，以节约成本。

3. 借鉴工作

①查询文献一。小组通过百度搜索引擎，得知山西××公司×××等人有一个发明专利，专门研制一种抽水过滤装置。该装置设计一个筛网，位于三通管的主管内，支管与主管出水方向一侧，支管端部设有法兰盘，并且有封盖与法兰盘螺栓连接。筛网过滤出的杂物，堆积在支管下方，打开封盖就能直接清理杂物和检修(注：查询截图、专利产品组图等略)。小组讨论分析，认为可以借鉴其设置筛网的办法，来保证过滤效果。

②查询文献二。小组通过中国知网搜索，得知××公司××等人，有一个实用新型专利“一种新型增氧机”。该增氧机可以悬浮在水面，其重要原理是利用浮筒提供足够的浮力(注：查询截图、专利产品组图等略)。小组讨论分析，认为可以借鉴其利用浮筒来提供浮力的原理，以确保过滤装置作业时随水位而升降，可以防止水泵被堵塞或干抽。

4. 创新思路

小组根据借鉴的内容受到启发，认为可以在现有潜水泵的基础上，设计一种专门的筛网，来过滤潜水泵作业过程中的杂物、淤泥等。同时，设计一种浮筒装置，能够保证潜水泵作业时，其抽水口能够随水位上下浮动，防止水泵堵塞或干抽。

5. 确定课题

综合以上信息，小组确定课题名称为“研制新型黑水体水泵过滤装置”。

问题9：怎样理解“必要时，论证课题的可行性”

答：这里的“必要时”，主要是指当创新型课题难度较大、涉及面太广时，小组需要预测可能存在的各类风险，并对课题在技术上、质量上、经济上、安全上、环境上等各方面是否可行，进行科学分析和论证，为小组最终的选题提供充分的依据。

一般来说，在技术方面的论证内容包括：课题相关技术的先进性、适用性、可靠性、有效性、有无技术后果的危害性等。在质量方面的论证内容包括：课题实施后质量上的改进与提高、是否有质量上的缺陷、是否导致其他质量问题等。在经济方面的论证内容包括:课题需要投入的人工、机械设备、材料等费用,方案实施的费用,控制周边建筑物、单位等安全的费用,预计可以产生的效益,与本单位预算的匹配度,是否有经费来源及支持等。在安全方面的论证内容包括:课题中有关方案内在的危险性、危险源的识别与控制、安全措施的可靠性、相关人员的安全管理能力评估、方案对人员安全及职业健康的影响、应急预案准备、安全设施的落实等。在环境方面的论证内容包括:课题开展过程中对于环境的影响,产生的噪声、光污染、扬尘、污水等的情况及控制措施,环境的监测措施落实,是否有节水、节地、节材、节电等措施等。

例如:××市××小区为危旧改造项目,该项目地下有一条10千伏高压电缆,正好穿越了工程施工的范围。当地有关部门提出,为保证附近相关单位的用电,不允许项目部停电施工。为此,项目部成立了QC小组,准备研究一种建筑物地下电缆的保护方法,既保障电力系统的正常运行,又保证项目的正常施工。小组在完成了需求识别和相关借鉴工作后,初步拟定的创新课题为"一种建筑物地下电缆保护新方法"。由于该课题涉及的高压电缆必须原地保护,涉及电缆的安全运行、施工中的安全、技术保证等一系列的重大问题,因此,小组获得上级在技术、质量、施工生产等方面的支持,进行了课题的可行性论证,具体参见表3-3所示。

表3-3　课题可行性论证表

序号	论证类别	可行性论证内容	结论
1	技术方面	1. 关于地下电缆保护所借鉴的相关文献表明,对于地下电缆保护有比较成熟的工艺,保护措施中应用的相关技术与材料等均有保证,可控度高,实施有充分把握 2. 小组初拟的方案在技术上有一定的先进性,在同行中处于领先 3. 预计课题实施后,没有技术方面的危害产生 4. 从事本次活动的小组成员都是企业的主要技术骨干,尤其是3位电气工程师专业技术娴熟、能力强,均有8年以上电气、电缆等施工经验,对电力电缆的安全、保护材料、作业方法等有很好的管理意识、控制能力和危机处理能力	可行

（续表）

序号	论证类别	可行性论证内容	结论
2	质量方面	1. 课题落实后，可以保证整个电缆及电缆周边地基、桩头等质量 2. 企业有成熟的质量保证体系，小组所在的项目部全体成员有很好的质量意识，质量职责分配清晰，质量管理中所需的相关材料、设备、监测装置等都配置到位，过程质量完全受控 3. 不构成其他负面的质量影响	可行
3	环境方面	1. 课题符合“保护环境、绿色施工”的主题 2. 课题受到当地环保管理部门的重视，相关机构将在活动过程中定期给予小组指导，以确保收到较好的环保效果 3. 绿色施工方案已经通过审批，“节水、节电、节材、节地”及环境保护措施周全，小组有信心严格落实绿色施工方案	可行
4	安全方面	1. 企业有成熟的安全管理体系，小组所在的项目部全体成员都有很好的安全意识和安全管理能力。安全职责分配清晰，安全措施全部报批并落实，安全设施齐全。 2. 地下施工、电缆施工等属于重大危险源，但小组有相关处置方案，并报上级安全主管部门审批通过。作业时，由总工程师带领专业技术人员、相关安全管理人员等共同指导、监督，确保无事故。 3. 作业人员、施工人员、管理人员全部经过了专业的安全培训，并考核通过	可行
5	经济方面	1. 当地有关部门为保护地面及周边建筑，在年度预算中有10万元专项保护经费，可以拨款给企业，并确保由项目部使用 2. 上级企业鼓励本项目部开展科技创新工作，对于小组的创新型课题活动，提供2万元科研经费，专门用于电缆保护方法的研发 3. 经初步测算，电缆保护方法一旦实施，可以减少电缆迁移等相关费用约5万元。本次小组全部的投入费用预计在12万元	可行

（续表）

序号	论证类别	可行性论证内容	结论
6	工期方面	由于地下电缆不再迁移，减少了地面开挖、迁移、地基保护、临时电缆敷设等各项工作，在工期上预计可以节约30日 扣除电缆保护装置的安装施工等工期10日，实际节约工期20日	可行
结论：综合了课题在技术、质量、环境、安全、经济、工期等方面的论证内容，本课题地下电缆保护方法的研发是可行的			

制表人：×××　　　　日期：××年××月××日

三、设定目标及目标可行性论证

问题10：设定目标有什么要求

答：设定目标有以下一些要求。

一是目标应当与课题的需求保持一致。小组开展创新活动，是基于小组识别出内外部顾客的需求、工作任务的需求等，因此，小组所设定的目标应当与课题所要达到的目的保持一致，也就是要与小组研发的产品、服务、方法、软件、工具、设备等所要达到的需求相一致。在具体设定时，小组要把课题的目的、需求转化为量化的课题目标。设定好的目标能反映课题的全部对策实施完成后可以达到的效果，且该效果能满足需求。

二是目标可以测量、可以检查。小组设定的目标值必须是定量的指标，可以通过适当的测量工具进行测量，可以运用适当的方式进行检查。这样，当小组在所有的对策实施完成以后，进行效果检查，以确认课题目标的完成情况。如果是定性的指标，则不能准确地反映目标的实现情况，效果检查的结论就显得笼统。

三是目标的设定不宜多，通常以1至2个目标为宜，超过3个及以上目标数量的不多见。小组设定的目标少而精，只要能够集中体现出课题中研发产品、服务、方法等的特性即可。目标设定过多，可能是这个课题综合性很强；也可能是有些目标可以归集到一起，多个目标实质上反映的是同一个目标的情况。有些目标，如安全、质量、环境等方面的内容，可以放在目标可行性分析中予以阐述，也可以放在效果检查步骤中进行。

例如：某小组根据架空管道安装施工时，作业人员站在脚手架两端予以定位配合，工作强度大、安全隐患多，识别出研发一种装置来代替人工定位的需求。为此，小组确认的课题为“架空管道安装辅助装置研制”，小组设定目标如下。

小组成员多次召开目标设定专题会议，从架空管道安装辅助装置的结构形式、装置的功能、满足需求的情况、安全、成本等角度，通过计算、分析等多种形式进行了讨论，最终确定了该架空管道安装辅助装置的目标和相应目标值。这些目标值均满足需求。具体参见表3-4所示。

表3-4　目标确定表

序号	目标	目标值	目标满足需求的情况
1	辅助架空管道安装时的定位精度高、偏差小、定位快	每次定位时间控制在3分钟内，定位结束后架空管道安装的标高误差及水平度误差均小于5%	定位时间及定位精度实现后，满足架空管道安装作业的需求
2	装置的标高可调节，以适用不同的架空高度	每次调节在15分钟内完成；适用多种架空管道的标高，范围在标高2.0米至4.5米	装置适用的标高范围，满足架空管道安装作业的需求

制表人：×××　　　　日期：××年××月××日

问题11：怎样进行目标可行性论证

答：小组进行目标可行性论证分析时，要把借鉴的相关数据与设定目标值进行对比分析，具体来说，就是把借鉴对象的实际效果或者借鉴相关数据的理论推导等用于设定目标的对比，依据事实和数据来进行分析与判断。有的课题需求明确，且自带指标，比如：升降机最高可上升至20米，那么这个指标就是目标，小组在采取相关论证方法后取得具体数据，直接与这个指标进行对比，以判断目标是否可行。有的课题需求没有具体指标，那么小组必须通过具体的论证方法，取得相应数据后，与目标值进行对比，以论证目标实现的可能性。在具体论证的方法上，一般有以下三种情形。

一是当借鉴的对象是原理时，可以通过理论推演来论证。比如冰箱的制冷原理是利用制冷剂和扩散剂来实现热量的转化，当物质从液态转化成气态时,会吸收很多热量,从而实现制冷。那么,研发空调就可以借鉴冰箱的工作原理,通过相应的计算来获得更大空间制冷所需要的电流,以保证更大空间的制冷效果,以此作为论证依据。二是当借鉴的对象是技术时,可进行模拟试验。比如某小组借鉴了青藏铁路在高寒地区施工过程中控制冷冻的技术成果,进行了无砟轨道路基试验,从而获取了关于"冻胀"控制的可行性论证资料。三是当借鉴的对象是实物时,可参照实物的实际效果、数据来论证。比如某小组借鉴了一种液压升降机,小组直接参照了该升降机的升降方式和升降速率,以此来进行可行性论证。上述三种方法可以单独使用,也可以结合起来使用,最终确保可行性论证客观、有效即可。

有的小组在进行目标可行性论证时,还要分析自己小组拥有的资源、具备的能力、课题的难易程度等,这方面的分析资料只能作为辅助使用。因为小组拥有的资源、具备的能力、课题的难易程度等更多是属于一些定性的文字说明,不能直接构成课题目标值的计算依据,显得笼统,缺少说服力。当然,如果小组在可行性论证的过程中,已经完成了相关的理论推演、模拟试验、数据对比等工作,再结合小组开展活动所拥有的资金投入、研发环境、信息技术、小组成员具备的专业技术能力、实践操作能力、综合管理能力、创新能力等,可以起到一定的辅助作用。可行性论证工作的关键是小组把借鉴的原理、数据、方法等,通过试验、计算、分析后,以事实和数据与设定的目标值进行定量分析、比对、论证与判断。

例如:某小组活动课题是"研制一种新型箍筋吊具",以满足"提高箍筋的吊装、分料效率"的需求。项目上采用传统吊斗,完成1 000套箍筋的吊装及分料时间平均为2.3小时,本工程各栋楼每层约2 000套箍筋,若采用传统吊斗,每层需4.6小时,耗时较长。小组在进行三种借鉴工作后,设定的目标为"每层箍筋的吊装、分料时间由现在的4.6小时,缩短至2小时以内"。随后小组进行了目标可行性论证工作,具体如下。

1.借鉴一

"一种套圈玩具",来源于××的一种发明专利"套圈"。借鉴思路为:累计叠加。在小组活动中的应用为:吊具采用多根套柱,将箍筋套在套柱上,以实现快速装料、分料。

具体论证:将立杆设置为1.0米高,每个立杆可套箍筋63个,安装16个立杆,一次可套数量超过1 000个箍筋,比原吊斗一次装500个箍筋多了500多个。经过现场试验,每1 000套箍筋的吊装时间可节约1.5小时。本项目每栋楼、每层约2 000套箍筋,则从装料到吊装、再到分料的总时间为

(2.3 小时 -1.5 小时) ×2 次 =1.6 小时 <2 小时,论证结果为可行。

2. 借鉴二

“一种纸箱分隔架”,来源于××的一种发明专利“纸箱分隔架”。借鉴思路为:区域分隔。在小组活动中的应用为:将吊斗分隔成不同区域,以便装料时不同箍筋可以分类摆放。

具体论证:吊框用格挡分为 9 个不同的区域,每个格挡的尺寸为 200 毫米 × 400 毫米,按编号把箍筋放置在不同的区域内,可以大大减少箍筋的二次分料时间。经过现场试验,每 1 000 套箍筋的吊装时间可节约 1.3 小时。本项目每栋楼、每层约 2 000 套箍筋,则从装料到吊装、再到分料的总时间为(2.3 小时 -1.3 小时) ×2 次 =2 小时,论证结果为可行。

3. 借鉴三

“综合管廊支架”,来源于××的一种发明专利“综合管廊电缆支架”。借鉴思路为:设置挂架及滑移杆。在小组活动中的应用为:设置横向挂架及滑移杆,将箍筋水平挂在架上,达到箍筋装卸方便的目的。

具体论证:在基座上安装竖向背板,背板上焊制 4 排挂杆,每排挂杆设置 2 道水平挂杆,每个挂杆长度 500 毫米,间距 500 毫米,箍筋按编号分类挂在各挂杆上,可节约箍筋装框、二次分料时间。经过现场试验,每 1 000 套箍筋的吊装时间可节约 1.4 小时。本项目每栋楼、每层约 2 000 套箍筋,则从装料到吊装、再到分料的总时间为(2.3 小时 -1.4 小时) ×2 次 =1.8 小时 < 2 小时,论证结果为可行。

三种借鉴方式的可行性论证汇总表,参见表 3-5 所示。

表 3-5　三种借鉴方式的可行性论证汇总表

	借鉴思路	装框节约时间(小时)	吊装节约时间(小时)	分料节约时间(小时)	节约总时间(小时)	现场从装料到吊装、再到分料总时间(小时)	结论
借鉴 1	累计叠加	0.2	0.1	1.2	1.5	1.6	小于目标值,可行
借鉴 2	区域分隔	0.0	0.0	1.3	1.3	2	等于目标值,可行
借鉴 3	设置挂架及滑移杆	0.2	0.0	1.1	1.4	1.8	小于目标值,可行

制表人:×××　　　　日期:××年××月××日

四、提出方案并确定最佳方案

问题 12：提出的总体方案应该是一个还是多个

答：小组提出的总体方案是没有数量限定的，小组可以结合所选课题和借鉴的内容来确定一个或多个总体方案。需要注意的是，无论数量多少，总体方案必须是创新的。另外，如果小组提出了多个总体方案，那么这些总体方案之间应该是相对独立的，即关键技术是不一样的。如果小组借鉴的内容单一，原理、技术只有一个，选题明确，那么总体方案就提出一个。如果借鉴的思路不同，课题概括、笼统，只是开发一个新产品、新技术，还没有确定基于什么技术原理等，方案可能有多个。在小组活动实践中，有些小组在提出总体方案阶段，形式上提出了多个总体方案，但方案之间不具有相对独立性，那么小组只要提出一个总体方案即可，不具备独立性的方案，可以放到分级方案中进行比选。

例 1：小组提出了 1 个总体方案。

某小组开展创新型课题活动，根据某体育场项目内罩棚 V 形撑索承网格结构需要实现"力形双控、确保高精度安装"的需求，经借鉴相关文献后，小组确认了活动课题为"环桁带多节点顶升支撑装置研制"。小组在设定目标及目标可行性论证完成之后，提出了 1 个总体方案，如图 3-8 所示。

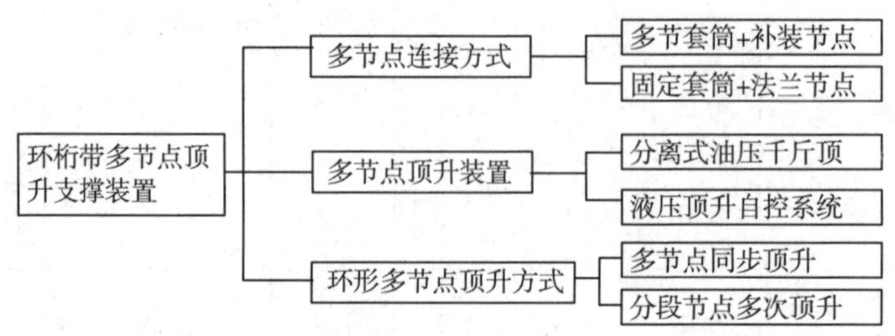

图 3-8　环桁带多节点顶升支撑装置总体方案图

例 2：小组提出了 2 个总体方案。

某小组开展创新型课题活动，根据某住宅小区施工，采用传统配模方法造成墙体模板损耗量大，需要创新模板配模方式，以增强不同施工区域模板之间的通用性、减少分拣模板的时间，实现模板拼装高效操作、减少木模板资源浪费的需求，经借鉴相关文献后，小组确认了活动课题为“墙体模板配模方法创新”。小组在设定目标及目标可行性论证完成之后，提出了 2 个总体方案，方案之间具有相对独立性，如图 3-9 所示。

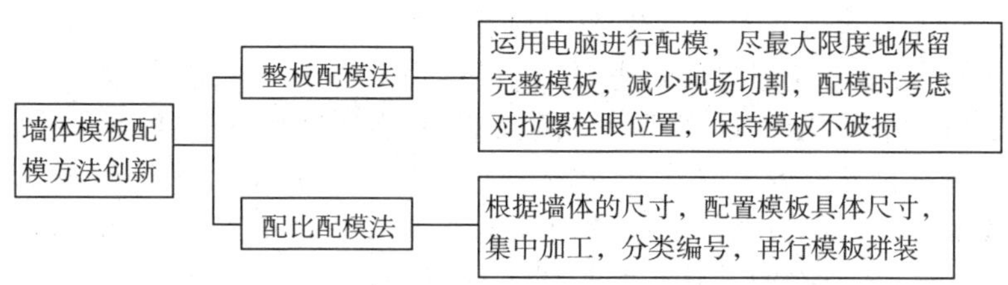

图 3-9　墙体模板配模方法创新总体方案图

问题 13：怎样理解总体方案具有“创新性和相对独立性”

答：总体方案的主要特征就是方案具有创新性，这个创新性体现在总体方案的核心技术上，或者是关键技术、关键路径上。如果总体方案的核心技术或关键技术、关键路径不具有创新性，还是沿用以前已有的技术、路径、方法等，那么该课题就不能称之为创新型课题了。总体方案的“相对独立性”是指当总体方案有 2 个或以上时，每个方案的核心技术或者关键技术、关键路径是不一样的，各自是相对独立的。如果方案的核心技术或关键技术、关键路径是一样的，或者它们是比较接近的，那么这些方案应该归属于同一个总体方案，除关键技术以外的不同内容，可以放到分级方案中去比选。

例 1：某小组开展创新型课题活动。

小组根据中国北方地区冬季寒冷，室外 LCD 屏运行不正常，需要有升温装置以保持正常运行的需求，经查询借鉴相关文献后，小组确认了活动课题为“冬季室外 LCD 屏加热模块研制”。小组在完成目标设定及目标可行性论证后,提出了“覆盖式加热模块法”“内置式加热模块”2个总体方案,如图3-10所示。

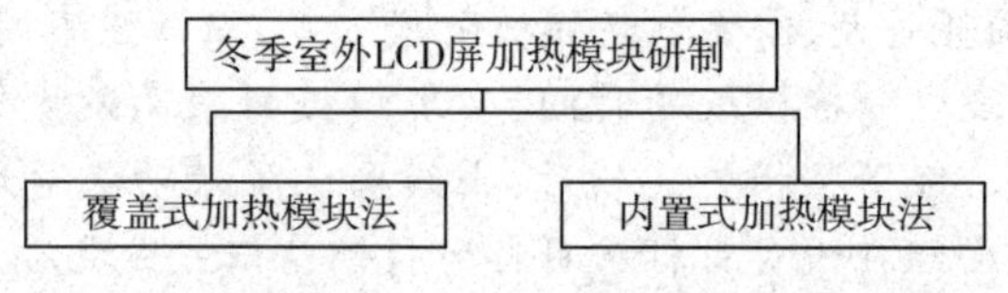

图3-10　错误的室外LCD屏加热模块总体方案图

实际上,“覆盖式加热模块法”“内置式加热模块”两个方案的关键技术是一样的,两者都是通过接通电源后,直接由电阻加热来传导热量,它们应当归于同一个总体方案,具体方式的不同可以到分级方案中提出并比选。如果小组提出另一种关键技术,比如通过晶体热辐射来传导热量,那么这种辐射技术是与电阻通电产生热量的技术有着明显的不同,可以设为2个总体方案。所以,正确的总体方案如图3-11所示。

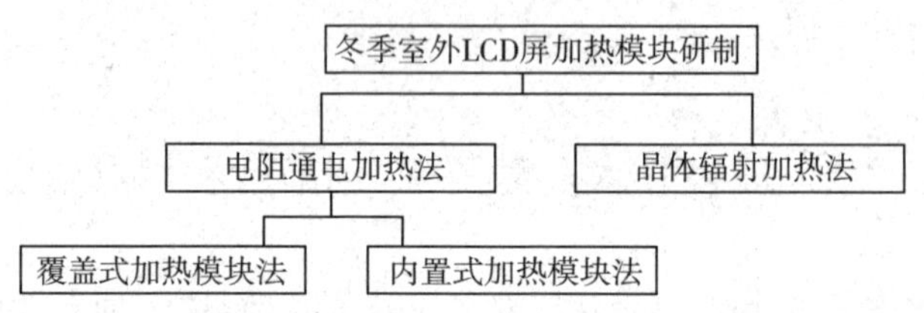

图3-11　正确的冬季室外LCD屏加热模块创新总体方案图

例2: 某小组开展创新型课题活动。

小组根据当前地下室外墙后浇带施工方法所需工期较长,需要改进工艺以缩短工期的需求,经借鉴相关文献后,小组确认了活动课题为“地下室外墙后浇带施工方法创新”。小组在完成目标设定及目标可行性论证后,提出了“钢板封堵法”与“预制砼板封堵法”2个总体方案,如图3-12所示。

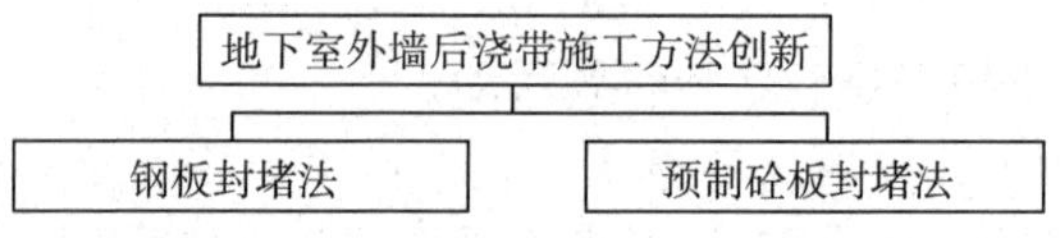

图3-12　错误的外墙后浇带施工总体方案图

由于“钢板封堵法”与“预制砼板封堵法”两者都是用板封堵，属于关键技术一样，则两个方案之间不具有相对独立性。因此，小组只要提出一个总体方案即可，至于选用“钢板封堵”还是“预制砼板封堵”，可以放在分级方案中提出。正确的总体方案如图3-13所示。

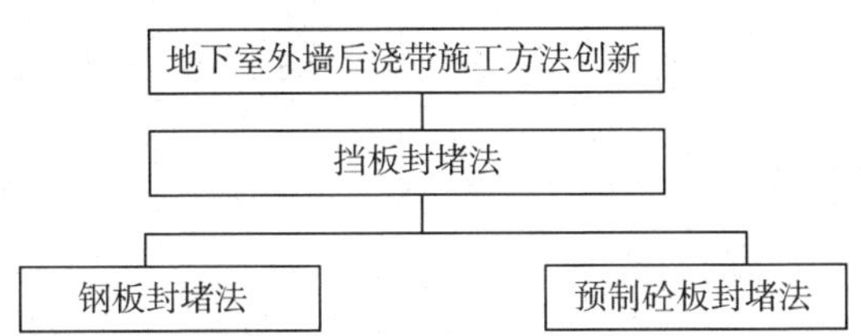

图3-13　正确的地下室外墙后浇带施工总体方案图

问题14：怎样进行总体方案的展开

答：小组提出的总体方案要针对课题目标，并根据借鉴的内容而展开。小组在进行总体方案展开时，要把握住两个地方：一是在总体方案展开的内容中，至少要有一个的内容具有创新性，这种创新性体现在课题对象的技术、功能、性能、流程工艺、方法、形状、服务内容等方面，这样小组在对策实施完成后，其研制研发的产品、服务、方法、软件、工具、设备等具有一定的创新性，并满足小组在活动之初所识别的需求。二是在总体方案展开的方法上，可以根据课题对象的特性来展开，比如对象是产品、工具、设备的，可以按照产品、工具、设备的不同组件来展开；对象是工艺、方法、服务的，可以按照工艺、方法、服务的流程来展开；对象是集成系统的，可以按照集成系统的不同功能来展开。上述展开的方式也可以混合在一起使用，以确保总体方案的完整性。

例1：某小组的活动课题是“一种新型铝合金跨空移动桁架操作平台的研制”。

小组拟定的总体方案是按照该平台的不同功能区展开的，即按照主体架构、平移装置、升降装置、支撑底座等4个方面展开，如图3-14所示。

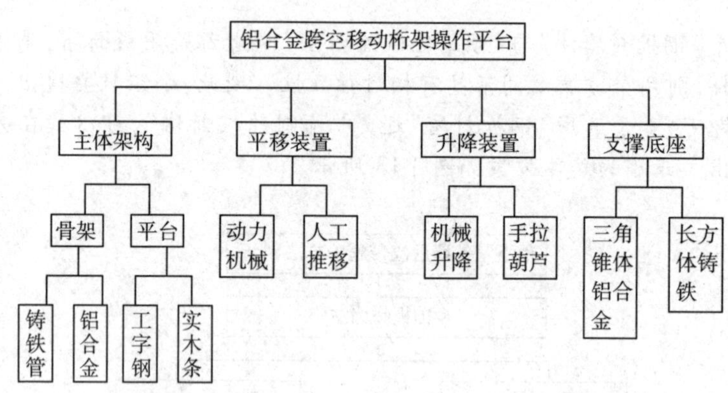

图 3-14　铝合金跨空移动桁架操作平台总体方案图

例 2：某小组的活动课题是"研制一种新型无损伤管子钳"。

小组拟定的总体方案是按照该管子钳的组成部件来展开，即按照受力把手、连接杆、销钉、上部卡箍、下部卡箍、内保护垫等 6 个方面展开，如图 3-15 所示。

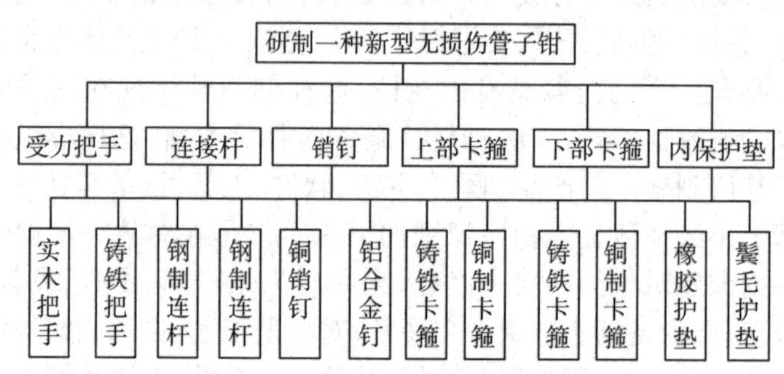

图 3-15　新型无损伤管子钳总体方案图

问题 15：提出分级方案有什么要求

答：提出分级方案是指小组把选定的、将要实施的总体方案进行分解和细化的具体步骤。分级方案有一级，也有多级。分解总体方案时，小组要逐层展开细化，一直细化到可以实施的具体方案。同属于某一个方案的两个或两个以上分级方案之间必然有一定的区别，反映在长度和高度等几何尺寸上、温度和重量等物理性能上、燃烧和融解等化学性能上、排列和组合等管理方式上、原理和路径等技术方案上、形状和仓储等材料管理上，在一个及一个以上方面有着显著的不同。而且，这些分级方案必须具有可比性，以供分级方案之间的比较和选择。分级方案的可比性体现在当方案的某一个属性、功能一定时，其在数据、信息等方面具有明显差异。比如，属于同一个关键技术的不同技术方法，虽然在具体细节上有区别，但它们最终的输出结果具有相同性质，如具有同样的计量单位、物理化学属性、类别、使用功能等。

例如：某小组开展创新型课题活动，在完成识别需求、借鉴等步骤后确认了活动课题是“创新隧道竖井中隔墙滑模施工方法”。小组在设定目标及完成目标可行性论证后，提出了总体方案及分级方案，如图 3-16 所示。

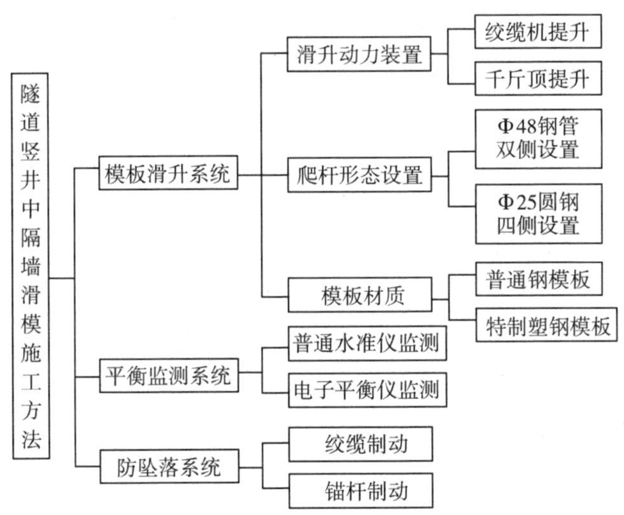

图 3-16　隧道竖井中隔墙滑模施工总体方案及分级方案图

从图 3-16 中可以看到，“隧道竖井中隔墙滑模施工”的总体方案由三个系统组成，分别是模板滑升系统、平衡监测系统、防坠落系统，其中，模板滑升系统由滑升动力装置、爬杆形态设置、模板材质组成。在分级方案中，“滑升动力装置”分两种：一种是绞缆机提升；另一种是千斤顶提升，这两种动力装置的提升原理不同。“爬杆形态设置”分两种，一种是 Φ48 钢管，钢管粗厚受力多,采取双侧设置即可;另一种是Φ25圆钢,受力相对小,采取四侧设置。“模板材质”分两种:一种是普通钢模板;另一种是特制塑钢模板,这两种模板的材质、性能各不相同。“平衡监测系统”分两种:一种是普通水准仪监测;另一种是电子平衡仪监测,这两种的监测原理、使用仪器不同。“防坠落系统”分两种:一种是绞缆制动;另一种锚杆制动,这两种安全措施在制动原理上有明显区别。上述各分级方案都具有可比性,由此,小组可以开展下一步“分级方案的比选”工作,以获得最佳方案。

问题16:分级方案一定是两个或两个以上吗

答:小组在确定了总方案以后,接下去就是制定分级方案。在很多情况下,分级方案会是两个或者两个以上,然后小组进行分级方案的比选工作,从中选取最优的分级方案。图3-17是某小组开展的创新型课题“新型混凝土泵送系统研制”的分级方案图,小组根据不同的系统和功能进行总体方案的分解,其中对于分级方案都提出了两个,是比较常见的形式。

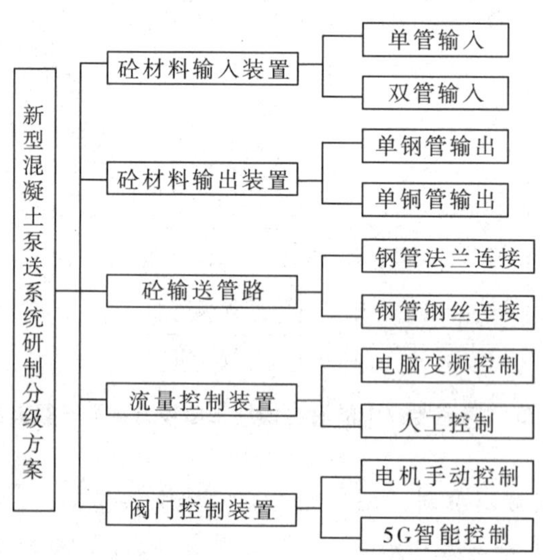

图3-17 新型混凝土泵送系统研制分级方案图

在小组活动实践中,有的小组受限于自身的条件、资源,所制定的分级方案不一定是两个或两个以上,有时就只有一个分级方案。存在这样的情形有:一是小组在自己所掌握的技术范畴内或在借鉴了相关文献后,提出一种解决方案;二是小组的人手有限,在一定范围内采购的设备、材料等只有一种解决方案;三是小组从国外购买了一个软件,该软件成为唯一的一个分级方案;四是小组所在地区资源有限,只有唯一的方案可供解决;五是某一个核心部件只有唯一方案等。因此,小组在提出分级方案时,要根据方案的客观情况来确定有几个分级方案。

图 3-18 是某小组开展的创新型课题"新型轨道交通防碰撞预警装置研制",小组根据该装置的组成部分,把总方案分解为信号源接收、防撞信号输出、装置内部信号传输线路材料、传感器材、制动控制等 5 个部分。其中,信号源接收、防撞信号输出、装置内部信号传输线路材料、传感器材等 4 个部分都考虑了两个分级方案,以进行比选;"制动控制"部分,因为只有"专用轨交制动装置",因此只有一个分级方案。

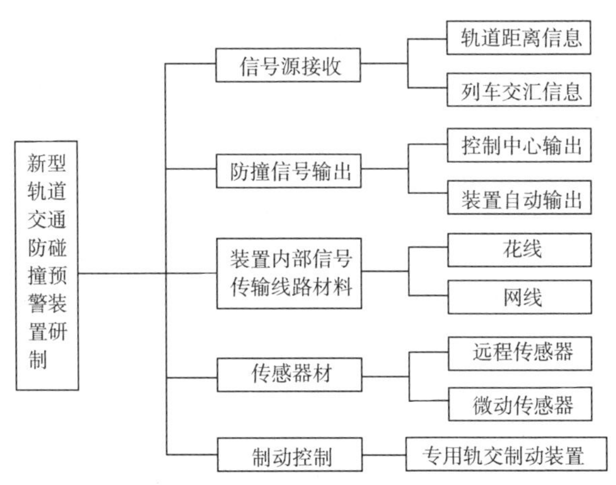

图 3-18　新型轨道交通防碰撞预警装置研制分级方案图

图 3-19 是某小组开展的创新型课题"异形扭曲大跨度网格桁架制作创新方案"。在该方案中,小组针对"分段桁架的加工制作与定位模拟",提出了两个分级方案,分别是"搭建分段桁架模型进行模拟制作、定位"和"运用 BIM 的三维可视化功能,模拟分段桁架加工制作、定位"。小组针对"桁架整体异形扭转效果模拟",提出了两个分级方案,分别是"3D 打印模拟异形扭转大跨度网格桁架的扭曲效果"和"利用 BIM 的三维可视化功能,模拟异形

扭转大跨度网格桁架的扭曲效果”。

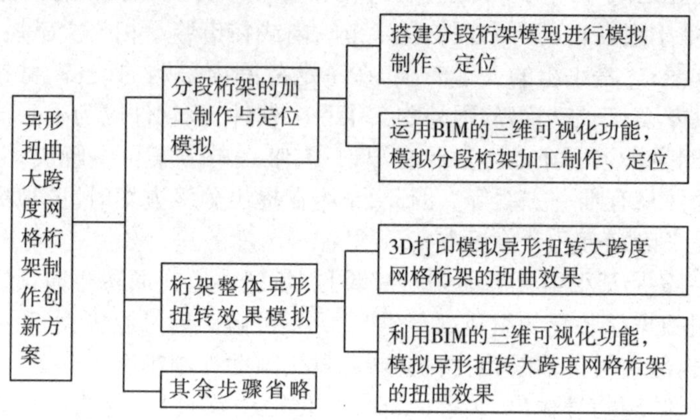

图 3-19　异形扭曲大跨度网格桁架制作创新方案图

在上述“异形扭曲大跨度网格桁架制作创新方案”总方案中，有两个重要的组成部分，分别是“分段桁架的加工制作与定位模拟”和“桁架整体异形扭转效果模拟”，而且这两个都有两个分级方案。但是，随着制图应用软件技术的不断发展，现在已经有的制图软件能够一次性地把桁架的分段制作与定位、桁架整体拼装后的扭转效果、不同时间段的拼装、不同材料的扭转效果等全面展现出来。这样，图 3-20 中“异形扭转大跨度网格桁架制作创新方案”的两个分级方案“分段桁架的加工制作与定位模拟”“桁架整体异形扭转效果模拟”，就整合成了一个分级方案，即“分段桁架的加工制作定位模拟；不同时间段的拼装及扭转效果模拟；不同材料拼装效果；桁架整体拼装后扭转效果模拟”，如图 3-20 所示。

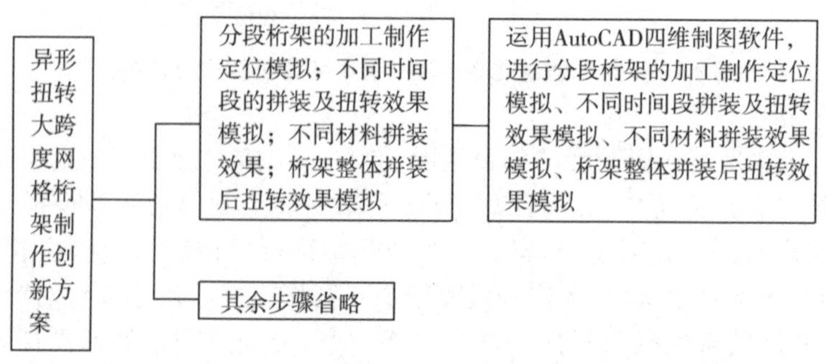

图 3-20　异形扭转大跨度网格桁架制作创新方案分级方案图

问题17:怎样确定最佳方案

答:当小组围绕课题目标,提出各种可能实现目标的方案后,可以用树图或亲和图等方法进行整理,形成一个或多个总体方案,然后分解成相应的分级方案,并从中确定最佳方案。小组在确定最佳方案时,主要有以下三个步骤。

一是在确定的程序上要逐一确定。确认秩序是先确定最佳总体方案,再确定最佳分级方案。具体步骤:如果总体方案有两个或两个以上时,小组用事实和数据对这些方案进行科学分析和综合评价。在进行分析评价过程中,小组通过测量、试验、调查分析、计算等方式取得相关数据,从多维度进行评价比较,评价比较的过程要具体,数据清晰,事实清楚。当最佳总体方案确认后,对该方案进行分解,要逐层分解展开成可以实施的具体方案,即分解到分级方案的最末一级方案。然后对于每一级的分级方案逐个进行分析、论证、评价,从中选择最优方案。对于分级方案的评价选择,可以优先选择试验或模拟试验等方法以取得数据,不要把试验或模拟试验留到对策实施中去做,要用数据和事实说话,通过评价比较后,确定最佳方案。有时,小组也可以把各方案的优势进行组合,形成新的更优方案。

二是在确定的维度上要从多个维度展开。无论是对于多个总体方案的比选、确定,还是对于多个分级方案的比选、确定,小组应当从多维度对各方案进行分析、论证和评价。这些维度包括技术上的可行性与可靠性、实现目标的概率或可能性、方案的经济性、方案实施的难易程度、方案实施的时间性、方案的安全性以及其他影响、方案实施完成后的预期效果等。在综合评价时,小组可以根据课题的实际情况,对不同的维度设置不同的权重。如果没有特殊情况,通常权重最大的是技术可行性和实现目标的概率或可能性,因为这两个维度直接决定了方案的完成质量。

三是在确定的方式上,小组要通过现场测量、试验和调查分析来进行。小组运用的这些方式是与确定时的“多维度”紧密联系在一起的,即小组从时间性、经济性、可靠性等多维度来进行比选时,其依据是小组现场测量、试验、调查分析的数据和信息。当小组取得相应的数据和信息后,可运用适宜的统计方法来进行分析,科学、快速地做出最佳选择。需要注意的是,小组切忌采用依照经验单纯打分的方法来进行方案的评价与选择,杜绝主观判断,避免缺乏数据和事实的情况发生,以免造成方案实施的依据不足。

例如：某小组活动课题是"施工电梯原位转换悬臂基础研制"，小组在提出方案阶段提出了两个总体方案，然后从方案的有效性、可靠性、可操作性、经济性等4个方面进行了方案比选，参见表3-6所示，并最终确认采用总体方案二——"研制悬臂式基础"。

表3-6 总体方案对比分析表

	总体方案一 研制简支型基础	总体方案二 研制悬臂式基础
有效性	1. 制作运行的承重标准节，与电梯原标准节连接，承重标准节满足电梯运行要求，端部设置法兰 2. 采用H型钢制作等标准节高度的空间桁架，端部焊接法兰，规格与特制电梯标准节的尺寸相同 3. 空间桁架分为左右两部分，通过与特制标准节的连接作为电梯后期的基础平台，作为简支型的电梯基础 4. 可实现转换方案	1. 制作运行的承重标准节，与电梯原标准节连接，承重标准节满足电梯运行要求，端部设置法兰 2. 采用承重标准节接驳后悬臂式的设计形式。固定端的接驳桁架与其法兰连接 3. 增加斜撑措施辅助进行受力及变形控制 4. 可实现转换方案
可靠性	通过有限元分析软件ANSYS分析计算：最大应力为96.26兆帕，考虑安全系数为1.5，则$\sigma = 96.26 < [\sigma] = 235/1.5 \approx 157$兆帕。强度满足要求	通过有限元分析软件ANSYS分析计算：结构最大应力值为59.783兆帕，考虑安全系数为1.5，发生在下支撑杆上，小于235/1.5≈156.67兆帕，强度满足要求
可操作性	单个构件最重为7.9吨，在现场没有塔吊辅助安装工况下安装困难，且现场焊接工程量大，不安全	单个构件轻，最重构件仅为2.56吨，可实现人工手拉葫芦安装，操作起来快捷安全
经济性	1. 桁架平台总体重量25.4吨，单个最重构件为7.9吨。按照包工包料9 300元/吨计算，共236 220元 2. 材料用量大，由于安装困难，人工工作量有增加，整体费用昂贵	1. 材料总体重量11.6吨，单个最重构件为2.56吨。按照包工包料9 300元/吨计算，共107 880元 2. 材料用量少，人工工作量减少，整体费用相对较少
结论	不采用	采用

制表人：××× 日期：××年××月××日

五、制定对策

问题18:制定对策的步骤中的主要工作是什么

答:小组在制定对策时主要有两项工作。一是把最佳方案分解后所确定的可实施的具体方案,即分级方案的最末一级方案逐项纳入对策表中。也就是说,每一项可实施的具体方案,就是对策表中的一项具体“对策”。二是按照5W1H原则制定完整的对策表。5W1H是指What(对策)、Why(目标)、Who(负责人)、Where(地点)、When(时间)、How(措施)。对策要明确,对策目标要可测量,措施要具体。也就是说,针对每一项具体的对策,要确定相应的对策目标,并细化、制定对应的具体措施,明确对策的执行负责人、对策的实施地点和对策实施的起止时间,以保证该项对策得到完整的执行。

例如:某小组开展创新型活动,课题为“多功能胶体灌注机研制”。小组在活动中确定的最佳方案如图3-21所示。

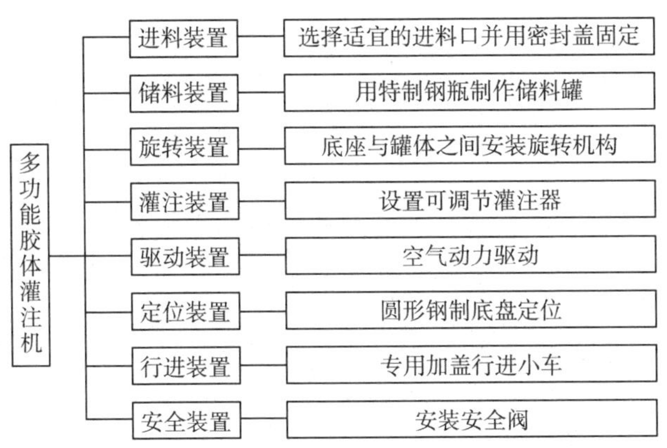

图3-21 多功能胶体灌注机最佳方案图

小组依据图3-21“多功能胶体灌注机最佳方案图”,并根据5W1H原则制定了对策表,其中,最佳方案中的每个最末一级方案即为对策表中的“对策”。如表3-7所示。

表3-7 对策表

序号	对策	目标	措施	地点	负责人	时间
1	选择适宜的进料口并用密封盖固定	2分钟内完成8升胶体快速注料，且密封性能达到100%	1. 进料口直径为φ14厘米 2. 使用同口径密封盖与进料口采取插口连接 3. 用铁链与罐体焊接，双侧使用密封销固定	加工车间	×××	××年××月××日至××日
2	用特制钢瓶制作储料罐	储料罐容积控制在4.6升左右	1. 采用高30厘米，φ22厘米的储料罐 2. 焊制φ26厘米操作手环	加工车间	×××	××年××月××日至××日
3	底座与罐体之间安装旋转机构	罐体可以实现360°灵活转动	1. 制作旋转轴承 2. 用木片临时固定底座与罐体 3. 在底座与罐体之间安装旋转轴承	加工车间	×××	××年××月××日至××日
4	设置可调节灌注器	灌注头可90°、60°、45°等多角度随意旋转，满足8英寸和12英寸灯具及直线灌注要求	1. 安装阀门控制胶体流速 2. 灌注头采用水龙头形状 3. 两个金属接头用生料带密封连接，实现随意调节距离、随意偏移角度功能	加工车间	×××	××年××月××日至××日
5	空气动力驱动	灌注时达到1.5兆帕恒压	1. 进行灌注试验 2. 使用压力检测装置同步进行灌注压力测试	加工车间	×××	××年××月××日至××日
6	圆形钢制底盘定位	10秒钟内快速定位	1. 选择圆形钢制底盘 2. 利用灯具螺栓加装限位环进行定位	加工车间	×××	××年××月××日至××日

（续表）

序号	对策	目标	措施	地点	负责人	时间
7	专用加盖行进小车	小车行走速度达 20 米/分钟以上，承重达到 100 千克以上	1. 小车底盘及四周用钢板固定 2. 小车上加装盖板 3. 小车轮采用三轮形式，并附带插销	加工车间	×××	××年××月××日至××日
8	安装安全阀	安全事故为 0	1. 利用小型空压机充气 2. 进行气体泄露检测	加工车间	×××	××年××月××日至××日
9	根据工艺流程组装	组装完毕，100% 符合工艺要求	1. 绘制完整工艺组装流程 2. 根据流程，把全部装置安装完毕 3. 进行合格验收，试运行	加工车间	×××	××年××月××日至××日
10	对操作工人进行新型多功能胶体灌注机的操作培训	技术人员完全掌握操作要领，操作工人培训率达 100%	1. 技术人员全部学习、掌握新型灌注机的操作要领 2. 由技术人员对工人进行操作交底，并进行实际操作考试	作业现场	×××	××年××月××日至××日

制表人：××× 日期：××年××月××日

问题 19：创新型课题的对策表中每一栏分别是什么含义

答：小组制定的创新型课题对策表（参见表 3-8 所示）主要由对策、目标、措施、地点、负责人、时间等 6 个主要栏目组成，每一栏都有其固定的含义。

一是“对策”。“对策”是小组可实施的具体方案，这里的“具体方案”就是所确定的最佳方案分解至最末一级的方案。通常情况下，一个最末级的方案只对应一个“对策”。但有时候对策表中的“对策”项要比最佳方案中最末级方案的数量多1至2项，那是因为创新型课题的输出结果是一个新的产品、新的方法、新的工具设备等，小组在全部末级方案实施完毕后，还有一个整合、组装的步骤。比如，小组如果研发的是新产品或新系统，就需要把产品的组装调试、系统的整合、试运行等纳入对策表中；小组如果研究的是新工艺，就需要把工艺的完整组合（含前后顺序）纳入对策表中。

二是“目标”。“目标”是指小组预计该项对策实施后所能达到的水平，目标要可测量、可检查。需要注意的是，对策目标不是课题目标的分解，每一项对策目标都是与该项对策紧密联系在一起的。

三是“措施”。“措施”是对策的具体展开，有较强的可操作性。“对策”是宏观的，而“措施”是具体的，因此一项对策要对应若干条措施。

四是“地点”。“地点”是指小组实施措施的具体地点，不要笼统地表述为“现场”“车间”等，而是应当确切地表述为“现场的哪个部位”“具体什么性质的车间”等。

五是“负责人”。“负责人”是指实施该项措施的具体责任人，他是小组中的某一个人，也可能是小组中的若干个人。

六是“时间”。“时间”是针对措施的完成日期，也可以是措施实施的起止日期，具体到“日”。

需要注意的是，对策表中前三项“对策”“目标”“措施”的位置顺序不能颠倒，因为这三个栏目有紧密的逻辑关系，即小组根据某一项具体对策来设定对应的目标，再根据对策及对策目标来制定具体的措施。

表3-8　对策表

序号	对策	目标	措施	地点	负责人	时间

例如：某小组开展创新型课题活动，课题名称为“一种自动气焊防风装置的研制”。小组在完成前面各程序后，制定了对策表，参见表3-9所示。

表 3-9　对策表

序号	对策	目标	措施	地点	负责人	时间
1	制作铝板箱体框架	箱体重量控制在 1 千克以内;箱体 3 米高自由落体不散架	1. 选用 0.8 毫米铝板 2. 依据小车摆动范围设计箱体结构,确定装置尺寸 3. 进行自由落体损伤检测	机械加工车间	×××	××年××月××日至××月××日
2	箱体正面安装焊枪连接件	焊枪与连接口间隙控制在 0.5 毫米以内	1. 依据设计在箱体开相应尺寸的焊枪连接口 2. 安装焊枪连接件并校核间隙 3. 用防火牛皮辅助密封	机械加工车间	×××	××年××月××日至××月××日
3	制作观察窗	在焊接过程中可以 100% 清晰地看到熔池	1. 制作替换玻璃的抽拉式卡槽 2. 在焊枪连接件位置开观察口 3. 用电焊白玻璃密封	机械加工车间	×××	××年××月××日至××月××日
4	在装置背后上方安装排烟囱	焊接过程中的废气、烟尘能 100% 排出	1. 在装置上部开排气口 2. 装配 Φ20×0.5 毫米的钢管形成排气烟囱	机械加工车间	×××	××年××月××日至××月××日
5	选用防火牛皮作为密封材料	密封效果好,能抵抗 6 级大风	1. 确保各零部件规格符合要求 2. 检查螺栓紧固性 3. 用防火牛皮密封并进行风力测试	机械加工车间	×××	××年××月××日至××月××日

(续表)

序号	对策	目标	措施	地点	负责人	时间
6	各部件组装与焊接试验	100%根据设计图纸组装,焊接试验结果符合要求	1. 根据设计图纸进行框架和部件组装,安排专人复核 2. 安装调试,整体运行无卡阻 3. 焊接试验并进行质量检查	机械加工车间	×××	××年××月××日至××月××日

制表人:××× 日期:××年××月××日

从表3-9中可以看出,对策表中"对策、目标、措施、地点、负责人、时间"各栏目齐全、清晰。以对策2为例,"对策"为"箱体正面安装焊枪连接件",对应的目标为"焊枪与连接口间隙控制在0.5毫米以内",制定的具体措施为"1. 依据设计在箱体开相应尺寸的焊枪连接口;2. 安装焊枪连接件并校核间隙;3. 用防火牛皮辅助密封"。实施措施的地点为"机械加工车间",后面是具体的负责人和实施措施的起止时间。对策表中还有对策6"各部件组装与焊接试验",把该新型的防风装置全部组装完毕后,进行焊接试验以检验该型防风装置的实际效果。

问题20:制定对策表时需要注意些什么

答:小组制定对策表时,除了要遵循5W1H(对策、目标、措施、负责人、地点、时间)原则,还需要注意一些容易混淆或产生问题的细节。一是在对策栏中,对策要与最佳方案所选择的总树图相对应,不能有遗漏。要把最佳方案的最末一级子方案逐一纳入,不要把多个子方案合并在一起,否则会造成对策目标错乱以及具体措施的错乱,使措施和对策不匹配,也可能会造成有些措施的遗漏。二是在各项对策中,不能再出现子方案的选择或者相关参数的选择等内容。所有子方案的选择、相关参数的选择、材料的选择等内容都必须在方案比选的阶段完成。三是当全部最末级子方案纳入对策栏后，还要增加总体方案的整合和其他内容。对于新产品、新系统等，要有组装、试运行、测试等内容；对于新工艺、新方法等，要有培训操作人员等内容。四是小组确定的各项对策目标要适当，目标要量化，具有可检查性。对策目标要与各方案选择时的依据相对应，这些依据包括方案涉及的相关系统、材料、设备等功能或性能等方面的要求。五是小组制定的措施要具体，要针对相应的对策制定具体的行动计划和详细步骤，要具有可操作性。

下面的例子中，小组所制定的对策表存在一些错误的地方。

例如：某小组开展创新型课题活动，课题名称为“接触网钢塔组立装置研发”。小组在完成有关程序后，确定的最佳方案如图 3-22 所示。小组制定了对策表，参见表 3-10 所示。

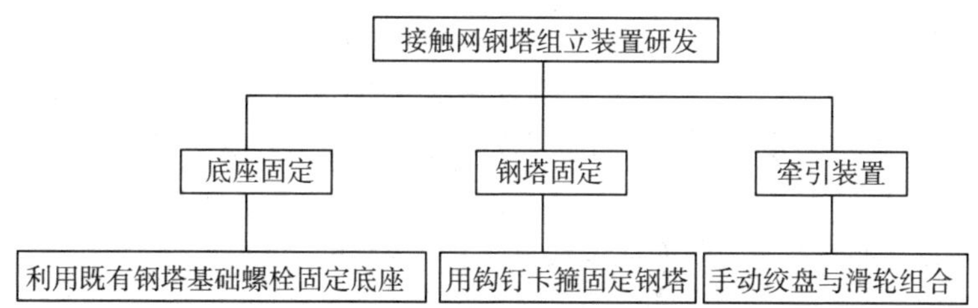

图 3-22　接触网钢塔组立装置最佳方案图

表 3-10　对策表

序号	对策	目标	措施	地点	负责人	完成时间
1	根据规格尺寸加工改进底座	成品尺寸达标率 100%	比对图纸尺寸及钢塔基础螺栓间距，进行加工	制造现场	×××	××年××月××日
2	根据钢塔尺寸加工钢塔起臂	成品尺寸达标率 100%	比对图纸尺寸及钢塔尺寸，进行加工	制造现场	×××	××年××月××日
3	比对底座尺寸购置绞盘	购置费用控制在 4 000 元以内	根据需求询价采购	项目部	×××	××年××月××日

（续表）

序号	对策	目标	措施	地点	负责人	完成时间
4	进行钢塔组立试验	钢塔组立成功率100%	1. 组织人员进行技术安全交底和培训考核 2. 对装置进行性能验算 3. 在试验场进行钢塔组立试验	试验场	×××	××年××月××日

制表人：×××　　日期：××年××月××日

表3-10对策表中存在一些错误，包括如下几个。一是对策与最佳方案的最末级子方案没有真正相符。比如最佳方案中第一个末级方案为“利用既有钢塔基础螺栓固定底座”，而对策表中则为“根据规格尺寸加工改进底座”，两者内容不符。二是对策目标没有完全反映对策实施后达到的水平。比如目标“成品尺寸达标率100%”不能反映对策“根据规格尺寸加工改进底座”实施后达到的结果。三是措施笼统。比如对策3为“比对底座尺寸购置绞盘”，而措施只是“根据需求询价采购”，措施不具体。表3-11为更正后的对策表。

表3-11　更正后的对策表

序号	对策	目标	措施	地点	负责人	完成时间
1	利用既有钢塔基础螺栓固定底座	全部螺栓固定达100%	1. 比对图纸尺寸及钢塔基础螺栓间距 2. 根据规格尺寸加工底座 3. 对螺栓、底座进行固定	制造现场	×××	××年××月××日至××月××日
2	用钩钉卡箍固定钢塔	钩钉卡箍与钢塔间固定达100%	1. 比对图纸尺寸及钢塔尺寸 2 根据钢塔尺寸加工钢塔起臂 3. 根据尺寸加工钩钉卡箍 4. 钩钉卡箍与钢塔之间固定	制造现场	×××	××年××月××日至××月××日

（续表）

序号	对策	目标	措施	地点	负责人	完成时间
3	手动绞盘与滑轮组合	牵引力达15千牛；购置费用在4 000元以内	1. 设计绞盘与滑轮的组合，计算后牵引力大于15千牛 2. 根据组合进行询价采购，确保总费用小于4 000元	项目部	×××	××年××月××日至××月××日
4	整装钢塔组立装置	钢塔组立装置整装成功率100%	1. 在试验场进行钢塔组立装置整装 2. 对整装后的装置进行性能测试 3. 组织专业人员进行相关技术安全交底和钢塔组立装置的使用培训、考核	试验场	×××	××年××月××日至××月××日

制表人：×××　　　　日期：××年××月××日

六、对策实施

问题21：小组在对策实施步骤中的主要工作是什么

答：小组在对策实施步骤中的主要工作如下。一是按照制定的对策表逐条实施每一项对应的方案，把方案对应的措施全部执行完毕。有的小组在实际活动时，没有真正按照对策表中的措施去实施，有时临时增加或减少具体的措施，那么其结果就很可能无法实现对策目标。因此，逐条实施、完整实施每一项措施是最重要的工作。二是当每一项对策的措施全部实施完毕后，应该检查相应对策的实施效果及其有效性，确认对策目标的完成情况。措施的具体执行是过程中的工作，其目的是实现对策目标。有的小组在活动时，认为只要完成全部措施的实施就可以了，没有检验对策目标是否实现。虽然不检验目标的实现情况不等于目标没有实现，但如果目标确实没有实现，小组就错失了修正措施、重新组织实施的机会，那么会导致小组在整个活动效果检查时，课题的目标无法实现。另外，如果小组在确定最佳方案阶段,进行各类方案的比选时,各种相关的试验、分析等做得到位,方案的选择正确,那么对策实施的过程会比较顺利。三是如果具体某一项对策的目标没有达到要求,那么小组需要调整、修正相关措施,重新组织实施。小组在制定对策表时,虽然每一项对策及其对应的措施是经过比选、分析等步骤才得出的,但对策表的内容毕竟属于书面的内容,小组真正组织实施时,会受到一些条件、环境等干扰,或者对对策表中的具体措施没有考虑周全,因此会出现对策目标无法实现的情况。此时,小组应当具体分析没有实现目标的各种原因,及时调整、修正相应措施,以确保对策目标的实现。四是在必要时验证对策实施结果在安全、质量、管理、成本、环保等方面的负面影响,对于对策的实施结果给予科学的评价。另外,涉及新工艺的开发等,建议在对策实施中开展相关培训工作。

例如:某小组开展创新型课题活动,课题名称为“新型跨空移动桁架操作平台研制”,小组在完成相关程序后,制定了对策表(局部),参见表3-12所示。随后,小组组织了对策实施。本例仅介绍其中的“实施一”。

表3-12 对策表(局部)

序号	对策	目标	措施	地点	完成时间	负责人
1	铝合金整体式框架的制作	1. 平台整体重量小于三层楼板8.0千牛/平方米 2. 操作平台需稳固,下挠度小于5厘米 3. 载重满足施工需要≥2 000千克	1. 平台立柱、横梁、护栏等全部采用全新航空铝材6061－T6制作 2. 采用防滑防水胶合板满铺 3. 平台四周安装定制1.2米高的铝合金护栏 4. 增加4米长铁斜撑(加2个双环扣)及4条横梁 5. 进场前做荷载测试	施工现场、加工场	××年××月××日	×××
2	……	……	……	……	……	……

制表人:××× 日期:××年××月××日

1. 措施1：平台立柱、横梁、护栏等全部采用全新航空铝材6061－T6制作

平台整体采用全新航空铝材制作，通过材料进场验收，然后现场拼装而成，以保证平台整体重量以及自身承重均满足现场需要，拼装完成后对原地面无明显破坏。

平台自重。

①水平构件及护栏、走道板重量。

400×600毫米横梁4条：18米×12千克/米×4条=864千克；500×500方套8个：8个×30千克/个=240千克；横担：4个×20千克/个=80千克；铝护栏：50米×5千克/米=250千克；舞台板：50张×35千克/张=1 750千克；12毫米厚木板：40张×10千克/张=400千克。以上合计重量为3 584千克。

②立柱重量。

400×400毫米立柱：11米×10千克/米×8条=880千克；电动葫芦：4个×75千克/个=300千克；底座：8个×35千克/个=280千克；斜撑：20条×10千克/条=200千克。以上合计重量为1 660千克。

因此，平台整体重量为3 584+1 660=5 244千克=5 244×99.8≈51 391牛≈51.39千牛。平台面积8平方米，故平台负载为51.39千牛÷8平方米≈6.4千牛/平方米，小于三层楼板设计荷载8.0千牛/平方米，满足需求。第一个目标实现。

2. 措施2：采用防滑防水胶合木板满铺

为保证平台上的施工人员安全，平台采用33张面积为1.22米×2米、厚度为18毫米的防滑防水胶合木板满铺，人员在上方操作时更加方便安全，不用随时佩戴安全带，只需在边缘施工时佩戴安全带，大大提高了安全性和施工效率。

3. 措施3：平台四周安装定制1.2米高的铝合金护栏

为保证施工人员的人身安全，在平台四周安装定制1.2米高的铝合金护栏，防止人员坠落，也防止工具材料掉落到地面砸伤人员。

4. 措施4：增加4米长铁斜撑（加2个双环扣）及4条横梁

为了保证平台工作时下挠度不会太大（控制在5厘米以内），否则可能会影响平台稳定安全，小组将平台上升到既定高度后，下方加上4米长铁斜撑（加2个双环扣），中间再增加4条横梁以增加整体稳定性。搭设完成投

入正常使用后，现场测量下挠度，在不同条件下对平台重复测量10组数据，详见表3-13所示。

表3-13　平台下挠度测量表

测试1	①	②	③	④	⑤	⑥	⑦	⑧	⑨	⑩
下挠度(厘米)	3.2	3.5	4.0	2.8	2.9	3.3	3.5	3.6	3.2	3.4
测试2	①	②	③	④	⑤	⑥	⑦	⑧	⑨	⑩
下挠度(厘米)	3.7	4.1	4.2	3.5	3.3	3.8	3.0	4.1	3.3	2.9

制表人：×××　　　　日期：××年××月××日

小组根据表3-13数据，绘制出"下挠度数据折线图"，如图3-23所示。

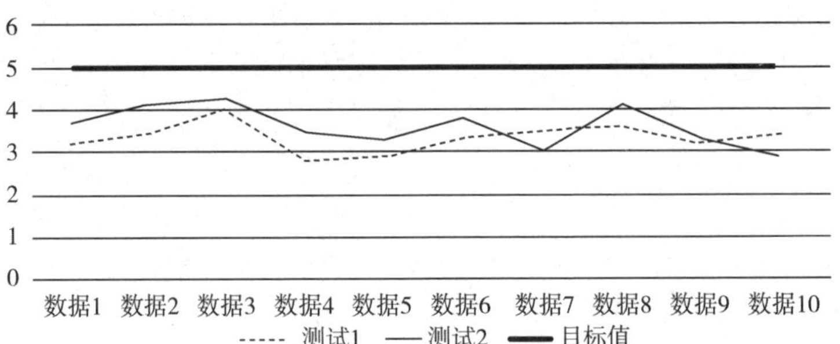

制图人：×××　　　　日期：××年××月××日

图3-23　下挠度数据折线图

由图3-23可以看出，整体挠度都在5厘米之下，整个平台承重安全稳定，第二个目标实现。

5. 措施5：进场前做荷载测试

平台进场搭设前，小组委托专门机构对铝合金架体进行荷载测试，确保满足现场施工的承重需要，保证施工人员的安全。

测试产品相关数据：铝合金桁架，型号400×600毫米，主管参数Φ50×T3.0(毫米)，副管参数Φ50×T2.0(毫米)，斜管参数Φ30×T2.0(毫米)。

测试地点：工厂实验室。

测试要求：对产品施加额定的重量并且记录变形量。

（1）中心荷载测试。铝合金桁架由两个刚性框架支撑两端，并形成测试要求的跨度，然后在中心点施加规定的重量，以测试架子中心的向下变形量，如图 3-24 所示。

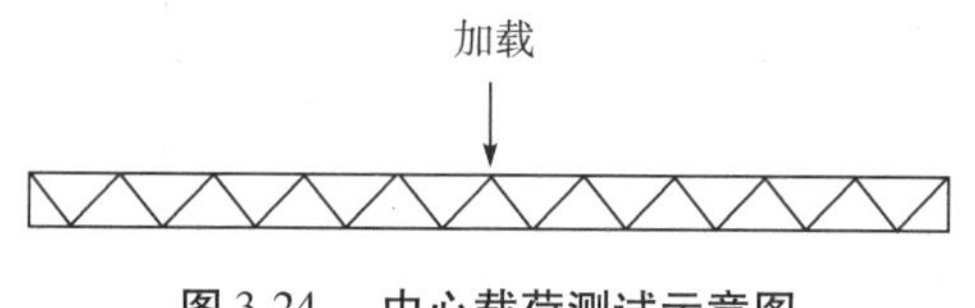

图 3-24　中心载荷测试示意图

（2）平均荷载测试。铝合金桁架由两个刚性框架支撑两端，并形成测试要求的跨度，然后在架子上均匀施加规定的重量，以测试架子的中心的向下变形量，如图 3-25 所示。

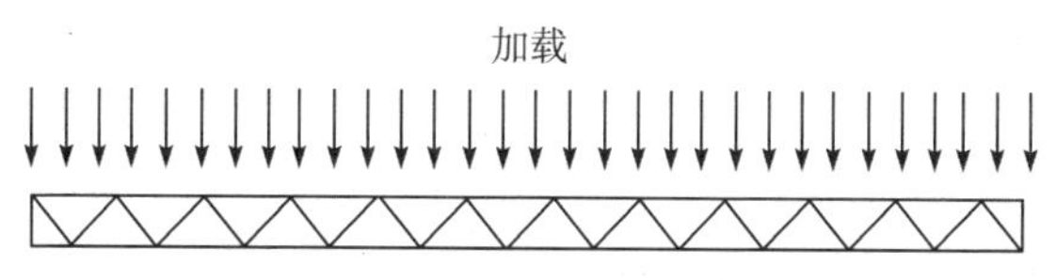

图 3-25　平均荷载测试示意图

测试结果：测试型号 400×600 毫米，方式为单根横梁测试，测试跨度 18 米，平均荷载 70×15 千克/米，总荷载 1 050 千克，变形量 195 毫米，残余变形量 35 毫米，中心荷载 650 千克，变形量 198 毫米。测试后产品没有明显的变形及损坏。单根横梁总荷载为 1 050 千克，整个平台 4 根横梁总载重为 4 200 千克，大于目标值 2 000 千克。施加不同荷载形式及重量后，桁架没有明显变形及损坏。单根荷载 1 050 千克，平台总共 4 根主桁架横梁支撑，载重达到了 4 200 千克，大于 2 000 千克载重。第三个目标实现。

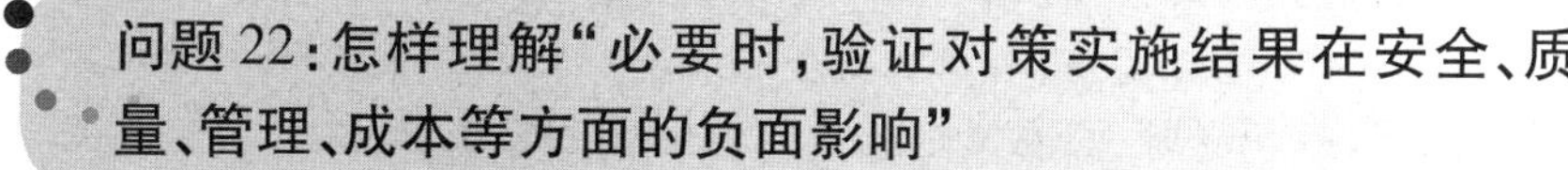

问题 22：怎样理解“必要时，验证对策实施结果在安全、质量、管理、成本等方面的负面影响”

答：小组是否需要在对策实施后验证对策实施结果在安全、质量、管理、成本、环保等方面的负面影响，应该根据课题和对策的实际情况来决定。这里的“必要时”可以理解为以下一些情形。

一是在对策实施过程中，超出了平时“安全”方面的管控内容，需要另行在安全上采取额外措施才能保证实施过程的安全和实施结果的安全，在安全上存在负面影响。二是在质量控制上有难度，实施过程不是常规的质量管控内容，缺少类似的质量管理参照情形，对策实施完成后，可能在质量上面存在不利的情形，在质量上存在负面影响。三是在综合管理上遇到了困难，小组的对策实施需要调动较多资源、管理环节众多、管理程序复杂、存在较多管理系统、管理协调难度大、管理风险高等情况，在对策实施完成后，对于管理方面造成了负面影响。四是对策实施中需要投入较多的资源，比如需要投入资金购买一定的新设备、添置新材料，需要在人工方面加大投入，需要进行试验等，使成本方面有较多支出。五是对策实施对于周边环境产生较大影响，在节能、节水、节材、节地、扬尘控制、光污染控制、噪声控制等方面存在难度，对于员工职业健康构成了影响。鉴于上述情形，小组就需要进行相关的验证。

如果小组在选题的时候，已经对于安全、质量、管理、成本、环保等方面的负面影响做出相应的评价，或者小组在进行多个方案比选时已经做了相关方面的负面影响评价，那么小组在对策实施后就不需要再做相应的验证了。

例如：某小组活动课题是“研制一种简易模板监测装置”，小组在制定对策表后开始了对策实施程序。其中一项对策是“制作方形防护罩”，对策目标是“防护罩可以抵抗 4 级风力”。小组采取的具体措施包括确定防护罩尺寸、确定防护罩材质、采购防护罩、测试防护罩稳定性。在措施实施完毕且对策目标实现后，小组就对策实施结果在安全、质量、管理、成本、环保方面的负面影响进行了验证。

1. 安全方面

对策实施后，小组分析认为防护罩的材质采用了高透明亚克力材料，这种材料为脆性材料，抗压强度相对小，容易破碎，如果工人在施工作业时不小心踩碎罩子，可能会受伤，所以在安全方面有一定的负面影响。小组建议在正式使用该防护罩时，应在附近醒目处贴上安全警示标识。

2. 质量方面

小组对于该项对策实施后进行分析，发现防护罩的风力测试结果比较稳定，总重量在合理范围内，整个实施过程及实施结果对于主体结构的质量未产生负面影响，对于其他方面的作业也不构成质量方面的影响。

3. 管理方面

小组在对策实施后进行分析，整个对策实施过程没有对于施工的关键路径产生影响，实施过程没有延长施工工期，所以对总工期无负面影响。小组进行防护罩构架的设计、采购防护罩制作材料、具体制作等，都是利用业余时间完成，管理协调没有很大难度，没有增加新的管理负担，没有对其他管理构成影响。

4. 成本方面

对策实施后，小组分析发现方形防护罩材料的购买仅花费 65 元，在人工方面几乎没有产生新的费用。

5. 环保方面

小组在分析对策实施的过程和实施的结果时，发现除了制作防护罩时产生了轻微噪声及少量灰尘，没有其他环保方面的负面影响。

七、效果检查

问题 23：效果检查步骤的主要工作是什么

答：当所有的对策实施完成后，小组活动进入效果检查阶段。这个阶段小组活动的主要工作有两项：一是检查课题目标的完成情况。此时所有的对策目标都已经实现，小组应当收集相关的数据、信息，以检查小组在活动初期设定的课题目标的完成情况，并确认课题目标是否完成。二是在必要时，确认小组创新成果的经济效益和社会效益。如果小组通过本次创新活动，的确是取得了一定的经济效益和社会效益，小组可以根据实际需要予以确认。

例如：某小组开展创新型课题活动，课题名称为“架空管道施工辅助装置的研制”，小组设定的课题目标是“辅助装置可以快速定位，定位时间控制在 2 分钟以内，安装标高及水平度的偏差都小于 2%”“适用架空管道标高范围为 2.4 ~4.0 米”。小组在对策实施完成后，进入效果检查程序。

1. 课题目标检查

(1)课题目标1:辅助装置可以快速定位,定位时间控制在2分钟以内,安装标高及水平度的偏差都小于2%。

小组把基面状态分为两种,即基面平整和基面不平整。在两种基面状态下,小组运用新型架空管道安装辅助装置来安装DN100热镀锌消防钢管组别,并分别就基面平整和不平整的状态统计了8组管道安装完成的时间、标高及水平度的偏差值,统计结果参见表3-14所示。

表3-14 架空管道安装完成时间统计表

	序号	1	2	3	4	5	6	7	8
基面平整	安装完成时间(分钟)	1.26	1.32	1.22	1.25	1.46	1.42	1.31	1.29
	安装标高及水平度偏差	0	0	0	0	0	0	0	0
基面不平整	序号	1	2	3	4	5	6	7	8
	安装完成时间(分钟)	1.45	1.52	1.45	1.56	1.58	1.46	1.38	1.42
	安装标高及水平度偏差	0	0	0	0	0	0	0	0

制表人:××× 日期:××年××月××日

经统计,在基面平整状态下,架空管道安装时间在1分22秒至1分46秒,安装标高及水平度偏差都为0;在基面不平整状态下,架空管道安装时间在1分38秒至1分58秒,均小于2分钟的目标值,安装标高及水平度偏差都为0。结论:课题目标1实现。

(2)课题目标2:适用架空管道标高范围为2.4~4.0米。

小组在现场使用红外测量仪进行适用标高测量,发现可适用标高范围在2.4~4.0米。结论:课题目标2实现。

2. 经济效益

小组就本次活动期间取得的经济效益进行了统计,具体如下。

该新型架空管道施工辅助装置成本明细:完成安装管道100米,需要材料费为三脚架150元+可调顶丝30元+镀锌钢管50元=230元;所需人工费680元。本工程DN80以上消防管总长7 500米。所以,采用新型架空管道安装辅助装置预计总成本约68 250元。

原有普通搭设脚手架安装管道的方案成本明细:完成安装管道100米,需要活动架租赁、运输、安拆费520元;所需人工费1 050元。本工程DN80以上消防管总长7 500米。所以,采用普通搭设脚手架安装管道的方案预计总成本117 750元。预计采用新型架空管道安装辅助装置来安装管道,可以降低成本117 750 − 68 250 = 49 500元,取得的经济效益较好。

3. 社会效益

该新型架空管道安装辅助装置构造简单,易于携带、操作及维护,节能环保,显著提高了施工现场架空管道安装时的安全性,也提高了现场人员的安全创新意识,打造了现场的安全文明施工形象,得到了建设单位、监理单位好评,当地媒体也前来采访、宣传。现在产业园区内其他项目也在积极推广使用此装置。因此,本次创新型课题活动取得了良好的社会效益。

问题24:如果课题目标没有实现怎么办

答:如果课题目标没有实现,说明小组活动的效果并不理想,本次创新型课题活动没有完成,这时小组需要认真检视整个活动存在的问题和困难,查找原因,总结经验教训,从策划P阶段开始进入新一轮的PDCA循环,直至课题目标实现,方可确认本次活动完成。通常小组可以做以下工作。

一是看小组识别的需求是否正确、合理。小组根据课题的情况识别需求时,如果发生了偏差,那么小组活动的结果与需求就不一致了,特别是当需求自带目标时,那么结果与目标就有了差别。也有可能是满足需求的难度太高,本次活动的整体难度远远超出了小组本身活动的范畴。

二是看小组设定的目标是否妥当。有可能在满足需求的前提下,小组设定的目标过高了;也可能是小组在进行目标可行性论证时缺少了某个关键环节或缺少了某个依据,使过高的目标得以论证通过;还有可能是小组在借鉴相关资料时,没有真正理解借鉴对象的原理、技术等,使设定的目标与课题实际有偏差。

三是看小组提出的方案及确定的最佳方案是否合理。可能小组借鉴的对象与本次课题的内容有很大偏差,或者小组没有正确把握借鉴的思路等,使小组提出的总体方案不合理;可能是小组在多个总体方案比选中出了差错,没有选择更合理的总体方案;可能是小组提出的子方案不尽合理,或者在进行子方案比选时缺少客观的试验、测量、调查分析步骤,仅仅凭借经验就得出了结论,或者在子方案比选时采用了不适宜的试验、测量、调查分析等方法,出现了差错等,导致小组没有正确地找到最佳方案。

四是看小组制定的对策是否合理。可能小组没有按照5W1H 原则来制定对策表;可能小组设定的具体某个对策目标或多个对策目标不合理或对策目标与对策不匹配,不能真实反映对策实施的结果;可能小组制定的措施偏宏观,无法执行到位;可能小组制定的措施有偏差,不能准确、完全地反映对策的实施内容。

五是看小组在对策实施阶段是否准确执行了对策表的内容。可能是小组制定的对策、具体措施等完全正确,但小组没有全部执行,遗漏了某个步骤;可能是受客观条件的限制,客观条件发生了重大变化,主观意识上的原因等,导致措施的执行过程出了问题;可能实施对策的地点发生了重大变化,与拟定的地点在条件上不相符;可能执行对策的责任人发生了变化,但小组没有及时调整,缺少某个对策实施时的正确指导、执行;可能为了赶工,对策的执行时间发生压缩,使执行效果打折扣。

六是看效果检查阶段是否出现了问题。可能是小组的实际检查内容与课题发生了偏差;可能是小组在检查阶段使用的检查工具,如测量工具、测量系统等发生了问题,或者是检查时的周边环境发生重大变化,使检查结果出现偏差;可能是小组运用的统计方法不适宜,导致结论出现偏差;也可能是小组成员粗心大意,检查结果的数据记录有误。

问题25:怎样理解“必要时,确认小组创新成果的经济效益和社会效益”

答:作为创新型课题活动,有的小组会在活动周期内取得较好的经济效益和社会效益,有的小组却可能投入较大,经济效益却未必理想,社会效益也可能一时无法体现。因此,小组可以根据实际需要来判断是否确认小组活动所取得的经济效益和社会效益。

如果小组活动的确产生了一定的经济效益,那么经济效益的计算应该仅仅计算小组活动周期内所产生的效益,同时要扣除小组在活动中所产生的相关成本,比如人工开支、材料设备采购费用、开展的试验投入等各项费用,所取得的经济效益要取得相关部门的认可。

创新成果带来的社会效益包括:成果引起了社会各界的关注和好评;成果的应用带来了项目品质的提升;成果的研发和应用引起了行业中相关专业的技术升级和管理升级;成果的应用使周边环境得到改善;成果的开发应用使各相关方获得了很好的收益等。

例如:某小组开展创新型课题活动,课题为"矩形灯具剪力墙嵌墙模具研发"。小组在效果检查阶段,根据实际需要进行了经济效益和社会效益的确认。

1. 经济效益

小组统计了剪力墙预留孔洞使用传统模具及新模具的施工成本,参见表3-15所示。

表 3-15　使用传统模具及新模具的单位成本表

使用传统模具单位成本				使用新型模具单位成本			
序号	项目名称	单位	费用	序号	项目名称	单位	费用
1	模板材料费	元/平方米	34.6	1	模板材料费	元/平方米	34.6
2	模具制作人工费	元/个	40.0	2	镀锌扁钢材料费	元/平方米	150.0
3	模具安装人工费	元/个	30.0	3	模具制作人工费	元/个	40.0
4	模具拆除人工费	元/个	30.0	4	模具安装人工费	元/个	20.0
5	机械费	元/个	5.0	5	模具拆除人工费	元/个	10.0
				6	机械费	元/个	20.0

制表人:×××　　　　日期:××年××月××日

接着,小组统计、计算了采用传统工艺及采用新工艺的施工成本。采用传统工艺,单个模具需使用模板0.148平方米。采用新工艺,单个模具需要模板0.096平方米。以每个灯具预留孔洞为0.4米×0.12米×0.05米,每10个灯具计算,其结果参见表3-16所示。

表 3-16 使用传统工艺及使用新工艺的施工成本表

使用传统工艺施工成本				使用新工艺施工成本			
序号	项目名称	费用	小计	序号	项目名称	费用	小计
1	模板材料费	0.148×34.6×10	51.2	1	模板材料费	0.096×34.6×10	33.2
2	模具制作人工费	40×10	400.0	2	镀锌扁钢材料费	0	0.0
3	模具安装人工费	30×10	300.0	3	模具制作人工费	40×1	40.0
4	模具拆除人工费	50×10	500.0	4	模具安装人工费	20×10	200.0
5	机械费	5×10	50.0	5	模具拆除人工费	10×10	100.0
合计:1 301.2 元				6	机械费	20×1	20.0
				合计 393.2 元			

制表人:××× 日期:××年××月××日

相比较传统模具,每 10 个灯具预留孔洞约节省施工成本 1 301.2 − 393.2 = 908 元,本项目共采用 613 组灯具,则采用新模具后,总计节约成本 613 ÷ 10 × 908 = 55 660.4 元,经济效益明显。

2. 社会效益

(1)使用新型矩形灯具剪力墙嵌墙新模具,可以有效减少人工投入,减少对模板的浪费,提高施工质量,避免后期对剪力墙再进行修复,使用后对于项目环保也有很好的推动作用,具有较好的社会效益,得到了当地质监站、安监站的高度认可。

(2)小组研制的新型模具可以重复利用,具有很好的推广价值,为本项目的后期施工、其他项目的同类型施工节约成本提供了可借鉴的经验。

(3)通过对常规工艺的改进,让小组更加注重工艺革新,加强过程控制,不断提高施工质量管理,树立了良好的市场形象,得到了建设单位、监理单位和其他相关方的认可与好评。

八、标准化

问题26:在标准化阶段小组的主要工作是什么

答:当小组通过效果检查程序确认课题目标实现以后,就进入标准化程序,在这个阶段,小组的主要工作如下。

一是小组需要对创新成果的推广意义和推广价值进行评价,通过评价结果来做出后续的处置方案。通常这样的评价工作由小组成员自己完成,但小组也可以请外部的专家来进行评价以提高评价结果的权威性。二是对评价结果的处置。小组对于有推广价值的创新成果进行标准化,通过标准化的形式把经过实践证明有效的创新成果固化下来。标准化的形式包括形成相应的技术标准、技术说明书、设计图纸、工艺文件、作业指导书,或者是形成相应的管理制度等。三是对于专项创新成果或者一次性创新成果的处置。因为专项创新成果或者一次性创新成果暂时还没有进入推广阶段,因此,小组可以把相应创新过程的各类资料进行整理、存档,以备将来使用。应当说,每一个QC小组成果不是简单地体现在课题目标的完成,更重要的是能够形成标准化的成果,这样就有利于在企业内部甚至是行业内部的推广,更好地推动企业生产经营工作,推进行业的科技进步。因此,成果的标准化工作对于整个QC小组活动具有画龙点睛的作用。

例如:某小组开展创新型课题活动,课题名称为"新型跨空移动桁架操作平台的研制"。小组在完成了效果检查程序后,进入到标准化阶段。

通过本次QC活动,小组顺利地完成了既定目标,成功研发了一种新型跨空移动桁架操作平台。××年××月××日,小组邀请公司技术负责人等召开创新成果评价工作会议,对于本成果的推广价值予以评价,会议认为本成果在公司内部具有很好的推广价值。随后,小组进行了相应处置工作。

1. 形成相关设计图集

通过本次新型跨空移动桁架操作平台的研制,小组积累了宝贵的研发和应用经验。××年××月××日,小组汇总并编制了《新型跨空移动桁架操作平台设计图集》(如图3-26所示),报上级技术部门审批。××年××

月××日,公司技术部门正式批准该图集(图集编号:SHYJZA－SGTJ－×××),在公司内部发布和推广。

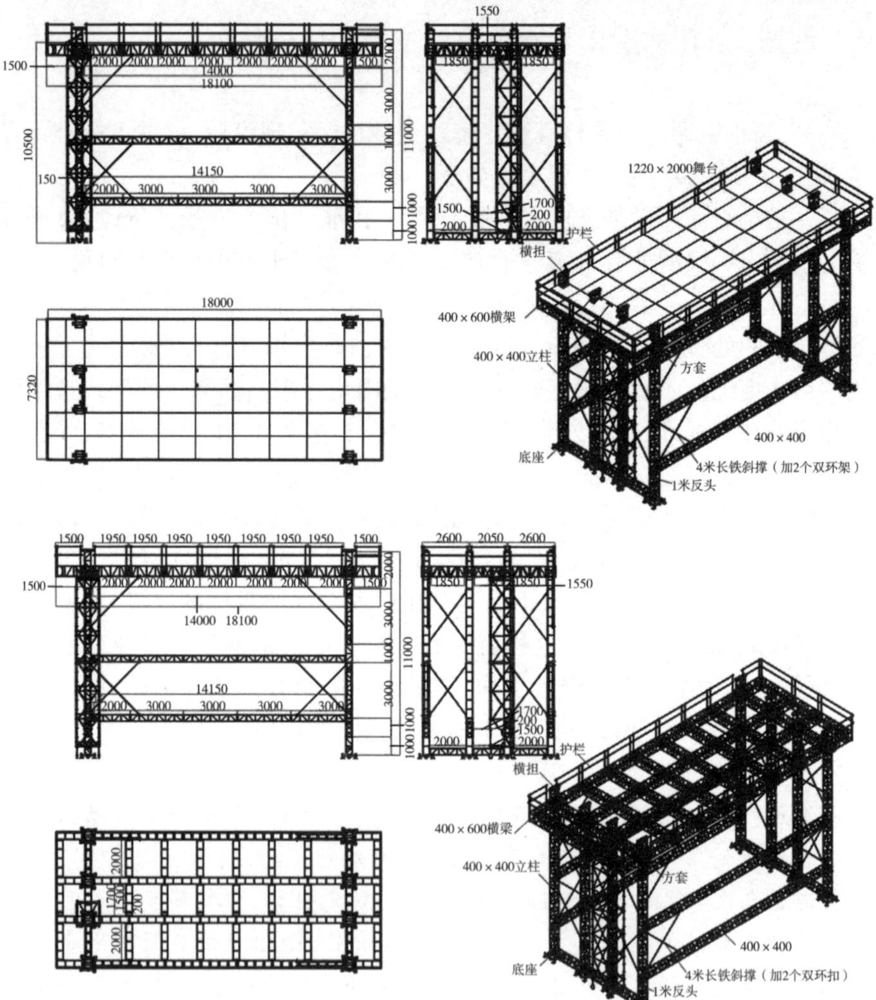

图 3-26　新型跨空移动桁架操作平台设计图集(部分)

2. 形成相关操作手册

××年××月××日,小组编制了《新型跨空移动桁架操作平台操作手册》,报上级技术部门审批。纳入手册的主要内容包括操作平台的构造、材料及尺寸要求、组装要点、操作要领、安全管理等。××年××月××日,公司技术部门正式批准该操作手册(手册编号:SHYJZA - SGSC - ×××),在公司内部发布和推广。

问题 27:标准化的体现形式有哪些

答:标准化的过程是把小组在活动过程中形成的和对生产经营有推动作用的相关措施、步骤、方案、流程、关键技术等,通过提炼、完善等过程,形成规范性的文件、图纸等,然后由企业有关主管部门或上级有关部门通过一定的形式予以发布的过程。通过标准化的形式,使原来只是个案的经验、做法等,变成了有推广价值的标准、方案、管理制度。通过推广,可以极大提升企业在相关生产经营上的工作效率,提升企业的价值。

标准化的体现形式包括:技术标准、管理标准、技术说明书、设计图纸、工艺文件、作业指导书、作业方案、工法、管理制度等。一个规范的标准要有规范的审批、发布程序,如标准的申报日期、申报人、申报内容、相应的批准部门、批准人、标准号、发布日期、实行日期、发布及应用范围等主要内容。

例如:某小组开展创新型课题活动,课题名称为“一种机电综合操作平台的研制”。小组在标准化阶段进行了相关评价工作,形成了相关成果。

1. 编写操作规程

小组于××年××月××日编写了《机电综合平台操作规程》,经公司技术部门和总工程师审批后下发,操作规程的编号为 QYJS - GC - ×××,适用范围为全公司。

2. 形成技术图集

××年××月××日,小组整理完成了所有机电综合平台的相关图纸,报请上级技术部门审批。经技术部和公司总工程师审核通过后,纳入企业的内部技术图集中，图集编号为 QYJS－TJ－×××。

3. 申报工法

小组于××年××月把本次 QC 活动的成果，编写成《机电综合操作平台施工工法》，向公司申报了工法，并于××年××月××日审批通过。××年××月××日，由企业推荐申报省级工法，目前正在审核中。

4. 形成管理制度

小组针对本项目楼层空间高度超高、超大的特点，结合本次机电综合操作平台的研制，编写了《超高超大空间机电施工管理办法》，内容涵盖超高超大空间质量、安全、环境等管理内容，并强调了新研制的机电综合操作平台的应用事项。

5. 纳入培训课程

××年××月××日，经公司人力资源部和技术部的共同批准，把“机电综合平台操作规程”纳入企业的二级教育培训课程，培训对象为进企业 3 年以上的各机电专业工程师、质量员和安全员。

问题 28：怎样理解“针对专项或一次性的创新成果，需将创新过程中的相关资料整理存档”

答：小组活动课题目标实现以后，就进入了标准化程序。针对有推广价值的创新成果，小组可以通过标准化的步骤，形成相应的技术标准、作业指导书等。而针对创新需求不具有普遍性的专项成果或一次性的创新成果，该活动只是课题的创新，那么小组可以把创新过程中的相关材料整理归档，以供将来工作中有需要时参考。或许过一段时间后，曾经的专项成果、一次性的成果会具有推广价值，或者具有很好的借鉴作用。比如，某小组开展创新型课题活动，课题名称是“超厚混凝土机电管线防偏移装置的研制”。该项目的混凝土厚度超过了 2.6 米，非通常工程施工中能够碰到，因此小组在完成了相关课题的活动后，把创新过程中的相关资料进行了整理并存档，以供将来施工中遇到相同情况时借鉴、参考。

九、总结和下一步打算

问题29:"小组应对活动全过程进行回顾和总结"是否指对小组活动的每个步骤都要回顾和总结

答:小组在完成标准化程序以后,小组活动就进入了尾声,此时小组进行活动全过程的回顾与总结就非常必要。在这个阶段,小组需要从"选择课题"开始,对每一个程序活动中存在的好的做法、创新特色、不足等进行全面梳理,通过总结得失,为小组留下了一笔宝贵的财富,也为今后小组继续开展活动提供了经验。

例如:某小组在活动进入"总结和下一步打算"程序时,对小组活动的全过程进行了回顾与总结,具体参见表3-17所示。

表3-17　小组活动总结评价表

序号	活动内容	优点及创新特色	统计方法应用	存在不足	今后努力方向
1	选择课题	选题理由充分,课题简洁明了。借鉴了文献、专利、论文等,思路清晰	简易图表	借鉴论文时,缺少技术部分的计算	继续学习并借鉴相关知识,真正掌握识别需求能力,扩大选题范围
2	设定目标及目标可行性论证	目标具量化,与课题对应。可行性论证用数据说话,为实现目标提供依据	简易图表、柱状图、试验	借鉴原理时,缺少了理论上的推演	如何开展技术原理的理论推演,需要小组继续学习,并在实践中熟练掌握
3	提出方案并确定最佳方案	小组成员充分发表意见,结合课题实际,提出3个总体方案,并提出多个分级方案,通过相关试验后,用数据来确定最佳方案	流程图、系统图、简易图表	3个总体方案中,有2个方案的关键技术比较接近,建议合并为一个	加强对关键技术的领会,对于比较接近的技术,可以放在子方案比选时进行。另外,材料的比选也可以放在分级方案中比选

（续表）

序号	活动内容	优点及创新特色	统计方法应用	存在不足	今后努力方向
4	制定对策	对策是针对最佳方案提出来的，对策目标清晰，措施具体	简易图表	对策中缺少全部部件的组装内容	作为创新型课题，在对策中要有对于全部组件组装的内容，并进行交底工作
5	对策实施	针对每一条措施，具体展开，实施内容详细，并配有图片作出说明	流程图、控制图等	实施措施的过程中缺少相应数据的收集	要重视实施过程中数据的收集、整理，通过适宜的统计方法来帮助确定实施结果
6	效果检查	课题目标顺利实现，确认了经济效益和社会效益	简易图表	缺少对实施效果稳定性的评价	新工艺的实施是否有持续有效性，应该予以关注
7	标准化	小组完成了作业指导书、相关的设计图纸，形成了1项管理制度	简易图表	管理制度缺少评价过程	加强对于形成管理制度的学习，新的管理制度必须经过评价、审批和发布
8	总结和下一步打算	小组对活动进行了全面的回顾与总结	雷达图、简易图表	总结过程数据还不够完整	注意总结部分的数据收集与整理，提高数据说话能力

制表人：××× 日期：××年××月××日

例如：某小组开展创新型课题活动，在“总结与下一步打算”阶段，小组成员从专业技术、管理方法两个方面对本次QC活动过程进行总结，总结内容参见表3-18所示。

表 3-18 活动总结表

<table>
<tr><th>类别</th><th>工具应用</th><th>PDCA 循环</th><th colspan="2">对成果的收集和整理</th><th>成果改进</th></tr>
<tr><td rowspan="3"></td><td>方案</td><td>流程</td><td>制图</td><td>不足</td><td>改进思路</td></tr>
</table>

<table>
<tr><td>专业技术</td><td>目标设定、目标可行性论证、各方案提出、分级方案的比选等过程数据翔实、规范,应用统计方法适宜</td><td>成功解决了桩基水磨钻安全风险高、效率低的难题,小组成员相关专业知识和应用能力普遍提高</td><td>小组成员的 BIM 制图、CAD 制图能力有很大提高。相关图纸被企业纳入“企业技术图集”</td><td rowspan="2">在最佳方案确定时,小组成员对于正交试验的理论知识和实际操作有不熟练的地方,需要进一步加强学习、应用</td><td rowspan="2">在确定最佳方案时,通过正交试验、调查分析等方法来获取相关结论,是小组今后继续努力的方向。另外,在对策实施中,验证对策实施效果的时间相对偏短,试验次数还需要增加,操作过程的能力要进一步提升</td></tr>
<tr><td>管理方法</td><td>小组成员对于统计方法的应用能力得到提高,数据说话能力增强</td><td>小组成员熟练掌握并运用了 PDCA 循环,分析问题、解决问题能力提升,创新意识增强</td><td>数据收集能力得到增强,小组成员还创立了相关的 BIM 族库</td></tr>
</table>

制表人:××× 日期:××年××月××日

问题 30:怎样理解“从创新角度对专业技术、管理方法和小组成员综合素质等方面进行全面的回顾,总结小组活动的创新特色与不足”

答:当小组完成标准化程序后,就进入“总结和下一步打算”阶段。在这个阶段,小组需要从创新的角度,全面回顾在活动的各个程序中的经验与不足。总结的角度可以从专业技术、管理方法、小组成员综合素质等方面展开。其中,专业技术方面应该总结小组在本次活动的专业技术上有哪些收获、进步和提高,特别是专业技术上有什么创新特色、还存在哪些不足等;在管理方法方面,小组应该总结小组活动过程中遵循 PDCA 循环、以事实为依据、用数据说话、运用统计方法等相关情况，在哪些地方做得比较好，有了新的提高，哪些地方还存在着不足，需要继续改进等；小组成员综合素质方面应该总结成员们在质量意识、团队精神、QC知识、个人能力等方面取得了哪些进步，存在哪些不足等。

例如：某小组在基本完成了创新型课题活动的各程序后，进行了全面总结，具体如下。

××年××月××日，小组全体成员召开专题会议，就本次QC小组活动的全过程进行回顾，并从专业技术、管理方法、小组成员综合素质等方面进行全面总结。

专业技术方面：小组成员学习和掌握了QC小组活动的完整程序；小组成员学习、巩固、掌握了电气控制系统的设计、工艺布置等专业知识；小组成员全面掌握了机电设备的安装要点；小组成员掌握了CAD制图软件和BIM三维制度软件的操作，建立了相应的BIM族库；小组成员掌握了工法的编制要领等。不足之处是小组中有三名成员对于电气故障排除还需要继续加强学习。

管理方法方面：QC小组成员全面掌握了创新型课题活动程序，对于需求识别、查询相关文献、开展借鉴工作并把借鉴内容与课题确定、目标设定、目标可行性论证等很好地结合起来；小组在活动全过程中遵循PDCA循环来开展工作，在PDCA各程序中的具体收获和存在不足参见表3-19所示；小组成员遵循以事实为依据、用数据说话，在活动的各程序中注意应用统计方法；小组成员掌握了质量管理的相关方法，可以为今后的管理工作提供很好的借鉴作用。

存在不足：小组在个别活动中应用的统计方法在适宜性上还需要提高，应用上应突出适用、实用，不要过度寻找统计方法的多样性，追求统计方法的难度等。

表 3-19　小组活动 PDCA 各阶段总结表

序号	活动阶段	活动内容	优点	不足之处	今后努力的方面
1	计划阶段	选择课题	小组的需求识别清晰,借鉴文献的原理清晰	借鉴文献的计算步骤要全面	要更好地领会与掌握借鉴步骤
2		设定目标及目标可行性论证	目标可行性论证,不仅借鉴了相关文献,而且还借鉴了行业的相关标准,结合了小组实际	借鉴文献中缺少地区的数据分布情况	加强各地区的数据收集和分析,让目标设定更科学合理
3		提出方案并确定最佳方案	小组成员提出想法充分,提出了一个总体方案,并细化成二级子方案,再确定最佳方案	分级方案第二层的比选中缺少了试验过程	分级方案的比选也要注意科学、合理,必要的试验不能少
4		制定对策	制定对策按照 5W1H 展开,所有的子方案全部得到落实。对策目标清晰,措施具体得当	对策中缺少了对于操作工人的培训和交底	制定对策中不能遗漏对于操作工人的交底培训工作
5	实施阶段	对策实施	实施过程流程清晰,步骤详细,专人负责跟踪对策实施,及时检查实施效果	缺少了实施结果在安全方面的评价	对于活动内容涉及电气和其他方面,要考虑安全评价
6	检查阶段	效果检查	对策实施完成后及时进行了效果检查,达到了课题目标,还做了经济效益方面的评价	没有做社会效益方面的评价	课题内容涉及面广,应做社会效益评价
7	总结阶段	标准化、总结与下一步打算	编制申报了作业指导书,为今后的推广工作提供参考	专利放在了标准化程序中	申请专利可以放在总结处进行

制表人:×××　　　　　**日期:××年××月××日**

小组综合素质方面：通过本次QC活动，小组成员在质量意识、团队精神、改进意识、工作热情和干劲、QC工具运用技巧、进取精神等方面有了不同程度的提高。小组对于每个成员活动前后在上述维度方面都做了评价和打分，结果参见表3-20所示。

表3-20　小组成员活动前后综合素质评分表

小组成员		张×	符××	朱××	边×	徐××	蔡×	韩×	洪××	平均（约数）
质量意识	活动前	3.3	3.4	3.4	4.0	3.3	4.1	3.5	3.6	3.58
	活动后	4.5	4.5	4.7	4.4	4.6	4.8	4.5	4.6	4.58
团队精神	活动前	3.8	3.4	3.6	3.5	3.6	3.4	3.7	3.5	3.56
	活动后	4.6	4.7	4.8	4.6	4.5	4.8	4.7	4.9	4.70
改进意识	活动前	3.5	3.7	3.4	3.6	3.3	3.6	3.2	3.5	3.48
	活动后	4.6	4.5	4.7	4.8	4.5	4.3	4.7	4.6	4.59
工作热情和干劲	活动前	3.3	3.6	3.4	3.2	3.8	3.3	3.4	3.7	3.46
	活动后	4.5	4.4	4.5	4.6	4.7	4.5	4.8	4.8	4.60
QC工具运用技巧	活动前	3.5	3.6	3.4	3.3	3.2	3.2	3.5	3.3	3.38
	活动后	4.7	4.6	4.5	4.4	4.3	4.8	4.2	4.3	4.48
进取精神	活动前	3.4	3.4	3.2	3.3	3.6	3.2	3.5	3.8	3.43
	活动后	4.5	4.3	4.3	4.2	4.7	4.5	4.6	4.2	4.41

制表人：×××　　　　日期：××年××月××日

根据表3-20的内容，小组绘制了“活动前后小组成员综合素质评价雷达图”，如图3-27所示。

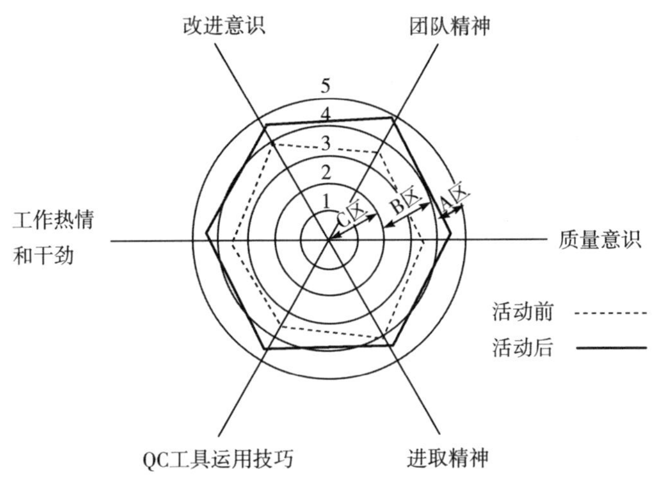

制图人：× × ×　　　　日期：× ×年× ×月× ×日

图 3-27　活动前后小组成员综合素质评价雷达图

由图 3-27 可知，活动后小组成员的综合素质都处于 A 区，说明各成员的综合素质得到了很大的提升，为小组今后开展 QC 活动积累了宝贵的实践经验，小组成员也更有信心去迎接新课题的挑战。

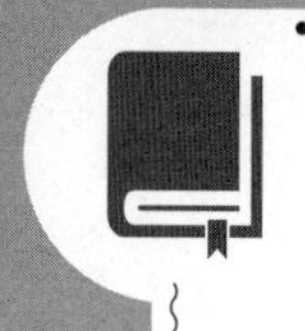

第四章　统计方法

一、数据的统计

问题1:什么是应用统计方法的适宜性

答:小组在质量管理活动过程中,会采集到大量数据,以问题解决型来说,从现状调查开始一直到总结部分结束,都会有数据伴随,如何准确地处理这些数据,更好地为小组活动提供科学决策的依据,小组就要使用相应的统计方法。假如小组在活动中不使用统计的方法,巨大的数据量、信息量,光凭目测、脑力思考等方法,恐怕来不及处理,也容易出现偏差。通过统计方法的应用,小组成员可以通过科学的计算、通俗易懂的图形、统计软件提供的分析数据等,快捷、科学地作出判断。在质量管理小组实际活动中,并不是在每一个程序中随便应用一个统计方法即可达到目的,因此,小组需要把握应用统计方法的适宜性,以便让数据科学地"说话"。

应用统计方法的适宜性,是指小组在每个活动程序中所使用的统计方法与该程序活动过程中所要达到的目的相匹配的程度,能够方便小组作出准确判断。统计方法是活动中使用的工具,不是活动的目的,小组应用统计方法主要是为了提高管理的有效性和效率。不同的统计方法,其体现出的功能与作用是不同的,唯有适宜的统计方法,才能让枯燥的数据发出最合适的声音。每一项统计技术都有其应用的前提和条件,从适宜性的角度来看,当小组要分析存在的质量问题时,可以使用图示技术工具,如直方图、散布图、趋势图、排列图等,也可应用语言描述工具,如因果图、关联图、分层法等;当小组要监控生产和测量过程,则可以应用控制图、直方图等;如果小组要确定哪些因素对过程、产品性能等有显著影响,或者是确定最优搭配,那么可应用试验设计工具,如黄金分割法、正交试验法等;当生产、设计条件发生变化时，为了预测和控制产品特性，可以应用回归分析法来提供定量模型；当生产过程受到多因素影响，若都是正态分布，且它们的方差相等，可以应用方差分析来估计各因素的影响程度，如单因子方差分析、双因子方差分析。在检验时，经常会用到不同的抽样方法，如随机抽样、系统抽样、整群抽样、多级抽样等，可以通过假设检验来判断在规定的风险水平上，一组数据是否符合已给定的假设。还应利用计算机进行模拟，既安全又经济地获得所模仿系统的运行结果。统计方法非常多，唯有适宜的才是最佳的。

小组在活动中常用的统计方法有以下几种。(1)调查表，主要是把各类数据集合在一起，进行简单整理、粗略分析的一种统计图表。(2)分层法，可以根据需要，按照人、机、料、法、环、测、时间等不同的类别进行分层处理，显示出其中的差异。(3)排列图，把不同特性的数据按出现的频率进行排列，可以抓住重点。(4)因果图，根据问题特性，从人、机、料、法、环、测等6个维度进行逐层分析，查找原因。(5)直方图，可以形象地反映数据的分布规律，发现问题。(6)控制图，可以随着时间顺序，发现产品特性值的波动情况，找到异常点。(7)散布图，可找到自变量与因变量之间的相关程度，可用以确认末端原因与问题症结之间的相关性。(8)系统图，可以发现某个质量问题与其组成要素之间的逻辑关系和顺序关系。(9)关联图，能找到因素之间相互关联、纠缠的原因与结果。(10)亲和图，把有关某一个特定主题的意见、观点、问题、特性等，按照它们之间的相互亲近程度加以归类、汇总，可以归纳、整理不同的意见、问题，发现新问题，构建新思路等。(11)流程图，把过程的步骤用图示的形式表示，使过程清晰展示。(12)矢线图，用网络的形式安排工作的日历进度，说明作业与工序间的关系，计算作业时间，确定关键线路。(13)过程控制程序图法，是为实现某个目的而进行多方案设计，从而找到解决方法。(14)饼分图，把不同特性数据按比例用扇形面积来表示。(15)折线图，找到质量特性随时间推移而波动的情况。(16)雷达图，可以直观检查工作成效等。

虽说针对不同的程序没有固定的统计方法，但小组在不同的程序中可以应用相对适宜的方法，经常使用的方法有以下几种。(1)选题的时候，可以用亲和图、柱状图等来找到小组需要解决的课题。(2)现状调查时，可以用调查表、排列图、饼分图等来找到引起质量缺陷的问题或症结。(3)在原因分析阶段，可以用鱼骨图、关联图、系统图等来逐层解剖导致质量症结的末端原因。(4)在主要原因确认阶段，因为要大量用到现场测量、试验、调查分析等手段，因此，用到的统计方法比较多，常见的有调查表、折线图、柱状图、抽样、假设检验、直方图、趋势图、散布图、回归分析、模拟等，一直到确认完成。(5)在对策实施阶段，经常用到流程图、正交分析法、矢线图、过程控制程序图法、抽样、假设检验、过程能力分析、控制图、折线图等，确保实施过程中对各类数据的合理分析。(6)在效果检查阶段，使用的有柱状图、折线图、排列图、饼分图、直方图、调查表等，检查设定的目标是否实现。(7)在作总结时，常用到雷达图、折线图、柱状图等，以反映小组取得的各方面成绩。

应用统计方法，重点在于数据的处理能力，发现质量问题并改进。现在的质量管理小组成员学历越来越高，知识面更加宽泛，更多的统计方法将会得到应用，如对于测量系统的可靠性分析、时间序列分析、失效模式和效果分析等。随着创新型课题增多和计算机技术的发展，建立各类数据模型、计算机模拟等手段将会越来越多地得到应用。未来的发展趋势，不是统计方法越用越频繁，而是数据的处理能力越来越强，统计方法的地位也会越来越高。

问题 2：什么是应用统计方法的正确性

答：小组在质量管理活动中运用适宜的统计方法，有助于小组在活动中快速、科学地作出相关决策，提高小组活动的效率和质量。但是，小组运用统计方法不仅需要注重适宜性，还需要关注应用统计方法的正确性。应用统计方法的正确性是指小组所运用的具体统计方法是规范的，符合该统计方法的基本要求、应用条件、应用过程等，其应用结果能够真实反映该统计方法所要达到的目的。应用统计方法的正确性一般反映在以下几个方面。

一是应用规范。每个统计方法都有其特定的内涵，小组应用的时候，必须遵照它的内涵要求来开展。比如：小组应用直方图，需要收集 50 个以上数据（否则要用软件模拟），小组收集数据以后，必须计算数据的极差、根据数据数量的多少来确定相应的组数，然后用组数去除极差得到组距。不然，这些数据的波动特征就难以准确表达。

二是数据准确。只有准确的数据才能确保统计方法呈现的结果正确。小组在活动中所采集到的数据来源分两类，一类是来自全部样本，但这样的工作量是非常巨大的，比如现状调查的时候，小组几乎是不会针对某一个问题，到现场所有的生产场所进行全部取样，这是不科学，也是不可能的，因为很多时候样本是无法穷尽的。因此，小组需要通过抽样的方法来获取样本。但如果小组抽样的方法不准确，或者抽到的样本数据不能真实反映总体的状态，那么数据就会出现偏差，这样应用统计方法也就失去了准确性。

三是要保证应用条件。有些统计方法在应用时是有一定的前提条件的。比如小组要运用控制图，有一个重要的前提是生产产品的过程能力必须足够，如果过程能力大于1.33，那么运用控制图来判断数据状况是有效的；如果过程能力小于1，则数据离散程度大，运用控制图来判断质量状况有失偏颇。在运用控制图的时候，小组还需要确定所控制的数据是计量值还是计数值，因为两者所选用的控制图是有区别的。有些统计方法在应用时，对于数据量也有一定的要求。比如小组运用直方图，如果数据量少于50个，则图形波动大，只有数据量足够，直方图才能准确传递样本信息；小组运用散布图，数据组数必须在30对以上，全部数据所呈现的相关性或无相关性才能比较清晰，如果少于30对数据，那么数据间的相关性很可能会失真。

四是计算过程要准确。有些统计方法是需要计算过程的，虽然有现成的公式，但小组必须清楚如何去计算，并以此保证计算质量。比如小组在计算标准差时会面临标准差的计算公式，但公式中究竟是除以“n”，还是除以“$n-1$”，很多小组成员就变得迷茫。再比如绘制排列图，需要不同对象所占有的频率和累计频率，如果相应的频率和累计频率计算错误，则绘制的排列图就不准确了。另外，还有小组应用网络图时，是需要计算具体每个工作节点上紧前、紧后的作业时间后才绘制的，如果紧前、紧后的时间计算错误，那么网络图就绘制失败，很可能小组寻找的关键路径是错误的。

五是内在逻辑要清晰。有些统计方法在应用时，需要分析步骤之间的逻辑性，只有确保逻辑正确，才能有正确的分析结果。比如小组运用因果图，在具体分析导致问题的原因时，必须确保两者的因果关系清晰、逻辑关系紧密。如果小组只是随意地进行分析，那么最后得到的结果是没有使用价值的。

六是归类要准确。有些统计方法应用时，是需要把相关信息按照属性进行归类的。比如小组应用亲和图，其主要特点就是把收集到的有关某一个特定主题的观点、问题、产品、材料等，按照它们的相互亲近程度来整理、归类。如果小组在应用时图中的具体内容不具有亲和性，则该图就失去了意义。

七是关键内涵要正确。有些统计方法在表述上有使用记号的,必须使小组对记号的内涵理解正确才能保证整个统计过程的应用正确。比如小组应用正交试验方法时,有些人对于正交符号的含义理解不清楚,特别是对于正交试验可安排的"因素数"和因素的"水平数"概念理解不清晰,容易把两者混淆,这样小组所引用的具体试验内容就相差甚远了。

八是图示要规范。有些统计方法是通过图示的方式来表达的,很多图示有规范性的应用,有些是有约定俗成的应用,小组应确保这些图示的规范性。比如小组应用流程图时,缺少"流程开始"和"流程结束"的图示,使局外人看不清该流程是完整的流程还是流程的一部分。有的小组在应用流程图中,遇到"判断"时还是用矩形方框表示,殊不知国际标准是应用"菱形框"来表示"判断"的节点。有的小组所绘制的排列图中,左右数轴上没有数据标志线、没有项目名称、没有累计频率百分比的描述等,那么这个排列图的应用就不正确。有的小组在绘制折线图、散布图时,数轴上没有单位名称,图中也缺少图例,那么这些图只能算是示意图。

问题3:小组活动中的数据有什么特点

答:小组在质量管理活动中会产生大量的数据,有工艺的数据、试验的数据、过程中的统计数据等,小组通过对这些数据的整理、分析、判断、利用,可以提高小组活动的质量和效率。在这些活动中所产生的数据,看似零碎杂乱,实质上是有内在特点的,主要反映在以下三个方面。

一是数据具有波动性,即数据不会固定为一个数值,它们是不同的,呈现为波动的状态。比如小组在现状调查时,为了获取导致课题质量问题的相关数据,通过某一次的取样得到一组数据,等过一段时间再取样,这些数据不会完全相同,而是有高高低低波动的性质。

二是数据具有规律性,即数据有一定的分布范围,会围绕着数据的平均值波动,而且数据会在这些数据的平均值附近出现很多次。同样以现状调查为例,小组多次围绕着质量问题取得相关数据,虽然数据各不相同,但就某一个特定的质量问题来说,相关的数据会趋同,会围绕着数据的平均值波动。

三是数据具有时间性。虽然数据具有规律性，在不同时间收集相同性质问题的数据会基本接近，并围绕着平均值波动。但是，随着时间的推移，很可能存在一些重大变化之处，如机器发生故障、人员能力下降、环境产生影响、温度发生变化等，那么在不同的时间段所收集的数据结果就会出现异常波动。

小组客观认识到数据的相关特点后，在活动中对于收集到的数据有了新的认识，加以统计分析后，可以提高小组判断、决策的能力和效率，为质量管理小组活动助力。

问题4：怎样理解数字、数值、数据、信息等不同含义

答：数字、数值、数据、信息这几个词的含义各不相同，却又有着紧密的联系。

数字，最早是人们计数方式的一种表示，很多国家有自己的数字表示方式，如中文数字、罗马数字、英文数字等。以阿拉伯数字"1"为例，中文数字表示为"一"，英文数字表示为"one"，罗马数字表示为"Ⅰ"。当然还有很多不同文字的表示方式。人们在日常生活中常会遇到数字，现在应用最广泛的是阿拉伯数字。

数值，是在数字后面加上单位名称，是为了表明某个物体、平面、空间等所具备的具体性状。比如表示物体重量，使用"公斤""kg"等单位，其表现出的数值有"1公斤""1 kg"等，准确地说，"1"由"数字"的身份转换成了"数值"。可以这么说，数字与计量单位结合后，就具备了数值的属性。

数据，是指能客观反映事实的数字和数值。数据体现的内涵比较广泛，各类数值是数据，各类文件、上传的报表等也是数据。数据在人们的日常工作生活中不断产生、无穷无尽，如生活数据、交通数据、建筑数据、施工数据、人口数据、招生数据等。现在社会进入了数字化时代，人们常说的"大数据"，是各种各样数据的大集合，此时的"数据"实际上不仅是数字、数值，还有各类资料。

信息，其实也是客观反映事实的数字、数值、资料等。在数字化时代到来之前，信息与数据是有区别的，信息的含义更广，它包含了各类数据，也包

含了各种非数据类的资料。信息传递了一定的含义,人们说的话、写的字、图形、色彩、几何形状、尺寸等,都是信息。但数字化时代到来后,数据和信息基本是相同的概念了,人们传输数据,其实就是传输信息;人们传输信息,也可理解为传输数据。

问题5:怎样理解数理统计

答:数理统计是数学的一个分支,它主要研究如何以有效的方法去收集、整理、分析带有随机性影响的数据,从而对所考察的问题作出推断和预测,直至为采取某种决策提供依据和建议。现在的数理统计基本是建立在概率论的基础上,其在理论上、方法上、应用上都得到了快速发展,特别是计算机技术的进步,更是加快了数理统计的广泛应用。

数理统计的内容有两个特点:一是数理统计的出发点是数据,因此需要收集一批数据。如何收集数据就涉及数理统计的两个重要分支,即抽样方法和试验设计。二是有了数据之后,需要根据数据所关心的问题进行推测。但这种推测不是绝对准确的,它含有一定程度的不确定性,而概率正是不确定性大小的数量表示。这样,任何一种推测都必须用一定的概率来表明推测的可靠程度。这种在一定的概率意义下的推测称为统计推断,统计推断的基本形式是估计和检验,其中估计还包括点估计和区间估计。这里介绍几个基本概念。

1. 随机变量

在随机试验中,如果存在一个变量,它依据试验结果的改变而取不同的实数值,那么这个变量被称为随机变量。

2. 分布函数

给定随机变量 X,称函数 $F(x)=P(X\leqslant x)$ 为随机变量 X 的分布函数。

3. 离散型随机变量及其概率函数

如果随机变量 X 仅可能取有限个或可列有限个值,则称 X 为离散型随机变量。以下是常用的离散型随机变量。

二项分布 $B(n,p)$,它的概率函数为:

$$P(X=i)=\binom{n}{i}p^i(1-p)^{n-i},i=0,1,\cdots,n$$

泊松(Poisson)分布 $P(\lambda)$,它的概率函数为:

$$P(X=i)=e^{-\lambda}\cdot\lambda^i/i!,i=0,1,2,\cdots,\lambda>1$$

均匀分布,它的概率函数为:

$$P=1/n$$

4. 连续型随机变量及其密度函数

如果随机变量 X 的分布函数 $F(x)$ 可以表示为:

$$F(x)=\int_{-\infty}^{x}f(t)\mathrm{d}t,\ -\infty<x<\infty$$

那么称 X 为连续型随机变量,函数 $f(x)$ 为 X 的密度函数。

常用的连续型随机变量:

均匀分布 $R(a,b)$,当 $a<x<b$ 时,密度函数为 $f(x)=1/(b-a)$,其余 $f(x)$ 为0。

指数分布 $E(\lambda)$,当 $X>0$ 时,它的密度函数为 $f(x)=\lambda e^{-\lambda x}$,其余 $f(x)$ 为0。

正态分布 $N(\mu,\sigma^2)$,它的密度函数为:

$$f(x)=\frac{1}{\sigma\times\sqrt{2\pi}}\times\exp\frac{-(x-\mu)^2}{2\sigma^2},\ -\infty<x<\infty$$

由正态分布派生出三个分布:χ^2 分布、t 分布、F 分布。χ^2 分布中,随机变量 $X_1,\cdots,X_n$ 相互独立,且都服从标准正态分布 $N(0,1)$,Y 为 $(X_n)^2$ 之和,取值范围为 $(0,\infty)$。t 分布中,X 服从正态分布,Y 服从 χ^2 分布,取值范围为 $(-\infty,\infty)$。F 分布中,X、Y 都服从 χ^2 分布,取值范围为 $(0,\infty)$。

问题6:怎样理解计量值与计数值的含义

答:质量管理小组在活动过程中所产生和收集的各类数据,基本可以分为计量值和计数值两大类。

计量值是指可以利用监视和测量装置等进行测量,从而得到的连续性的数据,比如重量、速度、长度、容积、电压、电流、强度、化学成分等。计量值数据的一个关键词是“连续性”,比如长度为1.0米、1.1米、1.2米等,也可以为1.00米、1.01米、1.02米等,还可以继续细分下去而保持连续性的特征。在质量管理小组活动中,计量值数据一直在产生,如小组分析牵引力用到了牵引力计量数据,分析效率用到了产出和时间等数据。

计数值是人们用计数装置或人工计数等方法而得到的非连续性的数据,通常表现为正整数,比如合格数、不合格数、起降次数、投诉次数、发货批数等。在质量管理小组活动中,小组常用到的检验批数、质量问题的不合格数、小组活动次数等都是计数值数据。

计数值还可以细分为计件值和计点值。比如在一批材料检验中有3件不合格,这个“3件”就是计件值。计点值可以表现为某一个产品、某一个过程、某一个单位产品等上面发生的,具有某个质量特性的数据,比如在机电安装中出现6处不合格点,这个“6处”就是计点值。

小组在实际活动中,对于收集到的数据重在应用,一般也不用刻意留心所采集的数据为计量值还是计数值。但是,在某些特定应用场合就需要注意了,比如小组使用控制图,那么计量值的控制图与计数值的控制图是有区别的。计量值和计数值的数据分布不同,应用的假设检验也有区别。

问题7:怎样理解总体与样本的含义

答:总体是指被研究对象的全体。比如:某一个批次的整批产品、进入现场的某个型号的全部材料等就是总体。在质量管理小组活动中,总体所反映的内容不仅是所指的对象,有时还反映具体的质量特性值以及质量特性值的分布。总体所包含的个体的数量可能是无限的,也可能是有限的。

如果个体的数量是有限的，而且数量不算庞大，那么小组可以逐一分析其质量特性数据。但是在下列情况下，小组无法逐一分析个体的质量特性数据：一是个体的数量是无限的；二是个体的数量虽然是有限的，但数量太过庞大；三是个体的数量是有限的，而且数量也不算庞大，但试验是破坏性的。

如果出现了上述三种情况，那么小组只能通过抽取总体中的一小部分个体来进行考察、分析，以了解总体的情况。从总体中所抽取的一小部分个体就是样本，样本中所含个体的数量叫样本量。比如：小组在活动过程中，某一个工序产生的质量特性数据是总体，而小组从该工序中抽取的若干个体是样本，那么这些个体的数量是样本量。

为了保证样本能够正确地反映总体的情况，要求抽取样本必须是随机的，这样才能保证总体中的每一个个体都有相同的机会被抽到。小组在活动中可以通过分析样本中有限的数据所包含的质量特性信息，找出其中的规律、变异、特性、分布等，对总体的某些特征值作出预测、估计、判断、确认等，从而制定出下一步的措施，以实现某个阶段性的目标。

问题 8：为什么数据分析时要用到平均数、中位数、百分位数、标准差、极差

答：当小组收集到一组数据后，这些数据会呈现两个重要的特征值，一个是数据分布的中心位置，一个是数据分布的离散程度，这就需要用这组数据的“典型数据特性”来表示。用来表示数据分布中心位置的典型数据特性是“平均值”或者“中位数”；用来表示数据分布离散程度的典型数据特性是“标准差”或者“极差”。数据分析时用平均值、中位数、标准差、极差等可以反映一组数据的特性，所以在数据分析时要用到。

1. 平均数 $\bar{x}$

用 $x_1, x_2, x_3, \cdots, x_n$ 表示一组数据，它们的平均值（也称均值）通常用 $\bar{x}$ 表示，则 $\bar{x} = \frac{1}{n}\sum_{i=1}^{n} x_i$。公式中，$x_i$ 表示第 i 个数据值；n 表示一组数据的数量或称为样本量。

求取一组数据的平均值，在质量管理小组活动中经常用到。比如，小组为了获取某个区域的质量问题数据，可以通过多次的现场测量，然后计算它

们的平均值,这样可以比较准确地获得质量问题数据所处的中心位置。

2. 中位数 $\tilde{x}$

中位数是求得一组数据均值的一种简单、快捷的方法,通常用 $\tilde{x}$ 表示。计算中位数的步骤是把一组数据按照由大到小的顺序排列,或按照由小到大的顺序排列,取最中间的一位数值,即为该组数据的中位数。如果一组数据共有偶数个数值,则取最中间两个数值的平均值,为该组数据的中位数。如一组数据:{1、3、3、5、7、8、9},则“5”是该组数据的中位数。再如一组数据:{2、3、5、8、9、12、14、15},那么“8”和“9”是最居中的两个数值,它们的平均值为8.5,也就是该组数据的中位数。

中位数不是整组数据的平均值,但它可以客观地反映一组数据的均值状态。例如:一组数据中共有30个人员,其中29人为工薪阶层,每个人的年薪大致在10万元,而另有一人为高收入者,年收入在300万元以上。这组数据的平均值接近20万元,这也是大多数员工的收入被平均后有很大提高的原因。而如果取中位数,那么10万元年薪是相当准确地反映了大多数员工的正常年收入的。这就是中位数的魅力所在,因为它很好地规避了个别数据离散程度大的状况,很多证券分析师也喜欢用证券市场市盈率的中位数来判断行情是处于高位还是处于底部。

中位数反映在质量管理小组日常活动中,表现为如果在采集数据时出现个别数据的数值特别偏离其他数据的分布轨迹时,那么这个数据的离散度太大,应当在剔除该数据后再计算均值,这时应用这组数据的中位数来反映就比较符合实际情况。

3. 标准差 σ 和样本标准差 S

标准差是反映数据离散程度的一项统计方法,通常用 σ 表示。标准差数值越小,那么数据的离散度就越小。标准差公式为:

$$\sigma = \sqrt{\frac{1}{N}\sum_{i=1}^{N}(x_i - \mu)^2}$$

公式中,数值 $X_1, X_2, \cdots, X_n$(皆为实数),其平均值为 μ,标准差为 σ。

计算标准差及离散度有什么用呢?在质量管理小组活动时,要大量开展各类数据的采集工作,举例来说,当验证某一个工艺、措施是否符合要求,需要对措施实施完成后产品的各项指标进行数据采集,如果数据之间的标准差小,那么这组数据的离散度就小,说明工艺的稳定性好,措施是得当的。很多人不明白,为什么在计算标准差时,要用每个数据减去该组数据的平均值,先计算平方和,再开方后求得标准差。这里的奥妙就在于数据是有正数、负数的,为了体现每一个数据的价值,避免受到正、负值相互抵消的影响,所以需要先进行平方计算,再开方求取数值,这样反映的数据离散程度比较准确。在分析标准差时,小组可以运用 Excel、Minitab 等软件来进行绘制和分析。

小组在活动中,有时候采集的一组数据是总体的数据,那么可以用标准差 σ 来反映这组数据的离散程度;有时候小组采集的一组数据是抽取样本的数据,那么就需要使用样本标准差来反映数据的离散程度。样本标准差通常用 S 表示,其计算公式为:

$$S=\sqrt{\frac{1}{n-1}\sum_{i=1}^{n}(x_i-\bar{x})^2}$$

公式中,x_i 表示第 i 个数据值;$\bar{x}$ 为平均值;n 是样本量。

为什么在计算 σ 时,公式中要除以 N,而在计算样本标准差时,是除以"$n-1$"呢? 这是因为在计算样本标准差时,样本中失去了一个数据的"自由度",其核心是样本的真正平均值,是没有办法找到的。举例来说,有一组数据,如果已知这组数据的平均值,那么,现在已经知道了"$n-1$"个数据,则可以很快地计算出最后剩下的那个数据的数值。比如:已知一组数据的平均值是 36,现在又已知其中"$n-1$"个数据的具体数值为"34,34,35,36,36,36,38,38,____"那么马上可以计算出失去的一个数据是"37"。此时,这组数据集合中有 n 个自由度。但如果刚才的那组数据是抽样得到的一组数据,那么抽样所得到数据的平均值是不能真实反映总体数据的平均值的。在这个情况下,假设这组样本数据的平均值是已知的(其实这个平均值不是总体数据的平均值),同样的一组数据"34,34,35,36,36,36,38,38,____",要计算后续失去的那个数据是有无限可能的,即可以是任意数据。此时,数据是失去了一个自由度的。因此,在计算样本标准差时,公式中需要除以"$n-1$"。

4. 极差 R

极差也是反映一组数据离散程度的统计方法,它是指一组数据中的最大值与最小值之差,通常用 R 表示。

在 $R = x_{max} - x_{min}$ 公式中，x_{max} 表示一组数据中的最大值，x_{min} 表示一组数据中的最小值。

在质量管理小组活动中，由于计算数据的标准差相对烦琐一些，因此，如果数据的样本量小于等于 10 时，可以用极差 R 来表示数据的离散程度，R 值越小，数据的离散程度越小。但由于极差在计算时只采用了一组数据中的最大值和最小值，其余数据都没有用到，因此，极差所反映的数据离散程度往往会失真。

小组在实际活动中，对于一组数据的平均数、中位数、标准差、极差等采取组合应用的方式，以反映数据的情况。常用的组合：平均值和标准偏差 $\bar{x} - S$；平均值和极差 $\bar{x} - R$；中位数和极差 $\tilde{x} - R$ 等。

5. 百分位数

百分位数是衡量数据位置的量度，它衡量某个数据位置的依据是该数据在全部数据中所占的百分比。比如，有个金工班组每小时加工零件 100 个，单凭这个数字是无法说明该班组的加工能力的，但如果同时报告这个班组的工作完成率达到 80%，就可以判断大约有 80% 的同类型金工班组加工能力比该班组差，20% 的同类型金工班组加工能力比该班组强。一般来说，第 p 百分位数是这样的一个值，它使得至少有 p% 的数据项小于或等于这个值，且至少有 $(100 - p)$% 的数据项大于或等于这个值。其中，第 25 百分位数称为下四分位数 Q_L，第 50 百分位数就是中位数 m_e，第 75 百分位数称为上四分位数 Q_U。定量数据的百分位数计算相对比较简单。

如果是定性的有序数据，其百分位数的计算步骤如下。一是把所有数据按照由小到大的递增顺序排列。二是计算 i 值。$i = (p/100) \times (n + 1)$，其中 n 是数据的个数。三是分析，如果 i 是整数，则定性有序数据的第 p 百分位数是位于第 i 位次的数；如果 i 不是整数，将 i 向上取整数，即取 k 为大于 i 的毗邻整数，则定性有序数据的第 p 百分位数是位于第 k 位次的数。

在质量管理小组活动中，百分位数可以用在选题理由步骤，小组通过分析课题有关质量问题在整个行业中的百分位水平，来确定是否要开展该项活动。百分位数可以用在现状调查步骤中，通过不同质量问题所占不同的百分位数据，可以判断哪个质量问题是症结。百分位数也可以用在对策的评价比选、分级方案的比选等步骤中，通过对策、方案等在经济性、时间性、有效性、可靠性等相关内容的百分位数的情况，提供参考数据。在效果检查步骤中，可以通过不同质量问题的百分位数据，来判断原来的症结是否得到了明显改善。

问题9:如何进行抽样

答:抽样是指通过研究总体中的样本来获得有关总体相关特性的一种统计方法。抽样又是一项极其重要的基础性工作,如果不是研究总体中的全部数据,那么很多统计方法都要用到抽样所获得的样本数据。同全部的检验或总体调查相比,抽样不仅节省时间、费用和劳动力等,而且只要抽样方法得当,那么对抽样数据的分析结果会接近总体数据的分析结果。因此,怎样进行抽样就尤为重要。

抽样基本分为两大类:验收抽样和调查抽样。

验收抽样,也称为抽样检验,是根据从某批次产品中抽取和检验样本的结果,来决定是否接受这批产品的活动。抽样检验的对象是一批产品而不是每个产品。经过抽样检验判定为合格的批次,不等于该批次中每个产品都合格;而经过抽样检验判定为不合格的批次,不等于每个产品都不合格。比如从海外进口冷冻水产品,因为数量太过庞大,检验检疫单位选择抽样检验的方法,虽然放行的批次都是抽样检验合格的,但流通到市场上,还是会出现个别水产品不合格的情况。抽样检验一般适用于三种情况:一是适用于破坏性检验,比如产品的寿命试验、材料的疲劳试验、产品的可靠性试验、零件的强度试验等;二是适用于测量对象是流程型的材料,比如整卷钢板的检验;三是适用于希望节约时间和费用等的检验。

抽样检验的方式可以细分为很多种:根据收集数据的性质分为计数抽样检验和计量抽样检验;根据被检验对象是否组成批,分为逐批抽样检验和连续抽样检验;根据抽取样本的数目,分为一次抽样检验、二次抽样检验、多次抽样检验、序贯抽样检验;根据抽样方案是否可以调整,分为调整型抽样检验和标准型抽样检验;根据不合格批的处置方法不同,分为挑选型抽样检验和非挑选型抽样检验等。这些抽样检验方式都有相应的国家标准。

调查抽样,也称为抽样调查,是为了估计总体中的特性状况或者估计某些特性在总体中的分布状况而进行的活动。抽样调查的方法是从总体中随机抽取一定数量的个体作为样本来调查,根据调查结果来推断总体的特性状况或特性在总体中的分布状况。抽样调查的步骤为:一是明确调查的目的。二是确定调查的总体。三是围绕调查目的确定需要调查的内容。四是规定抽样调查的精确度,这与花费的时间、经费有关,通常用抽样误差来表达精确度。五是确定抽样调查的方式,是问卷调查还是口头调查;是线上调查还是线下调查;是概率抽样还是非概率抽样;在概率抽样中,是随机抽样还是等距抽样,是分层抽样还是整群抽样。六是明确抽样框,比如在建筑企业中,要确定抽样的单元是一个楼层、一个分部分项、一栋楼、一个小区等。七是确定样本量。八是抽取样本。九是数据的分析。

下面介绍概率抽样中的 5 个方法。

1. 简单随机抽样

简单随机抽样又称随机抽样,是指总体中的每一个个体被抽到的机会相同。具体抽样时,可以采用抽签、查随机数值表、掷随机数骰子等方法。比如有一栋大楼有 50 层,需要抽取其中的 10 层作为样本,可以把各楼层编号,然后用抽签的方式任意抽 10 个编号。可以采用查随机数值表的方法,先任意确定随机数表中的一个方块,然后在该方块中按序得到 10 个数即为 10 个编号。随机数骰子有 0 至 9 等 10 个读数,拿两个骰子,分别代表个位数和十位数,随机投 10 次,即可得到 10 个编号。随机抽样的优点是抽样误差小,缺点是当总体数量很大时抽样的工作量也大。

2. 系统抽样

系统抽样又称等距抽样、机械抽样。其方法是先把总体中的个体编号,然后根据样本的数量来确定等距,接着抽签确定哪一个个体首先入选样本,再根据等距依次确定后面的样本。比如:在 50 个产品中抽 10 个组成样本,先按照 1 至 50 编号,然后确定等距为 50 ÷ 10 = 5;接着随机确定 1 至 5 号中哪个产品入选样本,这里假设是随机抽到了 2 号,那么根据等距,其余入选的编号为 7、12、17、22、27、32、37、42、47,由此组成了全部样本。系统抽样的优点是操作方法简单,缺点是抽样容易出现大偏差,因为抽样起点确定后,整个样本也完全被确定,一旦不合格品出现在样本外且不合格品的出现周期与抽样的等距相同,那么抽样的结果与真实情况就完全相反了。因此,如果总体会发生周期性变化的场合不宜使用系统抽样法。

3. 分层抽样

分层抽样又称类型抽样,是指把一个总体分成几个层,然后按照规定的比例从不同层中随机抽取样本。比如:某班组有 5 个工人在机械加工同一种零件,每个人加工完成的零件归为一堆,现在要求抽取 30 个零件组成样本。采用分层抽样法，从每个工人的成品堆里各抽 6 个，合在一起就组成了 30 个样本。分层抽样的优点是样本代表性好，抽样误差小，缺点是抽样手续相对烦琐一些。

4. 整群抽样

整群抽样又称集团抽样，它是把总体分成多个群，每个群中的个体按照一定的方式结合而成，然后随机抽取若干群，由这些群中的所有个体组成样本。在实践中，常常以群体为单位抽样，比如以班组、工序、项目部、一段时间内的施工质量等为单位进行抽样，对抽到的群体进行全面检查、分析。整群抽样的优点是实施方便，缺点是抽样误差大。

5. 多级抽样

多级抽样又称多阶抽样，是一种分级抽取样本的方法。第一级抽样是从总体中抽取初级样本，以后每一级抽样都是在上一级的样本中抽取次一级的样本。多级抽样适合于抽样面太广而无法直接抽取样本的场合，而且往往是把随机抽样、系统抽样、分层抽样、整群抽样等方法结合起来使用。

二、图示技术描述统计

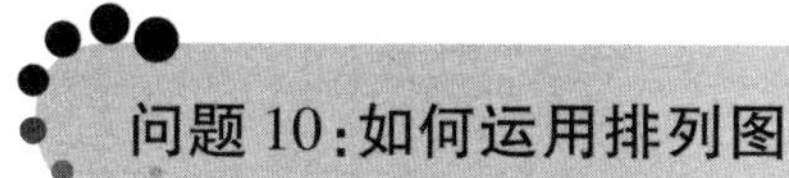

问题 10：如何运用排列图

答：排列图由一个横坐标、两个纵坐标组成，横坐标代表问题、因素，左边纵坐标代表问题发生的频数，右边纵坐标代表问题发生的累计百分比。排列图最早是意大利统计学家帕累托（Pareto）在调研统计国家的财富分布状况时所提出的一种统计分析工具。它具有直观、简洁、易作判断等特点。排列图的精髓在于它所提出的“二八原理”，即意大利社会财富分配的研究结论：20% 的人掌握了 80% 的社会财富。后来美国质量管理学家朱兰将其引用至管理上，提出少数关键问题在全部问题中所占比例是最高的观点。

在质量管理小组活动中，排列图经常应用在选择课题、现状调查、对策实施、效果检查等程序中，它的主要作用是能够快速、清晰地摸排、查找问题或症结，确定关键的少数。比如：某质量管理小组在现状调查中得到了导致幕墙安装质量不佳的质量问题统计表，参见表 4-1 所示。小组根据表 4-1 的数据，绘制了幕墙安装质量问题排列图，如图4-1所示。从排列图中，小组找到了影响课题质量问题的症结是“幕墙表面平整度差”和“接缝高低差大”。

表4-1　幕墙安装质量问题统计表

序号	质量问题	频数(点)	频率(%)	累计频率(%)
1	幕墙表面平整度差	20	37.04	37.04
2	接缝高低差大	18	33.33	70.37
3	接缝直线度偏差大	5	9.26	79.63
4	幕墙垂直度偏差大	4	7.41	87.04
5	阳角不方正	4	7.01	94.05
6	相邻板材板角错位	2	4.10	98.15
7	接缝宽度偏差大	1	1.85	100.00
合计		54	100	

制表人：×××　　　　日期：××年××月××日

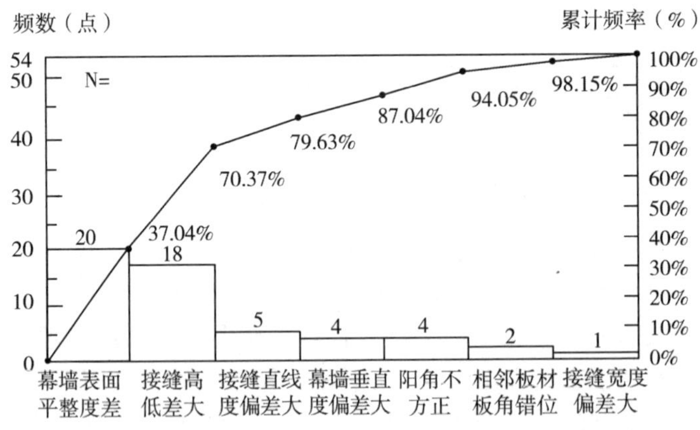

制图人：×××　　　　日期：××年××月××日

图4-1　幕墙安装质量问题排列图

排列图最早出现时，在累计百分比80%处作水平线，处于该水平线以上的问题是症结。但在实际应用中，不能机械地套用“二八原理”，即生搬硬套地规定，一定要超过 80% 或接近 80% 的问题才是症结。所以，在制作排列图时，在累计百分比 80% 处的水平线就不画出来了。但反过来，也不要否定“二八原理”，毕竟排列图的主要原理就是“二八原理”的体现，是管理中的好工具。

在应用中还碰到一个问题，即占比最高的连续两个问题的累计频率相加没有达到 80%，如图 4-1 中“幕墙表面平整度差”与“接缝高低差大”这两个问题的累计百分比分别为 37.04% 和 70.37%，而且这两个问题的频率比较接近，分别为 37.04% 和 33.33%，说明发生问题的重要性很接近。这时，可以先把第一个主要问题作为对象来进行分析，然后再分析第二个问题；也可以把两个问题放在一起进行分析，如果两个问题之间有关联性，则可以运用关联图来进行深入分析。

排列图还有一个非常直观的作用，就是能快速确定下一步质量管理小组要开展的课题，也就是当原来的主要问题下降为次要问题后，原来紧随其后的次要问题上升为主要问题，这就是小组可以开展攻关活动的课题。如图 4-1 中，在“幕墙表面平整度差”与“接缝高低差大”两个症结解决后，如果“接缝直线度偏差大”上升为主要问题，则可以成为下一步质量管理小组活动的课题。

问题 11：如何使用饼分图

答：饼分图是一种图示统计方法，它是把某一特性的数据根据不同的比例用扇形来表达，而且各扇形比例的总和等于 100%。饼分图使用简单、图示清晰，受到质量管理小组的青睐，在活动的各程序中大量被应用。小组在实际应用时，运用 Excel 中的饼分图制图就能很快得到结果，这里建议小组把各类数据由大到小排列，而且饼分图第一个扇形的起始方向为时钟 12 点方向，这样有利于清晰地展示各数据之间的比例关系，特别是数据间差异不大时可以防止误判。

表 4-2 为某小组在现状调查中收集的影响抗震支吊架安装质量的缺陷统计表，小组根据表 4-2 中的数据，绘制了相应的饼分图，如图 4-2 所示。从图中，小组可以判断出“抗震支吊架本体安装不到位”为症结。

表 4-2　抗震支吊架安装质量缺陷统计表

序号	缺陷类型	出现次数	缺陷占比
1	抗震支吊架本体安装不到位	69	82.20%
2	承载物安装不到位	6	7.10%
3	管路外包施工不到位	6	7.10%
4	吊顶系统安装不到位	3	3.60%
合计		84	

制表人：×××　　　　日期：××年××月××日

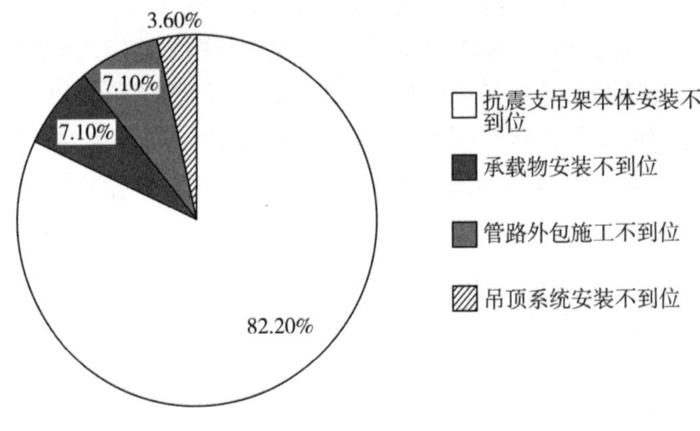

制图人：×××　　　　日期：××年××月××日

图 4-2　抗震支吊架安装质量缺陷饼分图

问题 12：如何应用直方图

答：直方图是把若干等宽而不等高的长方形排列在一起的图形，宽度表示数据的间隔范围，高度表示数据出现的频数，如图 4-3 所示。直方图通过图中长方形高低的变化、位置的变化来描述数据的分布情况。在状态稳定的系统中，如果样本足够大、测量精度高、组距分得足够细，可以得到近似的正态分布曲线。质量管理小组可以根据直方图形状和位置的不同，来判断质量分布状况，还可以通过与质量要求的范围作比较来判断不合格率的发生情况。

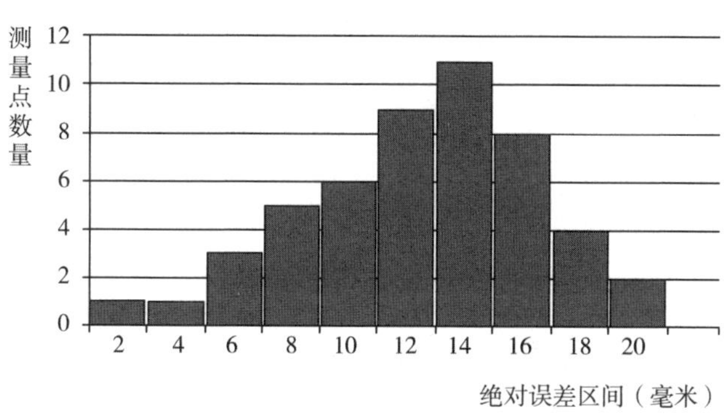

图 4-3　直方图

观察直方图应注意 4 个“看”：一看形状，看直方图是否具有正态分布的特点，即中间高、两边低、左右基本对称。二看集中，同样是具有正态分布特点的直方图，图形瘦高的为好，说明数据离散度小；图形矮胖的为差，说明数据离散度大。三看位置，直方图的分布中心与公差带中心接近为好。四看覆盖，以直方图没有超出公差带为好。

在实际应用中，直方图会出现多种形态，如锯齿型、偏向型、平顶型、孤岛型、双峰型等，小组成员要学会根据不同的图形，准确地分析原因。出现锯齿型，撇除分组过多的原因，应联想到测量方面的问题，如测量方法不妥，或者是数据不准等问题。出现偏向型，应想到施工的习惯所导致的数据分布呈现偏向。出现平顶型的直方图，要想到“疲劳”二字，可能是操作者疲劳了，也可能是加工用的机具疲劳、磨损严重等。孤岛型的直方图，属于明显的数据异常，可以从人、机、料、法、环、测方面思考，从人的因素分析，可能出现了不熟练者；从机的因素分析，可能加工机械磨损严重；从材料的因素分析，可能是原料发生了变化或材料性质发生变化；从方法的层面分析，可能是加工方法不规范；从环境的因素分析，则是施工环境异常；从测量的角度分析，可能是测量工具有异常等。如果直方图呈现双峰型，要想到来自不同总体的数据混杂在了一起。

制作直方图对于数据的采集有要求，一般来说，建议数据量在 50 个以上。如果数据量太小,则图形分布呈现的形态变化太大,难以作出准确的管理判断。另外,应用直方图时,还需要对过程能力进行分析,当过程能力指数 $Cp \leq 1.00$ 时,表明质量控制的过程能力不足,施工过程中的不合格率偏高,就不宜使用直方图了。另外,小组也可以运用 Minitab 软件来进行直方图的绘制和分析。

问题 13:如何应用散布图

答:散布图,又称散点图,是研究成对出现的两组数据之间相互关系的一种图示技术,一般用来发现两组数据相关或不相关的关系,如果相关还可以分析其相关的程度大小。

散布图的画法:先是采集两组数据,一组代表自变量,另一组代表因变量,两组数据要一一对应。然后建立一个平面坐标系,以自变量为横坐标,因变量为纵坐标,并分别确定各自的单位刻度。接着把采集到的两组数据成对地在坐标体系中标出,即可得到散布图,如图 4-4 所示。用 Excel 制作也比较简单,选中数据表后,选择工具栏中的“散点图”就可以生成。为了使散点图能准确反映自变量与因变量之间的相关性,采集的数据对应在 30 对以上,如果数据对过少,那么相关系数的误差会很大,很难作出准确判断。

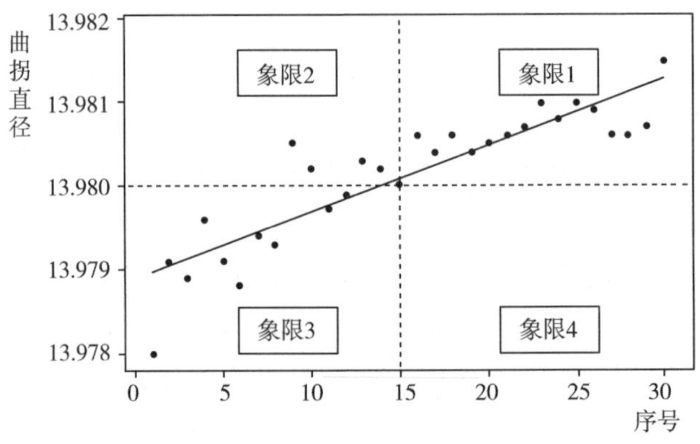

图 4-4　曲拐直径与序号的散点图

为了找到两组数据之间的相关关系，可以运用一元线性回归分析法来求得两组数据的函数关系。在计算方法上，运用最小二乘法可以求得相关系数 r，但手工计算量很大。在实际应用中，可以运用 Excel 来快速求得，具体步骤：点击"文件"，再点击"Excel 选项"，选择"加载项"，再选择"分析工具库"予以加载；加载完毕后，选择"数据"栏目中的"数据分析"，点击其中的"回归"，即可得到相关系数 r。当 $r>0$ 时，说明自变量与因变量正相关；当 $r<0$ 时，说明两者负相关；当 $r=0$ 时，说明两者不相关。

根据散布图呈现的图形，可以用肉眼作简单判断，作出自变量与因变量之间的相关性判断，比如成强正相关、弱正相关、不相关、非线性相关、强负相关、弱负相关等。

还有一种简单象限判断法。即在自变量与因变量的中间值各划一条直线，形成 4 个象限，然后数每个象限中落点的数量，象限 1 至象限 4 的落点数量分别以 n_1, n_2, n_3, n_4 表示。如果 $n_1+n_3>n_2+n_4$，则为正相关；$n_1+n_3<n_2+n_4$，则为负相关；$n_1+n_3=n_2+n_4$，则为不相关。以图 4-4 为例，$n_1=15$，$n_2=5$；$n_3=10$；$n_4=0$，因此，$n_1+n_3>n_2+n_4$，自变量与因变量为正相关。

散布图在质量管理小组活动中是常用的工具，比如在现状调查时，用于查找问题或症结，当出现的问题与自变量呈强相关时，即相关系数 $r>0$ 或 $r<0$ 时，可以初步判定为问题或症结。在目标可行性论证中，若 $r>0$ 或 $r<0$，说明采取措施的强度与设定的目标呈明显相关性，则目标实现可行；当 $r=0$ 时或 r 接近于 0 时，说明不可行。在用于确定主要原因时，若某项原因与自变量的相关系数 $r>0$ 或 $r<0$，则可判定为主要原因；当 $r=0$ 或接近于 0 时，表示不相关，可以否定其为主要原因。

问题 14：如何应用趋势图

答：趋势图，又称折线图或运行图，它是分析研究一段时间内特性值的描点图，用来观察在这个时间段内的特性值随着时间的变化而产生的趋势或走向。趋势图是属于时间序列分析中的一种简易工具。在制作趋势图时,要收集随着时间变化而变化的特性值,建立直角坐标系,横坐标代表时间,纵坐标为特性值。然后把不同时间所对应的特性值在坐标体系中反映出来,描出相应的点,再把这些点连起来,形成趋势图,参见图4-5所示。趋势图应用非常广泛,比如证券分析师常常用各类证券交易指数来预测行情发展的趋势、医生用心电图来判断一个人的心脏健康状况等。

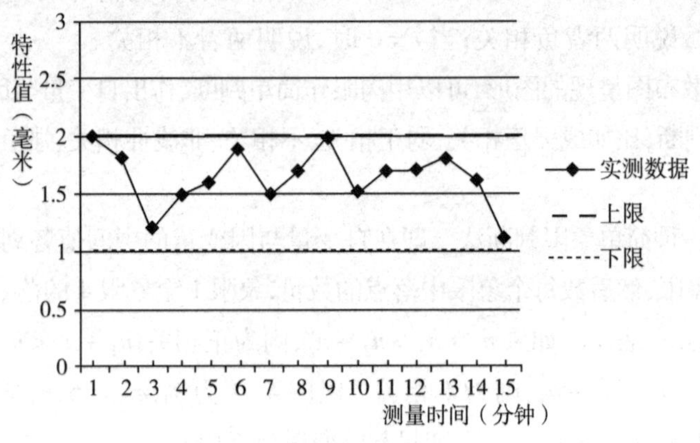

图4-5 趋势图

某质量管理小组需要确认末端原因"工人在不同预埋点的测量误差"是否为导致症结"管道定位偏差"的主要原因。根据企业的管理要求,管道的定位偏差分为"位移偏差"和"坡度值"两种,最大位移偏差应小于1厘米,坡度线 i 应大于或等于0.015。小组分两个步骤进行,第一步,先是找到在不同预埋点测量准确的点位,发现不存在管道定位偏差的情况(过程及数据略)。第二步,小组成员在现场找到存在测量误差的不同预埋点位,并从中随机抽取20个点(抽样点应避免作业面操作空间、照明、钢筋绑扎定位不准确等其他末端原因的干扰)进行预埋管道的调查,抽选8位管道工人(分4组,每组进行5个点的管道预埋)进行实际预埋操作。调查前将每个预埋点管道的设计定位标高以及位置通过作业卡发放到每个预埋管道工人手上,在管道预埋好后、模板安装前对管道安装的位置和坡度进行复核测量,并将测量结果同设计要求相比较以得出偏差统计表,参见表4-3所示。

表 4-3　施工过程工人测量偏差统计表

预埋点	位置偏差(实际位置和设计位置比较,单位:厘米)	坡度计测量坡度值 i(i 为负值为逆坡)	预埋点	位置偏差(实际位置和设计位置比较,单位:厘米)	坡度计测量坡度值 i(i 为负值为逆坡)
1	0.5	0.001	11	1.3	0.022
2	0.7	0.016	12	0.8	0.025
3	1.3	0.021	13	0.3	0.021
4	1.1	0.012	14	0.7	0.019
5	0.8	0.007	15	0.8	0.014
6	0.7	0.028	16	1.5	0.028
7	0.4	0.035	17	0.4	0.035
8	1.4	0.015	18	1.4	0.017
9	0.6	0.017	19	0.9	0.017
10	0.9	0.018	20	1.2	0.018

制表人:×××　　　　日期:××年××月××日

小组根据表 4-3 的统计复核数据,绘制出"位移偏差"和"坡度偏差"折线图,如图 4-6 所示。

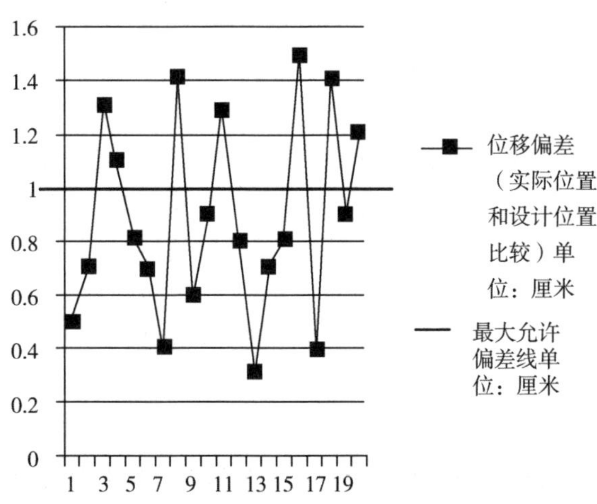

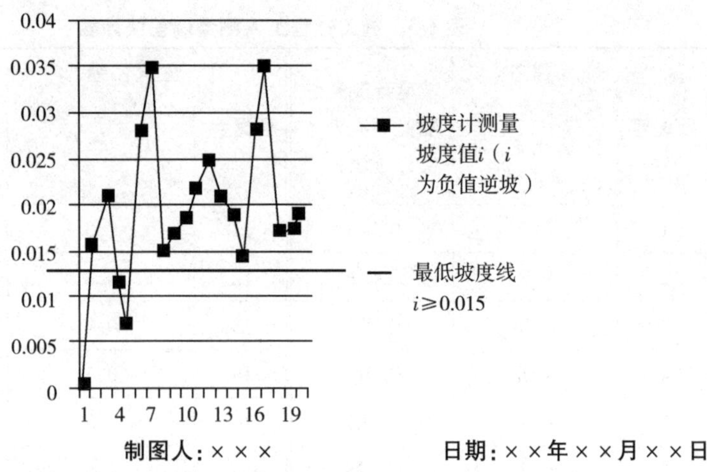

图 4-6　工人测量“位移偏差、坡度偏差”折线图

由图 4-6 可知，在抽样的 20 个存在测量误差的预埋点位中，发生了因工人测量误差导致的位置偏差，其中，有 7 处超过最大允许误差 1 厘米，有 4 处低于最小坡度(0.015)，有 1 处位置偏差和坡度均不满足要求，故在 20 处的抽样统计中总共有 11 处点位不满足要求。由以上统计分析结果可知，末端原因“工人在不同预埋点的测量误差”是导致症结“管道定位偏差”的主要原因。

问题 15：如何应用柱状图

答：柱状图是一种简易图示工具，它是根据数据的来源，用长方形的高低来表示数据的大小，对数据进行直观的比较分析。绘制图时，小组在Excel表中选中相应数据，用“柱状图”工具即能得到柱状图。在质量管理小组活动中，小组常常用柱状图来进行不同数据之间的比较，用于选择课题、现状调查、目标设定、确定主要原因、对策实施、效果检查、制定巩固措施等程序中。

比如某小组进入要因确认程序，为了确认“工人未接受新工艺的培训”

对“焊接点偏移”和“板材开裂”症结的影响程度大小，小组成员从接受新工艺培训的工人和未接受新工艺培训的工人中，各随机抽出5名工人进行施工，施工质量参见表4-4所示。根据表4-4中的数据，小组绘制了柱状图，如图4-7所示。

表4-4 两组工人施工质量统计表

项目	已经接受新工艺培训组			未接受新工艺培训组		
	检查数量	合格数量	合格率	检查数量	合格数量	合格率
焊接点偏移	100	95	95%	100	52	52%
板材开裂	100	91	91%	100	46	46%
合计	200	186	平均:93%	200	98	平均:49%

制表人：××× 日期：××年××月××日

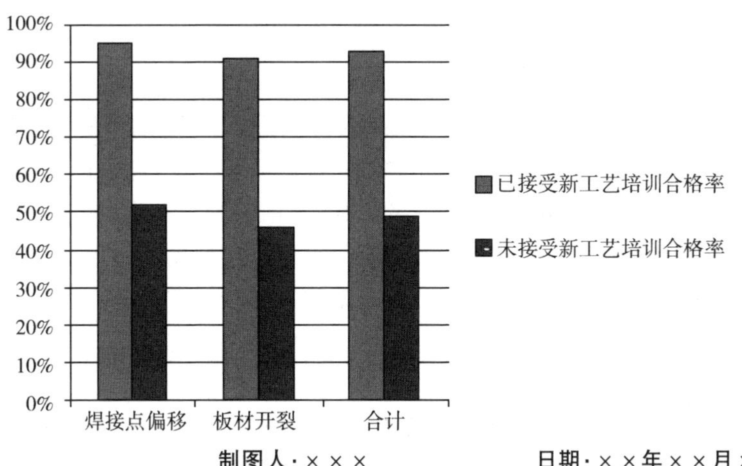

制图人：××× 日期：××年××月××日

图4-7 两组工人施工质量柱状图

小组通过对比图4-7，可以发现已接受新工艺培训的工人施工质量明显高于未接受新工艺培训的工人施工质量，因此，小组判定“工人未接受新工艺的培训”对“焊接点偏移”和“板材开裂”症结的影响程度大，为主要原因。

问题 16:如何应用控制图

答:控制论是现代质量管理科学的重要理论体系基础之一,根据不同的质量背景,形成了两种控制技术,即统计过程控制(SPC)和自动过程控制(APC)。质量管理小组主要用到的是 SPC 控制图(简称控制图),它是对过程质量进行测定、记录并进行控制管理的统计方法。具体应用中,可分为两种情况:一是在控制作业条件时,体现了"预防为主"的原则,把影响结果的不良因素予以控制;二是用于检验时,通过控制图来进行过程管理,寻求控制状态,以获得可预测的产品质量。

休哈特博士于 1924 年最早提出了控制图原理,他认为过程中的波动分为偶然波动和异常波动两类,基于 3σ 限的控制图可以把这两类波动区分开。休哈特建议把正态分布图及其控制限 $\mu \pm 3\sigma$ 同时左转 90°,把横轴作为时间或样本的编号,把纵轴作为过程参数(如均值、标准差等),并在 $\mu \pm 3\sigma$ 处引出两条水平线,形成控制图。图中中心线的对应值为 μ,上控制限为 $\mu + 3\sigma$,下控制限为 $\mu - 3\sigma$。

控制图主要分为计量控制图和计数控制图。计量控制图又分为 4 种:均值－极差控制图,使用比较简单,精度一般,$n = 2 \sim 9$,它是最常用的控制图,控制对象为长度、重量、强度、浓度等;均值－标准差控制图,计算量很大,精度高,$n \geqslant 9$;中位数－极差控制图,计算量少,精度差,$n = 2 \sim 9$,一般用于把测定数据直接记入控制图的情形;单值－移动极差控制图,每次抽样只有一个样本,$n = 1$,用于对每件产品进行检验或取得数值的成本太高的情形。

计数控制图又分为计件控制图和计点控制图。计件控制图分为不合格品率控制图,一般样本量较大,子组样本大小可不相等;不合格品数控制图,一般样本量也较大,但子组样本大小要相等。计点控制图分为单位产品不合格数控制图,子组样本量不相等,需要把数据换算为平均每单位的不合格数;不合格数控制图,子组样本量相等,用于计算服务的差错次数、铸件上的沙眼数等。

在对控制图作判断时,最基本的准则是"点出界就判断为异常",但点在界内不等于正常。其他判断为异常的情形包括:连续 9 落点在中心线同一侧;连续 6 点递增或递减;连续 14 个相邻点交替上下;连续 3 点中有 2 点落

在中心线同一侧的 2σ 区以外；连续 5 点中有 4 点落在中心线同一侧的 1σ 以外；连续 15 点落在中心线两侧的 1σ 区内；连续 8 点落在中心线两侧且无一在 1σ 区以内等。

为了提高控制图的使用质量，一般要对获得数据的测量系统进行分析，确认测量系统有足够的分辨力、较好的稳定性（如偏倚、总波动、测量误差的分布等都保持稳定）、良好的线性（偏倚与基准值之间有良好的线性关系），来保证数据的真实性与客观性。

另外，在制作控制图时，要确保有足够的样本量。对于计量型控制图，要有 20～25 个样本组，总样本量在 100 个以上；对于计数型控制图，样本组数量要大于 25 个，且子组间的数据采集要连续，以确保过程的连续性。

例如，某小组开展活动，课题是“提高二结构墙体电气配管一次成型合格率”。小组在进入要因确认阶段后，其中一项确认内容是末端原因“开槽尺寸没有考虑配管间距和管与墙距”对于症结“开槽过宽、过深或过浅参差不齐”的影响程度大小。小组通过现场调查，收集配管间距以及配管与墙间距的相关数据，验证它们对于开槽的整体质量的影响程度。小组成员运用 $\bar{x}-R$ 控制图对配管间距以及与墙间距进行统计分析。

（1）收集配管间距数据。小组成员在××楼中共收集了 20 组（$k=20$）样本，每组 5 个数据（$n=5$），参见表 4-5 所示。

表 4-5　配管间距数据表

样本组号	配管间距（毫米）					$\bar{x}_i$	极差 R_i	开槽质量
	x_1	x_2	x_3	x_4	x_5			
1	17	17	16	18	17	17	4	过深
2	14	16	15	13	18	15.2	5	合格
3	14	18	14	15	14	15	4	合格
4	13	14	14	13	12	13.2	5	过宽
5	15	16	13	14	17	15	4	合格
6	12	14	16	15	15	14.4	4	合格
7	14	14	15	17	16	15.2	3	合格

（续表）

样本组号	配管间距(毫米)					x_i	极差 R_i	开槽质量
	x_1	x_2	x_3	x_4	x_5			
8	12	15	15	14	14	14	3	合格
9	16	14	15	15	16	15.2	2	合格
10	17	15	17	17	19	17	3	过浅
11	16	15	15	16	13	15	3	合格
12	13	13	16	15	15	14.4	3	合格
13	15	15	15	14	15	14.8	1	合格
14	16	15	17	16	15	15.8	2	合格
15	15	17	16	14	14	15.2	3	合格
16	14	15	17	14	15	15	3	合格
17	15	15	13	13	16	14.4	2	合格
18	16	14	13	15	18	15.2	4	合格
19	15	18	14	15	13	15	5	合格
20	15	14	15	16	15	15	2	合格

制表人：×××　　　　日期：××年××月××日

(2)数据计算。

①中心线(CL)的计算。

$$\bar{x}\text{ 控制图的 } CL \text{ 计算}: CL = 15(\bar{x}_i \text{ 的平均值})$$

$$R\text{ 控制图的 } CL \text{ 计算}: CL = R = 3$$

②上控制线(UCL)和下控制限(LUL)的计算。

$\bar{x}$ 控制图的 UCL 和 LCL 的计算：

$$UCL = 15 + A_2\overline{R} = 15 + 0.58 \times 3 = 16.74$$

$$LCL = 15 - A_2\bar{x} = 15 - 0.58 \times 3 = 13.26$$

R 控制图的 UCL 和 LCL 的计算：

$$UCL = D_4\overline{R} = 2.12 \times 3 = 6.36$$

LCL 在 $n \leqslant 6$ 时取值为零。

(3)绘制控制图，通过上述数据的收集和计算，画出相应的 $\bar{x}-R$ 控制图，如图 4-8 所示。

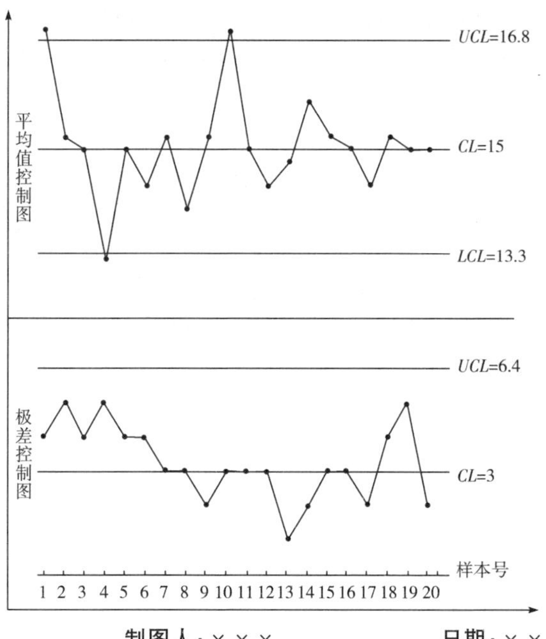

制图人：× × ×　　　　日期：× ×年 × ×月 × ×日

图 4-8　配管间距 $\bar{x}-R$ 控制图

通过图 4-8 可以看出，出现点 1、4、10 越出控制线区域已超控制范围，应将其及时调整修补。同时小组发现在样本号 1、4、10 三个点处的开槽明显没有规则，开槽出现过宽、过深、过浅等质量问题，影响程度大，因此小组确认此项为主要原因。

问题 17:如何进行多种图示的组合应用

答:在质量管理小组活动实践中,有的小组运用了多种统计方法,并把不同的统计图组合在一起,图示清晰又方便判断。但其他小组在具体应用时,一定要注意其适宜性。

比如:某小组使用不同型号的角钢(3#、4#角钢)加工制作风管的固定件,并对使用不同角钢加固完成风管后的风管挠度变化值进行监测,并观察使用不同角钢后的风管加固效果相近度。在试验中,小组选取1.2毫米厚度的2 000×400薄钢板风管各10节作为试验对象,分别采用3#、4#角钢按同种方式请同一班组进行加固,并比较前后风管挠度变化值,试验前后数据参见表4-6所示。

表4-6　3#与4#角钢实验前后挠度变化记录表(单位:毫米)

序号	3#角钢			4#角钢		
	加固前挠度	加固后挠度	挠度变化值	加固前挠度	加固后挠度	挠度变化值
1	23.0	11.2	11.8	21.7	11.0	10.7
2	25.8	13.3	12.5	27.2	14.9	12.3
3	20.1	10.5	9.6	21.6	11.7	9.9
4	27.4	15.0	12.4	25.6	13.9	11.7
5	26.3	14.8	11.5	23.9	12.7	11.2
6	21.8	12.4	9.4	22.6	12.4	10.2
7	23.2	13.0	10.2	23.9	14.3	9.6
8	22.4	13.1	9.3	21.2	11.6	9.6
9	24.0	12.9	11.1	22.8	11.9	10.9
10	21.7	11.4	10.3	21.3	10.1	11.2

制表人:×××　　　　日期:××年××月××日

小组经过测算,得到3#与4#角钢实验前后加固效果相近度对比表,参见表4-7所示。

表 4-7　3#与 4#角钢实验前后加固效果相近度对比表

序号	1	2	3	4	5	6	7	8	9	10
相近度(%)	90.7	98.4	97.0	94.3	97.4	92.2	94.1	96.9	98.2	93.6

制表人：×××　　　　　　日期：××年××月××日

小组根据表 4-7、表 4-8 的数据，制作了“3#角钢与 4#角钢加固效果对比图”，如图 4-9 所示，该图把柱状图与折线图组合在一起进行展示。

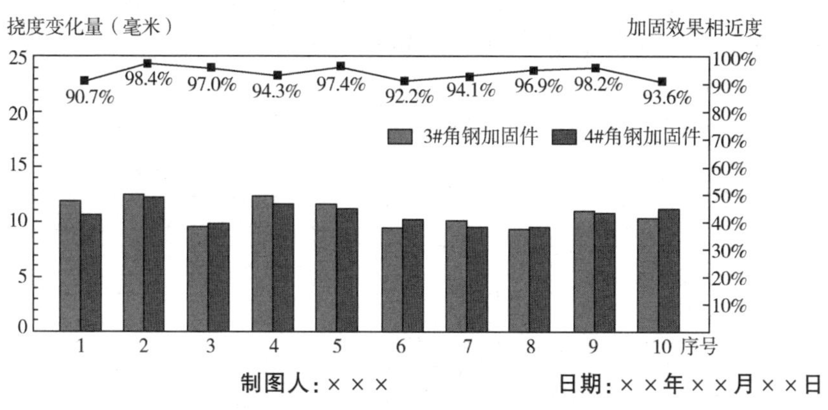

制图人：×××　　　　　　日期：××年××月××日

图 4-9　3#角钢与 4#角钢加固效果对比图

从图 4-9 可以看出，通过把柱状图与折线图整合在一起，小组可以同时看到采用 3#角钢、4#角钢按同种方式进行加固，加固前后风管挠度的变化值、风管挠度变化量的相近度。

三、语言文字描述统计

问题 18：什么是分层法

答：分层法，又称分类法、分组法，是把收集到的各类数据进行分层、分类，分层分类的方式是根据数据的不同特性、标志等来进行分析，比如按照不同的属性、不同的层次、不同的来源、不同的产地、不同的日期等进行分层,通过一层或多层的分层分析,找到数据中潜在的规律、特征、发展变化等。通过采用分层法,可以让同一层次的数据间差异性缩小、数据波动缩小,并以此使不同层次之间数据的差异性显现出来。

表4-8为××劳务公司机房维修保养作业质量情况分层统计表。从表中可以看出该公司3个机修班组在两个不同项目的机房开展维修保养工作,班组1和班组3全部接受了维保培训,班组2有2人未接受培训。他们的维保结果情况为,接受培训的人员操作结果是"机器都不漏油",未接受培训的人员操作结果是"存在明显机器漏油情况"。

表4-8　××劳务公司机房维修保养作业质量情况分层统计表

班组名称	工人培训情况	机器漏油	机房所属项目		合计
			长风××项目	星广××项目	
××机修班组1班组共8人	全部培训	不漏油(点)	20	26	46
		漏油(点)	0	0	0
××机修班组2班组共10人	2人未培训	不漏油(点)	15	12	27
		漏油(点)	4	7	11
××机修班组3班组共10人	全部培训	不漏油(点)	20	24	44
		漏油(点)	0	0	0
合计	28人中,26人已接受培训	不漏油(点)	55	62	117
		漏油(点)	4	7	11

制表人:×××　　　　日期:××年××月××日

质量管理小组在活动中,经常用到分层分析的方法,比如在现状调查时,小组通过分层分析,把质量问题中的症结找出来。一般分层的维度可以考虑从人员、机器、材料、方法、环境、测量、时间方面展开。人员的维度包含班组、学历、性别、工龄等;机器的维度包含类型、新旧程度、工具等;材料的维度包含产地、厂商、批号、规格、成分、等级等;方法的维度包括工艺要求、参数、速度、进度等;环境的维度包含气候、温度、湿度、照明、清洁度等;测量的维度包含测量设备、测量方法、抽样等;时间的维度包含班次、日期、季节等。小组也可以根据实际需要增加其他维度来进行分层,有时还需要考虑不同因素之间的相互影响。在具体实践中,分层法往往与排列图、饼分图、直方图等统计方法结合起来使用。

下面例子中,小组在现状调查中就是采用分层排列图的方式找到症结所在的。

某小组活动课题是“提高混凝土结构预留洞口合格率”,小组成员对××住宅楼已施工完成部位进行质量情况第一层调查,共计调查400个点,其中合格点数292个点,合格率为73%。不合格点数108个点,不合格率为27%。具体预留洞口的不合格部位分布情况参见表4-9所示。

表4-9　××住宅楼混凝土预留洞口不合格部位分布情况统计表

序号	部位	不合格点数	累计不合格点数	不合格点频率	累计不合格点频率
1	电箱洞口	77	77	71.30%	71.30%
2	水电套管洞口	12	89	11.11%	82.41%
3	烟风道洞口	9	98	8.33%	90.74%
4	窗洞口	7	106	6.48%	98.15%
5	门洞口	3	108	2.78%	100.00%
总计		108			

制表人:×××　　日期:××年××月××日

从表4-9中的数据可以看出,发生预留洞口不合格的主要部位是电箱洞口,发生频次77个点,占比达到71.30%。为此,小组针对77个电箱洞口的不合格点进行第二层质量问题调查,调查结果参见表4-10所示。

表 4-10 ××住宅楼电箱洞口质量问题统计表

序号	部位	频数(处)	累计频数(处)	频率	累计频率
1	电箱洞口对角线尺寸偏差	36	36	46.75%	46.75%
2	电箱洞口四边不顺直	33	69	42.86%	89.61%
3	电箱洞口中心线位置不准确	4	73	5.19%	94.81%
4	电箱洞口缺棱掉角	2	75	2.60%	97.40%
5	其他	2	77	2.60%	100.00%
总计		77			

制表人:××× 日期:××年××月××日

小组根据表 4-10、表 4-11 中的数据,制作了混凝土结构预留洞口质量问题分层排列图,参见图 4-10 所示。

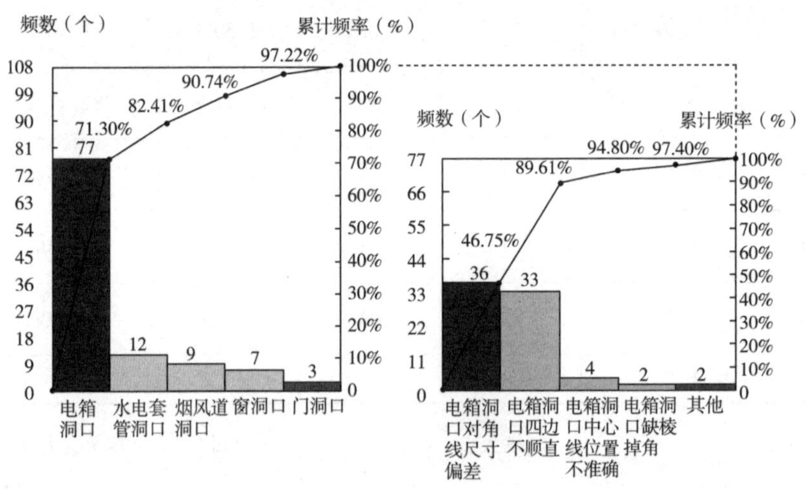

制图人:××× 日期:××年××月××日

图 4-10 混凝土结构预留洞口质量问题分层排列图

从图4-10中,小组发现"电箱洞口对角线尺寸偏差"及"电箱洞口四边不顺直"是影响混凝土结构预留洞口合格率的症结,从而为目标值的确定和原因分析提供了依据。

问题19:如何应用因果图

答:因果图是针对已知的问题来分析引起其原因的图形工具,也称鱼骨图、石川图,参见图4-11所示。在质量管理小组活动中,因果图常常用于原因分析程序。具体应用时,质量管理小组可针对问题,到现场进行实地调查,结合分层法,从人、机、料、法、环、测维度做深入的因果分析,直至分析到每个维度的末端原因。

在做具体调查分析时,从"人"的角度分析,看相关人员在客观上是否具备相应的能力,在主观上态度如何;有关的职责分配是否清晰、到位;技术交底是否到位等。从"机械"的角度分析,看使用的机械、工具等是否正确;机械的状态是否完好或处于有效期;机械是否经过了检测,影响机器工作的因素有哪些;各类机械、工具等是否用全。从"材料"的角度分析,看使用的材料是否正确;材料品种是否用全;材料是否经过检验、检测,检验、检测是否合格;使用时材料的状态如何,使用后材料的状态怎样;材料是否符合绿色环保等要求。从"方法"的角度分析,看引用的方法、工艺是否正确;是否符合规范与制度等要求;是否经过了有关部门的批准;整个工艺流程是怎样的,过程是怎么控制的等。从"环境"的角度分析,看是否存在天气和其他因素的影响;是否受到其他工种施工的影响;施工场地的状况是否符合要求等。从"测量"的角度分析,主要是测量工具的应用是否正确;测量的方法是否科学;测量后应用的统计分析工具是否正确等。

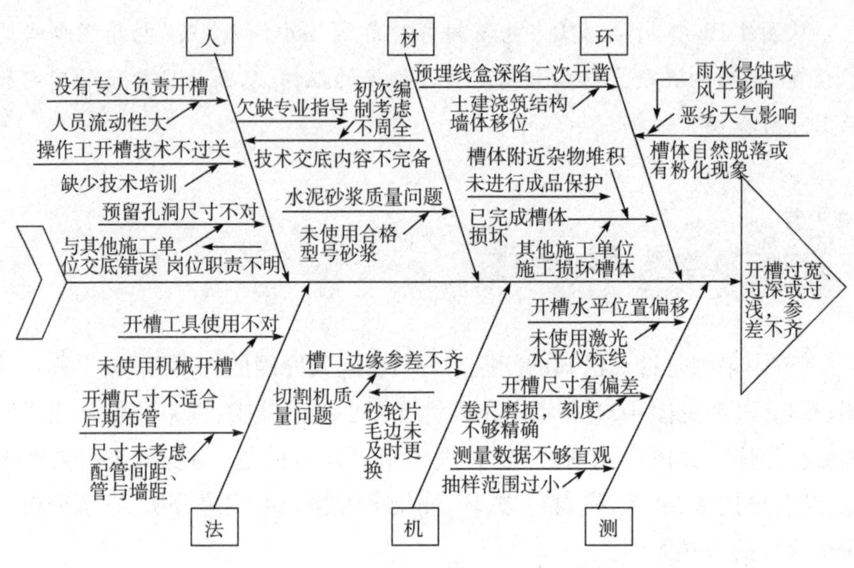

图 4-11　因果图

在图 4-11 中，某小组针对症结“开槽过宽、过深或过浅参差不齐”，运用因果图从人、机、料、法、环、测等 6 个维度展开分析。在人员维度，小组分析找到人员流动性大、缺少技术培训、岗位职责不明、欠缺专业指导等 4 个末端原因；在机器维度，小组找到“砂轮片毛边未及时更换”1 个末端原因；在材料维度，小组找到“未使用合格型号砂浆”1 个末端原因；在方法维度，小组找到“未使用机械开槽、尺寸未考虑配管间距及管与墙距”2 个末端原因；在环境维度，小组找到土建浇筑结构墙体移位、槽体附近杂物堆积、其他施工单位施工损坏槽体、雨水侵蚀或风干影响等 4 个末端原因；在测量维度，小组找到“未使用激光水平仪标线、卷尺磨损刻度不够精确、抽样范围过小”3 个末端原因。

问题 20：如何应用关联图

在质量管理小组活动中，关联图主要用于原因分析程序中。由于影响质量问题的因素很多，且往往这些因素之间有着错综复杂的关系，为了找到产生问题的原因，一个有效的统计方法就是关联图，参见图 4-12 所示。关联图是根据原因与结果之间的逻辑关系来逐步厘清、分析复杂问题，它的特点是把复杂问题简单化，使逻辑关系清晰、图示简洁明了。关联图一般有两种基本类型，一种为中央集中型，即把要分析的问题放在图的中央位置，把与该问题有关联的因素逐层排列在问题的周围；另一种为单侧汇集型，即把要分析的问题放在左侧或右侧，把与该问题有关联的因素向另一侧逐层排列。

在应用关联图时，小组成员应该到现场进行调查分析，从人、机、料、法、环、测方面着手分析问题，寻找问题产生的原因，并逐层展开分析，一直分析到末端原因，即分析到可以直接采取对策。很多时候，小组成员在讨论时找到了很多原因，需要逐条理出这些原因之间的因果关系，用箭头把它们联系起来。有时候，一个问题由多个原因导致，有时候，一个原因会导致多个问题，这就是体现多个问题与原因有关联的地方。在图示上，“问题”用粗线的方框圈起来，“问题”的识别规则是“箭头只进不出”；原因与结果之间，箭头从“原因”指向“结果”；分析到末端原因时，识别标志是“箭头只出不进”。

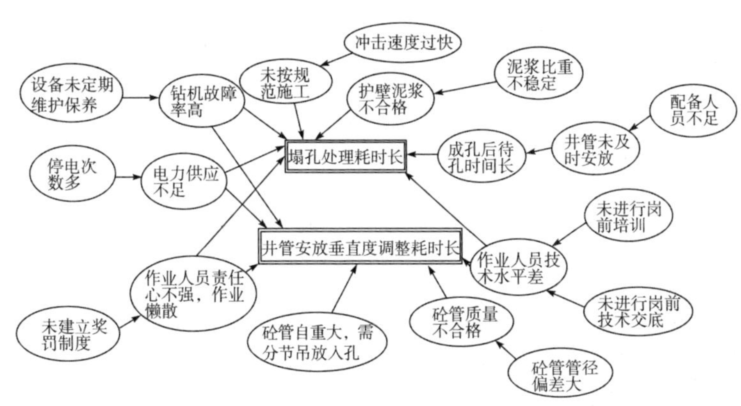

图 4-12　关联图

在图 4-12 关联图中，小组从人的维度分析，得到了配备人员不足、未进行岗前培训、未进行岗前技术交底、未建立奖罚制度等 4 个末端原因；在机器的维度上，小组分析得到了“设备未定期维护保养”1 个末端原因；在材料维度上，小组分析得到了“砼自重大、需分节吊放入孔，砼管管径偏差大”2个末端原因；在方法的维度上，小组分析得到了“泥浆比重不稳定、冲击速度过快”2个末端原因；在环境维度上，小组分析得到了“停电次数多”1个末端原因。

需要注意的是，关联图中一定会出现两个及两个以上相互关联的原因，如果原因之间没有关联，那么做出的关联图是错误的。

如图4-13所示，图中的各原因因素之间没有任何相互关联，这时的图，与其说是关联图，倒不如说是变形的“系统图”。

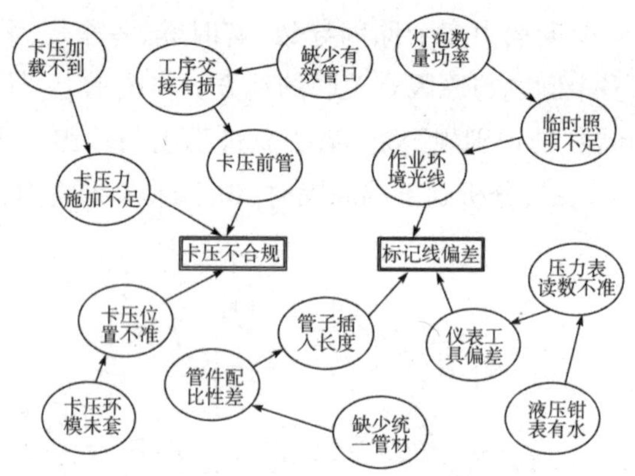

图4-13　没有关联关系的“关联图”

问题21：如何应用亲和图

答：亲和图是把收集到的关于某一特定主题的意见、观点、想法、组成、问题等，根据它们之间的相互亲近程度，予以归类、汇总的一种图示方法。在应用亲和图时，小组要明确本次讨论的主题，然后制作资料卡片，在每张卡片上记录一条意见、一个观点、一种想法，接着把有着亲和关系（或者是关联关系）的卡片整理在一起，找出能代表这些亲和卡片内容的主题，把这个主题写在主卡片上，并把主卡片放到这些亲和卡片的最上面，再把所有这些卡片的内容、组成等进行登记、汇总，画成亲和图。有时候，可以根据亲和图编写相应的分析资料。

在质量管理小组活动中，可以用亲和图来归纳、整理小组成员在调查分析中所产生的各种意见、观点、想法等语言资料，通常用在选择课题、提出各类方案、制定对策、对策实施等程序中。下面介绍小组在提出方案时使用的亲和图。

图 4-14 是某小组提出的混凝土砌块开槽机总方案的亲和图。

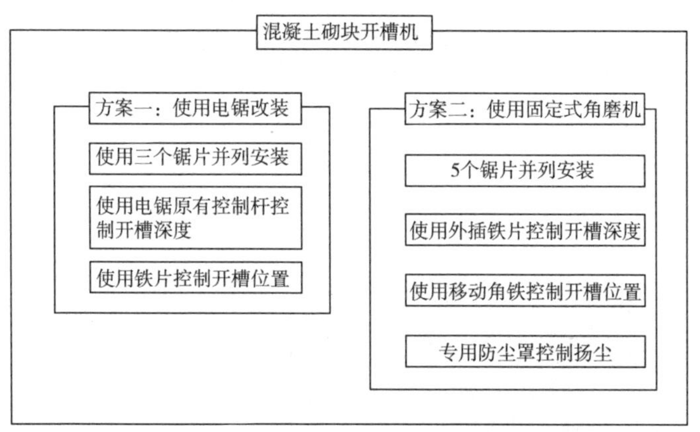

图 4-14　混凝土砌块开槽机总方案亲和图

问题 22：如何应用流程图

答：流程图是用几何图形把一个过程中各步骤之间的逻辑关系予以展示的一种图示技术。在各项管理中，过程是将一组输入转化为输出的相互关联的活动，而流程图就是描述过程中各活动的图解。在质量管理小组活动中，流程图常用于现状调查、目标可行性论证、提出方案、确定最佳方案、制定对策、对策实施、制定巩固措施等程序中。流程图可以用来描述当前的活动过程、设计一个新的过程、改进原来的过程等。

图 4-15 是某小组制作的陶瓷装饰板工艺流程图。

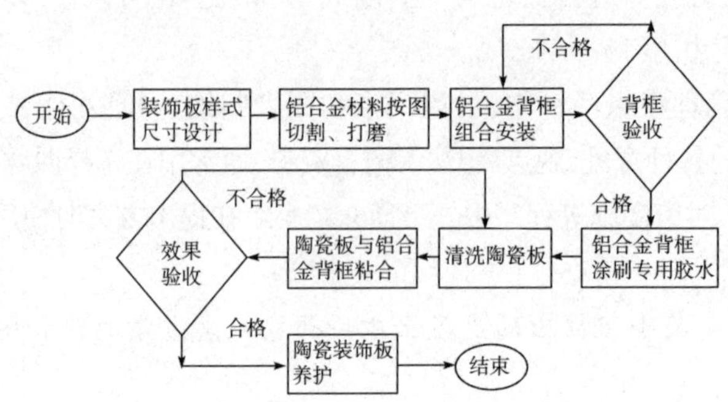

图 4-15　陶瓷装饰板制作工艺流程图 1

小组也可以根据部门、车间的职责和相应责任人,绘制成图 4-16 的流程图形式。这种形式流程图的优点是相应流程节点的责任部门、责任车间和责任人一目了然,便于具体实施。

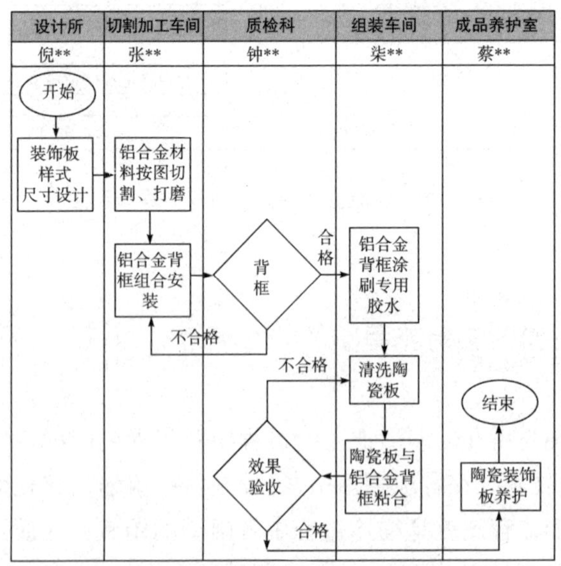

图 4-16　陶瓷装饰板制作工艺流程图 2

问题 23:如何应用系统图

答:系统图,又称树图,它是表示某个质量问题与其组成要素之间的关系,从而明确重点,寻求达到目的所应采取措施的一种树枝状图。它也可以表示某个方案与各组成部分之间的关系,并寻求最优组成部分或相应措施。构成树图的各要素、组成部分之间的逻辑关系清晰。在质量管理小组活动中,常常用于原因分析、提出方案并确定最佳方案、制定对策、对策实施等程序中。

在进行原因分析时,绘制树图的步骤为:明确导致课题质量问题的症结;针对症结,从人、机、料、法、环、测维度构造树图,如果不存在某个维度的原因就不分析该维度;进行原因与问题之间的层层分析,一直分析到末端原因为止,每一层的原因(或问题)放入相应的框图中。

在创新型课题活动提出方案或确定最佳方案时,绘制树图的步骤为:针对课题所提出的产品、工艺、工具等,构思其组成部分(分级方案),构造相应的树图;对各组成部分(分级方案)进行进一步的展开分析,一直分析到最末级组成部分(最佳分级方案),每一个组成部分放入相应的框图中。

图 4-17 是某小组在创新型课题活动中制定的“自动管道焊接机器人方案系统图”。

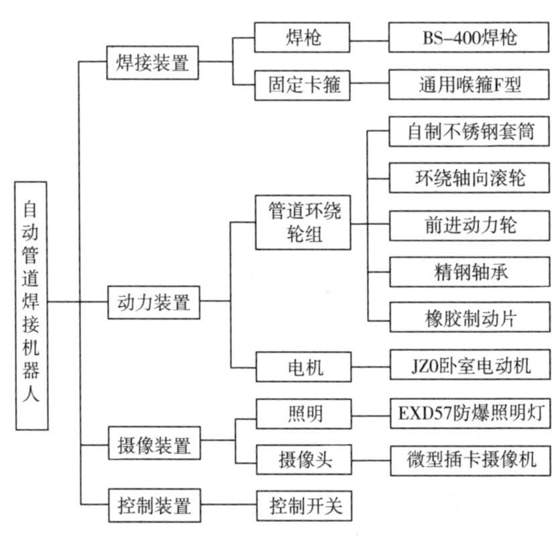

图 4-17 自动管道焊接机器人方案系统图

四、试验设计

问题 24:什么是单因素试验设计

答:在日常管理中,各项管理目标都会受到很多因素的制约或影响,为了达到管理目标,就必须解决这些产生问题的因素。为了使管理分析相对简单化,先假设只存在一个因素影响着管理活动,其他影响因素搁置一边,这样便于人们排除干扰、分析问题并解决问题。单因素试验设计就是假设在管理活动中只存在一种影响因素,通过设计出相应的试验(管理)方法来求得最优解,通过解决这个影响因素以达到管理目标。

为了便于分析,用数学表达式(即目标函数)来反映因素和试验结果之间的关系。用 x 表示因素的取值,目标函数为 $y = F(x)$。下面分析该函数存在的两种情形。

第一种情形,函数呈单调上升或单调下降,如图 4-18 所示。

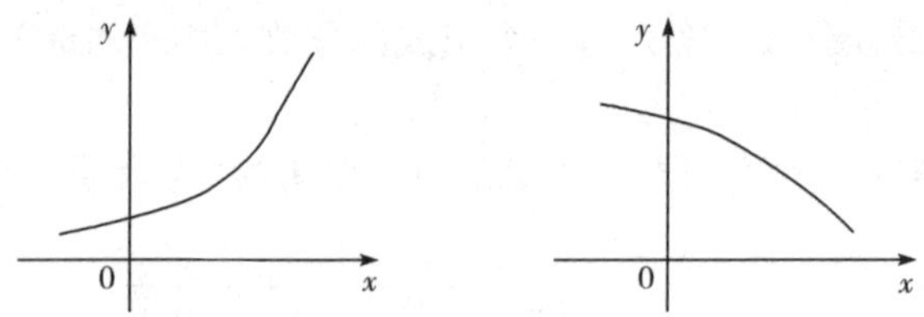

图 4-18　单调函数

当函数单调时,只要在有效取值范围内即可找到最优解。

第二种情形,函数呈现出“∩”形或“∪”形,如图 4-19 所示,这样的图形有一个峰值 a 或谷值 b,该峰值 a 或谷值 b 就是最优解。如果用数学方式来求解,那么对该函数进行求导可以解得极值。

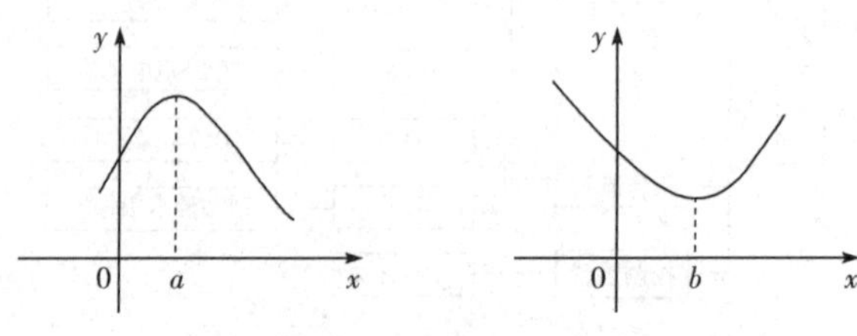

图 4-19　有极值的函数

例如：某小组在加工场制作镀锌铁皮风管，现有一块正方形镀锌铁皮，边长为 2 米，在加工过程中，要在 4 个角处各截掉一个相同尺寸的小正方形，以便折弯后制作风管，如图 4-20 所示。为节约材料，小组需要思考解决截掉的小正方形边长为多少时，制作的风管容积最大。

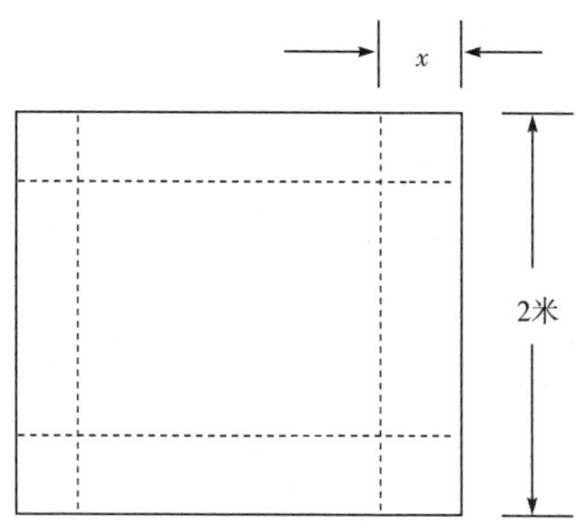

图 4-20　镀锌铁皮示意图

那么，设大正方形边长为 a，小正方形边长为 x。则风管的容积 $V=x(a-2x)^2$。对 V 进行求导，得到：$V'=(a-2x)(a-6x)$。令 $V'=0$，得到 $x_1=a/6$，$x_2=a/2$（不符合题意，舍去）。因此，当 $x=a/6$ 时，风管的容积最大；把 $a=2$ 米代入，得到 $x=0.33$ 米。因此，小正方形的边长为 0.33 米时，风管的容积最大。最大容积 $V=x(a-2x)^2=0.33\times(2-2\times0.33)^2\approx0.59$ 立方米。

对于第二种情形的函数，可以通过试验设计来求得最优解。对于单一的影响因素，要进行单因素试验设计。这里介绍单因素设计中的黄金分割法。

黄金分割法的应用步骤：先确定试验因素和试验取值范围；接着安排试验，在试验范围内安排两个试验点，其中一个点距端部的 0.618 处，根据试验结果，把结果差的一点所在一端范围舍去；在剩余部分继续安排试验，其中一个点继续处于剩余范围的 0.618 处。如此继续试验下去，直到找到某个点能够基本满足目标，即为最优解。对一个线段 AB 来说，两个端点分别是 A 和 B，在线段中间 0.618 处为 C 点。所以 C 点的位置 $=A+0.618(B-A)$，如图 4-21 所示。

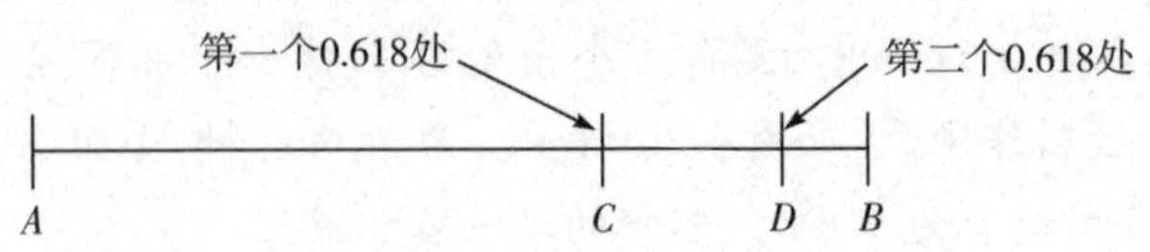

图 4-21　0.618 法示意线段

以上述镀锌铁皮制作风管为例，有以下三次试验。

第一次试验计算，线段 AC 的长度 $=0+0.618\times(2-0)\approx1.24$ 米，那么小正方形的边长 $=2-1.24=0.76$ 米，则制作风管的容积 $=0.76\times(2-2\times0.76)^2\approx0.18$ 立方米。

第二次试验计算，线段 CD 的长度 $=0.618\times0.76\approx0.47$ 米，则小正方形的边长 $=0.76-0.47=0.29$ 米，则制作风管的容积 $=0.29\times(2-2\times0.29)^2\approx0.58$ 立方米。

第三次试验计算，线段 CD 的长度 $=0.618\times0.76\approx0.47$ 米，假设此即为小正方形的边长，则制作风管的容积 $=0.47\times(2-2\times0.47)^2\approx0.53$ 立方米。

通过三次试验计算，小组可以得出结论，当小正方形边长为 0.29 米时，得到风管容积最优解。当然，这个解与通过求极值的方式所得到的解还是有差异的。所以 0.618 法是求取最优解的一种简单计算方式。

问题 25：什么是正交试验设计法

答：正交试验设计法是多因素试验设计中的简易方法，它的原理是针对预设的目标情况，安排尽量少的试验次数，经济、快捷地求得满意解。质量管理小组在确定主要原因、制定对策环节中，在面临多个因素、多个水平影响时，可以运用正交分析法来开展工作。正交表是由统计学家经过科学设计，按一定规律排出的非常实用的一份工具表，如表 4-11 所示。

表 4-11 正交表 $L_8(2^7)$

试验号＼列号	1	2	3	4	5	6	7
1	1	1	1	1	1	1	1
2	1	1	1	2	2	2	2
3	1	2	2	1	1	2	2
4	1	2	2	2	2	1	1
5	2	1	2	1	2	1	2
6	2	1	2	2	1	2	1
7	2	2	1	1	2	2	1
8	2	2	1	2	1	1	2

正交表记号"$L_8(2^7)$"中的字母、数字的含义如下:"L"指正交表代号;"8"是正交表横行数(试验次数);"2"是字码数(因素的水平数);"7"是正交表直列数(可安排最多因素数)。正交表中的数字排列具有正交性,即数字排列均衡分散、搭配均匀。比如表 4-11 中,其正交性体现在每个纵列有 4 个"1"和 4 个"2",即每个因素的每个水平在 8 次试验中各出现 4 次;任两纵列同一横行搭配的数字对(1,1)(1,2)(2,1)(2,2)各出现 2 次,即每两个因素的两个水平间的搭配是均匀的,且每个搭配的出现次数是相等的。

具体说明如下。

(1)试验目的:某质量管理小组在"某测量基准站大范围 GPS 测量方法"攻关活动中,面临"基准站端口参数设置"问题。而对基准站测量有影响的参数主要是"波特率、传输端口、数据格式"3 个参数,而且 3 个参数之间互有影响。为确定 3 个参数之间的最佳组合,小组决定采用正交分析法开展活动。

(2)评价指标:基准站点的精度高为好。

(3)确定因素:波特率、传输端口、数据格式 3 个因素。

(4)确定水平:每个因素取 3 个水平,因素水平参见表 4-12 所示。

表 4-12　因素水平表

水平＼因素	A 波特率	B 传输端口	C 数据格式
水平 1	9 600	Port 1	GGA
水平 2	19 200	Port 2	GGK
水平 3	38 400	Port 3	GSA

(5)利用正交表,确定试验方案。$L_9(3^4)$最多能安排 4 个 3 个水平的因素。在本例中是 3 个因素各有 3 个水平,可以用 $L_9(3^4)$来安排试验:按照因素水平表中 3 个因素的次序,放到 $L_9(3^4)$的上首,每列放 1 个因素;然后根据因素水平表把相应的水平对号入座,得到表 4-13。

表 4-13　正交试验表

试验号＼列号	A 波特率 1	B 传输端口 2	C 数据格式 3	试验结果 绝对误差(毫米)
1	1(9 600)	1(Port1)	3(GSA)	9.6
2	2(19 200)	1(Port1)	1(GGA)	3.9
3	3(38 400)	1(Port1)	2(GGK)	5.4
4	1(9 600)	2(Port2)	2(GGK)	5.5
5	2(19 200)	2(Port2)	3(GSA)	4.7
6	3(38 400)	2(Port2)	1(GGA)	8.8
7	1(9 600)	3(Port3)	1(GGA)	8.1
8	2(19 200)	3(Port3)	2(GGK)	2.7
9	3(38 400)	3(Port3)	3(GSA)	3.2
T1	23.1	18.8	20.7	
T2	11.4	18.9	13.5	
T3	17.4	14.1	17.4	
R	11.7	4.7	7.2	

制表人:×××　　　　日期:××年××月××日

(6)分析试验结果。

直接看:第 8 号试验绝对误差最小,所以初定优先水平为:$A_2B_3C_2$。

算一算:确定较优位级,A:T2 < T3 < T1;B:T3 < T1 < T2;C:T2 < T3 < T1,所以选择 $A_2B_3C_2$。

确定主要因素:A < C < B,A 为主要因素;C 为重要因素;B 为次要因素。

问题 26:什么是平行坐标图

平行坐标图是把各类信息予以直观可视的一种工具,它克服了传统笛卡尔直角坐标系只能表示二维数据的局限,把三维及三维以上的数据变量用一系列互相平行的坐标轴表示,各变量值分别对应在各轴上的相应位置,为反映变化趋势、各变量之间的相互关系,把描述不同变量的各点连接成折线。在质量管理小组活动中,有小组把平行坐标图用于分析多因素的试验设计中,平行坐标图把试验所需要的各参数值在对应的坐标上显示出来,并把试验的结果显示在某个坐标上。应用平行坐标的特点是把所有维度的参数、进行了组合的参数、参数组合后试验的结果等信息都在图中反映出来,比较直观。现在小组活动中应用平行坐标图的情况不多。

例如:某小组活动课题是“提高通风机房噪声检测达标率”,小组在要因确认程序中,有一项确认内容是“咬口机咬边尺寸不精准”对“风管鼓振幅度超标”的影响程度。小组根据规范及现场的情况,认为咬口宽度不一致所拼合成的风管,其鼓振幅度低于 1.8%,说明影响程度小;反之,说明影响程度大。随后,小组开展了具体确认过程。

(1)风管加工过程中,有两个步骤涉及风管板材剪切:一是卷料下料,二是咬口压边。其中,卷料下料由全自动切割机完成,定位精度高,而咬口压边则需要手动设定尺寸并进行校核,因此咬口压边有可能影响风管成型效果。

(2)为了摸清咬口机定位精度对风管鼓振幅度的影响,小组选择不适配的咬口宽度进行拼接,观察成型风管表面挠度情况,并计算其鼓振幅度是否处于规范允许范围。为此,小组人员安排操作工人进行试验。小组选用厚度均为 1.5 毫米的一批钢板板材,并让厂家生产 2 000 × 400 规格双咬口半成品12节(13～16毫米每种尺寸各3节)、2 000×400规格单咬口半成品12节(6～8毫米每种尺寸各4节)。加工完成后,由现场同一班组工人完成咬口拼合工作,再由小组成员统一测量表面挠度和鼓振幅度。图4-22为风管双咬口及单咬口示意图,图中标注的“L_1、L_2、L_3、L_4”为管线宽度咬口示意,以供试验时选用不同的尺寸进行对比。

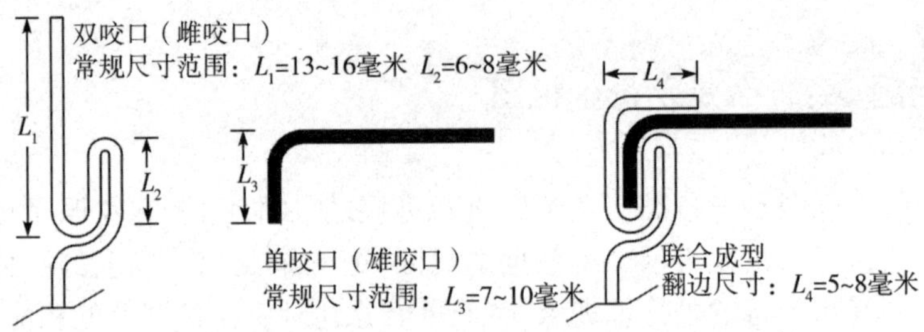

图4-22　风管双咬口及单咬口示意图

(3)工人在现场根据“L_1、L_2、L_3、L_4”管线宽度咬口不同尺寸的组合,完成风管拼合工作,随后小组成员进行测量,结果参见表4-14所示。小组选定规范限值1.8%作为风管鼓振幅度是否达标的判断标准。

表4-14　不同咬口宽度条件下实验结果检查记录

L_1 设定值	L_3 设定 / 检测项	7.0毫米	8.0毫米	9.0毫米	10.0毫米
13.0毫米	L_2 测量	6.0毫米	6.2毫米	6.4毫米	6.5毫米
	L_4 测量	5.6毫米	4.9毫米	4.9毫米	4.8毫米
	单面挠度	12.8毫米	11.0毫米	12.1毫米	11.8毫米
	鼓振幅度	1.28%	1.10%	1.21%	1.18%
14.0毫米	L_2 测量	6.5毫米	6.6毫米	6.8毫米	7.1毫米
	L_4 测量	6.6毫米	5.9毫米	5.7毫米	5.4毫米
	单面挠度	11.2毫米	12.4毫米	12.3毫米	12.1毫米
	鼓振幅度	1.12%	1.24%	1.23%	1.21%

（续表）

L_1 设定值	L_3 设定 / 检测项	7.0 毫米	8.0 毫米	9.0 毫米	10.0 毫米
15.0 毫米	L_2 测量	7.1 毫米	7.3 毫米	7.5 毫米	7.7 毫米
	L_4 测量	6.0 毫米	6.4 毫米	6.8 毫米	7.0 毫米
	单面挠度	11.5 毫米	13.1 毫米	12.0 毫米	11.2 毫米
	鼓振幅度	1.15%	1.31%	1.20%	1.12%
16.0 毫米	L_2 测量	7.3 毫米	7.8 毫米	7.9 毫米	8.1 毫米
	L_4 测量	7.4 毫米	7.9 毫米	8.0 毫米	8.8 毫米
	单面挠度	13.7 毫米	13.6 毫米	13.0 毫米	13.1 毫米
	鼓振幅度	1.37%	1.36%	1.30%	1.31%

制表人：×××　　　　日期：××年××月××日

小组成员根据实测数据，制作不同咬口宽度的平行坐标图，如图4-23所示。

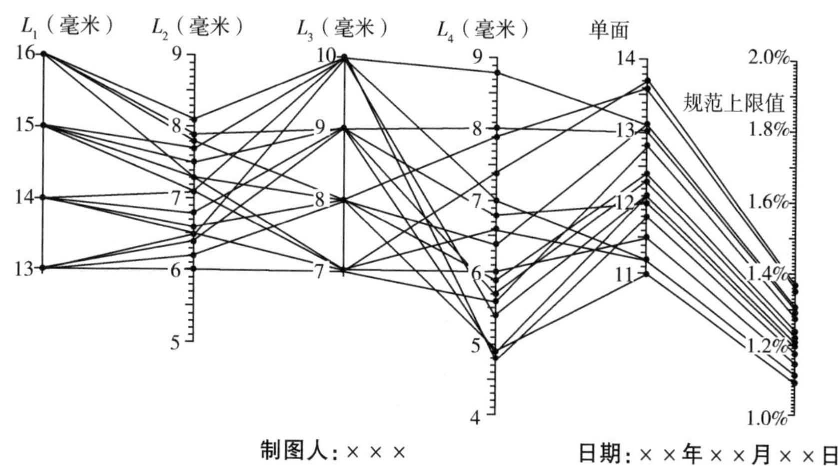

制图人：×××　　　　日期：××年××月××日

图4-23　不同咬口宽度平行坐标图

根据图4-23显示，管线 L_1、L_2、L_3、L_4 有不同的宽度咬口组合，因不同宽度咬口拼合而造成风管单面挠度误差在3毫米范围内，其鼓振幅度分布为

1.1%～1.4%,低于规范允许值1.8%,风管均处于正常形变范围。小组认为咬口机咬边尺寸是否精准对于风管鼓振幅度的影响程度小,因此确认"咬口机咬边尺寸不精准"不是主要原因。

五、统计推断

问题27:什么是参数估计

答:这种方法估计在人们的日常生活工作中经常用到,比如根据一个人的言谈举止来估计这个人的修养水平;项目上根据前一阶段工人的施工情况来估计后一阶段的施工预期等。在估计中,有三个要素:参数、样本和统计量。例如:人们想了解上海市家庭的笔记本电脑拥有率(假设为 p),假设上海共有500万户家庭,若每户家庭都做调查,则不容易办到。此时,只要获得 p 的估计值就可以了。为了估计 p,需要抽取一定数量的样本,比如从各区中共抽取2 000户家庭样本,样本中共有200台笔记本电脑,那么 p = 200/2 000 = 10%。例子中,笔记本电脑拥有率 p 是参数,是描述总体的数;2 000户家庭是样本;统计量是利用样本算出的某个统计数值,如样本的平均数等。

参数估计分为点估计和区间估计两种。(1)用数轴上的一个点来估计总体,为点估计。总体比例的点估计值等于简单随机样本(SRS)中的某个特征数量除以样本量;标准差的点估计值等于样本中的某个特征数量除以抽样量 n。(2)用数轴上的一个区间来估计总体,为区间估计。比如,上海市家庭的笔记本电脑拥有率为10%,误差±1%,置信度为95%,其中"上海市家庭的笔记本电脑拥有率为10%"是用样本比例作为对总体比例的点估计;其估计范围为10% ±1%,即区间9%～11%。如果用完全类似的方式,重复抽取同样数量的样本时,在产生的类似区间中,有些会覆盖真正的比例,而有些则不会,如果其中大约有95%会覆盖真正的比例,这样得到的区间被称为总体比例的置信度为95%的置信区间,也就是区间估计。

质量管理小组可以利用Excel来计算样本的平均值和总体期望值的置信区间。具体步骤为:在工作表中输入数据,下拉"数据分析",点击分析工具中的“描述统计”，可以求得总体均值的置信区间。小组输入参数，选中“汇总统计”和“平均数置信度”（假设置信度为 95%），可以求得在置信度为 95% 的总体均值的置信区间。具体置信区间就是 Excel 中计算后得到的“平均”数值加减“置信度”的数值。在活动中，小组可以运用“估计”来对小组抽样所获得的数据进行相应的分析，以增强推断的准确性。

问题 28：什么时候会用到假设检验

答：假设检验是指在规定的风险水平上，确定一组数据是否符合已经给定假设的一种统计方法。或者说，假设检验是根据一个样本所提供的信息，来决定某个统计假设是否应该被拒绝的方法，这个统计假设可能是关于某一特定的统计分布或模型，也可能是关于一个分布的某些参数值，比如平均值或方差。如果是针对某一个统计分布或模型的假设，那么运用假设检验方法可以检验总体数据是否符合某种特定分布（比如正态分布）、可以检验样本数据是否随机等。如果是针对总体参数的假设，那么运用假设检验方法可以检验某一个总体的参数（比如平均值或方差是否符合规定的要求），也可以检验两个或多个总体之间的差异等。

假设检验常常用于利用样本的数据来推断总体的某些性质，它是一种基础性的统计方法，在抽样、控制图、试验设计、回归分析、测量分析等统计方法中，实际上都应用了假设检验的方法。在质量管理小组活动中，假设检验可以用于现状调查、要因确认、过程控制、对策实施、效果评价与判断等步骤中，主要包括：一是检验一个总体的均值或标准差是否达到规定的目标或要求，比如根据抽样检验的结果来判断某一批次的产品是否符合规定的接受准则；二是检验两个或多个总体的平均值是否存在差异，比如两个零件批次分别采用了不同的工艺来加工，通过比较它们的质量水平看是否存在显著性差异；三是检验某一个总体中的不合格品率是否超过规定；四是检验两个过程输出的不合格品率是否存在显著性差异；五是检验样本数据是否随机来自同一个总体；六是检验一个总体的分布是否属于正态分布；七是检验某一个产品或过程的特性是否得到改进。

在使用假设检验时，先要提出原假设 H_0 和备择假设 H_1（备择假设也称为原假设的对立面，或者是原假设被拒绝时的统计假设）。原假设是根据实际问题提出的，如：假设总体分布为正态分布；假设两个过程的产品不合格品率相同，原假设 $H_0: p_1 = p_2$、备择假设 $H_1: p_1 \neq p_2$；假设某批产品的寿命不低于规定寿命值，这时原假设 $H_0: \mu \geqslant \mu_0$，备择假设为 $H_1: \mu < \mu_0$ 等。

接着是确定显著性水平 α。由于是利用有限的样本数据来对总体假设作出判断，因此不可避免地会存在判断错误。当原假设为真而被拒绝，即"弃真"时称为第一类错误。犯第一类错误的概率称为第一类风险，在检验中犯第一类错误的概率不能超过的界限称为显著性水平 α。当原假设不真而予以接受，即"存伪"时，称为第二类错误。犯第二类错误的概率称第二类风险，记为 β。显著性水平是事先设定的，一般为 0.1、0.05、0.01 较小的值，以 0.05 最为常见。显著性水平的用意为：在拒绝原假设时犯第一类错误的概率小于该 α 值。α 值并非越小越好，因为 α 值越小，置信概率 $(1-\alpha)$ 越高，同时会增加犯第二类错误的风险。

接下来是选择检验统计量和确定拒绝域的形式。对于单个正态总体参数的检验有 μ 检验、t 检验、χ^2 检验；两个正态总体参数的检验包括：μ 检验、t 检验、F 检验。每一种检验都有相应的检验统计量。当选择检验统计量后，可以根据该检验统计量的分布以及选定的显著性水平，确定拒绝域的形式。拒绝域是检验统计量取值的一个区域，如果样本的检验统计量值处于这个区域，则应当拒绝原假设。根据原假设的不同，假设检验分为单侧检验和双侧检验，相应的拒绝域形式也不同。拒绝域的边界值为临界值，拒绝域以外的区域为接受区域。

当原假设 $H_0: \mu \leqslant (\geqslant) \mu_0$，或 $\sigma^2 \leqslant (\geqslant) {\sigma_0}^2$ 时，一般为单侧检验；当原假设 $H_0: \mu = \mu_0$，或 $\sigma^2 = {\sigma_0}^2$ 时，一般为双侧检验。然后根据给定的检验统计量的分布，查表确定临界值，从而确定具体的拒绝域。对于 μ 检验，根据确定的显著性水平 α，查标准正态分布的分位表来确定临界值。单侧检验直接按 α 查出 $\mu_{1-\alpha}$；双侧检验要按 $\alpha/2$ 查出 $\mu_{1-\alpha/2}$。对于 t 检验、χ^2 检验、F 检验，确定临界值时应分别查 t 分布的分位数表、χ^2 分布的分位数表、F 分布的分位数表。查表时，应考虑是单侧检验还是双侧检验、给定的显著性水平 α、依据样本统计量的自由度 f。单个总体假设检验的自由度为 $n-1$；两个总体假设检验的自由度为 $n_1 + n_2 - 2$。F 检验中，n_1 为分子自由度，n_2 为分母自由度。

再下一步是收集样本数据,计算所确定的检验统计量值。将计算出的检验统计量值与在相应表中查出的拒绝域临界值进行比较。如果其落入拒绝域,则拒绝原假设,反之则接受原假设。

问题 29:什么是相关分析和回归分析

答:相关分析。相关分析是反映两个变量之间相关性的分析。比如经常听年轻人说起一位歌星,称呼其为“雨神”,因为这名歌星每次到某个城市举办演唱会,天空一定会下雨,如此一来,他被贴上了“雨神”的标签,这就是相关分析。在分析时,两个变量之间的关系可以通过最小二乘法计算来确定。最小二乘法是利用“误差的平方和为最小”来求回归直线的方法,通过计算,可以求得两个变量之间的线性关系密切程度,一般用系数 r 来表示。小组可以用 Excel 来快速求解相关系数,也可以制作散点图来进行相关性的粗略判断(详见本章散点图相关内容)。相关系数 r 在 0.8 ~ 1.0 为极强相关,0.6 ~ 0.8 为强相关,0.4 ~ 0.6 为中等程度相关,0.2 ~ 0.4 为弱相关,0.0 ~ 0.2 为极弱相关或无相关。

非线性相关。在实践中,具有相关关系的两个变量,其散点的分布趋势不一定都是一条直线,有时会呈现为一条曲线,这就需要观察分析该曲线比较符合哪种类型的曲线,然后配出这条曲线的方程。这种曲线类型有双曲线、指数曲线、对数曲线、幂函数曲线等。图 4-24 反映的是某种材料在不同加热时间下表现出的弯曲性能,该图为指数曲线的相关散点图。

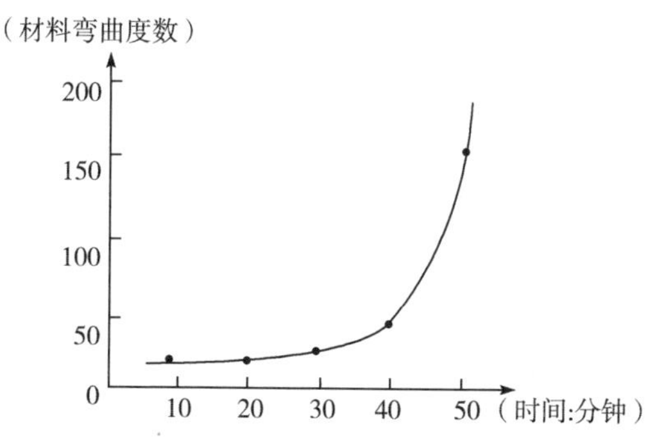

图 4-24 指数曲线相关散点图

图 4-24 中的曲线可用 $\ln y = \ln a + bx$ 来表示。令 $u = \ln y, v = \ln a$，则有 $u = v + bx$，于是把非线性问题转化为 u 与 v 之间的线性问题，方便计算和分析。

回归分析。回归分析之所以称为“回归”，源于人口资源的统计。统计学家在进行人口调查中发现一个规律：在同一个民族中，人们的身高会向一个中间值靠拢，比如超高个子后代的身高会逐渐下降，而矮个子后代的身高也不至于越来越矮，这就像是身高数据在向中间值“回归”。现在人们根据所拥有的信息（数据）来建立变量与其他主要变量之间的关系，这种关系称为“模型”。如果用 Y 表示感兴趣的变量，用 X 表示其他可能与 Y 有关的主要变量，则模型为 $Y = F(X) + \varepsilon$。其中，自变量 X 是定量变量，ε 是模型误差，是模型所没有考虑到的、但存在着的其他次要影响因素。一般来说，ε 服从均值为 0 的正态分布，Y 称为因变量，X 为自变量，建立这种关系的过程就叫“回归”。如果因变量与自变量呈线性关系，且自变量只有一个，则称为一元线性回归，用 $Y = ax + b$ 表示，它可以通过散点图或最小二乘法来求得相关系数。

Logistic 回归分析。当自变量为定性变量时，就不能用定量变量的回归分析了。比如，人们进行某个产品的满意度调查，“1”表示满意，“0”表示不满意。此时，可以建立 Logistic 回归来进行分析。Logistic 回归的模型为 $\ln\{p/(1-p)\} = a + bx + \varepsilon$。如果自变量较多，则可以建立多元的 Logistic 模型，它们的系数都可以用 Excel 求取。

在质量小组活动中，相关分析和回归分析可以用于主要原因确认、目标可行性论证等步骤中。小组可以通过不同变量之间的相关分析和回归分析来进行确认。

六、数据质量

问题 30：怎样理解采集数据的准确性

答：采集数据的准确性，主要指数据的产生过程是客观的，不是人为刻意制造出来的；数据的产生过程是受控的，比如有足够的过程能力，产生数据所处的环境是安全、可靠、适宜的；测量数据的仪器、系统等是有效的，而且在要求的精度范围内；测量数据的人员是有相应操作能力的，他们必须清楚相应的测量仪器操作规程，懂得如何收集有关数据，有一定的数据处理能力，能够主动排除外界的干扰，包括数据产生过程中的干扰和数据产生以后的干扰等；产生的数据是真实的，没有任何水分和杜撰的成分，没有臆测，没有任性推断，也没有带目的性地推测和编制数据；数据是在规定时间内产生并收集完成的，确保数据在特定范围内有效。

下面从数据的来源、如何收集数据、怎样提高数据的质量、造假数据的伤害、如何学会使用大数据等方面进行分析。

一是数据的来源。数据来自小组的活动过程。当小组按照程序，一步一步开展活动时，其相应的数据也就不断地产生。比如：选题的时候，有数据表明所选的质量问题的确需要去解决；现状调查中，有数据表明问题的严重程度，从而找到问题症结等；原因分析时，看似是文字的描述，背后也是数据在说话，是由数据来支撑逻辑的判断；要因确认中，大量的现场测量、试验、调查分析会产生数据；进行对策的多方案评价时，对其有效性、可实施性、经济性、可靠性、时间性等维度的评价也是数据在说话；对策实施时，要收集各项措施实施后的数据，来验证各对策所对应的目标是否实现，必要时要有数据来验证对策实施结果在安全、质量、管理、成本等方面的负面影响；效果检查时，一定是用数据来验证课题目标完成情况、对策实施后的现状改善程度、确认经济效益等；巩固期的效果确认等，同样需要数据。可以说，小组活动的全过程都有数据的参与。

二是怎样收集数据。数据的定义是能够客观反映事实的数字和资料。因此，用数字描述是数据，用文字描述也是数据。数据产生于现场的测量、试验、调查分析等过程，可以由仪器记录，也可由人工记录，所有的数据都要做好标识，以便追溯和分析。数据的收集要把握好三点：(1)数据的时效性，错过了特定的时点，数据也就失效了。(2)数据的客观性，数据必须真实地来自现场实测、检验、模拟试验、调查分析，不能凭空捏造或篡改。(3)数据的针对性，数据必须针对特定的程序、对象而产生，否则会张冠李戴，全盘出错。很多时候，数据的采集是要持续一段时间的，要保证采集过程的完整，但不能忽略有些数据是转瞬即逝的,要及时采集,以免贻误。

三是怎样提高数据的质量。最初收集到的数字信息称为数值,是第一手资料,要经过归纳、分析、整理后,才能成为有效数据。在归纳整理的过程中,要剔除一些数据,如离散度太大的数据、伪数据、失效的数据等。离散度太大的数据是偶尔出现的数据,不能反映真实情况;伪数据主要是一些捏造的数据、篡改的数据,是为了粉饰需要而形成,属于假数据;失效数据是过了时效性,不能采纳。表示数据质量有两个指标,如偏倚,主要指多次测量结果的平均值与基准值的差;变差,又称变动,是多次测量结果的变异程度。偏倚和变差小,数据质量就高。严格来讲,也要分析测量系统的分辨力,当测量系统的波动比制造过程的波动小,而且还小于公差限,不大于公差限的1/10,则该测量系统有足够的分辨力,测量所得数据质量也高。

四是造假的数据会有怎样的伤害。有极个别的小组为了走捷径,会粉饰一些数据,让图形好看些,让目标"尽早实现"。这些造假的数据会带来多方面的伤害:第一,数据失真会影响采集数据的严谨性和科学性,形成了伪数据,影响本程序及后续程序的判断与实施。第二,如果是更多程序上的数据失真,则会造成整个小组活动失真,目标没有实现,所得成果是伪成果。第三,使小组活动失真,造成项目的系统性质量风险,质量创优堪忧。第四,对于小组成员心理上造成伤害,所谓的"捷径"反而造成效率低下。第五,一旦养成了造假的习惯,对于从事其他管理工作也会造成影响。

五是学会使用大数据。大数据就在身边,质量管理小组活动也会遇到大数据。当小组在活动的各个程序中认真收集数据时,大数据就产生了。数据会说话,大数据更会说话。当把各类数据信息集合在一起,进行系统分析时,大数据会告知人们隐藏的真相、存在的问题、目标的确定、演变的过程、发展的趋势、实施的结果等。利用好大数据,关键是掌握统计方法和正确地使用统计方法。现在,专业机构的大数据应用都往往借助于计算机系统,就质量管理小组而言,如果能充分利用好 Excel、Minitab 等统计工具,再辅之以一些常用的统计方法,基本上也能够从容应对,满足活动要求。当然,如果小组的确存在无法解决的数据方面的难题,不知如何应用相应的统计方法,尤其是遇到了海量的数据等情形,那不妨请有关专家来帮助解决。

问题31:什么是测量系统

答:测量系统是与确定测量对象、测量过程、测量输入、测量输出紧密联系在一起的一个大集合,它包括测量仪器与设备、计量器具、测量标准、测量程序和方法、测量软件、测量环境、测量人员、测量假设等内容。通过一个完整的测量系统,可以获得测量结果、确定数据的可靠性、对测量方法进行评估和比较、评价测量仪器、确定并解决测量系统的误差、评价测量人员的能力等。测量的过程是一个数据制造与获取的过程,因此可以用SPC控制图来分析测量系统。

测量所获得的数据质量有高有低,假设对某一个基准值做多次测量,如果测量的数据与基准值接近,那么数据的质量就高;如果测量的数据偏离基准值,则数据的质量就低。一般可以用偏倚和变差来表示测量数据的质量。变差可理解为数据的波动。偏倚是测量结果的平均值与基准值的差异。变差是多次测量结果的变异程度,通常用标准差来表示。如果测量数据的偏倚小且变差小,则数据质量高;如果偏倚大且变差大,或偏倚小但变差大,或变差小但偏倚大,那么数据质量低。

对一个测量系统来说,有以下三个基本要求。

一是测量系统的分辨力。它是指测量系统识别被测量特性中最小变化的能力,也可以理解为测量的精度。比如某测量系统能够分辨0.1毫米的变化,但不能分辨0.01毫米的变化,那么其分辨力就是0.1毫米。每一个测量系统都必须有足够的分辨力,否则就不能准确表示被测对象的特性值,不能识别测量过程中的数据波动。

二是测量系统的统计稳定性。它是指测量系统在重复测量的前提下,其计量特性测量值随着时间的推移而保持稳定的能力,也可以指测量系统的偏倚随时间推移的变化范围。通常用平均值－极差控制图来评价测量系统的稳定性。比如现在有一个重量为5千克的产品,可以设计一个固定的时间间隔来测量该产品的重量,如每天测量一次,每次测量5遍,连续测量30天。然后根据测得的数据来计算平均值和极差,制作控制图,再根据控制图的判异准则来判断有无异常。如果没有异常,则测量系统是稳定的;如果有异常，则在消除由异常原因而产生的异常现象后，才能认定测量系统是稳定的。

三是测量系统的线性。它是指测量数据的偏倚与基准值之间的线性关系，可以用两者之间的相关性来表示。如果偏倚与基准值之间的相关系数接近1，则线性关系好；相关系数越小（指 r 在0到1的范围内），则线性关系越差。由于每个测量系统都有自己的量程，比如有的磅秤只能称量1千克以内的物品，有的磅秤能够称量100千克以内的物品，显然对两者提出相同的偏倚是不合理的。因此，对于量程较小的测量系统，偏倚应小一些；对于量程较大的测量系统，偏倚应大一些。

针对一个测量系统，可以做"可接受评价"。测量系统的波动主要由测量仪器、测量人员引起。由于测量仪器导致的测量数据的波动，可以用测量仪器的重复性EV来表示，也就是其重复测量值的变差，EV越小，测量仪器的可接受度越高。由于测量人员导致的测量数据的波动，可以用测量系统的再现性AV来表示，也就是测量人员在测量技术上的变差，AV越小，测量人员的可接受度越高。在实践中，是无法只对一名操作人员进行AV考察的，需要考察2名及2名以上的操作人员进行变差估计。通常，测量系统的总方差小于10%时，测量系统可接受；若大于30%，则为不可靠。

问题32：什么是过程能力分析

答：过程能力分析是指对过程稳定程度、过程受控程度的分析。这里介绍两个概念，一个是过程能力，一个是过程能力指数。

过程能力（PC）是指过程在加工质量方面的能力，表现在过程稳定或过程受控的程度上。过程稳定，那么质量特性 X 会服从正态分布 $N(\mu,\sigma^2)$，其中，标准差 σ 表示过程稳定的程度，σ 越小则过程越稳定。比如，一个过程稳定的99.73%产品质量特性值分布在区间 $(\mu-3\sigma,\mu+3\sigma)$ 范围内。因此，通常把过程能力等同于 6σ，即 $PC=6\sigma$，6σ 越小，过程越稳定，过程能力就越强。

过程能力指数（C_P）是指用来度量一个过程满足标准要求的程度，这个标准规定了上规范限 USL 和下规范限 LSL，规范限的宽度 $T = USL - LSL$，也称为公差。C_P = 公差/过程能力 = $(USL - LSL)/6\sigma = T/6\sigma$。$C_P > 1.33$，说明过程能力充足；$C_P < 1.00$，说明过程能力不足。

质量管理小组在活动时，需要关注相关过程中的过程能力，如果过程能力不足，一定要采取相应的措施，加强对产品的检验；如果过程能力严重不足，则要停止过程活动，检查原因。

小组在活动中还需要关注数据的来源是否正确，比如收集的数据能否代表过程、抽样的代表性是否强等情况。

参考文献

[1]中国质量协会. 质量管理小组活动准则[M]. 北京:中国标准出版社,2020.

[2]中国质量协会.《质量管理小组活动准则》要点解读[M]. 北京:中国质检出版社,中国标准出版社,2018.

[3]中国质量协会. QC 小组基础教材(二次修订版)[M]. 北京:中国社会出版社,2008.

[4]中国建筑业协会. 工程建设质量管理小组活动导则[S]. 北京:中国建筑工业出版社,2019.

[5]中国建筑业协会质量管理与监督检测分会. 工程建设 QC 小组基础教材[M]. 北京:中国建筑工业出版社,2020.

[6][美]David Freedman, Robert Pisani, Roger Purves,等. 统计学[M]. 魏宗舒,施锡铨,林举干,等译. 北京:中国统计出版社,1997.

[7]中国认证人员与培训机构国家认可委员会. 审核员统计技术应用指南[M]. 北京:中国计量出版社,2006.

[8]同济大学数学系. 应用统计[M]. 上海:同济大学出版社,2016.

[9]丁帮俊. 大学统计[M]. 上海:华东师范大学出版社,2020.

[10]朱莹. 统计中的智慧[M]. 上海:复旦大学出版社,2013.

[11]季生平. 管理心得[M]. 成都:四川大学出版社,2018.

[12]季生平. 建筑企业管理分析[M]. 北京:中国原子能出版社,2021.

图书在版编目（CIP）数据

科技创业与融资 / 杨鹏，任溶，桂曙光著 . -- 北京：中国科学技术出版社，2024. 9. -- ISBN 978-7-5236-0930-9

Ⅰ. F276.44；F275.1

中国国家版本馆 CIP 数据核字第 20249AN065 号

总 策 划	申永刚		
策划编辑	李清云　熊林欣	**责任编辑**	褚福祎
封面设计	创研设	**版式设计**	蚂蚁设计
责任校对	焦　宁	**责任印制**	李晓霖

出　　版	中国科学技术出版社
发　　行	中国科学技术出版社有限公司
地　　址	北京市海淀区中关村南大街 16 号
邮　　编	100081
发行电话	010-62173865
传　　真	010-62173081
网　　址	http://www.cspbooks.com.cn

开　　本	710mm × 1000mm　1/16
字　　数	302 千字
印　　张	22
版　　次	2024 年 9 月第 1 版
印　　次	2024 年 9 月第 1 次印刷
印　　刷	北京盛通印刷股份有限公司
书　　号	ISBN 978-7-5236-0930-9/F · 1289
定　　价	79.00 元

科技创业与融资

杨鹏　任溶　桂曙光 著

中国科学技术出版社
·北　京·

U0484589

CONTENTS | 目录

第六章

风险投资协议条款谈判 249

科技创业

第一节　硬科技发展进程

进入21世纪以来，全球科技创新进入密集发展的时期。随着新一轮科技革命和产业变革深入推进，全球技术创新空前活跃，人工智能（AI）引领的数字经济蓬勃发展，一些前沿领域关键技术获得突破式进展，科技进一步塑造全球创新版图、重塑世界经济结构。

一、第一次科技革命：驱动人类社会进入“机械时代”

第一次科技革命始于18世纪60年代，是由欧洲的英国发起的，它开创了以机器代替手工劳动的时代，是技术发展史上的一次巨大变革。1765年，织工哈格里夫斯发明了“珍妮纺纱机”，首先在棉纺织业引发了机器发明、技术革新的连锁反应，拉开了工业革命的序幕。1785年，瓦特制成的改良型蒸汽机投入使用，人类社会由此进入了“蒸汽时代”。1840年前后，英国的大机器生产基本上取代了传统的工厂手工业，工业革命基本完成。英国成为世界上第一个工业国家。18世纪末，工业革命浪潮逐渐从英国向西欧大陆和北美转移。19世纪中期，法国工业革命基本上已经完成，法国也成为当时仅次于英国的工业国家。19世纪以后，美国工业革命迅速发展，涌现出许多的发明成果，如砸棉机、缝纫机、拖拉机和轮船等，特别是机器零件标准化生产方式的采用及推广，大大促进了机器制造业的发展，加快了机器的普及。19世纪中期前后，工业革命在西欧和北美轰轰烈烈进行的同时，也在向世界其他地方不断扩展，俄国、日本等国家也陆续开始了工业革命。

二、第二次科技革命：驱动人类社会进入“电气时代”

19 世纪末和 20 世纪初，以电能应用和内燃机的出现为标志的第二次科技革命爆发。自 19 世纪六七十年代开始，一系列重大发明陆续出现。1866 年，德国电工学家、实业家西门子发明了自激直流发电机；19 世纪 70 年代，实际可用的发电机问世。由此电器成为补充和取代以蒸汽机为动力的新能源。随后，电灯、电车、电影放映机相继问世，人类进入了“电气时代”。

在第二次工业革命中，推动工业生产发展的另一项重大科学技术创造是内燃机的发明和应用。19 世纪七八十年代，以煤气和汽油为燃料的内燃机相继出现，90 年代柴油机创制成功。内燃机的出现解决了交通工具需要强劲的发动机的问题。德国人卡尔·弗里特立奇·本茨等成功地制造出由内燃机驱动的汽车，远洋轮船、飞机等也得到了迅速发展。同时，内燃机的发明还推动了石油开采业和石油化工工业的发展。

三、第三次科技革命：驱动人类社会进入“信息时代”

第三次科技革命始于 20 世纪四五十年代，是以原子能、电子计算机、空间技术和生物工程技术等的发明和应用为主要标志的，涉及信息技术、新能源技术、新材料技术、生物技术、空间技术和海洋技术等诸多领域，是一场信息控制技术革命。从 20 世纪 80 年代开始，微型计算机得到迅速发展。电子计算的广泛应用，推动人类社会进入“信息时代”。该技术推动了生产自动化、管理现代化、科技手段现代化、国防技术现代化，以及情报信息的自动化。以全球互联网络为标志的信息高速公路正在缩短人类交往的距离。同时，合成材料的发展、遗传工程的出现和信息论、系统论和控制论的发展，也是这次技术革命取得的重要成果。

第三次科技革命，进一步促进了生产力的发展，推动了社会经济结构和生活结构的重大变革。第一产业、第二产业在国民经济中占比下降，从而第三产业的占比开始上升。为了适应科技的发展，资本主义国家普遍加强国家对科学领域研究的支持和资金投入。

四、第四次科技革命：驱动人类社会进入“智能时代”

第四次科技革命是以网络化、数字化和智能化为标志的革命。新一轮科技革命和产业变革以新一代信息技术、生物技术、新能源技术、新材料技术、智能制造技术等科技创新与产业化应用为引领，数据作为高端要素和最终产品的地位将更加突出，有望从根本上改变现有生产函数、拓展生产可能性边界，形成以基础研究、原始创新、颠覆性变革为基础的新产业链。

信息技术成为率先渗透到经济社会各领域的先导技术，世界正在进入以信息产业为主导的新经济时代。以人工智能、量子信息、移动通信、物联网、区块链为代表的新一代信息技术加速实现突破应用。另外，基因技术、蛋白质工程、空间利用、海洋开发以及新材料、新能源领域将出现一系列重大创新成果。融合机器人、数字化、新材料的先进技术正在加速推进制造业向智能化、服务化、绿色化转型，以清洁高效可持续为目标的能源技术将引发全球能源变革，空间和海洋技术正在拓展人类生存发展新疆域。纵观当前全球科技发展情况，从技术成熟度和系统性来看，以人工智能、5G 通信、光电芯片、大数据等为代表的智能化技术趋向成熟。这些技术最有可能率先驱动人类社会进入“智能时代”。

未来机器人将会代替很大一部分人力，人类大脑甚至可能与机器结合形成超脑，人工智能将进一步解放人类的双手。可以预见，随着智能化社会的到来，人类生产和社会组织方式会迎来新的变革，更多人将转向以智力劳动、文化创作、社会治理为代表的创造性工作领域。

五、中国硬科技的发展

自2010年“硬科技”的概念被提出之后，中国硬科技产业也已经历过了十余年的发展历程。在国家政策、产业、科研等多个层面，科技创新均取得了长足进步，硬科技的成果逐步得到应用，以新产业、新业态、新模式为核心的新动能不断增强，成为推动我国经济平稳增长和经济结构转型升级的重要力量。

中国经济正在由高速增长阶段向高质量发展阶段转变，转变发展方式、优化发展结构、转换增长动力是当前要务。硬科技是产业升级和发展的内在因素，硬科技作为新动能，能够为传统产业注入源源不断的创新活力，支撑传统产业转型。一方面，它可以促进中国产业向价值链中高端转变；另一方面，它可以助力在关键技术和前沿核心技术领域创新突破的实现。形成具有自主知识产权的创新技术，把核心技术掌握在自己手中，真正把握竞争和发展的主动权，改变核心技术“受制于人”的不利局面，从根本上保障国家经济安全和国防安全。

从宏观来看，硬科技是培育经济发展动能的关键要素。想要适应“新常态”并挖掘经济发展动力，特别是内生动力，关键要构建科技“先发优势”，发展“过硬”的硬科技。

从中观来看，硬科技是促进产业升级的重要保障，硬科技是自主创新的技术，是难以模仿的技术，其最能代表一个国家或地区科技发展的水平，因此硬科技发展居于科技创新的核心地位。硬科技发展能有效提升产业结构合理化和高度化程度，也能有效带动产业链条上其他产业的快速发展。

从微观来看，硬科技是科技企业持续发展的原动力，我国在关键材料、核心传动器件、核心电子元器件、高性能传感器、高端制造装备等领域长期依赖国外技术。国内相关科技企业发展受制于人，在市场竞争中处于弱势地位。

企业通过自主创新掌握硬科技，以硬科技为依托，形成金融汇聚和人才聚集效应，打破国外技术封锁与垄断，提升产品替代能力，满足甚至引领市场需求。

第二节　硬科技创业特征

在全世界的科研生态中，每天突破性的科学发现都会产生。由大学和研究院所为主的科研生态，利用空前规模的公共资金产生了大量的科学发现，但是，大部分成功的创新都无法转移到实验室之外，未能发挥出解决当今社会面临的紧迫问题的潜力。搜索引擎、锂电池、全球定位卫星和人工智能，都是政府资助的研究提供关键科技的几个例子。但只有很少的研究能够转化成新的商业产品或服务，很多研究仍停留在实验室阶段，很难成为解决社会问题的通用方案。

一、提高科研的转化能力

年轻一代的压力越来越大，他们要采取更具体的行动，解决当前面临的各种生存、生活问题。引进新科技，可以应对气候变化挑战，开发流行病的应对对策，以及全面推进社会进步。

增强科技转化能力对应对挑战和建设韧性社会至关重要。如何将研发转化为新能力？科学新发现如何转变为能够满足社会迫切需求的产品或服务？

早期研发发现转变为产品或服务的过程在不同领域有不同的名称。在学术领域被称为科学转化，在投资和风险资本（VC）领域则被称为分拆 / 初创公司创立。从本质上讲，这个过程利用研究实验室的科学发现，并将其与大量未得到满足的需求和市场机会进行协调。

发明机构（如大学、科研院所）将科技成果授权给初创公司或较大规模的成熟公司，这些公司需要利用大量的资金来对该科技成果进行迭代，让初始的科研成果适应于特定的应用场景，在这个过程中大的技术风险和失败的可能性都可能会出现。初创公司主要重点是确保资金到位以推进科技研发。风险投资机构、政府部门等都可以作为投资资金的提供者，推动科技方案走向商业化。

通常的情况是，由于技术风险巨大，很多投资机构会回避科技开发的早期阶段，特别是在未经证实或全新的科技领域。

最近几年创业领域中比较热门的是“硬科技”，这一领域在过去几年经历了飞速的发展。传统风险资本（VC）投资人要在 10 年期限内为其基金出资人带来高额回报。有些风险投资人已经适应了长期投资的节奏，并愿意承担更大的风险。作为交换，他们有机会投资那些具有巨大市场潜力且几乎不会面临竞争的新公司。相关领域的成功案例表明，硬科技投资和分拆科技成果领域已经准备好获得应有的关注。

很多新科技目前正在开发中，要想扩大规模，它们可能需要几亿元甚至几十亿元的资金投入。如果能够从技术角度逐步消除风险，这些科技成果就可以开辟巨大的未开发市场，并可持续地解决社会各个领域的问题。

二、硬科技公司的崛起

在过去的几年中，创业和风险投资界发生了一个巨大的变化，一类新的创业者涌现出来。他们把赌注压在基于科学发现建立公司、制造智能汽车、开发新型治疗手段，以及发射卫星等方面。类似地，一些风险投资人意识到，下一代价值上万亿元的公司可能在这股变革科学的浪潮中诞生。

硬科技的定义是诞生于基础研发的创新，并具有转化为具有巨大市场机会的产品或服务的潜力。尽管开发硬科技可能需要很长的时间，而且存在很大的技术风险，但大力投资保护知识产权（IP）并减少技术风险，可能是涉足这片尚未开发新市场的关键。

如果你能从核聚变中制造出安全的、无限的能源，会怎么样？是能以氢代碳冶炼清洁的钢铁，制作出不会变质的食物或培育出能在沙漠中生长的种子，还是能制造出不需要冷藏且可以用贴片而不是注射给药的疫苗？

硬科技是一个有吸引力的领域，因为它具备利润丰厚的性质和长期投资的机会。硬科技创业是一种新模式，可以用来应对一些社会最紧迫的挑战。减少碳排放，减缓和适应气候变化，建设更高效的医疗保健系统，实现交通、农业、能源等领域的现代化，都需要大规模部署以科学为基础的技术。创业者组建的是一支跨学科团队，以便在投资人争相投资时，消除技术挑战的风险，并将科学成果推向市场。

学术成果商业化的概念已经有几十年的历史了。到目前为止，大多数硬科技创业公司都出身于学术研究机构，有很多大学和科研院所已经建立起了强大的科技商业化的文化和机制。在有些大学里，通过学术研究创立新公司会受到支持和奖励。

在分析投入硬科技领域的资金时，我们可以看到三大趋势。

第一，对于创新的和早期的科技，投资人越来越愿意进行长期投资。另外，他们还在加深对投资风险计算的理解，以更放心地为需要更长时间的硬科技领域的创新科学研究提供资金。投资人面临重大的市场变化以及硬科技公司的技术挑战，这增加了早期深度科技投资尽职调查流程的复杂性，但如今投资人更愿意承担风险。

第二，硬科技的长期商业化前景往往需要更多轮的融资，这表明投资人对处于科技成熟多个阶段的硬科技公司持续表现出浓厚的兴趣。因此，与更传统的早期投资相比，硬科技公司遵循不同的融资进程。

第三，硬科技正在成为一种全球趋势。从地域上看，2015 年至今，全球私募资本对硬科技公司投资的 80% 左右发生在美国和中国。虽然美国是硬科技投资中心的领军者，但与其他参与者相比，美国硬科技公司的数量和美国在全球硬科技公司中的份额近年来一直在下降，从约 55% 下降到约 42%。在硬科技领域投资的年复合增长中，中国、德国、英国和以色列是主要的贡献者。

三、硬科技的机会

硬科技是一项全新的科学和工程。硬科技公司应用一项新颖的科学或工程突破，并首次以产品的形式展示。这意味着，让这个创意真正发挥作用存在技术风险。

硬科技的起步是研发阶段的延伸，与传统创业公司相比，硬科技公司涉及的技术人员比例更高。硬科技公司还经常涉及硬件或知识产权的开发，偏向于资本和时间密集。

在技术风险被克服之后，额外的风险是证明该产品的市场需求。如果市场需求得到验证，硬科技公司就能凭借技术壁垒更好地抵御竞争，而不必依赖网络效应和市场锁定。

当前的硬科技未必就是未来的硬科技。一旦技术或产品不再新颖，并且随着公司的规模化发展，以前的硬科技将成为常规技术。

当前的硬科技重点领域有四个：新型人工智能、未来计算、新能源、航天科技（见图 1-1）。此外，还有一些市场不属于这四个领域，比如：合成生物学、先进材料、机器人、交通运输、食品科技和农业科技以及网络安全等。

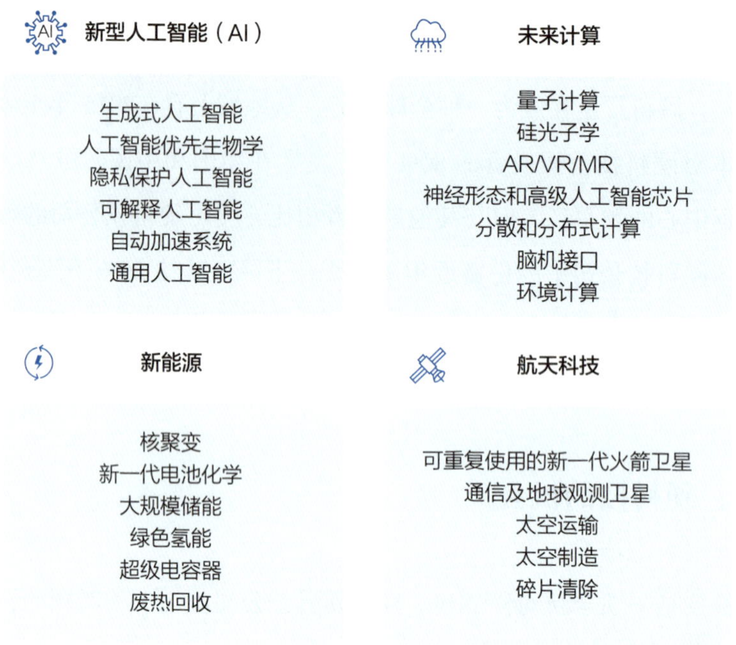

图 1-1　硬科技的重点领域

相对于常规公司，硬科技公司的特点和风险状况存在明显的不同（见图 1-2）。

在开发时间上，常规公司通常在启动后几个月内就进入市场，而硬科技公司需要经历很长的初始开发阶段；在资本支出强度上，常规公司以基础的最小可行产品（MVP）快速进入市场，而硬科技公司通常在实现收入和产品市场契合（PMF）之前会支出大量资本；在技术风险上，常规公司采用现有成熟的技术，而硬科技公司往往会采用具有突破性的技术；在市场风险上，常规公司有现成的市场需求，也有现成的替代品，而硬科技公司在市场上往往没有可比产品；在竞争风险上，常规公司的网络效应和市场支配地位为主要竞争优势，而硬科技公司依赖的是其强大的技术优势。

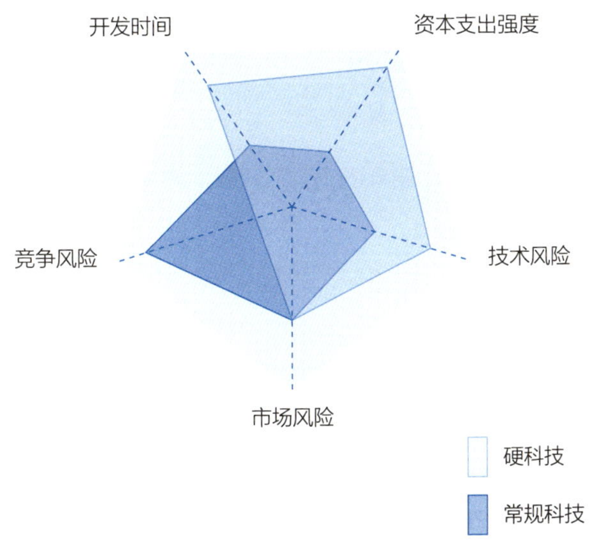

图 1–2　常规科技公司和硬科技公司特点和风险状况对比

当今世界使用的任何东西，从某种程度上说，几乎都源于硬科技，从电力到电话和互联网，再到汽车和飞机。一旦获得成功，很多硬科技创业公司就会随着规模扩大及进入主流领域而不再固守硬科技的根基（见图 1–3）。

硬科技通过将新技术应用于实际生活，创造了新市场，促进了经济的增长和社会的进步，同时解决了很多问题。硬科技让创业者和投资人兴奋的原因在于：通常可以将硬科技的应用瞄准多个市场，而且与传统创业公司不同，凭借技术优势和知识产权的组合，硬科技公司在抵御竞争方面有着更坚实的护城河。硬科技创业公司也能带来更高的投资回报率，这要归功于它们较低的初始估值以及作为收购目标的高吸引力。

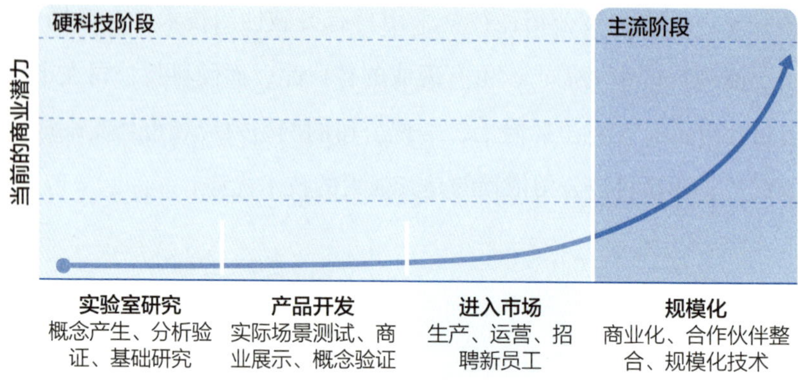

图 1-3　硬科技公司商业潜力的不同阶段

第三节　从技术突破到商业化

将科技成果从研究实验室推向市场商业化，需要经历三个阶段（见图 1-4）。在硬科技投资的早期发展阶段，创业者们开发了知识产权，并证明了这种技术可以在现实世界中发挥作用。

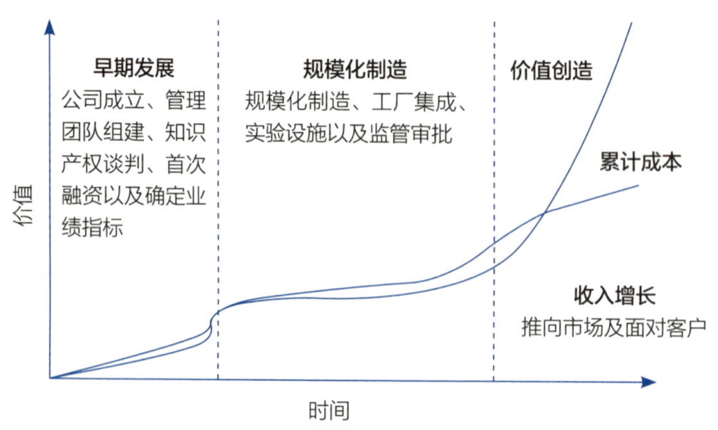

图 1-4　科技成果市场商业化的三个阶段

对大多数科研机构和研究人员来说，科研的目标是发表论文。如果研究成果是有形的，研究人员就会创建和描述一个应用案例或场景，通常是在实验室条件下创造和操作的，不需要关注成本或重复性的最佳可观测输出。

第一，拿到最初的科技成果或输出，并证明其创建过程是可以重复的；第二，证明在实验室里呈现的每一种性能，都可以在现实情况下重现；第三，该产品可以按照具备市场竞争力的成本生产出来。通常是在处于早期发展阶段的时候形成公司，投入早期资本，组建管理团队，申请知识产权保护，并确定早期的绩效评估指标。

通常，在早期发展阶段会出现一个小的价值拐点，以证明技术的价值。在大多数情况下，如果在这个阶段实现了价值，公司就兑现了这项新技术的好处，并将其作为一种新的创新或者对其原有技术的一种替代。然而，如果该技术更具颠覆性，性能指标比现有市场上的可替代产品好得多，那么该公司可能还会寻求额外的投资来开发这项技术。

硬科技的真正瓶颈往往出现在下一规模化制造阶段。给硬科技赋予使用功能通常需要大规模制造出一些有形的物体。比如在生命科学中，输出的产物可以是治疗药物、诊断工具，或者是能够对人类基因组进行序列化的机器。

在一项新技术进入实际制造并最终规模化之前，每个阶段都需要经历很长的时间。这是很困难的。通常，除了最初的发现之外，还需要多个组件来完成最终的产品。以一个可重复的过程来促进该技术的普遍应用，这是需要时间的。成功的制造和规模化，所需要的资源远远多于早期发展所需的资源。

例如，在将特斯拉电动汽车推向市场的过程中，马斯克在汽车工程和汽车制造方面进行了创新，在电动汽车动力传动系统方面的创新、电池的创新（还在不断进行中）以及软件开发，使得特斯拉更像一个车轮上的计算机，而不是传统的汽车。所有这些创新都需要足够规模的批量制造，才能使特斯拉在市场上取得成功。在规模化制造方面，以及创造一种可以开始产生收入的产品所需要的组件创新方面，马斯克的星舰（SpaceX）创新是更为极端的案例。

硬科技创业和投资的三个重点领域是半导体、清洁能源和生命科学。电子和半导体的规模化及制造阶段通常需要五到七年的时间、几亿到几十亿元的成本，然后才能以市场可以接受的价格规模化生产一种新的半导体产品；清洁能源技术，包括太阳能、风能、氢能、可再生化学和燃料，展示了与半导体行业类似的时间线，但将这类新的能源技术商业化推向市场的成本在几十亿到数百亿元之间；但与治疗药物相比，这些案例都相形见绌。新药研发机构要花费几十亿元才能将一种新药推向市场（包括失败案例），而初创的生物技术公司已经证明，新药三个阶段的临床试验至少要花费十亿元。

规模化制造通常不是创业者的专业知识。随着企业的成熟和体量增大，它们发展了这一技能。如果能够整合成熟产业所应用的制造工艺，那么新技术在这一阶段的发展将会很好。如果整个生产工艺是全新的或者与现有的制造工艺不相符，那么初创公司通常必须开发自己的制造和规模化模式。

在硬科技开发的生产和规模化阶段，其价值往往低于成本。在大多数硬科技创新中，除了药物开发以外，价值在这个阶段都难以兑现，这就意味着需要投入大量资金，而资本配置的价值没有相应增加。这使得在早期开发和收入增长之间的空档期，很难吸引到额外的投资。在生物技术投资中，可以更早地达到价值拐点，因为大家普遍认为经过三期临床试验可以提升价值。

与硬科技中的硬件创业，在软件领域，一些程序员可以快速开发代码，然后通过互联网将产品发布到市场上。可以通过使用产品的用户数量或产品周围市场的参与情况，来确定产品的市场影响力。然后，可以利用投资资金来开发收入模式，公司可以开始向一个被该产品吸引的大型市场进行销售。受众群体经常在产品正式发布之前就被确定。

但是，情况并非总是如此。对产品或技术的需求，通常只有在产品可以大规模生产的情况下才会出现。这意味着，在了解一项技术是否有市场需求之前，需要进行更大规模的投资。此外，在技术普及之前，市场影响力往往很难衡量。

将硬科技从研究实验室推向市场商业化，最后一个阶段是收入增长。在这一阶段，随着收入的增加，价值拐点的增长速度会更快。对大多数硬科技来说，直到第三阶段，产品价值才会被市场认可。对大多数硬科技公司来说，在增加收入和实现利润之前，必须投入大量资金。

回到我们对硬科技创业的讨论，生产和规模化是早期发展阶段和收入增长阶段之间的关键，在这两个阶段，价值往往更广泛地得到实现。可以通过“模块化-成熟度矩阵”（见图 1-5）对硬科技的创新和商业化进行分析，生产工艺成熟度和生产的模块化是其中重要的分析维度。

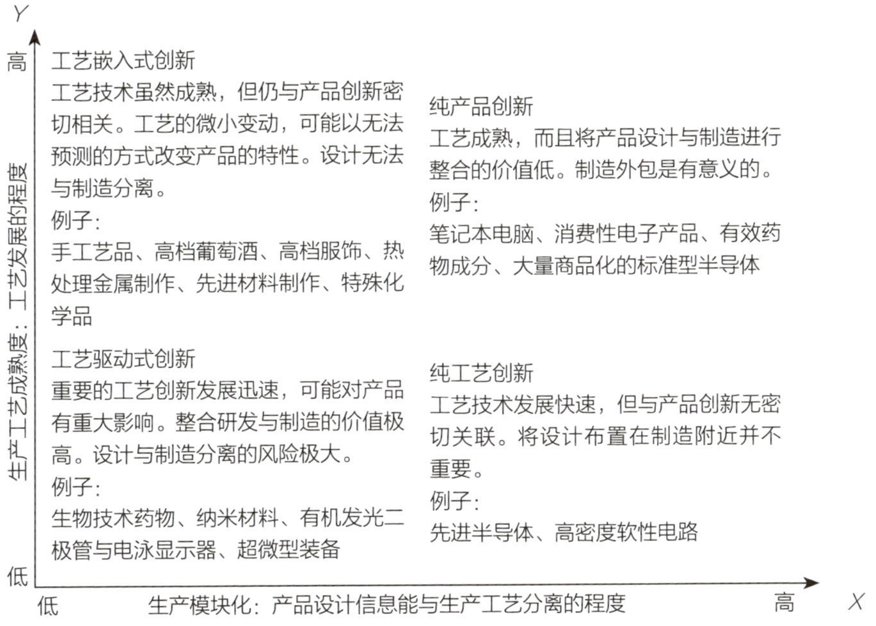

Y

生产工艺成熟度：工艺发展的程度

高

低

工艺嵌入式创新 工艺技术虽然成熟，但仍与产品创新密切相关。工艺的微小变动，可能以无法预测的方式改变产品的特性。设计无法与制造分离。 例子： 手工艺品、高档葡萄酒、高档服饰、热处理金属制作、先进材料制作、特殊化学品	纯产品创新 工艺成熟，而且将产品设计与制造进行整合的价值低。制造外包是有意义的。 例子： 笔记本电脑、消费性电子产品、有效药物成分、大量商品化的标准型半导体
工艺驱动式创新 重要的工艺创新发展迅速，可能对产品有重大影响。整合研发与制造的价值极高。设计与制造分离的风险极大。 例子： 生物技术药物、纳米材料、有机发光二极管与电泳显示器、超微型装备	纯工艺创新 工艺技术发展快速，但与产品创新无密切关联。将设计布置在制造附近并不重要。 例子： 先进半导体、高密度软性电路

低　生产模块化：产品设计信息能与生产工艺分离的程度　高　X

图 1-5　模块化-成熟度矩阵

模块化—成熟度矩阵有四个象限：工艺嵌入式创新、纯产品创新、工艺驱动式创新和纯工艺创新。Y 轴描述了从低到高的生产工艺成熟度，X 轴描述了从低到高的生产模块化程度。当模块化程度低时，产品设计不能完全地编写成书面规范，同时设计也会影响生产。当制造技术不成熟的时候，工艺的改进机会是巨大的，并且会影响最终的产品和成本。

大多数硬科技创新需要在技术层面取得突破，才能在生产、制造或使用新技术方面取得更多突破。出于这个原因，硬科技通常位于模块化–成熟度矩阵的左下象限。随着技术的发展，主要的工艺创新迅速发展，而这些互补的工艺创新对产品产生了巨大的影响。有时候，硬科技是在较高模块化程度的情况下开发出来的，但是大多数时候，工艺的成熟度仍然很低。因为工艺技术不一定与产品创新密切相关，生产和规模化可能会更迅速地发生。在这种情况下，工艺研发与制造之间的紧密关系，比产品设计与制造之间的紧密关系更重要。因此，将生产布置在最有机会进行制造工艺创新的地方是明智的。

在多数情况下，硬科技的投资方要求生产制造和产品设计结合在一起，但这意味着创业者面临更高的风险，因为产品技术和制造工艺技术是并行开发的。这种风险是将硬科技推向市场时，生产规模化成为关键阻碍的本质原因。解决硬科技创新中所呈现的生产规模化问题，消耗了大量的时间和资金。如果缺少市场对这个阶段价值增长的认同，那么相对于软件行业的商业计划，硬科技创业就会变得非常困难。

要拥有一个充满活力的创新经济，就必须有各种不同的想法贯穿创新通道，从研发，到早期投资，到扩大规模，再到商业可行性。如果这个创新通道狭窄而缺乏多样性，那么它所创造的额外机会的数量也必然会更少。另外，创新通道的广泛而多样，为更广泛的创新发展搭建了一个平台。

美国在计算机和互联网领域的早期领导地位，是微处理器革命的直接结果。通过开发微处理器的基础结构，并了解处理器速度的提高如何使其他后续创新成为可能，美国硅谷公司在微处理器的下一代创新中确立了领导地位。

互联网的底层基础来源于多个科学领域，包括数学、物理学、光学通信和信息理论。这种基础知识的多样性成为其他许多产业发展的基础，所有这些都促进了互联网、人工智能等领域的发展。在底层参与创新，通常有助于其在随后发展的行业中转而处于领导地位。在过去的一个世纪的多次经济发展转型中，硬科技创新的领导力对于大国来说一直尤为重要。

第四节　初创公司的物理学

创始人和风险资本（VC）投资人经常使用物理概念来描述初创公司的行为。他们在对初创公司的行为进行类比时，经常会回顾那些经典物理公式。将初创公司的行为分解为基本的物理概念和公式会很有趣，并且还可以帮助创业者理解初创公司。具体如下：

- 质量（m）：对于初创公司来说，质量是其拥有的资本——人力、产品和现金。初创公司的质量是团队的能力、正在开发的产品以及促成行动的手头现金。通常来说，质量就是初创公司拥有的可支配资产，也是初创公司物理学的关键输入量。初创公司质量的大小将决定它能走多远。
- 距离（s）：这是衡量初创公司已经走了多远，以及必须走多远才能取得成功的指标。距离是初创公司参与创业的长期游戏和寻找前进方向的能力。距离是其他核心因素的关键输入量，比如速度和功等具有方向性的向量。

- 高度（h）：在物理学中，高度是距离的一个特殊情况，即参照物之间的垂直距离。高度体现的是初创公司在技术水平、品牌、文化等无形资产上的积累。
- 时间（t）：初创公司在一定的时间范围内运营，但如果执行得好，初创公司可以拉长时间轴。时间可以成就一家初创公司，也可以摧毁一家初创公司。初创公司需要通过产生现金流或融资来赢得时间。
- 速度（v）= 距离 / 时间（s/t）：初创公司的速度不仅仅是速率，它还是一个向量，这意味着它具有内置的方向性。初创公司应该快速行动，因为时间是有限的，而竞争会推动行动的步伐。初创公司需要快速招募人才、交付产品并赢得客户，朝着产品市场契合（PMF）的正确方向前进。实现高增长率、快速产品开发以及产品与市场契合度过程中的关键里程碑都是速度强劲的信号。
- 动量（p）= 质量 × 速度（$m \times v$）：在物理学中，动量就是运动中的质量。初创公司的动量是其质量的函数，其质量在朝着产品市场契和最终规模化的目标快速运动。动量是产品市场契合度的一个很好的指标。初创公司一旦拥有了动量，就很难停下来，这可能意味着它能快速增长并占领市场。
- 力（f）= 质量 × 加速度（$m \times a$）：在物理学中，力是一种能够改变物体静止或运动状态的作用因素。在初创公司中，力可以被视为推动初创公司前进的行动和决策。力还可以代表外部因素或压力（例如市场条件或竞争），这些因素或压力可以改变初创公司的进程或速率。具有大质量和良好定向加速度的初创公司将产生力，而这些力可用来做功和产生能量。
- 功（w）= 力 × 距离（$f \times s$）：在物理学中，产生位移才会做功。同样，在初创公司中，做功是取得进展、推动公司前进。这意味着获取客户、交付产品、产生收入或获得融资。要做功，就需要充分发挥初创公司的力，推动公司在漫长的创建过程中往前移动距离。

- 能量（E）：在初创公司中，能量可以代表其可用的资源，包括资本、时间和团队的努力，初创公司要成功需要能量。如果能量被浪费，初创公司可能会失败。对于初创公司来说，有两种重要的能量形式：
- 动能（E_K）=1/2 × 质量 × 速度^2（$1/2 \times m \times v^2$）：物体的动能是其由于运动而拥有的能量形式。如果一家初创公司拥有合适的质量和速度，最大化动能可以增强其占据市场份额的能力，从而产生幂律结果。动能可以视为由动量驱动的动量，势不可当。
- 势能（E_P）= 质量 × 重力加速度 × 高度（$m \times g \times h$）：在物理学中，物体由于其相对于其他物体的位置而具有势能。在初创公司中，这是最未被充分利用的能量。势能是初创公司有能力但尚未完全执行的累积的功。势能可以是团队能力、产品差异化和工作潜力的函数。初创公司需要了解如何充分利用其势能，并在执行时将其转化为动能，以免浪费宝贵的动量。

作为创业者，去打造一些具有质量、速度和力等方面有优势的东西，并用它们来做功、加速、形成动量，并利用跨空间和时间产生的能量。

第五节　硬科技创业从 0 到 *N*

对于任何公司来说，真正好的战略，一定是选择在没有竞争的市场作战。而具体对于创业公司来说，一定要搏一个现在看似规模很小，大公司看不上、不愿做，但未来可能有巨大潜力的领域。或者说，虽然大家都看到了这个机会，但创业公司可以用 10 倍资源投入的细分领域。

如果去追逐眼前非常热门的市场中非常成熟的业务，跟成熟的大企业在正面战场竞争，创业公司则没有任何机会。在强大竞争对手的主战场上，就算它们会犯错，也只是极小的概率。要坚持去做一些“非主流”的事情，这是创业公司唯一的机会。

硬科技创业公司初期的核心能力就是创业者所掌握的技术，以及对未来长期的愿景。商业的第一性原理，不是公司有什么技术，而是确定客户到底是谁。有很多创业公司一开始的起点很高，但最后变平庸了，不是因为它们的技术不好、团队不优秀或者融资能力欠缺，而是输在没搞清楚客户的需求。

一家创业公司，从起步到发展成熟，大致可以分为三个阶段。

一、第一阶段：0~1

这个阶段是战略的尝试期。公司面对很大的愿景要找到切入点，需要不断地试错。当然也有很多“机会驱动型”的创业者，在之前已经验证了客户需求或者有对标产品。但如果你是“愿景驱动型”的创业者，要开创一个新的产品品类，眼前没有客户，也没有市场需求，不知道对标的公司或产品在哪里，那应该怎么做？

一定要保持对未来愿景的激情，要不断试错，一直往前走，直到基本找到方向，出现第一个愿意为产品付费的客户。

这个阶段谈不上太多的组织建设，最核心的就是创始团队，要不断迭代认知。在这个阶段，信念和意志力至关重要，而非专业能力。创业者要不断鼓励和激励团队成员。

0~1 阶段的公司，要实现创意验证及产品制造。这个阶段的投资人，是先相信团队和公司的未来，再看见他们做到的事。

这个阶段又可以细化成三个子阶段：

0~0.1：将“创意”付诸“实践”，这是一家公司从无到有的时刻。这个阶段很短暂，但是非常重要，完全依赖创始人或者创始团队的能力和魄力，同时依赖自身的财力。

0.1~0.7：“0.7”是一个宽泛的概念，意思是已经比较接近“1”了。在这个阶段，创业公司已经迈出了第一步，开始进行技术的开发和验证，并逐渐打造出原型产品。这个阶段的资金，往往依赖于创始人自己或者个人天使投资人。

0.7~1：找到一两个客户，获得小范围成功。如果始终无法找到客户，则可能退回到0，也就是创业失败。这个阶段，属于个人天使投资和早期风险投资的范畴。天使投资人的期望，就是公司的技术或产品能够得到市场的初步验证。

二、第二阶段：1~10

这个阶段是战略成型期。公司对市场需求、客户的认知会逐渐提升，团队也会对方向形成共识。公司找到了真实需求和可以去开拓的市场。

1–10阶段的公司，要实现小批量生产及销售，这个阶段属于风险投资人的投资范畴，他们是先看到团队和公司做到的事，再相信他们的未来。

三、第三阶段：10~N

这个阶段是战略扩张期。公司的业务相对来说更清晰，需要大规模出货，对供应链管理、库存、质量管理、财务管理都有更高的要求。在这个阶段，公司会面对业界实力强劲的竞争对手，对错误的容忍度更低，一个管理环节出问题（比如库存管理），可能马上会给公司造成巨大的损失。

这个阶段对管理团队的要求会更高。首先首席执行官（CEO）要自我进阶，以前是以创新为主，现阶段是以经营管理为主，而且要在经营管理中突显创新。既要关心方向，也要关心效率，更要关心质量。

战略扩张期对专业化、流程和组织的要求很高。公司人数在 1 到 10 个人的时候，基本一起吃顿饭就可以搞定。公司人数为 100 人到 200 人的时候，用一场会议传达一下也能搞定。那有 2 000 人的时候怎么办？可能会出现很多问题，小团队利益不一致、沟通及协作不畅等。这时候要从企业文化、流程、机制、奖惩、绩效去保证复杂组织的协同运作，是很难的。这个阶段“死掉”的公司非常多。

这个阶段也可以细化成三个子阶段：

10~100 人：大规模生产销售及实现赢利，私募（PE）投资机构给予资金支持；

100~1 000 人：规模化赢利及实现上市，首次公开募股及股市融资，获得资金支持；

1 000 人以上：上市后进行市值管理及成为行业领袖。

有的创始人在 0~1 阶段过后无法适应 1~10 阶段，更胜任不了 10~N 阶段的要求。在宏观层面，每家创业公司都会经历上面三个发展阶段；在微观层面，每家公司里的新项目也都会经历 0~1、1~10、10~N 阶段，在不同的阶段匹配适合的资源、组织和战略目标非常关键。

任何一家创业公司，总是伴随着从 0 到 N 的过程。只是对不同的公司而言，这个 N 所能够达到的高度和历程是不一样的。有的公司，从 0 出发，还没走到 1，就“死掉”了，这是创业公司的常态；有的公司，从 0 出发，爬过了 1，但止步于 10 以内或在一个区间波动，N 的“天花板”很明显，很多传统小微企业就是这种状态；有的公司，从 0 到 1，然后一步一个台阶，从 1 到 3、从 3 到 5……阶梯式稳步增长，很多成功的大企业就是这样成长起来的；

只有极少数公司，天时地利人和，能从 0 到 1，从 1 到 10，从 10 到 N……实现指数式增长。

对创业者或投资人来说，都想遇到指数级增长的机会。但对指数增长曲线来说，从 0 到 N 可以分成从 0 到 1 和从 1 到 N 两段，对于整体而言成长速度更好的曲线（$y=x^2$，$y=x^n$），在从 0 到 1 的阶段反而速度更慢（见图 1–6）。这就是创业起步和早期投资最困难的地方，成长速度慢的公司也许会失败，但也很可能是在为从 1 到 N 积蓄能量。

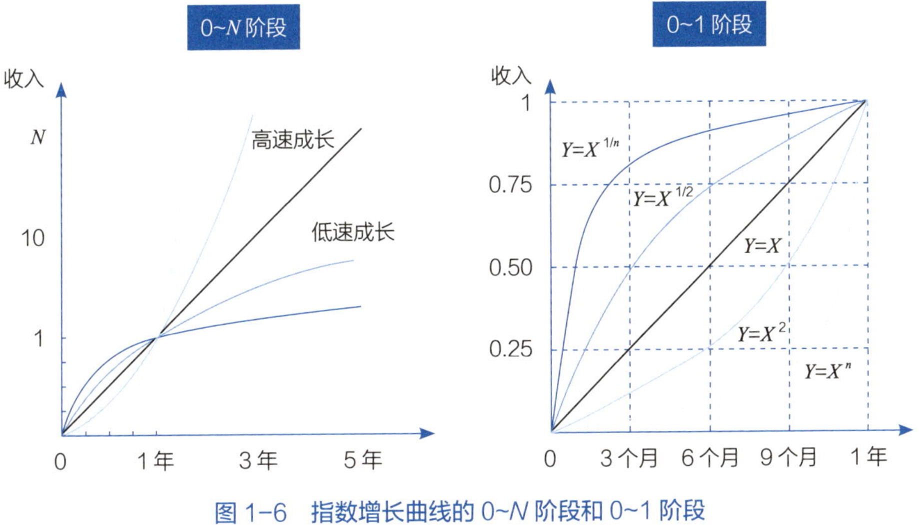

图 1–6　指数增长曲线的 0~N 阶段和 0~1 阶段

企业需要在正确的阶段，做正确的事情。求生存的时候，不能盲目发展；求发展的时候，不能固步不前。

第六节　创意是创业的起点

真正拥有价值创意的创始人，能够看清行业的发展方向，他们不会因为有人唱反调就放弃。相反，他们会考虑其他人的意见，并判断对方的反馈是基于有益的分析，还是仅仅因为“没有领会”。

创意可能被人质疑的一些常见原因：

- 这个人是你所在行业的专家，他认为自己能理解你的创意是如何运作的。但是，他没有注意到技术或经济状况的变化，以及这些变化如何为你这样的创意提供了新的机会。**你的下一步：**调查他们对这个行业运作模式的假设，然后与你提出的假设进行对比。这些假设之间的差距越大，他的回答对你来说就越没有用处。
- 他们了解一些你尚未考虑到的监管障碍。如果在规划时没有考虑现有的法律法规，可能会前功尽弃。**你的下一步：**从头开始，评估监管要求对你的时间表和成本结构的影响。
- 他们以前可能见过类似创意失败的情况。谷歌公司刚上市的时候，技术专家们就不看好它，因为以前的搜索引擎都很难找到可行的商业模式。然而，谷歌公司发现了其他人都没有考虑过的一种革命性收入机会。**你的下一步：**比较你与反对者的假设条件，这两者越接近，反对者就越有可能是对的。两者之间的分歧越大，他们的反对意见就可能越不相关。
- 他们完全不理解你的创意。对很多人来说，短视频产品似乎毫无意义。很少有人能理解，视频传播对智能手机用户有多重要，以及品牌方如何利用这些工具进行营销。**你的下一步：**如果你已经创造了一些看似微不足道的东西，集中精力找出需求。如果你能创造需求，就说明你可能做对了，而反对者可能是错误的。

如果你真的有一个新创意，你需要思考：为什么没有其他人成功地将这个天才的创意转化为一家公司呢？这是因为一个创意的出现，必须具备三个前提要素：

技术：有可以让这个创意实现的技术吗？

经济学：能够以顾客愿意支付的价格进行生产和销售吗？

心理学：客户准备好接受它了吗？

没有这三者的同步，你的创意几乎没有成功的机会（见图 1–7）。

不可能：在经济学和心理学上可行，但是在技术上无法实现，就打造不出产品；

无客户：在技术和经济学上可行，但客户在心理上还无法接受，就开拓不了市场；

不赢利：在技术上和心理学上可行，但无法按照客户能接受的价格销售，就无法实现公司的赢利。

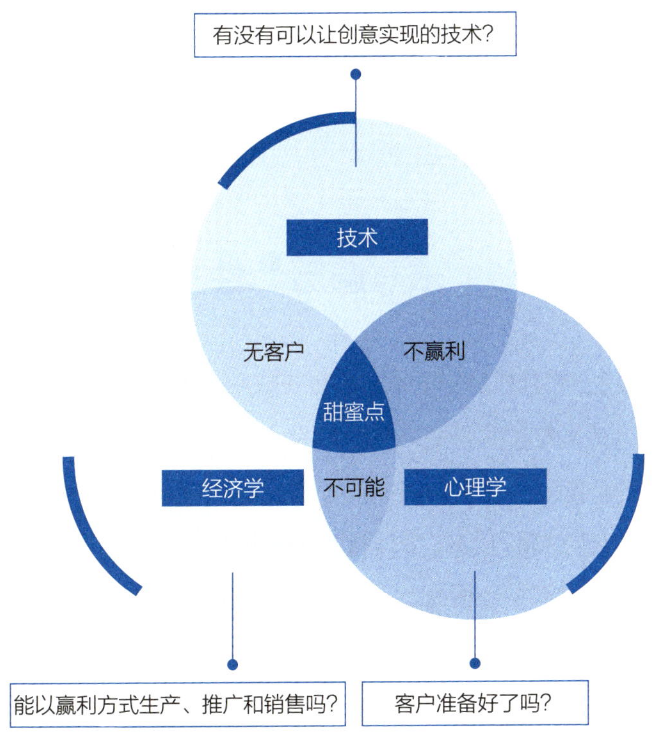

图 1–7　创意出现的三个前提要素

在云服务还没有出现时，企业不得不在自己的服务器上运行商业软件。企业必须购买软件并安装在自己的服务器上，就像消费者购买光盘并将其中的软件安装在自己的计算机上一样。**除非互联网和网络连接速度增长到足以支持它，否则基于云端的企业软件是不可能做大的。**

即使互联网在20世纪90年代和21世纪初得到了发展，这项技术也还不够强大。后来，即使网络连接速度提高了，用户也不信任基于网络的工具。**即使革命性技术已经出现，人类也没有做好迎接它的准备。**

如今，云计算无处不在。随之而来的是商业软件的爆炸式增长。以前，构建内部部署工具所涉及的费用限制了参与这场游戏的公司数量。另外，构建基于云端的工具更容易、成本也更低。**这个行业要实现腾飞，构建和购买基于云端的工具必须更便宜。**

硬科技领域的创业者，无论是基于某项科研成果来延伸商业创意，还是基于商业创意去寻找或开发支撑技术，都需要评估以上三个要素。

第七节　依靠遍历[1]性实现成功

创业是一个不断试错的过程。在通往成功的路上，有一系列的岔路口，在每个路口，创业者都需要做一次“押大小”或“轮盘赌”式的决策。你的筹码包括你能够投入的精力和时间。即使是在大公司挣得一份工资，你也必须在反复挫败之后不丧失信心，每次重新开始都如第一次一样充满激情，一个创意失败再想出一个新的创意，一条路不通再寻找另一条路径，一个领域

[1] 遍历（Traversal）是指沿着某条搜索路线依次对树（或图）中的每个节点均做一次访问。——编者注

不行再换到一个新的领域。

每次都押中，才能最终获胜；有一次押错，就要重新来过。因此，尽管创业是努力创造一种可以重复的结果，成功学的鸡汤公式看起来很美，但是，创业仍然是一件风险极高的事情。

对投资人来说，投资任何一家创业公司，可以只是一次投资决策，然后等待结果的出现。他同时还会投资另外一些创业公司形成投资组合，每笔投资、每家被投的创业公司之间彼此独立，结果不互相影响。

创业就好比是一系列“押大小”的串联，属于“时间上”的连续性；而天使投资是一系列“轮盘赌”的并联，属于“空间上”的连续性。

一、期望值的概念

“押大小”或“轮盘赌”的基础数学原理主要有两个：期望值和大数定律（或大数法则）。

大数定律是一种描述当试验次数很大时所呈现的概率性质的定律。用一句通俗的话来概括，大数定律就是说：当随机事件发生的次数足够多时，发生的频率趋近于预期的概率。

对一枚对称的硬币而言，出现正面的预期概率是1/2。当进行 N 次实验后，得到正面出现的次数 N_1，比值 $p_1= N_1/N$，叫作正面出现的频率。频率不一定等于概率（1/2），但是，当 N 逐渐增大时，频率将会逐渐趋近1/2。

掷骰子的情形也类似，掷100次，1点也许出现了20次，即出现1点的频率是1/5；如果掷了10 000次之后，1点出现了1 900次，那么这时出现1的频率是1 900/10 000=19%。如果这个骰子的6面是对称的，出现1的频率会随着投掷次数的增加而趋近于1/6，即预期的概率。也就是说，频率取决于多次实验的结果，而概率是一个极限值，实验次数增大，频率趋近概率，这就是大数定律。

在概率论和统计学中，一个离散性随机变量的期望值是试验中每次可能的结果乘以该结果概率的总和。换句话说，期望值像是随机试验在同样的机会下重复多次，所有那些可能状态平均的结果，便基本上等同于期望值。

大数定律所描述的情形中，样本数量越多，其平均值就越趋近期望值。比如，我们抛一枚硬币，硬币落下后哪一面朝上本来是偶然的，但当我们上抛硬币的次数足够多后，达到上万次甚至几十万次以后，我们就会发现，硬币每一面向上的次数约占总次数的二分之一。

偶然之中包含着必然。

二、遍历性的概念

“遍历”的字面意思，就是“各种状态全部经历”。“遍历性”是指统计结果在时间和空间上的统一性，表现为“时间均值”等于“空间均值”。

以掷骰子为例，每次“点数”的数学期望值是3.5。那么，什么才是空间上的数学期望（均值）和时间上的数学期望（均值）呢？它们是否一致呢？

现在，我想知道把这个骰子扔1万次之后的平均点数，那么我就有两种方法来进行测试：

- 一种是我自己一个人扔10 000次，记录下每次点数之后，进行汇总平均（时间上的均值）；
- 另一种是我找10 000个人，同一时间扔一次骰子，然后记录点数并进行平均（空间上的均值）。

如果两种方法最终得到的点数都是3.5，那么我们就可以说空间上（同一时间一群人集合的数学期望）跟时间上（一个人连续很多次的数学期望）是一致的，即扔质地均匀的骰子这件事具有遍历性。

对于系统而言，有玩家出局体现了集合概率的遍历性，所有可能发生的早晚都会发生。因此，对于要去尝试的随机事情、新鲜事物，我们首要关注的是：别让自己成为系统遍历性的牺牲品。

三、创业的遍历性

创业者通常被认为极富冒险精神，这一点从初创公司的高失败率、低成功率中得到验证。但同时也可以看出一个事实，虽然愿意冒险的人更可能创业，但其并不一定更有可能创办一家成功的公司。

美国的一项关于人格特质与创业成功之间关系的研究表明，成功与冒险意愿之间或许存在某种非线性的关系。虽说一定水平的冒险意识与创业成功之间存在着积极的关联，但是冒险意愿高出这个水平就会产生负面影响。作为一位创业者是冒险的，但是以冒险的方式创业可能是危险的。

这背后的原理，可以用“遍历性”来解释：一位创业者如果在创业者每一次关键选择上“全押”（All in），那么这个过程就不具备遍历性，一次小的失败或挫折，就可能满盘皆输。要想体验到创业的各种可能性（当然必须包括“成功”的经历），不要“全押”才是王道。

如果没有遍历性，任何系统或事件的统计特性就不能应用于某一次策略，因为会触发“爆头”风险。换句话说，如果没有遍历性，统计特性（概率、期望值）不可实现。

大致了解了遍历性之后，作为创业者，在危机时刻最该做的两件事是：

- 别出局。要想等到赚钱的机会，你首先得活得长，不要因为冒过大的风险而出局。
- 别旁观。不要浪费了危机，你只有参与其中，才有机会获得小概率的（成功）结果。

“遍历性”的反面是“吸收态”。吸收态是指当粒子撞上容器壁之后，它们会被吸收或黏住。吸收壁就像是一个陷阱，一旦被吸收就出不来了。

很多行业的吸收态很强、遍历性很弱，“红利”都被寡头独吞了，比如电商平台、社交网络、智能手机、人工智能大模型。与其挤进去做大模型，不如做大模型在垂直细分领域的应用，包括提供硬件、软件和服务。牙医行业是个“吸收态”较弱、“遍历性”较强的行业，从业人员的收入比较均匀。

无论创业者选择哪个行业、哪个领域、哪种模式，“遍历性”都是一个有趣、有用的思考工具。

融资

第一节　创业，不为融资而生

当前的科技创业，跟之前的互联网创业有很大的差异，但有一点是相同的，都非常“烧钱”。互联网创业“烧钱”，主要原因是获取用户需要投入大量资金；科技创业“烧钱”的原因主要是用户技术的成熟和产品的迭代需要投入大量资金。

因此，“创业”与“风险投资”几乎成了孪生共同体，在这种根深蒂固的理念加持下，很多创业者脱离实际情况，在这上面浪费了太多的精力，也踩了无数的坑。谁都希望融资成功，但也更应该多掂量掂量自己的项目，具不具备融资的基因，是否符合投资人的口味（见图 2–1）。

当然了，融资成功与否和创业成功与否并没有必然关系。做一门生意、经营几个项目也是创业，也是大部分人适合的创业。一旦寻求风险投资，公司注定要走资本市场这条路，那创业者首先要衡量自己的公司有没有风险投资基因。其实也不难，从下面几个维度考量就行。

第一个维度：规模和体量。

不管投资人如何强调科技价值发现和成长空间，“财务报表投资”都是他们无法抗拒的。对于成规模、有体量的创业公司，如果产品又有科技含量，那可真是“天选之子”了，估计会被很多券商盯着，直接奔着科创板去了，属于投资人需要努力争取投资份额的类型，他们的烦恼不是融资不成功，而是如何拒绝更多的投资人。财务报表好看的创业公司，哪怕产品没有太高的科技含量，偏传统，但因为有体量规模，是当前全国各地的地方政府主导的“招商

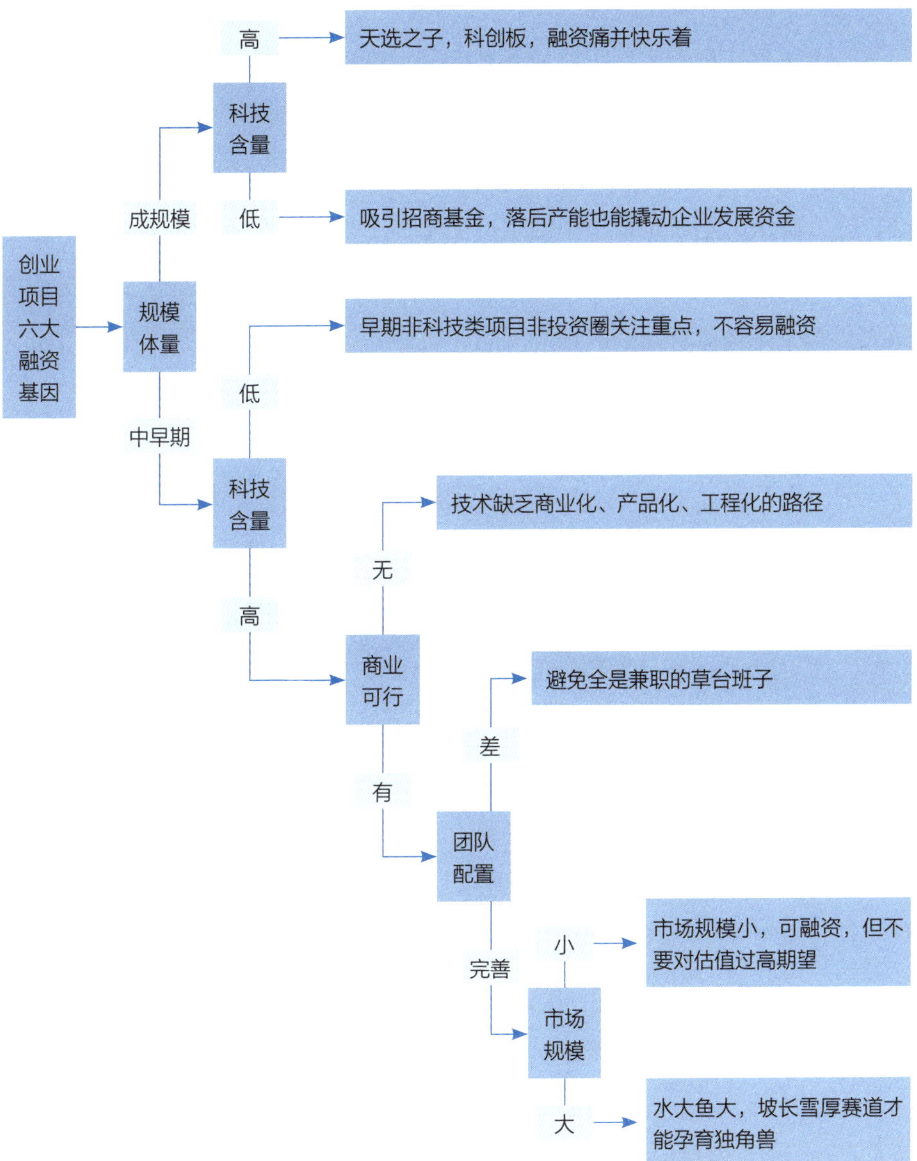

图 2-1　创业项目的六大融资基因

（引导）基金”青睐的类型，用落后产能作为支点，也能撬动一大笔融资。

第二个维度：科技属性。

至少未来几年，风投行业还会是以科技投资为主导，那些被投资人和地方政府的招商（引导）基金奉为座上宾的，基本都是科技项目。前几年创业领域热门的互联网/移动互联网、新消费等，要么市场格局已定没有创新机会，要么政策上不鼓励退出很困难。无论处于早期、发展期还是后期，科技属性是打动风险投资人的第一块敲门砖，如何阐明产品的科技含量和技术的领先优势，是创业者面临的核心问题，也是一门学问。尤其是早中期的创业公司，如果没有技术储备和科技含量，基本上跟风险投资就搭不上边了。

第三个维度：商业可行性。

对于科技创新来说，可行的商业逻辑都类似，而不可行的商业逻辑各有各的不同。典型的不可行的商业逻辑有以下几种：

- 主流技术的微小突破。创始人通过对现有主流技术的细微改进，试图实现行业的整体颠覆。但技术上没有重大改进，就无法实现产品性能的指数级提升、价格的指数级下降，客户（尤其是企业级“To B”客户）通常不会冒险尝试。这些技术突破也许能成为产品的优势，但很难成为颠覆既有格局的突破口。
- 遥遥无期的黑科技。大部分都是某个领域成为投资风口之后，市场超级乐观，参与者越来越多、技术越来越先进，甚至研究论文刚刚出炉，技术就跨了好几个代际，比如第*N*代芯片材料、室温超导体、可控核聚变。
- 需要巨量资金和时间投入。有些科研院所的科技人员创业，手上只有论文或原理机，一开口融资就是需要几亿元资金和几年时间才能拿出产品，这种情况就很难办了。

第四个维度：团队的配置。

科技创业，投资人尤其关注，团队是否在技术、管理、市场等部门中配置齐备了合适的人员？团队有没有明显的短板？投资人特别避讳的，是那种临时拼凑的团队，看似阵容豪华，一问全是兼职，这种“草台班子”还不如只有一个核心的光杆司令。投资人能够容忍早期创业公司的团队不健全，但以拿到钱为前置条件，没融到资就不离职的创业逻辑，着实有点儿太功利、太保守。科技创业公司容易忽视的往往是产品和市场团队，不了解客户痛点、不知道如何销售，这样的公司能起步却很难快速发展。

第五个维度，市场规模。

“水大鱼大，大池塘才能养大鱼；坡长雪厚，宽赛道才能孕育独角兽”。科技创新的细分领域非常多，有终端产品，也有材料、元器件；有试验测试仪器，也有生产加工设备；有智能硬件，也有工业软件。对于创业者来说，不要指望在动辄千亿元规模的结构性市场中独占鳌头。即便市场规模只有二三十亿元，也会有一堆的竞争对手来抢夺“蛋糕”。

第二节　股权融资的几种选择

一家有抱负的创业公司，通常按照传统的股权融资路径筹集所需的风险资本，为其增长提供资金支持。但是，如果你需要风险资本，但又知道自己不会成为独角兽，那该怎么办？风险投资人经常拒绝很多具有创新商业模式的公司，因为它们不符合风险投资“要么成要么败”的思维模式。那有没有针对非独角兽的风险投资模型呢？

一般来说，早期股权投资人在一轮投资中不会购买一家公司超过 50% 的所有权。这是因为早期投资人需要投资很多家公司，他们没有足够的时间或专业知识来管理所有这些公司。但是，作为一家创业公司，经过多轮股权融资后，创始人可能会发现自己只拥有不到 50% 的股份，这意味着自己不再能完全控制公司。

早期投资通常依赖于“支持骑手（创始人）而不是赛马（公司或项目）的心态”。早期股权投资人找到他们信任的创业者，并对他们进行投资，即使公司的商业模式仍需要经过大量工作才能完善。他们相信优秀的创业者可以成为打造成功公司的关键。股权投资人希望深入参与被投资公司，提供创业指导和有价值的人脉关系。

每家风险投资机构、每位天使投资人都会尝试构建自己的投资组合。通常来说，每十笔投资中，天使投资人期望有一笔投资是“本垒打”（实现10倍及以上的回报），两笔是“二垒安打”或“三垒安打”（实现一些较小的投资回报），四笔是“一垒安打”（只能拿回投资本金），三笔“出局”（亏损）。

在股权投资协议中，有一些条款会约定在不同类型的退出情况下，投资人和创业者将获得多少比例的收益，但对于如何选择没有明确的承诺或要求。实际上，很多投资人会等上几年（有时几十年）才能从一家成功的公司退出。对于投资人和风投基金经理来说，这意味着尽管他们的投资组合在账面上看起来非常有价值，但在退出事件发生之前，他们实际上无法获得、收回或再投资他们投入的任何资本。对于创始人来说，这意味着他们必须不断尝试筹集越来越多的现金，同时保证足够高的增长率，以符合某种类型退出的要求。

如果你是一位有抱负的创业者，计划给自己的公司进行股权融资，你需要在出售公司所有权之前仔细评估你的股权融资选项。

一、定价股权融资

对于一家科技创业公司，融资的第一种选择是进行定价股权融资，投资人根据公司确定的估值，以特定金额购买一定比例的股权。这些股权可以是普通股，也可以是投资人拥有额外权利的优先股。这些权利包括红利和清算优先权等，前者是从公司利润中支付给特定股东的款项，后者允许优先股股东在公司出售或破产时先于普通股股东收回资金。

如果创始人决定出售公司的股权，他们需要与投资人谈判，直到双方同意出售股权的比例以及价格。比如，他们可能决定以 500 万元的价格出售公司 10% 的股权，这样就是 4 500 万元的投资前估值和 5 000 万元的投资后估值。投资前估值是没有投入资本时公司的隐含价值，投资后估值是包括投入资本时公司的价值。

对于任何一家公司的创始人来说，确定一个估值似乎是一件过于复杂、耗时和成本很高的事情。尤其是对于一家非常早期的公司来说，尚未在市场上推出其产品或解决方案。创业者会担心，如果他对公司的估值过低，就会低价出售太多股份，并且有可能在未来失去对公司决策权的控制。

出售一家公司的股权对创始人来说意味着什么呢？创始人给投资人出售公司的一部分股权并因此降低自己在公司的所有权，这种情况被称为稀释。每当公司完成一轮新的股权融资时，创始人的股权就会被稀释一次。作为创始人，如果你在公司的所有权被稀释到 50% 以下，其他股东就可以在没有获得你批准的情况下代表公司做出一些战略性决策。

股权融资具有以下特征：

- 灵活性——资金可用于任何用途；
- 耐心——在很长一段时间内不需要偿还或回报；
- 高风险——允许初创公司没有任何抵押品和仅有非常少的知识产权；
- 增值服务——包括创业指导和围绕公司增长的其他措施。

虽然来自风险投资人的股权资本确实可以提供这些优势，但也存在一些弊端：

- 需要公司实现指数级增长——投资人期望以原始投资的很大倍数实现

退出；

- 期望创始人通过后续融资轮继续筹集额外的股本，直到将股份出售给另一位投资人（二级出售），或公司进行首次公开募股；
- 成本高昂——创始人在每一轮股权融资中都要出售公司的部分所有权；
- 随着时间的推移，创始人极有可能失去对公司的控制权。

二、可转换债务协议

除了股权融资之外，创业公司第二种融资选择，那就是可转换债务协议，也称为可转换债券。在可转换债务协议中，投资人将给创业公司提供一笔贷款，这笔贷款将要连本带息偿还，但在创业公司未来成功完成股权融资时，这笔贷款可以转换为公司的股权。这种选择的一个巨大好处是，公司的创始人不必在这个时点同意投资人给公司确定的估值。

假设一位投资人同意采用可转换债务协议，在天使轮阶段向创业公司投资 50 万元，他在可转换债务协议中可以写明这 50 万元是贷款，每年的累计利息为 5%。随着时间的推移，利息将被添加到贷款金额中，而不是以现金形式偿还。

这份协议还包括 25% 的折扣率，如果可转换债券未来转换为股权，将会使用这个折扣率。也就是说，天使轮投资人能够以比未来股权投资人低 25% 的价格购买股份——这一条款旨在补偿天使轮投资人因为比后续投资人更早投资而承担的额外风险。在未来的股权融资敲定之前，天使轮投资人不会持有公司的任何股份；相反，天使轮投资人的可转换债券将作为债务出现在公司的资产负债表上，就像任何其他类型的贷款一样。

根据这些条款，天使轮投资人在投资一年后，未偿还贷款总额将等于

52.5 万元：50 万元投资本金加上 5% 的利息 2.5 万元。当公司进行下一轮股权融资（A 轮融资）时，当前投资人可以选择将应该偿还给的 52.5 万元贷款转换为股权。

假设公司的原始股份数为 200 万股，A 轮融资额为 500 万元、投资前估值为 1 000 万元。这意味着公司每股价格为 5 元，A 轮投资人的 500 万投资额将匹配公司新发行 100 万股股份，而天使轮投资人将以每股 3.75 元的价格购买公司新发行的股份（根据 A 轮投资人每股 5 元价格的 25% 折扣率确定，5 × 75% = 3.75 元）。

根据这个价格，天使轮投资人可以用 52.5 万元购买 14 万股，占公司股权的 4.5%；A 轮投资人将持有 31.8%；创始人将保留 63.7%。下表 2-1 是公司所有权的详细情况，这个表被称为资本结构表。

表 2-1　资本结构表

	天使轮		A 轮		
	股份数	所有权比例（%）	投资金额（元）	股份数	所有权比例（%）
公司创始人	2 000 000	100	/	2 000 000	63.7
天使轮投资人	0	0	525 000	140 000	4.5
A 轮投资人	/	/	5 000 000	1 000 000	31.8
合计	2 000 000	100	5 525 000	3 140 000	100

三、简单投资协议

尽管投资人与创业者之间很容易达成可转换债券协议，但投资人还有第三种选择，操作起来的速度可能会更快。这种结构被称为未来股权融资的简单协议（Simple Agreement for Future Equity，SAFE）。SAFE 是创始人和投资人之间的协议，约定投资人将投资该公司，但并不要求公司立刻向投资人兑现股权，而是在公司正式进行 A 轮融资或符合协议约定条件的股权融资并确认公司估值时才将这笔投资转化为公司股权。与可转换债务协议不同的是，SAFE 通常不会设立利息。SAFE 是美国知名孵化器 YC 在 2013 年提出的。自那以后，几乎所有的 YC 孵化的初创公司和很多其他公司都采用这种方式来进行早期阶段的小额融资。

在进行 SAFE 谈判时，不需要像传统股权投资一样进行非常复杂的协议条款谈判，也不会影响公司的股权结构，因此能够降低融资的时间成本，简化融资程序。创始人实际上只需要关注两件事：估值上限或折扣率。

估值上限是 SAFE 在公司进行 A 轮融资（或其他确定公司估值的融资）时，SAFE 投资人并不以公司实际估值计算其投资在公司所占的股权比例，而是以事先约定好的估值上限进行计算。这保障了 SAFE 投资人的股权稀释比例，因为它实际上设置了 SAFE 投资人将为股权支付的最高价格。

用上面可转换债务协议例子中的相同数字来说明估值上限。如果天使轮投资人采取的不是 25% 折扣的可转换债务协议，而是**投资前估值上限**为 5 611 111 元的 SAFE，那他仍然会获得 4.5% 的股权（见表 2-2）。即天使投资人在转换成股权时的投资额为 500 000 元，公司的投资后估值为 11 111 111 元（5 611 111+500 000+5 000 000），对应的股权比例为 4.5%。而 A 轮投资人的投资前估值为 1 000 万，投资后估值为 15 500 000 元（10 000 000+5 000 000+500 000），对应的股权比例为 32.25%。

表 2-2　资本结构表

	天使轮	A 轮	
	所有权比例（%）	投资金额（元）	所有权比例（%）
公司创始人	100	/	63.25
天使轮投资人	0	500 000	4.5

续表

	天使轮	A 轮	
	所有权比例（%）	投资金额（元）	所有权比例（%）
A 轮投资人	/	5 000 000	32.25
合计	100	5 500 000	100

折扣率是 SAFE 投资人支付的每股价格比 A 轮投资人低多少。与可转换债券相同的逻辑也适用于此，SAFE 投资人在早期投资了一家公司，并因早期投资而承担了更多的风险，因此他们应该能够以更低的价格购买股份。SAFE 的折扣率为 10%~70%。

如果上面的例子中，天使轮投资人采取的不是 25% 折扣率的可转换债务协议，而是 25% 折扣率的 SAFE，天使轮投资人同样以每股 3.75 元的价格购买公司新发行的股份（即根据 A 轮投资人每股 5 元价格的 25% 折扣率确定，5 × 75% = 3.75 元）。只不过 SAFE 不涉及利息，天使投资人获得的股份数约为 133 333 股（500 000/3.75）。

四、基于收入分成的可赎回股权协议

有些创业公司的收入规模和资产状况不太适合传统的**债务**融资，业务增长状况也不太适合**股权**融资。这样的公司可以通过“基于未来收入百分比的付款”来给予投资人回报，并从投资人手中赎回部分或全部股权。这是一种通过业务现金流实现提前退出的投资协议，可以弥补传统股权投资的很多不足，尤其是公司不必通过第三方退出或追求业务的指数级增长来满足投资人的回报预期。

简单来说，交易方式是投资人先购买公司的部分股权，公司可以在完成融资后的某个时间开始用其收入的一定比例从投资人手中赎回股权。双方需要谈判确定赎回股权的资金占公司收入的比例、股权的赎回价格和赎回比例。

假设天使投资人提出向某创业公司投资 50 万元，外加两个月的加速器培训和业务资源，换取公司 50 万股股份（10% 的股权）。双方约定，公司将有义务通过季度性付款方式回购一半的股权（5%，即 25 万股），支付的比例为公司收入的 5%，这部分股权的赎回总价格是其原始价格的 3 倍。这意味着公司将支付其收入的 5% 给天使投资人，直到偿还 75 万元。该公司可以在 5 年后赎回剩余的一半股权（5%，即 25 万股），这部分股权的赎回价格将基于市场公允价值，并在赎回时由投资人和公司共同商定。

如果公司发展顺利，不仅从投资人手中赎回了一半的股权，5 年后公司还按照 2 000 万元的投资后估值获得了后续融资。天使投资人与创始人协商，允许创始人按照这个估值的 20% 折扣赎回剩余一半股权。

在上述假设的计算中，天使投资人通过前一半股权赎回款获得了 75 万元，然后从剩余的一半股权赎回中获得了 80 万元（2 000 万 ×80%×5%）。换句话说，天使投资人通过 50 万元的投资，总计获得了 155 万元，即 3.1 倍的收益。即便不考虑基于收入的季度性付款的时间价值，假设所有付款都发生在投资完成5年之后，这也相当于大约相当于25.4%的内部收益率（IRR）。

在基于收入分成的可赎回股权协议中，创始人向投资人出售将来可以赎回的股权。因此，股权赎回模式可能对高成长、早期阶段公司有用，这些公司要么对能够在未来融资前赎回股份感兴趣，以控制股权的稀释，要么需要风险资本，但又不想被迫走上传统的融资道路。

在上述假设案例中，如果公司在 5 年内被出售，创始人可以获得的金额将会是根据回购计划的应得金额（按原始购买价格的 3 倍回购 50% 的股份，以及按当前价格回购剩余股份）与股份当前购买价格的较大者。如果创始人以 2 000 万元的价格卖掉公司，而他还没有回购任何天使投资人的股份，天使投资人将会得到 200 万元（2 000 × 10%）。但是，如果创始人以 1 000 万元的价格卖掉公司，天使投资人将会得到 125 万元 [75 +（1 000 × 5%）]。

基于收入分成的可赎回股权协议不是为了迎合独角兽的需求，而是为了让 99% 不满足风投模式的公司更容易获得风险资本。股权回购为早期投资人提供了一个有趣的选择，有些投资人喜欢鱼和熊掌兼得。这意味着他们采用这种方式实现前期流动性，并通过定期付款获得更大的确定性回报，另外还通过大量的剩余股权（有时超过 50%）为潜在的高增长公司保留一些超额收益空间。

第三节　融资之前的自我评估

如果你在融资方面还是一个新手，那么有必要在融资之前做一下自我评估。

一、我是谁？

通常来说，创业者创立的是一家营利性公司，预期能创造价值。这家公司可以有数量众多的股东参与公司的成长和成功，这些股东可以包括创始人、员工、外部投资人等。你公司的所有权也会随着时间的推移而改变，这取决于谁在什么时候购买了公司的股份。公司的所有权通常与公司的治理相关，因此，如果外部投资人拥有公司的股份，那么该投资人将拥有投票权，并有机会提名董事会成员。营利性公司可以选择将利润作为红利分配给股东，或者保留利润并将其再投资到公司的发展之中。这一决定将取决于公司与其股东及投资人（如外部融资）的合同义务。

● 公司如何挣钱?

对于创始人来说，任何融资方式，了解公司将如何持续并有希望实现增长是至关重要的。你可以把公司的**收入模式**想象成内部融资模式。能够清楚地表达公司的内部融资计划，将有助于你了解公司是否需要外部融资，如果需要，需要多少。

公司的**收入模式**可能是基于以下几种情况的组合：

- 销售产品或服务；
- 出租产品或信息的使用权；
- 提供中介服务；
- 提供订阅式服务；
- 知识产权授权使用；
- 广告。

基于收入模式，创始人还要能够回答与用户相关的几个关键问题：

（1）他们是谁?要回答这个问题，请考虑如何根据年龄、地理位置、偏好或其他指标对客户进行细分。

（2）他们是个人客户还是企业客户?向前者销售被称为企业对消费者（B2C）战略，向后者销售被称为企业对企业（B2B）战略。

（3）为什么客户有动力为你提供的东西花钱?创始人要了解自己的产品与市场上其他产品的对比情况。

关于定义和构建公司商业模式的更多信息，我强烈推荐你使用“商业模型画布”工具。

● 公司处于什么阶段?

初创阶段：很可能你的脑子里还只有一个创意，还没有实现了最小可行产品或**概念证明**。

早期阶段：公司可能已经有了一个**最小可行产品**或**概念证明**，甚至可能已经开始申请知识产权，可能还没有客户，或者只有很少的付费客户。

无论是初创阶段还是早期阶段，创业公司都处于高风险状态，所以你在考虑融资方式时，必须有很高的意愿接受风险。股权融资就是一种风险资本。你需要意识到在公司早期阶段进行股权融资的影响，因为你需要追求指数级增长。

成长期：公司已经定义了产品或服务，并拥有一定数量的付费客户。你正在打造内部基础设施以实现增长。

在成长阶段，根据公司的风险状况和业绩，你拥有了更多的融资选择。根据你的抵押品类型和信用记录，你可能会从几种不同类型的债务融资方式中进行选择。如果你之前进行过股权融资，你就能够运用风险债务融资。

规模发展期：你拥有庞大且不断增长的客户群，已经构建了内部基础设施，并且正在扩大运营规模并可能拓宽新产品或服务类别。

在规模化阶段，你应该有多种融资选择，对这些选项的评估将取决于你的融资需求和价格。

成熟期：你拥有稳定的付费客户群和成功的业绩记录。成熟企业还应该拥有多种基于债务的融资选择。你的股权融资的能力将取决于公司的增长率。

投资人在评估一家公司时，通常有一个心理框架，根据一组预测风险和成功的核心指标来判断一家初创公司，这个框架可以称为“阶梯证明”（见图2-2）。每位投资人和每家公司的阶梯证明都是独一无二的，但也有一些共性。

关键是创业者要意识到自己在阶梯上所处的位置，这样才能与每一位沟通的投资人、想招募的员工进行有效的沟通。就融资而言，创业者越清楚自己在阶梯上的位置，就越有可能成功地找到最适合自己的投资。

下面就是阶梯证明的运作方式：

- 每个阶梯代表一个预测的风险或成功的要素；

- 初创公司爬得越高，它向投资人释放的信号就越多，告诉投资人这是一个相当大的、值得投资的机会；
- 有些阶梯比其他阶梯更有说服力，比如快速增长、优秀团队、好的创意或付费客户。初创公司抵达这些阶梯后，投资人往往愿意忽略一些较低阶梯。
- 不同的风投基金经理会关注和强调不同的阶梯。关键是要了解你的受众（你正在交流的投资人），以便确定你是否符合他们的偏好。

图 2-2　阶梯证明

创业者的工作，是知道自己在阶梯上处于什么位置，下一步你需要去哪里，以及如何清楚地传达这一点。你为公司降低了多少风险，使得公司对投资人更有吸引力？你在多大程度上证明了自己发现了一个绝佳的创业机会？你能抓住这个机会吗？

不要忘记，你还必须确保自己有能力攀登这些阶梯。相信你的愿景是好的，但能够用指标来证明会更好。

- 公司的增长预期是什么？

你需要检查公司的收入及自由现金流预测。你需要在此回答的问题包括：

（1）**潜在的市场有多大？**你需要充分了解公司的产品或服务的潜在市场规模。

（2）**你的产品或服务的规模化能力如何？**如果公司的产品是实物商品，那么你就需要考虑到公司实际生产产品并交付给最终用户的能力。如果你提供的是数字产品或服务，其规模化能力会更加容易，因为没有物理限制。你还需要从在其他环境或地理位置的可复制性方面考虑规模化能力。

在创业领域，我们将那些计划实现指数级增长的公司称为有抱负的**独角兽**，它们在为10亿美元的估值而努力。作为一家有抱负的独角兽，创始人通常预期公司要完成多轮的股权融资，并愿意出售公司更多的所有权。如果你的公司还不是**独角兽**，有可能属于以下类别：

高增长创业公司：拥有颠覆性的商业模式、巨大的潜在市场、高增长预期、快速扩张的能力，并且风险非常大。这样的公司通常被称为瞪羚企业。

品类先锋：拥有颠覆性的产品和服务、潜在市场规模大，增长存在变数，有规模化的潜力。

利基企业：拥有创新的产品或服务、细分市场和客户群，预计能实现稳定的高速增长。

活力企业：处于一个成熟的行业和领域，拥有经过检验和测试的产品以及成熟的商业模式，预计会稳步增长。

生计企业：家族经营、高度本地化的企业，由当地的机会驱动，预计未来增长有限。

二、我的融资需求是什么？

- 公司需要的融资额是多少？

为了评估公司需要的融资总额，你必须先计算公司现在每个月实现多少现金收入，然后减去每个月的花销。如果两者的差额是正数，那么这就是公司每个月产生的**自由现金**。如果是负数，那就叫作**现金消耗率（burn rate）**。需要注意的是，在这个算式中，你需要了解公司每个月流入多少现金，而不是收入。如果需要 30 天、60 天或几个月才能将收入转化为现金，这可能意味着公司有可观的销售额，但你仍然无法支付每月的花销。

接下来，你需要查看预测，以确定重要的里程碑。里程碑可以包括何时打造**最小可行产品**、何时实现**收支平衡**或积累一定数量的客户。然后，你需要考虑为实现增长目标而产生的各种成本。创始人经常低估实现他们预期的增长实际所需的成本。

最后，你需要通过**总收入**减去**总支出**计算出实现每个里程碑所需的**现金总额**。

然后，当投资人问你需要多少现金时，你可以告诉他们实现特定里程碑所需要的资金总额。

- 融资将用在哪里？

概念验证：这是在市场上测试你的产品或服务，以及打造你的最小可行产品所需的现金。概念验证可能与你的第一款产品、一款新产品或向新市场扩张有关。

成长资本：这是招聘员工、投入产品研发、部署系统和支付营销费用等帮助公司发展所需的现金。

运营资本：这是公司维持日常运营和购买产品或服务所需的资源、库存或材料的现金。

资产：这是公司进行有形或无形投资（比如建筑物、设备和品牌）所需的资金。

- 如何偿还？

如果你从外部投资人那里获得资金来满足你公司的支出和增长需求，有三种方式来偿还或回报投资人。

第一种是通过**第三方退出**。基本上，这意味着你希望公司在未来的某个时候要么能够实现**整体出售，要么是实现首次公开募股。**

整体出售是指将整个公司（也称为“目标”）出售给另一个买家。该买家可能是与目标公司处于同一行业的公司，并且有意收购目标公司以扩大其市场份额；也可能是一个金融买家，如一家私募股权机构，有兴趣投资该公司，并在未来再次出售它。

首次公开募股（IPO）是指公司在一家公开证券交易所挂牌，也就是“让公司成为公众公司”。首次公开募股涉及通过投资银行向公众出售公司的股份。这种情况只有在多轮风险投资之后才会发生。尽管这种情况很少发生，但通常是大多数风险投资人的主要目标。

第二种是通过**二级出售。这**是指投资人将其在公司的股份全部或部分出售给另一个金融买家。二级出售通常是公司后续完成得更大规模融资的一部分，新投资人愿意收购之前投资人的股份，以简化公司的股权结构。创始人可以在公司的早期阶段或短期内使用融资来建立信用记录和业绩记录，使公司能够在未来获得更高估值、更大金额的融资，这样最初的财务支持者就有机会通过二级出售实现回报。

第三种是通过**内部现金流**。在这种情况下，创始人计划根据公司在融资协议有效期间产生的现金来偿还或回报投资人。

从技术上来说，你还有第四种方式，那就是不偿还，通常来说，这不是一个很好的计划。

- 控制权预期是什么？

你需要评估公司的股权现状，以及近期、中期和长期计划。你想在未来继续掌控公司吗？还是说你想把公司卖给别人？

三、什么投资人适合我？

- 有哪些类型的投资人？

在判断自己可以找什么样的投资人之前，要了解不同类型的投资人适合什么阶段的公司。以下是不同类型投资人的定位（见表 2–3）：

表 2–3　不同类型投资人的定位

投资人类型	定义	公司所处阶段
天使投资人	拥有资源的个体投资人或投资人网络，投资非常早期的初创公司并提供建议	概念期、早期
商业加速器 / 孵化器	帮助创业公司定义和打造初始产品、确定有前景的客户群并获得资源的机构	概念期、早期
政府部门	通过各种直接或间接的支持机制，为促进经济增长和发展等特定目的而设立的政府机构	概念期、早期、成长期、成熟期
私募股权基金	向被投资公司提供的中长期资金，以换取潜在高增长、未上市公司的股权	成熟期
风险投资基金	投资初创公司，并提供建议和其他非金融资源	概念期、早期、成长期
债务 / 夹层基金	通过夹层和债务工具投资于企业的资金池	成长期、成熟期
商业银行	接受存款、提供支票账户服务、向个人和小型企业提供商业、个人和抵押贷款的金融机构	早期、成长期、成熟期

续表

投资人类型	定义	公司所处阶段
非银行金融机构	提供某些类型的银行服务但没有全面银行牌照的机构（如金融科技公司）	概念期、早期、成长期
家族办公室	为超高净值投资人服务的私人财富管理咨询公司	早期、成长期、成熟期

- 投资人可以提供什么资源？

你需要考虑公司需要哪些外部支持，包括财务或其他方面，以确保与你合作的投资人能够提供这些资源。以下是投资人可能提供的一些不同资源（见表 2–4）：

表 2–4　投资人可提供的资源

资源类型	描述
债务资本	可以借出的资本
股权资本	可用于购买所有权的资本
分销渠道	通过专有或共享渠道分销产品或服务的能力
融资支持	为未来融资提供支持、建议和人脉关系
财务管理	帮助建立财务管理能力、财务和会计系统
治理支持	支持建立董事会，加强治理体系
人力资本支持	与人才建立联系，帮助加强管理
相关领域的成果 / 行业知识 / 经验	在已确定的社会和环境成果领域工作的经验
购买力	承诺购买产品 / 服务的能力
社会资本	作为实体或个人对相关人员及社群的影响或信任
战略支持	商业模式开发、商业规划
技术经验	使用和构建相关技术的能力
知名度	向大量相关人员传播信息的能力

其中有些资源在机构层面适用，即整个投资机构可以为你和你的公司提

供资源。有些资源可能是个人层面的，这意味着你需要评估一下你最想与投资机构中的哪位具体的投资人一起工作。对于可能在你的董事会中占据一席之位的特定个人来说，这是一个特别重要的考虑因素。

- 他们可以承受什么程度的风险？

非常早期的公司需要投资人愿意承担巨大的风险，因为这些公司将会进入未知或未经验证的领域，而更成熟的公司可以与风险承受能力较低的投资人合作。要根据自己的需求，选择合适的投资人类型，你要确保他们能够承受风险。

- 他们需要什么样的回报？

很多投资人会寻求风险调整后的财务回报，这意味着他们将根据对投资风险的评估来设计投资方式，并设定上行空间预期，以补偿他们承担的风险。

你需要了解投资人支持你公司的时间期限。他们是在寻找一年内的回报吗？两年？十年？你需要问清楚他们希望公司什么时候开始回报，以及他们希望什么时候得到全额偿还或回购。

第四节　融资中最重要的事——市场规模测算

很多创业者在找风险投资之前，有一件事会让他们非常疑惑：投资人最看重的是公司的哪一点？

一家公司的价值是由各种要素有机组合在一起来决定的，比如团队、技术、产品、运营数据、财务情况等。这些要素，也是构建一家公司商业模式的基础要件。

有很多投资人说，风险投资就是投资重要的人。这句话本质上没错，但人的重要性也要通过公司的运营发展来体现，人的各种素质也要能支撑公司运营指标。一家公司要想有好的运营表现，还有比人更重要的要素，那就是市场规模。市场规模、市场发展趋势及竞争格局，这些内容不属于常规的公司商业模式的构成要素，却是投资人判断一家公司投资价值中最重要的考虑因素。

但是对创业者来说，市场规模测算是他们最容易忽略，也最烦恼的事情。市场规模测算之所以是创业公司融资过程中最重要的事，主要体现在以下几个方面：

第一，市场规模决定了公司发展空间的天花板，也直接决定了公司估值的量级，百亿估值的独角兽都是出现在大的行业、大的领域、大的市场。所谓“水大鱼大”，大赛道、大市场才能养出大鱼，小赛道、细窄的市场只会孕育小鱼小虾。投资人的赢利模式决定了未来的大鲸才是他们关注的目标。就硬科技产品而言，由于门类多而杂，任何一种产品的市场规模底线至少 20 亿元以上，否则再有几家竞争对手，各家的收入体量天花板就很低了，投资人未来首次公开募股退出的机会渺茫。

第二，除了市场规模之外，细分领域的发展前景，也决定了创业公司在投资人眼里的吸引力，所谓“坡长雪厚”。有些创新的细分领域，当前的市场规模可能不大，但随着技术和产品的成熟，应用范围和客户接受度的提升，未来的市场规模可能会增长。最典型是无人机和新能源汽车，十年前的市场规模和现在的市场规模完全不可同日而语。尽管当时的市场规模很小，但有一些前瞻性的创业者和投资人看到市场发展的趋势和前景，并参与其中。

第三，投资人在决定投资一家创业公司之前，必须将市场规模测算清楚，这是他们必须做的细活儿，与其让他们自己拍脑袋测算，不如创业者用自己的逻辑加以引导，以免造成信息偏差。

市场规模应该如何测算?

很多人做市场规模，喜欢引用一些媒体的数据、一些报告的数据，或者一些大而泛的市场数据。

坦率来说，诸如此类的数据，在投资人眼里往往毫无意义。投资人关注的数据，是公司所在细分赛道的数据，是与具体产品和业务对应的数据，这些数据决定了公司业务未来的天花板。一个常见的错误，就是把公司的小产品装到一个大的系统里进行匡算，比如做温度传感器芯片的公司，其市场规模不能用下游温度传感器的市场规模来夸大，更不能把温度监测系统的市场规模套在自己身上。

既然市场规模这么重要，应该如何科学地测算，才能让数据既好看，又符合逻辑呢?

（1）如果细分领域有行业研究报告，那最好不过了，里面的数据可以直接拿来用，也有一定说服力。不过现在国内行业报告鱼龙混杂，各家数据差异很大，而且行业报告往往也只关注大行业和新兴行业，很难匹配到细分领域。关于行业报告数据，大家可以通过券商深度行业研究报告找线索，他们的报告里基本汇总了所有行业信息。

（2）如果公司的产品和业务，属于替代当前行业的解决方案，或者对传统行业进行升级改造，比如能够降本、增效、提质。那市场规模测算就要对标既有行业的规模，但需要有一个合理的替代和产业升级时间表，五年、十年，还是更长时间，逐步实现产业的升级。

（3）如果公司的产品和业务走的是国产替代路线，那就必然意味着有国际巨头在垄断当前市场，可以参考国外巨头的细分产品营收规模，最后按照市场份额等数据，倒推整个行业的市场规模。这些巨头一般老牌外企为主，大概率也都是海外上市公司，获取相关数据也不难。

（4）一般情况下，市场规模的测算，需要创业者结合下游的应用和需求进行反推，比如汽车零部件和芯片，可以通过每年汽车销售量进行匡算；储能设备，可以根据各类电厂的数量和装机量进行匡算等。

（5）最难的就是那些创新型业务了，大多数需求尚未明确，所以要对行业发展进行预测，既要保守又要乐观。但不管怎么样，都要按照一个“合理”的逻辑，普及率、渗透率，进行一步步测算。

举个例子：比如某创业公司的专利产品是一款新型温度传感器，基于这款传感器的智能温度监测系统主要针对工业企业（钢铁、水泥、化工等行业）配套电力设备的温度监测改造升级。那市场规模如何测算呢？

以钢铁行业为例，根据行业协会的数据，2022 年全国拥有 565 家重点钢铁企业；以该公司目前合作的某钢铁集团为例，自建配电室 200 余座，平均每座配备高压开关柜约 50 台、变压器 4 台，共有高、低压开关柜 1 万台，变压器 800 台，测温点数约 10 万点。按照每个测温点 500 元人民币计算，该钢铁集团的智能温度监测产品需求为 5 000 万元人民币。如果该企业的智能化升级在 10 年内建成，则每年的采购额为 500 万元人民币。如果以该钢铁集团作为平均规模计算，全国钢铁行业每年可新增温度监测产品市场规模约 28 亿元人民币。

第五节　创业公司如何与大企业合作？

商业专业人士和技术专家一致认为，技术革命才刚刚起步。

云计算、大数据、人工智能、物联网、区块链等技术研发成本的降低、资本易于获取，这使得创业公司能够提供以前只属于特定行业的成熟企业的解决方案。创业公司看到了机会的出现，数字化正以不可预见的方式影响着行业的发展，极大地改变了行业的资金状况。

在这种情况下，成熟大企业面临着被淘汰的威胁。如果不想面临被甩在后面的风险，大企业必需找到新的途径来重塑其商业模式以保持竞争力。开发和抓住创新仍然是实现赢利性增长和获得竞争优势的可靠催化剂。

但是，人们普遍认为，大企业很难将新的商业模式整合到它们的商业逻辑中。不同行业都有成功的初创公司挑战主流商业模式，最终成为新的行业标准。变化往往是从次要的、边缘的用例开始的，随着时间的推移，这种用例变得越来越大、越来越强。

很多大企业领导在仔细分析了自身的环境之后，在内部研发及并购活动之外，开始寻求外部的创新方式。他们需要变得更具渗透性，并与周围发生的事情进行更多互动，尤其是与可能挑战行业经济状况的商业模式和技术进行互动。

在过去的几年中，随着大企业以前所未有的方式加强与初创公司之间的互动，它们越来越意识到其中强大的激励机制和实施效果。如今，大企业通过各种工具，来满足其创新战略的不同需求，包括资源共享、挑战奖、内部孵化器、外部孵化器、企业风险资本（CVC）、初创公司收购、黑客马拉松、侦查任务、战略伙伴关系、创业客户等。每个工具都遵循不同的路线来实现不同的目标——从纯粹的直接或间接金融投资，到战略联盟或支持开发产品或服务（存在或不存在股权投资）。

图 2–3 总结了一系列相关的工具，根据影响大企业或部门绩效的预期时间、资本使用强度、创新阶段最有可能使用该工具的时期，以及整合到成熟大企业的程度进行分类。不同的企业可以根据各自的目标来混合使用这些工具。

“发现”是一家大企业启动创新过程的创新阶段，这是研发部门的典型职能。但是，出于各种原因，大企业也需要向外寻求创新。这一阶段的机制是充当雷达，寻找所需的解决方案和意外的机会。与其他阶段相比，这一阶

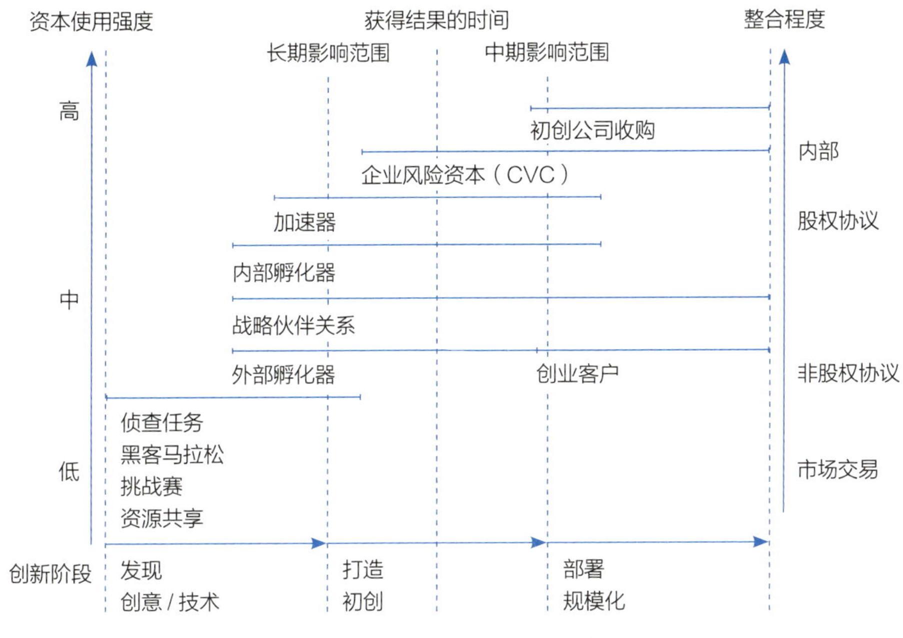

图 2-3　企业根据目标选择使用的工具

段合作的资本强度较低，并且与企业的架构无关。一般来说，他们不会向企业报告直接的结果，其收益以解决技术挑战的形式出现，或者为新的业务线开辟道路。

一、资源共享

这是大企业与初创公司之间最简单的合作形式。对于初创公司来说，这意味着低价或免费获得大企业的工具、产品和服务，以及总体上的组织知识。大企业的主要目标是更接近科技生态系统，学习和监测其演变，培养创业文化，但大企业也可以从潜在的未来客户、公司品牌和吸引人才的工具中受益。对于初创公司来说，双方的合作减少了创新的责任，从而降低了成本并获得了知识，使得初创公司可以与其他类似的初创公司建立网络关系并增加其知名度。

这种关系可以通过技术平台或其他更传统的方式来组织。采用这些工具所需的技能很少，最重要的是人和人脉资源，以及任何有助于建立相互信任和沟通的合作环境。**关键因素**是确定具有一项明确结果的战略以便从提供的免费工具中受益，构建适当的渠道来处理可能来自创业生态系统的对企业有用的信息，并确保这些资源满足创业者的需求。

共享资源的一种流行方式是设置联合办公空间，创业公司可以免费使用或租用这些空间来共用办公桌、会议室、网络及其他基础设施。大企业可能会对这一工具感兴趣，因为它是通向创业生态系统的一扇大窗户，可以在采用其他合作模式之前筛选感兴趣的初创公司。对于初创公司来说，这是一个非常方便和灵活的选择，因为初创公司在不断增长或萎缩，这种选择让他们可以与其他类似的初创公司建立联系。

这种合作的结果通常不是短期的。就业务关系而言，回报是立竿见影的，但对大企业的核心业务产生影响可能需要数年时间。

二、挑战奖

挑战奖是一项公开竞赛，关注特定问题，激励创新者根据新创意和技术趋势提供新解决方案，以促进内部学习。这是一个很好的起点，为大企业选择的挑战项目寻找意想不到的方法。通过整合创意和创新（来自内部和外部），大企业促进内部学习和向更具创业精神的文化转变，激发创造性和解决问题的思维模式。它也可用于企业品牌推广，有助于留住和吸引人才。

对于初创公司来说，参加这些竞赛有明显的好处。获奖可以让它们进入新的市场，获得融资机会和知名度。此外，如果挑战赛来自一个知名的大品牌，初创公司将受益于与该品牌的良好声誉相关联。

关键成功因素包括在宣布竞赛时锁定合适的潜在参与者，并根据它们的兴趣提供激励措施；设定明确的参与要求、程序和目标；让大企业里的人或外部专家（最好是有创新经验、能够过滤创意的专家）参与进来；让员工参与培养创业者思维的整个过程。

发起挑战奖的成本相对较低，这可能成为扫描市场、寻找解决方案的一种可持续的方式。

大企业采用这种工具时，面临的一个普遍诱惑是将其作为营销手段，与工程或业务开发团队没有建立真正的联系。以这种方式实施，可能服务于短期的品牌目的，但扭曲了未来与初创公司之间的互动。

三、黑客马拉松

黑客马拉松是一个集中的、紧张的工作坊，软件开发人员在这里以个人或团队的形式合作，在有限的时间内为大企业的创新挑战寻找技术解决方案。目标是在短时间内解决特定的技术问题或编写特定的代码，例如在几天内为特定的平台创建小程序。黑客马拉松的目的是将有远见的概念提炼为可行的解决方案，激发大企业内部创造性和解决问题的思维模式，从而提升企业品牌影响力并吸引人才。

尽管参与者往往是设计人员和开发人员等技术专家，但在某些情况下，初创公司是在参与这些活动后诞生的。此时，从初创公司的角度来看，参与黑客马拉松让他们获得了新的市场、融资机会和更高的知名度。

组织一场好的黑客马拉松所需的能力是品牌的吸引力（好的品牌容易吸引优秀的人才）、开发预算（优秀的程序员和开发人员被未来可能投入足够资源的企业所吸引）、网络能力以及创新和协作环境。参与者应具备技术专长、市场研究和分析技能，并密切关注各行业领域的趋势和商业活动。

黑客马拉松是一个预算相对较低的项目，包括媒体费用（投影仪、横幅、视频制作），家具和电源线，食物和饮料，奖品以及活动场地的租金。

最重要的关键成功因素包括设定明确的期望，提前为参与者提供明确的指导方针，以及让合适的员工参与培养创业思维的过程。参与者还可以获得比两三天的活动更实质性和更长期的参与度。

四、侦查任务

大企业感兴趣的特定行业的一些专业人士，被指定与初创公司、科技发明人或大学研究人员会面，寻找符合企业战略的有趣创新。大企业可以洞察感兴趣的领域和行业，监控领先的创新，并为战略决策收集信息。

侦查任务主要有两种类型：一种是侧重于发现新发明的技术侦查，另一种是侧重于发现新商机的商业侦查。不管大企业的总部在哪里，侦查工作通常都被安排在初创公司和创业投资高度集中的地方（比如硅谷）。

对于生态系统中的初创公司来说，与侦查工作关联意味着潜在的融资以及与大企业的商业交易。

技术侦查对大企业业绩的影响，会晚于初创公司对大企业业绩的影响。不过，在这两种情况下，影响范围都不会马上显现。它需要将新技术或业务吸收或整合到大企业的核心流程中。侦查任务的关键成功因素可能取决于选择正确的行业和地点，拥有能够监控这些行业和地点的人才，以及收集相关信息。

五、企业加速器

企业加速器是一项计划，通过指导、教育、物理办公空间和企业特有的资源（包括投资资金），为一批初创公司提供密集的短期或中期支持，通常换取其不同的股权份额。加速器提供高度结构化的计划，以在有限的时间内（通常为 3 到 12 个月）加速业务发展过程。高潮是最后的演示日（demo day），初创公司在这一天向一会场的风险投资人推销自己，以获得融资。这种模式已经在世界各地复制了无数次。初创公司加速器正在各大国际商业中心涌现，涵盖很多垂直细分的科技领域。

企业加速器通常有一个开放的申请流程，专注于由小团队组成的初创公司，他们共享空间和计划。加速器有助于初创公司的成长，初创公司可以与导师和同行一起快速学习、测试和迭代自己的商业模式，最终实现融资、市场进入或规模化。跟孵化器一样，加速器就像一个强大的雷达，有助于同时促进企业文化和内部学习的变革。加速器很快熟悉了他们搜索领域的各种新的商业创意，同时由于大企业员工作为导师的参与，从其内部和外部获得了该工具的最大影响力。企业加速器通常从初创公司获得的股权比孵化器低得多，股权比例从 5%~20% 不等。还有很多不同模式的模式：无股权模式、与其他企业伙伴合作的模式、完全外部模式等。

运营企业加速器的必要技能非常类似于运营孵化器，比如在相同领域拥有良好商业知识和经验的指导技能，以及与初创公司打交道的能力。最好是招募有创业经验的人，并且自己也是创业者。加速器更侧重于快速筛选大量初创公司，因此在时机方面存在更大的压力，这导致需要更高效地利用资源。

关键成功因素与孵化器相同。重要的是让初创公司参与进来，考虑它们的需求，而不是只让加速器朝着某个特定大企业的增长方向发展。如果初创公司成功了，大企业也会成功。加速器相对容易启动，但它们需要在生态系统开发和品牌发展方面进行大量投资，以吸引大量的初创公司，从而从中挑选出最优秀的公司。

六、企业孵化器

企业孵化器包含一套指导和增值服务，比如集中的法律或营销支持，以及给创业者提供办公空间，以打造可行的创意和商业模式，并准备将其推向市场，以换取初创公司的股份。目标是为有前途的创新提供一条可行的市场之路，将这些创新商业化，并在某些情况下获得经济回报。

孵化器帮助创业者从创业的早期阶段开始，打造第一个产品原型、调整商业模式、设立法律架构、并确定目标客户以筹集种子资金。孵化器通过在大企业和业务部门层面建立重要的互动机制，在早期为创业者提供指导。

企业孵化器是那些嵌入企业组织架构内部的孵化器，可以获得内部和外部的创意。此外，有些企业决定在内部运行孵化器，而有些企业选择外包出去。有些企业选择与现有的外部孵化器合作，而不是推出自己的孵化器，尤其是将它作为一个雷达，以便以更低的价格发现有趣的创意。

企业孵化器不同于企业加速器：孵化器引入的往往是那些只有创意但缺乏现有业务的创业者，而加速器则与在技术上已准备好进入市场、规模化发展或吸引投资人的初创公司合作。企业可以出于多种目的设立孵化器，可以用它作为雷达来发现有趣的合作伙伴。孵化器也可以作为文化催化剂、促进内部变革和学习的强大工具，通常员工作为导师会参与其中，以获得两种工具（内部和外部）的最大影响力。企业孵化器会要求初创公司的很大一部分股权，通常为10%~25%。

参与企业孵化器管理的人必须有能力与初创公司打交道，有能力理解和满足它们的需求，在与它们的文化合作时要予以信任，对任何业务的重要方面（会计、金融和营销等）有充分了解的指导技能。孵化器运营需要有融资经验的专业人士，他们能够获得银行贷款、流动资金和担保计划。孵化器需要为初创公司的启动和发展提供支持的其他方面包括网络活动、市场研究、高等教育资源、与战略合作伙伴建立联系、与天使投资人或风险资本的关系、全面的企业培训计划、顾问委员会和顾问、管理团队确认、技术商业化协助、监管合规帮助和知识产权管理。

初创公司受益于办公空间、硬件和商业技能培训、连接专业网络、管理支持和潜在的资金支持。企业受益于更广泛的增长选择和投资机会、更高的员工招聘和留存率，以及更便宜的外包研发。

关键成功因素包括创新周期的压缩、架构和灵活性之间的平衡、相关培训的提供、程序的简化、确保合作环境以及拥有合适的人才（尤其是能够扮演双重角色的内部和外部导师）。其他关键成功因素是根据长期目标仔细选择初创公司、高层管理者的承诺，以及企业与创新战略的一致性，使孵化器成为企业生态系统的一部分。

七、战略伙伴关系

大企业与初创公司联合起来共同制定、开发和试验创新解决方案的形式可以多种多样：从联合研究及共同开发产品或服务，到能解决商业问题的采购，或者为新的或更大的市场进行商业化创新。大企业与初创公司可以从扩大的市场潜力和竞争优势中受益，因为它们可以建立有趣的协同效应。

为了避免双方合作过程中的战略、组织、运营和人力方面面临的挑战，需要考虑几个关键成功因素。比如协作的心态和文化、明确的试点预算、知识产权的理解，以及大企业内部决定是否终止合作关系或进一步合作的明确时间期限。重要的是，要事先就合作过程中创造的商业机会的权利以及利润与费用的分配进行谈判。富有奉献精神和才华的团队，包括一个拥有决策权的拥护者，可以弥合大企业与初创公司之间的差距，这是富有成效的伙伴关系的基本要求。

战略伙伴关系的时间框架取决于产品或服务的周期，不同的形式之间存在差异，因此可能是短期或交易性约定，也可能是长期承诺关系。

八、创业客户

创业客户是一种特殊类型的战略伙伴关系，是一种高度整合的工具，即在初创公司尚未成熟到足以成为客户时，大企业可以购买初创公司的第一批产品、服务或技术。这样，大企业可以在早期阶段与其“锁定”合作。大企业通过给予初创公司最早的支持、授予它们供应商资格等方式来帮助它们成长。初创公司就其技术、产品和服务给大企业开具发票，但大企业不投资初创公司，也不持有它的任何股份。创业客户通常涉及从加速器毕业的初创公司，专注于验证它们的产品原型，帮助它们了解特定的行业，并为它们与商业发展的决策者建立联系，也有企业提供加速器的基础设施来控制整个过程的情况。

与加速器不同，创业客户与创业者的关系不涉及共享空间。大企业遵循一种非常精益的创业方法，只在执行订单时才组织工程师和创新经理造访创业公司。初创公司在至少三个月的可变时间内，直接与大企业的工程师和经理合作进行真正的创新项目。

这些专家帮助初创公司适应大企业的需求，大企业为其提供指导。通常情况下，专家是两个组织之间的桥梁，因此他们应该具有创业者精神，并拥有关键业务领域的技术知识。创业客户不是投资人，而是客户。他们与初创公司合作并成为其客户，这就是回报。毕竟，初创公司需要好的客户才能生存和发展。为了吸引最优秀的申请者，创业客户通常不会控制任何知识产权或股权，初创公司也不受排他性协议的限制。

尽管存在一个微小但重要的区别，但创业客户的**关键成功因素**与孵化器和加速器非常相似：初创公司通过该计划与其主要客户打交道，因此它们必须能提供令人满意的产品或服务。大企业还必须意识到合作伙伴的需求并给予解决。最终如果它们成功了，大企业也会成功。

九、外部孵化器

外部孵化器的职能是作为一家大企业的外部创业工作室，由一位创业工作室专家运营，以填补给定的缺口，解决大企业在启动自己的创投计划时遇到的困难：在一家独立的组织中这样做意味着创业概念可以被证明，而不会遭遇在被证明可行之前被大企业流程扼杀的危险。这个工具更适合于填补大企业发现的空白。它可以为大企业的问题提供量身定制的解决方案，能够快速开发并交付一个最小的可行概念，甚至更好的情况是交付一个最小的可销售概念。

这种模式在一些重要的方面有别于孵化器或加速器。例如，时间表和申请过程不受限制：外部孵化器可以与早期公司合作多年，直到他们找到问题的解决方案。另一个不同之处在于货币化：外部孵化器广泛的定制支持，通常包括“替我做”的方法，这不同于孵化器更放手的方法（以更多的所有权股份或放弃更多知识产权为代价）。与其他类似的计划相比，外部孵化器更关注于寻找概念证明，而不是单独构建一个产品，其关注点依赖于打造概念证明中没有预期的产品和服务。

外部孵化器可以通过两种方式获得资金支持：

- 来自企业：成熟的大企业支付费用，并给运营团队支付额外的报酬，以换取他们的服务。
- 来自初创公司：在这种情况下，收取现金或采用现金加股权的方式。

这是一个量身定制的计划，旨在让创意得到发展，而不考虑时间的限制或必须在一个选择过程中被宣布合格。初创公司在一个屋檐下接受全面的帮助来获得培育：辅导，建议，专家（营销、律师、顾问、设计师、开发者和金融人士），专业网络，潜在的资金支持和宝贵的资源（如设备齐全的工作场所，类似于孵化器或加速器）。但是，外部孵化器有一个长期的方法，强调获得成功的结果。

从创业工作室必备技能的角度来看，无论是从零开始创业，还是对一家特定的初创公司加速，创业技能都是成功的必要条件：评估客户所面临挑战的最佳解决方案、组建合适的团队、构建合适的商业模式、验证概念并确保其可行。

从大企业的角度来看，与创业工作室密切合作、尽快获得从新业务线中受益的整合能力，以及尊重它们的时间表和文化是至关重要的。大企业高管应该避免在此过程中强加大企业的时间表和流程。

如果是定制的外部孵化器，企业应该期望在三个月到一年内得到一个被证明有效的概念。将结果集成到核心业务中会比使用其他工具更快，因为它产生于大企业想要填补的真正空白。

关键成功因素包括大企业与初创公司之间基于信任和沟通的密切合作，拥有寻找最佳解决方案的优质网络，以及采取预防措施处理与共同开发的创新相关的知识产权问题。

十、企业风险资本

大企业使用的第一个也是最常见的工具之一是直接股权投资，针对初创公司的战略价值，而不仅仅为了纯粹的财务回报。这使得大企业能够快速获得尖端的创新、强化的研究以及新的营销和分销渠道。一家大企业可以通过不同的方式经营风险投资部门：内部运作、作为子公司，或通过有企业背书的投资基金出资。过去，企业风险资本满足了三个主要需求。第一个关键优势是对不断变化的环境做出更快反应的能力。企业内部研究实验室的建立可能很耗时（特别是识别和招聘合适的人才），而企业风险资本通常可以在有前景的领域迅速找到合适的公司。第二个关键优势是利用外部资金的能力。当存在相当大的技术不确定性时，这一点尤为重要。第三个关键优势是快速改变路线的能力。在成熟的大企业中，管理层会发现很难放弃内部项目。大企业与它所支持的创业公司之间公平独立的关系拥有真正的优势。

初创公司受益于金融资源以及与经验丰富、实力雄厚的大企业平等合作，这通常意味着宝贵的指导和咨询。反过来，大企业与具有巨大利润潜力的高增长创业公司进行合作，这使它们能够利用先进的产品、服务或技术使其投资组合多样化。

通常情况下，企业风险资本部门由公司高管管理，他们拥有与风险投资人相同的必要技能和才能：人际技能、魅力、推销术、同理心、明智的判断力、最小化认知偏差的能力、较高的风险承受能力、出色的投资记录、投资和交易的经验、创业经验、初创公司的运营经验、潜在客户和其他投资人的庞大网络，以及在别人看不到的地方发现机会的能力。

就关键成功因素而言，企业风险资本要有明确的长期目标，避免短期的直接财务回报。企业风险资本的流程可以分为以下几个阶段：项目确定、尽职调查、投资组合管理和退出管理。大企业各业务部门深度参与投资流程也有所帮助，尤其是在尽职调查阶段。同样重要的是，处理掉不符合预期或不满足既定标准的投资项目，从而聚焦于潜在的赢家。

企业风险资本是一个长期的工具，要实现效益需要五至七年的时间周期，再加上整合期。

十一、收购计划

这包括大企业购买新成立的创业公司，以获得他们的市场化产品、补充技术或解决特定商业问题的能力，以及进入新的市场。尤为重要的是被称为“人才收购”的收购策略，即收购一家公司的目标是获得其人才，而非其技术或其他资产。这种做法在数字企业中已经变得很普遍，这些企业中人才紧缺，而编程技能具有高度的可转移性。

与其他工具相比，收购计划的整合可能持续更长时间。如果整个焦点都放在收购本身，从一开始就与初创公司合作的其他工具可以确保更快、更成功地整合。但是，很多因素会影响业务部门的影响时间：交易的规模、收购过程的速度、收购方的内部流程、交易的财务结构等。

关键成功因素包括早期确定要遵循的策略并坚持下去，但必要时从细节着手；营造信任的氛围，促进沟通；与初创公司寻找共同点，设定共同目标；计划结束，用包含详细条件的书面合同来帮助减少冲突；以及与一些初创公司进行选择和试点计划，以选择潜在的收购目标。

初创公司受益于金钱回报、增加的流动性、声誉优势，以及员工的职业发展机会。大企业获得有新发展前景的资产，同时还受益于人才、技能、知识、商业智能和技术的获取，另外还会减少竞争或实现有机增长。

第六节　给投资人做融资演示的基本技巧

在向投资人做融资演示的时候，创业者还需要成为PPT幻灯片演示专家，但这不能保证有投资人会投资。甚至有可能，你只不过是给别人展示了一下你的演示技巧而已。

下面是一些基础的小技巧，目的是帮助创业者把一些不起眼的事情做好，以便跟投资人的面谈更为顺利。任何一条技巧都不会直接让你获得投资，但是可以让融资演示过程更顺利。当然，给越多的投资人做过演示，你就会做得越好，因为演示的过程中你会学到很多技巧和诀窍。

技巧 1：每家投资机构都有自己的风格。

在融资演示之前，你应该了解每家投资机构的喜好，尽量多地收集内部信息。他们有微博吗？他们的网站有什么特殊之处？主要合伙人在公开场合有什么观点？他们是关注公司的短期财务状况还是长远发展目标？他们真正关注创业者的什么特质？如果你无法事先找到这些背景信息，那么在演示的过程中，要注意观察信号，并及时调整。

在融资过程中，跟不同的投资机构演示的 PPT 内容基本相同，但对每家投资机构也要有一些针对性的修改。

技巧 2：提高 PPT 的信息传达效率。

PPT 本身不会说服投资人投资你或你的公司，PPT 只不过是你的辅助工具。关键是怎样尽量有效地使用它。对于新手创业者来说，一定要做一个有视觉冲击力的 PPT，那种充斥着大量提纲、大段文字、很多细节，而没有视觉冲击的 PPT 是会让人昏昏欲睡的。一张图片抵得上千言万语，通过运用能够表达你意思的图片、视频，你会更认真地考虑 PPT 中要表达的意思，以及如何表达。

技巧 3：保持平常心。

创业者在做融资演示的时候，不要感情用事，这一点说起来容易做起来难。不要因为投资人提出的一些有冒犯性的问题而丧气或者生气，不要为那些不理解、不喜欢、不相信你的想法的投资人而苦恼。形形色色的投资人有很多，每位投资人对你的反馈都会不同。投资人也是人，没什么特别的，他们中有些人很不错，有些人一般般，有些人很友好，有些人很讨厌。

即便你是两眼一抹黑，也不要担心什么。并不是要每个人都喜欢你，也不是要每个人都理解你。你越不在乎他，你越会从容和放松，演示也会越成功。

技巧 4：在午餐会议时，不要吃太多。

跟投资人进行午餐会议时，对你来说这不是真正的午餐会议，因为你将是那个需要讲话的人。记住，你去开会是为了给投资人演示你的公司，也就是说，投资人在填饱肚子的时候，你需要演示和回答问题。如果你的血糖偏低，或者肚子饿的时候容易分神，我建议在午餐会开始之前，抓紧时间往嘴里塞点东西填填肚子。

投资人不是要安排这样的会议折磨创业者，但有时感觉是这样的，创业者一边可怜巴巴地盯着自己的盘子，一边还要卖力地演示幻灯片，只有在那些自命不凡的投资人对技术分化的重要性陷入无休的争论，以及谈到一些宏观经济问题的时候，创业者才能获得快速吃几口饭的机会。

技巧 5：提前到投资人的办公室。

一位好的投资人，每天的时间都安排得满满的，他只不过是给你预留了一段时间来听你做融资演示。通常，第一次会面的时间一般是 1 个小时或者半小时。跟你会谈之后，投资人可能马上要跟另外一位创业者见面，或者跟某家被投公司的首席执行官电话交流。因此，你没有太多的时间让投资人了解你。

你要提前到投资人的办公室，因为你可能会遇到一些烦人的技术问题，比如电脑和投影仪的连接、网络连接，或者产品 / 方案展示等。因为你只有很少的时间向投资人演示你的公司前景，不要把时间浪费在鼓捣电脑、投影仪接线这些乱七八糟的事情上。早点儿到的话，你就有充足的时间做准备，并做个预演，最好能有时间把你的 PPT 过一遍。

技巧 6：跟投资早期项目的投资人见面，不必打领带穿西装。

如果你真的穿西装打领带了，我确信投资人对你的第一感觉会有点奇怪。我也不是建议你穿得邋里邋遢的，只是说你给早期投资人做融资演示的时候，穿西装、衬衣会更好（穿运动装也没什么问题）。

技巧 7：投资人想要多听听你们团队的介绍。

对于创业公司来说，产品可能还没有进入市场，这个时候团队是其中最重要的，起码也是最重要的之一。投资人愿意对这些创始人有尽量多的了解。

不管什么原因，创始人在谈论公司的业务时，有时会忘记介绍团队的背景和辉煌的历史成就。不要被投资人“给我再多介绍一点你的团队”这样的问题搞得措手不及——准备好一个完美的回答，让投资人印象深刻！不要让投资人觉得你是在吹牛，要给投资人提及你的重大成就及你在其中所扮演的角色。比如这样的说法就很棒：“我手下有 30 个人。”或者“我负责上一家公司在 X 领域重要知识产权的开发工作。”

技巧 8：带一个保存有演示文件的 U 盘。

通常将你的笔记本电脑连接到投资人会议室的投影仪是一件很容易的事情，但是，有时候也会出状况。我曾跟一位创业者见面，经过这位创业者、技术人员、行政助理的百般努力，投影仪还是无法识别他的笔记本电脑。还好，这个创业者把演示文件拷贝在 U 盘里了，投资人可以用他们的电脑看或者打印出来看。

U 盘是解决技术问题的一个不错的保障，不要指望用线上传输的方式来接收演示文件。投资人办公室里给你打印文件的人，更容易搞定 U 盘。

技巧 9：如果要用视频会议系统，应提前把演示 PPT 发过来。

用视频会议系统对于双方在不同的城市是很棒的，但会有一些风险。如果在设置会议系统时就让投资人等了 15 分钟，但投资人只给你安排了一小时的会议，那你的演示时间就缩短了。

不要让技术问题耽误你跟投资人的宝贵时间！你只有很有限的时间去打动投资人。提前给他发一份演示 PPT 不仅可以让投资人在跟你见面之前有所准备，而且你也可以避免浪费时间。

技巧 10：技术型的投资人喜欢产品或服务演示。

关注信息技术（IT）的投资人喜欢新产品和新服务的演示，当然，前提是你的产品可以拿出来做演示。很显然这对于很多创业公司来说，是行不通的，特别是“餐厨垃圾变生物燃料”的创业者，就不必把他们的转换器拿到投资人的办公室里了。但是，如果你能够把你的“智能硬件设备”的样品让投资人传看，这会让你的融资演示更容易留下好的印象。

看到一个新的人工智能业务模式、一款新型的机器人产品等，常常会让投资人很激动，我确信大多数投资人在看到一个新东西的时候会有这种感觉。你在融资的时候，要利用这一点。

如果你的公司还没设立，或者还不会写商业计划书，你的产品演示是不会让你获得投资的。但是，你还是要给潜在投资人展示你的产品可以使用，让他们想象一下你的产品如何解决用户面临的某些问题。

融资是很困难的一件事，需要做大量的准备，还要结合技巧与经验。你需要很好的演讲技巧、无穷的热情，以及一份完美的并且内容充实的融资演示推销材料。当然，一点儿运气也是必需的。

第七节　融资时的注意事项

尽管在寻找投资人融资时，大多数创业者都会问自己：“我应该怎么做？”但也有一些事情是不应该做的。下面的任何一件事，如果做了，至少会让别人把你当新手来看待，而最糟糕的后果是丧失与你刚刚联系上的投资人达成交易的任何机会。建议你在向投资人融资时要特别注意避免以下几点。

一、不要像一台机器

尽管你可能创造了世界上最先进的技术，但融资最终还是需要人的参与。如果一位投资人不喜欢你的个性，他们就可能不会投资你，即便你拥有一个伟大的创意。

在交流之后，创业者要给投资人留下深刻的好印象，并考虑什么时候再见面。因此，不要像机器一样，要有人情味，要做你自己，让投资人了解你，并被你的激情所感染。因为一位投资人与创业者维持关系的平均时间，要长于婚姻平均维持时间，可以说这是一个长期承诺，而不仅仅是创意和PPT幻灯片的问题。

二、不要要求投资人签署保密协议

不要要求投资人签署**保密协议**（NDA）。虽然大多数风险资本投资人会尊重你的创意、创新或公司的独特性，但是鉴于投资人经手过庞大数量的商业计划书，他们很可能已经看到过类似的东西。如果他们与每家公司都签署保密协议，而结果却把钱投给了你认为的竞争对手，那么他们就可能陷入违约纠纷。同时，保密协议也会妨碍一位投资人跟其他投资人谈论你的公司，即便那些投资人可能是提供资金的联合投资人。

但是，不要因为没有签保密协议就害怕拿自己的创意去接触有声望的投资人。风险投资行业毕竟规模不大，如果所有投资人都争先恐后地相互分享别人的商业机密，那么这个行业就不会持久健康地发展。

三、不要对投资人进行邮件轰炸

可能你没有跟投资人打过交道，但是认识他们的方式不是去购买一份邮件地址列表，然后发出一批看似个性化的垃圾邮件。同样，也不要聘请那些采用同样方式的融资顾问。实际上，投资人根本不会在这些垃圾邮件上浪费时间。

群发邮件代表着懒惰。如果你连认真考虑一下谁是最合适的投资人伙伴都懒得花时间，谁还会相信你以后可以全力以赴地经营好企业呢？对于你的第一次沟通尝试，要深思熟虑、明确目的以及富有策略。

四、“不”就是“不”

虽然大多数投资人会欣赏坚持不懈的人，但是当他们说自己不感兴趣时，通常都是认真的，创业者被拒绝后再次尝试的意义并不大。他们拒绝的原因可能是对你的创意不感兴趣，或者是你的业务与他当前的投资主题不符，也可能是他们认为这个创意很糟糕，或者仅仅是因为他们太忙了没有时间。但创业者需要知道的是，遭到拒绝并不代表你的创意很愚蠢，仅仅是因为双方不适合而已。

五、被拒绝后不要请求引荐给其他投资人

当投资人拒绝时，请不要提出要求，让他把你推荐给其他投资人。因为将你推荐给他人，实际上在某种程度上就表示让这位投资人支持你。而与此

同时，他却刚刚拒绝投资你的项目。这两种行为是相互矛盾的。接收推荐的投资人会立刻反问，推荐人是否有兴趣投资你的项目。这就出现了一个比较尴尬的境地：一方面表示支持你，另一方面又拒绝你。

六、不要做独行侠

除了极个别的情况，大多数单一创业者获得融资的机会渺茫，除非组建一个团队。尽管一个团队可以只有两个人，但是在投资人眼中单独的创业者可能是一个预警信号。

没有人有能力包揽所有的事情。没有任何一个人可以单独完成产品设想、计划执行、工程技术开发、市场营销、销售、运营等所有事项。要想创立一家成功的公司，需要完成许多重要的使命和任务，有一位或几位创业伙伴的支持会让你更加欣慰。

唯一的例外，是那些连续创业者。如果投资人此前曾与一位创业者合作很愉快，并且相信他在获得资金之后有能力组建一个可靠的团队，那么这位单独的创业者也可能成功获得融资。

七、不过分强调专利

如果你是一家硬科技公司，不要依赖专利。我们见过很多以专利策略作为公司价值核心的创业者。假如公司处于在生物科技、医疗设备领域，这可能是正确的。但是如果你是在软件行业，那么就要认识到专利只能起到防御作用。在我们看来，创立一家成功的软件公司，关键在于拥有优秀的创意和良好的执行力，而不在于是否拥有专利。

八、不要给投资人展示他们投资后能够获得的投资回报率

给投资人做退出分析、计算出他们投资你的公司之后能够获得巨大回报，这是你能犯的最大、最低级的错误。投资人不需要你告诉他投资之后能够赚多少钱，计算退出回报是投资人的一项基本工作内容。

下面这样的话或者内容会让投资人感觉不舒服：

- 给我们投资 1 000 万元，4 年后将会变成 15 亿元；
- 按投资前 5 000 万元估值，投资人可以获得 25 倍的投资回报。

在你做融资演示的时候，投资人会很讨厌这样的说法，不要浪费一页 PPT 写这些。

九、不必盲目自信

大胆和乐观是对的，你需要向投资人展示你对自己创意的信心，并且你也可以给投资人灌输一堆你认为真实、有用的东西。但是，你需要提供背后的假设条件去支持你的说法。你不需要将每条假设都说透，但基本的假设要涉及。

十、不要急着要钱

都说“谈感情伤钱，谈钱伤感情”，跟投资人也是这样。一开口就要多少多少钱是不明智的。你做融资演示的时候，需要向投资人展示你的创业激情，这一点儿并不难。你当然也希望投资人跟你一样兴奋，但是你无法平白无故地把你的兴奋传递给投资人，你也无法仅仅凭着一个概念说服投资人。你需要给他们实实在在的想法和做法才能让他们兴奋：你卖什么东西？市场

空间有多大？收入模式是怎样的？一旦哪位投资人能够理解你，并通过他自己的判断，把你的激情和想法或做法这两者牢牢地联系在一起，那你离拿到钱就近了一步。

公司估值

相信不少创业迫切想了解如何给自己的公司估值，学习和掌握这方面的技能固然能在最重要的价格谈判环节帮助创业者争取一些主动权，但公司最终能够融资成功取决于很多方面的因素。对创业者来说，苦练内功，建立长期可持续发展的反脆弱业务体系才是最根本的。

估值是资本市场的参与者对一家公司在特定阶段价值的判断，估值是为了给进行融资或股权转让、并购的公司一个交易的价格。投资机构在针对不同的类型（国内外上市 / 私有）、不同行业、不同发展阶段、不同业务模式的公司进行交易时，可以采取的估值方法也有所不同。

高成长创业公司（尤其是科技类早期公司）在进行融资时，通常会给出这样的预测：比较长的一段时期内，公司的营运现金流为负；业务情况具有高度不确定性，但预期未来的财务回报会十分诱人。**投资机构对拟投资的创业公司进行估值，是一个比较困难而且很主观的过程。**腾飞资本在多年股权投资的过程中，对这个复杂的问题进行过无数次的探讨和实践。

高成长的创业公司在进行股权融资时，要了解投资机构的估值方法，以便换位思考，在谈判时不至于鸡同鸭讲。

一、价值是怎么创造的?

在对创业公司进行估值之前，创业者要理解，作为一家公司，其价值是如何创造出来的?

从根本上来说，公司是通过在业务运营上的投入，创造未来的经营现金流，从而产生价值。公司投入的资本越多，收入增长得越快，创造的价值就越大（当然公司投资的回报率一定要大于资本成本）。

这里可以引入物理学的热力学第一定律（即“能量守恒原理”）和热力学二定律（也称“熵增原理”）。

熵增原理指出，在一个孤立系统中，体系与环境没有能量交换，体系总是自发地向混乱度增大的方向变化，使整个系统的熵值增大，这就是熵增原理。如果将创业公司看作一个孤立系统，要想让它不朝着熵增加的方向（混乱及失败）不停演变，必须注入能量（资金）。

能量守恒原理指出，在一个封闭系统中，能量既不会凭空产生也不会凭空消失，它只会从一种形式转化为另一种形式，或者从一个物体转移到其他物体，而能量的总量保持不变。对于一家创业公司，任何不能增加其未来现金流的行为都不创造价值。即在一定时间区间内，其价值是守恒的。当一家公司仅仅试图改变其现金流的所有权，但并不改变“可自由支配现金流”的总量时，符合能量（价值）守恒原理。比如说，用债权换股权或者是发行债券回购股权。看起来现金流的归属变了，但并没有真正改变其“主营业务现金流”，都不会改变公司的内在价值。

总而言之，剥开纷繁复杂的各种表象，**创业公司未来的正向营运现金流是所有估值假定的基础。**

二、估值时的考虑因素

通常来说，定量分析是估值的基础，但一些定性因素也会对估值产生影响：

- **财务指标**

  历史财务数据及预测财务数据

增长率、利润率

- **行业地位**

  行业的发展前景及规模

  公司的行业地位 / 市场份额

- **融资时机**

  经济环境、金融环境、资本市场状况

  投资机构的特殊情况等

- **标的公司的稀缺性**

  技术的先进性

  团队的稀缺性

- **增值服务**

  投资人提供的业务资源

  投资人背书产生的影响力

尽管有很多估值方法可以使用，估值结果也是基于每位投资人和每家投资机构的不同考量因素得出，最终由市场供需及双方谈判来确定。

第一节　从创业者的角度谈估值

在创业公司融资过程中，创业者与投资机构之间，很容易就估值问题产生不小的分歧。创业者肯定觉得自己的公司异常优秀，投资机构也会惜金如命，如果连初步的估值区间都谈不拢，很难有下一步的进展。

至于公司的估值到底如何确定，下文将提供很多模型和方法，创业者可以参考来“准确”估算自己公司的价值。但遗憾的是，这些模型和方法主要针对的是金融投资从业人员，创业者要研究其中门道需要一定的专业知识和精力，而且这些估值模型，有些适用于早期阶段的创业公司，尤其是科技类的创业公司。

但每位创业者都有这样的需求，融资之前必须对自己公司的估值有点儿底气，俗话说“买的不如卖的精”，创业者作为卖家，怎么可以没有投资人（买家）精呢？

一个普遍的认知是：创业公司的估值，尤其是早期阶段公司的估值是一项艺术而不是技术，是双方谈判和博弈的结果。这话听起来无比正确，但实操起来毫无用处，如果连一个合理的锚定值都没有，那么如何进行谈判和博弈？因此，如何帮助创业者理清自己的心理预期，让这个预期符合逻辑、符合常理，能够说服投资机构，才是终极奥义。

1. 创业者要充分理解公司的成长空间

在对公司进行估值时，有一个最核心的问题：早期创业公司的估值跟什么最相关？

有人说是团队，有人说是技术，有人说是商业模式，有人说是时机和风口……其实这些都不是最直接相关的，创业公司的估值跟公司业务对应的市场规模最直接相关。当然，能否取得该部分市场份额，跟团队、技术、时机也密不可分，但归根到底还是跟市场规模直接相关。

市场！市场！市场！没有市场规模做支撑，再优秀的团队，再高精尖的技术，不管如何精妙的赢利模式，都是虚空的。

这就要求创业者必须清晰地理解公司产品（或服务），对应的市场在哪里，当前的市场机会在哪来？未来可扩展的市场领域在哪里？未来的市场规模如何扩张，各细分领域的规模如何？如何凭借自己的优势（团队、技术、模式），一步步实现预期的业务目标？

这就需要创业者对项目未来几年的发展，做一个非常详细的规划，包括产品策略、运营策略、市场策略、赢利预测……只有做出了明确的可预期的业务目标，才有可能成为估值的最根本支撑。

创业者在这里最容易出现的误区，就是高估部分要素在估值中的地位。比如，我的团队由院士领衔、我的技术属于国际前沿，所以我的估值就应该亿元起步，而忽视了对产品和服务市场规模的充分研判。整个市场一年就 10 亿元规模的细分市场（比如某种工业传感器、实验仪器等），其中行业排名第一的公司估值也不会超过 1 亿元。

2. 要找到一个合适的标的

对于早期创业公司来说，支撑其估值的最根本因素是“可预期”的市场目标。可预期说的是未来的事情，即公司未来三到五年能够具备什么样的规模。

所以就要求创业公司寻找到一个可对标的“榜样”，找到对标“榜样”的最佳状态有这几种：

- 同一行业及细分领域内的传统企业，是潜在的竞争对手，也是创业公司要去颠覆的目标，可能会被自己凭借新技术或者新模式给颠覆掉。
- 把持着国内市场地位和份额的外企，由于国内技术落后，存在“进口替代”的机会。创业公司可以凭借产品价格、人力成本、服务便利等优势，抢夺对标外企的市场份额。
- 跟自己处于同一起跑线的创业公司，但对方先行一步，已经完成了一轮融资，可以作为自己本轮融资的参照物。

以上的几种情况，对标公司的估值、市场规模，都可以作为自己未来成长的参考目标。

当然，并非所有的创业公司都能够找到最佳的对标榜样，比如一些创造全新需求的公司，属于空白的未知市场，这就需要创业者根据所在行业的特点，找到类似行业的对标公司，来支撑公司发展的逻辑。如果找到一家跟自己业务和模式一模一样的对标公司，规模还比较大，那对于融资来说就不是一个好消息了。

3. 制订规划，以实现预期市场规模

早期创业公司估值难的主要原因，简单来说就是影响公司发展的各种不确定因素太多，公司的估值很难研判。

但是如果公司发展一切顺利，两三年之后，能够达到一个较为成熟的规模，那时候公司估值确定性就大多了，按照传统的金融模型，或者按照首次公开募股的市场规则，都可以相对更加容易地给出估值。

所以，创业者需要对未来发展做一个成长规划。简单的，两三年之后的收入、利润等财务指标等；复杂的，包括公司的战略布局、产品和技术研发、市场推广等。当然，这个成长性预期，需要跟前面的两点相匹配，成长性不能超出对应的市场规模，也不能脱离对标公司的现状。

一旦创业公司基于未来成熟状态的估值确定了，就可以用未来的估值，按照收益率折现的方式来计算当前的估值，具体参加下文的风险收益法估值。

但这些都是理想化的推理，只能给创业者做一个大致范围心理锚定。毕竟，公司未来的成长空间、对标公司的合理性、预期收益率的确定，都是一些非定量方式得来的数据，需要投资人和创业者达成一致。

经过有逻辑推理得出来的公司估值，就可以大大避免创业者提出的估值让投资人惊愕。

可比公司法

可比公司法是一种相对估值方法，可以快速简便地对目标公司进行“大概”估值。

采用这种估值方法，第一步是寻找与目标公司拥有类似“特征”的其他有公允市场价格的可比公司（通常是上市公司），这些特征包括细分行业、主营业务、市场环境、收入 / 利润规模、资产 / 净资产规模、用户数等；第

二步是以可比公司的市值（股价）、财务指标、运营指标为依据，计算出市值与主要财务 / 运营指标的比率，然后用这些比率作为**价格乘数**来推断出目标公司的价值。常用的价格乘数包括市盈率（P/E）、市销率（P/S）、单用户价值（P/U）等，一些特殊行业还有一些特定的比率，比如矿产行业的单位储量价值（公司价值 / 储量）、零售业的单门店价值（公司价值 / 门店数）等；第三步是筛选合适的价格乘数来为目标公司估值，并剔除其中的异常值。

以市盈率法为例，其计算方法是每股股价除以每股收益，通常为了方便就用当前总市值除以一年的总净利润来计算，即：

$$\text{市盈率}=\frac{\text{股价}}{\text{每股盈利}}=\frac{\text{公司市值}}{\text{公司年净利润}}$$

上述公式中，公司市值有估值时的当前时点数据，但公司年净利润是一个区间数据，存在三种时间点：上一个财务年度、过去 12 个月，以及当年财务年度。这三种情况分别对应三种市盈率：

- 静态市盈率（历史 P/E）：当前市值除以上一财年总净利润；
- 滚动市盈率（当前 P/E）：当前市值除以过去 12 个月总净利润；
- 动态市盈率（预期 P/E）：当前市值除以当年预计总净利润。

案例

ZZXK 公司是浙江省一家小有名气的私营公司，是电子消费品领域的细分行业龙头，但在这个快速发展的行业内，实力很强的挑战者不断出现，甲公司的业务增长率开始趋于平缓。公司的创始人及首席执行官，由于自身身体原因并且子女无意继承，他有意将公司交给年轻的管理团队，然后退休。公司的首席财务官（CFO）曾接触过一些投资机构和投行，他们一直寻求机会参与投资并帮助公司实现首次公开募股。公司的首席财务官对一些同行业的公司进行调查，找到了两家上市公司：甲公司和乙公司。其业绩见下表 3–1（2022 年数据）：

表 3–1 ZZXK 同行业公司业绩对比

单位：百万元

	ZZXK	甲公司	乙公司
资产负债表科目			
资产	160	300	400
长期负债	8	100	0
股东权益	80	120	175
损益表科目			
收入	350	400	850
EBITDA	45	55	130
净利润	30	20	75
市场指标			
每股收益（元 / 股）	3.00	0.67	2.00
静态市盈率	–	20	15
市值	–	400	1 125
用户数量	500 000	600 000	1 000 000

根据以上数据，首席财务官就可以计算出一些比率，然后根据这些比率的平均值，推算出 ZZXK 公司的大概估值，计算见表 3–2。

表 3–2 ZZXK 公司的估值

单位：百万元

	甲公司	乙公司	平均值	ZZXK 估值
公司市值	400	1 125	763	

续表

	甲公司	乙公司	平均值	ZZXK 估值
市值 / 净利润（市盈率）	20	15	17.5	525.0
市值 /EBITDA	7.27	8.65	7.96	358.2
市值 / 收入（市销率）	1.00	1.32	1.16	406.0
市值 / 股东权益（市净率）	3.33	6.43	4.88	390.4
市值 / 用户数（元 / 每客户）	666.67	1 125.00	895.84	447.9

综合来看，首席财务官认为这些数据给公司的估值提供了很好的参考。根据以上分析，首席财务官大致认为 ZZXK 公司的估值在 3.6 亿元和 5.4 亿元之间，取中值 4.5 亿元作为估值基数。

但是，用上市公司的比率来计算非上市公司的估值，要考虑资本的流动性。因为非上市公司的股权缺乏流动性，其估值的结果需要予以折扣，保守估计在 50% 左右。经综合判断后，首席财务官认为 ZZXK 公司的估值大约为 2.25 亿元。

但用可比公司法估值，有几个重要的方面需要考虑：

1. 可比公司与目标公司的同一指标需要更加深入的评估

甲公司与 ZZXK 公司的销售额、利润差别不太大，但如果看一下明细，就会发现甲公司的前五大客户和供应商比较分散，而 ZZXK 公司的前五大客户占销售额的比重很大（比如超过 50%），而且 80% 的原材料供应都来自几家特定的供应商，那么就要考虑其中是否存在关联交易和利益输送，还要考虑公司未来供货和销售风险、大客户是否会流失的问题。

2. 公司的人才结构和薪酬福利情况对比

通常两家上市公司的人才结构更合理，薪酬福利也更高，而 ZZXK 公司在人力薪酬支出少 15% 的基础上，现金流、利润率等财务数据才与其他公司相当，那么说明其内部管理、技术能力、产品创新或者市场营销上是有些问题的，未来的持续竞争优势存疑。

3. 非上市公司创始人对公司的影响

ZZXK 公司的创始人有很强的研发能力和管理能力，在公司中有极高的权威和执行力，多年来大权独揽，勇于决策并降低经营成本，创造了经营佳绩。那么他退休后，团队的执行力和效率会不会下降？是否有一批核心骨干离开？科技类创业公司，最重要的是核心团队，如果出现重大人员流失，那么只剩下一堆电脑和生产设备，有什么意义呢？

4. 技术储备、新产品研发、市场营销等多个方面都要进行全面比较

投资方根据以上这些方面进行调查之后，对公司的估值进行了调整，经过一轮轮谈判，最后以 2 亿元的价格成功达成交易，并对新团队进行了有效的激励。

5. 上市可比公司的流动性与创业公司不同

运用上市公司的价格乘数来对创业公司估值时，需要考虑价格乘数的流动性折扣。

基于财务数据的可比公司估值法，不太适用于科技型初创公司，这主要是因为科技型初创公司当前大多没有多少销售收入和利润，但是它们成长很快。对这些初创公司运用某些财务数据来估值毫无意义，此时可以考虑运用预测的财务数据，比如用预测利润和动态市盈率。

可比公司法估值，除了基于财务指标，还可以基于运营指标。对于移动互联网领域的创业公司，或许用户注册量和活跃度是更为重要的指标；对于硬科技创业公司，或许测试的客户数量是更为重要的指标，用运营相关的乘数给初创公司估值要比用财务数据为基础进行估值可能更加有现实意义。不同行业采用的价格乘数选取具体参考见下文表格（见表 3–3，表 3–4）。

另外，可比公司法估值，往往是选取上市公司作为可比公司，因为上市公司有公允的市场价格和公开的数据信息。当然也可以选取非上市公司作为

可比公司，尤其是同行业最近完成股权融资或并购的公司。这是可比公司法的一个分支，可以称之为**可比交易法**。

表 3-3　不同行业选用的价值比率

行业		通常选用的价值比率
金融业	银行	P/B、P/E
	保险	财险：P/B；寿险：P/EV
	证券	经纪：P/E、P/ 营业部、P/ 交易账户活跃度；自营：P/B
	基金	P/AUM（资产管理规模）
采掘业		EV（企业价值）/ 储量、EV/ 资源、EV/ 年开采能力
房地产业		P/NAV（净资产价值）、P/FCFF（自由现金流）
制造业	钢铁	P/B、EV/ 产量
	消费品	P/E
	机械	P/E
	生物制药	市盈增长比率（PEG）
基础设施业		EV/EBITDA、P/B
贸易业		批发：P/E；零售：P/S
信息技术业		初创期：EV/S、P/B
		成长期：P/E、PEG
		成熟期：P/E

表 3-4　不同行业采用的价格乘数

行业	非上市股权交易		上市公司交易		非流动性折扣比例（%）
	案例数量	市盈率	案例数量	市盈率	
采矿业	20	13.55	55	18.81	27.17
电力、热力、燃气及水生产和供应业	95	16.61	77	19.04	18.01
房地产业	115	16.04	64	20.05	26.01
建筑业	73	11.68	54	15.72	25.73
交通运输、仓储和邮政业	77	21.22	79	24.85	14.60

续表

行业	非上市股权交易		上市公司交易		非流动性折扣比例（%）
	案例数量	市盈率	案例数量	市盈率	
金融业	190	9.78	108	11.15	12.29
科学研究和技术服务业	409	38.17	49	59.53	35.88
农、林、牧、渔业	22	51.67	16	62.27	17.03
批发和零售业	175	23.46	114	31.72	26.07
水利、环境和公共设施管理业	31	19.73	42	25.12	21.47
信息传输、软件和信息技术服务业	131	52.44	173	70.97	26.11
文化、体育和娱乐业	22	26.57	36	43.38	38.75
食品、酒水、饮料	31	36.66	104	47.93	23.52
金属、非金属	83	22.03	200	30.75	28.35
计算机、设备、仪表、器械制造业	214	28.41	940	53.70	46.24
石油、化学、橡胶和塑料	63	23.54	319	36.04	34.69
医药制造业	23	38.56	181	51.19	24.68
其他制造业	29	28.33	199	35.35	19.86
租赁和商务服务业	305	33.10	32	47.60	30.47
其他行业	35	45.93	16	86.47	46.88
合计 / 均值	2 143				27.19

来源：天职国际、沃克森国际。

创业者和投资人几乎不可能找到跟目标公司完全同等的非上市公司，也很难知道其他非上市公司是怎么估值的。另外，非上市公司也不大可能将财务和运营信息向外透露，因此很难计算价格乘数。通常的做法就是直接参考不同轮次的估值范围，比如芯片公司的天使轮通常估值数千万元，A 轮通常估值数亿元。

比如有一家公司跟 ZZXK 公司同属一个细分行业，如果这家公司正在进行 A 轮融资，其产品开发和业务进展与 ZZXK 公司差不多、团队背景也差不多，那么在进行股权融资时，就可以按照 ZZXK 公司的 2 亿元估值作为依据，然后做适当调整即可。

风险收益法

对于不同的投资人来说，有不同的投资阶段和目标收益率；对于早期创业公司来说，为投资人实现收益的最重要方式是估值提升。本质上，支撑公司估值的最根本因素，是可预期的业绩目标。如果公司发展一切顺利，三五年之后，能够达到一个较为成熟的规模，那时候公司估值确定性就大多了，按照传统的金融模型，或者按照首次公开募股的市场规则（比如平均市盈率），都可以相对更加容易地给出公司当时的估值。

一旦公司基于未来成熟状态的估值（终值）确定了，就**可以用未来的估值，按照投资人的目标收益率贴现的方式来计算当前的投资后估值。**通过投资人的目标收益率（目标收益倍数）要求，以及目标公司未来的市场价值进行比较，来确定投资人在确定终值的时间点所要求持有的股份比例，再反向推导出投资人在投资时需持有的股权比例，结合投资人的投资额，即可确认投资时的公司估值。推导公式如下：

$$公司投资后估值=\frac{投资额}{投资时股份比例}=\frac{投资额}{\dfrac{退出时股权比例}{后续摊薄率}}=\frac{投资额\times 后续摊薄率}{\dfrac{目标收益额}{公司终值}}$$

$$=\frac{投资额\times 后续摊薄率}{\dfrac{投资额\times 目标收益倍数}{公司终值}}=\frac{公司终值\times 后续摊薄率}{目标收益倍数}$$

$$=\frac{公司终值\times 后续摊薄率}{(1+目标收益率)^{收益期}}$$

可以看到，估值时有几个需要提前做出判断和确定的数值，包括：

- 目标收益率；
- 公司终值；
- 后续摊薄率。

1. 目标收益率

目标收益倍数 / 目标收益率跟很多的因素有关，比如公司的阶段（早期还是成长期）、公司的风险（各种系统性风险和特有风险）、投资人的预期收益水平（政府引导基金和市场化基金的胃口不一样）、宏观经济的风险、政策的风险、资本市场的风险等。一般来说，越早进行投资风险越高，投资人所要求的目标收益率也会越高，也就是说“高风险、高回报”。

2. 公司终值

公司终值通常通过可比公司法（市盈率倍数）进行计算，这种估值方法常用于二级证券市场。鉴于一般风险投资都希望通过首次公开募股方式实现退出，这种方法是一种很恰当的公司终值计算方式。

假如风险投资希望通过其他方式退出投资，也可以采用恰当的方法来计算终值，比如，互联网公司按照用户数来计算、电商公司通过市销率（P/S）倍数来计算、不动产类公司使用净资产来计算、石油矿业等资源类公司采用资源价值来计算。

另外，一些行业尚没有合适的估值方法，比如新兴生物技术公司，由于尚无真正市场化的产品，一般没有足够的利润来支持市盈率估值法，风险投资往往通过猜测这些公司将来有可能在该行业市场中所占的份额，以及该领域市场的潜在商业价值来笼统估计公司的未来价值。这类公司终值的确认更多的是凭借对行业知识的积累与经验。

3. 后续摊薄率

公司在本轮融资之后，后续融资和首次公开募股时都会发行新的股份给后续投资人和公众投资人，这都会对本轮风险投资的股份产生摊薄。一家早期风险投资人的股份，被公司的二三轮后续融资和首次公开募股摊薄后，本轮投资人的股权被摊薄 50% 是很正常的情况。

案例

XN 公司是一家由多名拥有海外留学背景的人才创立、专注于新能源产业的高科技创业公司，根据发展规划，需要融资 2 000 万元到 4 000 万元。红树资本在对 XN 公司进行一段时间的考察之后，与管理层达成投资意向，计划投资 3 000 万元，期望获得该公司 20%~30% 的股份，具体的股权比例根据谈判浮动。双方经过探讨，大致认可的事实和预测如下：

- 公司可以长期正常运营，尽管一直在亏损，但业务会持续增长；
- 本轮融资完成后公司不进行后续融资，第 5 年预测利润将达到 6 000 万元，并以此利润作为公司估值的基础；
- 目前该行业盈利的公司不多，同等规模非上市公司的平均市盈率为 15 倍；
- 红树资本要求至少 50% 的目标收益率。

红树资本针对 XN 公司的估值，做出以下计算（见表 3–5）：

表 3–5　XN 公司估值计算

1	终值 = 评估年利润 × 市盈率 = 6 000 万元 × 15	9 亿元
2	投资后估值 = 终值 × 稀释后比例 /（1+ 目标收益率）^{5} = 9 亿元 × 100%/（1+50%）^{5} = 9 亿元 /7.6	1.2 亿元

续表

3	投资人的股份比例 = 投资额 / 投资后估值 = 3 000 万 /1.2 亿元	25%
4	投资前估值 = 投资后估值- 投资额 = 1.2 亿元-3 000 万元	9 000 万

结论：红树资本投入 3 000 万元现金，持有 XN 公司 25% 的股份。

考虑公司长远发展还需要后续融资和引进高水平人才，红树资本在不考虑公司的后续融资轮次中继续参与的情况下，又分析了以下股份稀释的情况：

（1）完成本轮融资之后，XN 公司聘请负责技术、财务和营销的三位管理人才，按照行业经验，他们三人将通过期权的方式获得公司 10% 的股份（分别为 3%、3%、4%），所有股东等比例稀释；

（2）预计公司后续将进行第二轮融资，会释放 15% 的股份；

（3）在公司首次公开募股的时候，会发行 25% 的股份；

（4）红树资本希望在首次公开募股之后，股份比例仍不低于 15%。

鉴于此，红树资本对上述计算进行了修改（见表 3–6）：

表 3–6　XN 公司估值计算（修改）

1	摊薄率 = 期权摊薄 × 后续融资摊薄 × 首次公开募股摊薄 = 90% × 85% × 75%	57.38%
2	当前所需股份比例 = 最终股份比例 / 摊薄率 = 15%/57.38%	26.14%
3	投资后估值 = 投资额 / 当前所需股份比例 = 3 000 万元 /26.14%	1.15 亿元
4	投资前估值 = 投资后估值 – 投资额 = 1.15 亿元–3 000 万元	8 500 万元

结论：红树资本投入投入 3 000 万元现金，持有 XN 公司 26.14% 的股份。

这样就对 XN 公司的投资后估值和投资前估值都进行了向下修正。换句话说，按照公式：估值基准值（终值）= 第 5 年预期利润 × 市盈率，预期利润或可比同类公司市盈率向下进行了修正，这样也为投资人留出了一定的安全边际。

同时，如果公司的实际利润低于预期或者高于预期，而且与预期利润的偏差超过一定的范围（比如 20%），就要修订之前的估值，这也是对赌协议的基础。如果实际利润高于预期，则管理团队赢，投资人将要返还部分股份，但是公司总体价值大增，这是双赢的局面；如果实际利润低于预期，则管理团队输，投资人将获得部分额外股份或现金补偿，但是公司总体价值大减，这是双输的局面。

风险收益法估值比较简单，最大质疑来自上述计算中过高的贴现率（50% 的目标收益率）。投资人对此有充足的理由：

- 创业公司股份的流动性不足、经营存在巨大的不确定性，这些风险需要高收益率来匹配；
- 投资人认为他们提供的服务是有价值的，需要高收益率来回馈；
- 投资人认为创业者所做的预测通常含有水分，需要高收益率抵消夸大的部分。

现金流贴现法

现金流贴现法的内涵是将目标公司视为能够“持续经营”，并将公司未来特定期间内的预期现金流还原为现值。很显然公司价值的精髓还是未来赢利的能力，而赢利能力则体现为经营活动带来的现金流。贴现（或折现）的意思就是把未来的钱放到现在来衡量其价值。

从理论上来说，现金流贴现法应该是最为可靠、扎实、常见的估值方法，评估的是目标公司的内在价值，不像可比公司法那么主观。

现金流贴现法的核心是现金流，那么现金流怎么计算呢？麦肯锡资深领导人之一的科普兰（Copeland）教授于 1990 年阐述了自由现金流量的概念并给出了具体的计算方法：

自由现金流量等于企业的税后净经营利润（即将公司不包括利息费用的经营利润总额扣除实付所得税税金之后的数额）加上折旧及摊销等非现金支

出，再减去营运资本的追加和厂房设备及其他资产方面的投资。其经济意义是：公司自由现金流是可供股东与债权人分配的最大现金额。

具体公式为：

公司自由现金流量（FCF）=（税后净利润 + 利息费用 + 非现金支出）–营运资本追加 – 资本性支出

将这个最原始的公式继续分解为：

FCF =（1–企业所得税税率）× 息税前利润（EBIT）+ 折旧（DA）–资本性支出（CAPX）–净营运资金（NWC）的变化

即：

$$FCF_t = EBIT_t \times (1-a) + DA_t - CAPX_t - NWC_t$$

（其中：EBIT 就是扣除利息开支和应缴税金前的净利润，a 为企业所得税税率，t 为年份）

有了自由现金流，将其贴现估值基准日就是目标公司的估值（FV），即：

$$FV = \sum_{t=1}^{n} \frac{FCF_t}{(1+r)^t}$$

考虑到自由现金流预测的可靠性，通常选择 5 至 10 年的详细预测期 T，公司的估值等于预测期的现金流与预测期之后的终值（TV）的贴现价值之和，即：

$$FV = \sum_{t=1}^{T} \frac{FCF_t}{(1+r)^t} + \frac{TV_T}{(1+r)^T}$$

（其中：TV 为终值，r 为贴现率，T 为终止的年份）

下一步，计算终值，通常通过永续年金法来估算一家公司的终值：

$$TV_T = \frac{FCF_T \times (1+g)}{r-g}$$

（其中：g 为假设永续增长率，r 为贴现率，T 为终止的年份）

因此，按现金流贴现法，公司的估值为：

$$\mathrm{FV}=\sum_{t=1}^{T}\frac{\mathrm{FCF}_t}{(1+r)^t}+\frac{\mathrm{FCF}_T\times(1+g)}{(r-g)\times(1+r)^T}$$

（其中：r 为贴现率，即加权平均资本成本 WACC）

那么 WACC 该怎么算呢？先来看计算 WACC 的公式：

$$\mathrm{WACC}=r_d\times\frac{D}{D+E}\times(1-a)+r_e\times\frac{E}{D+E}$$

（其中：r_d 为债务资本成本，r_e 为股权资本成本，a 为企业所得税税率，D 为债务资本价值，E 为股权资本价值）

债务资本成本的计算比较直接，通常是公司所支付债务的市场利率。公司可以通过税盾受益，净债务资本成本率应该是所付利息减去税务节省。那么税后的债务成本率即为 $r_d\times$（$1-a$）。

跟债务资本不同，股权资本没有一个必须支付的固定成本，但这并不意味着没有资本成本。公司的股东肯定期望一定的投资回报率，要不然投资就没有意义了。

在确定了债务资本成本和股权资本成本后，我们还需要估计一家公司未来的资本结构，以确定债务资本和股权资本各自在资本结构中的比重。通常，我们用公司当前的资本结构来估计其未来的资本结构。关于资本结构，有两种不同的计算口径：一是按照公司财报中资本的账面价值，二是按照公司股权资本市场价值（股票市场价值）和债务资本市场价值。股权资本市场价值等于估值日发行在外的股份数乘以当日价格。

从公司的角度来看，股东期待的投资回报就是股权资本成本，因为如果公司没有满足股东的回报，股东就会将股份卖掉。所以，股权资本成本就是满足股东维持股价的成本。股权资本成本一般用资本资产评价模型（CAPM）来计算：

$$r_e = r_f + \beta \times (r_m - r_f)$$

（其中：r_e为股权资本成本，r_f为无风险收益率，比如说国债到期收益率，应该没什么信用风险；β是指公司的股价走势和市场的关系；r_m–r_f为市场风险溢价，不言而喻，股东所期待的回报一定是大于无风险折现率）

以上是大大简化过的纯理论 DCF 估值模型，从基本的计算过程来看，它要比可比公司法、风险收益法更为复杂。现金流贴现法要求公司持续稳定地经营和赢利，因此比较适合成熟的消费类行业，对于早期科技创新公司来说，适用性会差很多。

案例

LY 公司是一家从事氢能源核心设备研发的公司，该公司在融资时决定采用净现值法来估值。LY 公司对未来几年的经营状况进行如下预估（见表 3–7）：

表 3–7　LY 公司经营状况预测

单位：百万元

项目	第 1 年	第 2 年	第 3 年	第 4 年	第 5 年	第 6 年	第 7 年	第 8 年	第 9 年
营业收入	10	14	21	25	30	40	50	65	90
成本	23	24	26	27	29	31	35	40	47
EBIT	−13	−10	−5	−2	1	9	15	25	43

其他估值前提和实际情况：

- 公司出现1 000多万元的亏损，并且在未来几年还会继续亏损，这些亏损都可以继续结转到下个年度抵消未来收入；

- 公司所得税率为 25%；
- 公司没有长期负债；
- 市场上 5 家类似的高科技公司的平均无杠杆 β 是 1.2；
- 10 年国库券收益率为 6%；
- 公司的资本支出和折旧一致；
- 市场风险溢价根据公司设立的地点、目标市场的特征等风险定为 7.5%；
- 净营运资金的需求假设为销售额的 10%；
- EBIT 预计在第 9 年后永续每年增长 3%。

根据以上假设进行计算自由现金流、股权资本成本、贴现率（加权资本成本）、终值：

$$r_e = r_f + \beta \times (r_m - r_f) = 6\% + 1.2 \times 7.5\% = 15\%$$

$$WACC = r_d \times \frac{D}{D+E} \times (1-a) + r_e \times \frac{E}{D+E} = 0 + 15\% \times 100\% = 15\%$$

$$TV_9 = \frac{FCF_9 \times (1+g)}{r-g} = \frac{29.75 \times (1+3\%)}{15\% - 3\%} = 255.35$$

通过现金流贴现计算，得出 LY 公司的估值（净现值）为 7 138 万元人民币（见表 3-8，这里不考虑对公司溢余资产负债和非经营资产负债的调整）。

然后，调整贴现率和永续增长率的假设，做了一个敏感性分析。通过敏感性分析，得出一系列的公司估值（从 4 591 万元到 1.16 亿元，见表 3-9）。将敏感性分析得到的 9 个估值做加权平均，得出 LY 的估值大约为 7 545 亿元人民币。

表 3-8　公司估值（调整贴现率）

单位：百万元

	当前	第 1 年	第 2 年	第 3 年	第 4 年	第 5 年	第 6 年	第 7 年	第 8 年	第 9 年
营业收入		10.00	14.00	21.00	25.00	30.00	40.00	50.00	65.00	90.00
－成本费用		23.00	24.00	25.00	27.00	29.00	31.00	35.00	40.00	47.00
EBIT		−13.00	−10.00	−4.00	−2.00	1.00	9.00	16.00	25.00	43.00
－所得税	25%	0.00	0.00	0.00	0.00	0.00	0.00	0.00	5.25	10.75
税后利润		−13.00	−10.00	−4.00	−2.00	1.00	9.00	15.00	19.75	32.25
－运营资金增加	10%	1.00	0.40	0.70	0.40	0.50	1.00	1.00	1.50	2.50
自由现金流		−14.00	−10.40	−4.70	−2.40	0.50	8.00	14.00	18.25	29.75
贴现系数（WACC）	15%	0.870	0.756	0.658	0.572	0.497	0.432	0.376	0.327	0.284
终值										255.00
现值（现金流）		−12.17	−7.86	−3.09	−1.37	0.25	3.46	5.26	5.97	8.46
现值（总现金流）	−1.11									
现值（终值）	72.49									
净现值	71.38									

表 3-9　公司估值（永续增长率）

单位：百万元

		WACC		
		13%	15%	17%
永续增长率	2%	93.40	65.25	45.91
	3%	103.57	71.48	49.95
	4%	116.01	78.85	54.60

可以看到，LY 公司早期的负向现金流以及数年后才出现的正向现金流对贴现率和永续增长率的变化非常敏感。

因此，现金流贴现法也不完美，存在很多问题，比如：

- 需要 β 来计算贴现率。找到类似的公司、具备类似的特征非常困难，更何况还要找到对应的 β；
- 初创公司通过现金流贴现法估值非常困难，因为这些公司没有历史，其赢利前景具有高度不确定性。在最初几年往往是负向现金流，正向现金流又比较遥远，导致公司价值的大部分来源于终值，而终值又对永续增长率和贴现率特别敏感。

可比交易法

如第一节所述，可比公司法估值往往是选取上市公司作为可比公司，当然也可以选取非上市公司作为可比公司，尤其是同行业最近完成股权融资或并购的公司。这是可比公司法的一个分支，可以称之为**可比交易法**。

可比交易法不对市场价值进行分析，而只是挑选与目标公司属于同一行业、同一阶段、在估值前一段合适时期被投资、并购的公司，基于融资或并购交易的定价依据作为参考，从中获取有用的财务或非财务数据，求出一些相应的融资价格乘数，据此对目标公司进行估值。

比如 A 公司刚刚获得融资，B 公司在业务领域跟 A 公司相同，经营规模上（比如收入）比 A 公司大一倍，那么投资人对 B 公司的估值可能是 A 公司估值的 2 倍左右。一家做人工智能工业应用的创业公司刚刚按照 1 亿元估值获得 1 000 万元融资，发展阶段和团队背景相差不大的另一家人工智能创业公司的估值水平也在 1 亿元左后会比较正常，低于 5 000 万元估值或高于 2 亿元估值都会让创业者或投资人感觉需要一些合理的解释。

再比如一款拥有 100 家付费用户的垂直领域软件即服务（SaaS），最近完成的一轮融资时的估值约为 5 000 万元，那么另外一款拥有 100 家付费用户的网络安全软件，其估值也在 5 000 万元左右，另外一款针对 200 家付费中小企业用户的软件，其估值为 1 亿元左右。计算依据就是单用户的价值相近。

可比交易法的可靠性取决于可比交易的“可比性”，也会受到经济周期、市场热点、项目稀缺性等因素的影响。另外需要注意的是，交易中涉及的隐含内容是不会在公开信息中反映出来的，比如投资条款中的商业约定、公司治理约定等，这些内容往往也会对交易价格产生很大的影响。

采用可比交易法估值：第一步是找出与目标公司相关的、最近一段时期内尽可能多的可比交易案例，或者是细分领域整体数据；第二步是对目标公司的自身特征、运营指标和关键财务数据进行分析；第三步是利用计算出的相关价格乘数和比率，以可比交易作为估值基础，计算目标公司的估值。

针对早期阶段的初创公司，可比交易法还衍生出以下几种估值方法：

戴夫 · 伯克斯（Dave Berkus）法

这个方法由戴夫 · 伯克斯提出，他是美国天使联盟（Tech Coast Angels）的创始成员之一，天使投资了超过近百家创业公司。

此估值方法的理念是，**早期创业公司的价值来源于 5 个要素：创意、团队、技术、产品、合作伙伴。**一个好的创意，让创业公司具备基础的价值；一个好的团队，让好的创意能都得到有效执行，降低执行的风险；有了产品原型，技术的风险就大大降低；产品已经面市甚至已经开始销售，从技术过渡到商品的风险就消除了；而良好的合伙伙伴，能够帮助公司发展客户、拓展市场。

任何一家公司的估值，都要从这 5 个方面来分析（见表 3–10），每个要素的价值上限都是 50 万美元。

表 3–10　五要素分析公司估值

公司的要素	增加投资前估值（美元）
不错的创意（基础价值）	0–50 万
高质量的团队（降低执行风险）	0–50 万
产品原型（降低技术风险）	0–50 万
产品面市或销售（降低生产风险）	0–50 万
战略合作伙伴（降低市场风险）	0–50 万

如果一家初创公司这 5 个要素都很好，可以得到 250 万美元的最高估值，但如果有几个要素欠缺，可能只会得到 80 万美元、100 万美元的估值。

当然，戴夫·伯克斯法的平均估值水平（125 万美元），也需要根据不同国家、不同经济周期、不同行业的统计的总体交易水平予以调整。

风险要素汇总法

这个方法要求投资人思考初创公司的以下 12 类风险：

- 管理

- 公司阶段
- 法律和政治风险
- 制造风险
- 市场及营销风险
- 融资风险
- 竞争风险
- 技术风险
- 诉讼风险
- 国际化风险
- 声誉风险
- 潜在退出风险

在对目标公司进行估值时，按照以下步骤进行：

第一步，确定估值基础，即统计的市场交易平均估值。2023 年统计数据表明，美国初创公司在获得天使投资时的平均估值为 300 万美元，那么这个数字就是其他初创公司寻求天使投资时的估值基础；

第二步，对目标初创公司的上述 12 项风险要素进行评分，分成 5 档：–2（风险较大）、–1、0、+1、+2（风险极小）；

第三步，确定每个分值的价值，假设每加 1 分，增加 25 万美元估值，每减 1 分，降低 25 万美元估值；

第四步，计算目标公司的风险分值，假设某公司的 12 项评分中，5 项是 0 分、5 项是 +1 分，1 项是–1 分，1 项是–2 分，那么总得分是 +2 分，此公司的估值要在 300 万美元的基础上，增加 50 万美元，即其投资前估值是 350 万美元。

记分卡法

记分卡估值方法是美国一家著名的天使投资联盟发明和使用的估值方法，通过将目标公司与典型的、获得天使投资初创公司进行对比，并根据近期同行业、同地域获得融资公司的平均估值情况进行调整，从而确定目标公司融资前的估值。

估值步骤如下：

第一步，确定目标公司同地域、同行业的初创公司的平均融资前估值。融资前估值会根据经济情况和初创公司的竞争环境而变动，大部分情况下，融资前估值在不同行业之间变动不是太大。2023 年的一份研究报告数据表明，初创公司估值的平均值为 300 万美元。

第二步，根据下面要素及其权重，对比目标公司与同行业的类似公司。

- 管理团队的能力：30%
- 机会的大小：25%
- 产品 / 技术：15%
- 竞争环境：10%
- 市场 / 销售渠道 / 合作伙伴：10%
- 需要后续融资：5%
- 其他：5%

后面有一份详细分解的要素及其构成，可以用来确定目标公司在上述要素权重上的比重。

第三步，根据各要素的权重及目标公司的对比水平，计算分值，并将此分值乘以市场平均估值，得出目标公司的估值。

假设一家初创公司与同行业的类似公司相比，产品和技术处于平均水平（100% 水平），团队更强（125% 水平），市场机会巨大（150%），公司在一轮融资之后就能实现正的现金流（100% 水平），公司的市场竞争力较弱（75% 水平），但是早期客户的反馈说产品不错（100% 水平），公司需要在销售渠道和对外合作上做一些工作（80% 水平）。根据上述假设，计算如下表 3-11：

表 3-11　记分卡估值法计算

对比要素	权重	目标公司的水平	分值
创始人及团队	30%	125%	0.375
市场机会大小	25%	150%	0.375
产品及技术	15%	100%	0.150
竞争环境	10%	75%	0.075
市场 / 销售 / 合作	10%	80%	0.080
后续融资	5%	100%	0.050
其他（客户反馈）	5%	100%	0.050
合计			1.075

将合计的分值（1.075）乘上平均融资前估值（300 万美元），就得到目标公司的融资前估值：322.5 万美元。

记分卡估值法的关键是某个地区、某个行业初创的融资前估值的平均水平以及估值区间，有了这个数据，记分卡估值法就给早期投资人有了一个对目标公司进行主观估值调整的技术。

下面表 3-12 是一份根据经验制定的估值工作表，这个表格无法为投资人确定一家初创公司的明确估值，但可以帮助投资人决定这家公司在合理的估值区间中，是更接近上限还是下限。

表格中，包含了在判断一家公司价值时应该考虑的问题及其权重，在每个重要因素里，每个问题也被赋予一个估值等级，从 +++（非常好）到---（非常差），帮助确定整体权重等级。

表 3-12　公司价值的整体权重等级确定

权重	估值等级	要素及状况
30%	创业者和管理团队	经验
	+	多年的工作经验
	++	有行业经验
	+++	有首席执行官经验
	++	有首席运营官，首席财务官，首席技术官经验
	+	有产品经理经验
	-	销售和技术经验
	---	没有工作经验
		如果有必要，是否愿意把首席执行官位置让给有经验的人
	---	不愿意
	0	中立
	+++	愿意
		创始人是否有培养潜力
	+++	有
	---	无
		管理团队的完善程度
	-	只有创业者
	0	有一个全才的人
	+	团队已经找到，并做好准备
	+++	完整的团队已就位
25%	机会的大小	目标市场的规模
	--	< 5 000 万美元
	+	10 亿美元
	++	> 10 亿美元
		目标公司 5 年内的潜在收入规模
	--	< 2 000 万美元
	++	2 000 万至 5 000 万美元
	-	1 亿美元（需要大量后续融资）

续表

权重	估值等级	要素及状况
15%	产品及知识产权	产品已经定型并开发了吗?
	---	还没有定型，在开发原型
	0	已经定型，产品原型看起来很好
	++	从潜在客户处获得了很好的反馈
	+++	从客户那里获得了订单
		产品吸引客户吗?
	---	这个产品可有可无
	++	此产品能彻底解决用户痛点
	+++	此产品能彻底解决用户痛点，且没副作用
		此产品别人能够复制吗?
	---	很容易拷贝，没有知识产权保护
	0	抄袭比较困难
	++	产品独特，有商业机密保护
	+++	可靠的专利保护
10%	竞争环境	市场上竞争对手情况
	--	一个大的玩家垄断
	-	由几个玩家控制
	++	分散，很多小玩家
		竞争性产品
	--	竞争性产品很好
	+++	竞争性产品很差
10%	市场 / 销售 / 合作伙伴	
	---	还没有考虑销售渠道的事情
	++	选定并接触了重点测试伙伴
	+++	渠道有保障，客户已下试验订单
	--	没有确定合作伙伴
	++	重点合作伙伴就位

续表

权重	估值等级	要素及状况
5%	是否需要更多轮融资	
	+++	不需要
	0	需要另一轮投资
	--	需要风险投资
5%	其他	
	++	其他有利的因素
	--	其他不利的因素

重置成本法

案例

某医疗科技公司计划投资收购一家民营医院，从而获得牌照，并与自己的业务进行协同。YL是一家在本地发展了十年的民营医院，但资本实力较差，很多设备落后，优秀医师不断离职，业务每况愈下，最近几年更是出现了亏损。但是该医院地理位置优越、交通便利，又有一定的知名度，综合来看，如果努力经营的话，还是很有发展前途的。于是，该医疗科技公司在综合了各项信息之后，决定对YL进行收购。他们采用重置成本法来对此医院进行估值，测算自己所能接受的最高报价。

什么是“重置成本”？就是现在重新购置同样资产或重新制造同样产品所需的全部成本。因此，重置成本相当于如果不能取得同一资产或其等价物时，采用全部自建后所需支付的财物、时间成本和机会成本的总和。

如果一家公司为了进入某个行业对一家亏损的公司进行收购，或者投资机构想投资一家处于早期的科技型创业公司，如果采用其他估值方法来对公司进行估值，无论怎么算结果都会感觉太高了。如果想降低估值，势必要尝试另一种既符合自己意愿又符合市场规律的估值方法，这时候就可以使用重置成本法。

首先表 3–13 列举了假设重新从零开始建立一家与 YL 具有同等规模和发展状况的新医院所需要的资金：

表 3–13　新医院所需资金

投入项目	资金额（万元）
土地与建筑设施（门诊楼、住院部、配套设置等）	3 000
医疗设备设施	2 000
人力资源	1 000
其他	500
总计	6 500

从以上数据可以看出，如果该医疗科技公司要建设一座新医院，需要准备 6 500 万现金和至少为期 3 年的建设及准备期，同时牌照是否能够顺利获得，具有较大的不确定性。结合的自身发展情况综合测算后，该公司所能接受的最高报价是 1 亿元。

随后，该公司又对 YL 的报表进行了分析。YL 医院的净资产为 5 000 万元，虽然其运营现金流为负，但该医院的负债很少。因此，收购估值在 5 000 万元 ~ 1 亿元之间，在 7 000 万左右（仅为估算，全资收购与部分投资还是大不一样的）。于是经过一轮轮的谈判，该公司最终以 7 500 万的价格，对 YL 医院进行收购，双方都觉得可以接受。

通常，重置成本法被用来对一家公司估值的主要原因有两个：

1. 公司的牌照资源。比如在医疗、金融、军工等准入门槛较高的特种行业中，对于一家已经不再赢利的医院，或者一家不断亏损的银行，或者一家产品没有竞争力的军工类企业，牌照在它们那里产生不了价值，但要进入这些领域却面临很高的准入门槛，投资机构或收购方可能通过高效率的运作和已有产业的协同，获得比较好的收益。

2. 公司的隐形资产。比如品牌、销售渠道、专利、土地和矿山等。比如某研究院的一项科研成果转化成立公司，牵头的研究员占大股、研究院占小股，由于运作机制的原因，虽然获得过一轮投资，但一直经营不善，处于严重亏损状态，该公司没有成功推出可以在市场上销售的产品。公司虽然经营得不好，但是几项技术发明专利有不错的价值，而且专利登记在公司名下，同行业的巨头可以考虑通过整体收购公司的方式将技术和团队收入囊中。没有发挥出价值的隐形资产，在房地产开发、矿山开采、生产制造等传统产业中非常普遍。

重置成本法的主要缺点有：①各项资产负债的价值加和不能反映企业运行整体价值，尤其是不可辨认的无形资产（如商誉、行政审批、资质等）；②长期亏损企业的重置成本一般不能体现外部市场因素导致的资产经济性贬值；③由于时间、技术进步等原因，有些资产的价格会有很大变动性，或者很难在市场上找到同类产品。因此，重置成本的确定带有很大主观的成分。

另类估值法

除了前文所介绍几种常规的估值方法之外，还有一些另类的估值方法也被投资人频繁使用。

行业估值法

马太效应告诉我们，强者愈强，弱者愈弱。在一个行业里面，尤其是存在网络效应的行业（比如互联网、人工智能）里面，独占鳌头的永远只有那两家或者三家头部公司。这几家头部公司会形成统治性行业地位，获得绝大部分的市场份额，很难给后进者生存的空间。

案例

某热门的高科技领域有 100 多家公司在激烈竞争，其中 5 家公司发展势头良好，包括 AA、BB、CC、DD 和 EE 公司。但他们之间由于“烧钱”争夺用户，财务报表都惨不忍睹。根据权威的第三方数据预测，该行业在未来 5 年将会增长 20 倍以上，行业市场规模每年将会超过 100 亿美元。目前行业的市场份额大致为（见表 3-14）：

表 3-14　5 家公司市场份额占比

公司	AA	BB	CC	DD	EE	其余 100 多家
市场份额	8%	9%	7%	4%	4%	60%

红树资本欲进军这个领域，看中了 AA 公司，项目负责人与创业团队进行了数轮的商业交流和调研。通过不断调整估值方法和修正估值模型后，计算得出公司投资前估值大致在 2 000 万～4 000 万美元之间。

在投资潜在的行业头部公司时，可以采用行业估值法。这种估值方法的要点在于：**投资机构需要给公司投资多少现金才能让它在行业中拥有“超级”竞争优势，或者让它能够生存到市场爆发的那一天。**

在红树资本的项目负责人还在犹豫是以 500 万美元（公司投资后估值 2 500 万美元）还是 1 000 万美元（公司投资后估值 5 000 万美元）换取 AA 公司 20% 的股权时，主管合伙人却石破天惊地提出，可以投资 1 亿美元，并且维持 20% 的股权比例不变，AA 公司的投资后估值 5 亿美元。

那么，主管合伙人的投资和估值逻辑是什么呢？

从当前的市场格局不难看出，行业内 AA、BB、CC 这三家公司的实力较强，未来可能会出现行业双寡头或三寡头的趋势。主管合伙人认为，下重金投资 AA 公司有以下两个理由：

- 该行业具有爆发增长的趋势，且前景广阔；
- 从行业中大概率会胜出的几家公司中，选择其中一家下重注，会加快行业进入双足（或三足）鼎立的格局，未来会有较高的投资回报机会。

AA 公司的融资需求只有 1 000 万美元，红树资本为什么要投资 1 亿美元呢？按照 AA 公司的需求的融资额来投资不可以吗？

主管合伙人通过正、反两方面的四个理由进行了解释：

（1）在 AA 公司获得巨额投资后，就会在用户中拥有最强的商誉。因为所有人都知道，目前这种无序竞争不可能长期存在，行业内的大批公司必然会死亡，这已经被新兴行业的无数“风口”创业机会验证过了。而用户（尤其是付费用户）一定会挑选其认为最可靠、最不可能破产的公司。所以行业内的资源就会向 AA 公司靠拢，包括最好的人才、供应商、渠道、客户以及媒体资源等。

如此一来，小公司因为没有实力与巨兽般的 AA 公司相抗衡，渐渐招揽不到足够优秀的人才，逐渐失去行业地位和商誉，导致公众对它们产品的信心更低，于是它们会更快地不断相继死去。这就是马太效应的真实写照——“任何个体、群体或地区，在某一个方面（如金钱、名誉、地位等）获得成功和进步，就会产生一种积累优势，就会有更多的机会取得更大的成功和进步。”

（2）行业准入门槛被提高。红树资本的巨额资金看似“瞎投”，其实给别的投资机构带来了巨大冲击，会导致他们对该行业望而生畏，大多数资金实力不够强的机构无法跨入被架高的门槛。如果按常规做法只投资 1 000 万美元、2 000 万美元，在残酷的竞争中显然不可能获胜，而之前不少机构已经投资的很多分散的小公司，其批量死亡将会是大概率事件，因为相对于 AA 公司雄厚的资本来说，它们的融资金额根本不值一提。

同时那些非常缺钱的创业公司，本来已经准备按常规套路去融资，却碰上这么样一个不按套路出牌的红树资本，可能会出现创业公司在市场上的估值都与此对齐，但却无人敢投、更缺钱的一种窘境。换个角度看，这实际上也加快了行业的集中。

（3）巨额投资看起来冲动，其实风险小。如果红树资本按照常规思路给 AA 公司投资 600 万美元（获得 20% 的股份），虽然看起来短期资金风险小了，可是公司成功的概率却小了很多，如果无法达到一定规模并越过“生死线”，公司最后的估值可能为零。

（4）AA 占据市场半壁江山。根据投资后的市场博弈，结合目前的数据和行业内其他公司的发展趋势，预测了 5 年后的行业市场份额为 AA50%、BB 公司 40%、CC 公司 10%。随着大批原本有一定市场地位的公司出局，AA 和 BB 两家公司将占领市场 90% 的份额。

剩下的问题是：1 亿美元的投资额是如何计算出来的呢？通常投资额是介于以下两个数值之间：

- 其他估值方法算出的公司的投资前估值（2 000 万美元 ~4 000 万美元）；
- 3 年后投资人的股权对应的市场规模

行业预计 5 年后市场规模将达到 100 亿美元，双方经讨论认可 3 年后的市场规模将达到 35 亿美元、AA 公司将获得 30% 的市场份额，投资人 20% 股份对应的市场规模为 35 亿美元 ×30%×20%=2.1 亿美元。

红树资本通过仔细调研及与 AA 公司管理层的深入沟通，最后经过测算和真诚探讨，一致认为大约 1 亿美元就可以确保公司有很高的成功机会。

这种利用整个行业未来市场规模来对公司的估值进行预测，并根据该估值确定投资额的方法被称为**行业估值法**。这种估值方法没有数学模型，只有敏锐的直觉和高瞻远瞩，著名的投资机构软银曾多次采用过类似的方法，能够让被投资的公司“一口吃成个胖子”，拥有强大的吸引力，战胜行业内的其他竞争对手。

当前最前沿的科技风险投资领域，量子计算、可控核聚变等创业公司具备采用行业估值法的条件。在一场融资路演活动中，有一家可控核聚变的初创公司，团队成员主要来自国内排名前二的大学博导、教授、博士生，拥有国内仅有的几座试验设施之一，尽管该公司还处于原理机开发阶段，预计 3 年后才能完成商用机的开发，但已经获得了众多投资机构的注资，当时正启动下一轮 1 亿元的融资，公司的估值超过 5 亿元。投资机构只要认为未来可控核聚变是一个可行的、重要的能源解决方案，并且这家初创公司是目前市场上团队及技术水平最领先的一家，就可以按照未来的市场规模，给予看似不可思议的估值。

全或无估值法

“全或无”的说法来自生物学的“全或无定律”，该定律是神经传导的一项基本特性，即当刺激达到神经元的反应阈限时，便以最大的脉冲振幅加以反应；但刺激强度达不到某种阈限时，神经元便不发生反应。

投资机构在对创业公司进行估值时，是否赢利并不是最重要的评判标准，但公司必须发展达到一定的规模或者门槛，换句话说，必须跨越“生死线”才是有估值的，否则就没有任何投资价值，因为要沉的船就算卖一块钱都是贵的！ 这就是**“全或无”估值法的本质，“全或无”的估值方法不是给**

标的公司进行准确的估值，而是判断标的公司有没有投资价值，在市场中有没有对应的“价格”。

案例

有一家科技媒体公司 XX，专注于硬科技的前沿技术和创新公司报道。该成立已有 5 年多，除了自身网站之外，还在多个媒体平台开设账户。主要运营数据如下（见表 3–15）：

表 3–15 媒体平台运营数据

平台	微博	公众号	抖音	B 站	视频号
粉丝数 / 人	200 万	10 万	50 万	20 万	15 万
平均评论 / 点赞数	50/200	25/50	50/300	20/100	10/50

红树资本决定投资一家科技媒体公司，以便通过创新形态的科技媒体更好地发掘优质创业者和前沿科技创新项目。他们注意到了 XX 公司，XX 公司也在融资，估值为 3 000 万元。

从数据上来看，XX 公司在各大媒体平台上的粉丝数量还不错，内容评论点赞量尚可。在调研过程中，红树资本的项目负责人找到 XX 的直接竞争对手 YY，该公司的网站近一个月来与 XX 的数据对比情况如下（见表 3–16）：

表 3–16 YY 公司与 XX 公司的数据对比

公司	网站排名	日均独立 IP	日均页面浏览量	网站独立访客平均访问页面	平均访问时长
XX	20 000	10 000	40 000	3	5 分钟
YY	8 000	30 000	500 000	10	20 分钟

从数据上来说，YY 公司网站的整体影响力明显高于 XX，前者的日均独

立 IP 量、日均页面浏览量、网站独立访客平均访问页面数、平均访问时长等关键指标均大大优于后者，显示出更强的内容吸引力和用户黏性。

更多公司运营方面的数据显示，XX 的成立时间比 YY 早三年，虽然一直有少许利，但从前年开始出现了明显负增长，其覆盖力与影响力已经远不如其行业竞争对手。而 YY 在近两年出现了用户数量的快速增长，并且网站排名有爆发式直线上升的趋势。XX 现有员工 10 人，而 YY 仅有 6 人，团队比前者更年轻、更富活力。

经过研究后，红树资本认为 XX 公司的估值应该为 0。这里使用的是“全或无”估值法来对拟投资标的进行筛选。

那么，XX 公司辛辛苦苦运营多年，投资机构怎么能说它没有价值呢?

实际上，XX 公司当然有自身“内在价值”，只不过在投资机构眼里，这家公司没有“投资价值”，因为它很难在市场竞争中胜出，不能给投资机构带来目标收益率，所以投资机构不愿给这家公司报价，哪怕再低的价格，都很可能面临投资损失。

对于能产生收入、利润，能够自力更生、滚动发展的公司，或者有一定技术能力的科技公司来说，其内在价值绝对不会为 0，但对于那些完全依赖烧钱、用户基础很弱、用户活跃度和黏性很低、公司处于原地踏步或者倒退状态的公司，明显处于“趋势性沉船”阶段，那么投资机构会认为这种公司的估值或价值为“无”。

对于估值为“全”的对标公司，投资机构还需要采用前文所介绍的其他估值方法来确定它的具体估值范围。

案例

MX 是一家国内顶尖的大型科技公司，全产业链布局、现金流充沛。公司首席执行官为了提高闲置资金的使用效率，在考察了产业链上一家比较优质的公司 MY 后，决定对其进行财务性投资。经过现金流贴现法计算以及多轮谈判之后，双方均认可 MY 投资前估值为 2 亿元，MX 拟投入 5 000 万元现金，持有公司投资后 20% 的股权。首席执行官认为该项投资可行性很高，长期回报还不错，于是报请董事会批准。

MX 的董事会否决了这份投资方案，并提出了新方案：MX 公司以 3 000 万元对 MY 公司进行增资，持有 20% 的股权，即 MY 投资前估值为 1.2 亿元。

影响力估值法

在传统的估值方法中，无论是创业者还是投资人，在对目标公司进行估值时，通常只会考虑公司的资金、资源、未来成长等价值，仅仅将目光停留在被投资或被收购公司身上，却没有考虑投资机构本身也会给公司带来的巨大价值。

影响力是一种试图支配与统领他人及资源的能力，影响力估值指的是投资机构通过自身的影响力来影响目标公司的估值。

比如，如果小米公司天使轮投资了一家家用消费电子公司，或者华为公司投资了一家人工智能公司，结果会怎么样？即使它们只投资了一块钱，但是其带来的影响力和资源也将会对这家公司的发展提供巨大的推动作用。

MX 公司作为一家国内顶尖的科技公司，产业链资源丰富，旗下还有众多运营良好的实体产业，这些都会在无形中提升 MY 的品牌形象、竞争优势和市场地位。在未来，行业内的优秀人才会聚集过来，好的供应商、集成商和客户都会络绎不绝。这些资源仅仅靠多出来的 2 000 万元投资额可以获得吗？这其实也是马太效应，MX 公司用其巨大的资源给 MY 公司的未来发展提供了强劲的助推力。投资人本身的影响力，对公司来说价值巨大。

最终经过多轮富有建设性的谈判，MX 公司成功以 3 000 万元获得 MY 公司 18% 的股份。相信通过这笔投资，双方都能获得巨大的成功。

在使用影响力估值法的时候，需要考虑以下几点：

（1）投资机构（人）要拥有非常大的实力（或知名度），属于业界翘楚或顶级品牌。没有一定实力的投资机构无论说什么，好的创业公司也不会认可。

（2）影响力估值法的本质，其实是在经营投资机构自己的品牌。在投资机构或公司规模达到一定程度后，其“名字”就是信誉，其品牌就是影响力，拥有了这些，在投资谈判中就占据了主动权。比如一家热门的公司融资，普通的风险投资机构是一个估值，软银、红杉、国际数据集团（IDG）是另一个估值，华为、阿里巴巴又是另一个估值，获得同样股份的话，后者支付的代价可能会少得多。

（3）换个思考方向，如果创业公司可以获得顶级投资机构的投资，在认可其减少资本投资的同时，必然会有更多其他资源的需求，这就需要双方进行长期和深度的战略合作。

加权情景分析

投资机构在给创业公司估值时，通常都是假设：在未来很长一段时间内（至少投资期内），公司的发展短期呈快速增长、长期呈永续增长趋势。但是，很多行业其实并不会一直向上增长，甚至会出现波动或周期性变化。

当目标公司所在的行业出现成长时，可能会以飞快的速度发展至高峰。

比如2000年左右的互联网，2010年左右的移动互联网，2020年左右的人工智能。但是行业一旦出现崩溃，就会出现快速的负增长，直至跌落谷底。

对于业务存在波动性或处于周期性变化行业的公司来说，如何对其估值是个非常大的难题。具体估值操作的时候有两点需要确定：

（1）公司至少穿越过一个周期，比如5~10年，这样在有好有坏，有利润有亏损的多年经营中，利用公司的历史财务季度数据，可以算出加权平均的具体数值，暂时可以先作为公司估值的参考基准。比如加权平均的息税前利润，结合该行业大致的平均P/E倍数，就可以得出大致的估值。

（2）考虑目前全行业处于行业周期上的哪个点，是上行、高峰、下行还是低谷？并结合估值基准来进行修正。

如果我们用现金流贴现法来给周期性和波动性的公司估值，即便我们对整个周期的现金流有极好的预见性，但现金流贴现价值的演变要比公司现金流的波动要平缓得多。这是因为现金流贴现将未来年份的现金流缩减到只有一个价值，这样一来，任何一年的现金流波动都变得不重要了。对于周期性变化的公司来说，现金流高的年份和现金流低的年份相互抵消，我们只能看到公司表现的长期趋势。

假设有一家看起来处于周期峰顶的公司，根据经验及参照过往数据，公司的发展可能会面临下滑态势。但是，又有很多因素显示这个行业将突破老的周期曲线，这时我们应该怎么估值？

这就需要使用加权情景分析法：通过建立两个不同的情景，根据各自的结果及对应权重来评估公司的价值。情形一是假设行业周期还是延续老趋势（即马上就要出现下滑），概率为50%；情景二是行业会突破现有的周期，形成一个新趋势，概率为50%。那么这家公司的价值就是这两个情景价值的加权平均值。加权情景分析法能有效避免单一分析的局限性。

以下列举用两个情景（当然可以多个情景）来给周期性变化的公司估值

的步骤：

（1）给基础情景估值：这需要行业的历史数据，需要看公司的长期趋势。另外需要注意的是，在确定终值（风险收益法、现金流贴现法）时，不能选在周期的峰段也不能选在谷段，应该选在公司长期现金流（或利润）趋势的某个点上。

（2）给新情景估值：新情景是根据公司的新情况建立的，同样需要看新情景的长期趋势。

（3）给多个情景分配不同的概率（权重），然后计算加权平均价值。通过对市场影响因素进行分析，给各个情景分配权重。

根据情景分析法的假设，给目标公司用任何单一情景估值都是不妥当的。同样，采用单一的估值法来对同一家公司估值也是不够完善的。不妨用两种估值方法来给同一家公司估值，然后为这两种估值方法设定权重，将两者的估值结果分别乘以各自权重，然后求和相加得出加权平均的公司估值。

加权情景分析法不仅可以用在周期性变动公司的估值，还可以用在高增长行业的估值以及初创公司的估值，因为这些公司的共同特点就是未来有太多的不确定性和可能性。

第二节 估值案例

在硬科技投资热起来之前风险投资人在互联网和移动互联网领域的投资是最多的，这些领域创业公司的发展变化也是最快的。到底在什么时候应该用什么估值方法？我们可以通过一家虚拟的社交软件公司的融资历程，来做一个分析。

一、公司的发展及融资历程

创始人轮：

公司在 2015 年由一位连续创业者投入启动资金创办。

天使轮：

一年后公司获得天使轮，此时公司 MAU（月活跃用户数）达到 10 万，ARPU（单用户年收入）为 0 元，公司总体收入为 0 元。

A 轮：

天使轮后公司用户数发展迅猛，半年后公司获得 A 轮，此时公司 MAU 达到 200 万，ARPU 为 1 元。公司开始有一定的收入（200 万元），但处于亏损状态，通过广告手段获得少量的流量变现。

B 轮：

一年后公司再次获得 B 轮，此时公司 MAU 已经达到 1 000 万，ARPU 为 5 元，公司收入已经达到 5 000 万元，公司处于盈亏平衡状态。ARPU 提高，是因为公司已经在广告、游戏等方式找到了有效的变现方法。

C 轮：

一年后公司获得 C 轮融资，此时公司 MAU 为 3 000 万，ARPU 为 10 元，公司在广告、游戏、电商、会员等各种变现方式多点开花。公司此时收入达到 3 亿元，已经开始盈利，净利率 20%，利润总额 6 000 万元。

首次公开募股：

一年后公司实现首次公开募股上市，此后每年保持收入和利润 30% 左右的稳定增长。

这是一家典型的优秀互联网公司的发展及融资历程：由连续创业者创办，从天使轮开始，陆续获得四轮知名投资人的投资（天使轮、A 轮、B 轮、C 轮），成立五年左右即在首次公开募股上市。从这家公司身上，可以看到最近十年左右的中国互联网公司在美国上市的典型路径。

二、估值方法分析

这家公司在每一轮融资时的估值是如何计算的呢？对于越成熟的公司，可以采用的估值方法越多，因此我们再做一些假设，按时间倒序的方式来介绍：

首次公开募股上市后：

股民（公众股东）通过证券交易市场（二级市场）购买公司的股票，假设公司的市盈率是 30 倍。二级市场的投资人知道，有一个 PEG（市盈率 /（增长百分率 ×100））指标可以用来评估一家公司股票的投资价值，PEG>1 时股票的投资价值就不大了。这家公司的 PEG=1［30/（30%×100）］，所以只有等到公司的长期预期增长率超过 30%，或者市盈率降低到 30 以下才是合适的参与时机。

C 轮：

不同的风险投资人给公司的估值的方法各不相同：

- 有的是 50 倍 P/E，公司对应估值为 50×6 000 万元 =30 亿元。
- 有的是 10 倍 P/S，公司对应估值为 10×3 亿元 =30 亿元。
- 有的是 100 倍 P/MAU，每个月活跃用户按 100 元价值计算，公司对应估值为 100×3 000 万元 =30 亿元。

最终各种方式的估值都是 30 亿元，而且每种估值方法都是有自身合理逻辑的：

- 一家有海外上市预期的公司，收入和活跃用户数每年还有数倍的高速增长，按 50 倍历史市盈率估值，应该问题不大。
- 一家这样高速成长的互联网公司，按 10 倍市销率估值，在市场中是比较常见的。
- 一个月活跃用户给 100 元的估值，看看脸书（已更名为元宇宙）、推特（已更名为X）、陌陌这几家基于用户的互联网公司的市值和MAU，再适度打个折扣（比如50%左右）。

B轮：

不同的风险投资人给公司的估值方法还是各不相同的：

- 某风险投资人采用P/E法估值（50倍市盈率），但由于公司刚刚盈亏平衡没有利润，所以公司理论估值为0。
- 某风险投资人按P/S法估值（10倍市销率），对应公司的估值为10×0.5亿元=5亿元。
- 某风险投资人按P/MAU法估值（每个月活跃用户100元价值），公司估值为100元×1 000万人=10亿元。

可见，不同的估值方法，结果会出现巨大的差异。此时的P/E估值方法已经失效了，但P/S、P/MAU继续适用，但结果相差一倍。假设公司最后按平均值7.5亿完成了这轮融资。

A轮：

这个阶段，P/E、P/S估值方法都失效了，如果继续认为每个月活跃用户价值100元，公司的估值还能有100元×200万人=2亿元。

这个阶段，公司用户基数突破到百万数量级，这个数量级对于一款社交软件来说，如果有不错的用户体验，会继续成长为一款现象级的产品。同时，如果能找到可持续的变现手段，公司将开始告别烧钱的困境。而此时公司正在尝试流量变现，但规模还比较小。能看懂公司前景的风险投资人的比较少，大多数风险投资人的顾虑都很多。最后公司选择了一家对社交领域比较熟悉、坚信公司未来会有可观用户和收入的风险投资人，按P/MAU估值2亿元完成了本轮融资。

天使轮：

公司处于烧钱状态，没有任何收入、利润，社交软件的用户数还比较少，此时 P/E、P/S、P/MAU 等估值方法都失效了。那怎么进行估值呢？

公司还需要投资 1 000 万元左右，才能将用户数做到可以融 A 轮的百万级别。由于创始人是著名的连续创业者，天使投资人之前跟他有过合作，相信他的能力，那就按照公司实际需求投资 1 000 万元。另外，一方面考虑到优秀的连续创业者创业，市场普遍的估值大约在 3 000 万元左右；另一方面考虑到双方的股份都会被后续的风险资本融资稀释，天使投资人的股权比例不能太少也不能太多，就按 20% 来测算，因此最后双方按投资后 5 000 万元估值成交。

这家公司历次融资时的估值，总结见表 3–17 所示：

表 3–17　不同轮次的估值方法

轮次	估值方法
天使轮	可比交易法
A 轮	P/MAU
B 轮	P/MAU、P/S
C 轮	P/MAU、P/S、P/E
上市	PEG

三、商业火箭公司的估值

商业火箭作为硬科技领域的代表性行业，近年来吸引着众多投资人的关注。作为投资人和创业者，只有洞察这个行业的发展规律，回归行业本质，才能建立科学的投资逻辑和估值体系。

（一）估值逻辑：本质是需求

商业火箭行业出现的根本原因，是解决火箭供给不足、价格太贵的问题。评价火箭企业是否有价值的唯一标准，就是它能否有效解决这个行业问题。解决供给问题，靠的是“单发运力 × 可靠性 × 发射次数”，即火箭型号要具备一定的运力基础、高可靠性和批量化交付的能力。解决价格问题，靠的是“单发价格 ÷ 单发运力”（即每千克单价），即降低发动机的制造成本，通过新材料应用等方式降低箭体结构成本，通过新型推进剂的应用降低燃料成本，以及可回收火箭技术的实现。

只有同时解决了供给不足和价格太贵这两大问题的火箭企业，才能够真正在商业火箭行业立住脚跟，才能在资本市场中有价值。

（二）商业运营阶段的估值方法

进入商业运营阶段的火箭企业，意味着不仅实现了产品研制的从 0 到 1，更要实现发射能力的从 0 到 1，发动机和火箭产品都得到了充分验证，总装工厂、发射工位、人员团队等都具备批量化生产的必要条件。

在商业运营阶段，火箭企业一般可以根据火箭型号的市场定位，较为合理地预估未来的发射计划和营收情况，因此普遍采用现金流贴现法进行估值，同时也会参考 P/S 法来对比验证结果的合理性。

现金流贴现法有两个关键性指标：第一，预期企业未来存续期各年度的现金流量；第二，确定合理、公允的折现率。对于火箭企业而言，这两点要特别关注企业火箭型号的市场竞争力。

（三）产品研制阶段的估值方法

在产品研制阶段，由于火箭飞行验证结果仍存在不确定性，所以火箭研制过程同时也是一个风险释放的过程。具体来说有两个步骤：

（1）选取估值基准。火箭研制的目的是商业化运营，因此需要先确定估值的基准，即假设火箭产品已完成研制并进入商业化运营阶段，那么它能给公司带来怎样的赢利预期。以终为始，将完成产品研制后也就是商业运营阶段的企业估值，作为产品研制阶段的估值基准。

（2）选取折扣系数。由于火箭企业尚未走完从0到1的过程，火箭产品能否研制成功是存在不确定性的。火箭研制其实是风险释放的过程，通过企业取得的里程碑式进展情况，我们可以合理推断企业的研制进度。通过拆解火箭研制的关键流程，结合企业所取得的里程碑式进展，赋予合理的折扣系数，再乘以估值基准，就可以得出企业的具体估值。

如果火箭企业选取了较高的业务目标（如运载能力强、自主研制比例高等），那么估值基准会高，但风险释放过程也会更长；如果火箭企业选取了较容易实现的业务目标（如运载能力较小、自主研制的比例较低），那么估值基准也会低，但风险释放过程也会相对较短。

然后，基于关键指标构建折扣系数的计算模型，计算出可合理反映火箭研制风险释放过程的折扣系数，可对目标企业的估值进行科学的量化评估。

第三节　总结

风险投资机构面对的都是处于生命周期早中期的创业公司，尤其是科技型创业公司。这些公司由于面临市场数据缺失、收入少或者无收入、不赢利或微利、现金流不稳定等情况，运用现金流贴现法等绝对估值方法及可比公司法（P/E、P/S）等相对估值方法都会遇到一些挑战。

一、科技型创业公司的特点

（1）产品或服务具有创新性。公司在技术、产品、商业模式等方面具有创新性，面对的是崭新的市场。大多数公司成立的时间不长，经营记录较短。

（2）收入具有高成长性。公司的收入在成长期呈爆发性增长，公司价值呈非线性变化。特别是互联网公司、人工智能、生物科技等硬科技公司，前者的成长期收入因网络效应而呈现指数级增长，后者的收入因技术商业化落地而呈现阶梯状增长。

（3）经营具有高风险性。公司普遍处于技术迭代快、行业变化快的环境，因此公司的经营风险很高。从研发到原理机、小批量生产，再到规模化经营，公司面对的是不断的市场跳跃，盈利、现金流等指标的变化极不稳定，失败的可能性很高。

（4）无形资产占比高。与传统制造类企业不同，相当一部分科技类创业公司是轻资产运营，无形资产占比高，核心资产往往来自知识产权、品牌等无形资产。

（5）研发强度大。公司的账面价值、净利润等财务指标无法真实地反映其经营状态。

二、科技型创业公司的估值难点

（1）缺乏估值所需参考的市场数据。科技型公司面对的是一个崭新的市场，可以参考的市场数据很少，是估值的一大主要难点。对于绝对估值法来说，需要对未来现金流进行预测，但科技型创业公司只有很短的历史数据，并且面对一个新兴市场，市场容量、成长性等数据缺失，同时技术路线、市场环境等具有高度不确定性，导致现金流预估的难度很大。对于相对估值法来说，由于科技型创业公司所处的新兴行业细分领域多、商业模式差异大、上市公司少，容易出现无法找到合适的可比公司的情况，从而无法得到合理可靠的价格乘数。

（2）常规估值方法不适用或结果失真。科技型创业公司在起步和成长阶段的投入巨大，财务上具备亏损周期长、轻资产等特点，使得常规的市盈率等倍数估值指标不再适用。另外，早期的研发支出、折旧摊销容易造成财务指标的“失真”，导致传统估值方法无法真实反映公司的价值。

三、不同估值方法的优缺点

相对估值法（可比公司法、可比交易法）是一种乘数法，简单易行，一般有市盈率模型、市销率模型、单用户价值模型等。绝对估值法（现金流贴现），相对复杂，应用比较广泛。市盈率估值法由于计算简便，且直接反映市场对公司的收益预期，考虑了公司及行业的成长性，是目前国内上市公司和创业公司估值时最常用的方法。

常用的估值方法有各自的优缺点（见表 3–18）。

表 3–18　估值方法一览表

估值方法	优点	缺点
现金流贴现	· 着眼于未来的现金流分析，能够在模型中发现未来经营策略带来的影响 · 能够尽可能降低市场上各种波动因素的影响 · 能清楚反映公司不同业务部门的价值	· 对于前期的假设非常敏感，对于现金流的预测、终值的计算、贴现率的采用等都会对估值产生重要影响 · 终值往往在估值中占据很大的份额
可比公司法	· 基于公开市场的数据 · 理论上应该能够在估值中反映出市场趋势、业务风险、增长潜力	· 完全可比的公司往往很少，很难根据业务差别调整数据 · 容易出现短期炒作行为，造成股价短期波动较大，影响估值合理判断
可比交易法	· 基于公开市场的数据 · 参考的交易对价是已经发生的，据此判断溢价范围 · 能显示出行业发展趋势	· 公开交易数据可能有限或不具备参考价值 · 有一些隐含价值存在于行业条款和公司治理方面，不会体现在交易对价中

续表

估值方法	优点	缺点
风险收益法	· 按照投资人要求的收益率确定估值 · 可以直接从退出的要求反推投资时的股份比例	· 终值依赖其他估值方法确定 · 不同投资机构的收益率要求不同，会导致估值差异很大
重置成本法	· 单项资产的价值清晰明确 · 挤掉无形资产的价值水分	· 没有考虑公司作为整体运营的无形价值 · 资产购置的价格不确定性高

四、不同生命周期公司的估值方法

对于成熟公司来说，市场地位、营收情况、现金流和利润趋于稳定，其已有稳定指标可与同行业进行对比，投资机构（PE）会依赖交易倍数（P/E、P/S）、可比交易法和现金流贴现法，但可比上市公司和可比交易有时没有意义（特别是在商业周期的顶部），因此投资人应该真正考虑公司的稳态（“预计”）盈利能力将会如何。

最终，投资人要做出决定，一项投资的潜在收益是否值得承担其固有的商业风险（通常称为投资的“风险回报状况”）。风险较低的公司（高增长、有合同收入等）通常以自由现金流的较高倍数（P/FCF）进行估值，而较高风险的公司则以自由现金流的较低倍数进行估值。

虽然公司应该根据自由现金流的倍数进行估值，但实际上，从财务文件中准确获取这些数字可能很麻烦，因此懒惰的投资人倾向于使用 EBITDA 作为替代。EBITDA 不是自由现金流（它忽略了公司的资本支出需求），但它通常足够接近自由现金流，并可以得出一些结论。

不幸的是，在大量公司都无法盈利的硬科技领域，投资人都希望能进一步简化操作，并按照公司进行收入的倍数（P/S）来对公司进行估值。他们的信念是这些公司最终会盈利，因此当前的收入是一个足够好的指标。此时，我们距离自由现金流已经很远了（值得注意的是，比较收入倍数意味着从长远来看，所有公司都将具有相同的成本结构/盈利能力，而这绝对是错误的）。

似乎这还不够，对于发展期的初创公司，公司研发的产品或技术逐渐得到市场认可，快速成长并扭亏为盈，经营逐渐稳定，盈利模式逐渐清晰，投资机构会寻找相对稳定、可预测的财务指标进行估值。当公司尚未达到盈亏平衡点时，可以采用基于收入的估值方法（P/S）或基于自由现金流估值方法（P/FCF）；当公司跨越盈亏平衡点，并仍保持较高的增速时，还可以使用基于盈利估值方法（P/E）或 PEG；还有很多投资人会根据年化经常性收入（ARR）来估值，依赖最近一个月/季度的销售情况，推断全年都有这个收入。在高速增长的情况下，这确实意味着公司最近的增长已正确反映在其估值中，但现在距离自由现金流收益率还很远。显然，如果投资人想要参与早期股权投资，他们就需要承担大量风险，会更担心公司未来会发生什么。

对于真正的早期公司，尚未形成清晰的盈利模式，财务指标无法客观反映公司的价值，甚至没有收入，所以投资人通常会使用客户数、用户数、市场空间、市占率、流量等非财务指标来衡量公司价值，主要的估值方法为可比交易法。

在实践中，种子期的估值往往是围绕以下两个问题进行：

（1）团队/公司需要多少资金才能达到下一个融资里程碑？（通常风险投资人和创始人对于这个数字的实际情况会存在分歧。）

（2）现阶段可以接受多少股权稀释才能保持创始人的积极性，同时为未来的员工和未来的投资人留下足够的股权空间？（实际上，大多数早期投资轮次似乎会认购公司 20%~25% 的股份。）

基于前两个问题，可以得出一个隐含的估值是多少。（例如，如果一家公司希望融资 200 万元，则该公司的投前估值将为 600 万 ~800 万元。）

五、不同行业特征公司的估值方法

估值方法的选择除了要考虑公司所处的生命周期阶段，也需要结合所处行业的特征。

按资产属性来看，重资产行业由于会产生较大的折旧摊销，净利润可能无法准确反映公司经营情况，基于 EBITDA 的可比公司法是比较好的估值方法；如果公司拥有大量固定资产且账面价值相对稳定，则适合采用 P/B 可比公司法进行估值。相应的，资产相对较轻的行业就更适合用 P/E 可比公司法。

按行业周期性来看，强周期行业由于盈利、现金流在周期不同阶段极不稳定，所以不太适合使用 P/E 可比公司法、现金流贴现法进行估值，而应采用波动较小的 P/B 可比公司法；弱周期行业对于大部分估值方法都比较适用。

六、估值最终是谈判的结果

巴菲特价值投资的“四好”原则：好行业、好公司、好管理、好价格。本质上，这个“四好”原则可以进一步简化，即一笔好的交易必须具备两个根本要素：公司要好，价格要合理。

对于处于早期阶段的创业公司来说，好的价格往往不是通过各种估值方法、各种模型算出来的，而是投资人与创业者通过谈判谈出来的。当然，估值的结果是双方谈判的基础，但还有很多谈判中需要考虑的因素，比如市场时机、竞争态势、技术投入、人才需求，等等。这些因素，有时候会让双方不会过多纠缠于估值上的一分一毫，而是尽管完成交易。

当然，即便双方在估值上存在不一致的看法，也可以通过投资协议的条款予以调和。尽管估值是影响投资人收益最重要的条款，但其他条款也具备调节经济性的作用。搁置估值争议最直接的做法是设置对赌条款，将当前的估值与未来的预测运营指标挂钩。投资人后续轮次优先按锁定价格投资的权利也有助于投资人控制投资的价格。

产品与运营

第一节　创业公司唯一重要的事情

如果你观察三四十家甚至更多的初创公司，剔除掉其中纯粹的异常个案，并归纳其中的模式，就会看到两个显而易见的事实：

- 成功的程度差异巨大：有些初创公司极其成功，有些非常成功，有些某种程度上成功，当然还有不少彻底失败的案例。
- 每家初创公司的三个核心要素（团队、产品和市场），在评价指标上也存在着令人难以置信的巨大差异。对于任何一家初创公司，就团队质素而言，其范围可以从“杰出”到“存在明显缺陷”；就产品品质而言，其范围可以从“工程杰作”到“勉强可用”；就市场规模而言，其范围可以从“巨大繁荣”到“细小低迷”。

很多创业者和投资人就开始疑惑，**与成功最相关的要素是什么？**团队、产品还是市场？或者更直白地说，是什么助力实现了有些创业公司的成功？又或者**什么才是最危险的：糟糕的团队、薄弱的产品还是糟糕的市场？**

一、从概念定义开始

初创创业团队的素质，可以定义为首席执行官、高管、工程师和其他关键人员与摆在他们面前的机会之间的适合程度。

对于一家初创公司，创始人要问问自己，他的团队是否能够针对目标机会以最好的方式执行工作？最重要的是效率而不是经验，因为在科技行业的历史上，出现过很多非常成功的初创公司，它们的团队成员主要是一些从来没有在这个领域“干过”的人。

初创公司产品的质量，可以定义为该产品对实际使用该产品的客户或用户的印象有多深刻：该产品使用起来有多么容易？功能有多么丰富？效率有多么高？它的可扩展性如何？它有多精致？它的漏洞多不多？

初创公司市场的规模，是指该产品的潜在客户或用户的数量和增长率。

（在以下的讨论中，我们假设你可以规模化地赚钱——获取客户的成本不高于客户贡献的收入。）

有些人认为，如果产品没有客户或用户使用，它的质量能有多好？换句话说，他们认为产品的质量就是由它对大量客户或用户的吸引力来决定的。但实际上，产品质量和市场规模完全是两回事。

对于创业者或风险投资人来说，在团队、产品和市场这三要素中选一个最重要的，很多人会选团队。这是显而易见的答案，部分原因在于：创业之初的创业者对团队的了解远多于对尚未构建的产品或尚未探索的市场的了解。

另外，创业者面临的是“人是最重要的资产”“21 世纪最重要的是人才”“一流的团队、二流的创意，好过二流的团队、一流的创意”之类的创业口号，所以，团队是最重要的答案感觉是正确的。在这种环境下，谁会认同“人不重要”的观点呢？

但是，如果你问工程师，很多人会说技术和产品最重要。业务源于产品，初创公司发明产品，客户购买并使用产品。华为和苹果是当今业界最好的公司，因为它们制造了最好的产品。没有产品就没有公司。尝试打造一家拥有优秀的团队但没有产品，或者拥有巨大的市场但没有产品，这样的公司会怎么样？显然这是不对的。

二、市场最重要

本质上，我们认为市场是初创公司成功或失败的最重要因素。

原因很简单，**在一个巨大的市场中（拥有大量真实的潜在客户），市场会将产品从初创公司中“选拔”出来。**

市场里的客户需要被满足，第一款可行的产品的出现就会让市场得到满足：产品不需要很棒，它只需要基本可用即可。而且，市场并不关心团队有多优秀，只要团队能够生产出可行的产品即可。

简而言之，客户正在敲开你的大门来购买产品，你的主要目标是实际接听电话并与那些想要购买的人进行沟通。当你拥有一个巨大的市场时，团队就会非常容易做到即时升级。这就是搜索引擎、电商、智能手机、智能汽车和生成式人工智能等细分行业所经历的故事。

相反，**在一个糟糕的市场中，你可能会拥有世界上最好的产品和绝对杀手级的团队，但这并不重要——因为你注定将会失败。**

你会用几年时间，不断地尝试寻找那些并不存在的客户来购买你出色的产品，而你的优秀团队最终会士气低落并退出公司，你的初创公司将会消亡。这正是视频会议、企业管理软件和 AR/VR 眼镜的故事。

顶级风投机构基准资本（Benchmark Capital）的联合创始人兼前合伙人安迪·拉赫勒夫（Andy Rachleff）将其“创业成功法则”概况为：**公司的第一大杀手是缺少市场。**

安迪是这样说的：

- 当优秀的团队遇到糟糕的市场时，市场获胜；
- 当糟糕的团队遇到巨大的市场时，市场获胜；
- 当优秀的团队遇到巨大的市场时，一些特别的事情就会发生。

显然，你可能会在一个巨大的市场中把事情搞砸，这种情况常常发生，但假设团队具备基本的能力，并且产品基本上可以接受，那么一个巨大的市场往往意味着成功，而一个糟糕的市场往往意味着失败。

无论是优秀的团队还是出色的产品，都无法挽救糟糕的市场。

三、优秀团队和优异产品的价值

第一个问题：**既然团队是你一开始最能掌控的事情，而每个人都希望拥有一支优秀的团队，那么优秀的团队实际上能给你带来什么？**

优秀的团队有可能为你带来一款还不错的产品，甚至是一款优异的产品，但我可以给你举出很多优秀的团队在产品上彻底搞砸的例子。优异的产品真的非常非常难以打造。

优秀的团队也可能会为你带来一个巨大的市场，但我也可以给你举出很多优秀团队的例子，他们在糟糕的市场中执行力很出色，但却失败了。不存在的市场并不关心你有多聪明。

优秀的团队与糟糕的产品的结合，或者优秀的团队与糟糕的市场相结合，最常见情况是创始人的第二次或第三次创业。这位创始人的第一家公司取得了巨大的成功，然后他开始变得狂妄自大，最终在后续的创业中摔倒。相反，我可以给你举出许多弱小团队的名字，他们的初创公司由于所制造的产品有着爆炸性的巨大市场而取得了巨大的成功。

最后的结论是：在市场和产品相同的情况下，一支优秀的团队总是能够击败一支平庸的团队。

第二个问题：**优异的产品不能创造巨大的新市场吗？**

答案是绝对可以，但这是最好的情况。

大疆是一家做到这一点的公司。大疆无人机一开始就具有深刻的变革性，它推动了消费级无人机在多个行业的广泛应用，结果证明这是一个巨大的市场。

当然，在这种情况下，你的团队有多么优秀并不重要，只要团队能够将产品开发到市场所需的质量基线水平，并从根本上将其推向市场即可。

请注意，我并不是说你应该降低团队的质量，或者说大疆的团队并不强大——他们过去很强大，现在也是如此。我的意思是，将像大疆这样具有变革性的产品推向市场，你就会成功，仅此而已。

除此之外，你很难指望一家创业公司的产品从头开始创造一个新市场。

四、产品市场契合

作为创业公司的创始人，应该怎么办呢？简单来说，唯一重要的是实现产品市场契合（PMF）。产品市场契合意味着在良好的市场中，拥有能够满足该市场的产品。

如果创业公司没有实现产品市场契合，创业者总是能感觉到的：客户没有完全从产品中获得价值、口碑没有传播、使用量增长没有那么快、媒体评论有点“空话连篇”、销售周期太长且很多交易一直无法达成，等等。

当实现产品市场契合时，创业者也是能感受到的：客户购买产品的速度与你生产产品的速度一样快、使用量的增长速度与你添加服务器的速度一样快、来自客户的钱在公司账户中堆积起来、正在尽快招聘销售和客户支持人员、记者听说了你的热门新产品后打电话过来想采访你、你开始获得商学院和媒体颁发的年度创业者奖、投资人天天盯着你，等等。

很多初创公司在实现产品市场契合之前就失败了。事实上，它们之所以失败，是因为它们从未实现产品市场契合。更进一步，任何初创公司的生命周期都可以分为两个阶段：产品市场契合之前和产品市场契合之后。当公司处于产品市场契合之前的阶段，你要聚焦于实现产品市场契合。

尽一切努力去实现产品市场契合，包括更换人员、重新设计产品、进入不同的市场、接受客户的某些建议、不计代价进行高比例稀释性地持续风险投资融资等。当你认真对待时，几乎可以忽略其他一切。

在面对一家成功的初创公司时，你看到的是一家已经实现产品市场契合的公司，但通常在实现的过程中搞砸了各种其他事情，从渠道模型，到开发策略，再到营销计划、媒体关系、薪酬政策，等等。但这家初创公司还是成功的。

相反，你会看到数量惊人的**运营良好**的初创公司，它们运营的各个方面都完全按部就班，如人力资源政策到位、出色的销售模式、深思熟虑的营销计划、出色的面试流程、出色的福利、所有程序员都配备30英寸显示器、顶级风险投资人担任董事，等等。但是**由于无法实现产品市场契合，它们正在跌入深渊。**

当公司处于产品市场契合之后的阶段，你要做的，就是让公司进行规模化发展。

讽刺的是，一旦一家初创公司取得了成功，当你问创始人是什么让它成功时，他们通常会引用各种与之无关的因素。这让人们很难理解其中的因果关系，但几乎在所有情况下，成功实际上都是因为产品做到了与市场契合。

第二节　找到产品市场契合（PMF）

对于一些产品来说，可能需要几年时间才能找到契合的市场。通常在这段时间里，产品会失败。产品还没有获得市场的影响力，创业公司的现金就用光了。

对于那些开始寻找产品市场契合之旅的创业者，我能给出的最好的建议是：更快地犯更好的错误，尽量提前失败。这条建议似乎违反直觉，但却很有效。

一、什么是产品市场契合（PMF）?

产品市场契合（Product-Market Fit，即 PMF）是一项指标，显示产品如何与潜在客户的需求、兴趣和经济可能性相匹配。公司正在销售一款解决某个细分市场问题的产品，而你正在以一种可重复的方式销售它：

- 产品解决一个问题；
- 面向一个特定的市场；
- 拥有愿意花钱解决这个问题的客户；
- 向他们销售是可重复的；
- 产品不再进行重大调整。
- 加分点：获客成本低（比如低于从客户那里获得的单次产品利润）。

虽然这听起来更像是一家成熟的公司的模式，但创业者可以更早地找到产品市场契合，甚至在你开发产品之前就开始降低失败的风险。

对与一家初创公司来说，产品市场契合可以通过以下六步来实现：

- 建立产品愿景；
- 确定目标用户；
- 做出最佳猜测；
- 从客户发掘中找到痛点模式；
- 验证最简可销售产品；
- 找到可重复的经济性。

二、建立产品愿景

有些创业者不是从一个产品创意开始创业，而是基于他们对想要实现的目标的理解，即以终为始。

对创业者来说，在推出一款新产品时，首先要考虑你为什么要这样做。是因为增长吗？还是因为收入或市场扩张？应该是一种激情。激情是打造成功产品的关键。原因在于：当你在开发一款产品时，不可避免地与它会有一段蜜月期，你会对它的潜力和可能性感到兴奋。但是后来，你需要激情来带你度过那些不可避免的大难关，因为有些时候过程并没有那么激动人心。

一开始，创业者可能要花很长时间讨论和思考自己想要创造什么样的公司文化、管理多少员工、如何平衡生活和工作。此外，还有很多与要打造的产品无关的其他事情。

通过这些讨论和思考，对于一家 SaaS 公司的联合创始人来说，他们心目中的公司可能具有如下特点：

- 有经常性收入的 SaaS 商业模式，最好是 B2B，因为这也符合他们过去的经验；
- 自力更生，因为他们不希望因融资带来额外的影响；
- 一起工作的团队要充满激情，要乐于每天一起工作；
- 打造一款大家都热爱的产品。

或者是：我们想要打造一款基于人工智能（AI）的工业相机，用于工业生产的质检环节，帮助客户实现智能生产及降低生产成本。

基于此，创业者对产品创意进行逆向工程，以匹配这些想法。所有创业者都会发现很多伟大的创意和机会，但最终，当他们将这些创意和机会与其理想的公司标准相对比时，发现它们并不能成立。

三、确定目标用户

考虑到你关注的问题以及计划如何解决这些问题的愿景，你可以确定公司的目标受众。

确定你的目标受众包括几个步骤。首先，你必须创建理想客户画像；然后，你应该研究市场和竞争对手；最后，你必须重新评估之前的发现。

（1）创建理想客户画像

要尽可能详细地描述你的理想潜在客户，“理想的”意味着这样的客户将从购买你的产品或服务中获得最大的受益。理想的潜在客户可能包含目标受众的不同特征：

- 业务领域、行业或细分市场；
- 销售模式；
- 所处的地点；
- 团队规模；
- 所面临的挑战和痛点；
- 选择你的产品或服务的理由。

客户画像可以帮助你更好地了解客户的行为特征。

例如，假设你的产品是一款基于人工智能的质检照相机，最适合用于工业生产领域，并且由大型人工智能云服务商提供算力服务。

你可以对理想客户做出以下假设：

- 中小型生产制造企业；
- 汽车零部件、电子产品等批量化生产场景；
- 依赖人工质检，效率低、工作强度大；
- 江浙地区，人工成本高。

你确定的细节越多，你的研究就越有价值。

(2)市场研究

市场研究有助于确定产品的需求。研究你想要进入的细分市场：规模、需求水平、客户的购买力。你可以使用别人收集的数据：第三方市场研究报告、历史数据等。在你甚至没有最小可行产品来试水的早期阶段，这是相当有帮助的。

(3)竞争对手研究

研究你的竞争对手：

- 哪些公司为你的目标受众提供类似的解决方案；
- 竞争对手的产品有什么优点和缺点。

这将使你了解竞争对手缺少哪些功能，以及哪些功能可以更好地添加到你的初始产品版本中。

四、做出最佳猜测

在这个过程中，你需要从价值主张、粗略功能、客户获取模式和收入模式等方面着手。这些“最佳猜测”只是猜测，因为一切都会变。你早期的最佳猜测可能与你开发的最终产品毫无相似之处。因此，你写下什么并不完全重要。但是，我们要明确一点，写下来是必不可少的。把这些写下来会给你一个开始测试的起点，并提示你考虑不同的测试领域，见表 4-1。

表 4-1　想法一览表

产品的价值主张	它解决了什么样的痛点或带来了什么样的收益？ 你的目标市场 / 客户是什么？ 尽可能具体地定义它。
前五大功能	列出你的第一个版本产品中不会实现的功能也很有帮助。
客户获取方法	客户将如何找到你？ 你将如何销售它们？

收入模式	你将如何赚钱？ 此时你不需要知道实际价格。

如此多的产品团队、产品经理和创业者花了太多的时间躲在电脑后面做详尽的研究。这些信息可能是至关重要的，尤其是对整体可触达市场（TAM）、细分市场、潜在竞争对手等的研究。然而，人们很容易把研究时间作为不启动的借口。研究分析变成了一款麻痹剂。

通过与市场中真实的人交流，你会学到更多。你要主动寻找一些人，那些不会只说你爱听的话的人。出于这个原因，迅速跳出你的朋友圈和你的本地人脉网络，去寻求反馈。

商业模式画布是一个很好的工具，可以帮助你关注产品中最重要的战略组成部分（见图 4–1）。

五、客户发掘中找到痛点模式

在你记录了假设之后，就需要开始跟潜在客户交流。

你的目标是发现痛点和问题，如果你解决了这个问题，对客户意味着什么。你这样做是为了发现解决问题的价值主张。

价值主张代表客户从使用你的产品中获得的价值。我认为“产品”包含产品本身、定价、服务等。

因此，价值主张可能意味着：

- 省钱；
- 节省时间；
- 赚钱；
- 生活方式上的好处或职业上的好处。

关键合作伙伴

谁是我们的关键合作伙伴?
谁是我们的关键供应商?
我们从合作伙伴那里获得了哪些关键资源?
合作伙伴执行哪些关键活动?

伙伴关系的动机
最优化和经济性
降低风险和不确定性
获取特定资源和活动

关键活动

我们的价值主张需要哪些关键活动?
我们的分销渠道呢?
收入来源呢?

类别
生产
问题解决
平台网络

关键资源

我们的价值主张需要哪些关键资源?
我们的分销渠道呢?
客户关系呢?
收入来源呢?

资源类型
实体的
智力的（品牌、专利、版权、数据）
人员
金融的

价值主张

我们向客户交付什么价值?
我们正在帮助客户解决哪一个问题?
我们向每个客户群提供哪些捆绑产品和服务?
我们满足客户的哪些需求?

特征
新颖
性能
定制化
“完成工作”
设计
品牌 / 地位
价格
成本降低
可获得
便利性 / 可用性

客户关系

每个客户群希望我们与他们建立并保持什么样的关系?
我们建立了哪些客户关系?
这些客户关系是如何与我们商业模式的其他部分整合在一起的?
它们有多贵?

举例
个人助理
专用个人助理
自助服务
自动化服务
社区
共同创造

渠道

我们希望通过哪些渠道接触到客户群?
我们现在怎么联系他们?
我们的渠道如何整合?
哪个效果最好?
哪些性价比最高?
我们如何将它们与客户常规服务集成在一起?

渠道阶段
1. 认知：我们如何提高公司产品和服务的认知度?
2. 评估：我们如何帮助客户评估我们组织的价值主张?
3. 购买：我们如何允许客户购买特定的产品和服务?
4. 交付：我们如何向客户交付价值主张?
5. 售后服务：我们如何提供售后客户支持?

客户群

我们在为谁创造价值?
谁是我们最重要的客户?

大众市场
利基市场
细分市场
多元化
多边平台

成本结构

我们商业模式中最重要的固有成本是什么?
哪些关键资源最昂贵?
哪些关键活动最昂贵?
你的企业是……
成本驱动（最精简的成本结构、低价价值主张、最大限度的自动化、广泛的外包）?
还是价值驱动（专注于价值创造，溢价价值主张）?
样本特征
固定成本（工资、租金、水电费）
可变成本
规模经济
区域经济

关收入来源

我们的用户真正愿意支付的价值是什么?
他们目前支付的是什么价值?
他们目前如何支付?
他们喜欢如何支付?
每个收入来源对总收入的贡献有多大?

定价类型	固定定价	动态定价
资产出售	价目表	谈判（议价）
使用费	根据产品功能	收益管理
订阅费	根据客户群	实时市场
借贷 / 租赁 / 出租	根据销量	
许可		
经纪费		
广告		

图 4-1　商业模式画布

一旦你找到一个需要解决的问题，了解这个问题对你的潜在客户来说有多重要是很关键的。我们很容易找到很多问题，但是，这个问题是否足够大、足够普遍、足够痛苦，以至于有人愿意付钱给你来解决它？

在这个过程的这一部分，你的目标应该是与至少 10 位潜在的客户进行交流。即使人数很少，这些交流也会给你难以置信的洞察力。

（1）开放式问题

我推荐的技巧之一，是问开放式问题。开放式问题允许人们在他们的答案中包含更多的信息，包括他们的感受，这会引导你问出一些没有考虑过的问题。开放式问题是一个学习的机会。

比如以下开放式问题的例子：

- “你怎么知道自己这一年 / 月 / 日过得很成功？”
- “你觉得你目前的解决方案怎么样？”
- “你有什么愿望是你今天做不到的？”
- “如果你有了这个，你的生活 / 工作会有什么不同？”
- “能给我举个例子吗？”

你可以提出一个初始问题列表来启动对话。但是随着交流的进行，不要拘泥于那套标准的问题。当你学习的时候，拓展你的问题。一旦你开始认识到答案中的模式或一致性，你就可以把那个问题从你的清单上拿掉，然后把关注点转移到其他问题上。

去问这些问题，让别人思考一下，接下来他们会告诉你一些你从未想过的事情。他们的答案可能会引导你走上一条令人惊奇的道路。

如果你没有问出所有的问题，不要担心，你仍然在正确的轨道上。还有其他人可以交流和学习。如果你正在努力寻找第六个、第七个、第八个可以交流的人，那么这可能是某种迹象。也许你选择了一个很难定位的市场，或者你没有很好地定义你的市场。

这种认识很重要。这就是客户发掘的全部内容——发现最初没有想到的新想法和解决方案。

（2）调查

我不喜欢为发掘客户而进行的调查。当然，你可以通过电子邮件列表发送一份调查表，或者站在咖啡店门口，向人们提出一些措辞精确的问题，并且可以说你已经跟 20 个人交流过。但是你怎么知道你一开始就问了正确的问题呢？更糟糕的是，如果是多项选择，这就假设你知道所有可能的答案。

调查意味着你首先知道正确的问题，它不允许你随着学习而进行调整。调查通常由封闭式问题组成，这些问题限制了你问关键的后续问题。最后，调查也许会给人留下了科学、准确的错误印象，而事实并非如此。

（3）“为什么”的重要性

“为什么”是迄今为止你能问的最有力的问题，所以要经常问。不要轻易接受客户的最初反应。将“为什么”作为后续的问题，你可以得到一个有启发性的回答，并帮你抓住问题的关键。

如果你没有更进一步的推动，就太快地转移到下一点，你会欺骗你自己的理解。对于我们已经验证过的几款产品，通过深入挖掘并追问“为什么”，我们发现了该产品更高的价值主张。

一个非常管用的技巧是“五个为什么”。这个技巧是通过重复问“为什么”，帮助你确定真正的原因或目标。每个答案都会提示你询问下一个问题。问五次“为什么”不是强制性的，但关键是要不断地问，不断地钻研，直到找到真正的底层答案。这样你就不会轻信第一个答案的表面意思，后续的问题会给出真相。

（4）寻找可以访谈的人

找到足够多的人来验证一款新产品，是衡量它是否是一个可以启动的好概念或好市场的一种方式。如果你很难找到潜在客户，这是市场不明确或难以触达的早期迹象。

根据你所在的市场，有些社交媒体可能是寻找访谈人选的好方法。一旦主动联系（通常是通过私信），高质量目标人选的回复率约为25%。因此，拥有足够多的潜在客户很重要，如果你联系不到很多人，也不要气馁。对于陌生接触，潜在客户需要知道自己有什么好处。他们通常不会出于善意跟你交流，你需要让他们相信你有可能为他们解决一些问题。

（5）记录访谈

如何实施和记录客户访谈至关重要。你会发现，在第六次或第七次访谈之后，他们会开始在你的脑海中融合在一起。

在这些访谈中，我建议你录音并做好笔记。当然，你要得到对方的许可才能对讨论内容进行录音。我很少遇到不允许录音的情况，尤其是当你礼貌地要求并保证不在公司之外分享时。

将对话内容进行录音是有益的，因为你可以等以后再听，以发现第一次没有听到的东西。而且，若它能够从客户那里获取报价，以便向你的高管或开发团队提出令人信服的案例，这也很好。直接从客户或潜在客户口中听到的东西比从你口中听到的东西要更有价值。

我还建议你让两个或更多的人参与对话，因为每个人的视角不同，在会谈中会听到不同的东西。他们有过滤器和自己的偏见。会谈之后与你的团队进行五分钟的总结，可以让你将每个人听到的内容正常化，并记录一些关键要点。

在会谈中，尤其是在后期，有一个技巧很有用，那就是捕捉客户购买的可能性。在这些会谈中，有一种变得兴奋的趋势。人们经常会给你讲一些你想听的，因为他们不想让你失望。所以你要问正确的问题，这样你才能了解真相是什么。

六、验证最简可销售产品

在完成了理论部分之后，是时候去实践并检验你的假设了。

（1）原型设计、MVP 和 MSP

原型设计是将产品可视化，并协调不同利益相关方愿景的最快、最有效的方法之一。只需一个原型，你就可以开始与真实用户一起测试产品。

MVP（minimum viable product）是：

- 新产品的简化版本，可让你检查自己的创意；
- 一种廉价且快速的方式来启动你的业务。

MVP 让你可以：

- 检查产品是否能在市场上生存，以及是否有人需要它；
- 定义你的用户愿意付费的基本功能；
- 以最少的精力收集最多数量的已确认客户信息。

你还应该将 MVP 与最小可售产品（minimum sellable product，MSP）区分开来。

MSP 是 MVP 的最佳版本，你将在一系列尝试和错误之后获得 MSP。它具有一组基本功能，可以满足用户的需求和关注点。MSP 让你推出比完整版更早且成本更低的产品。MSP 的可扩展性使你能够随时适应变化。

你的 MSP 应该包含能够很好地解决至少一个问题并让你具有竞争力的主要产品功能。作为一个令人愉快的奖励，MSP 还可以提供针对客户没有完全意识到的问题的解决方案。

（2）获取测试客户

现在是时候通过获取测试客户的手段向潜在客户展示你全新的 MVP。有多种测试客户的获取方法，最有效、最便宜、最快的方法之一是使用登录界面（网站、公众号、短视频号等）。核心要点是创建一个旨在实现最高转化率的界面。

通过获取测试客户，你将得到：

- 可以根据流量，判断有多少人对你的产品感兴趣，以及他们的兴趣有多强烈；
- 通过对方填写的联系方式，询问他们对产品的看法。

（3）客户验证

客户验证是一种通过使用最少的资源并收集潜在客户反馈来确定 MVP 基本功能的方法。通过**客户验证，你可以**更好地了解客户，确定是否准备好进入市场，确定增加销量并建立有效营销的时间，并制订销售计划，节省资源并为可能出现的问题做好准备。

为了更好地了解客户，你要跟他们交流，必须确定以下问题：

- 你的产品要解决的**问题真的存在**吗？
- 客户认为你的**产品解决了这个问题**吗？
- 产品的**定价**是否可以被客户接受？
- 如果客户遇到你的产品所解决的问题，他们会**购买**你的产品吗？

七、找到可重复的经济性

在验证了解决方案并开始打造之后，你的目标是快速开发产品并完成交付，尽快获得第一笔客户佣金。产品不需要完美，你要相信，你不需要一个完美的功能组合来提供价值。如果你为客户提供了一些收益，解决了他们的一些问题，他们会原谅你的。

你的下一步是找到可重复的经济性。可重复的指标意味着你正朝着产品市场契合的方向前进。

产品发布后，你需要关注对产品至关重要的衡量标准。当你开始看到底层的经济性是可重复的，这是走在正确道路上的另一个标志。

以下是一款成功的 SaaS 产品可以看到的一些情况：

- 客户通过口碑传播和付费搜索方式找到公司和产品；
- 试用情况逐月增长；
- 实现没有互动的自动销售；
- 每月经常性收入（MRR）增长；
- 细分市场的轻松定位和营销；
- 常规的客户主动互动，包括好评和指出产品的缺陷。

第三节　创业公司的护城河

对于创业者来说，产品的竞争优势始终是最重要的事情。而在探讨竞争优势时，企业的领导者和产品经理都喜欢说用户 / 客户选择他们的产品是因为产品本身好，至少比替代品更好，因此在市场里卖得（就会卖得）更好。这种说法有一定的道理，但不是全部的道理。也有很多创业者对技术有一种信念和痴迷，认为只要拥有最具才华的团队、最好的技术和最快的增长，就不需要担心护城河的问题。

这些观点都是完全错误的。

一家拥有最具才华的团队、最好的产品、最快增长的公司，恰恰是最需要护城河的公司。这样的公司可能足够幸运，拥有足够的资本，可以失去一些东西。但它们也会面临规模更大、资源更丰富或者规模更小、速度更快的公司来竞争。越快取得成功的公司，就越快面临实际的市场竞争。

阶段性成功加速了企业对护城河的需求。一旦成功看起来显而易见，初创公司就会失去其最早的先天护城河（即不确定性风险），并且至少应该拥有更永久的护城河的基础。一旦一家初创公司快速实现了阶段性成功，优哉游哉的好日子就越来越少了，因为很多其他公司很快就会发现这个机会。

一、什么是护城河？

简单来说，商业领域的护城河是“保护企业利润免受竞争侵蚀的障碍”。通常来说，有七种常见的护城河类型：规模经济、网络效应、反向定位、转换成本、品牌、垄断资源、流程能力。

护城河不会让你实现“产品市场契合”（PMF）。实际上，在担心其他任何事情之前，创业者首先需要实现 PMF。但当你实现 PMF 时，你所做的事情明显有效，你就应该想办法保护它免受竞争者的侵蚀。

风险投资人支持的初创公司，最终目标是首次公开募股上市或以 10 亿美元或更多的价格被收购，而不仅是被风险投资人追捧。这可能需要很长时间，通常是七到十年。即使初创公司在竞争对手意识到自己在做什么之前就点火升空，它也需要在成功退出之前保护火焰燃烧好几年。对于一切进展顺利的公司来说，护城河可能会带来“成功首次公开募股上市”与“创业失败”的区别。

自从 2022 年底 OpenAI 的 ChatGPT 横空出世之后，基于 OpenAI API 的基础上诞生了一批生成式人工智能初创公司，这些公司被不客气地称为“GPT 套壳”公司。在这个背景下，关于护城河的讨论出现了很多。一方面是风险投资人和纸上谈兵的分析师认为“GPT 套壳”没有护城河；另一方面，人工智能开发者们表示，打造出色的产品并快速增长才是最重要的，护城河稍后就会出现。

最近有报道称，美国有一家生成式人工智能公司贾斯珀（Jasper）正在裁员。该公司成立于 2021 年，在人工智能炒作周期之前，成长速度非常快。

2022 年 10 月，该公司凭借快速的增长获得了 15 亿美元的估值。九个月后，面对日益激烈的竞争，该公司开始裁员。该公司似乎尚未建立足够深的护城河来保护其快速增长的利润。贾斯珀公司只存在了两年。

发生了什么？在建立真正的护城河之前，贾斯珀公司就已经耗尽了“不确定性”。而能够为初创公司创造超额价值的唯一护城河就是“不确定性”，因为不确定性使竞争陷入困境的时间足够长，足以打造护城河。

你的创意越明显越容易打造出产品，你就越需要更快地挖掘护城河。相反，你的创意越不明显，实现起来就越困难，你需要挖护城河的时间就可以拖得越长。

你是否应该将所有时间都花在产品上，还是将部分时间花在战略上，即使在早期阶段，也取决于你的业务中存在多少不确定性。

创业公司通常有两种不确定性：新颖性不确定性（即技术风险）和复杂性不确定性（即市场风险）。新颖性不确定性是很多硬科技公司面临的一种不确定性：不确定你是否能够真正打造出你想要的东西；复杂性不确定性是假设你可以打造出产品，但质疑它是否会有一个庞大且有利可图的市场。

新的初创公司有一个有限的时间窗口，在此期间，它们受到不确定性的保护有时间来挖掘护城河。如果它们在其他人赶上来之前挖不出护城河，它们的超额利润将被竞争殆尽，并将陷入困境，难以获得良好的结果。

将其简化为一个公式：

所需护城河的深度 = 你的创意有多好 – 实现起来有多难

这个公式中的变量可以随着时间的推移而变化，而且确实也是如此。随着市场追赶你的洞察力，并且客户用他们的钱包证明你是对的，一些不显而易见的创意可能会变得显而易见。随着基础设施的改善，曾经难以打造出来的产品也会变得更容易实现。一家公司的核心技术可以成为另一家公司的应用程序编程接口。对于创始人和投资人来说，很重要的一点是，要根据实际情况的变化不断更新公式。

二、不确定性是初创公司的护城河

我们常常会听到一些创业真理:“伟大的公司是在经济下行时期创立的!”“创业者需要逆势而为。”本质上，这些说法都是在总结一个事实：不确定性的增加为建立防御性提供了更多的时间。

爱彼迎公司（Airbnb）是在复杂性不确定性的掩护下建立护城河（网络效应）的实例。该公司在早期只专注于产品而忽视战略。爱彼迎公司种子轮融资材料中，竞争优势那一页列出了六项产品功能，但没有真正的护城河。

尽管如此，它们仍能取得成功的原因，不仅是产品出色。事实上，在很长一段时间，爱彼迎公司看起来像是一个糟糕的创意，因此其融资过程非常艰难，被风险投资人一次又一次拒绝。而在创业圈可能有一条规则：你的融资越容易，就越需要护城河。

复杂性不确定性让爱彼迎公司有时间建立品牌和网络效应护城河，这些护城河一直保护着它，直到其市值达到数百亿美元。最终，该公司花费了大量的时间、金钱和精力来打造这些护城河。对于是否有人“愿意花钱睡在别人家的沙发上”的问题，尽管不确定性很大，但它们在担心护城河之前先专注于证明产品是正确的。

这就是风险投资人和媒体评论家对生成式 AI 缺乏护城河众说纷纭的原因。实际上，这里不存在任何不确定性。

基于 ChatGPT 来打造产品，消除了新颖性不确定性。我认为每个人都同意这一点。如此多的生成式 AI 产品在早期取得的巨大成功，也消除了复杂性不确定性。如果你开发了一款开始爆发的生成式 AI 产品，你将受到其他初创公司、自力更生的公司、独立开发者和现有企业的攻击，它们都渴望从你这里把用户抢走。

竞争是不可避免的。在一个发展缓慢或技术上更新颖的领域，竞争情况可能很好，因为你有时间建立原始护城河和客户忠诚度。在一个像生成式人工智能一样快速发展的领域，当竞争对手到来时，你能挖出足够坚固的护城河的机会很小。

当然，当你跳出 GPT 套壳，从更宏观的角度观察时，人工智能领域将会实现非常有利可图的结果。在不确定时期挖掘护城河，以便在不确定性消除后保护自己，其重要性可以通过一个实例展示：Runway 平台。

Runway 平台成立于 2018 年人工智能热潮之前，旨在打造“世界上第一个端到端的人工智能生成平台”。它面临的是新颖性不确定性——人工智能在 2018 年几乎无法生成图像，更不用说视频了。当该公司从 Lux 资本获得 200 万美元投资时，其投后估值仅为 900 万美元。在接下来的五年里，它基于自己的应用研究打造了最先进的视频模型，并宣布推出市场上最好的（至少当时如此）Gen-2 产品。2023 年 6 月，Runway 平台从谷歌、英伟达、Salesforce 等公司那里获得了 1.41 亿美元的投资，公司估值为 15 亿美元。

由于打造出 Runway 平台已经实现的视频生成非常困难，而且直到最近才能明显看出这个产品是可能的，因此迄今为止它一直受到新颖性不确定性的保护，此外它还通过快速交付产品以保持领先地位。不过，2024 年 2 月，OpenAI 推出的 Sora，在视频生成领域引起了巨大的轰动，似乎在技术上对 Runway 平台形成巨大的超越。虽然不确定 Runway 平台是否已经拥有了真正的护城河，但它还是应该在不确定性耗尽之前迅速采取行动挖掘护城河。

这就是为什么战略对于初创公司来说很重要，即使它执行起来并不酷。最简单地说，早期初创公司的策略，就是在消除足够的不确定性并吸引激烈的竞争之前，将有限的资源用于挖掘护城河。

目前，显而易见的是，虽然并非所有的初创公司在早期都需要护城河，但当它们最终的成功对它们自己来说是显而易见的（但仅极少数其他人知道）时，那它们确实需要开始挖掘护城河。如果它们足够幸运，有一天能够拥有一些明显值得争夺的东西，那么护城河就会很重要。

第四节　通过转换成本建立优势

如果你看不出自己的产品比竞争对手的产品更好，那么它就是不够好。即使是产品之间存在差异性，你也可能面临一个头痛的问题：这个产品已经足够好了吗？要想得到这个问题的答案，你必须将产品投入市场进行测试。

当竞争对手调整价格或增加功能时，有些创业者可能会反应过度。这种思维会给创业者或产品经理带来极大的困扰——要么不停实现永远不会面市的产品，要么不必要地放慢了产品发布和更新升级的速度。

但大量的研究表明，认为用户/客户在选择产品时完全理性地寻求利益最大化的传统经济模型是不准确的。他们的决定是根据理性思维和情感共同做出的。这就是为什么作为企业领导者或产品经理，你应该在产品解决用户/客户的“问题”上花费大量时间，了解他们的感受，而不仅仅是计算他们的理性回报。

用户/客户过去选择你的产品或者是竞争对手的产品，现在无法放弃，可能是因为他们所考虑的只是转换成本。如果他们还没有决定选择哪家公司的产品，也有可能也是因为他们考虑到未来可能的转换成本。

一、什么是转换成本？

创业者都希望客户与他们的产品互动，并喜欢他们的产品，但为了增加

（或至少不降低）利润，其实只需要关注客户如何放弃产品就足够了。

让我们先了解一下中学化学中化学反应的概念。当化学反应物从较高的能量态转变为较低的能量态（在此过程中会释放热量）并生成反应的产物时，就会发生化学反应。能量水平可以被视为字面上的高度水平，它们之间有一个能量障碍（形如一座小山）。

一旦化学反应物经历这个过程并发生反应，就很难将它们分解并将它们带回源头（需要大量能量）。

如果化学反应物是你的客户，那么活化能（中间的壁垒）就相当于让他们了解你的产品，而转换成本将是回到原来的地方所需要付出的代价。换句话说，一旦客户使用了产品，放弃旧产品比接收新产品要困难得多（见图 4–2）。

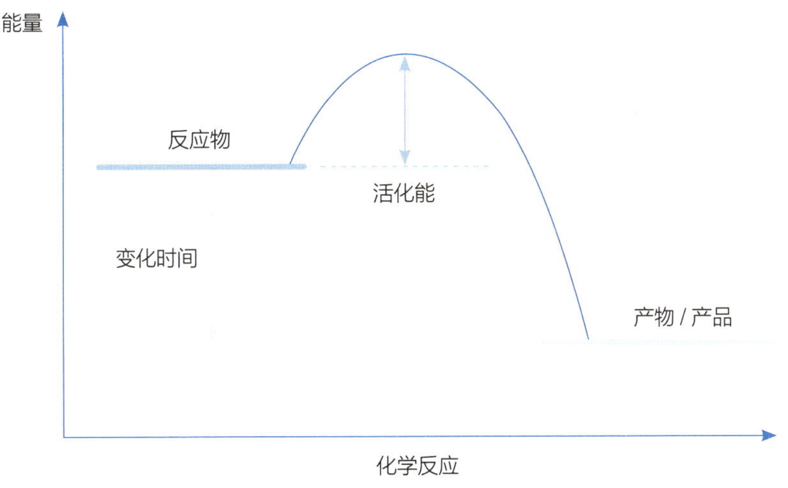

图 4–2　化学反应与能量

转换成本是客户将一种产品或服务转换为另一种类似产品或服务所产生的成本。在某些情况下，转换成本可能是金钱上的（也许是改进一种更便宜的产品），但在许多其他情况下，这些成本是基于从一个产品转移到另一个产品所需要的精力和情感。转换成本是客户保持忠诚度的一个重要因素，因为它们可能成为阻止客户轻易转换到竞争对手的障碍。

转换成本由客户和产品共同产生。

（1）客户的转移成本——情感高壁垒

一旦客户选择了你的产品并开始使用，他们就在某种程度上产生了情感上的依恋。这就是所谓的沉没成本。

即使客户感到有点不高兴，并克服了沉没成本，他们也会面临不想做出改变的情感权衡。从本质上讲，由于做出改变的不确定性和感知到的困难（上述返回的能量“壁垒”），尽管对当前的产品不满意，但做出改变的动力还不够大。

这就好比是幸福婚姻与不幸婚姻之间的区别。不快乐的人之所以不愿意离婚，仅仅是因为害怕离婚所带来的麻烦。

对放弃你的产品的恐惧驱使客户基于情感计算（而不是理性）而不采取行动。这种行为会导致惰性，然后一个次要因素就会发挥作用：过劳可以定义为工作量超过完成工作的动力。

如果客户已经有了惰性，你所需要做的就是将他们放弃的动力保持在足够低的水平。从本质上讲，你拥有的回旋余地，即在多大程度上让他们感到不舒服。

（2）意志力和动机是一种情感

如果你将意志力和动机视为一种情感，你利用的次数越多，那么你在某一天拥有的就越少。它可以等同于游戏中的血条。你以饱满的意志力和动力开始新的一天，随着你做出的每一个决定，血条都会下降一点，你的意志力正在不断消耗。

只要现有产品的摩擦没有产生足够大的放弃动力（离开的意志力），而这种动力大于感知到的工作量，那么你的客户就会留下来。

二、转换成本的类型及影响因素

常见的转换成本有以下几种：

- 财务成本：包括取消订阅或合同的费用、购买新设备的成本或转向其他供应商的费用；
- 程序成本：学习如何使用新产品或服务所需的时间和精力；
- 关系成本：与现有供应商或服务提供商的关系会产生转换成本，因为信任和熟悉是随着时间的推移而形成的；
- 心理成本：与做出改变相关的情绪不适或不确定性；
- 搜索成本：研究和确定备选方案所需的时间和精力。

影响转换成本水平的因素有以下几条：

- 产品差异化：独特的功能、专有技术或定制选项会增加转换成本，因为客户可能找不到类似的替代产品；
- 合同和协议：长期合同、提前终止费和排他性协议可以将客户锁定在特定的提供商；
- 集成：产品或服务与客户现有流程或系统的高度集成会增加转换成本；
- 品牌忠诚度：强大的品牌忠诚度会使客户产生情感和心理上的转换成本；
- 网络效应：随着越来越多的用户加入，具有网络效应的服务变得更有价值，这使得客户很难转换；
- 学习成本：新的产品需要大量的学习或培训。

三、管理转换成本的好处和挑战

管理转换成本的好处：

- 客户留存：企业可以利用转换成本来维系现有客户并降低流失率；
- 竞争优势：高转换成本可以创造竞争优势，并成为竞争对手的进入壁垒；
- 收入稳定性：降低客户流失率可以带来更稳定、更可预测的收入流；
- 提高客户忠诚度：成功管理转换成本可以培养更强的客户忠诚度和长期关系；
- 市场定位：企业可以通过提供比竞争对手更低的转换成本，或者通过创造具有如此高价值的产品或服务来战略性地定位自己在市场中的位置，并让客户转换成为不可取的选择。

转换成本的挑战在于：

- 需要深入了解客户行为；
- 人为夸大成本时客户不满的风险；
- 以及在高转换成本阻碍竞争的情况下反垄断审查的可能性。

四、转换成本不仅仅是价格和金钱

看一个简单的例子。

用户若把谷歌作为主要的搜索引擎，把谷歌浏览器作为浏览器。有了谷歌搜索引擎和 Chrome 浏览器，他可以获得一系列的好处和产品，即使这些服务是免费的，他也很难切换到其他搜索引擎或浏览器，因为适应搜索引擎、浏览器、扩展等新组合的精力在心理上太“昂贵”了，以至于难以跨越。

（1）金钱转换成本

在产品和服务更加商品化的类别中，较低的价格有助于降低转换成本，因此，价格将对客户行为产生更大的影响和重要性。较低的价格也会对客户更有吸引力。在这种情况下，客户增加转换成本会变得更加困难。想象一下加油站卖汽油的情况，如果它能够提供比半公里外的加油站更低的价格，客户会更喜欢，因为除了价格，它可能不会对车辆产生太大的影响。

(2)非金钱转换成本

非金钱转换成本可以通过几种方式进行分类。一些关键的转换成本要求如下：

- 精力：用户从一种产品转移到另一种产品可能需要花费时间或精力。想一想改变软件的情况，成本更低，但使用起来更复杂，因此需要更多的时间和精力来学习。如果用户认为其他更贵的软件使用起来更舒服，他们可能会继续使用。
- 感知：

  a. 品牌和地位：想象一下，你可以买到一双不太知名品牌的鞋子，价格更低。对鞋子充满热情的人都知道，那些是时尚宣言，不仅仅是用来遮脚的东西。因此，更受认可的品牌或更符合个人感知的品牌将是客户的首选品牌，与价格无关（或至少价格不太重要）。

  b. 品牌和可靠性：想象一个人从一个已知品牌和一个未知品牌购买笔记本电脑的情况。与此同时，未知品牌的笔记本电脑可能更便宜，性能更先进，总体来说更好。但客户可能不会转向它，因为她/他担心它不可靠。

  c. 提供另一种选择：想想百度的例子。对于国内的用户来说，它仍可能是首选。

(3)低转换成本与高转换成本

无法创造高转换成本（通过定价、更好更简单的产品、品牌或所有这些）可能会阻止公司创造长期竞争优势。

五、糟糕的产品也能获胜

作为创业者或产品经理，设计出高的转换成本（通过成本领先、差异化或其他方式）的公司将能够创造竞争优势。

客户转向新产品或服务的更大摩擦可能有助于公司“锁定他们”。这一战略要取得成功，可以通过三种不同的操作来完成：

- 做好；
- 漠不关心；
- 做坏。

（1）做好——通过设计吸引客户

任何产品，只要在用户眼中的价值随着用户使用次数的增加而增加，都可以通过“做好”来增加转换成本：

- 微博：你使用得越多，你拥有的内容就越多，产品就越有价值；
- 银行（账单支付、直接借记、直接存款）：客户需要一段时间才能设置所有收款人和直接存款 / 借记指令。一旦他们完成这个过程，他们的账户就会更加自动化和有价值，以至于很难放弃；
- 滴滴打车、京东、微信（网络效应）：使用产品的用户越多，其价值就越高。当你同时拥有两种类型的用户时，网络效应就会发生（例如买家和卖家、创作者和读者、博主和粉丝、司机和乘客等）；
- 苹果的 iPhone（熟悉的使用情况）：从允许很少定制的 iPhone 切换到允许大量定制的安卓是很困难的，因为用户已经接受了 iOS 系统的培训；
- 微软、用友的企业产品（关系和捆绑）：利用现有的 B2B 关系来提供企业管理软件产品（尤其是 SaaS 产品），很难在不影响企业运营的情况下放弃一款产品；

- 微软的普通产品（通过垂直整合构建生态系统）：Office 等产品很容易集成并捆绑交叉销售，用户很难放弃一个，因为会破坏生态系统。

（2）忽视客户离开产生的痛苦

由于优先关注产品的销售，产品经理几乎总是不会优先解决客户放弃时的痛苦。如果产品经理没有设置良好的放弃机制，那么客户的离开不会很舒服，并且产品的转换成本仍然很高。

- 银行不会设置一种简单的方法让你将数据导出给竞争对手（在大多数情况下如此）；
- 微软和谷歌因捆绑解决方案而受到反垄断规则的批评，但它们肯定没有主动去降低用户的转换成本。

当然，此规则的也有例外情况：

- 政策法规要求你让客户容易离开——比如携号转网；
- 你不拥有他们的数据（云盘让用户可以导出所有数据并离开）。

（3）主动给用户离开设置障碍

“我会让你难受”：任何曾经试图取消有线电视服务的客户都知道，服务商主动推高转换成本是什么样子的。有线电视公司以这种方式运营而闻名，它们创建了手动且冗长的流程来取消订阅；

“我会让你付出代价”：一些金融机构和电信运营商收取转出费用或不退还服务费。

新产品的标准通常比现有产品高得多，因为商家都想做得更好。我希望，主动推高转换成本（坏的）的做法将随着持续的公众压力而消失。

一旦你获得了客户，你就有可能会失去他们。如果你的产品因为“做好”而产生转换成本，那么恭喜你，你的客户留存工作比其他人要容易得多。

下次面临客户流失的问题时，请记住转换成本。并不是所有的客户投诉都需要得到解决，也不是所有的情况都会导致客户流失——在考虑客户留存工作和获取工作时，转换成本的概念应该是首要考虑的。

有时最好不要采取行动，因为转换成本会让你有时间找出更好的解决方案。

六、典型的转换成本案例

（1）苹果的生态系统锁定

苹果已经创建了一个强大的产品和服务生态系统，包括 iPhone、Mac 和 iCloud。由于苹果设备和服务的集成和兼容性，所以使用苹果产品的客户经常面临高昂的转换成本。

（2）微软的企业软件

微软的 Office 套件和 Windows 操作系统在企业和组织中被广泛使用。对微软软件的兼容性、熟悉性和依赖性给考虑替代解决方案的公司带来了巨大的转换成本。

（3）Adobe Creative 云服务订阅

Adobe Creative 云服务，包括 Photoshop 和 Illustrator 等软件，采用订阅模式运营。由于 Adobe 产品的熟悉度和兼容性，依赖 Adobe 工具进行专业工作的用户通常会发现切换到替代软件很困难。

（4）亚马逊网络服务（AWS）

亚马逊的 AWS 提供云计算和基础设施服务。在 AWS 上托管其应用程序和数据的公司面临着与数据迁移、重新配置相关的切换成本，并且如果他们考虑迁移到另一个云服务商，可能会中断他们的运营。

（5）甲骨文企业数据库解决方案

甲骨文提供企业级数据库解决方案，依赖甲骨文数据库的组织面临着巨大的转换成本，包括数据迁移、应用程序的重新编程，以及如果他们考虑转换到替代数据库的潜在兼容性问题。

(6) Salesforce 客户关系管理（CRM）

Salesforce 提供了广泛使用的 CRM 平台，给客户提供定制、数据集成和员工培训。切换到不同的 CRM 解决方案将涉及转移数据、重新培训员工，并可能会中断销售和营销流程。

(7) IBM 大型机计算力

IBM 的大型计算机长期以来一直是大规模数据处理和关键任务应用的基础。如果依赖 IBM 大型机的组织考虑过渡到替代平台，他们将面临巨大的转换成本，包括软件重新配置和数据迁移。

(8) 忠诚度计划和航空里程

航空公司和零售公司通常提供带奖励的忠诚度计划，如航空里程或积分。积累奖励和忠诚度积分的客户可能会犹豫是否转向竞争对手，因为他们会失去他们随着时间的推移而赢得的利益和奖励。

(9) 软件中的专有文件格式

一些软件应用程序使用专有的文件格式，因此很难在没有数据转换或兼容性问题的情况下切换到替代软件。例如，设计软件通常使用独特的文件格式，需要特定的软件进行编辑和查看。

第五节　通过网络效应建立优势

网络效应很重要，因为它是产品（尤其是数字科技产品）建立防御能力的最佳手段（其他三个主要防御手段是品牌、嵌入和规模化），也是最好的价值创造形式。在过去几十年，网络效应在科技行业创造了大部分的价值，因为很多赢家通吃的科技公司都是由网络效应推动的。

但是，网络效应存在不同的类型，理解其中的细微差别对于在产品中构建自己的网络效应至关重要。不同类型的网络效应之间有强有弱，各自起作用的原理也不尽相同。迄今为止，已经确定了十几种不同的网络效应。按照强度高低排列如下：

实体产品（如固定电话）

网络协议（如以太网）

个人实用工具（WhatsApp、微信）

个人社交平台（如元宇宙、微博）

市场网络（如 AngelList、美团）

交易平台（如 Craigslist、拼多多）

系统平台（如 Windows、iOS、Android、OpenAI）

共享市场（如优步、滴滴）

数据（如 Waze、高德）

技术性能（如 Skype、阿里云）

专业知识（如 Figma、Microsoft Excel）

社群（如苹果、哈佛、皇马俱乐部……）

中心化平台（如抖音、Medium、Craigslist）

这些网络效应已经触及或即将触及几乎所有的行业。

一、什么是网络效应？

网络效应是产品和公司的一种发展机制，在这种机制下，一款产品的每一位新用户都会使这款产品的品质和使用体验对其他用户来说更有价值。简单来说，当产品或服务的价值随着用户的增加而提升时，就会产生网络效应。我们可以通过一个简单的例子来阐述这个定义：电话。

（1）贝尔电话的案例

亚历山大·格雷厄姆·贝尔（Alexander Graham Bell）于1876年发明的电话彻底改变了人们的交流方式。他看到了通过电信号长距离传输声音的装置会有很大的潜力，经过几年的努力工作和实验，他申请了电话专利。

起初，人们对使用电话持怀疑态度，因为它没有任何基础设施，但是贝尔的一个计划。他让人们免费使用电话，只要他们同意在家里和公司安装电话。这是一个天才的举措，因为它激励了更多的人接受了这项新技术并开始使用它。

随着越来越多的人使用电话，他们开始意识到电话是多么有用，只要拿起话筒对着它说话就能与远方的人交流是多么方便。这个产品创造了一种网络效应，每增加一个新用户，就增加了其他用户的电话服务价值。

到1900年，贝尔的电话系统中有将近60万部电话，这个数字到1905年上升到220万，到1910年又上升到580万。很明显，贝尔的发明将会取得难以置信的成功，并永远改变我们的沟通方式。

（2）网络效应的特征

识别和建立网络效应有一些经验法则：

- **多一个用户会让当前用户的体验更好吗？**回到电话的例子，如果你拿着有史以来唯一的一部电话，那就没有太多的意义。两个相连的用户，会极大地改善电话的使用价值。三个用户，其价值更大，以此类推。
- **产品或服务的价值是指数增长还是按比例增长？**社交网络是价值指数增长的一个很好的例子。随着用户的增加，联系更多的人及发现更多的内容会变得更加容易。即使在早期只有很少的用户，微信也能实现令人难以置信的增长。
- **影响是直接的还是间接的？**在某些情况下，识别网络效应会比较困难，因为它们是间接的：增加用户强化了所有人的产品。想想Windows之类的操作系统，它成功地集成到大量的第三方应用之中，并与各种硬件制造商广泛合作。

- **网络效应实现的速度有多快?** 网络效应的响应速度是一个重要特征——速度越快，对公司业绩的影响就越大。以WhatsApp为例：它非常迅速地成为最受欢迎的即时通信平台之一。WhatsApp用了四年时间达到2亿用户，又用两年翻两番，达到4亿，在接下来的两年里，用户数又增长了2.5倍。
- **是否具备产生递增回报的能力?** 即产品和服务随着受欢迎程度的提高而变得更有价值的趋势。

二、网络效应让公司更有价值

那些能够利用网络效应的公司，有着难以置信的优势，因为网络效应给了它们难以复制的竞争力，帮助它们建立了护城河，形成行业或领域的进入或退出壁垒。

归根结底，创业公司想要是两样东西：回头客（客户足够忠诚并回头购买）和新客户（愿意尝试新事物产生购买）。网络效应同时解决了这两种需求，因为它不仅激励当前客户留下来，而且这些客户会通过与愿意尝试新事物的朋友分享的方式来推荐产品 / 服务。

网络效应的滚雪球特性创造了指数级增长的潜力，即使用户基数相对较小也能迅速增加。

美团：利用网络效应提高市场渗透率

网络效应让团购巨头美团获得巨大的成功。跟大多数平台一样，增加更多的餐馆让用户体验更好，增加更多的用户使得餐馆使用美团的服务更加有利可图。

美团通过为餐馆和顾客提供有价值的服务，能够解决和利用“先有鸡还是先有蛋”的问题。通过连接双方，美团能够为自己建立一个非常有价值的收入流，并成为这个领域最成功的公司之一。它成功的关键是认识到网络效应在这种商业模式中有多么强大，并相应地加以利用。

一旦有足够多的餐馆加入这项服务，其他的餐馆就很难做到视而不见。美团的网络效应所带来的推动力使其迅速扩大了用户基础，并成为国内领先的订餐预订服务提供商之一。

三、网络效应如何起作用

广义来说，“网络”是人或物的互联系统。几乎可以在每一个复杂的系统中找到网络——从电网、道路网、社交媒体，到人脑的任何事物。但是，所有类型的网络都有一些共同的特征。对于寻求打造自身产品或业务网络效应的创业者来说，理解网络的基本组成部分绝对是有必要的。

（1）节点和链接

在非常基本的层面上，网络是由节点和链接组成的（见图 4–3）。

“节点”是网络的参与者：消费者、设备、客户、买方、卖方、渠道等。不同类型的节点在同一个网络中可以扮演完全不同的角色。

同一网络中的节点在能力、影响力、权力和价值等方面可能有所不同。**中心节点**是网络中拥有大量链接的节点，通常更有价值。**边缘节点**拥有相对较少的链接，并且通常价值较小，但也有例外情况，即边缘节点可以直接连接到几个强大的节点。对于节点价值的准确评估和计算，会因网络的不同而存在差异。**网络规模**可以通过网络中节点的总数来衡量。网络的大小本身并不能决定其价值，因为网络中的活动量是可变的。

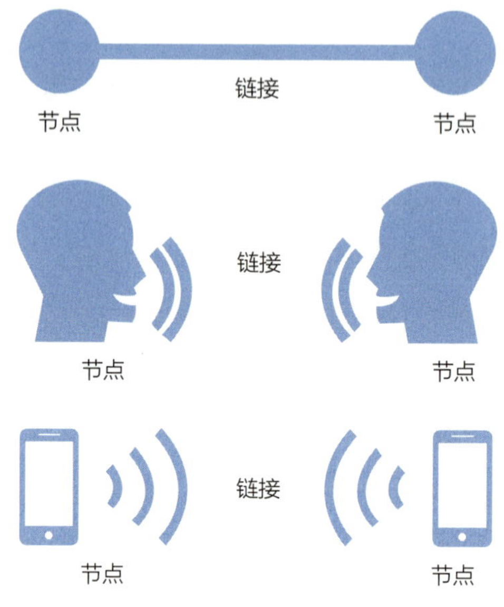

图 4-3　节点与链接

“**链接**”是网络中节点或节点组之间的连接。网络中的节点之间的所有链接并非都是相同的。链接之间在方向性上、强度上可能有所不同。强度是两个节点之间的持久性、紧密性和活跃性的函数。例如，在微博上，你与最好的朋友之间的链接，要比你与一个从高中起就没有联系过的人之间的链接强得多，但它们都被算作微博网络中的链接。

（2）网络密度

网络的密度由其链接与节点的比率决定。比率越高，网络越密集（见图 4–4）。

通常，网络的密度越高，其网络效应就越强。链接的互连性用于巩固和加强其他节点之间的连接。举例来说，如果你跟某人是朋友，而他又跟你的其他朋友是朋友，那么你们之间的关系可能会比你们单独是朋友更牢固。

网络的密度通常分布不均匀，某些区域可能比其他区域的密度高得多（这就是产生聚集的原因）。

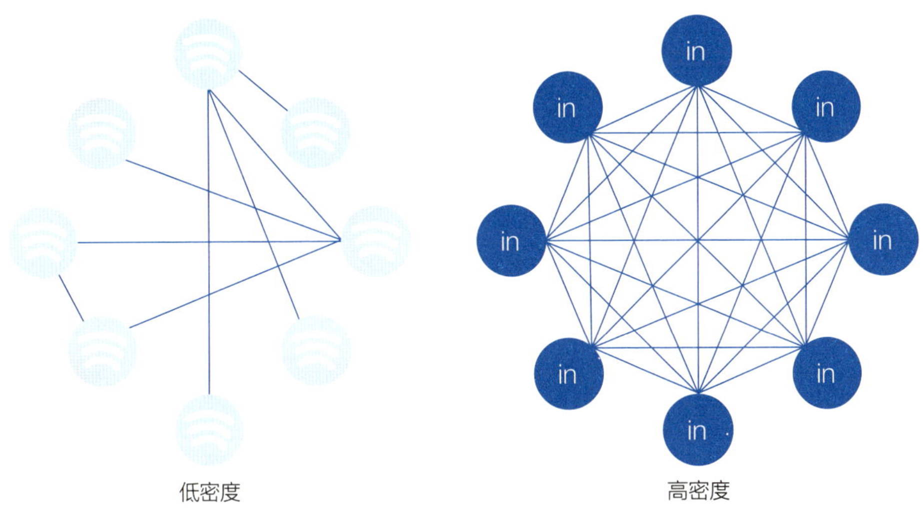

图 4–4　网络密度

在打造产品时，建议注意节点如何相互连接，这样你就可以设计产品来提高网络密度。寻找你网络中的“白热化中心”——最密集、最活跃的部分——并将产品功能和语言重点用于激活用户，让他们的行为更趋同于这个群体。他们的活动将会吸引其他节点，这些节点将受到“白热化”群体活动的影响，并从那里向外辐射，速度比你想象的要快得多。

（3）方向性

节点之间的链接可以是**有向的**，也可以是**无向的**。链接是有向还是无向，取决于网络中节点之间链接的性质。如果链接是有向的，那就意味着一个节点以非交互的方式指向另一个节点（见图 4–5）。

例如，在微博这样的个人社交平台上，像娱乐明星、成功企业家这样的知名人士拥有大量的粉丝（关注者），但他们通常不会与这些关注者交互。这种信息流动大多是单向的——从更大、更集中的节点流向更小、更边缘的节点。

相比之下，像微信或 WhatsApp 这样的个人实用工具网络，连接必须是

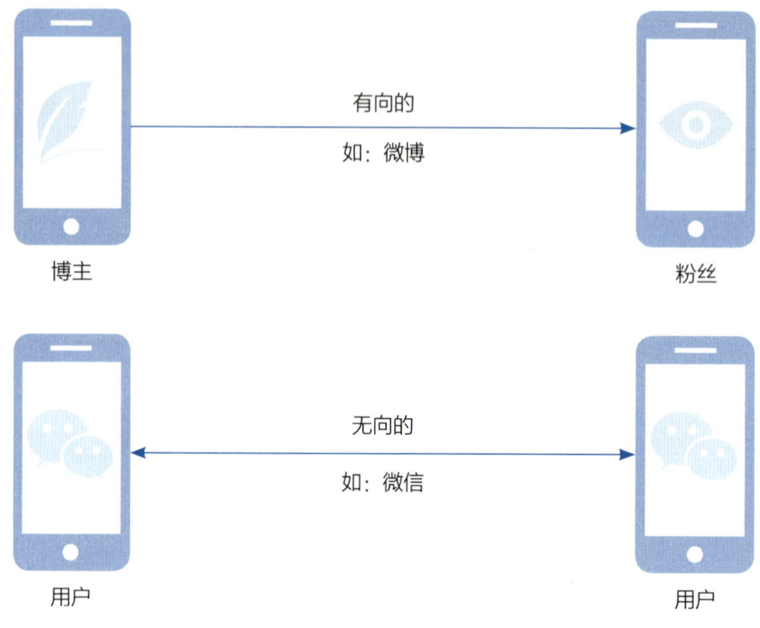

图 4-5　方向性

交互的。如果你在微信上与某人对话，信息和互动是双向的。所以，微信和WhatsApp 就是无向连接的网络。

网络中节点之间的链接**方向**由网络中节点之间的交互流动的方式（如果有的话）来确定。这种交互可以包括金钱、信息、通信以及其他任何可以在节点交互时在两者之间传递的东西。

仅由有向链接组成的网络称为**有向图**，但真正的有向图很少。通常在网络中混合了有向的和无向的链接。了解网络中链接的方向性，并直观地映射它们，可以带来更好的产品设计和功能优先级。

（4）一对一与一对多

网络中节点之间的关系可以是一对一或者一对多（见图 4-6）。

一对多关系的关键特征是它们是有向链接，其中的交互流是单向的。而一对一关系通常两者在功能上是对等的，因此它们是无向链接，其中的交互

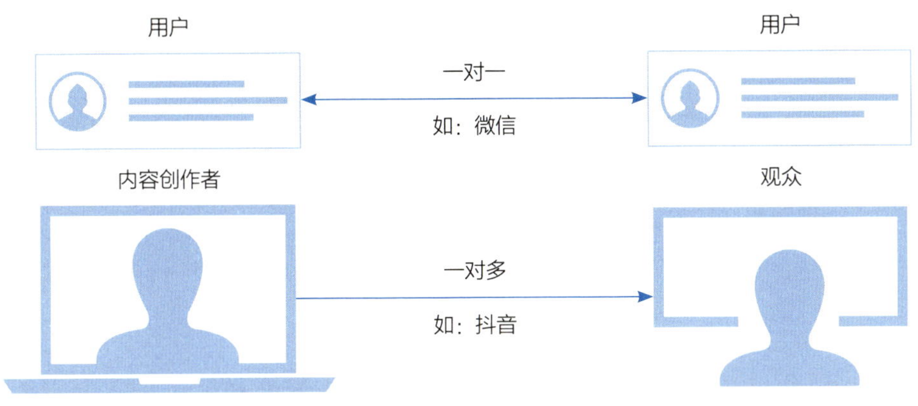

图 4-6 “一对一”与“一对多”

流是双向的。

在微博的例子中，或者其他像抖音、油管这样的非对称关注的个人社交网络中，有一些中心节点很多的关注者（有向链接），也有一些边缘节点没有太多的关注者。这些例子中的边缘节点主要是观众，而中心节点是内容创作者。

具有一对多关系的中心节点可以向边缘节点广播，而流回的交互通常很少甚至不存在（想想一个名人在微博上与其粉丝的关系，或者在电视网络上与其观众的关系）。

中心节点也可以存在于像微信这样的一对一的连接网络中，在这种网络中，有些用户有很多朋友，而有些用户的朋友很少，但是其潜在的差异并不像一对多网络那样巨大。

（5）聚集

在现实世界的网络中，节点不太可能均匀分布，它们倾向于聚集或形成比整个网络更紧密的本地群组。当两个群组由一条单独的链接连接，但其他节点互不连接且相互隔离时，该链接就称为“网桥”（见图 4–7）。

聚集可以在微信等在线个人实用工具网络中看到，在这些网络中，人们组成活跃度更高的子群组。类似的聚集现象也可以在微博和抖音上受欢迎的博主那里公开看到。

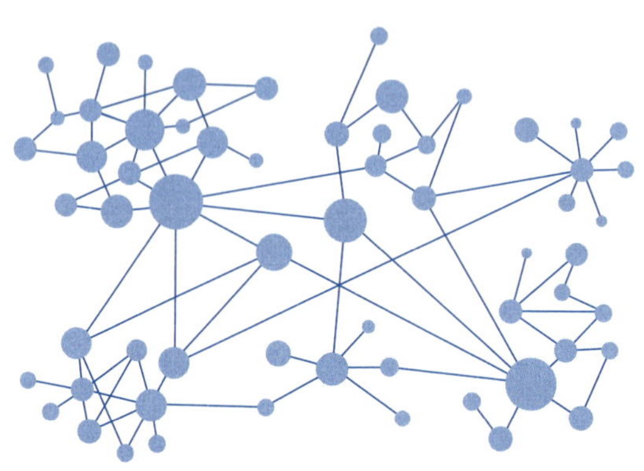

图 4-7 聚焦

具有较高聚集度（“聚集系数”大）的网络可以具有非常强大的网络效应，随着网络的增长，其价值呈指数增长。具有高聚集系数的网络在增长的同时，其价值将呈指数增长；而聚集系数低的网络，其价值将以较慢的速度增长。尽管并非所有的网络都同样容易形成聚集，但还是有一些策略可以提高你在网络中的聚集系数。

（6）临界值

网络的临界值是指在某个点上，网络产生的价值超过产品本身的价值以及竞争产品的价值。根据网络类型的不同，其临界点可能会出现在不同的时间（见图 4–8）。

例如，像电话这样的实物网络很快就达到了临界值。美国电话电报公司（AT&T）董事长早在 1908 年就指出：“没有与电话线另一端连接的电话甚至连玩具或科学仪器都算不上，是世界上最没用的东西之一。”因为一部没有任何连接的电话是没有价值的，一个电话网络即使只有两个用户，其价值也超过了产品本身的内在价值。

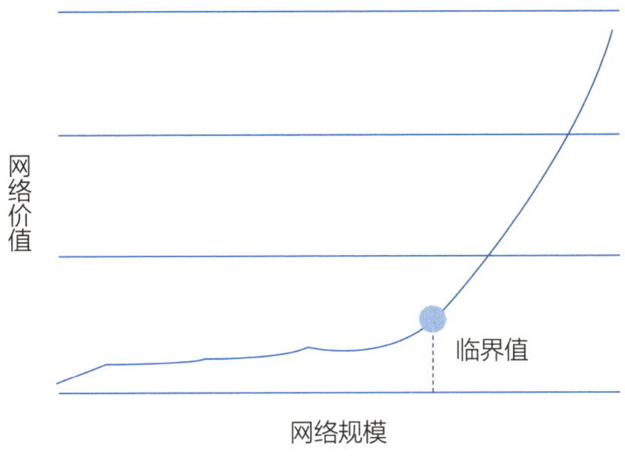

图 4-8　网络临界值

对比 Windows 或 iOS 等平台网络，即使平台上没有任何程序或应用，Windows 操作系统本身的价值也相当高。只有在用户和开发人员发展到相当大的规模之后，所有第三方应用的价值，加上其与其他用户互通的价值，才超过微软应用本身的价值（对用户而言）。

大多数具有网络效应的产品最终必须达到临界值，以便充分利用其网络效应所提供的防御能力（护城河）。在网络规模达到临界值之前，产品仍然非常脆弱，可能对用户没有太大的价值。对于这类产品，创业者通常需要提供足够的初始价值，以激励早期采用者在网络效应产生之前就愿意使用该产品。

（7）网络定律

多年来，各种网络先驱都试图模拟出网络的增长是如何提升其价值的。换句话说，他们试图描述网络效应的力量。随着时间的推移，每一条新发现的定律都表明，网络的价值和网络增长的力量在过去被严重低估了。

与经过科学证明的定律不同，这些定律如图 4-9 不是真正的定律。它们只是简单的数学概念，描述了不同类型的网络之间的关系以及这些网络的价值。它们之所以被称为定律，是因为听起来很有权威性。

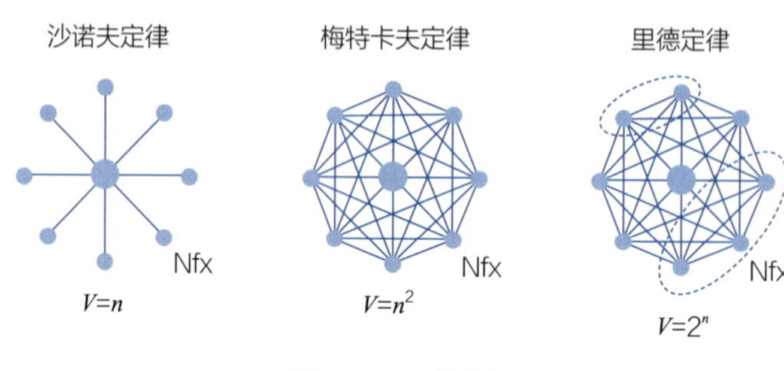

图 4-9 网络定律

沙诺夫定律

大卫·沙诺夫（David Sarnoff）是广播和电视时代的巨头，他从 1919 年到 1970 年一直领导着美国广播公司。在那些年，美国广播公司是世界上最大的网络之一。沙诺夫观察到，他的网络的价值似乎与网络的规模成正比（其中 n 是网络上的用户总数）。

事实证明，沙诺夫对网络价值的描述尽管对通过几个中心节点向众多边缘节点（广播或电视观众）广播的网络是准确的，但他最终低估了某些类型的网络。

梅特卡夫定律

罗伯特·梅特卡夫（Robert Metcalfe）是以太网标准的发明者之一，他在 20 世纪 80 年代认为，通信网络的价值与网络上用户数量的平方成正比（$v=k \cdot n^2$ 其中 n 是网络上的用户总数）。

梅特卡夫定律似乎成立，因为网络上节点之间的链接数量在数学上以 n 的平方的速率增加。虽然它最初是用来描述以太网、传真或电话网络等通信网络的，但随着互联网的出现，它已经发展到可以用来描述社交网络和在线交易平台。

里德定律

里德定律由麻省理工学院的大卫·里德（David Reed）于 1999 年发表。

虽然里德承认“很多种类的价值增长与网络规模成正比”，而且有些价值的增长与网络规模的平方成正比，但他认为可以形成聚集的“群组生成网络”比其他网络能更快地提升价值。

根据里德的说法，群组生成网络的价值以 2^n 的速率增加，其中 n 是网络上节点的总数。

里德之所以提出 2^n 公式而不是 n^2 公式，是因为“支持轻松群组通信”的网络内可能的群组数量远大于 1，因此网络中的连接的总数（网络密度）不仅仅是节点总数的函数（n^2），实际上，它是节点总数加上可能的子群组或集群总数的函数，随着网络中用户数量的增加，这个总数会以更快的速度增长。

由于大多数在线网络允许群组的形成，它们可能会至少在某种程度上满足里德定律的描述，并且价值提升的速度比梅特卡夫定律或沙诺夫定律描述的要快得多。

四、网络效应不是病毒式传播

很多创业者经常将网络效应与病毒式传播混淆，有时还会与市场赢家通吃等相近的概念混为一谈。虽然这些内容通常是实现网络效应所必需的，但它们只是网络效应外围的特征。

（1）病毒式传播与网络效应有何不同

病毒式传播与网络效应都与快速增长的理念有关，但是这两个概念有一个重要的区别：

- 随着用户基础的增长，当客户变得更有价值时，网络效应就会出现；
- 病毒式传播是衡量产品或服务通过口碑传播的速度。

网络效应是由客户满意度和忠诚度驱动的，而病毒式传播依赖激励措施和推荐方式来鼓励人们与同事、朋友和家人分享产品或服务。

举个例子：一款在线日程预约工具非常好用，可以帮助用户节省安排或修改会议的大量时间。在这款 APP 普及使用之前，早期用户会给自己的客户、朋友和社交圈子里的人推荐，形成很好的口碑传播。

当一个新用户使用这款工具时，会议预约对这个用户来说变得更容易。但是它对当前的用户的体验有什么帮助吗？实际上并没有。当前用户只是充当了宣传大使。第一批采用者非常投入，他们花时间给他们的朋友解释为什么他们也应该使用这款工具。这是很好的病毒式传播，有助于更快地实现产品与市场的契合。

但是这个工具不存在网络效应。竞争对手的服务已经取得了一些成功，尽管没有理由停止使用这款工具，但转向另一款类似工具并不困难，相对而言离开元宇宙或微信，而使用它们的竞争对手产品就要困难很多。

（2）案例分析：多宝箱（Dropbox）和推荐营销

网络存储服务多宝箱的联合创始人德鲁·休斯顿（Drew Houston）被公认为是多宝箱成功背后的营销奇才。从 2008 年 9 月到 2010 年 1 月，短短 1 年多，多宝箱的注册用户从 10 万增长到惊人的 400 万。

多宝箱是受益于网络效应吗？

根据休斯顿的说法，这主要是由于“口碑和病毒”。仅推荐计划就占了多宝箱每日注册人数的 35%。

推荐计划非常简单，借鉴了贝宝（PayPal）的剧本。多宝箱的推荐人和被推荐人都会获得存储空间，而不是像贝宝的推荐计划那样能直接赚钱。它允许推荐人在多宝箱上上传更多的文档，也提供足够的空间让新用户测试使用。这种所谓的双边激励计划并不新鲜，但是多宝箱将它带到了一个全新的高度：

- 执行特定任务的客户会得到更多的存储空间；

- 他们最初可以推荐多达 32 个朋友；
- 用户可以很容易地监控自己获得了多少免费空间的奖励。

这个过程操作起来毫不费力，用户可以快速方便地发送推荐，没有任何阻碍。它鼓励更多的人利用这个推荐系统，从而增加了多宝箱的用户基数。

但是，这里存在网络效应吗？虽然更多的用户可能有助于降低多宝箱的带宽成本（这是规模效应所产生的边际成本递减），但用户体验并不一定会随着新用户的增加而改善。事实上，额外用户带来的任何成本节省，都属于多宝箱可以留存的利润潜力，而不是与用户分享。

（3）案例分析：脸书（已更名为元宇宙）的网络效应

每一款社交网络都依赖于网络效应：每一次有新用户加入，都会让其他所有人的体验变得更好（除非新用户的表现很糟糕）。推特、照片墙、微博、微信都呈现出相同情形。新用户为一部分人增加了内容和商业机会，为所有人增加了社交机会。

当元宇宙网站在哈佛大学之外上线时，以及之后在校园之外上线时，它采用了两种策略通过病毒式传播来实现用户的有机增长。

第一，让当前用户更容易通过电子邮件邀请朋友。元宇宙的研究表明，平均每个人会在收到朋友发来的 7 封邀请邮件后注册。扎克伯格的团队痴迷地关注并消除了用户邀请朋友过程中可能存在任何不便之处。

第二，元宇宙还试图说服其他学校的校园用户搬到元宇宙。为了做到这一点，他们在目标校园周边的学校（耶鲁、普林斯顿、斯坦福）部署服务，并让这些周边学校的学生邀请目标校园的朋友进行注册。

一旦病毒机器变得高效，元宇宙就开启了网络效应。为了理解它们是如何运作的，我们需要区分支撑病毒式传播和网络效应的核心动机，甚至信仰体系。

（4）效用与社区

病毒依赖于实用性，或者经济学中的“效用”。如果一个平台提供了满足用户需求的有用服务，他们就更有可能积极参与其中，并与他人分享。例如，如果一个平台提供的服务让人们的生活更方便，比如找到附近的餐馆或在家订餐，那么人们就会乐于使用，并推荐他们的朋友加入。

通过给用户一个与他人分享平台的理由，效用有助于创造病毒式传播，从而带来新用户并鼓励当前用户保持活跃度。

另一方面，网络效应依赖于人类的核心特征，比如好奇心、分享创意和害怕错过。它们与我们的社会结构息息相关，我们希望自己的朋友和家人使用与我们相同的平台，这样彼此就可以保持联系，成为同一个社区的一员。当试图创造有效的网络效应时，理解这些动机至关重要。

元宇宙是如何鼓励这种社区意识的呢?

首先，它允许用户在照片和事件中标记其他用户，推动平台上的共享和用户有机增长的增长。

其次，也许更重要的是，元宇宙鼓励用户创建社区团体和网页，帮助他们找到来自世界各地的朋友和志同道合的人，并建立超越地理界限的关系。

实质上，通过利用其商业模式各个方面的网络效应，元宇宙已经成为社交媒体的全球领导者，在全球范围内拥有 20 亿月活跃用户。

第六节　硬科技公司如何扩大规模?

硬科技公司的产品一旦获得一定的市场认可，公司就会开始考虑如何扩大规模，之后在技术上的专注就会变少，转而更多地关注如何解决客户的问题。

一、深度挖掘

硬科技代表了科技进步的新时代，继移动应用和云计算之后，成为从根本上改变科技角色的一个主要趋势。硬科技涉及的领域广泛，包括生物技术、量子计算、半导体、新能源、航天科技、人工智能、机器人等。

硬科技创新植根于突破性的科学研究，使它们能够解决超出常规创业公司范围的巨大全球性挑战。但是，除了广泛应用和解决问题的潜力，科学驱动的创业公司的不同之处还在于将创新从实验室转化为商业化产品所需的更长时间和专业资源。

硬科技公司能带来新的基础技术，这类技术有可能从根本上改变一个行业甚至世界的运作方式。硬科技创业公司在技术和工程方面的挑战非常大，急需的人才通常需要拥有非常具体的知识和经验。

在运营的过程中，有些硬科技公司会彻底转型并改变方向。比如有些硬科技创业公司在建立可规模化的 SaaS 平台之前，只是向一些实验室销售产品，而平台模式可以彻底改变一家公司的状况。

作为创业者，你最好是知道哪些东西卖不出去，并进行相应的调整。

二、远大的抱负

最大的一些硬科技公司实现了规模化发展，获得了超过几十亿、数百亿元的估值。对于硬科技公司的创始人来说，要想在非常细分的业务领域里打造一家成功的公司，他们必须拥有极大的激情，甚至近乎痴迷。一家硬科技公司的规模化之旅是漫长而艰难的，要经历多个阶段，面临着独特的挑战。

为了从实验室进展到原型产品，硬科技创业公司需要在非常早期的阶段就获得投资和其他方面的支持。但通常情况下，缺少已经开发出且经过验证的原型，公司就很难获得大额投资，这让很多创业者陷入了进退两难的境地。

有了资金支持，有前景的创意可以转化为商业化机会，带来快速增长，但给予处于研发阶段的创新机会和资金支持，则需要投资人拥有巨大的信心，否则他们通常会要求创业者为处于测试阶段的产品提供拥有市场空间的确凿证据。很多处于早期阶段的硬科技创业公司需要各种来源的支持：学术界、政府、专业投资人和大企业等。

三、回归根本

由于研发的时间周期延长，硬科技公司收集关键客户反馈和产品验证可能需要更长的时间，而敏捷的互联网 /SaaS 创业公司则可以在一个周末内完成基于云服务的最小可行产品（MVP）。

过去，所有公司都像硬科技公司一样，必须首先制造出一些东西，然后卖给别人，除非有客户购买，否则公司就不会存在。而在硬科技领域，创业者可能要花长达三年的时间去打造一款闪亮的机器，然后才有机会把它放在真正的客户面前，他们会告诉你这是不是他们想要的东西。

大多数创业者都是边做边学——他们并不是天生就拥有这种知识，销售是一项苦差事。知识共享对所有创业者来说都至关重要，尤其是对那些刚从研究岗位上下来、又不熟悉商业的创始人来说更是如此。

在新冠疫情期间，线上交流活动是一个重要的学习来源。在一些活动中，有的创始人可能曾经尝试过另一位创业者计划实施的路线，并从中学到重要的经验教训，他们知道什么可行、什么不可行。这种简短的对话可以使创业者建立信心，甚至可能节省几个月的开发时间。

四、知识产权清晰

硬科技公司需要资本、优秀的管理人才和市场机会来扩大自身的规模。

创立一家硬科技公司，必须存在一种需求，以及一种满足这种需求的技术，对以前的东西进行真正的飞跃式改进。对于硬科技公司及其创始人来说，准确识别和提炼市场情况及规模化的机会可能是一个挑战。

很多顶尖的硬科技公司从大学的加速器、实验室分拆出来，有些加速器通过为这些项目提供指导、研发设施、应用机会，并推荐投资人，以换取少量股权。分拆公司通常会通过协议约定，使用大学开发的知识产权。而知识产权商业化的问题在于，研究价值与商业价值并不总是一致的。从大学加速器或实验室分拆出来的公司，努力将研究驱动的产品和服务连贯地转化为可靠的商业机会，有些投资人会在这些公司申请拨款资助阶段就给予支持。

确保有一个明确的约定，指明谁有权拥有知识产权、知识产权战略是什么（还包括它将如何被利用），以及技术路线图是什么。大学可能已经投入了昂贵的基础设施，这是件好事，但必须在开始之前就知道谁拥有什么，创始团队中关于知识产权和所有权的争论只会减慢事情的发展进程。

由科学家创立的硬科技公司在成长过程中也会遇到文化挑战。很多公司拥有很高比例的博士，从开发产品到拥有销售引擎的转变可能是一个巨大的文化变革。由于加入了关键绩效指标（KPI）和目标与关键成果法（OKR）之类的考核手段，它变成了一种更加公司化的环境，这是人们没有预料到的。建立正确的文化，让人才得到回报、激励、参与和快乐，是这个过程中最困难的部分。

五、招聘人才

招聘是硬科技公司规模化发展过程中的一个特别棘手的问题，尤其是那些在市场规模较小的细分领域中的硬科技公司，比如航天科技。卫星工程是一项稀有技能，找到有这种经验或兴趣并乐于加入创业公司的人就更难了。

创始人要“招聘聪明人”来填补他们自身能力的缺口。硬科技创业公司的创始人在他们自己的领域拥有专业知识，但粒子物理学博士学位不一定能转化为销售或法律专业知识。一家优秀的创业公司会在其目标市场招聘一名销售或营销副总裁，以弥补其自身弱点并扩大职能范围。

寻求专业人才的硬科技公司可以与高等教育机构合作，从它们的吸引力中受益。例如，有一家硬科技公司很难招聘到一名计算机视觉研究员，但在它与知名大学建立了合作伙伴关系之后，有 50 名申请人前来竞争这个岗位。

六、资金充足

外部投资对于硬科技公司的规模化至关重要——无论是资本还是投资人带来的人脉和专业知识。与其他类型的创业公司相比，硬科技公司的风险状况完全不同，随着公司的发展，这种情况将发生显著变化。实际上，这意味着创始人必须不断调整他们的推介内容和主张。

规模化发展的主要障碍是获得投资，对于任何硬科技创业公司的领导者来说，在规模化发展的过渡期间实现正确的平衡很重要。创业公司在旅程开始时所需要的冒险态度与向投资人保证技术的可持续所需的态度截然不同。

对于风险投资人来说，一家可以投资的硬科技公司，很重要的品质是其拥有一支能力卓越的团队，而能力由“驱动力、毅力、创造力及智力水平”

定义；另外市场增长机会的大小也很重要。

大多数硬科技公司都会失败，原因通常是无法实现产品市场匹配（PMF）、投资不足（或过度投资）以及未能执行销售和营销计划。为了平衡风险，投资人寻找的公司都是瞄准“百亿、千亿元”的市场，任何一笔这样的投资产生的回报都有可能超过整只基金的规模，以弥补其在失败公司上进行投资的损失。时机可能是成功的关键因素。

硬科技是目前的新事物，创业公司的部分挑战和乐趣是试图准确（而不是过早）预测一些事物何时能获得商业成功。

第五章

团队

打造合适的团队和合适的基因，是一家初创公司，或者坦率地说，是所有公司所面临的巨大挑战之一。

初创公司为什么会失败？很多创业失败后的创业者会说：“团队不合适。”

找不到产品市场契合的初创公司将会创业失败，这通常是初创公司创业失败的最重要原因；而第二个原因是团队，或者更确切地说，是创始人首席执行官缺乏做出艰难决定的能力。

第一节　初创公司的基因

在启动创业之初，这将是一段艰辛之旅，如果实现了产品市场契合，那么你就走在正确的道路上；如果没有实现，你就会失败。在创业之初，还有一个同样重要的决定要做：决定公司的基因。一旦你定义了公司要解决的问题和使命，接着就应该定义公司的基因。

世界上所有的公司都有自己的基因，即一种商业文化或一套价值观，所有公司都可以由基因来定义，你的公司也会。在创业的第一天，你有一个独特的机会来定义你喜欢的做事方式。之后，再来定义就有点晚了。

公司的基因必须有一部分包含价值观（比如不作恶）。偶尔，价值观会与使命相关联，但并不总是如此。

如果几位创始人之间存在冲突或分歧，而且是在对你很重要、并且永远重要的事情上（永远不变的价值观），你会如何决定？最终，你可以通过两种方式解决冲突：要么由首席执行官决定，要么在创始人内部投票。二者没有对错之分，但你只能预先约定，不能在冲突发生时再决定。

一旦确定了这些，你就会让这些事成为向投资人和未来团队成员讲述故事的一部分，即使他们嘲笑你或者他们对此不在乎。虽然投资人可能认为这不重要，但这对你和你公司的成功而言非常重要。

一、组建创始团队

寻找联合创始人的挑战性非常高，在大多数情况下，创业者应该去找那些以前与自己共事过或认识的人。

关键问题不是选择谁，而是谁会选择你。显然，如果你是一位连续创业者，并带领不同的公司走向成功，情况就会非常不同。这个时候，会有许多人追随你，你可以在更大的池子里选择。

但如果这是你的第一次创业，你已经有了一个很好的创意，发现了一个想要去解决的问题，那么你要寻找那些跟你一样想要解决这个问题的创业者。请考虑以下几点：

- 互补性——有三名技术人员很好，但你仍需要拥有其他能力的人来平衡团队。如果你的创始团队由三名销售人员组成，情况也是如此。
- 不能太自我——很明显，公司的使命比个人更重要，每个人都必须接受首席执行官的领导（最终决定）。
- 清晰的计划——每个人都应该很清楚在接下来的 90 天及以后该干什么。因此，由一位首席执行官、一位首席运营官和一位总裁构成的初创公司不是一个好的开始。
- 利益（使命）和承诺的一致性——如果有人因为白天有其他工作而在此兼职，而且这种情况会持续很长时间，那这是行不通的。

这里分享几个故事，为读者提供一些其他的视角。

在一家初创公司里，有两位创始人，一位持有 95% 的股权，另一位持有 5%。一开始，这两个人都很开心，但是随着时间的推移，当他们意识到这不是一种合理的股权结构时，双方之间产生了很大的不信任，最终以分开告终，这家公司也随之宣告失败。

选择在一开始就完全均分股权，或者至少两人持有的股份在同一数量级上，不会最终造成这种局面。

在另一家初创公司里，有三位创始人。在创业早期，他们似乎都支持首席执行官，但是后来我得知，他们从一开始就不信任他。过了一段时间，他们声称再也不相信首席执行官的领导力。实际上，其他创始人都是非常自我的，而首席执行官则是其中唯一放弃自我的人。

那家创业公司最终也没有成功。

二、解雇创始团队

组建创始团队可能很难，当你跟多位创始人一起启动创业之旅时，通常不知道在信念、冒险或毅力等方面彼此是否保持一致。如果你们最终发现彼此在这些方面的想法是一致的，感觉会很棒；但如果不一致，则可能是一个噩梦，因为现在你们之中存在一位或多位不合适的创始人。

你可能想说，这不会发生在你身上，或者你信任自己的联合创始人，所以你永远不会与联合创始人分开，但在初创公司中，有一半以上都经历过创始人因各种原因离开的情况。

初创公司内部没有人会告诉首席执行官，他应该解雇一名创始人。大家可能对此什么都不说，但是，如果你是那名不合适的联合创始人，而你的首席执行官却什么都不做，那么你就比团队中任何其他成员的问题都更严重。

反过来也一样。如果初创公司中的首席执行官不合适，而其他创始人对此无动于衷，那就更糟了。

那么，当你需要与一名创始人分道扬镳的时候，你该怎么做？很简单：把讨论分成三个部分。

- 股权：假设有一份股份成熟（Vesting）时间表；
- 法律：公司章程有什么约定；
- 高管职位：我们能有一位“非执行创始人”吗？

股权是首要问题。如果有股份成熟时间表，一旦创始人离职，那么他的股份成熟期（通常是 3~4 年）将会停止，这对即将离开的创始人来说是一个重大的财务打击。

与此同时，实施股份成熟期的安排是为了补偿那些在整个创业旅程中承担艰苦工作的人，而不是那些早期就离开的人。

会建议创业公司的创始人制定一份更短期而不是更长时间的股份成熟时间表。创始人在最初几年离开公司的可能性很高，如果他们离开，希望你能拥有足够的股份回到股份池中，以便在需要时引入新的高管。

法律部分很简单：你完全按照公司章程、创始人协议或投资协议中约定的去做就可以了。

随着时间的推移，我看到的一个替代解决方案，就是设立一个非执行职位。如果其中一位创始人在某些领域很有价值，但在办公室里却对公司发展造成了损害，那就在办公室之外为这位创始人安排一个非执行职位。你可能仍然希望听到他的观点，甚至希望这位创始人出席董事会会议。

这看起来像是一个神奇的解决方案：我可以留住创始人，但要与之保持距离。当然，如果这位创始人觉得他的自尊心受到了伤害，这可能会引发一些问题，以后你们可能会完全分开。

总结一下：

- 如果一名创始人打算离开（不管是你还是另一位联合创始人），你应该站在留下来的创始人的角度考虑问题，这样有助于正确地考虑形势。
- 创始人首席执行官通常希望股份成熟期更长一些。
- 你必须考虑公司的未来，而不是过去。缺少了那名创始人，公司的未来会更好。

站在留下来的创始人的角度，考虑在创始人协议中加入什么内容时，需要记住四个关键要素：

- 较长的股份成熟期；
- 决定分开的流程；
- 多人否决机制（也就是说，没有一个人可以阻止事态向前推进）；
- 对任何离开的合伙人采取宽容的态度。

三、解雇员工

对于创业公司来说，快速解雇比招聘更重要。

尽管我们通常自认为是好人，想避免解雇别人，因为这可能会对那些被解雇的人造成伤害，但早期的员工是打造一家初创公司合适基因的基础。如果公司基因的一部分出现问题，那么快速解雇那个不合适的人就是公司继续健康发展的关键。相比之下，把那个人留得更久则是一场灾难。

如果你想让自己的创业公司从目前的位置过渡到一个更好的位置，哪种方式的效果更好：是招聘一名卓越或优秀的人，还是解雇一个不应该留在公司的人？

我们知道，表现最好的员工创造的价值是员工平均水平的三倍，甚至可能是排名最低员工的十倍。所以，假设只有一个选择，你会怎么做?

记住，如果有人不应该留在公司，所有其他人都是心知肚明的。这就是为什么解雇一个人比招聘另一名优秀的员工更有影响力。因为每个人都知道，如果你解雇了那个人，他们对公司及领导层的信任就会增加，因此对公司的承诺也会增加，结果就是每个人都会表现得更好。

在有些情况下，我听到有人担心："如果我搞错了呢？如果我解雇了这个人，而公司的其他人对此不满意怎么办？"

其实，如果有人不合适在公司里工作，你作为领导通常是最后一个知道的人，因此，如果你解雇他，公司内部的人实际上会更开心。

但是，如果你不相信这个观点，去找其他人（特别是普通员工，但也包括经理），问一个非常简单的问题："如果那个人离开，从一级到十级，你的遗憾程度如何？"或者提出一个开放式问题："如果有个人要离开，谁离开会让你感到遗憾？如果某人不再是公司的一员，你会不会想念他？"

在大多数情况下，当你需要做决定时，你会知道哪个人是目标，但你仍需要确认。你的团队成员会给你提供你需要的信息。

四、解雇谁?

解雇至关重要，快速解雇更为重要，但是你如何知道该解雇谁呢？你如何知道谁不应该继续留在这家组织之中?

很简单：你去询问大家的意见。没有什么比跟你同事交流更有效或更有预见性的了。他们最清楚是否想让某人待在他们的团队中，他们比任何人都更了解情况，知道某人的表现、受欢迎程度，以及此人是否可以信任。

来自同事的反馈是你最有力的工具。但如果你询问同事们关于某人或某事的看法，有一点要记住：你必须把他们说的话当回事。如果他们告诉你，某人不应该留下来，那就应该启动这个人的解雇流程，否则，他们就不会再信任你，你的优秀员工会选择更快离开。

这里有一些问题，可以用来判断哪些是你的优秀员工，哪些员工不应该留下来：

- 如果有一个新的团队正在组建，而你要加入这个团队，你希望谁能一起加入？你想让谁来领导这个团队？
- 如果有一个这样的团队正在创建，并由你来领导，你不会让谁加入？
- 如果你晋升到一个更高的职位，你的继任者问你："有没有人不应该留在这里？"你的答案是什么？

还有一个追加问题，如果你要对应该留下来的人选和"淘汰"人选进行了排序，请问问你的团队：

- "如果 X 离开（X 是一位关键人物），你会有多难过（从 1 到 10 分）？"

然后，增加另一个关键人物的名字，随后再增加一两名处于名单底部的人选。如果你想更聚焦，可以使用 0 或 1 的评分方式。如果你想问一个不涉及名字的开放式问题，那就问：

- "如果有人要离开，会让你感到最遗憾的人是谁？"或"如果有人要离开，你不会太在意的人是谁？"

就这样问几个问题，你就知道公司的状况了。

挑战很简单，但是如果你问了这些问题，就必须相应地采取行动。所以，如果你认为某人是一名顶级人才，而事实证明他为人处事很差，大家都不想跟他一起工作，他窃取了别人的荣誉、不承认别人的努力，那么你将别无选择，只能解雇那个人。

这种方法虽然是最有效的，但并没有得到广泛应用。原因很简单。如果你向员工提问了，那你就必须按照他们的看法和提出的行动方案去执行，也就是说，你要有相应的行动，否则，你会失去信誉和领导力。而这对于一些组织的领导者来说太难了，所以他们宁愿不向员工提问。

记住，如果你让那些不该留在那里的人离开，那些优秀的人就迟早会离开。一家优秀的公司和一家普通公司的区别在于，前者会让那些不应该留下来的人离开，以此来达到目标。

向员工询问他们同事的情况，这种做法并不局限于底层员工。你也可以询问高层管理人员。所以，如果很多人开始说某人没有做好工作，那么你应该开始问这样的问题：为什么这个人没有做好工作？

五、招聘

招聘分为三个部分：何时招聘、招聘谁、如何招聘。

（1）何时招聘

很多公司都会出现招聘太早的情况。比如说，在公司实现产品市场契合之前，你招聘一名销售人员。你想让他做什么？销售不成熟的产品吗？

最有可能的情况是，他会努力将产品销售出去以获得成功，但你最终会让客户感到不满意。当你招聘到合适的人选时就会这样。否则，他无法将产品销售出去，这将影响你的产品市场契合，主要是因为无法实现销售将会被视为是产品需求的问题。

招聘的最佳时机，是你知道新员工在接下来的 90 天里能做什么的时候。你能为这名新员工确定业绩目标或可交付成果吗？如果你不确定，问问其他人的观点，比如顾问，或者其他公司的首席执行官。

（2）招聘谁

一旦你确定自己确实需要招聘，那么在早期阶段就找多面手，在后期阶段就找专家。在这两种情况下，你要寻找的员工，都是不需要你告诉他们该做什么的人。你需要告诉他们的是，你正在努力实现什么，他们的目标是什么，或者不要做什么。你希望招聘一个能够实现公司预期结果的人，同时，一个能匹配公司基因的人。

潜在的招聘人选，有好的、坏的和龌龊的。

好的：他们可以在理解目标的基础上搞清楚自己应该做什么。其他人都认为他们很优秀，如果他们的上司打算离开，你可以把他们视为潜在的继任者。

坏的：爱作秀和受害妄想症类型的人会从组织中榨取能量，而不是帮助组织发展。第三种“坏”的类型是标新立异、麻烦制造者。这些人很难被一家公司所接受，即使他们可能会创造巨大的价值。

龌龊的：其他团队成员不愿意跟他们一起工作。

（3）如何招聘

相亲的时候，你只需一秒就能决定你是否喜欢这个相亲对象。对于要招聘的候选人来说，同样如此。建立第一印象只需要几秒，然后招聘经理要做的就是寻求确认。

虽然大多数公司会进行多轮面试，但其实有一种更好的方法。如果你最终会在某人试用期期满之后寻求同事们的反馈，那么为什么不在招聘之前就先寻求反馈呢?

你可以面试候选人的推荐人，而不是面试候选人。甚至更好的做法是，向你可以信任的人寻求帮助，这个人也许是公司里以前与候选人一起工作过或对候选人非常了解的人。

针对潜在员工的面试，最大的挑战是你的精神状态。你正在为一个特定的职位招聘，所以你有一个任务要完成，那就是招到合适的人选。

在一个以求职者为中心的市场中，你会跟很多其他公司竞争，自然的趋势是，一旦你根据第一印象找到了喜欢的求职者，就会开始向他过度推销职位和公司。作为一名招聘经理，所有“完成招聘”的压力都会反映在你身上。所以，你的第一印象会存在偏见。

而如果这是一个以雇主为中心的市场，实际上你的每个职位都有很多候选人，但结果是一样的——你想“完成招聘”，所以你不想浪费时间去见那么多无关紧要的候选人。

优秀的领导者会招聘他们认为比自己优秀的人。普通的领导者则不会，他们害怕招聘比自己更聪明或更好的人，结果是他们打造的是平均水平的团队，甚至低于平均水平，然后这种做法植入了公司的基因。因此，这家组织会因此变得平庸，并注定要失败。

平均水平的团队吸引的人会低于平均水平，无法吸引优秀的人。团队成员的水平体现了领导者的素质。

强大而优秀的团队会产生卓越的领导者，反之亦然。

六、首席执行官

在融资时，至少在早期阶段，我们已经建立了这样一种观点：只有当投资人喜欢该公司的首席执行官和他讲述的故事时，他才会把钱投入这家公司。在后期阶段，投资人会通过执行力和结果的交付来评估首席执行官。因此，我们主要关注首席执行官的两种能力：讲故事的能力（销售能力）和执行能力。

一位优秀的首席执行官要具备以下素质：

- 永不放弃；
- 团队追随；
- 倾听公司客户的意见；
- 不怕做出艰难决定；
- 能够打造强大的团队；

- 能准确向董事会汇报。

首席执行官的行业经验不是其核心素质，甚至有时候缺少行业经验还有一些好处。如果一个人已经在这个行业工作了几十年，那么你将很难改变他的视角，但是行业之外的人还没有形成固有观点，可能处于一个更好的位置去颠覆行业现状。

由于大多数艰难的决定最终都将由首席执行官做出，因而首席执行官可能会非常孤独。他可能无法与投资人探讨（如果你告诉投资人你与首席技术官之间存在问题，他们可能会非常恐慌），也无法与团队探讨（团队成员也可能会恐慌）。那么谁是首席执行官值得信赖的顾问呢？很简单，其他公司的首席执行官。他们的观点是你能寻求的最好的观点，他们会全心全意地帮你。你也可能有一位导师，但没有什么能比得上其他首席执行官的支持和建议。

七、对经理进行培训

员工加入一家公司，是因为他们看重某个职位和薪酬待遇等条件。他们往往不知道自己的经理是什么样的人，至少不太清楚。大多数情况下，他们不会去做尽职调查。

但是，大多数员工离职就是因为他们的经理。也许经理不欣赏他们，没有意识到他们的贡献，或者会把自己手下员工的工作荣誉据为己有。如果是这样的话，那还有一线改变的希望。你可以通过培训经理的方式来打造合适的企业基因，或者在关键员工离职后替换掉他的经理。

培训要从对公司整体重要的事情开始，你要确保公司的所有领导都可以利用这种理解来相应地管理各自的员工。

当员工离职时，会产生多米诺骨牌效应。突然之间，一名受人尊敬的高素质团队成员要走了。一个月后，另一个人也离开了。看起来每个人都在逃离！

这不是因为他们找到了新的机会，而是因为现有的机会没有满足员工的期望。这种态度可以概括为："我喜欢自己正在做的事情、我的头衔、我的使命、我的薪酬，但是我不喜欢这个地方！"

如果公司的一位经理表现不好，那就换掉他，培训其他人！这适用于所有层次的管理团队。请一位管理教练或举办一系列研讨会，只需要设定预期，这样可能不会帮助到某位特殊的经理，但可以帮助到所有其余的经理。

当然，培训不仅仅针对经理，培训对新员工来说也很重要。在某些方面，培训甚至比招聘更重要，其挑战性在于两个方面。

你招聘了一个人，并期望他开始提供价值，但是他还不了解公司。因此，前一至三个月是投入培训的时期，以抵消招聘经理对他们将会立即带来价值的（不切实际的）期望。

一到三个月之后，如果新员工仍缺乏相关知识，你作为经理可能会认为他不应该留在这里。虽然我通常主张快速解雇，但在这种情况下，这可能是个错误的决定。这可能是员工既缺乏培训的表现，因此这可能意味着经理才是需要被解雇的人。

公司需要确保自己的培训随时可用。如果你要在一年内将你的初创公司从 50 人发展到 200 人，作为首席执行官，你不需要面试所有的候选人。一旦你的员工超过 100 人，你甚至可能会认不全所有的团队成员。

作为首席执行官，这对你来说可能是一个挑战，但对其他人来说，这是一个更大的挑战。5 人团队可能会在短时间内变成 20 人团队。可以应对管理 1 个人或者 2 个人团队的经理，可能不会立刻就擅长管理 20 人的团队。

最大的挑战是维持公司的基因。

第二节　成功创业者的素质

有的创业者是专才，有的是全才。所谓专才，就是在你要创业的方向有独一无二的能力，比如说大疆无人机的创始人是个专才；全才型的创业者，是在某个行业市场浸润得很深，比如说做网页游戏的人对网游、手游、页游都了如指掌，对行业的各种潜规则都很清楚。

这两种类型的创业者哪种更好？一个参考建议：如果这个行业很成熟，创业者最好是全才；如果一个行业刚刚开始萌生，创业者最好是专才。最后能成功的创业者，往往具备以下方面的特征：

一、使命感

使命感，就是觉得有一件事情非做不可，好像你就是为这件事情而生的一样。真正优秀的创业者，一定是勇于创新的。比如现在已经上市的科大讯飞股份有限公司，该公司的创始人是位博士，他当时就拿着一张纸，跟投资人讲得眉飞色舞、口吐莲花，告诉投资人这个事情非做不可，然后就找到了投资人。这位创始人是一位非常了不起的企业家、创新家，他的语音识别、语音合成技术在中国处于领先地位，而且跟世界上一些知名大公司是可以正面竞争的。后来投资人讲，他当时其实并没有完全听懂创始人在说什么、要干什么，但是看对方讲得眉飞色舞，好像要是不做这件事，他就一辈子都吃不好、睡不好。这种使命感和强烈的要做成这件事的意愿，最终打动了投资人。

二、责任感

责任感是一种外在的东西，就是你能不能扮演好自己的角色。创业者的一个重要素质，就是要把该做的事情做好、做细致。

公司是实际控制人在管理和经营，不是你。一个没有责任感的创业者，真的会把公司带入深渊，这样的案例比比皆是。创业者用使命感、真诚去感动投资人是对的，但如果对方是那种拍胸脯拍得山响、张嘴就承诺、说话很随意的人，你就要小心了。如果创业者讲话太轻松、太随意，对一些事情答应得太痛快，一般就特别值得怀疑。

三、创业经验

从统计规律来讲，99% 的人第一次创业都是失败的，很少有人第一次就创业成功。一位初次创业者，除非是天降大任于斯人，否则别人会犯的错误他可能都会犯。

国内的商学院，鼓励学生先到大公司去锻炼，之后再出来创业。这样即便创业遇到困难，他也会通过积累的经验和资源在一定程度上去化解这个难题。反之，如果他没有经验，遇到事就慌张，甚至连补救的机会都没有。

但是，我觉得创业经验太多了也不好。所谓连续创业者，做一家公司一两年就卖掉，再做一家公司一两年再卖掉，这样的人也很可怕。最好的创业者，是多少有一些创业经验，有过在大公司工作的阅历，有一些行业资源和人脉。完全没在大公司工作的人很可怕，但只有大公司工作经验、从来没有在创业公司待过、没有创业伙伴的人也很可怕。

四、专业与积累

有些创业者善于学习和积累，即便没在大公司工作过，如果其逻辑能力很强，也能学习和了解相关的知识。除了自己公司的事以外，眼睛天天盯着国内外的大公司和创业动态，关注并分析业界优秀大公司的进展。虽然没有在大公司工作的经验，但是他通过对大公司的关注、了解，以及跟同行的不断交流也掌握了相关知识，相信在公司进入规模化发展时，他也能胜任自己的工作。

五、声望

创业者到市场中去寻求融资，或者寻求商业合作，很大程度上跟他的商业声望有关系。如果他或者他的公司有很好的口碑，那么公司获取资源的能力就会强很多的，包括招聘到合适的人才也会相对容易。

六、专业知识

公司的创始人，如果完全对法律、财务、管理这些专业知识没有了解，会很麻烦。如果你拿了投资人的钱，有了外部股东，你就要对管理和财务的合规性有很好地理解。如果一家公司只关注如何赚钱，但在法律上留下风险、财务不规范、管理上用人不当、不能有效利用资源，那么这家公司也是走不远的。

创业者不见得一定要是各个方面的专家，尤其是在创业早期，甚至如果创业者是真正的法律专家、财务专家、管理专家反倒未必好。小公司的发展靠什么？靠一招鲜，吃遍天。小公司有了独特的能力，大家就会追着你跑。

七、靠谱

靠谱是指言而有信，有一种信托责任。比如一位公司的首席执行官，对股东、董事会应该承担信托责任，这种责任不见得写到书面上，也不见得有约定的具体数据。作为一名好的创业者，他应该对员工、投资人、供应商、政府等公司利益相关方都有一种责任感和托付感，做事情会比较用心，会扮演好自己该扮演的角色。

现在有相当多的人，设立公司的目的不是为了从市场赚钱，而是为了从投资人那里融资，让投资人看到的都是表面漂亮，其实一塌糊涂的关键运营指标，做所谓的“为风投做产品”模式，这种公司有时候挺可怕的。

八、专注

创业者需要专注，尤其是在创业早期。我认识一位创业者，他喜欢喝茶、玩越野车、登山、喝酒，还喜欢炒房地产、炒股票……就这样三心二意的人，你怎么能放心给他投资呢?

九、善于学习和交流

创业者还要善于学习、善于交流，善于跟别人沟通。有些人不善于学习，思想特别僵化，他讲的时候，你用心听；你讲的时候，他不太用心听，不善于从各方面的高人那里学东西。学习能力能够让一个人的职业生涯、事业生涯拉长。创业的不同阶段，需要创业者具备不同的素质，没有一种素质是永适的。一个人从早期创业，到中期快速成长，到后来的多元化，再到国际化，可以全程来领导公司的创业者并不多见。

小公司的创始人往往都很厉害，几乎无所不能。大公司的老板好像什么都不会，但他的首席执行官是行业专家，首席财务官是财务专家，他的一帮副总裁个个都是能人。

十、控制力

有一些创业者要么兴高采烈，要么沮丧万分，情绪过于浓烈、敏感，这都不是好事。创业者有时候需要麻木一点、专注一点、皮糙肉厚一点，专心做事就好。很多好事是等出来的，是咬牙坚持出来的。因为创业有低潮期，低潮的时候你肯不肯断臂续命，维持微弱的火种做下去，这是很重要的抉择。一旦市场成熟了，用户培育好了，技术对接好了，公司就能发展起来了。创业者能不能在心情不好的时候，还能以工作来消化自己的不良情绪，这很重要。

十一、花钱的态度

如果创业者特别喜欢花钱，把自己全身都用名牌武装好了，这样的人真没心思好好干活。有些优秀的创业者，他就一门心思扑在工作上，其他事都无所谓。一说起自己的事业就眉飞色舞，对别的事情则视若无睹，吃山珍海味跟吃一个快餐盒饭没有多大区别。

如果一个创业者太在意个人的生活、形象、气质……把这些东西看得太重了反而不是好事。

十二、三人成行

创业的时候，最好是两三个人一起干，各自负责一块，但其中一定要有一个人是最终决策人。如果一家公司只有一位创始人，而且这个人也比较独断，他的管理团队没有参与核心决策，也没有在股份上体现出一定的重要性，那么这家公司也不太容易取得成功。

第三节　科学家创业

最近几年，在“国产取代”和“解决卡脖子”问题的大背景下，硬科技创业成为创业领域的主流。科研院所、高校的科学家、教授成为创投圈炙手可热的人物，很多投资人都去围堵科学家和教授。

我陆陆续续跟不少有科学家背景的创业者交流过，也经常跟一些科研背景浓厚的创始人打交道。我的一个感悟是，科研和产业是“两张皮”，科学家和创业者需要不同的素养。科学家，是要在一个细分领域内围绕一个问题不断追求真理；创业者，是要在市场中面对众多利益相关方不断协调。科研精神似乎与创业精神互斥，能够兼得并成功的属实寥寥无几。

所以从国内 A 股成功上市的科学家创业公司看，以及从中国科学院、清华大学、北京理工大学、北京航空航天大学等拥有创业传统的科研院所、高校看，创业成功的研究员、教授们要么天生具备科学家和创业者的双重素养，要么依靠后天不断地历练和培养，被社会吊打无数次之后才最终“淬火成金”。

一、科学家创业的常见模式

在当前的科学家创业的项目中，常见模式是以下这样的。

一位科学家，基于其在某个技术方向的多年研究，积累了深厚的技术成果（不一定达到产业化程度），成立一家技术公司。

在人员构成上，由科学家牵头并担任董事长，有时也兼任首席执行官，有些公司的首席执行官可能是教授带的某个博士（往往这位博士的商业经验不足，也是刚出茅庐），研发团队基本也都是由教授的学生组成，或者再加上几位产业人士。

在股权结构上，一般都是科学家控股，或者是第一大股东，然后博士首席执行官占 10% 左右的股份。设一个股权池，将其他人的股权放入股权池里，正常的话，还会有 10%~15% 的股份是给学校或研究所的，后者拥有相应比例的科技成果股份。

在日常工作上，一般的经营和研究工作都是由博士首席执行官牵头，科学家挂帅，从技术上进行指导，整合一些教授的产学研资源，拉一些政府或者社会课题，先养着团队，用学校或研究所现成的实验室资源进行前期的研究工作。

二、科学家创业的优势与问题

科学家创业有以下一些特征，尽管不是全部的实现，但也属于比较普遍的现象。

第一，技术优势。能做到科学家，尤其是知名高校或科研院所强势专业的科学家，他基本上在某方面的研究和技术已经达到了国内甚至国际先进水平了。同时科学家还因为指导博士继续研究以及跟进同一方向的交流，还能持续推动技术的进步。

第二，现成的实验室资源优势。很少有科学家创业不利用现成的实验室资源的。一般来说，这些前沿技术的实验设备都造价高昂，创业公司很难负担得起。使用实验室现成的设备仪器，对于节省成本支出来说，确实十分有价值。

第三，相对廉价的劳动力资源。科学家带领在读博士去研究这个创业方向的课题是再自然不过的事情，这么多博士、硕士帮着去做研究，成本还较为低廉，必然能为公司省去大量成本。

第四，获得项目的优势。有些院校和研究所在某个细分领域是有极强的品牌效应的，以院校或研究所的名义去争取项目，再以公司的身份去签合同，比以一家创业公司的名义去争取项目要容易得多。尤其当争取的项目是一些研究性项目，对象是国有企业、政府等时，以院校或研究所名义去争取项目就更容易了。

第五，获取信息的优势。一般来说，科学家作为业内权威，受到很多业内公司的认可和尊崇，极容易获得更多前沿的技术和市场信息，业内公司也更愿意与其交流和探讨。

但科学家创业同样也面临着大量的问题。

第一，研究思维和商业思维是两种完全不一样的思维方式。

在专业人士看来，做学术研究，追求的是将一个很细分前沿问题，做到国内最先进、国际最先进的水平，是探究理论的可行性，而无须考虑用户、成本、市场需求等问题。而商业思维则是要求在有限的资金、时间、人力、物质条件下，针对市场的需求，寻找一种更先进、更高效、更低成本、更易接受的解决方案。

简单来说，学术研究考虑的是学术的先进性，商业研发考虑的是产品市场的适配性。学术研究更纯粹，限制条件更少；而商业研发需要受到各种现实条件的制约。

正因为这两种思维的不同，我们会看到在一些科学家创业的过程中，他们会十分在意追求技术的先进性，会在很细微的事情上投入大量时间和精力去研究，沉浸到细节中去。然而其实客户并不需要那么先进的技术，也并不在意科学家所关注的细节，而是你能不能以更低成本、更高效地解决我的问题。

第二，从实验室产品到交付客户的产品路径还很长很长。

一款产品在实验室做出来进行测试，到能批量生产，还有一个巨大的鸿沟。实验室产品是在理想条件下做出来的，大概率是科学家亲自下场实践，然而到批量生产，就是工人下场操作了，且实验室环境和工厂环境的复杂度完全不一样，在实验室做一个产品出来，理论上是可以了，但工厂产品，你要考虑批量生产的质量稳定性、优良率等。实验室产品不用考虑成本，但批量生产还得考虑成本问题。

这只是一方面，另一方面，从批量生产到交付客户，又是一个巨大的鸿沟。如果是复杂产品，又如果该产品是客户某个生产过程中的一环，那么你的产品是否能适用于客户生产流程，是否能与客户其他设备协同对接，是否能匹配好，这来来回回的修改和调整又是一个漫长的过程。一般来说，一个产品从实验室产品到客户使用满意，少则需要半年时间，长则需要两三年时间来打磨。

所以，从科学家的产品在实验室做出来、各项参数的测试都十分满意，到产品在客户那里用起来，还有很长的一段路要走。这里面要经历规模生产的折磨，要经过寻找种子客户的大海捞针似的搜寻，还要跟客户反复沟通与磨合，这个过程可能需要一两年的时间。

第三，很多科学家往往都自视甚高，难以听进意见。

科学家们长期以来都是天之骄子，一路顺利，在学校、在社会中，都是被人尊重、捧着的对象，对学生也基本都是一言九鼎、不容置疑的状态。长此以往，在学术上的成功所带来的别人的尊重，会让教授们形成强大的自我认同感，很难看到自己的短处，不容他人质疑自己的意见，也很难听取别人的意见。

尤其当创业团队都是自己带的学生时，公司成员更不敢对科学家提出反对意见，反而是对科学家的话唯命是从，使得整个公司都是科学家一个人在指挥，难以形成各抒己见、各管一块的局面。

第四，很多科学家都没有市场拓展思维，商业拓展能力严重不足。

科学家教授们往往花更多时间在学术研究、技术研发上，其在商业化方面的欠缺，一方面体现在商业化意识不足，一方面体现在商业化能力不够。如何去抓用户需求，如何去开拓客户资源，如何将用户需求抽象成产品解决方案，如何建立销售体系，如何去跟客户谈合作，如何谈返点谈分佣等，都是他们不擅长的。一个人如果商业化意识不足，说实话很难去补；商业化能力不够，至少还可以通过好的团队去补足。

第五，科学家创业基本不会破釜沉舟，他们的选择多，后路也多。

科学家在创业时，一般还继续兼任着学校的老师、研究院的课题组长，甚至还承担着国家的研究课题，兼任着某某公司的顾问。这些身份优势和福利往往会让科学家难以放弃，很难做到全职创业。

第六，科学家创业公司的股权结构不合理。

如前所述，由于科学家的权威性，团队成员有很多都是其下属或学生，所以造成基本上控股股东是教授，而具体干活的人获得的股份却很少。

在当前很多由科学家领衔的创新项目中，科学家一般拥有 50%~60% 的股份，首席执行官拥有 10% 左右的股份，还有其他一些核心人员拥有两三个点的股份，高校院所还可以拥有 15% 左右的股份。具体干活的是首席执行官和核心团队，科学家只是在公司成立前期出技术、出资源。

一方面，一家公司从成立到上市，坦白说前期的技术已经越来越不重要了，而后期产品、市场、融资、管理缺一不可，技术在早期阶段的重要性可能占到 50% 左右，到后面可能也就占 10% 左右，但是回过头来看，市场、产品这么重要，团队成员的股份却只有两三个点，他们心里能乐意吗?

另一方面，即使是首席执行官，如果他最开始拥有 10% 左右的股份，几轮融资之后，他可能就只有几个点的股份了，然而每天忙上忙下的是首席执行官，殚精竭虑的是首席执行官，承担风险最大的还是首席执行官，但获得最大收益的却不是他。

不患寡而患不均，这个时候团队成员心里的不平衡自然就会日渐积累，当积累到一定程度，就成了公司的内部矛盾。

三、科学家的降维与升维

从一名科学家、教授级的科研人员，转变成合格的创业者、企业家，既需要降维，又需要升维。

所谓降维，就是降低对高新技术的执念。

能产业化的技术并不一定是前沿的高新技术，前沿的高新技术也并不一定适合产业化，所以科技成果转化，转化的并不一定是高新技术。

高校或科研院所教授做的很多研究，很多都非常不接地气。

从商业角度来看，论文不等于产业化，论文上的突破也不代表产业突破。

科研领域肯定需要奇思妙想，奇思妙想一旦成功，哪怕只有万分之一的概率，也可能会改变世界。但这不等于所有的奇思妙想都能带来产业突破，喧嚣过后，大部分也都渐渐隐入烟尘。

所以看看那些真正成功的科学家创业项目，最终落地并商业化的技术，并不都是什么前沿的高新技术，反倒是那些能把技术产品化、工程化的项目，才是成功率最大的项目。

投资圈也有个误区，所谓的“投科学家”，实际大家瞄准的都是高精尖的前沿技术。资本圈有一种信仰，认为金钱能够大大促进科技的进程。在这种过度乐观预期的加持下，很多还处在理论阶段、论文阶段，甚至实验室阶段的项目，都充斥着资金的泡沫，距离最终的产业化还很遥远。这样的投法，投的也只能是情怀，而非收益。

所以回到科学家创业层面，如果一个科学家真的想创业，他拿出来的一定得是能够产品化、工程化的技术，而不是那些看上去热门、引领潮流，却过于超前与实际市场需求脱节的成果。

所谓升维，就是提升自己的商业化格局。

商业化格局其实是大部分教授创业项目欠缺的，我在前几期的“科技创业营”课程里一直说，有科研背景的创始人大多缺少“大局观”，这种大局观并不是指的为人处世上的格局，而是对市场、产业、趋势认知上的大局观。

科学家们大多囿于自己研究的那一亩三分地，“两耳不闻窗外事，一心只读圣贤书”是科研的精神，但是放在商业上就不合适了。

科研生活是极纯粹的生活，可一旦一只脚踏入商海，就不是攻克某个技术难题那么简单了，要面面俱到，什么因素都要考虑到。这其实也不难，按照经典的波特五力分析模型（见图 5-1），把影响业务的因素逐一剖析，知己知彼，方能掌握行业的脉搏。

多问自己几个问题，市场规模有多大、下游需求在哪里、议价能力强不强、竞争对手怎么样、产业趋势明确了没有……

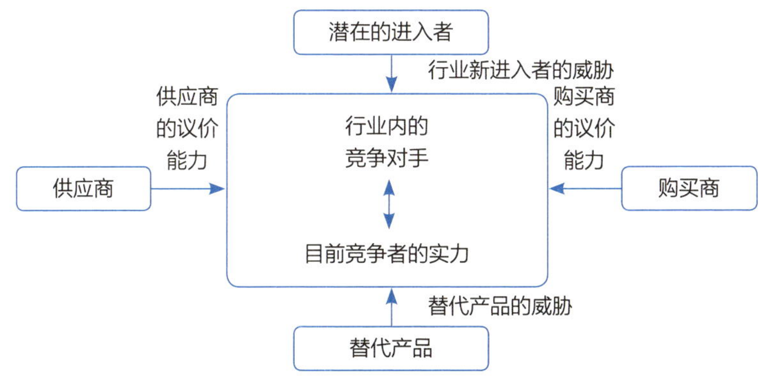

图 5-1　波特五力分析模型

商业化格局的另一个体现，就是创业团队的搭建，也是目前很多“投科学家”的机构最关注的点。

很多资历很深的科学家，在象牙塔里待久了，自己的秉性已经很难改变，如果强掰过来，可能会适得其反。

如果科学家自己的性格和能力不适合担任首席执行官，那就只能让渡部分利益，让合适的市场化人才来担此重任。从经验看，科学家的学生、同学、亲戚朋友可能是比较适合的人选，因为他们有天然的沟通基础和信任基础。

有些大学的教授对这个事情的态度就很豁达：“我就是搞科研的，经商那一套我也不懂。我就做好技术支撑工作，商业上的事情让擅长的人做就好了。”

这也是一种格局。

第四节 团队股权激励

股权激励是指公司以本公司股权、股份为标的，对其员工进行的长期性激励。由此可见，类似年终奖、绩效奖励之类的现金和实物激励，虽然也有激励属性，但并不应该归到股权激励的范畴。

在对员工进行长期性激励方面，股权激励的意义重大，只有员工持有公司股权、成为公司的股东了，一荣俱荣一损俱损，才会真正意义上和公司利益绑定到一起。

要真正达到股权激励的目的，所有的股权激励都面临一个问题，需要设立科学的考核目标。绩效考核指标因公司而异、因岗位而异，一般融合了公司整体业绩和个人业绩。

对于上市公司，常见的股权激励方式主要有限制性股票、股票期权两种，证监会有相应完善的规章制度约束；而对于未上市的公司，股权激励方式就更加灵活和随性了，特别是对于有限责任公司，股权一般由创始人决定，有很大的随意性。

一般来说，常见的股权激励类型有以下几种。

一、干股

所谓干股，就是不出钱但占有股份的情况。

干股其实属于一个非正式的称谓，也不属于法律法规认可的正规术语，早些年很流行，经常说某某在公司里占干股，但随着《中华人民共和国公司法》的逐步完善，现在基本很少用了。

在实际操作中，如果要实现与干股类似的效果，有几种方式：一种是纯粹的认缴不实缴，但在新《中华人民共和国公司法》下，实缴出资期限又重新有了要求（5 年缴足），在一定程度上让之前不出钱占干股的情况实现起来有一定的麻烦；另一种是通过评估无形资产（知识产权等），将其作为出资，但无形资产的评估也有很大的可操纵空间；还有一种是通过超低价格受让部分股权，或者并不实际发生真实的股权转让款。

二、股权转让

大股东将自己持有的部分股权，一般是 10%~20%，以较低的价格转让给创始团队。转让价格一般为 0 元、按照实缴注册资本价格、按照净资产价格等，总而言之，要远低于公司引入外部投资人的估值价格。

如果在股权激励前，还存在其他的小股东，这种激励方式对于大股东会稍显不公平。因为在这种情况下，用来作为激励的股权，只稀释了大股东的股权比例，对小股东并没有影响。

因此，这种“股权转让”（见图 5-2）的股权激励方式，常见于大股东完全控制或者绝对控制的公司中。

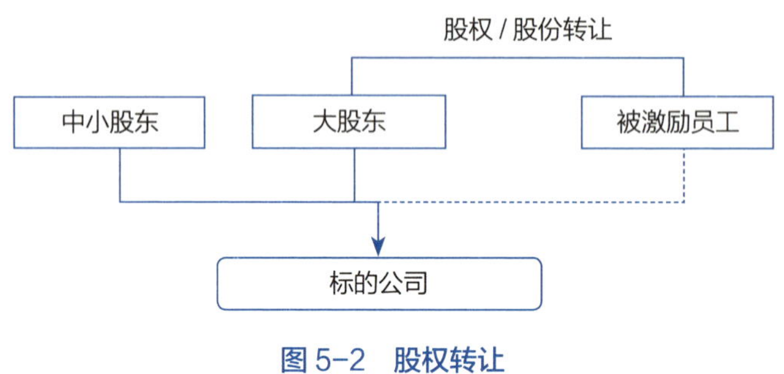

图 5-2　股权转让

三、增资扩股

增资是指公司以增加注册资本的方式，引入新的股东。

公司增资后，注册资本增加，新股东持有部分股权，老股东的股权按比例被稀释，因此这是一种较为公平的股权激励方式。

被激励的公司员工可以按照较低的价格，通过增资的形式，获得公司的股权。

同时，增资扩股（见图 5-3）也是风险投资机构对公司进行投资的一种主要方式。

投资协议中一般会做如下描述：“本协议各方一致同意，投资方向标的公司增资 1 000 万元，其中 200 万元作为注册资本，800 万元计入资本公积，投资完成后，投资方持有标的公司 10% 的股权。”

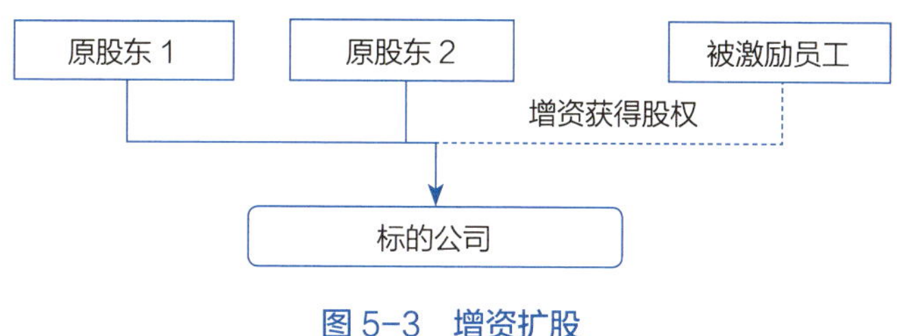

图 5-3 增资扩股

四、期权

股票期权是指公司授予激励对象在未来一定期限内以预先确定的条件购买公司一定数量股份的权利。

期权是一项权利，即在一定条件下按照一定价格购买公司股份的权利，在股权激励中，期权的授予一般是免费的。

那么，激励是如何实现的呢？

比如，员工获得“在 1 年后按照 10 元价格购买公司股份”的权利，如果 1 年后公司股价涨到 15 元，那么员工就有 5 元的收益（差价），当然，如果股价跌到 10 元以下，员工放弃行权就好了，也不会有任何损失。

对于上市公司来说，期权的行权价格有一定限制，根据《上市公司股权激励管理办法》第二十九条，“（期权）行权价格原则上不得低于下列价格较高者：（一）股权激励计划草案公布前 1 个交易日的公司股票交易均价；（二）股权激励计划草案公布前 20 个交易日、60 个交易日或者 120 个交易日的公司股票交易均价之一。”

下面我们看一个例子：

根据汤臣倍健（300146），2019 年股票期权激励计划（草案），本激励计划拟向激励对象授予 2 600 万份股票期权，其股票来源为公司向激励对象定向发行的公司 A 股普通股。在满足行权条件的情况下，激励对象获授的每一份股票期权拥有在其行权期内以行权价格购买 1 股公司股票的权利。本激励计划首次授予的激励对象为在公司或公司子公司任职的中 / 高层管理人员、核心技术（业务）人员，共计 45 人，每一份股票期权的行权价格为 19.80 元。首次授予的股票期权自授予之日起满 24 个月后可以开始行权，行权条件之一为以 2018 年营业收入为基数，2020 年营业收入增长率不低于 45%。

案例中涉及了期权数量、行权价格、行权条件、行权期限等。

五、限制性股票

限制性股票是指激励对象按照股权激励计划规定的条件，获得的转让等部分权利受到限制的本公司股份。

限制性股票中所谓的“限制”，是指股权的权利受到限制，一般对于上市公司来说，属于二级市场交易限制，在限制性股份解除限售之前，不能在二级市场出售。

与期权的免费授予不同，限制性股票在授予时，被激励人是需要付出成本的，根据《上市公司股权激励管理办法》第二十三条，“（限制性股票）授予价格原则上不得低于下列价格较高者：（一）股权激励计划草案公布前 1 个交易日的公司股票交易均价的 50%；（二）股权激励计划草案公布前 20 个交易日、60 个交易日或者 120 个交易日的公司股票交易均价之一的 50%”。

当然，被激励对象真金白银掏了钱，万一股票大跌，那岂不是赔了？这样也就失去了股权激励的意义了。一般来说，如果股票价格低于授予价格，上市公司会考虑回购被激励对象持有的限制性股票，以保证公司员工的利益不受损害。

下面我们再来看一个例子：

本激励计划采取的激励形式为限制性股票，股票来源为公司向激励对象定向发行的本公司人民币 A 股普通股股票，数量为 200 万股，授予的激励对象共计 93 人，包括公司公告本激励计划时在公司任职的董事、高级管理人员、核心技术及业务人员。本激励计划授予激励对象限制性股票的授予价格为 20.93 元 / 股，从授予日起满 12 个月后分四期解除限售。解除限售安排及业绩考核目标：以 2018 年的营业收入为基数 2019 年的营业收入增长率不低于 30%……

当然，限制性股票的这一激励方式，不仅仅适用于上市公司，对于非上市公司，如果股权激励方案附加一些限制条件，也可以实现与限制性股票类似的效果。比如在股权激励协议中约定，虽然股权转让给被激励人了，但是在未满足特定条件下，被激励人不得转让部分股权，甚至要被收回股权，这也算是一种变相的限制性股票了。

六、虚拟股

所谓虚拟股，是以股份分红权、增值权为代表的权益统称，并不是真正意义上的公司股份，持有虚拟股一般没有公司的所有权、表决权，也不能转让和出售。

虚拟股以华为技术有限公司的员工持股最具代表性。华为技术有限公司因为其全员持股、高比例分红而备受关注（见图 5–4）。

根据工商显示，在华为技术有限公司中，任正非拥有的股权仅为 1.01%，剩余的 98.99% 全部为华为投资控股有限公司工会委员会持有。

华为的员工，在获得内部股权分配后，没有任何凭证，也不会在工商登记中显示，只能通过公司内部的办公系统来查看自己每年增长的持股数量和分红情况。所有员工名义上的持股，都是由华为投资控股有限公司工会委员会代为持有，而且在员工离开企业时，其所持有的虚拟股只能由华为控股的

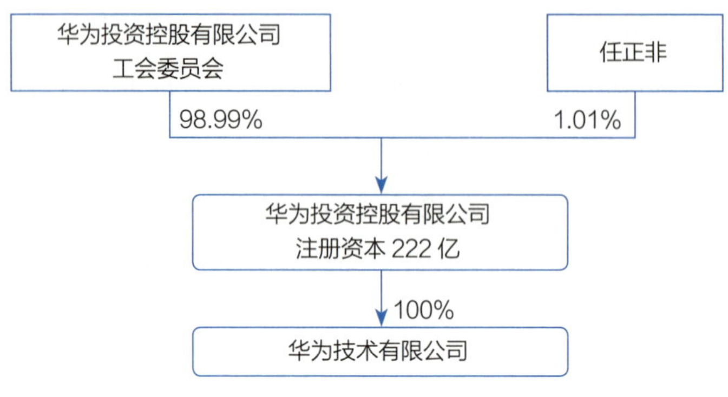

图 5-4　华为技术有限公司股权结构

工会回购。

因此，严格意义上讲，以华为技术有限公司为代表的虚拟股，并不算真正意义上的股权激励，而是一种变相的以股权为载体的奖金发放机制。

针对以上不同种类的股权激励形式，实现股权激励的方式也不尽相同。

1. 个人直接持有

激励的股权，个人持有是最直接的，股权后续的变现和转让也是最灵活的。对于被激励的员工，其权益也是最能得到保障的。

2. 代持

所谓股权代持，也称为隐名持股、名义持股，是指让别人出面代替自己持股，实际出资人（即被代持人）与名义股东（即代持人）以协议约定，由名义股东出面行股东之名，实际出资人享有股东之实，出资义务、股东权利都归实际出资人所有。

代持一直是个比较敏感的话题，敏感的原因有两个：一个是实际决资人的身份可能会敏感，不方便显名，否则也不会采用代持的模式；另一个是代持容易引起法律纠纷，而且在未来的资本运作中会产生实质性障碍。

对于代持的法律效力，目前已经很明晰，代持具有法律效力，根据《最高人民法院关于适用“中华人民共和国公司法”若干问题的规定（三）》，“实际出资人与名义出资人订立合同，约定由实际出资人出资并享有投资权益，以名义出资人为名义股东，人民法院应当认定该合同有效。”

3. 持股平台

持股平台通常被称为“员工持股平台”（见图 5–5），是指以股权激励为主要目的设立的有限合伙企业，员工持股平台虽然作为一个企业，但是一般不会有实际业务，成立的目的就是持股。

在员工持股平台模式下，员工作为有限合伙企业的有限合伙人，间接持有公司的股份，分享公司发展的红利。

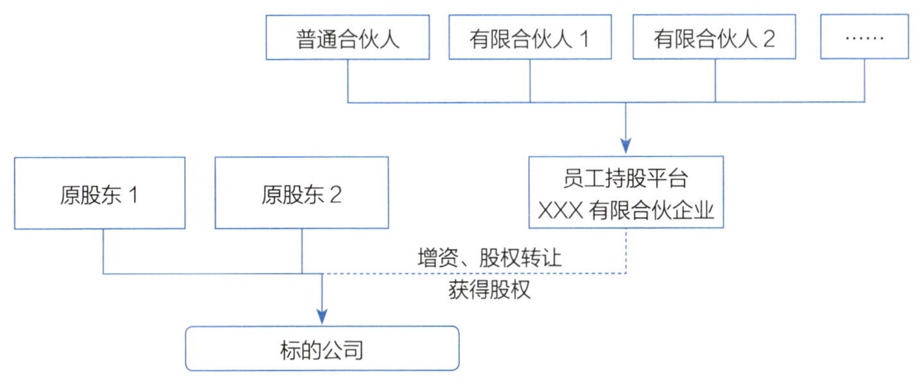

图 5–5　员工持股平台模式

当然，有限合伙企业持有的公司股权的来源，无外乎也是通过股权转让、增资扩股等方式获得的。

这里介绍持股平台，主要想强调一下利用持股平台的方式来进行股权激励的两个关注点：

（1）控制权

作为持股平台的有限合伙企业本身并不是公司，也没有法人实体，是按照《中华人民共和国合伙企业法》成立的实体。对于发起人，有限合伙企业不称其为股东，而叫合伙人。而合伙人又分为普通合伙人、执行事务合伙人和有限合伙人，其中普通合伙人或执行事务合伙人全权执行合伙企业事务，相当于公司的法定代表人。因此，谁担任了普通合伙人或执行事务合伙人，谁就完全控制了整个有限合伙企业。

在实践中，一般会由大股东或者其委派代表担任持股平台的执行事务合伙人，持有 1% 甚至更少的出资，就可以掌控整个员工持股平台。这样做公司既不损失话语权，又能够保证员工激励的目的，大股东也乐见其成。

（2）权益保障

股权激励有一个很实在的目的，就是公司将来能够上市，持股人能够套现退出，最终实现财务自由。

但是，通过员工持股平台持有公司的股份，也因此少了很多灵活性。员工要套现退出，在有限合伙协议里叫退伙，除非有限合伙协议中明确约定了退伙的具体权利和方式，否则有限合伙企业作为一个整体，员工想套现退出是很难的，毕竟与个人股东的来去自由相比，多了一层持股平台的制约。

4. 可变利益实体架构下的持股

赴美上市的企业，比如百度、新浪等，基本都是采用可变利益实体结构（见图 5–6）上市的，以境外特殊目的公司为上市主体。

涉及境外，资金流动一直都严格受限，要想保证境内员工参与境外公司的股权激励，那就涉及员工资金的流出流入问题，这属于国家外汇管理局的管辖范围。

如果股权激励涉及的是境外已经上市的公司，早在 2012 年 3 月，国家外汇管理局就发布了《国家外汇管理局关于境内个人参与境外上市公司股权激励计划外汇管理有关问题的通知》（汇发〔2012〕7 号），规定“个人可以其个人外汇储蓄账户中自有外汇或人民币等境内合法资金参与股权激励计划。”

如果股权激励涉及的是境外非上市的公司，国家外汇管理局于 2014 年 7 月 14 日发布了《国家外汇管理局关于境内居民通过特殊目的公司境外投融资及返程投资外汇管理有关问题的通知》(汇发〔2014〕37 号，简称“37 号文”)。“非上市特殊目的公司以本企业股权或期权等为标的，对其直接或间接控制的境内企业的董事、监事、高级管理人员及其他与公司具有雇佣或劳动关系的员工进行权益激励的，相关境内居民个人可到外汇局申请办理特殊目的公司外汇登记手续。”

当然，境外股权激励的形式跟国内大同小异，无非也是股权、期权、收益权等形式，一般会在境外设立一个员工期权激励计划（ESOP，Employee Share Option Plan），类似于之前提到的员工持股平台，来作为股权激励的载体。

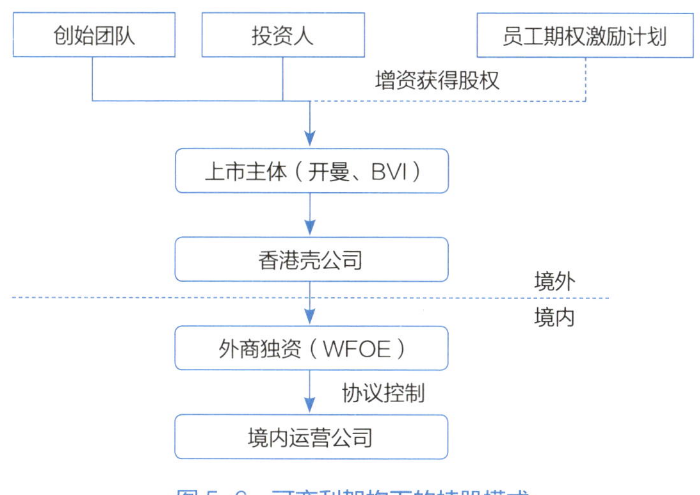

图 5-6　可变利架构下的持股模式

第五节　创始人应该给发多少工资?

如果你是一家创业公司的创始人首席执行官，你应该给自己发多少钱的工资？

在创业非常早期阶段，创始人的工资不是问题。因为你在打造自己的产品时，可能还在别的地方上班。或者，如果你是全职创业，可以依靠自己的积蓄或配偶来支付日常开销。公司没有收入，你们几位创始人也没有工资。

一旦公司获得了第一笔外部投资，一切就都改了。突然之间，你需要权衡什么对你最有利，什么对公司最有利，以及你需要怎么做来维持这两者的平衡。

创始人的薪酬中，很大一部分是由股权构成，在风险投资人看来，这比现金的高工资更符合他们的长期目标。知名风险投资人彼得·泰尔（Peter Thiel）曾说过一句流传很广的话："首席执行官的工资越低，公司越有可能成功。"他还表示，他们的"创始人基金"（Founders Fund）不会投资任何给首席执行官提供超过 15 万美元年薪的初创公司。最近针对 11 000 多家初创公司的薪酬数据调查显示，硅谷 75% 的创始人表示，他们每年给自己的薪酬不到 7.5 万美元，甚至 66% 的创始人的年薪低于 5 万美元。

简单来说，创始人应该给自己定一个低于市场水平的工资，原因如下。

一、早期的资金更昂贵

在公司创立的早期阶段，获得现金是很昂贵的。你需要出让大量的股权（通常是 20%~40% 的优先股），并控制好资金的使用。因此，你的支出越低，可维持公司发展的时间就越长，对你（作为主要股东）和公司越好。

二、你的工资为公司定下基调

随着公司的发展，你需要吸引更多的人才。作为一家年轻的公司，你将很难仅仅通过工资来吸引人才。这就是为什么你想要打动潜在的优秀人才，必须依靠你的梦想和愿景以及你有信心让他们可以在以后通过股权的方式获得真正可观的报酬。如果你给自己支付更高的工资，那打动他们就更难了——如果你自己都不相信未来股权的可观收益，他们又怎么会信呢?

三、投资人会远离创始人拿高薪的公司

在风险投资圈，支持泰尔对创始人薪酬观点的人并不少见。当投资人决定投资哪家公司时，他们寻找的创始人，是那些有强烈动机去创建一家优秀公司的人，并且公司具备收益丰厚的退出战略。虽然投资人不希望创始人受到个人财务困境的影响，但他们也担心享受高额工资的创始人可能没有足够的动力去努力实现收益丰厚的退出。

此外，创始人的工资相对较低，也是在向投资人表明，创始人对公司未来的成功抱有很高的信心。如果你愿意放弃市场水准的工资，你必须真的相信自己的牺牲会有所回报。

对创业者来说，给自己支付多少工资可能是极具争议的问题之一。有统计数据表明，美国小企业主的平均年收入为 70 300 美元。但是，很多公司的创始人在经营公司的头几年是不拿工资的，而其他人则拿得太多，以至于公司很难扩张业务。无论如何，给自己确定工资确实是一件很复杂的事情。

创始人应该如何给自己支付薪酬，没有固定的公式。创业公司的类型、法律结构和其他因素，都会影响创始人如何为自己的服务和专业技能支付工资。除此之外，每家公司的运营成本也各不相同。

这是很多创始人都没有做好的最重要的一个决策。但是，创始人还是应该给自己一些报酬的。人们必须因工作获得报酬，有些创始人没有这样做，因为他们有一种担心的心态，他们害怕即使已经做好了预算，一切看起来都

很好，但他们也不得不把钱存在公司的银行账户里。不给自己发工资会导致创始人筋疲力尽，所以每月给自己的劳动支付一点钱是很有必要的。

确定拿多少工资确实需要做一些工作，你需要知道你从公司拿到多少钱才能维持生活。你要给自己足够的工资，这样你就能维持公司的发展和自己的生活方式不被改变太多。

第六节　创业公司的股权分配

初创公司的联合创始人，不管是亲戚、同学、朋友、同事，还是因为相同的理念走到一起的陌生人，大家凑在一起把初创团队的班子搭起来。为了远大前程、要抓住稍纵即逝的机会、要成就一番事业、要功成名就……这些令人血脉偾张的理想都没问题，但合伙创业需要遵守规则，需要大家冷静、理性地思考问题。

有很多血淋淋的案例，都描绘出了很多合伙创业的一条“六同”路径：

- 公司创立之前，大家“同心同德”，一腔热血想干一番大事；
- 公司创立之初，大家“同舟共济”，一起经历风雨，各尽其职；
- 公司发展过程中，尽管内部可能会存在一些小的分歧，但只要是遇到外部的竞争或者公司利益受到侵犯的情况，大家会“同仇敌忾”，一致对外；
- 随着公司持续发展，合伙人之间的分工、贡献和利益分配会有所不同，这个时候就会出现“同床异梦”的情况，各自都有自己的小算盘；
- 而一旦联合创始人之间的彼此异议发展成矛盾，并且矛盾发展到不可调和的地步，就演变成“同室操戈”；

- 最后各位合伙人不在乎公司运营了，一门心思要斗个你死我活，落得个“同归于尽”的下场。

从表面上看，“六同”路径是联合创始人之间出现了矛盾，但根源在于他们有一个绕不开、躲不掉、处理不好会散摊子的基本问题：联合创始人之间的股份如何分配？

一、股权分配的失败案例

很多创业团队会把股权按人头平均分配，三个人一起创业就各 33.3%，五个人合伙就各 20%，这样表面上看起来你好、我好、大家好，一团和气，实际上却会让公司处于巨大的潜在风险之中。

我经常警告：这是一种不合适的方式，甚至是错误的方式！

先讲两个我亲历的联合创业故事，如有雷同，纯属巧合；如非巧合，实属太多。

第一个故事：能共苦不能同甘

A、B、C 三个好朋友，探讨了好多次之后，决定一起联合创业：A 有份收入颇丰的稳定工作，是他提出的创意，他负责出技术且出钱最多，但暂时只能兼职参与，占 60% 的股份；B 有一些客户资源，不出资，全职参与，占股 20%；C 很年轻，有在创业公司任高管的经历，有冲劲、有能力，小额出资，占股 20%。虽然现实比预想要艰难，公司经历了各种磨难和不易，但 A、B、C 一直相互扶持和信任。

苦尽甘来，市场在两年后终于迎来了飞速发展期，该公司一下子就占据了有利位置，客户络绎不绝，账上开始有了不错的现金流和利润。A 也开始全职参与进来了，两位天使投资人也参与进来，公司投资前估值 2 000 万，投资人投入500万占股20%。但问题也随之而来，B和C心里都有了自己的想法："凭什么我付出这么多资源，A当初才投那么点钱，就可以拥有这么多的股份？""为什么B只是对接了几个小客户，公司基本都是我在打理，现在市场也是我在开拓，他的股份却和我一样多？"

各种矛盾爆发之后，天使投资人派了一位首席执行官过来主持大局。谁知这位不懂行的外来和尚更是加大了公司的矛盾，导致A回原公司上班去了，B也离开了，投资人于是把公司当作一笔失败的投资搁置一边。C想独自挽回局面，买回其他股东手上的股份，但大家咬着价格不松口，最后公司只剩下一堆搁置在地下室的破旧电脑和几份知识产权证书了。

第二个故事：股份平分好扯皮

A、B、C、D是四个很好的朋友，其中C、D两位在某大型国企从事技术管理方面的工作，即主要是将企业的一些技术需求外包出去实施；A是技术尖端人才，在一家软件公司负责技术；B是做销售的，在一家电子办公系统公司上班。恰逢C和D所在的企业要开发电子办公系统，于是这四个人凑在一起多次研讨后，决定创业开发电子办公系统，先从国企的这单业务开始。

四个人都没有什么创业经验，他们用10万块钱注册公司，钱平均出、股份平均分配，每人占25%。A全职参与，负责技术架构建筑；B全职参与，任公司法人，负责新客户开拓；C和D兼职参与，管理公司账务，业务上先搞定自己企业这单，并负责在技术上给A打下手。

公司一开始就有业务收入，之后C和D又介绍了两个项目，很有机会签约。但问题来了，C和D小富即安，觉得公司赚的钱差不多了，该分红了；而A则认为事业刚起步，广阔天地大有作为，应该招人把新业务签下来；B的市场开拓情况不理想，自己没有拿到什么业务提成，作为创始人的底薪很低，家庭压力很大，也希望要么分红，要么加薪。

经历过猜疑和矛盾之后，作为法人的 B 离开公司重新找了份工作，A 对公司毫无控制力，C 和 D 把持着公司账户。公司业务停滞，分崩离析在即。用 A 的话来说，当初最好的朋友，现在却成了最大的仇人。

这两个真实的案例，共同点就是结局本不应该如此，应该更加圆满才对。而导致这种结局，很大的原因是公司一开始股份的分配有问题。很多问题在刚开始的时候就已经注定了会发生，结局也基本上注定了。其实这样的事不胜枚举，就如同上述第二个案例中的 A 所说的，他身边有很多创业朋友比他还不懂应该怎样做，都认为应该先做事再谈股权分配，所以，很可能 A 吃过的亏，他的那些朋友也会再吃一遍。

二、股权分配的主要原则

（1）关于联合创始人

在考虑股份分配问题之前，要确定谁适合做联合创始人，判断彼此是否拥有共同的愿景，是否能够长期合作，是否能够一起进步，这些问题比股份问题更重要。确定联合创始人是个比较复杂的问题，但如果找到了靠谱的联合创始人，解决股份分配问题相对会简单和轻松，而且出问题的概率也小。

（2）关于控股股东

是一股独大还是平分股份，我认为初创公司在早期还是需要有主要创始人，一切还不明朗的时候需要有一定的“独裁”，也就是需要有单一大股东。虽然几位联合创始人平分股份也有成功的例子，但属于少数现象。

当然，控股股东的主要职责是主导创业公司的决策，而不一定是未来的收益。在收益上，联合创始人之间也可以单独约定分配方式。

（3）关于出资额

出资额是决定股权分配的很重要的一个因素，但绝对不是唯一因素。股权分配问题还需要考虑不同联合创始人的经验、资源、能力、职责等方面不可量化的因素。对于可量化的指标，比如客户、订单、专利等，不要直接折价入股，最好的解决办法是公司签订借款协议。这样的好处是，不会因为开始的技术或者资源支持损害了公司未来发展的利益。

三、股权分配需要考虑的要素

尽管很多创业者也认同平均分配的方式不合适，但当他们真的面临切分自己的股权蛋糕时，却没有一个合适的分配方案。这时候，平均分配可能是唯一能够让大家接受的，而且看起来“公平合理”的方式。

于是，我就开始思考，在创业之初分配股权时应该考虑哪些要素，也开始寻找简便的操作方式。

后来，我找到了。卡内基梅隆大学泰伯商学院创业学副教授弗兰克·戴姆勒（Frank Demmler）曾设计了一个联合创始人“股份分配计算器”，这个计算器并不是特别复杂，其主要功能是提供一种方法，定量衡量决策流程的各种要素，并且看起具备足够的逻辑性和公平性。我在其基础上又做了一定的修订和完善，使这个计算器更加合理，易于理解。

很多创业者之所以在创业之初就犯了一个很大的错误，没有分配好最重要的股权，是因为他们不知道依据什么来分配，于是就凭友情均分，或者拍脑袋随意划分，这样做在公司发展壮大之后，很容易让人觉得不公平。那我们就先来看看，在股权分配时应该考虑哪些要素。

（1）创意、技术来源

投资人很喜欢说一句话：“创意不值钱，执行才是关键”。但如果没有最初的创意，公司就不会诞生，因此，创意当然是有一定基础价值的。尤其是对于科技创新型的创意，比如生物医药、芯片、新材料等硬科技领域，创意可能会表现为“发明专利”“加工工艺”“原料配方”等形式，这时就更具有价值。相对来说，创新型商业模式的创意，价值就会小很多；而复制或抄袭型商业模式的创意，价值几乎为零。

说“一家成功的公司是，1%的灵感加上99%的汗水”也是非常有道理的。

（2）商业计划准备

打造最初的商业计划，是非常困难的一件事，尤其当创业团队成员都是第一次创业时。没有商业计划，创业团队的创意就是天马行空的想法。起草商业计划书是一项比较耗时的工作，要汇集和组织创业团队的所有想法、完善很多空白领域、调研市场状况、协调各种不一致的观点，并最终形成一份可执行的文件，还要不断调整和完善这份文件。这份文件在内容上要能抓住商业核心，讲一个能打动人的故事；在实际用途上，不仅要能说服创业团队成员自己及各自的家人，还要有助于说服投资人、外部顾问及其他能给予公司支持的人。这绝对是一项艰巨的任务，任何做过的人都能证明这一点。

强调一下，商业计划是创业的必须要素，但是执行计划才是真正的价值所在。

（3）经验和能力

创业团队的经验和能力可以分为以下四个方面：

行业经验。创业团队成员在这个行业有多少年的经验，对行业了解程度如何，这些经验能让初创公司少走弯路。

创业经验。拥有创业经验，有助于初创公司应对即将面临的产品、市场、管理等方面的问题和困难。

业务经验。创业团队是否从事过具体的业务，比如技术开发、产品运营、市场推广、一线销售等，还是只有普通的管理经验。

外部资源。是否拥有业内优秀人才资源？是否熟悉产业上下游各环节？

是否有潜在客户资源？这些对于初创公司的成长至关重要。

如果创业团队缺乏以上经验和能力，公司需要更长的时间才能具备商业上的吸引力，并且可能会因此而交一笔不菲的学费；也可能需要为获得这些资源而付费，通常是聘请某个人，并给予一定的股权作为报酬。

（4）全力投入和风险

有一句外国谚语："对于一顿鸡蛋火腿早餐来说，母鸡是参与，而猪却是献身投入。"与此类似，全职参与到公司创建并为公司的发展全力投入的创始人，其价值要远远超过坐在一边当啦啦队长的创始人。另外，对于那些全职加入创业公司的人，他们放弃的可能是一份高薪、稳定、体面的工作，他们的机会成本不可忽视，他们承担的风险不可忽视。那些在高校科研院所上班、偶尔参与公司事务的兼职创始人，他们所投入的精力和承担的风险，与全职创始人的投入是不能相提并论的。

（5）担负的责任

每位创始人在公司负责什么？谁是总负责的首席执行官？谁负责产品开发？谁负责市场推广？如果公司明天账上的现金无法支付员工薪水，谁会熬夜解决这个问题？每个人的责任范围在哪里？每个岗位都很重要，但不同的岗位职责，重要性级别是不同的。

四、各要素的相对重要性

对于每家创业公司来说，这些要素的相对重要性可能与另外一家公司完全不同（见表 5–1）。一家硬科技创业公司会高度依赖"创意"，一家互联网公司可能因为创意而与众不同，而一家餐馆就不太可能特殊到"创意"是最终成功的主要原因。如果我们要按 10 分制来评估创意，那科技公司的创意可能占 8、9 分，而餐馆的创意可能仅占 1、2 分。

类似地，商业计划的相对重要性对不同的公司也各不相同。一家必须对外融资的科技公司需要一份商业计划辅助融资；如果创始人能够提供创业公司的启动资金，那商业计划就相对不那么重要了。

表 5-1　股权分配需要考虑的要素权重

评估要素	权重
创意来源	
商业计划准备	
经验和能力	
全力投入和风险	
担负的责任	

用相同的分析方法可以有效地确定其他要素的权重。不仅可以用 0~10 分来对各个元素做绝对评估，也可以按各要素之间的相互比较，确保彼此的相对权重是合理的。

五、创始人之间的相对贡献

每位创始人可以针对这些要素进行贡献度评估：谁在创意方面贡献大？谁为商业计划做过什么？谁拥有行业关系人脉？谁全职加入了公司？谁接受了融资的重任？谁负责把产品推向市场？

最后汇总每位创始人的得分，其在总分中的比例就是他理论上应该获得的股权比例（见表 5-2）。

表 5-2　创始人相对贡献评估

	创始人 1	创始人 2	创始人 3	创始人 4
创意来源				

续表

	创始人 1	创始人 2	创始人 3	创始人 4
商业计划准备				
经验和能力				
全力投入和风险				
担负的责任				

六、模拟案例

下面模拟一个案例，假设有一家诞生于某研究院的高科技初创公司，创始人团队

4 个人，具体情况如下：

（1）创始人 1：技术发明人，是所在领域公认的学术带头人；

（2）创始人 2：销售负责人，提升公司在商业和行业上的知名度和认知度；

（3）创始人 3：技术人员，曾是创始人 1 的学生和得力助手；

（4）创始人 4：产品负责人，只是恰好出现在正确的时机，对技术或公司现在没有将来也不会有太多贡献。

如果他们都是首次创业，他们可能会每人获得公司 25% 的股份，因为这是“公平”的。

来看看按照创始人股权分配计算的结果。首先，我们评估各种因素的相对重要性及每位创始成员的贡献值，分值 0~10。作为一家高科技创业公司，创意的权重可以确定为 7 分，而商业计划准备相对重要性较低，2 分。创始人 2 暂时担任公司首席执行官，除了他之外，其他人都属于兼职状态。

具体打分情况见表 5–3：

表 5-3　创始人股权分配计算表

	权重	创始人 1	创始人 2	创始人 3	创始人 4
创意来源	7	10	3	3	0
商业计划准备	2	3	8	1	0
经验和能力	5	6	4	6	4
全力投入和风险	7	0	7	0	0
担负的责任	6	0	6	0	0

下一步，我们把每位创始人的价值与权重相乘，得出加权的分数。汇总每位创始人的分数，就能确定相对的百分比（见表 5-4）。最后做整体的审查，看看这些数字是否合情合理，并有针对性地进行调整。

表 5-4　创始人所占股份百分比

	权重	创始人 1	创始人 2	创始人 3	创始人 4	合计
创意来源	7	70	21	21	0	
商业计划准备	2	6	16	2	0	
经验和能力	5	30	20	30	20	
全力投入和风险	7	0	49	0	0	
担负的责任	6	0	36	0	0	
分数合计		106	142	53	20	321
约占比例		33.0%	44.2%	16.5%	6.2%	100%

注：未考虑创始人出资情况。

通过表 5-4，可以初步将四位创始人的股权比例确定为 33.0%、44.2%、16.5%、6.2%。但是，这个比例也不是非常合理。因为对于初创公司来说，有一位绝对控股（67% 以上股权）的核心创始人是非常重要的，至少也要控股 51%，这样有利于决策的有效和快速实施。

（1）用出资来调整股权分配

上述股权分配模式，只考虑了一些人力、智力、资源等方面的要素，还缺少一个很重要的要素：资金。股权分配应该首先分成两个大的部分，一部分按照创始团队的出资比例来分，一部分按照上述各种其他投入要素来分。这两部分的比例可以讨论协商。

如果这两部分股权按照 50% ：50% 的比例来分配，上述四位创始人中，创始人 1 和创始人 2 分别出资 50 万元和 150 万元，那么，最终的股权比例计算见表 5-5：

表 5-5　创始人股权比例计算表

	权重	创始人 1	创始人 2	创始人 3	创始人 4	合计
非资金投入（分值）	50%	106	142	53	20	321
比例		33.02%	44.24%	16.51%	6.23%	100%
资金投入（万元）	50%	50	150	0	0	200
比例		25%	75%	0	0	100%
比例合计约		29.01%	59.62%	8.26%	3.12%	100%

注：已考虑创始人出资情况。

可以看出，如果仅仅根据非资金投资要素的投入情况进行股权分配，可能导致结果虽然相对公平，但不一定合理。如果需要将股权结构调整到相对合理的程度，可以通过创始人之间出资额的差异来实现，让投入更多（包括资金和非资金要素）的人获得公司的控制权。在上面的例子中，创始人 2 通过多出资的方式，获得了公司的控股权。

（2）用期权或股份成熟条款来调整股权分配

如果通过出资的方式，仍然无法将股权结构调整到合理的程度，还可以通过期权的方式来进一步调整。

期权是一种权利，让持有者拥有在规定时间内、按照约定的价格，购买公司约定数额股份的权利。期权有以下四个特点：

- 它是一种购买公司股份的权利，持有者可以实施，也可以不实施，由持有者自己判断实施后是否可以获得利益；
- 购买股份的行为需要在某个时间段内（行权期）完成，否则这个权利会被取消；
- 购买股份的价格（行权价格）会被事先约定，如果是还没有进行风险融资的公司，行权价格一般是一个很低的价格，按照注册资本或公司净资产计算，甚至忽略不计（不考虑税收的因素）；
- 行权时可以购买的股份由全体股东预留出来。

很多创业公司在进行风险融资之前，都没有预留期权。完成风险融资之后，通常会设置一个占公司股权比例 15%~25% 的期权池。这些期权的分配主要按照下面的数额进行分配（见表 5-6）。

表 5-6　A 轮融资后公司给予员工的期权范围

职位	范围（%）
首席执行官	5 ~ 10
首席运营官 / 首席技术官	2 ~ 5
副总裁	1 ~ 2
独立董事	1
总监	0.5 ~ 1.25
资深工程师（超过 5 年）	0.33 ~ 0.66
经理或初级工程师	0.1 - 0.33

这只是 A 轮融资公司给予员工期权的一个大致范围，随着公司接近 B 轮融资、开始赢利或是通过其他方式降低了风险，期权比例会逐渐下降。上述

范围的上限是给予有重大贡献的精英的，公司通常会按照下限执行。

通过给予创始人团队预留期权，根据不同创始人的职责和贡献程度，授予其不同额度的期权，也能调整创始人之间的股权比例。

期权不但需要对创始人、高管、员工进行激励，还需要起到留住他们的作用。这就需要在期权授予时约定成熟的期限。通常授予的期权并不是一次性全部被员工拿走，而是需要3~5年逐步成熟。如果是3年成熟期，一个人干了1年就走了，那他就只能拿走他的期权总额的1/3。

还有一种与期权非常类似的做法，就是所有创始人都拿出同等比例的股份出来做一个“股份池”，将来用于给予首席执行官特殊奖励。一个人能合格担任首席执行官满一定年限，就可以拿到相应的股份。

有一家公司有五位创始人，每人有20%股份，大家股份一样，最后听谁的？怎么解决公司的核心问题？谁都想当领头人，谁都不服别人，怎么办？最终的解决方案：五个人每人拿出5%的股份，就是每个人剩下15%的股份，那么拿出的这25%的股份给谁？给公司的核心领导或者首席执行官，怎么给？设置成熟条件。一个人每在首席执行官岗位上干满一年就能激活成熟条款，拿到5%的股份。如果干得好，继续担任首席执行官，这25%就都是他的，干得不好就只拿条件成熟的部分，剩余的留给后来的首席执行官。这样做的好处是大家都有积极性了，都有动力了。公司有董事会，董事会可以任免首席执行官，干得好还是不好，大家都能看见。

运用“股份分配计算器”创建一个定量的要素，根据这些要素，确定股权将如何分配。将创始人之间对股权分配结果的争议，变成对分配要素、各要素的权重以及每位创始人在各要素上的分值的探讨，这样更易于达成一致和相对公平。即便如此，也要根据计算结果，对公平但不合理的股权结构进行适当的优化、调整。

七、业务合伙人股权设计

除了联合创始人和高管要合理分配股权、期权，有时候也需要给外部的业务合伙人分配股权。针对面向企业客户（To B 模式）的创业公司，大多数业务开展需要区域销售资源和团队的支持。这些本地化的团队，对当地市场了解，拥有良好的社会关系和资源，销售优势明显。

在具体的做法上，有的公司是建立当地的自有销售队伍，采用子公司或者分公司的模式；有的公司采用代理商模式，让利给当地有资源的经销商、集成商。

（1）业务合伙人模式，是利益捆绑下的经销商模式

业务合伙人模式，并非我们通常理解的“合伙创业”的合伙人，它在本质上还是经销商，只不过是利益捆绑下的经销商模式。所谓利益捆绑，是指经销商除了代理产品，赚取差价或者返点之外，还能够分享公司发展带来的额外收益的利益捆绑。

这种额外收益主要体现在以股权增值为代表的各种激励措施。与员工股权激励模式类似，赋予经销商一定比例的期权或者股权奖励，能够让经销商与企业同发展共进退，成为企业发展的利益共同体。

所以，业务合伙人模式，本质就是经销商股权激励模式，具体来说，是经销商持股平台模式。

在合伙人模式下，经销商持股，经销商本质上既是客户，又是股东，必然涉及关联交易。关联交易是公开的资本市场的一个敏感点，这一点对于一家私有的创业公司来说问题不大，如何操作全凭创业者意愿。

但对于未来有资本市场短期运作规划的公司来说，那就需要做好面对监管机构审核的准备了，操作起来就得万分小心，毕竟历史沿革都得一五一十地披露。

(2)业务合伙人模式的落地方案

既然是持股平台，就必然涉及股权来源。经销商持股平台持有的股权无非是增资、大股东转让、全体股东等比例转让等方式。

需要注意的是，为了避免给未来留下“利益输送”的瑕疵，不管是增发还是股权转让，价格都要“公允”，至少不应该低于净资产，或者同前期融资价格相比没有太大的出入。

因此，我建议，创业公司应提前做好规划布局，预留一部分经销商持股平台的股权，以有限合伙制持股平台的方式进行操作，后续的股权变动，可以与主体公司建立“防火墙”。

(3)创业者最担心的问题

上面的几个原则，解决了创业者担心经销商持股平台影响未来公司上市的合规性问题，其实创业者还担心另一个问题：请神容易送神难，给了经销商股权，到底能不能真正起到作用呢？万一经销商拿了股权不出力，或者承诺的业绩兑现不了怎么办？

这里就必须提到《经销商持股平台股权实施方案》。赋予经销商的股权必须是以期权的形式，必须是奖励，激励一段时间后凭业绩效果给予的奖励。经销商必须是凭借一段时间的业绩，来获取一定比例的股权奖励。

(4)操作路径

上市公司的经销商持股平台方案，已经有了非常成熟的可参考案例，而对于非上市的创业公司，可选的方案则可以更灵活一些。既要给予经销商足够的动力，又不能给未来资本市场运作留下大的瑕疵，这是个艺术。

给少了、价格高了，经销商动力不足；给多了、价格低了，可能又会存在瑕疵……这同样需要谨慎对待，一步一步需要合法合规地去运作。有两个较为主流的操作路径，可供参考。

一是有限合伙制的经销商持股平台方案：设立专门的经销商持股平台，预留一部分股份作为期权。几年之后，经销商业绩达标后，根据经销商的业绩情况，按照既定的奖励规则，分步骤将有限合伙企业的份额，奖励给经销商。

二是合资子公司模式，由公司与区域业务合伙人合资设立区域子公司，在发展一定年限后，如果该子公司效益稳定，可以按照一定的溢价，通过现金或者换股的方式，收购业务合伙人手中持有的子公司股权。这种方式也能够间接体现出公司发展带来的增值效应。

第七节　不同发展阶段如何打造技术团队?

一家公司的成长，最大的困难是在恰当的时间培养一支由合适的人才组建的技术团队。虽然你认为在团队和工具方面公司都做好了准备，但只需要额外招聘几个人或者开发一项新功能，计划就会被打乱，并且所有的事情都需要重新考虑。

现在是一个不断涌现变革性技术的创新时代。以人工智能为首的软件工程领域的飞速发展是一个巨大的推动力，并且这个领域已成为很多公司创造价值的核心引擎。

对于早期的初创公司来说，生产率的提高有助于团队更快地将产品推向市场，并提高他们在扩张过程中吸引关键资本的能力。当然，早期初创公司的资源有限，需要提高资金使用效率，这就是他们需要战略性地利用开发人员时间的原因，而不必把开发人员的时间浪费在通过自动化、智能化就可以以更低成本完成的事情上。

在创业后期阶段，当工程实践更多地融入公司的时候，运营一支世界级的工程团队是一个很大的优势。仅这一个因素就可以为公司打造一条战略级护城河，并产生更高的投资回报。对于规模化运营的公司而言，保持稳定增长和市场领先地位的关键在于拥有一支一流的工程团队。

一、种子期

虽然公司在种子期有很多工作要做，但重要的是创始团队要花时间来打造一支强大的工程师团队。对于科技创业公司来说，其最大的成功可以追溯到技术团队，他们拥有合适的工具赋能，并且也被鼓励积极参与整个公司的内部决策。

在种子期，一家新公司会努力证明自己的创业概念并展示其市场需求。创业者有时会自筹资金，他们经常也会向潜在投资人（包括朋友、家人、天使投资人和风险投资人）寻求资金支持（种子投资）。

找到并说服合适的人加入公司，通常是初创公司面临的第一项挑战。这是因为，无论一个商业创意有多好，多么独特，多么充满商机，如果缺少合适的团队和技术支持，它都无法起飞。现有的人员配置、技术技能和工具可以为接下来的一切定下基调——这给那些早期成员带来了压力，促使他们做出正确的选择。

（1）创意是不那么重要的事情

快速增长往往意味着融资轮次变得模糊，但**种子轮融资通常是创业公司从天使投资人或风险投资机构获得的第一笔正式股权投资**。视具体的技术开发难度而定，融资额会在几十万元到两千万元之间。这种早期的资金支持有时会与加速器、孵化器挂钩，作为为期几个月的创业辅导计划的一部分。

在这个阶段，加速器、孵化器寻找的是聪明的创业者，这些人愿意接受指导、适应力强，并且找到了一些前进的动力，孵化器、加速器的人脉网络和资本可以帮他们加速发展。此时公司正在努力实施的实际创意，往往是不那么重要的事情，因为很多公司将面临不得不转型的状况。但是，在这个阶段创始人可以围绕自己打造出一支充满激情的团队。

(2)价值点

对于寻找种子资金的初创公司来说，投资人关注的是**创业团队是否能够凭借有限的资本、有限的资源以及有限的招聘或外包能力来实现自己的愿景，**甚至此时它可能还没有建立起一支完整的技术团队。

公司一开始就专注于正确的产品市场契合度，而不是独特的技术。在另一方面，有些投资人确实希望看到一支包括技术专家在内的、平衡的创始团队。如果创始人是一名技术人员，你需要在团队中配置一名商业人士，否则你可能会打造出一种大家不会购买的东西，因为你不知道如何营销。

科技创业公司极危险信号之一是有一款最简可行产品（MVP)，但没有首席技术官，只是简单地将打造产品的工作外包出去。这非常危险，因为公司里没有技术文化。他们是从销售和营销的角度，或者从产品和行业的角度来看待问题，而不是从能否打造出合适产品的角度。在种子期，投资人不奢望看到你把所有事情都做得完美，而是要看到你们基于合适的流程、合适的标准和合适的团队来打造软件产品的愿景。

(3)招聘没有神奇的方法

没有一个真正神奇的公式，让你知道技术团队的规模应该有多大以及应该招聘谁……但是，如果你的业务依赖产品，那么在预算允许的范围内，尽快壮大你的产品团队很重要。

招聘你能负担得起的最优秀的人才，而不是首先填充薪资较低的职位。让初级员工进入一支成员缺少深厚资历的团队，这无法帮助他们成长。在刚开始时，重要的是公司要有多面手，他们能接触到自己需要接触的一切，这样才能尽快推出产品。

招聘是创业公司所有人的责任，创始人可能会有三分之一的时间花在人才招聘上。

二、A 轮融资期

初创公司在种子期明确了自己的概念和市场需求之后，A 轮融资期是其面临更为严肃局面的时候：向市场交付产品、验证商业模式、扩大业务规模以及扭亏为盈。很多公司发现，他们的技术和工程团队在这一时期开始内部化（如果以前是外包的话），并且团队规模随着需要而扩大。在这个过程中，一些创始人发现他们必须进行组织变革，以促进积极的公司文化发展和提升生产效益。

创业公司使用 A 轮融资来进一步开发他们的产品和用户群。与种子期一样，在这一时期潜在投资人仍然关注创意和领导团队的质量，但他们也对公司的战略、规模化发展的计划以及如何实现收入表现出更多的兴趣。

处于种子期公司的优点通常是创始人的灵活性，以及随时准备调整创意以适应市场需求，但只有当一个创意被确定下来、得到验证并准备好规模化发展时，公司才会进入下一个阶段。

A 轮融资期是一个奇怪的阶段。一边是种子期，这个阶段的公司兜售的是一个创意；另一边是 B 轮融资期，在这个阶段公司兜售的是运营指标。A 轮融资期介于这两者之间。

在这个阶段，专注于技术的初创公司的关键卖点和价值，应该是其一流的工程师团队。核心管理团队要有足够的技术基因，这是一个基本的价值驱动因素，而不是一个附加的特征或者可以外包的东西。

对于那些在早期阶段就将技术开发外包的公司来说，现在是时候将技术开发内部化了。作为一个粗略的参考，科技创业公司通常会组建一支由 5 到 15 名工程师组成的技术团队，包括首席产品官和首席技术官在内的关键职能人员都在最高管理层或略低于最高管理层的职位上。

当团队规模更小、仅有 5 名工程师时，公司不需要担心打造一个合适的组织结构。但是，随着越来越多的人加入，原来的创始人直接管理的方式不再有效，需要创建与产品不同方面相关的跨职能小部门，比如一个团队负责产品和增长，负责用户引导流程的改善，另一个团队专注于用户体验，帮助客户访问和理解他们的检测结果。

（1）招聘障碍

即使公司有了更多的现金，招聘仍然是公司要面对的极大挑战之一。一旦公司建立了更正规的组织结构，让团队成员知道他们如何在新打造的队伍中进步也很重要——这是确保员工保持积极性的关键一步。

公司需要招募真正优秀的技术负责人，这样，创始人才会感到舒适和自信，并根据需要给予他们尽可能多的自主权。**最初招聘的几位领导者非常重要，因为他们将会成为继续招聘更多其他员工的人。**

（2）自力更生

初创公司的成长和融资模式有多种不同的形式，但选择如何沿着这条路走下去，通常是由市场力量决定的——**当时间显得至关重要时，拿钱抢夺一定的市场份额可能是明智的。**

如果一家公司能够稳步发展，从长远来看，它可能会成为一家更强大的公司。你可以更缓慢地组建团队、更多地思考如何建设文化和公司架构。

有限的资金也有助于在设定技术团队的优先事项时，保持专注和纪律性。你可以考虑人工智能等最新的技术应用，但你可能不想太早做这些，因为你想专注于公司将要交付的东西。

三、B 轮融资期

B 轮融资期是一家创业公司全力为大规模成功做准备的阶段。现在，需求市场已经被证明存在并且公司已经进入其中，用户基础已经建立。市场对公司产品有了更大的需求，需要 B 轮融资来满足。在这个阶段，拥有合适的技术团队和工具变得更加重要，尤其是随着用户反馈的增加而对产品进行迭代。

B 轮融资过程与 A 轮融资过程没有太大的区别，通常涉及相同的投资人，但要完成 B 轮融资，创始人需要强调他们过去的成绩，并证明他们有能力在未来取得更多成绩。这时候如果公司领导层能够展示一份详细的商业计划，B 轮投资人通常会比早期投资人支付更高的价格，因为其中涉及的预期风险更小。

在 B 轮融资阶段，创业公司通常拥有经过验证的产品市场契合，其产品不仅仅只有少数的早期使用者，而是吸引了更多的主流客户，并开始招募专家团队，以打造一家能够快速发展的公司。B 轮融资旨在帮助创业公司渡过发展阶段，进入增长阶段，以满足不断增长的市场需求。

投资人将会询问公司业务的可扩展性，并希望在公司发展路线图上看到产品目标与商业战略之间的一致性。公司将开始引入那些专业打磨产品的人——比如产品主管和工程主管。**几乎所有在 B 轮融资时成功的公司在融资时的核心竞争力，也是他们识别、招募并激励那些高级团队成员的能力。**

（1）良好的沟通 = 良好的决策

随着创业公司的成长，有一些关键的痛点需要解决。在一定规模下——比如少于 10 人或 20 人——很多事情都是很容易做到的。每个人都知道其他人在做什么，所有人受到的约束都很大，不会偏离中心任务，也不会分心，所有人能做的只有一件事。随着创业公司的壮大，发生的第一件事往往是脱节，人们不知道其他人在做什么。很多公司所犯的最大错误，就是更频繁地开会。

B 轮融资的时候，很多公司的运营情况已经变得与之前非常不一样，创始人需要更明确地说明什么事情对公司来说是重要的。成功的大型企业实际上只不过是一些协调良好的小团队的集合体。因此，如果你能让一支小型的多学科团队有足够的背景来做出好的决策，使之与使命保持足够的一致，让团队成员能以合适的方式打造合适的产品及建立合适的专业知识，如果你能把这些联系在一起，那么你就能获得惊人的成绩。

（2）根据用户反馈进行迭代

你要知道什么时候公司的产品已经足够好了，这样你才能推出产品，并真正送到用户手中，同时开始学习。一开始，你的产品可能还没有真正打造出最合适的功能，但你能够通过与用户交谈，观察他们如何使用，然后不断进行完善。有时候，这种做法是不可规模化的，但确实有效。

（3）凭借技术实现增长

有时候，使用可规模化的成熟技术，而不是尝试最新、最前沿的技术，也是一个不错的策略。前沿创新技术在市场上可能既缺乏现有的基础设施，也缺乏现有的知识。合适的工具可以带来很大的不同，尽管公司处于 B 轮融资期的很多创始人仍然停留在以前的思维模式中，不想花钱，但几乎在任何时候，你都可以选择一款工具来减少自己手头的工作，这就像获得了额外的团队成员一样。

四、C 轮融资期

可以说，到了 C 轮融资期，创业公司就不再是初创公司了，而是羽翼丰满的企业。在这个时候，公司已经确立了自己的市场地位，并在寻求有效的和快速的扩张方式，以进入新的市场、进行收购等。这个时候复制成功变得更加复杂、成本更高。在招聘技术人员和经理层来维持引擎运转时，不应该有任何的捷径。

寻求 C 轮融资的公司处于发展的后期阶段，拥有稳定的收入，正在寻求扩张以巩固现有的成功。投资人现在准备花更多的钱购买更少的股份，机构投资人等更大的金主现在是公司潜在的支持者。创始人应该准备好展示如何将资金用于执行资本扩张计划——这越来越多地包含技术团队招聘和投资方面的战略。

进行 C 轮融资的公司，通常希望把钱用于执行资本扩张计划。这个阶段的公司，面临的首要问题是招聘。利用资金以及经验丰富的投资机构的人脉网络，可以帮助公司解决这个问题，让创业公司能接触到海外的人才以及足够的资金，以获得在这些陌生的市场中搜寻人才所需的专业知识。

创业公司在这个阶段寻求风险投资人的支持，重要的是保证下一步的大规模人才招聘可以在资金到位后立即启动。通常，这意味着有足够多的高层领导支持首席技术官决定谁应该加入团队，以及有一个强大的管理团队或人才团队，可以从任何地方寻找人才。

速度至关重要，公司可以将 C 轮融资前实现的积极增长率提升到一个新的水平。**你的流程需要足够好，以支持你未来 6 个月的增长，但也要足够灵活，以适应变化。**拥抱变化，接受公司每 6 个月左右的流程和模式将会改变一次的事实，不要对自己之前做出的决定感到遗憾。

风险投资协议条款谈判

在创业者进行风险投资融资的过程中，最重要的环节是投资协议条款清单（Term Sheet，简称“投资协议条款”）的谈判。投资协议条款，也称为“投资意向书”，是投资人与拟被投资公司就未来的投资交易，所达成的原则性约定，集中了投资人与被投资公司之间未来签订的正式增资协议、股东协议、公司章程等文件中的主要条款。虽然只有十页左右的篇幅，但投资协议条款中囊括了融资相关的所有关键内容的概要。因此，一旦签署，接下来的融资过程就会非常程序化。

从理论上讲，除了其中的独家条款、保密条款，条款清单中罗列的其他所有条款并没有法律约束力，但一般双方从信誉角度上考虑，都要遵守诺言。任何一家公司都可以同时与多家投资公司就各自提供的投资协议条款进行谈判，但只能签署一份，如果有多家投资人联合参与同一轮投资，也会签署同一份投资协议条款。另外，创业公司在与某风投机构的投资协议条款独家期之内，不能跟其他投资公司谈判新的投资协议条款。

正式签订的投资协议中将细化投资协议条款中的条款清单，并将条款的内容进行规范化表述，以避免以后因表达不清而造成的误解，但这些条款不太可能在后续签署正式协议时重新谈判。另外，大约有 1/4 至 1/3 签署过了的投资协议条款最后没有达成实际的投资交易。

本章将详细解读投资协议条款中几条比较重要的条款，让创业者真正了解和理解，并因此能与投资人建立信任和良好的合作关系。

第一节　投资协议的内容

一般来说，风险投资人在设计投资协议条款的时候，只关注两件事：经济因素和控制因素。经济因素指的是投资人能通过哪些条款，直接影响到最终的投资收益；控制因素指的是投资人可以通过哪些条款，直接控制公司的经营决策或者有权否决公司做出的一些决策。

如果风险投资人在谈判对于某些不涉及经济因素和控制因素的条款不断纠缠，那么他们通常是在放烟幕弹蒙蔽你的视线，这些并非他们真正关心的重点；或者是风险投资人缺乏经验，那你就可以决定是否在这些条款上做出让步。

大部分创业者对投资协议条款很困惑，因为其中包含太多陌生的名词，他们会觉得很多条款看起来像是不平等条约，或是卖身契。创业者也往往处于一种不利的谈判位置，因为他们通常只有很短的时间认真考虑条款的内容及其潜在影响，所以，创业者最好还是请财务顾问或律师帮忙把关。

天使投资人和很多国内投资公司（人民币基金）的投资交易结构会比较简单，投资工具一般是普通股，他们有些甚至不签署投资协议条款，直接开始尽职调查和最终投资协议的谈判。而外资风险投资公司（美元基金）在进行详细尽职调查之前，往往会要求签署投资协议条款。目的是先约定好投资条款，免得最后因不能达成一致意见而浪费时间。

投资协议条款主要由以下条款构成：

（1）发行相关条款

- 发行方 / 投资方
- 投资方式
- 投资额
- 资金用途

- 估值
- 股权购买价格
- 新的股权结构表

（2）员工相关条款

- 员工竞业和保密协议
- 员工期权
- 创始人股份兑现
- 保险

（3）优先股及投资人权利相关条款

- 股利
- 优先清偿条款
- 反稀释条款
- 转换权
- 回购权
- 注册权
- 知情权
- 共售权
- 领售权
- 优先认购权
- 董事会
- 保护条款
- 投票权

（4）其他条款

- 生效条件
- 排他权 / 独家期

- 费用
- 保密条款

投资协议条款的这些条款内容，通常会详细地体现在两份正式的投资交易文件中：增资协议（Share Purchase Agreement）和股东协议（Shareholders Agreement）。这两份文件承担不同的职能，互为补充，共同保障交易的顺利进行和后续被投公司的稳定运营。与条款清单不同，增资协议和股东协议具有法律效力，一经签署即对协议各方均具有约束力。

增资协议是关于投融资交易安排的正式法律文件，明确了投融资双方的权利义务以及具体的交易安排，包含了估值、投资方式、交割安排、陈述与保证、股东权利以及违约责任等核心条款。

股东协议主要是约定投资人与公司其他股东间的权利、义务。在风险投资中，投资人通常仅取得公司的少数股权，是公司的小股东；而在工商登记过程中，为了减少备案的难度，公司和股东往往只能接受在市场监管部门备案一份简洁的工商模板作为其备案章程文件。因此，股东协议对于维护投资人利益、明确投融资双方关系、维护公司管治架构合理平稳运行有着至关重要的作用。

本章主要以外资风险投资人的投资协议条款为基础，进行具体条款的详细讲解，着重讲解条款是如何设计的、风险投资人如何利用条款进行自我保护，以及创业者如何争取自己的利益。由于我国《公司法》等法律法规的限制，诸如优先股权利等外资风险投资人的投资协议条款中的很多条款，没有办法被国内风险投资人在人民币基金投资时直接运用，但通过律师的设计，每条外资风险投资人的投资协议条款背后的利益诉求，都可以合理合法地得以简洁实现。

图 6-1 就是一份投资协议条款的样例。

当公司创立时，创始人会得到普通股。然而，当风险投资人投资这些

机密
CONFID ENTIAL

XXXXXX 有限公司
XXXXXXXX Co., Ltd.

与

yyy 基金投资有限公司
yyyy Capital Investment Inc.

主要投资条款
Summary of Principle Investment Terms

2007 年 8 月 16 日
August 16, 2007

公司 Company	XXXX 有限公司（“公司”），是一家在广州注册成立的有限责任公司。公司直接或间接通过其子公司、关联机构和联属公司在中国从事 xxxxx。附件 1 列出了公司的子公司、关联机构和联属公司。 XXX *Co., Ltd.* (the “Company”)is a limited liability company registered in Guang zhou, China. The Company is engaged in the business of xxx through its subsidiaries, affiliates and associated companies in the PRC. A list of the Company’s subsidiaries, affiliates and associated companies is set forth in Annes 1.
投资人 Investor	由 yyy 投资有限公司管理的和 / 或担任顾问的基金，或其关联机关、或与其关联的投资者统称为“投资人”。 Fund(s) managed and/or advised by yyy Capital Investment Inc. or its affiliates, or investors affiliated with such funds which are collectively referred to herein as the "Investor".
投资金额 Amount of Financing	本轮总投资金额为 100 万美元（“投资金额”）。 The total investment to be made hereunder will be USD1 million(the “Investment Amount”).
	本投资条款清单中所指的交易称为“本投资”。 The transaction contemplated in this Term Sheet is referred

图 6-1 投资协议条款样例

公司的时候，他们所购买的通常是优先股，针对国内公司而言，就是附带优先权利的普通股。在接下来的章节里，所涉及的条款都是风险投资人会获得的，风险投资人也被称为优先股股东。

很多公司会经历多轮融资，每一轮融资通常由一个字母指代，风险投资人获得的是对应的优先股，这轮融资被称作某一类别优先股的融资，例如公司的第一轮融资通常是 A 类优先股融资（Series A Financing），也称为 A 轮融资。有时在 A 轮融资之前还发生一轮非机构型的融资，称为天使融资（Angel Financing）。字母按融资顺序向后排，所以 B 类优先股融资（B 轮）在 A 轮之后，C 轮在 B 轮之后。偶尔你也会看到有数字加在某一轮的字母后面，例如 A-1 轮，或 B-2 轮；也有在某一轮的字母后面加上 +、-符号的，比如 A+ 轮、B-轮。

这些表述方式，一般是为了区分不同轮次的投资人所获得不同类别的优先股，相同字母对应的优先股的权利是一样的。虽然我不知道一家创业公司私募融资轮次的世界纪录，但是我见过 K 类优先股的融资。

第二节　人力资本与物力资本

创业公司的设立，实际上是一种比较特殊的模式。正常情况下，获得一家公司的股权，投资是最常见的方式，这是中国《公司法》所承认的取得股权最常见方式。但是，创始人是拿什么获得公司股权的呢？

比如，一位天使投资人跟创业者共同发起设立一家公司，天使投资人出了 500 万元，创业者出 50 万元，那么股权应该怎么分配？比较可能的结果是创业者占 80%，天使投资人只占 20%！那么创业者 80% 的股权是怎么拿到的？是出资 50 万元所得到的吗？天使投资人投了 500 万元只占 20% 股份，那么这家公司的估值就是 2 500 万元，创始人的 50 万元按出资金额计算只占 2% 的份额，那么创始人所拥有的另外 78% 的份额是怎样获得的？

有一个名词可以来解释这个问题，法律上的标准说法叫“人力资本”，与之对应的是钱或者任何能够换算成钱的东西，后者称为“物力资本”。那么人力资本是什么？就是创始人获得这家公司股权的原因，是他的承诺：在这家公司工作，担任首席执行官或者其他重要职位，带领团队把这家公司做起来，要投入自己的管理能力或者技术能力或者其他资源。总之他会把以后的贡献当成钱，以此换成公司的股权。

创业公司模式可以从三个层次来理解：

第一个层次，创业公司模式以承认人力资本为基本假设。

第二个层次，以人力资本为主导。在传统模式下，老板经营企业是拿钱请“掌柜”（首席执行官），这时钱是主导，是钱找人。而在现代的创业公司模式下，是人找钱。创始人看好一件事情，他说服投资人来支持他、相信他能把这个项目做起来。所以人是主导，这是创业公司模式的核心特点。

第三个层次，人力资本和物力资本结合，以人力资本为核心。需要说明的是，公司里有两类股东：创始人和投资人。他们的诉求是不一样的。投资人的诉求是投资收益或者荣誉，创始人的诉求是做一家卓越的企业，他是企业的代表和所有者。创业者对其企业而言不仅仅是最初的创立者和投资人。我听过很多的成功创业者说，不舍得卖掉公司股票，即使缺钱也不卖，卖股票有种卖儿卖女的感觉。创始人往往想要把企业做大做强，成为优秀的企业家。

作为投资人，他的义务是签投资协议、转账打款。那创始人的义务是什么？创始人投入的是人力资本，人力资本的投入是一个很漫长的过程，而且是在投资人的钱投入之后才开始。有的创始人认为，他的股权获得是因为自己的公司值那么多钱、他的专利很值钱等。但是，作为专利所有者的创业者如果不更新技术、不将专利转化为产品、不将产品销售出去，那么专利就不值钱。因此，真正值钱的不是专利、创意，而是技术和创意背后的持续更新和落地，所以投资人给公司的估值是未来的估值，是公司未来可能值很多钱。考虑到未来的时间成本和风险因素，投资人将他的未来价值折成现在的估值，也就是说，投资人给他估值的是他的人力资本。而他的人力资本，必须在我投资之后，在漫长的岁月里逐渐投入。

我有一位知名的律师朋友，他是某律师事务所的创始合伙人。他做了一个创业公司的“板凳模型”：上面一横是板凳面，下面有向左、向右各一条倾斜的板凳腿。板凳面是公司的目标，目标是平的，就是投资人和创业者参与这家创业公司，都怀抱着一个让公司获得成功的共同目标。投资人通过投资参与，承担高风险，期望获得高回报；创业者通过这家公司，实现人生理想，成为一位伟大的企业家，那么双方都有参与这件事的合理目标。

如果投资人出资多，但所占的股份少，其在公司里的话语权就是有限的，所以大多数的投资协议，都是保护投资人、约束创始人的。如果投资人签署的投资协议非常简单，没有什么特殊权利，就说明投资人对这种创业公司模式的本质并不理解。

中国《公司法》规定的是同股同权，意味着不同股东的权力都一样，那不是创业公司模式本身的特点。《公司法》的基本假设，是所有的股东都是按实际出资获得股权，所以大家的权力基本上应该一样，这显然不符合创业公司的模式。对投资人来说，他的出资义务是前置的，签署投资协议之后就要履行；而对创始人来说，他投入人力资本的义务是后置的，在签署投资协议之后的很多年里逐步履行。

因此，投资人会要求通过投资协议条款，在双方利益分配、对创始人的限制、投资人股权变现保证（退出条款）、对公司投资后的信息获取及管理（保护性条款）等几个方面来控制风险、获得保护。

第三节 投资协议条款详解

前面讲到投资协议条款时，可以分为经济因素条款和控制因素条款。经济因素条款保障投资人的投资回报，控制因素条款保证投资人能够监管他们的投资，尽管风险投资人对一家公司的所有权通常少于50%，但他们会通过控制因素条款对公司一系列行为进行有效约束。

本节会介绍的经济因素条款包括估值（价格）、清算优先权、股份兑现条款、防稀释条款等，要介绍控制因素条款包括董事会、保护性条款、领售权、竞业禁止条款等。

一、估值（价格）

通常说来，因为经济因素条款更为直接，且与眼前利益相关，所以绝大部分创业者在融资的时候，更关注这类条款。而估值（价格）条款与融资额是最重要的经济因素条款，通常是创业者最为看重，也是最难以谈判的条款。

下面是投资协议条款中估值条款的典型格式：

价格：人民币<u>x</u>万元每股（初始购买价格）。此初始购买价格表示完全稀释后的投资前估值为人民币<u>x</u>万元和完全稀释后的投资后估值为人民币<u>x</u>万元。上述计算及本条款清单所指的完全稀释包括对该公司所有已发行的优先股的转换、对所有授权的及已授予的股票期权和认股权证的行权，以及在本次融资前将公司现有的期权池增加<u>x</u>股。

另一种不同的表述方式，是通过确定融资额来推算交易价格。例如：

融资额：总额人民币<u>x</u>万元，代表完全稀释后<u>x</u>%的股权，这里完全稀释包括已预留给员工“期权池”股份。在交割前，公司将储备部分普通股，以保证公司在发行A类优先股后，仍有<u>x</u>%的完全稀释后股份能发行给董事、高级职员、普通员工和顾问。

“每股价格”是投资人认购股权所支付成本的最终衡量标准,“价格”通常指的是公司的“估值”。

估值、价格与融资额的关系

既然创业者是通过出让公司一部分股权的方式融资，那么就会涉及几个问题：公司的估值是多少？风险投资人购买的价格是多少？创业者出让的股权比例是多少？创业者需要融资的数额是多少？

首先，创业者要理解公司估值和价格的差异。通常而言的估值是指“公平市场价值（Fair Market Value)”，即根据市场情况和公司实际状况，理应拥有的市场价值，所以“估值”是对公司内在价值的一种计算。风险投资人给予公司的估值，实际上是“价格”，是风险投资人主观上对公司的一种价值认可，是风险投资人为了得到公司股份所愿意支付的货币（或其他支付手段)。这两个概念的区别是：

- 公平市场价值是根据一个预期的市场条件计算得到的，而价格是真实的；
- 公平市场价值假设双方的知识和谈判能力相同，而价格会受风险投资人、创业者双方在信息、谈判力量影响；
- 公平市场价值假设双方不受外部因素影响，实际风险投资人、创业者双方都有某些情绪因素，而创业者更是受到资金压力的影响；
- 公平市场价值假设所有风险投资人的判断力相同，而价格反映了有独特动机风险投资人的影响；
- 公平市场价值假设市场中有大量风险投资人有投资意愿，而实际上愿意投资的风险投资人可能很少。

尽管估值和价格有这么多差异，但基本上所有的讨论都使用“估值”来指代“价格”，所以创业者要记住这一点，即你是跟风险投资人讨论公司的股份可以卖多少钱，而不是公司值多少钱。

既然是融资，那么融资数额是风险投资人在创业者融资演示结束后必然要了解的。在公司估值（价格）确定之后，创业者应该出让给风险投资人的股权比例就可以按以下公式确定了：

$$出让股权比例 = \frac{融资数额}{公司投资后估值} = \frac{融资数额}{公司投资前估值 + 融资数额}$$

创业者愿意出让的股权比例、融资数额和公司估值三者之间，确定任意两个，上面等式就成立了。通常来说，创业者往往最先确定出让股权的比例，一般不会超过 40%，但也不会少于 10%，否则很难吸引风险投资人。

估值谈判中的陷阱

如前面章节所介绍的，在讨论估值时有两种方式：投资前/融资前（Pre-Money）估值和投资后/融资后（Post-Money）估值。顾名思义，投资前估值是投资人在投资之前对公司当前价值的评估，而投资后估值就是投资前估值加上风险投资人的预计投资额。

这里可能会遭遇风险投资人为创业者设下的第一个陷阱。

当风险投资人说："我对公司的估值是 2 000 万美元，拟投资 500 万美元。"通常他指的是投资后估值，这位风险投资人期望投资 500 万美元，买下投资后价值 2 000 万美元的公司 25% 的股份。而同时，创业者可能认为该风险投资人是说投资前估值 2 000 万美元，那么投资后公司估值 2 500 万美元，投资 500 万美元只能买下 20% 的股份。听起来似乎是一样的表述，但含义完全不同。

通常条款清单在文字上会对这些情况进行详细说明。但是当你开始与风险投资人谈判时，通常会对价格进行口头的商讨。对此如何应对处理，在很大程度上会奠定你的谈判地位。所以你要提前熟悉这些模糊语言，表现出对基本条款非常熟悉，完全是一个行家里手。优秀的创业者都会明确假设前提，他们会说“我想你 2 000 万美元的意思是投资前估值”这样的话。这就迫使风险投资人把话说清楚，而且如果他确实是指 2 000 万美元的投资前估值，那么在谈判中也没花费你任何成本。

价格条款中需要关注的第二点是术语“完全稀释”（Fully Diluted）。公司和投资人都想保留充足的股份期权来作为员工报酬和激励，这也被称为“期权池”（Option Pool）。期权池越大越好吗？不要太早下结论。尽管大的期权池不容易被消耗干净，但规模的大小会影响到估值，并会显著降低公司实际的投资前估值。

这是估值中常见的第二个陷阱。

还用上面的例子：公司投资前估值 2 000 万美元，投资 500 万美元。假设你已经预留了一个 10% 比例的期权池。而风险投资人说他们想要公司设置一个 20% 的期权池。那么这时，增加期权池所需的 10% 就要从投资前估值中切出来，结果造成实际投资前估值只有 1 800 万美元。

期权池的大小通常是价格谈判时的关键点。一个典型的期权池通常在 10% ~ 20%，但如果投资人认为这家公司的期权池应该扩大，他们会坚持让创业者在融资前完成。

有几种谈判方式供你选择：

- 可以就期权池大小进行谈判，设法让风险投资人接受 15% 的比例而不是 20%；
- 就投资前估值进行谈判，接受 20% 的期权池，但是要求 2 200 万美元的投资前估值；
- 可以建议将增加的期权池部分加到投资后的估值里，这样投资前估值不变，但投资后估值升高。

通过事先尽可能设置一个大期权池，风险投资人可以最大限度避免未来自己股权的稀释风险。当就此进行谈判时，你应该准备好一份期权预算。这份预算应详细列出从今天到预期的下一轮融资日期之间，你计划聘用的所有员工以及授予每个人的大概期权额度。你应该准备一个稍高于预算的期权池，但也没有必要留太多余量。在你与未来投资人的谈判中，这个期权池预算是十分关键的。

除了在期权池设置上做文章，风险投资人暗中降低公司估值的另一种途径是认股权。认股权就是给予投资人以一个预先确定的价格，在未来一定时期内购买一定数量股票的权利。例如，3 年期、每股 1 美元的 10 万股 A 类股份认股权，就是赋予投资人在未来 3 年中的任何时间以每股 1 美元的价格购买 10 万股 A 类股份的权利。无论到时股份价格如何，投资人都可以享有这个购股权利，即行权。

认股权证作为风险资本融资的附加条件，特别是对早期阶段投资，常常会导致日后很多不必要的复杂情况和会计处理上的麻烦。如果这个问题仅仅与价格有关，建议创业者在谈判中可以考虑接受较低的投资前估值，而尽量删掉认股权条款。

争取一个更高估值的最好方法，就是让多家风险投资人都有兴趣投资你的公司。这是经济学上的基本概念：如果需求（感兴趣的风险投资人）大于供给（公司可以出售的股权），价格就会上升。

二、融资额

前面提到，融资额与价格（或估值）条款一样，是最重要的经济因素条款，通常创业者最为看重，但也最难谈判。

投资协议条款中典型的融资额条款如下：

融资额：合计 x 万美元，占公司完全稀释后股份（包括为员工期权池预留的股份）的 x %。在融资交割前，公司将预留普通股，满足 A 类优先股发行后完全稀释时有 x % 的股份可供未来发放给董事、管理层、员工和顾问。

风险投资人在投资数额上的考虑

对风险投资人来说，考虑到以下因素，他们也会在投资数额上面临两难选择：

- **扩大投资组合。**风险投资人对投资过的公司并不是完全了解（肯定不如创业者了解多），并且每家公司都有各自的经营风险。这就导致风险投资人要分散投资，降低单个投资对基金整体的风险。因此，风险投资人对于单家公司的投资数额会控制在一定范围之下（通常不超过基金总额的 10%），以便建立一个大的、分散的投资组合。
- **给其他风险投资人机会。**风险投资人投资时，很多时候希望有其他风险投资人一起跟投，这样就需要给其他风险投资人一些投资额度。更多的风险投资人来关注和了解同一家公司，可以降低看走眼的风险。另外，更多的风险投资人可以组建更出色的董事会、汇集更多资源，给予公司更多经营上的帮助。
- **投资成本。**风险投资人每投资一个项目，需要花费的时间是和金钱都不少，如果他们认为某家公司值得投资，他们就会尽量多投资，这样才对得起这些付出的成本。如果不是这样，他们要花费更多的时间和金钱去寻找更多的好项目。
- **基金回报。**如果风险投资人确信某个项目能够成功，他们也会尽量多投资，这样能够提升基金的整体回报水平。

创业者和投资人都面临不同的考虑因素，有经验的、有良好声誉的风险投资人对于合理的融资额度有一定的职业感觉，并且能够跟创业者一起讨论一个合适的融资额度。

创业者在融资额上的考虑

其实，创业者通常是因为公司的发展需要资金才寻求融资，那么向风险投资人要多少钱是摆在创业者面前的第一道难题，他们常常为此伤脑筋。对于这个问题，我们很难找到一个科学的答案，但创业者在确定一个合理的融资额时，要考虑以下因素：

（1）避免生存危机：多融资

第一，公司的发展可能遇到没有预计到的挫折。也许是产品开发延误、质量问题、某重要客户破产、新竞争者出现、公司因知识产权被起诉、核心员工离职等。

第二，融资窗口在公司需要钱的时候不一定能打开。不同的时期，投资人对不同类型的行业、不同阶段的公司有兴趣。如果他们不感兴趣，融资窗口就关闭了，创业者很难说服他们，风险投资也是有跟风效应的。比如近几年的共享经济、新消费、人工智能、大数据等领域，如果融资不足，可能无法获得后续融资，就会被洗牌。

第三，有些完全不可预期的灾难会发生。比如国家政策变化、行业监管变化、经济危机、地震等，比如中美贸易战升级、互联网金融监管加强等，可能会导致公司融资窗口长期受到影响。

这些因素会让创业者尝试尽量多融一些，这样公司会有充足的现金，即使公司遇到意外的情况，也不至于账上没钱。

（2）达到经营里程碑：多融资

通常，创业者要融到足够一年使用的资金，或者能够满足公司发展到下一个重要里程碑之后六个月。对不同的公司而言，里程碑可能不一样，比如推出新产品、产生收入等。这个时间长度，是考虑到创业者要给自己足够的时间来使用这笔资金，并且做出一定的业绩，为后续融资到位预留一定的时间窗口。

融资过程比较麻烦，要应对不同的风险投资人、一大堆会议、尽职调查等，会消耗大量的时间和精力。没有必要第一轮融资一结束就迅速开始第二轮融资。

（3）少稀释股权：少融资

第一轮融资少一点，少稀释一些。在后续轮融资时，公司的估值提高，这样多轮融资使公司的平均估值提高，创业者的股份总体上也会稀释少一些。

举个简单的例子：假设一家初创公司总共需要 2 000 万元就可以支撑公司实现不错的退出，创业者有以下两种情况可以选择：

- 按投资前估值 1 000 万元，融资 2 000 万元，创始人出让 2/3 的股份，剩余 1/3 的股份；
- 分三轮进行融资：
  - √ 第一轮按投资前估值 1 000 万元，融资 500 万元，创始人出让 1/3 股份，剩余 2/3 股份；
  - √ 第二轮按投资前估值 2 500 万元，融资 500 万元，创始人出让 1/9 股份，剩余 5/9 股份；
  - √ 第三轮按投资前估值 5 000 万元，融资 1 000 万元，创始人出让 5/54 股份，剩余 25/54 股份。

第二种情况下，创始人出让的股份比例低于第一种情况。具体见表 6-1 所示。

表 6-1　少稀释股份的两种情况

	情况一	情况二
A 轮	投资前估值 1 000 万元，融资 2 000 万元； 创始人出让股份： 2 000/（1 000+2 000）=66.7%	投资前估值 1 000 万元，融资 500 万元； 创始人出让股份： 500/（1 000+500）=33.3%

续表

	情况一	情况二
B 轮	无	投资前估值 2 500 万元，融资 500 万元； 公司出让股份： 500/（2 500+500）=16.7%； 创始人出让股份： （1-33.3%）× 16.7%=11.1%
C 轮	无	投资前估值 5 000 万元，融资 1 000 万元 公司出让股份： 1 000/（5 000+1 000）=16.7%； 创始人出让股份： （1-33.3%-11.1%）× 16.7%=9.3%
结果	融资总额：2 000 万元 创始人出让股份：66.7%	融资总额：2 000 万元 创始人出让股份：53.7% （33.3%+11.1%+9.3%）

（4）当心风险投资人的优先清算权：少融资

如果风险投资人投资后，公司被收购，那么当初融资越多，就需要以越高的价格出售，否则投资人拿走其一定倍数优先清算的额度之后，就很难给创业者和员工留下什么了。换句话说，创业者向风险投资人融资太多的话，会让公司在并购机会来临时，难以按较低的价格成交。

如果创业者认为公司非常有可能被收购，而且收购价格不会太高，那么从自身回报的角度看，融资数额少一些是个好主意。

举例如下：

情况一：投资前估值 3 000 万元，投资 1 000 万元，风险投资人获得公司 25% 股份，如果有两位创业者平分股份（各 35%），员工有 5% 的期权，在公司控制权变更时期权全部兑现；

情况二：投资前估值 1.5 亿元，投资 5 000 万元，风险投资人获得公司 25% 股份，如果有两位创业者平分股份（各 35%），员工有 5% 的期权，在公司控制权变更时期权全部兑现。

如果风险投资人要求的优先清算倍数是3倍（3X），融资后半年，某公司要以2亿元的价格收购创业者的公司。在情况一之下，创业者分别可以得到7 000万元，风险投资人得到5 000万元（回报为5X，大于优先清算倍数3X），剩余的钱归持有期权的员工，这种情况对所有人都不错；在情况二之下，风险投资人会要求按优先清算倍数获得1.5亿元，创业者分别得到2 333万元。风险投资人基本满意，但创业者就不满意了。

（5）当心降价融资：少融资

创业者融资的时候，总是希望能够获得最高的估值，这样他们在出让最少的股份获得最多的资金。但是，融资太多（公司估值太高），后续融资愿意跟进的风险投资人会很少。如果下轮估值上升，跟进的风险投资人更少，迫使当前风险投资人继续追加投资或公司可能要降价融资。

降价融资对创业者来说是非常痛苦的，他们会损失大量的股份。这是因为大部分风险投资人都会要求签署防稀释条款，如果后续降价融资，公司要对前期风险投资人的投资价格进行调整，对应的前期风险投资人的股份比例要增加，结果是创业者的股份比例下降了。风险投资人这样做的目的就是防止创业者对公司经营不善，或者公司估值过高。有这个条款的存在，创业者就会选择合适的估值，保证公司后续的估值不断上升。

降价融资具有很大的破坏力，不仅仅大大影响创业者的股份比例，还会影响公司的整体士气和创始人与投资人之间的关系。

融资数额的确定

好的风险投资人知道，一旦他们投资了某家公司，他们将成为公司创业团队中的一员，并期望创业者带着他们一起成功，这就注定风险投资人要帮助创业者确定正确的融资额。

创业者告诉风险投资人的金额，可能跟风险投资人实际愿意投资的金额不同。一旦创业者开始跟风险投资人合作，风险投资人会根据公司的需求，建议你融更多或者更少。因此，不要对融资额这个问题感到太大的压力。

但是，你也要给风险投资人一个合适的数额，因为如果你报出的数字在数量级上都不对的话，会把风险投资人吓跑的，比如你只需要 1 000 万元时，你告诉风险投资人说你计划融 5 000 万元。风险投资人需要知道创业者如何得到这个数字，如何计划使用这笔资金，公司期望运用这笔资金达到的目标，是否可以少一些钱，如果有更多钱将如何使用？因此对风险投资人来说，不是创业者想融资多少的问题，而是创业者应该融资多少的问题。

计算出融资额也是一个艺术性多于科学性的问题，风险投资人也明白这个问题没有答案。最好的答案不是一个数字，而是一个范围。融资下限能够满足公司业务发展，直到下一轮融资；而上限能够让公司更快达到短期发展目标，并为可能的风险预留足够资金。准备好告诉风险投资人，不同融资数额下的资金使用计划，让他们能够了解，不同融资方案的差异在什么地方。

创业者给出一个区间是最好的答案：

- 让风险投资人了解，资金如何驱动公司的发展；
- 让风险投资人明白你对公司的运营和融资是有过深思熟虑的；
- 向风险投资人表明你是一个灵活的合作伙伴，愿意为公司寻找最佳的方案；
- 创建出几个合理的公司发展情形，由风险投资人选择。

三、清算优先权

先模拟一个情景：假设我作为投资人，投了 1 000 万元获得某家公司 20% 股份，后来因为种种原因，创始人把这家公司整体卖掉，或者把公司的核心资产卖掉，总之他不干了，要清算。那么在清算的时候，我跟创始人怎么分钱呢？假设这公司卖了 1 亿元，这 1 亿元里面，我先分走 1 000 万元，并且加上一定的收益率，比如说 50%，我就先拿走 1 500 万元（总计 150%），这些是我当初的投资本金和相应的收益。剩下 8 500 万元里面，因为我持有公司 20% 的股份，我再分 8 500 万元的 20%。两者相加，我总共获得 3 200 万元。这是一种比较常见和比较合理的清算分配方式。

但是，这种方式可能很多创业者理解不了、接受不了，我会给他们举一个例子：假设我出钱买了一艘船，我把这艘船交给渔夫出海打鱼，我们俩说好了按二八比例分鱼。渔夫打鱼要冒风险，他拿八成的鱼；我出船，拿两成的鱼。然后打了三个月的鱼，渔夫回来了，如果我们把船和鱼一起，按照约定二八分配原则，那我当然不干！因为船是我自己出的。但按照目前的《公司法》，是要将船和鱼一起按二八比例分的。既然《公司法》要求按二八分，那么它就默认船也是你俩按照二八比例出的钱。但实际不是这样。船是投资人买的，渔夫就只负责打鱼，这就是创业公司模式的一个核心特点。船不是我们的创业成果，鱼才是我们创业成果。所以投资人的资金不是我们的创业成果，资金之外的部分才是我们的创业成果。

这种分配方案实际上是对投资人的一种保护，不仅很多创业者不理解，也有很多投资人不理解。假设创业之初投资人就投资 1 000 万元，占了 20% 股份，后来公司以 3 000 万元的价格卖了，看上去似乎是赚了。但按照股份比例计算，投资人只能分 600 万元，但当初可是投资了 1 000 万元的。因此，投资人实际上是赔了。创始人占 80% 股份，他分得了 2 400 万元，不仅把他赚的全分走了，还分走了投资人的钱。这样合理吗？当然不合理，双方的出资不对等，创业者不应该分走投资人出资的那部分。

这就是清算优先权的原理。

在投资协议条款中，典型的清算优先权（Liquidation Preference）的条款如下：

清算优先权：A 类优先股有权优先于普通股股东每股获得初始购买价格 [x] 倍的回报……

什么是清算优先权？

清算优先权是投资协议条款中一个非常重要的条款，决定公司在清算后蛋糕怎么分配，即资金如何优先分配给持有公司某特定类别股份的股东，然后分配给其他股东。例如，A 轮融资的投资协议条款中，规定 A 轮投资人，即 A 类优先股股东能在普通股股东之前获得多少回报。同样，后续发行的优先股（B/C/D 等类别）优先于 A 类优先股和普通股。也就是说，投资人在创业者和团队之前收回他们的资金。

通常所说的清算优先权有两个组成部分：优先权（Preference）和参与分配权（Participation）。参与分配权，或者叫双重分配权（Double Dip），又细分成三种：无参与权（Non Participation）、完全参与分配权（Full Participation）、附上限参与分配权 (Capped Participation)。

相应地，就有三种清算优先权：

（1）不参与分配的优先清算权（Non-participating liquidation preference）

投资协议条款中的表述方式如下：

清算优先权：在公司清算或结束业务时，A 类优先股股东有权优先于普通股股东获得每股 [x] 倍于原始购买价格的回报以及宣布但尚未发放的股利（清算优先权）。

在普通股股东获得利益分配之前，投资人要获得原始投资一个确定倍数的回报。在过去很长时间里，标准的是“1 倍（1X）”清算优先权。目前大部分情况是 1 倍（1X）至 2 倍（2X）。

这种清算优先权的退出回报情形见图 6-2 所示。

- 当公司的退出价值（Exit Value）低于优先清算回报时，投资人拿走全

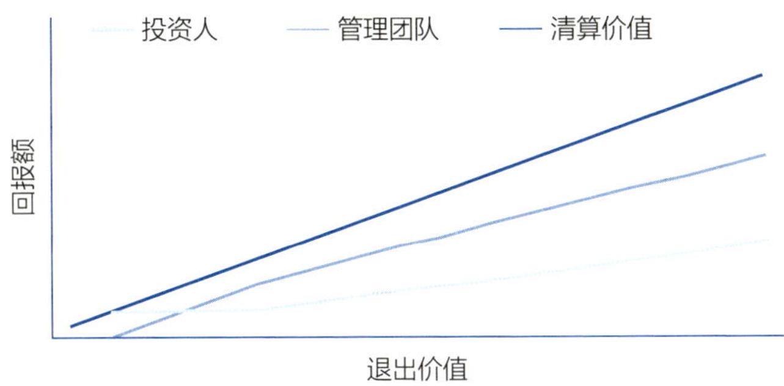

图 6-2 清算优先权的退出回报（不参与分配）

部清算资金；

- 当按投资人股份比例分配公司退出价值时，数额高于优先清算回报，投资人将优先股转换成普通股，跟普通股股东按比例分配；
- 当公司退出价值介于两者之间时，投资人拿走约定的优先清算回报额。

（2）完全参与分配优先清算权（Full-participating liquidation preference）

投资人在获得清算优先权的回报之后，还要跟普通股按比例分配剩余清算资金。投资协议条款中，在清算优先权条款的后还会附加以下条款：

参与权：在支付给 A 类优先股股东清算优先权回报之后，剩余资产由普通股股东与 A 类优先股股东按相当于转换后股份比例进行分配。

这种清算优先权的退出回报情形见图 6–3 所示。

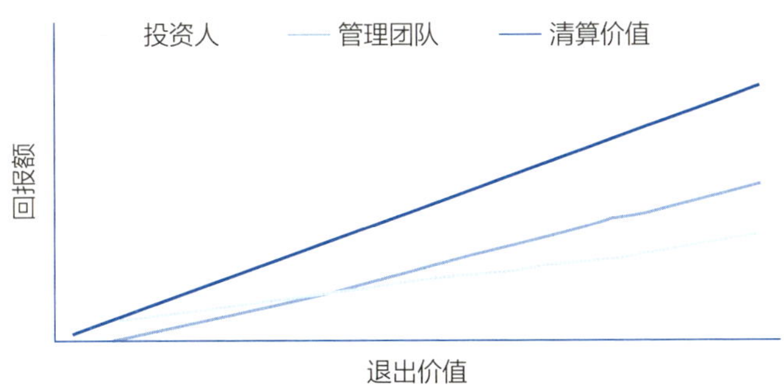

图 6-3 清算优先权的退出回报（完全参与分配）

当公司的退出价值低于优先清算回报时，投资人拿走全部清算资金。超过优先清算回报部分，投资人和普通股股东按股权比例分配。

（3）附上限参与分配优先清算权（Capped-participating liquidation preference）

附上限参与分配权表示，优先股按比例参与分配超额剩余清算资金，直到获得特定回报上限。在优先权条款后会附加以下条款：

参与权：在支付给A类优先股股东清算优先权回报之后，剩余资产由普通股股东与A类优先股股东按相当于转换后股份比例进行分配；但A类优先股股东将停止参与分配，一旦其获得的回报达到[*x*]倍于原始购买价格以及宣布但尚未发放的股利。之后，剩余的资产将由普通股股东按比例分配。

这种清算优先权的退出回报情形见图6–4所示。

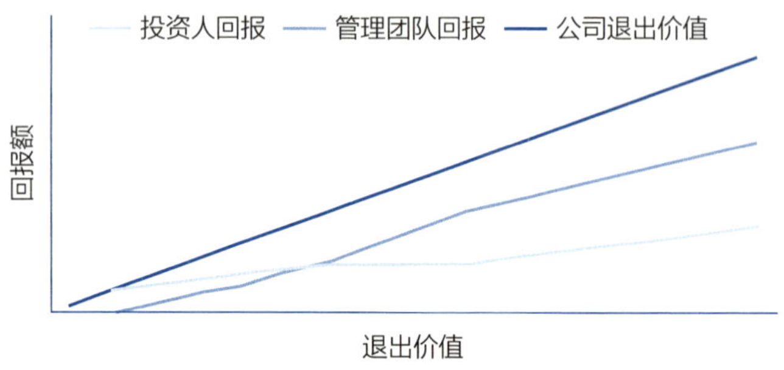

图6–4　清算优先权的退出回报（限上限参与分配）

- 当公司退出价值低于优先清算回报时，投资人拿走全部清算资金；
- 当按投资人股份比例分配公司退出价值，数额高于回报上限时，投资人将优先股转换成普通股，跟普通股股东按比例分配；
- 当公司退出价值介于两者之间时，投资人先拿走优先清算回报，然后按转换后股份比例跟普通股股东分配剩余清算资金，直到获得回报上限。

这里一个有意思的问题，是原始购买价格倍数的真实含义。如果参与分配倍数是 3X（3 倍的初始购买价格），表示一旦获得 300% 的初始购买价格的回报（包括优先清算的回报），优先股股东将停止参与分配剩余资产。如果优先权是 1X 回报的话，参与分配权的回报不是额外的 3 倍，而是额外的 2 倍！也许是因为参与权跟优先权的这种关系，清算优先权条款通常同时包含优先权和参与分配权的内容。

清算优先权激活：清算事件

在谈到清算优先权时，明确什么是“清算”事件（Liquidation Event）很重要。通常，创业者会认为清算事件是一件“坏”事，比如破产或倒闭。对风险投资人而言，清算就是“资产变现事件”，即股东出让公司权益而获得资金，包括合并、被收购、重大资产出售，或公司控制权变更。无论公司的情况怎样，清算优先权条款都会决定资金的分配方式。

投资协议条款中的典型条款如下：

公司合并、被收购、出售控股股权以及出售主要资产，从而导致公司现有股东在占有续存公司已发行股份的比例不高于 50%，以上事件可以被视为**清算**。

所以这个条款是确定在任何非首次公开募股退出时的资金分配方式（首次公开募股之前，优先股要自动转换成普通股，清算优先权问题就不存在了），而大多数公司最可能的退出方式也不会是首次公开募股，所以不管创业者对自己和公司是否有信心，都应该详细了解这个条款。

清算优先权背后的逻辑

很多风险投资基金采用有参与权的优先股，因为他们基金背后的出资人 LP 也是这样向他们收取回报的。通常来说，风险投资基金的普通合伙人 GP（风险投资公司）向 LP 募集资金，成立一只基金，LP 负责出资（GP 也可能会出 1%），GP 负责运营，到基金存续期结束清算的时候，LP 拿走自己的出资额及基金利润的 80%，GP 获得盈利的 20%。比如一只 10 亿元人民币的风险投资基金，LP 实际上是“借给”风险投资公司 1 亿元，LP 需要拿回他们的 1 亿元，外加 80% 的利润。所以，GP 也有意愿，将这 1 亿元的本金回收，通过清算优先权将责任转嫁给创业者。

另外，为了避免创业者从投资人那里不当获利，让风险投资基金蒙受损失。比如：你从投资人那里获得 1 000 万元投资，出让 40% 的股份（公司投资后估值 2 500 万元）。然后在风险投资人的资金到账后立刻关闭公司（没有其他资产），那投资人只得到公司清算价值（1 000 万元现金）的 40%，即 400 万元，而你就从投资人那里欺骗到 600 万元。要是真的这样，以后风险投资的基金就很难募到资金了。为了避免出现这种情况，也因为投资人一贯的贪婪本质，他们会要求最少 1 倍（1X）的清算优先权。这样，在公司发展到清算价值超过投资人的投资额之前，创始人是不会恶意关闭公司的。

创业者如何理解清算优先权

（1）优先股是债权还是权益

参与分配权的优先股既是债权也是权益。“优先权”表示债权，“参与分配权”表示权益。参与分配的优先股股东，不需要决定是拿走优先清算额，还是转换成普通股按比例参与分配，他们两者都要。根据上文不同情形下的退出分配图，仔细分析就会发现，参与分配的优先股只有在退出价值较小时才合理，以保护投资人的利益。如果公司运营非常好，投资人不应该按照优先清算的方式参与分配，他们会转换成普通股，与创始人一起等比例分配。

（2）投资人与创业者存在退出利益不一致

在不参与分配，以及附上限参与分配的清算优先权情况下，会出现一个非常奇怪的回报情形：通常投资人在某个清算价值区间的回报保持不变，比如，在退出价值 X 和 $X+a$ 之间，投资人的回报没有区别（维持优先清算额或回报上限）。但是创业者的回报在退出价值 X 和 $X+a$ 之间是不断升高的，此时出现双方利益不一致。如果此时公司有机会被收购，出价范围刚好在 X 和 $X+a$ 之间，那么为了促成交易，投资人当然愿意接受一个底价。

（3）了解投资人要求清算优先倍数的动因

创业者要了解给你投资的风险投资基金，这支基金其他投资案例运营得怎么样，因为绝大多数情况下，这些投资案例的情况会决定风险投资人如何看待你的公司。如果某只基金的其他投资案例都表现糟糕，那基金的策略会更为保守，要求的清算优先倍数会高一些，并通过投资你的公司来提升基金的整体回报水平，这样他们才能继续运作这支基金，并募集新的基金。如果某只基金投资了很多好项目，那么他们可能表现得激进一些，只想着做个大的（首次公开募股），在清算优先倍数上不太在意。不同的风险投资人根据你的公司在其基金投资组合中的地位会有不同的风险 / 回报判断。

（4）要仔细研究并跟投资人谈判

没有一家风险投资公司打算在你没有看过协议，并且没有给你的律师审核之前，跟你签署。想一想：我打算给你能够买 20 辆或 30 辆保时捷汽车的资金，因为我相信你是一个聪明的商人，能够让我搭顺风车一起赚钱。我会把这些真金白银给一个没有看过合同就签约的家伙吗？风险投资人不愿意把钱给一个草率得甚至都不愿意花点时间来理解投资协议条款的家伙。最好还是找一个律师或财务顾问来帮你研究一下。

我编制了一个 Excel 表格帮助创业者模拟融资条款中不同的清算权和参与分配权的退出回报情况。你可以改变稀释比例、优先股的参与分配权、优先清算倍数、回报上限、退出的价值范围等。改变模型中的这些变量，就可以看到管理层和投资者的回报情况。需要这个表格的读者可以与我联系。

后续融资的清算优先权

在谈判 A 轮融资的投资协议条款时，清算优先权通常比较容易理解和评估。但是随着公司发展，后续的股权融资将使得不同类别股份之间清算优先权在数量上和结构上发生变化，清算优先权也会变得更为复杂和难以理解。

跟很多风险资本融资相关问题一样，处理不同类别股份清算优先权的方式也不是一成不变。通常有两种基本方式：

- 后轮投资人将会把他们的优先权置于前轮投资人的优先权之上，比如 B 轮投资人先获得回报，然后 A 轮投资人。
- 所有投资人股份地位平等，比如 A 轮和 B 轮投资人按比例获得优先回报。

运用哪种方法是不同类别优先股之间的事情，通常不会影响创业者，因为创业者的普通股优先级最低。

谈判后可能的清算优先权条款

创业者在跟风险投资人就清算优先权谈判时，根据双方的谈判能力、公司受投资人追捧的程度、公司的发展阶段等因素，可能会得到不同的谈判结果：

（1）有利于投资人的条款：1 倍或几倍清算优先权，附带无上限的参与分配权。

在公司清算或结束业务时，A 类优先股股东有权优先于普通股股东获得每股 [1] 倍于原始购买价格的回报以及宣布但尚未发放的股利（清算优先权）。在支付给 A 类优先股股东清算优先权回报之后，剩余资产由普通股股东与 A 类优先股股东按相当于转换后股份比例进行分配。

在这个条款下，投资人不但可以获得优先清算回报，还可以不用转换成普通股就能跟普通股股东按比例分配剩余清算资金。这种条款只能说这个投资人太贪婪了。

（2）相对中立的条款：1 倍或几倍的清算优先权，附带有上限的参与分配权。

在公司清算或结束业务时，A 类优先股股东有权优先于普通股股东获得每股 [1] 倍于原始购买价格的回报以及宣布但尚未发放的股利（清算优先权）。在支付给 A 类优先股股东清算优先权回报之后，剩余资产由普通股股东与 A 类优先股股东按相当于转换后股份比例进行分配；一旦 A 类优先股股东获得的每股回报达到 [3] 倍于原始购买价格（除宣布但尚未发放的股利外）后将停止参与分配。之后，剩余的资产将由普通股股东按比例分配。

这个条款通常双方都愿意接受，但需要在清算优先倍数和回报上限倍数达成一致。通常的清算优先权倍数是 1~2 倍，回报上限倍数通常是 2~3 倍。

（3）有利于创业者的条款：1 倍清算优先权，无参与分配权。

在公司清算或结束业务时，A 类优先股股东有权优先于普通股股东获得每股 [1] 倍于原始购买价格的回报以及宣布但尚未发放的股利（清算优先权）。在支付给 A 类优先股股东清算优先权回报之后，剩余资产由普通股股东按股份比例进行分配。

这是标准的 1 倍不参与分配的清算优先权条款。意思是退出时，A 类优先股投资人可以选择：要么在其他任何人之前拿回自己的投资额（仅仅是投资额），要么转换成普通股之后跟其他人按比例分配资金。没有比这对创业者更友好的条款了。如果你的投资协议条款中出现了这样的条款，那么恭喜你。这完全决定于你目前业绩、经济环境、第几轮融资、项目受追捧情况等。如果创业者没有令人激动的创业经历或者项目没有太多投资人关注，通常在 A 轮投资协议条款中不会看到这样的条款。

一个比较典型的案例

- 第一年：公司成立，天使投资 50 万美元，融资后估值 200 万美元。
- 第二年：A 轮融资，风险投资 400 万美元，融资后估值 1 200 万美元。并且，拥有 1 倍的优先清算权，无参与分配权，8% 的年股息。同时，成立了期权池 15%，以后每轮融资都保证期权池占总股本的比例 15% 不变。
- 第三年：B 轮融资，风险投资 800 万美元，融资后估值 4 000 万美元，2 倍的优先清算权，参与分配权，10% 的年股息。
- 第四年：C 轮融资，风险投资 2 000 万美元，融资后估值 8 000 万美元，3 倍的优先清算权，参与分配权，10% 的年股息。
- 第五年：公司以 1.5 亿美元的价格卖掉，创业者获利多少？

我们从头开始梳理这个投资及并购过程，如下：

（1）公司成立，天使投资 50 万美元，融资后估值 200 万美元。

假设公司按 1.00 美元 / 股的价格，发行了 200 万股，创始人及天使投资人分别持股 75% 及 25%。见表 6–2 所示。

表 6–2　投资及并购天使投资

天使投资				
投资后估值	$2 000 000		投资后期权池比例	0%
投资前估值	$1 500 000		股价	$1.00
实际投资前估值	$1 500 000			
	投资额	股份数	%	股份价值
普通股				
创始人		1 500 000	75.00%	$1 500 000
天使投资人	$500 000	500 000	25.00%	$550 000
合计		2 000 000	100.00%	

（2）A 轮融资，风险投资人投资 400 万美元，融资后估值 1 200 万美元，设立了期权池 15%，以后每轮融资都保证期权池占总股本的比例 15% 不变。

看起来融资后估值为 1 200 万美元，似乎融资前估值就是 1 200–400=800 万美元。实际不然，因为 15% 的期权也需要从融资前的估值里出（稀释原始股东，即创始人和天使投资人的股权比例），而 15% 是融资后的期权比例，其价值是 15%×1 200=180 万美元，这样融资前估值就是 800–180=620 万美元。而已发行的股票份数为 200 万，每股价格为 3.1 美元。公司根据 A 轮风险投资人的 400 万美元投资及 15% 期权的价值，增发相应的股份。A 轮风险投资人持股 33.33%。见表 6–3 所示。

表 6–3　投资及并购 A 轮融资

A 轮融资				
投资后估值	$12 000 000		投资后期权池比例	15%
投资前估值	$8 000 000		股价	$3.10
实际投资前估值	$6 200 000			
	投资额	股份数	%	股份价值
普通股				
创始人	—	1 500 000	38.75%	$4 650 000
天使投资人	—	500 000	12.92%	$1 550 000
期权池	—	580 645	15.00%	$1 800 000
优先股				
投资人 A	$4 000 000	1 290 323	33.33%	$4 000 000
合计	$4 000 000	3 870 968	100.00%	$12 000 000

（3）B 轮融资，风险投资人投资 800 万美元，融资后估值约 4 000 万美元。

跟 A 轮融资类似，融资后估值约为 4 000 万美元也不表示融资前估值就是 4 000–800=3 200 万美元，这里 15% 的期权也需要从融资前的估值里出（稀释原始股东，即创始人、天使投资人和 A 轮风险投资人的股权比例），同样 15% 是融资后的期权比例，其价值是 15%×4 000=600 万美元，这样融资前估值就是 3 200–600=2 600 万美元，每股价格为 7.9 美元，公司根据 B 轮风险投资人的 800 万美元投资及 15% 期权的价值，增发相应的股份，B 轮风险投资人的股份比例是 20%。如表 6–4 所示。

表 6-4 投资及并购 B 轮融资

B 轮融资				
投资后估值	$40 000 000		投资后期权池比例	15%
投资前估值	$32 000 000		股价	$7.90
实际投资前估值	$26 000 000			
	投资额	股份数	%	股份价值
普通股				
创始人	—	1 500 000	29.63%	$11 852 941
天使投资人	—	500 000	9.88%	$3 950 980
期权池	—	759 305	15.00%	$6 000 000
优先股				
投资人 A	—	1 290 323	25.49%	$10 196 078
投资人 B	$8 000 000	1 012 407	20.00%	$8 000 000
合计	$8 000 000	5 062 035	100.00%	$39 999 999

（4）C 轮融资，风险投资人投资 2 000 万美元，融资后估值约 8 000 万美元。

跟 A、B 轮融资类似，融资前估值不是 6 000 万美元，而是 4 800 万美元，每股价格为 11.16 美元，C 轮风险投资人的股份比例是 25%。见表 6-5 所示。

表 6-5 投资及并购 C 轮融资

C 轮融资				
投资后估值	$80 000 000		投资后期权池比例	15%
投资前估值	$60 000 000		股价	$11.16
实际投资前估值	$48 000 000			
	投资额	股份数	%	股份价值
普通股				
创始人	—	1 500 000	20.92%	$16 733 564
天使投资人	—	500 000	6.97%	$5 577 855
期权池	—	1 075 682	15.00%	$12 000 000
优先股				
投资人 A	—	1 290 323	17.99%	$14 394 464
投资人 B		1 012 407	14.12%	$11 294 118
投资人 C	$20 000 000	1 792 804	25.00%	$20 000 000
合计	$20 000 000	7 171 216	100.00%	$80 000 001

（5）公司以约 1.5 亿美元的价格卖掉。

公司以约 1.5 亿美元的价格卖掉时，如果所有风险投资人股东的股份都是普通股的话，按照各自的股权比例，他们的回报倍数分别为 6.7 倍、2.6 倍、1.9 倍。见表 6–6 所示。

表 6–6　投资及并购 M&A 退出

M&A 退出						
M&A 估值	$150 000 000					
	清算倍数	年回报率	股份数	%	股份价值	回报倍数
普通股						
创始人			1 500 000	20.92%	$31 375 433	
天使投资人			500 000	6.97%	$10 458 478	20.9
期权池			1 075 682	15.00%	$22 500 000	
优先股						
投资人 A	1	8%	1 290 323	17.99%	$26 989 619	6.7
投资人 B	2	10%	1 012 407	14.12%	$21 176 471	2.6
投资人 C	3	10%	1 792 804	25.00%	$37 500 000	1.9
合计			7 171 216	100.00%	$150 000 001	

实际结果当然不会是这样了。那在详细了解之前，需要先看看优先清算权的“不参与分配”和“参与分配”属性。

不参与分配代表投资者在公司卖掉或清算的时候，可以拿走以下两者中的一个：第一，他们投资的本金；第二，他们所占股份的价值。也就是说，当每股价格在清算时比投资者投资时的价格高，优先清算权是不起作用的，因为投资者一定不会选择拿回本金。这里 A 轮的投资者就拥有这项权利，这是比较合理的。

B 轮投资者要了参与分配权，并且是 2 倍。什么意思？如果公司卖掉，投资者先拿 800 万美元的 2 倍即 1 600 万美元，加上 8% 的利息，然后，他们还要在剩下的钱里按照股份比例分。“参与分配”的结果是投资者鱼和熊掌兼得。B 轮的投资者有了这个权利，C 轮的投资者更要有。这一点也是要特别注意的，因为开了个坏头之后，以后只会更糟。每位后来的风险投资人都会要求与之前的风险投资人至少一样好的条款，而更普遍的情况是后来者的条款会对投资者越来越有利、对创业者越来越不利。

那现在我们来算一下 1.5 亿美元的退出，创业者最终能拿到多少？

首先，C 轮投资人如果按照其股权（假设投资人的优先股都可以按照 1 ： 1 转换成普通股，后同）比例，只能 3 750 万美元，即 1.9 倍的回报，这个回报倍数低于他投资时要求的 3 倍清算优先倍数，所以他一定会执行优先清算权，这样，他可以先拿走：2 000 × 3 + 2 000 × 10% × 1 = 6 200 万美元。

剩下的约 8 800 万美元，C 轮投资人还要可按转换成普通股后的股权比例，跟其他所有股东一起参与分配。但这之前，B 轮投资人和 A 轮投资人还是优先股呢！还要等他们决定是否行使各自的优先清算权。C 轮投资人的回报倍数暂时为 3.1 倍。见表 6–7 所示。

其次，在 C 轮风险投资人拿走优先清算的钱之后，该 B 轮风险投资人拿了。如上图所以，如果他按照股权比例分配剩余的钱，只能获得 1.6 倍回报，低于优先清算的 2 倍要求，所以，B 轮风险投资人也会执行优先清算权。B 轮投资人可以先拿走：800 × 2 + 800 × 10% × 2 = 1 760 万美元，剩下的 7 040 万美元，B 轮投资人还要按照股权比例，跟其他所有股东一起参与分配。但这里，他同样要等 A 轮投资人决定是否执行优先清算权。B 轮投资人的回报倍数暂时为 2.2 倍。如表 6–8 所示。

再次，这个时候，可以看到 A 轮风险投资人的回报为 3.2 倍，高于他优先清算的 1 倍回报要求，他当然不会执行优先清算权了，他会选择按照可转换成普通股的股份比例，跟其他剩余股东分配剩下的钱。

所有 A、B、C 轮投资人拿走了优先清算的钱之后，所有股东都按照可转换成普通股的股份比例，分配剩余 7 040 万美元。见表 6–9 所示。

最终，C 轮投资人的回报倍数为 4.0 倍，B 轮投资人的回报倍数为 3.4 倍。

表 6-7　M&A 退出投资人 C 优先清算

M&A 退出投资人 C 优先清算							
M&A 估值	$150 000 000						
投资人 C 优先清算后剩余价值	$88 000 000						
	清算倍数	年回报率	股份数		优先清算价值	股份价值	回报倍数
普通股							
创始人			1 500 000	20.92%		$18 406 920	
天使投资人			500 000	6.97%		$6 135 640	12.3
期权池			1 075 682	15.00%		$13 200 000	
优先股							
投资人 A	1	8%	1 290 323	17.99%		$15 833 910	4.0
投资人 B	2	10%	1 012 407	14.12%		$12 423 529	1.6
投资人 C	3	10%	1 792 804	25.00%	$62 000 000	$22 000 000	3.1
合计			7 171 216	100.00%		$87 999 999	

表 6-8　M&A 退出投资人 B 优先清算

M&A 退出投资人 B 优先清算							
M&A 估值	$150 000 000						
投资人 C 优先清算后剩余价值	$88 000 000						
投资人 B 优先清算后剩余价值	$70 400 000						
	清算倍数	年回报率	股份数		优先清算价值	股份价值	回报倍数
普通股							
创始人			1 500 000	20.92%		$14 725 536	
天使投资人			500 000	6.97%		$4 908 512	9.8
期权池			1 075 682	15.00%		$10 560 000	
优先股							
投资人 A	1	8%	1 290 323	17.99%		$12 667 128	3.2
投资人 B	2	10%	1 012 407	14.12%	$17 600 000	$9 938 824	2.2
投资人 C	3	10%	1 792 804	25.00%	$62 000 000	$17 600 000	3.1
合计			7 171 216	100.00%		$70 400 000	

表 6-9　M&A 退出投资人 C、B 参与分配

M&A 退出投资人 C、B 参与分配						
投资人 B 优先清算后剩余价值	$70 400 000					
	股份数		优先清算价值	股份价值	合计回报额	回报倍数
普通股						
创始人	1 500 000	20.92%		$14 725 536		
天使投资人	500 000	6.97%		$4 908 512		9.8
期权池	1 075 682	15.00%		$10 560 000		
可转换成的普通股						
投资人 A	1 290 323	17.99%		$12 667 128		3.2
投资人 B	1 012 407	14.12%	$17 600 000	$9 938 824	$27 538 824	3.4
投资人 C	1 792 804	25.00%	$62 000 000	$17 600 000	$79 600 000	4.0
合计	7 171 216	100.00%		$70 400 000		

而创业者最终获得 1 473 万美元左右。

当然，上面的案例是一个非常理想的状态，简化了很多东西，比如期权的价格、期权是否发给创始人、B 轮风险投资人投资时期权是否稀释 A 轮风险投资、C 轮风险投资投资时，期权是否稀释 A/B 轮风险投资？（所有期权全部由创始人承担，这样的风险投资人就太黑了）。

从上面的分析中可以看到，一家还算成功的公司，并购金额达 1.5 亿美元，结果创始人只能拿到 1 500 万美元左右，10% 都不到，主要原因在于最后一轮风险投资额太大、优先回报倍数太高，搞不好的话，创业者一个子儿都捞不到。

切记一点：拥有完全参与分配清算优先权的风险投资人，他们的利益跟创始人的利益可能是不一致的，因为即便公司被廉价卖掉，他们也会获得一个不错的回报，而创始人就惨了，他们手上 20% 多的股份，又能怎样把握自己的命运呢？

总结

大部分专业的、理性的投资人并不愿意榨取公司过高的清算优先权。优先于管理层和员工的清算优先回报越高，管理层和员工权益的潜在价值越低。每个案例的情况不同，但有一个最佳的平衡点，理性的投资人希望获得“最佳价格”的同时，保证给予管理层和员工“最大的激励”。很明显，最后的结果需要谈判，并取决于公司的阶段、议价能力、当前资本结构等，但通常大部分创业者和投资人会根据以上条件达成一个合理的协定。

四、防稀释条款

风险投资人对某家公司进行投资时，通常是购买公司某类优先股（A、

B、C 类），这些优先股在一定条件下可以按照约定的转换价格（conversion price）转换成普通股。为了防止其手中的股份贬值，投资人一般会在投资协议中加入防稀释条款（Anti-dilution Provision）。

防稀释条款，又叫价格保护机制，已经成为大多数风险投资人的投资协议条款中的标准条款了。这个条款其实就是为优先股确定一个新的转换价格，并没有增发更多的优先股股份。因此，“防稀释条款”导致“转换价格调整”，二者通常是一个意思。

防稀释条款主要可以分成两类：一类是在股权结构上防止股份价值被稀释，另一类是在后续融资过程中防止股份价值被稀释。（下文以 A 类优先股为例讲解）

结构性防稀释条款

结构性防稀释（Structural Anti-dilution）包括两个条款：转换权和优先购买权。

（1）转换权

转换权（Conversion）条款是指在公司股份发生送股、股份分拆、合并等股份重组情况时，转换价格做相应调整。这个条款是很普通而且是很合理的条款，也完全公平，通常创业者都能够接受。投资协议条款中的典型描述如下：

转换权：A 类优先股股东可以在任何时候将其股份转换成普通股，初始转换比例为 1 ∶ 1，此比例在发生股份红利、股份分拆、股份合并及类似事件以及“防稀释条款”中规定的情况时做相应调整。

举例来说：优先股按照 2 美元 / 股的价格发行给投资人，初始转换价格为 2 美元 / 股。后来公司决定按照每 1 股拆分为 4 股的方式进行股份拆分，则新的转换价格调整成 0.5 美元 / 每股，对应每 1 股优先股可以转为 4 股普通股。

（2）优先购买权

优先购买权（Right of First Refusal）条款要求公司在进行后续 B 轮或其他轮次融资时，目前的 A 轮投资人有权选择继续投资获得至少与其当前股权比例相应数量的新股，以使 A 轮投资人在公司的股权比例不会因后续融资的新股发行而降低。另外，优先购买权也可能包括当前股东的股份转让，投资人拥有按比例或超比例优先受让的权利。

这也是一个很常见且合理的条款，投资协议条款中的典型描述如下：

优先购买权：投资人有权在公司发行权益证券的时候（发行“期权池”股份及其他惯例情况除外）按其股份比例（完全稀释）购买相应数量的股份。

降价融资的防稀释保护权

公司在其成长过程中，往往需要多次融资，但谁也无法保证每次融资时发行股份的价格都是上涨的，风险投资人往往会担心由于下一轮降价融资（Down Round），股份的发行价格比自己当前的转换价格低，而导致自己手中的股份贬值，因此要求签订保护条款。

防稀释条款通常是一个公式，它决定优先股在转换成普通股时的数量。大部分的公式基于优先股的“转换价格”，而最开始的转换价格就是投资人购买优先股的初始价格（Initial Purchase Price）。在公司以低于本轮的价格进行了后续融资之后，转换价格就会降低。

所以，如果没有以更低价格进行发行股份（后续融资），初始的购买价格跟转换价格就是一样的（假定没有结构性稀释），优先股也将按 1 ∶ 1 转换成普通股。如果后续以更低价格发行了一次或多次股份，转换价格就会比初始购买价格低，优先股能转换成更多的普通股。根据保护程度的不同，优先股的转换价格保护主要分为“完全棘轮”调整以及“加权平均”调整两种方式。

投资协议条款中的典型描述如下：

防稀释条款：如果公司发行新的权益证券的价格低于当时适用的 A 类优先股转化价格，则 A 类优先股的转换价格将按照广义加权平均的方式进行调整以减少投资人的稀释。

（1）完全棘轮条款

完全棘轮条款（Full-ratchet）的意思是，如果公司后续发行的股份价格低于 A 轮投资人当时适用的转换价格，那么 A 轮的投资人的实际转化价格也要降低到新的发行价格。这种方式仅仅考虑低价发行股份时的价格，而不考虑发行股份的规模。在完全棘轮条款下，哪怕公司以低于 A 类优先股的转换价格只发行了一股股份，所有的 A 类优先股的转化价格也都要调整，与新的发行价一致。

举例来说，如果 A 轮融资 200 万美元，按每股 1 美元的初始价格共发行 200 万股 A 类优先股。由于公司发展不如预想中那么好，在 B 轮融资时，B 类优先股的发行价跌为每股 0.5 美元，则根据完全棘轮条款的规定，A 类优先股的转换价格也调整为 0.5 美元，则 A 轮投资人的 200 万优先股可以转换为 400 万股普通股，而不再是原来的 200 万股。

完全棘轮条款是对优先股投资人最有利的方式，使得公司经营不利的风险很大程度上完全由创业者来承担了，对普通股股东有重大的稀释影响。为了使这种方式不至于太过严厉，有几种修正方式：

- 只在后续第一次融资（B 轮）才适用；
- 在本轮投资后的某个时间期限内（比如 1 年）融资时才适用；
- 采用“部分棘轮”（Partial ratchet）的方式，比如“半棘轮”或者“2/3 棘轮”，但这样的条款很少见。

（2）加权平均条款

尽管完全棘轮条款曾经很流行，现在也常常出现在投资人的投资协议条款里，但最常见的防稀释条款还是基于加权平均的价格来进行调整（Weighted Average）。

在加权平均条款下，如果后续发行的股份价格低于 A 轮的转换价格，那么新的转换价格就会降低为 A 轮转换价格和后续融资发行价格的加权平均值，即给 A 类优先股重新确定转换价格时不仅要考虑低价发行的股份价格，还要考虑其权重（发行的股份数量）。

这种转换价格调整方式相对而言较为公平，计算公式如下（作为投资协议条款的附件或置于条款之中）：

$$NCP = CP \times \frac{OS + SNS}{OS + NS} = \frac{(CP \times OS) + IC}{OS + NS}$$

NCP = A 类优先股的调整后新转换价格

CP = A 类优先股在后续融资前的实际转换价格

OS = 后续融资前完全稀释（full dilution）时的股份数量或已发行优先股转换后的股份数量

NS = 后续融资实际发行的股份数

SNS = 后续融资额应该能购买的股份（假定按当时实际转化价格发行）

IC = 后续融资现金额（不包括从后续认股权和期权执行中收到的资金）

加权平均条款有两种细分形式：广义加权平均（Broad-based Weighted Average）和狭义加权平均（Narrow-based Weighted Average），区别在于对后轮融资时的已发行股份（Outstanding Shares，即上面公式中的 OS）及其数量的定义：

- 广义加权平均条款是按完全稀释方式定义，即包括已发行的普通股、优先股可转换成的普通股、可以通过执行期权、认股权、有价证券等获得普通股数量，计算时将后续融资前所有发行在外的普通股（完全稀释时）认为是按当时转换价格发行；
- 狭义加权平均只计算已发行的可转换优先股能够转换的普通股数量，

不计算普通股和其他可转换证券。

进行广义加权平均时，完全稀释的股份数量很重要，即包括所有已发行和将发行的股份（优先股转换、执行期权和认股权、债转股等），创业者要确认跟投资人的定义是一致的。相对而言，狭义加权平均方式对投资人更为有利，公式中不把普通股、期权及可转换证券计算在内，因此会使转换价格降低更多，导致在转换成普通股时，投资人获得的股份数量更多。

仍拿上例来说，如果已发行普通股为 800 万股，新融资额为 300 万美元，按 0.5 美元的价格发行 600 万 B 类优先股。

则广义加权平均时新的转换价格为：

$$NCP = \frac{[\$1 \times (8\,000\,000 + 2\,000\,000] + \$3\,000\,000}{(8\,000\,000 + 2\,000\,000) + 6\,000\,000} = \$0.8125$$

而狭义加权平均时新的转换价格为：

$$NCP = \frac{(\$1 \times 2\,000\,000) + \$3\,000\,000}{2\,000\,000 + 6\,000\,000} = \$0.625$$

A 轮投资人投资的 200 万美元分别可以转换为 246 万股和 320 万股，相对前面的 400 万股，要公平一些。

防稀释条款的谈判要点

创业者和投资人通常对结构性防稀释条款不会有什么争议，主要谈判内容是针对后续降价融资的防稀释保护条款。

（1）创业者要争取“继续参与”条款

继续参与（Pay-to-Play）条款要求，优先股股东要想获得转换价格调整的好处（不管是运用加权平均还是棘轮条款），前提是他必须参与后续的降价融资，购买等比例的股份。如果某优先股股东不愿意参与，他的优先股将失去防稀释权利，其转换价格将不会根据后降价续融资进行调整。

投资协议条款中的典型描述如下：

继续参与：所有投资人都要完全参与后续可能的降价融资，除非董事会允许所有投资人都放弃参与，任何没有参与的投资人的 A 类优先股将自动失去防稀释权利。

（2）列举例外事项

通常，在某些特殊情况下，低价发行股份也不应该引发防稀释调整，我们称这些情况为例外事项。显然，对公司或创业者而言，例外事项越多越好，所以这通常是双方谈判的焦点。投资协议条款中的典型描述如下：

发行下列股份不引发**防稀释调整**：

（1）公司期权池为员工预留的期权；

（2）……（3）……

通常的例外情况有（防稀释调整将不包括下列情况下的股份发行）：

（a）任何债券、认股权、期权，或其他可转换证券在转换和执行时所发行的股份；

（b）董事会批准的公司合并、收购，或类似的业务事件，用于代替现金支付的股份；

（c）按照董事会批准的债权融资、设备租赁或不动产租赁协议，给银行、设备出租方发行的或计划发行的股份；

（d）在股份分拆、股份红利，或任何其他普通股股份分拆时发行的股份；

（e）按照董事会批准的计划，给公司员工、董事、顾问发行的或计划发行的股份（或期权）；

（f）持大多数已发行 A 类优先股的股东放弃其防稀释权利。

需要注意的是最后一条（f），跟上面的“继续参与”条款类似。在有些投资案例中，后续低价融资时，大多数 A 类优先股股东放弃其防稀释权利，同意继续投资。可能有少数投资人不打算继续投资下一轮，他们想通过防稀释条款来增加他们转换后的股份比例。那根据这个例外事项，这些少数投资人是不能执行防稀释条款的。这一条会迫使少数投资人继续参与下一轮投资，以便维持股份比例。

（3）降低防稀释条款的不利后果

首先，不到迫不得已，创业者永远不要接受完全棘轮条款；其次，要争取一些降低对创业者股份影响的办法，比如：

- 设置一个底价，只有后续融资价格低于某个设定价格时，防稀释条款才执行；
- 设定在 A 轮融资后某个时间段之内的低价融资，防稀释条款才执行；
- 要求在公司达到设定经营目标时，去掉防稀释条款或对防稀释条款引起的股份稀释进行补偿。

（4）创业者可能获得的防稀释条款

创业者在跟风险投资人就防稀释条款谈判时，根据双方的谈判能力，公司受投资人追捧的程度、市场及经济状况等因素，可能得到不同的谈判结果，见表 6–10 所示。

表 6–10　创业者可能获得的防稀释条款

利益偏向	防稀释方式	条款内容
有利于投资人	完全棘轮	如果公司发行新股份的价格低于当时适用的 A 类优先股的转化价格，则 A 类优先股的转换价格将直接调整为新股份的发行价格。 在发生股份红利、股份分拆、股份合并及类似事件时 A 类优先股的转换价格做相应调整
相对中立	广义加权平均	如果公司发行新股份的价格低于当时适用的 A 类优先股转化价格，则 A 类优先股的转换价格将按照广义加权平均的方式进行调整。 在发生股份红利、股份分拆、股份合并及类似事件时 A 类优先股的转换价格做相应调整
有利于创业者	无防稀释条款	在发生股份红利、股份分拆、股份合并及类似事件时 A 类优先股的转换价格做相应调整

我编制了一个 Excel 表格帮助创业者模拟在不同的后续融资估值情况下，不同的防稀释条款对转换价格、转换后股份数量及股份比例的影响。感兴趣的读者朋友可以与我联系。

防稀释条款背后的道理如下：

第一，有了防稀释条款，能够激励公司以更高的价格进行后续融资，否则防稀释条款会损害普通股股东的利益。防稀释条款要求创业者及管理团队对商业计划负责任，并对承担因执行不力而导致的后果。

大部分创业者接受这个条款，如果他们对公司的管理不善，导致后续融资价格低于本轮融资的话，他们的股份会被稀释，所以在有些情况下，创业者可能会放弃较低价格的后续融资。

第二，投资人如果没有防稀释条款保护，他们可能会被“淘汰”出局。比如，如果没有防稀释条款，创业者可以进行一轮“淘汰”融资（比如 0.01 美元 / 股，而当前投资人的购买价格是 2 美元 / 股），使当前的投资人严重稀释而出局，然后给管理团队授予新期权以拿回公司控制权。

另外，风险投资人也可以通过这个条款来保护他们面对市场和经济的萎靡，比如 2000 年左右的互联网泡沫、2017 年的共享经济泡沫。

一个防稀释条款案例

假设某家公司已给创始人发行了 1 000 000 股普通股，给员工发行了 200 000 股普通股的期权，A 轮融资时以 1.00 美元的价格给风险投资人发行了 1 000 000 股 A 类优先股（融资 100 万美元）。B 轮融资时，以 0.75 的价格发行了 1 000 000 股 B 类优先股（融资 75 万美元）。

下表给出在广义加权平均、狭义加权平均和棘轮降低三种情况下，A 类优先股股东在 B 轮融资后的转换价格，以及 1 000 000 股 A 类优先股能够转换成普通股的数量。

从表 6–11 中可以看出，不同防稀释条款，导致的股份转换数量的差异，以及对创始人和当前股东的影响。

表 6–11　不同防稀释条款的影响

		B 轮融资后		
		广义加权平均	狭义加权平均	棘轮降低
	B 轮融资前	应用公式：$NCP=\dfrac{(OS\times CP)+IC}{OS+NS}$ B 轮融资前已发行普通股 1 000 000 股，已发行期权 200 000，A 类优先股 1 000 000 股，则：广义加权平均定义已发行股份为 2 200 000 股，狭义加权平均定义已发行股份为 1 000 000 股 B 轮融资前实际转换价格 1.00 美元，B 轮投资额 750 000 美元，发行 B 类优先股 1 000 000 股		
转换价格	1.00 美元	$\dfrac{(2\,200\,000\times\$1.00)+\$750\,000}{2\,200\,000+1\,000\,000}=\$0.922$	$\dfrac{(1\,000\,000\times\$1.00)+\$750\,000}{1\,000\,000+1\,000\,000}=\$0.875$	$0.75
转换成普通股数量	1 000 000 股	$\dfrac{\$1\,000\,000}{\$0.922}=1\,084\,599$	$\dfrac{\$1\,000\,000}{\$0.875}=1\,142\,857$	$\dfrac{\$1\,000\,000}{\$0.75}=1\,333\,333$

总结

防稀释条款通常是精明的投资人为了在后续低价融资时，保护自己的利益一种方式。对创始人来说，防稀释条款通常是融资中的一部分，理解其中的细微差异和了解谈判的要点是创业者很重要的创业技能。

尽管偶尔 A 轮融资的投资协议条款中不包括防稀释条款，但如果有的话，不要试图要求风险投资人去掉防稀释条款，所以在谈判之前多些了解总是有好处的。另外，只要创业者把公司经营好，在融资后为公司创造价值，让防稀释条款不会被激活实施，这比什么都强。

五、董事会

风险投资人在投资时，通常会在关注两个方面：一是价值，包括投资时的价格和投资后的回报；二是控制，即投资后如何保障投资人自己的利益和监管公司的运营。因此，风险投资人给创业者的投资协议条款中的条款也就相应地有两个维度的功能：一个维度是“价值功能”，另一维度是“控制功能”。有些条款主要是“价值功能”，比如投资额、估值、清算优先权、防稀释条款等，有些条款主要是“控制功能”，比如保护性条款、董事会等。见图 6–5 所示。

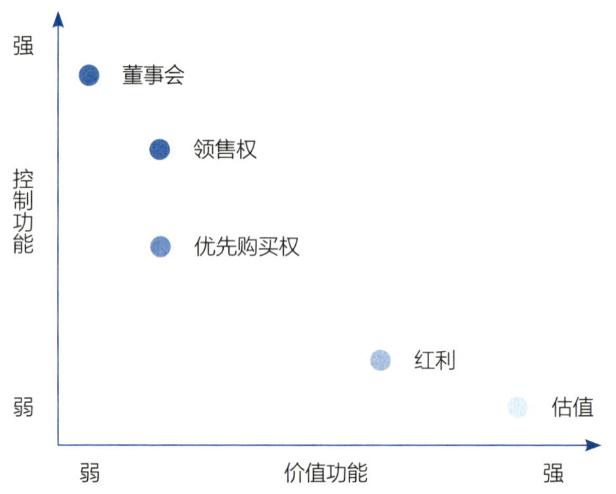

图 6–5　风险投资人给创业者的投资协议条款中的条款功能

“董事会”条款无疑是“控制功能”中最重要的条款之一。在创业天堂硅谷流行这么一句话：“Good boards don’t create good companies, but a bad board will kill a company every time.”（好的董事会不一定能成就好公司，但一个糟糕的董事会一定能毁掉公司。）

投资协议条款中典型的“董事会”条款如下：

董事会：董事会由 3 个席位组成，普通股股东指派 2 名董事，其中 1 名必须是公司的首席执行官；投资人指派 1 名董事。

对创业者而言，在 A 轮融资时组建董事会的重要性甚至超过公司估值部分，因为估值的损失是一时的，而董事会的控制权会影响公司的生命期。但很多创业者常常没有意识到这一点，而把眼光主要放在公司估值等条款上。设想一下，如果融资完成后，公司的董事会批准了以下某个决议，创业者 / 创始人是否还会后悔把主要精力放在公司估值的谈判上：

- 开除创始人管理团队，并使其失去了尚未成熟的股权；
- 拒绝其他投资人的投资意向，直到公司几乎现金短缺，然后强迫公司以低估值从当前投资人那里募集 B 轮融资；
- 将公司廉价卖给当前投资人投资过的其他公司。

在 A 轮融资之前，大部分私营公司的创始人是老板，但融资之后，新组建的董事会将成为公司的新老板。即使你不同意一个好的董事会做出的决策，你也仍然信赖它。

董事会席位

根据《中华人民共和国公司法》规定，有限责任公司董事会成员 3~13 名，而股份制公司则董事会成员 5~19 名，小型有限公司可以设一名执行董事。在开曼群岛（Cayman Islands）、英属维尔京群岛（BVI）以及美国的许多州，其法律允许公司只设一名董事。

通常来说，董事会席位设置为单数，但并没有法律规定不允许为双数。对 A 轮融资的公司来说，为了董事会的效率以及后续融资董事会的扩容考虑，理想的董事人数为 3~5 人。

董事会与公司的所有权关系

董事会代表公司的所有者，负责为公司挑选其首席执行官，并确保这位首席执行官对公司的所有者尽职尽责。当然，糟糕的首席执行官自然会被淘汰出局。董事会的设立应该反映出公司的所有权关系，比如已经公开发行上市的公司，其董事会构成就是如此。理论上，所有的董事会成员都应服务于公司的利益，而不是仅仅服务于他们自己持有的某种类别的股权。

通常 A 轮融资完成以后，普通股股东（创始人）还拥有公司的绝大部分所有权，普通股股东就应该占有大部分的董事会席位。假设，A 轮融资完成以后，普通股股东持有公司大约 60% 的股份，如果 A 轮是两位投资人的话，董事会的构成就应该是：

3 位普通股股东 +2 位投资人 =5 位董事会成员。

如果只有一位投资人，那么董事会的构成就应该是：

2 位普通股股东 +1 位投资人 =3 位董事会成员。

不管是以上哪一种情况，普通股东都按简单多数的方式选举出其董事。

在融资谈判中，创始人需要明确和坚持两点：

- 公司董事会组成应该根据公司的所有权来决定；
- 投资人（优先股股东）的利益由投资协议条款中的“保护性条款（Protective Provisions）”来保障。董事会是保障公司全体股东利益，既包括优先股也包括普通股。

设立独立董事席位

融资谈判地位有时会决定谈判的结果。如果创业公司的质量很好，在 A 轮融资时投资人会认可上述创业者团队控制董事会的安排。但是如果投资人不认可这种董事会结构，而创业者又希望得到他们投资的话，采用下面这个偏向投资人的方案（设立一位独立董事）：

- 2 位普通股股东 +2 位投资人 +1 位独立董事 =5 位董事会成员；
- 1 位普通股股东 +1 位投资人 +1 位独立董事 =3 位董事会成员。

偏向投资人的董事会方案，给予不同类别股份相同的董事会席位，而不管他们的股份数量（股权比例）。这好像没有道理，但这就是风险投资！

如果最终签署的条款是以上方案的话，那么创业者要让投资人同意：在任何时候公司增加 1 位新投资人席位的时候（比如 B 轮投资人），也要相应增加 1 位普通股席位。这样是为了防止 B 轮融资时，投资人接管了董事会。

投资人可能会推荐一位有头有脸的大人物来担任公司的独立董事，创业者通常是无法拒绝的。但是这位大人物跟风险投资人的交往和业务关系通常会比创业者多，当然他更倾向于维护投资人的利益。

这样，普通股股东（创业者）在董事会上就面临失去主导地位的境地，解决这个困境的最简单办法是在融资之前就设立独立董事。至少也是选择你信任的、有信誉的人来做独立董事。如果融资之前，你无法或没有设立独立董事，谈判是要争取下面的权利：

- 独立董事的选择要由董事会一致同意；
- 由普通股股东推荐独立董事。

设立首席执行官席位

投资人通常会要求公司的首席执行官占据一个董事会的普通股席位，这看起来似乎挺合理，因为创始人股东之一在公司融资时通常担任首席执行官。但创业者一定要小心这个条款，因为公司一旦更换首席执行官，那新首席执行官将会在董事会中占一个普通股席位，假如这个新首席执行官跟投资人是一条心的话，那么这种“首席执行官 + 投资人”的联盟将控制董事会。

新的首席执行官也许是一名职业经理人，通常他与风险投资人合作的机会远比与你们公司合作的机会多。风险投资人通常会向有前景的公司推荐首席执行官，还会让这名首席执行官共同参与公司的投资。风险投资人决定公司支付首席执行官的报酬。你认为首席执行官会忠诚于谁呢？

“首席执行官＋投资人”联盟可能会给公司、公司创始人和员工都带来伤害，一个硅谷的简单例子可以参考：

公司需要募集 B 轮融资，在投资人授意下，首席执行官并不积极尽力运作，导致公司无法从其他地方筹措资金。结果，公司只能从当前的投资人那里以很低的价格获得 B 轮融资；结果是：投资人在公司估值较低的时候注入更多资金，获得更多股份；几个月之后，首席执行官也按照市场行情获得了“合理数额”的股份。但创始人和员工所持的股份比例却被稀释了。

上面的案例告诉我们，一位新首席执行官并不一定是你在董事会中的朋友。如果你正打算聘用一位新的首席执行官，不妨为他在董事会中设立一个新的席位。

在融资谈判中，创始人需要明确：

- 尽管首席执行官持有的也是普通股，但新的首席执行官很可能会与投资人结盟，首席执行官席位会在事实上对投资人更有利；
- 首席执行官并不在董事会中代表普通股股东，他的工作是让公司所有类别的股权增值。

公平的投资后董事会结构

目前国内风险投资人的 A 轮投资投资协议条款中，董事会条款的主流是：“1 位创始人＋1 位创始人及首席执行官＋1 位 A 轮投资人”的三人董事会结构。

通常而言，下面的 A 轮投资后的董事会结构也算公平：

- 1 个创始人席位、1 个 A 轮投资人席位及 1 个由创始人提名董事会一致同意并批准的独立董事。（单一创始人）
- 1 个创始人席位（XXX）、1 个 CEO 席位（目前是创始人 YYY）、1 个 A 轮投资人席位及 1 个由 CEO 提名董事会一致同意并批准的独立董事。（多位创始人）

总结

创业者在风险投资人融资时关注“董事会”条款，并不是说通过董事会能创造卓越的公司，而是防止组建一个糟糕的董事会，使创始人失去对公司运营的控制。一个合理的董事会应该是保持投资人、公司、创始人以及外部独立董事之间合适的制衡，为公司的所有股东创造财富。

有一大堆关于董事会构成这个话题的建议，但是，现实对于获得过投资的公司和准备寻找投资的公司是完全不同的。对于接受过投资的公司，通常的情况是每位风险投资人都会在董事会中占据一席，首席执行官占一席，也许还有一个外部行业内人士作为独立董事。随着公司继续融资，更多的风险投资人进入董事会。你可以喜欢也可以不喜欢，你可以认为在董事会里有 1 位风险投资人或者 4 位风险投资人是好事或者是坏事。你可以认为他们说得都一样——那为什么要听 4 遍？但是最后，他们获得了大量的利益、持有公司大部分股份、有权派出代表。

既然如此，对于那些还没有获得风险投资的公司来说，让谁进入董事会就很有意思，而且也有更多的灵活性了。如果你有一位天使投资人，他会进入董事会；如果有几位投资人，领投的那位，或者投资额最大的那位投资人会进入董事会。但是，在这些情况下，公司的大部分股权还控制在创始人手上。创始人可以，也应该占据董事会的多数席位。

另外，在这种情况下，你可能比风险投资后有更多的余地引入外部人士。你可以做的不仅仅是口头上说说董事会成员应该给董事会带来一些专业知识、对外联络或者其他方面的增值，你要是能找到一个这样的人就太好了。但是，经验表明行业精英都是大忙人。即便是你能找到一个进入董事会的人，你也很可能从他那里得不到太多。他们最大的价值可能只是他们的名字出现在你融资材料的团队介绍里。坦白说，我认为这个价值就不大了。

我观察到的最佳的早期公司董事会成员，是那些还不能称之为行业精英的人。这些人愿意做你的董事，通常是因为他们拥有比创业者更多的经验，并且他们愿意指导创业者；或者是他们有眼光，相信业务的前景；或者他们有其他的原因让他们愿意关注并且给予创业者时间和精力。那些真的能够提供帮助的人才是你希望得到的，用你的智慧去挑选，因为你没有太多的位置，而且公司需要往前走。

六、保护性条款

保护性条款，顾名思义，就是投资人为了保护自己的利益而设置的条款。这个条款要求公司在执行某些可能损害投资人利益的事件之前，要获得投资人的批准。实际上就是给予投资人对公司某些特定事件的“一票否决权”，让投资人拥有阻止公司某些行为的能力，防止普通股大股东做出不公平行为，以保护优先股小股东。

投资人为什么要制定保护性条款

普通股持有人及优先股持有人通过以下几种方式对公司进行监督和控制：

- 董事会席位：要求每位董事会成员服务于公司的整体利益，而不能简单地服务于自己所持有类别的股份。
- 股东投票：优先股按能够转换成的普通股数量投票。如果没有稀释，优先股通常是可转换成同等数额普通股。优先股和普通股通过股东投票维护自身利益。
- 分类别投票：要求优先股的多数及普通股的多数，分别维护自身利益。
- 保护性条款：优先股可以对公司某些事务进行否决，有些公司的每轮投资人（A 轮、B 轮……）有各自的保护性条款，有些公司所有投资人作为一个整体，共同签订保护性条款。

也许你会认为投资人派代表进入董事会，对公司就有足够的控制力度，保证公司不会从事任何违背其利益的事情，因此投资人没有必要太关注保护性条款。

但这是一种目光短浅的看法，因为作为董事会成员，投资人担负的法律职责是为公司的利益最大化而工作。有时候，公司的利益与某特定类别股份（比如 A 类优先股）的利益是不一致的，这样就会出现这样一种情况：作为董事，他在法律上应该为了公司的整体利益同意某件事，而作为某类股份的股东，他没有保护性条款来保护自己的利益。这种情况并不一定会让创业者受益，这只是一种好的管理模式，因为在功能上将董事会成员的职责和股东的职责区分开了。

也许有人会说保护性条款是投资人对创业者不信任才要求的条文，创业者也许会问："你不是信任我才投资的吗，为什么还要这些条款呢？"但这并不是信任与否的问题，而是投资人更愿意在投资之前把丑话说在前面，在以后可能出现分歧的地方明确彼此权利，而保护性条款正是其核心所在。

投资人要保护些什么

A 轮融资后投资人持有的优先股通常占公司股份比例为 20%~40%，如果普通股股东联合起来，他们可以控制公司的股东会和董事会：

- 优先股持有人无法影响股东投票，因为他们的股份不够；
- 优先股持有人也无法影响董事会投票，因为他们的席位不够。（比如，董事会组成是 2 个普通股席位、1 个优先股席位、无独立董事席位）。

投资人需要通过保护性条款，至少要防止普通股股东（比如创始人）做以下事情：

- 将公司以 1 美元的价格卖给创始人的亲属，将优先股扫地出门；

- 创始人以 1 000 万美元将部分股份卖掉，自己过上优哉游哉的日子；
- 发行巨量股份给创始人，将优先股比例稀释成接近零。

典型优先股保护性条款

投资协议条款中典型的优先股保护性条款如下：

保护性条款：只要有任何优先股仍发行在外流通，以下事件需要至少持有 50% 优先股的股东同意：

（i）修订、改变，或废除公司注册证明或公司章程中的任何条款对 A 类优先股产生不利影响；

（ii）变更法定普通股或优先股股本；

（iii）设立或批准设立任何拥有高于或等同于 A 类优先股的权利、优先权或特许权的其他股份；

（iv）批准任何合并、资产出售或其他公司重组或收购；

（v）回购或赎回公司任何普通股（不包括董事会批准的根据股份限制协议，在顾问、董事或员工终止服务时的回购）；

（vi）宣布或支付给普通股或优先股股利；

（vii）批准公司清算或解散；

……

这些保护性条款的数量有多有少，多则有二十多条。我认为以上条款是公平及标准的，而其他没有列出的条款是对投资人有利的，而通常不是风险投资的典型条款。

谈判要点及谈判空间

跟投资协议条款所有其他条款一样，保护性条款的谈判结果，也是根据公司及投资人双方的谈判地位决定，谁强势，谁就获得有利的条款。

保护性条款通常是投资协议条款谈判的焦点，创业者当然希望保护性条款的内容越少越好，最好没有；而风险投资人刚好相反，希望对公司的一系列事件拥有否决权级别的控制，尤其是当这些事件影响风险投资人的经济利益的时候。有没有这个权利是个问题，而行不行使是另外一个问题。

（1）保护事项的数量

如上文所述，投资人在保护性条款中会要求对公司的一系列事件拥有批准的权利。创业者跟投资人谈判的最直接目标就是减少这些事件的数量，而不是试图取消保护性条款。

因为公司的重大事项都会通过董事会来决策，董事会保障的是公司的利益。投资人的保护性条款其实是防止发生有利公司但可能危害投资人利益的事件，这类事件包括几类：

- 可能改变优先股权利和地位的（如上文 i、iii）；
- 可能改变优先股股权比例的（如上文 ii、v）；
- 可能改变优先股退出回报的（如上文 iv、vi、vii）。

这些事件都是与投资人的利益直接、紧密相关的，其他事件都是可以通过谈判，排除在保护性条款之外。通常而言，上文的 7 个条款是比较标准和容易接受的。

另外，如果投资人强势，要求对更多事件拥有批准权利，创业者也有其他处理办法，比如：

- 要求公司运营达到阶段性里程碑之后，取消某些保护性条款；
- 把投资人要求的某些保护性条款变成“董事会级别”，批准权由投资人的董事会代表在董事会决议时行使，而不由投资人的优先股投票（见下文）。

（2）条款生效的最低股份要求

公司应该要求已发行的优先股要达到一个最低数量或比例，保护性条款才能生效。是“只要有任何数量的优先股在外流通”就生效，还是“超过

X% 的 A 类优先股在外流通”才生效？

很多保护性条款中要么明确，要么隐含地要求只要有“任何数量”的优先股在外流通，保护性条款都有效。这是有问题的，比如，如果优先股只有 1 股在外流通，那么其持有人便不应该拥有阻止公司进行某些特定事项的权利。

通常而言，这个生效比例越高对创业者越有利。我看到比较多的是 25%~75%，50% 的比例好像没有什么争议，双方应该都是可以接受的。

（3）投票比例下限

保护性条款实施时的投票比例通常设为“多数”或“超过 50%”，即公司要从事保护性条款约定的事项之前，要获得持有多数或超过 50% 优先股的股东同意。在很多情况下，这个比例被设置得更高，比如 2/3，尤其是公司有多个投资人的时候（A 轮联合投资，或公司经过多轮融资），要保证多数投资人支持公司采取的某个行为。

通常而言，这个投票比例的门槛越低对创业者越有利。如果太高，创业者就要当心股份比例小的投资人不适当地行使否决权。比如，条款要求 90% 的优先股同意，而不是多数（50.1%）同意，那么一位只持有 10.1% 优先股的投资人就可以实际控制保护性条款了，他否决就相当于全体优先股股东否决了。

（4）不同类别的保护条款

当进行后续融资时，比如 B 轮融资，通常会讨论保护性条款如何实施。有两种情况：

- B 类优先股获得自己的保护性条款；
- B 类优先股与 A 类优先股拥有同一份保护性条款，并一同投票。

创业者（公司）当然不希望不同类别的投资人各自拥有单独的保护性条款，而希望所有投资人采用同一份保护性条款，所有投资人一起投票。因为

A、B 类优先股的保护性条款分开的话，公司做任何保护条款中的事情，需要面对两个潜在的否决表决。

通常，新投资人会要求单独的投票权，根据他们的定价、风险等因素，其利益跟先期投资人可能不一致。但是，很多有经验的投资人会同意创业者的要求，放弃单独投票权。如果是 A 轮投资人继续投资 B 轮，那就没有什么好说的。

董事会级别的保护性条款

有些情况下，创业者可以把投资人要求的某些保护性条款“降级”成“董事会级别的保护性条款”。投资协议条款中典型的董事会级别的保护性条款如下：

只要有超过 50% 的 A 类优先股在外流通，公司的以下事项需要获得董事会同意，其中必须获得至少 1 名 A 轮投资人董事的同意：

（i） 引发任何债务或承担任何债务，或者引发、承担、担保任何累计超过 500 000 美元的债务；

（ii） 与任何单位签署重大协议或合同导致公司可能承担无限义务、担保或债务，或 12 个月累计义务、担保或债务超过 500 000 美元；

（iii） 在 12 个月之内，累计开支或有形 / 无形资产的购买累计超过 500 000 美元；

（iv） 与公司董事、管理人员或员工或其他关联公司发生交易，除非是公司正常业务范围；

（v） 雇用、解雇公司高管，或变更其薪酬，包括批准任何期权计划；

（vi） 变更公司主营业务，进入新的业务领域或退出当前业务；

（vii） 正常业务之外，出售、转让、许可、质押公司技术及知识产权。

这个条款在美国不同地域的风险融资文件不太一样，有些州投资人加上这些条款，有些州则完全没有。

在实际操作的时候，为了进行良好的公司治理，上面提到的所有事件基本上都需要董事会批准的，但问题是投资人董事是否有权在多数董事同意的情况下行使否决权。当然，这一点也是可以谈判的。

防止投资人谋求自己利益

保护性条款是防止普通股大股东损害优先股小股东，但是它不是牺牲公司利益为优先股谋求利益的工具，创始人要防止优先股股东运用保护性条款谋求自己的利益。

比如，公司收到一份收购意向，创业者及管理团队认为卖掉公司对股东有利，董事会同意并批准了。但如果投资人的其他投资案例都不太好，指望这家公司通过首次公开募股或后续可能更好的并购价格让他赚得盆满钵满，投资人就不愿意现在出售。于是，投资人在“董事会投票”赞成出售，通过行使“保护性条款”否决出售。

其实公司宁愿要一个“自私”的投资人，他通过其董事会席位为自己谋利，而不希望投资人通过保护性条款做出了保护自己之外的任何事。至少，这个“自私”的投资人作为董事会成员的能力与其董事会席位数量成比例，而保护性条款，给予他一个跟他的股份比例及董事会席位安排完全无关的“一票否决权”。

总结

投资人以小股东的方式投资，要求签订保护性条款是合理的，也是非常正常的，设立保护性条款目的是保护投资人小股东，防止其利益受到大股东侵害。但投资人对保护性条款的行使，会对公司的正常运营产生一定的干扰，创业者在进行这个条款的谈判时要考虑如何在这两者之间找到一个平衡点。

七、股份兑现

风险投资人在决定是否投资一家公司时，通常最看重的是管理团队。一方面是管理团队的背景和经验，另一方面是保持团队的稳定和持续性。对于背景和经验，可以通过前期的尽职调查得到核实，而股份兑现条款则是保证团队的稳定性的一个有效手段。

股份兑现，也称为“股份成熟”，其概念其实并不复杂。一般来说，投资人都希望创始人和管理团队的股份及期权都要经过 4 年时间才完全兑现，就是说你必须在公司干满 4 年时间，才能拿到你所有的股份或期权。如果你提前离开公司，根据约定的兑现方式，你只能拿到部分股份或期权。

兑现条款对国内很多尚未融资的创业者来说，不是很容易理解。主要原因是他们的公司都是有限责任公司，按照《中华人民共和国公司法》，他们都不存在兑现问题，因为压根就没有股票和期权，创始人一开始就拥有了与出资额对应的公司股权比例。不过也可以通过股份代持、设立持股公司等方式，来解决这个问题。

但外资风投在以离岸公司的模式投资时，离岸公司在股份发行和期权授予方面的灵活性，就满足了风险投资人对创始人和管理团队的控制。

什么是兑现条款

投资协议条款中典型的兑现条款如下：

股份兑现：在交割之后发行给员工、董事、顾问等的所有股份及股份等价物将遵从以下兑现条款：发行后的第一年末兑现 25% ，剩余的 75% 在其后 3 年按月等比例兑现。公司有权在股东离职（无论个人原因或公司原因）

时回购其尚未兑现的股份，回购价格是成本价和当前市价的低者。由创始人 XXX 和 YYY 持有的已发行流通的普通股也要遵从类似的兑条款：创始人在交割时可以兑现其股份的 25%，其余股份在其后 3 年内按月兑现。

对于早期公司，风险投资人通常是要求 4 年的兑现期，其中第 1 年为“阶梯（Cliff）”兑现，其余 3 年逐月兑现，到第 4 年末，全部兑现。见图 6–6 所示。

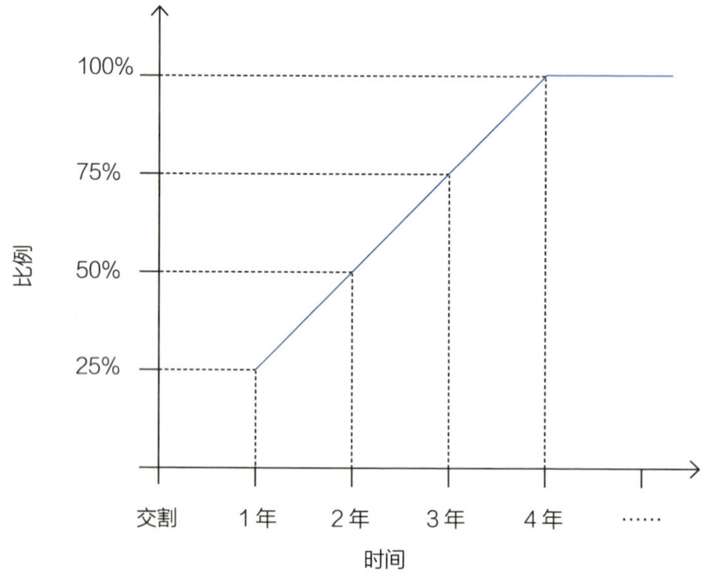

图 6–6　早期公司的兑现期

图 6–6 的意思就是：如果你在融资后的 1 年之内离开公司，你兑现不了任何股份。1 年之后，你可以兑现 25% 的股份（这就是“阶梯”），然后你开始按月在剩余的年限里（3 年）兑现剩余股份。比如你在投资交割一年半之后离开公司，你可以兑现的你所有股份的 37.5%（25%+75% × 6/36）。

股份持有人在离开公司后，他那些还没有兑现的股份通常由公司收回注销（海外架构公司），或回收这些股份重新分配（国内公司），这两种处理方式，都会让所有其他留守的股东被反向稀释而增加股权比例，比如风险投资人、普通股东、期权持有人。对于没有兑现的期权，公司收回至期权池，可以继续分配给后续员工。

很多创业者不理解：为什么原来属于我的股份，一旦风险投资进来，这些股份就需要几年时间才能拿回来，这些股份本来就是我的啊！

对于兑现条款，创业者要了解以下几点：

（1）你的股份一开始就都是你的，在行使股东投票表决的时候，你可以按照所有股份都已兑现的数量投票。比如投资交割时创始人的股权比例是70%（或1 000万股股票），则在你离开公司之前的任何时候，都有70%（1 000万股股票）的投票权。

（2）你在公司工作满4年之前，可以自由处置（如出售）的股份数量不是全部，而是按照上述兑现条款约定已经兑现的数量。比如上述的1 000万股，创始人在投资交割后一年半的时候，可以自由处置的数量是375万股。

（3）兑现条款在风险投资之后，可以通过董事会修改，以应对不同的情况。

（4）拒绝兑现条款是会让投资人非常担心你有计划提前离开公司，而这对于他们决定是否投资非常重要。

（5）兑现条款对风险投资人有好处，对创始人也有好处。如果公司有多位联合创始人，在风险投资人投资后，某位创始人要求离开。如果没有股份兑现条款，离开的创始人将拿走他自己全部股份，而风险投资人和留下来的创始人将要为他打工。如果有股份兑现条款约束，所有创始人都会努力工作，以拿到属于自己的股份。同样道理，员工的股权激励也需要通过兑现条款的方式逐步获得。

有一家已经在创业板上市的公司，曾经的三位创始人，在风险投资之后，因为公司经营出现困难，其中两位离开了，但仍然持有公司的股份。风险投资人仍然信任这位留下来的创始人，继续追加投资，最终公司成功上市。但不公平的是，那两位中途做了“逃兵”的创始人也跟着成为上市公司的股东，不劳而获。

这个案例让风险投资人得到教训，这位投资人说，以后他们投资的公司，如果有创始人离开，只要离开的创始人还信任公司和留下来的创始人，离开的创始人所持的股份，他们都会以合理的价格回购。

谈判要点

创始人要明白一个事实，随着时间推移，你对公司的贡献会相对越来越不重要，但是你每月兑现的股份数量却相对比较大。

创始人通常在公司早期对公司的贡献最大，但是股份兑现在三四年内都是平均的。一旦你对公司的贡献相对减少，公司的任何人都有让你离开的动机，同时取消你尚未兑现股份。所以，一旦风险投资人发觉你在公司存在的价值与你尚未兑现的股份不匹配的时候，就麻烦了。比如，风险投资人在第2年发现你对公司而言，没有太多价值了，而你还有超过50%的股份尚未兑现，那风险投资人最理性的做法就是：开除你，回购你的股份。所以，创始人要有所准备。

第一，通常，公司收回未兑现的股份会反向稀释其他股东，让创始人、员工和风险投资人按比例受益。创始人可以要求公司将这些未兑现的股份只在创始人和员工之间按持股比例分配。提出这样要求，是因为离开公司的创始人所持有的尚未兑现股份是风险投资之前创造的，应该分配给创造这些价值的创始人和员工，而不是风险投资人。当然，也可以将回购的股份放入期权池作为取代者的期权。

第二，争取最短的兑现期。考虑到创始人已经在公司工作了1年或更长时间，这些工作时间可以要求投资人给予适当的补偿。比如创始人可以要求在投资交割时，就获得其1年的兑现股份（25%），在未来3年兑现剩余股份。见图 6–7 所示。

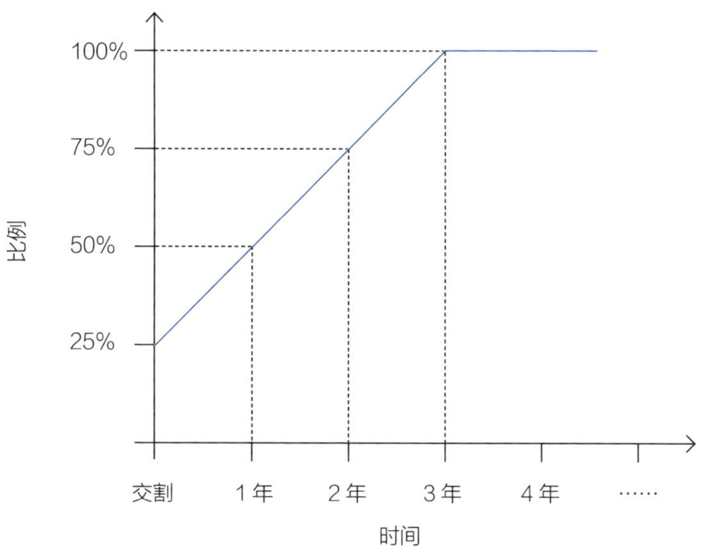

图 6–7　投资交割最短的兑现期

第三，创始人要争取在特定事件下有加速兑现的权利。比如：达到某个经营里程碑指标时，获得额外的股份兑现；被董事会解职时，获得额外的股份兑现。额外兑现的股份数量通常是原定 1 年的兑现量，有时甚至是全部尚未兑现的股份。比如再经过 2 年，由于达到业绩目标，获得 1 年额外的股份兑现，则股份兑现见图 6–8 所示。

第四，如果公司在被投资之后，股份兑现期还没有结束就首次公开募股了，那创始人自然拿到全部股份，这样也是风险投资人所期望的。但是在目前的市场环境下，典型的早期公司需要 5~7 年才可能首次公开募股退出，大部分的退出方式是被并购。

通常来说，创始人在面临公司被并购时，会要求加速兑现股份。处理方式有两种：一是“单激发”（Single Trigger），即在并购发生时自动加速兑现；二是“双激发”（Double Trigger），即加速兑现需要满足两个条件：公司被并购及创始人在新公司不再任职。

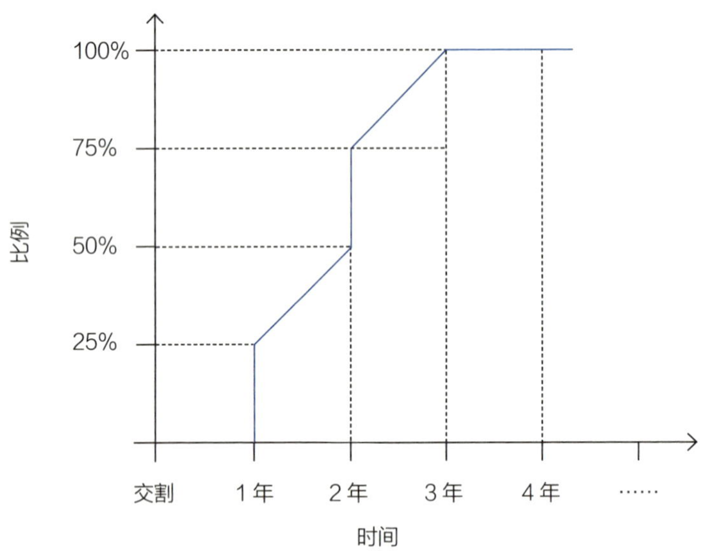

图 6-8 特定事件下的加速兑现

目前比较常见的加速兑现是“单激发”额外兑现 25%~50% 的股份，“双激发”额外兑现 50%~100% 的股份。加速兑现不缩短兑现期，而只增加兑现股份数量，减少未兑现股份数量。相对而言，“双激发”应用得更普遍一些，而“双激发”中的另外一个激发因素（如创始人在公司不再任职）也是可以谈判定义的。比如被无理由开除，或者创始人因合适理由离职。恰当的开除理由包括故意过失、重大过失、欺诈行为、违反和约等；合适的离职理由包括职位变更、薪酬降低、住址变远等。

投资协议条款中典型的条款描述如下：

在发生被兼并、合并、资产出售或其他改变公司控制权事件，并且员工在此事件后 1 年内被无故解雇，被解雇员工将有权获得 1 年额外的股份兑现。除此之外，任何情况下均没有加速兑现。

创始人当然希望在并购交易时加速拿到全部股份，因为对方可能是长期的竞争对手，在新公司再工作几年来兑现所有股份，这可不是一件愉快的事情。而风险投资人则不希望加速兑现影响交易的进行，因为并购方通常也希望对创始人、团队、员工保持某些持续的激励，因此他们有时候不愿意让所有股份兑现，或者他们重新设置新的股份兑现计划作为交易的一部分。

股份兑现的应用实例

公司发行 5 000 000 股，创始人甲、乙两人各持有 2 000 000 股，风险投资人持有 1 000 000 股，股权比例分别为 40%、40%、20%。其中，两位创始人股份的 20%（即 400 000 股）在公司投资交割时就兑现，公司以后不能回购。剩下 80%（即 1 600 000 股），分 4 年按月兑现（每年 20%，400 000 股）。

在风险投资人投资后的第一年期间，尽管甲、乙两位创始人已兑现的股份只有 400 000 股，但仍然拥有全部股份（公司的 40% 比例、2 000 000 股）的投票权。

如果甲在 1 年后离开公司的话，他会拿到 1 年兑现的 20%，即 400 000 股，加上投资交割时拿到的 400 000 股，共 800 000。甲剩下未兑现的 1 200 000 被公司以象征性价格回购注销。公司总股份量变为 3 800 000。甲实际拥有 800 000/3 800 000 = 21%；乙名义拥有 2 000 000/3 800 000 = 53%。风险投资人拥有 1 000 000/3 800 000 = 26%。

如果没有兑现条款约束的话，甲离开时会与乙及风险投资人产生很大的争执。甲会要求拿到自己全部的 2 000 000 股，而乙和风险投资人当然会反对，他们当然不愿意为甲打工。

如果 1 年以后，乙的贡献或重要性比甲多，而最初甲、乙的股份分配是相同的。公司可以召开董事会，风险投资人、甲、乙一起商量，把甲、乙双方还没有兑现的股份重新分配。甲、乙都会比较容易接受，因为已经兑现的股份不变。而且如果一方不接受而离开公司的话，也有一个明确公平的已经兑现的股份。

总结

尽管股份兑现条款常常是创始人和风险投资人谈判的热门话题，但这个条款其实对于双方都是有某种程度的好处。它是一个很公平的方法，因为创业是一个艰苦的长期过程，没有一个团队是永远的，创始人应当将兑现条款看作是一个整体协调工具：对风险投资人、联合创始人、早期员工以及后续员工而言，都是一种有效的保障。

八、股份回购

风险投资人最终一定要实现在投资项目上的退出，并尽力获得理想的股权变现和投资回报，以便能给风投基金的 LP 预期的回报。通常而言，风险投资的退出渠道一般有 5 种：

- 首次公开募股；
- 公司被并购（M&A）；
- 股份出售；
- 股份回购；
- 公司清算。

首次公开募股当然是皆大欢喜的情况，风险投资人可以在公开市场出售股份实现套现退出。公司被并购、股份出售及公司清算都应该算作是流动性事件或变现事件（Liquidation Event），在这些情况下，风险投资人通过清算优先权条款来约定退出回报方式。除此之外，如果公司的发展波澜不惊，没有发生变现事件，那风险投资人如何实现退出，这就需要股份回购条款了。

什么是股份回购权

股份回购权（Redemption Right）就是风险投资人在特定的条件下，可以要求公司或创始人购买他们持有的股份。根据调查，从 2005 年至 2017 年的风险投资案例中，超过 1/3 的案例包含股份回购条款。

在投资协议条款中，典型的股份回购权条款如下：

回购：如果大多数 A 类优先股股东同意，公司应该从第 5 年开始，分 3 年回购已发行在外的 A 类优先股，回购价格等于原始购买价格加上已宣布但尚未支付的红利。

尽管股份回购权是风险投资协议中很重要的一个条款，但在实际操作中，股份回购权几乎从来不会，也没有被执行。但股份回购权是有其存在的道理，并且对风险投资人是有很大帮助的。

第一，风险投资人会担心被投资的公司发展成为“僵尸”状态，就是能够产生一定的收入，维持公司运营，但是却无法成长到让其他公司有收购的兴趣，或是上市。这种情况下，通过股份回购权，投资人获得一条有保障的退出渠道。但是，通常而言，如果公司既达不到上市的标准，也没有被并购的吸引力，公司也不会留存有足够的现金来回购风险投资人的股份，创始人也不会有其他经济来源，积累足够的现金。

第二，风险投资基金有生命周期，通常的基金运作周期是 10 年左右。而他们大部分的投资是在前 3 年进行，所以，风险投资通常要求在投资后 4~7 年左右变现，这样他们的投资项目才能在基金生命周期内回收资金。对风险投资人来说，要求股份回购权才能保障基金在清盘时有变现渠道。

第三，通过这个条款，让被投资公司的经营者（创业者）有更多的责任和压力，考虑如何善用投资款和经营公司。

除了上述的股份回购权条款之外，目前还有一种比较苛刻的回购权形式——经营不善回购（Adverse Change Redemption）。典型的条款描述如下：

经营不善回购： 如果公司的前景、业务或财务状况发生重大不利变化，多数 A 类优先股股东同意时，有权要求公司立刻回购已发行在外的 A 类优先股。购买价格等于原始购买价格加上已宣布但尚未支付的红利。

这个条款非常模糊，对公司非常有惩罚性，并且给予投资人基于主观判断的控制权，理性的投资人不会要求这样的回购权条款，理性的创业者更不应该接受这样的条款。

股份回购条款的谈判

创业者与风险投资人进行谈判时，最好的结果当然是取消股份回购条款了。但通常情况下，风险投资人是会要求股份回购权的，谈判内容主要有以下几点：

第一，**风险投资人行使权利的时间。** 大部分的回购权要求至少在 A 轮融资四年之后才允许行使。这是因为风险投资人要给予公司需要足够的时间发展以达到目标，风投基金也需要在基金生命周期结束前变现其投资。所以，创业者在跟风险投资人谈判之前，就要了解其基金的成立时间及到期时间。如果 10 年期的基金，第 6 年的时候投资，就不可能要求融资后五年行使回购权；如果是新成立的基金，则可以要求更长的期限。

第二，**回购及支付方式。** 通常由于公司的支付能力有限，风险投资人会接受分期回购的方式。当然期限越长对公司的压力越小，一般来说 3~4 年是比较合适的。回购权可以允许部分投资人选择不要求公司回购，或者要求所有股份都必须被回购。另外，不同阶段的投资人，其股份的回购次序不应有先后之分。

第三，**回购价格。**回购价格通常是初始购买价格加上未支付的股利，如果风险投资人比较强势，可能会要求一定的投资回报率，比如 10% 的年回报率，或者是初始购买价格的 2 倍。

第四，**回购权激发方式。**回购权通常由多数（＞ 50%）或大多数（＞ 2/3）投资人投票同意时才实施，当然也可以约定在某个时间点自动生效。当然需要越多的投资人同意才能要求公回购股份对创业者更有利。

风险投资人对回购权的控制

风险投资人和创业者往往通过两种方式控制公司：一是董事会席位和投票权；二是协议赋予的权利。虽然董事会控制权和多数投票权是控制退出的最有效的方式，但风险投资人在第一轮投资时，通常不会拥有多数投票权和董事会席位，那么不能通过这种方式来行使退出决策权时，就只能借助于股份回购权等合同约定控制权了。

但是如果在风险投资人要求公司回购其股份时，公司没有足够的支付资金，回购权对风险投资人而言就不是一个可行的变现手段。这种情况下，风险投资人可能会强迫管理团队对待他们的退出要求，并可能导致创业者被迫出售公司。另外，在公司无法支付时，风险投资人也可能会要求获得额外的董事会席位，导致风险投资人获得董事会控制权，从而调整公司运营方向或直接出售公司。

因为《中华人民共和国公司法》的约束，风险投资人要求公司回购，可能会涉嫌侵犯其他股东或债权人的利益，在实际司法实践中，也出现了判决风险投资人回购权无效的先例。因此，国内很多风险投资人在回购权的条款描述中，要求公司或创始人回购，并且要求创始人承担无限连带责任。

主动回购

通常认为股份回购条款是对风险投资人有利、对创业者不利的条款。在某些银行和会计师看来，这种拥有回购权的优先股投资更类似于一种公司负债，而不是投资；而且，在公司缺乏资金而使得回购权难以行使的情况下，公司后续的融资将变得很困难，新的投资人必然会将以前投资方的股份回购权作为一项重要的谈判内容进行考虑。

当然，创业者首先是尽量不接受这个条款。如果必须接受，也应采取上述的谈判方法，降低回购对公司的影响。

另外，前面讲到的都是在公司发展无法达到预期时。相应地，如果创业者对公司经营有良好预期的话，也可以约定在适当时候公司（创业者）有权强制回购风险投资人的股权。这种要求主动回购风投股份的模式，在很多商业计划书里出现过，在实际的投资条款里倒是从没见过。

另外，创业者也可以约定在某种特定的情况下，公司（创业者）有权回购投资人的股份。比如投资人又投资了公司的竞争对手、投资人被竞争对手收购等。

总结

股份回购权只不过是风险投资人保障自己退出的一个手段，创业者应该给予理解，但要尽量提高回购权行使的门槛，降低行使回购权对公司经营和个人财产的影响。另外，也可以通过主动回购权的方式，维护公司的利益。

九、领售权

被并购（M&A）是风险投资人常见的退出方式，在美国可能已经成为风险投资人的主要退出方式，中国的并购市场这几年也在快速发展，越来越多的风险投资人通过并购的方式实现退出。通过将被投资的公司出售给第三方，风险投资人可以将自己的股份变现。但是，风险投资人通过自己所谓的增值服务，千方百计找到一家合适的并购方之后，创始人或管理团队可能并不认同并购方、并购方的报价、并购条款等，导致并购交易难以进行，这个时候，风险投资人可能会搬出一个撒手锏——领售权（Drag-Along Right），强迫创始人接受交易。

什么是领售权条款

领售权，就是指风险投资人强制公司原有股东参与投资人发起的公司出售行为的权利，风险投资人有权强制公司的原有股东（主要是指创始人和管理团队）和自己一起向第三方转让股份，原有股东必须依风险投资人与第三方达成的转让价格和条件，参与到风险投资人与第三方的股权交易中来。通常是在有人愿意收购，而部分原有股东不愿意出售时运用，这个条款使得风险投资人可以强制出售公司（见图 6-9）。

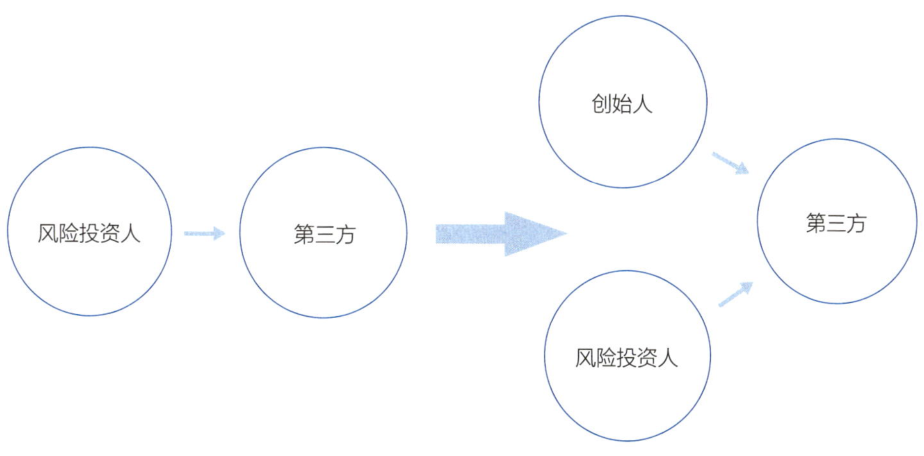

图 6-9　领售权条款

投资协议条款中，典型的领售权条款如下：

领售权：在首次公开募股合格之前，如果多数 A 类优先股股东同意出售或清算公司，剩余的 A 类优先股股东和普通股股东应该同意此交易，并以同样的价格和条件出售他们的股份。

领售权条款的设计有这样几个目的：

第一，如果一家公司的绝大多数股东决定出售公司，几位小股东不应该阻止这桩交易，也不应该有办法阻止。有些公司初创时有很多创始人、天使投资人，过了几年在公司可以被出售的时候，要想把所有的这些原始股东聚集在一起协商不是一件容易的事。当然，也可能有些公司经营过程中产生矛盾的小股东故意不出席，阻挠和要挟公司。这个时候，领售权就可以起作用了。只要大多数股东同意将公司出售，这些小股东是不可以，也没有办法阻止这桩交易的达成。

第二，通常在收购公司时，收购方会购买目标公司全部或大多数的股权，如果股权比例太低，就失去收购的价值。所以，如果有合适的并购方出现，风险投资人这样的小股东手中持有的股份比例是不够的。当然可以由董事会来通过出售公司的决议，但这是没有保障的，董事会上风险投资人的投票权往往没有决定性。

第三，依据清算优先权条款，公司如果出现出售或清算等事件，风险投资人要按照设定方式获得优先分配资金（优先分配额）。如果风险投资人发起的公司出售，交易金额低于投资人的优先分配额，创始人和管理团队是一定会反对的，因为他们什么也得不到。即使是交易金额超出优先分配额，创始人和管理团队也可能会不满意分配的资金，从而反对此交易。

以上几点决定了，如果想风险投资人通过出售公司实现退出，领售权就是很好的底牌。

但是，领售权如果被风险投资人设计的对他们有利，则会给风险投资人小股东一个极大的权力，把创始人（通常是大股东）拖进一个可能不利的交易中。“多数 A 类优先股股东同意”就可以让剩余的其他所有股东同意这个出售交易，A 类优先股通常是公司的少数股权，其中的“多数”更是少数。但领售权给投资人在出售公司时，有绝对的控制权，即便投资人的股份只占公司的极小部分。

领售权的谈判

创始人和天使投资人可能会对领售权有很多意见，首先就觉得“不公平”——我要按我自己的意志、为自己的利益投票，为什么要受风险投资人强迫？但是记住这个条款是融资谈判中众多条款之一，自然有谈判的空间，没有什么标准条款。如果风险投资人不接受，就放弃。

领售权通常的谈判要点如下：

第一，受领售权制约的股东。通常，风险投资人希望持有公司大部分股份的普通股股东签领售权，领投的风险投资人通常也希望其他跟投的风险投资人也签署，这样保证风险投资人不会遇到原始股东和投资人内部对交易产生障碍。其实，对创始人和管理团队等普通股股东而言，有时候也需要领售权条款！尽管公司出售不需要全体股东一致同意（通常是完全稀释条件下，每类股份的多数或全部股份的多数），但大多数收购方还是希望看到 80%~90% 的股东同意。因此，如果公司有很多持股比例很少的普通股股东，跟所有股东签署领售权协议，其实也是有必要的。

第二，领售权激发的条件。通常风险投资人要求的激发条件是由某个特定比例的股东要求（比如 50% 或 2/3 的 A 类优先股，或某特定类别优先股）。

对创始人而言就不公平了，因为优先股的多数对公司整体而言，还是少数，所以，创始人可也要求在领售权激发还需要满足另外一个条件，就是董事会通过，这样对公司所有股东而言就公平了。当然，对于优先股要求通过的比例越高越好，这样优先股股东的多数意见得到考虑。比如上文所述的条款可以改为：

领售权：在合格首次公开募股之前，如果超过 2/3 的 A 类优先股股东及董事会同意出售或清算公司，剩余的 A 类优先股股东和普通股股东应该同意此交易，并以同样的价格和条件出售他们的股份。

第三，出售的最低价格。根据清算优先权，有些股东（尤其是普通股和低级优先股）在公司被收购的时候可能什么也拿不到。强迫这些股东投票同意这种交易是会面临他们的反对的。所以，有些股东就需要在谈判时要求一个最低的价格之上适用领售权。比如，如果风险投资人在“清算优先权”条款中要求的是“参与清算优先权，2 倍回报、3 倍上限”时，那普通股股东会认为：

- 只有出售时公司估值高于风险投资额的 2 倍时，普通股股东才有剩余的并购金额可以分配；
- 只有每股价格达到风险投资价格的 3 倍时，风险投资就会转换成普通股，大家按股份比例分配，股东间的利益才能保持相对一致。

第四，支付手段。当然现金是最好的，另外，上市公司的可自由交易的股票也可以接受。如果并购方是非上市公司，以自己的股份或其他非上市公司股份作为支付手段，那就需要创始人好好斟酌了。

第五，收购方的确认。为了防止利益冲突，创始人最好能够预先确定哪些方面的收购方不在领售权的有效范围之内，比如竞争对手、本轮风险投资过的其他公司、风险投资人的关联公司等。

第六，股东购买。如果有创始人不愿意出售公司，而风险投资人一定要出售的话，那么还有一条解决办法就是由创始人以同样的价格和条件将风险投资人的股份买下（见图 6–10）。

第七，时间。最好能要求给予公司足够的成长时间，通常四五年之后，如果风险投资人仍然看不到首次公开募股退出的机会，才允许激发领售权，通过

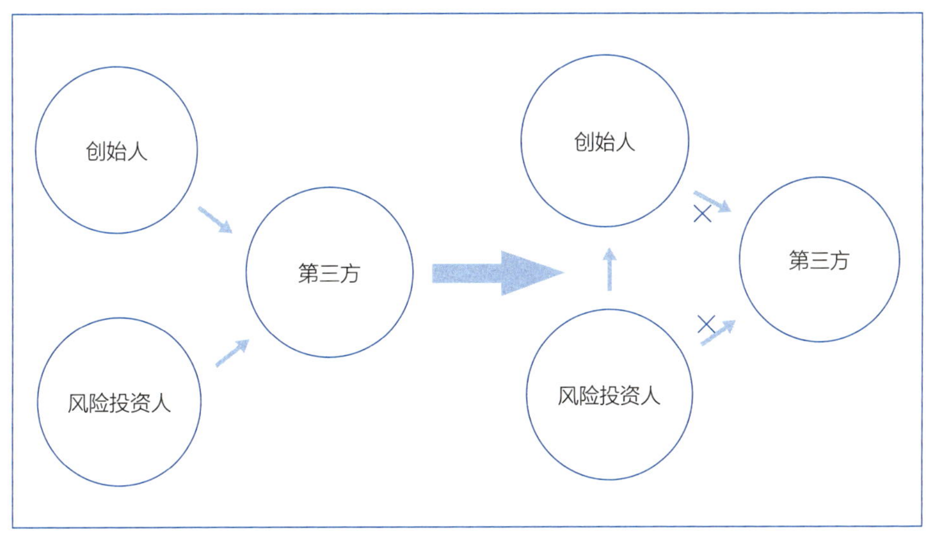

图 6-10　股东购买

出售公司退出。

第八，如果创始人同意风险投资人出售公司，创始人可以要求不必为交易承担并购方要求的在业务、财务等方面的陈述、保证等义务。

综上所述，对于前文所示的条款，比较合理的谈判结果如下：

领售权：在本轮融资交割结束 4 年后，如果超过 2/3 的 A 类优先股股东和董事会同意出售全部或部分股份给一个真实的第三方，并且每股收购价格不低于本轮融资股价的 3 倍，则此优先股股东有权要求其他股东，其他股东也有义务按照相同的条款和条件出售他们的股份（全部或按相同比例），如果有股东不愿意出售，那么这些股东应该以不低于第三方的价格和条款购买其他股东的股份。

一个领售权的案例

美国有一家名叫 FilmLoop 的互联网公司，2005 年 1 月向 Garage 技术创投和 Globespan 资本融资 550 万美元，2006 年 5 月，又向 ComVentures 融资 700 万美元。2006 年 10 月，公司推出新的 FilmLoop 2.0 平台，公司和投资人都对前景乐观。

可是 2006 年 11 月，由于 ComVentures 的出资人 LP 要求清理持有的非营利投资项目，ComVentures 让 FilmLoop 公司在年底之前找到买家。尽管创始人不愿意出售公司，但是 ComVentures 的股份比例较高，另外还握有领售权，可以强制其他投资人和创始人出售。2006 年 12 月，由于公司在年底前找不到买家，ComVentures 让自己投资的另外一家公司 Fabrik 收购了 FilmLoop，收购价格只比公司在银行的存款（300 万美元）略高。根据清算优先权条款，创始人和管理团队一无所获。

ComVentures 让创始人在圣诞节假期的时候，在极短的时间内寻找合适买家的做法，显然是有意地。这样他们就可以让自己的关联利益方廉价收购 FilmLoop。FilmLoop 公司的创始人和员工在头一天还拥有公司，并且还有 300 万美元的银行存款。但第二天，他们发现自己失去了股权、失去了工作、失去了公司！

这种做法让创始人始料不及，但是如果诉诸法律，以后再创业的话，可能不会有风险投资人敢投资他了。另外，为了自己的名声，创始人只能简单地认栽，并期望哪天能“东山再起”，遇到有“道德”的投资人，他们可以跟公司患难与共，不会强制出售一个正常运营的公司去解救另外一家公司。

这个案例告诉我们，风险投资的条款可以有些不太“道德”的用法，所以，融资的时候，要小心给钱的到底是谁。

总结

对风险投资人来说，将领售权条款写入投资协议已经越来越重要了，如果正确设计和执行，领售权可以为风险投资人提供重要的保护，使之在合适的时机可以实现投资退出。公司的创始人理应保障风险投资人合理的退出要求，但也要通过精心的条款细节设计，控制自身可能面临的风险。

十、竞业禁止条款

案例一：据媒体报道，沈阳市中级人民法院认定法达能集团向其中国合资企业委派的法籍董事秦某违反了“竞业禁止”义务，判决停止其在合资企业中的董事职务，并责令其向沈阳娃哈哈饮料公司赔付 40 万元，以弥补该合资企业的损失。这是娃哈哈在与达能在竞业禁止问题上取得的胜利。此前，娃哈哈起诉达能董事违反“竞业禁止”义务，得到桂林等地法院的支持。

案例二：2005 年 7 月 19 日，谷歌宣布原微软自然交互式软件及服务部门副总裁李开复加盟谷歌公司，出任全球副总裁及中国区总裁。而前一天，李开复还在微软公司上班。

随即，微软公司向美国华盛顿州地方法院提起诉讼，指控谷歌和李开复违反了竞业禁止协议。而谷歌也迅速向加利福尼亚州的法院提起反诉，称根据美国加利福尼亚州的法律，微软和李开复的竞业禁止协议属于非法。9 月 14 日美国华盛顿州西雅图法院就李开复案做出裁决：李开复可以为谷歌工作，但工作范围将受到限制。对这份新的裁定，微软和谷歌均表示满意。李开复的工作包括招聘人员、创建谷歌中国工程研究院，以及和政府部门沟通联络。

竞业禁止主要包括两种形式，一是法定竞业禁止，是当事人基于法律的直接规定而产生的竞业禁止义务，如案例一中达能董事。法定竞业禁止基于法律直接规定，对我国的公司而言，《中华人民共和国公司法》《中华人民共和国合伙企业法》《中华人民共和国中外合资经营企业法》中对于公司的管理者都有相关的法定竞业禁止义务的规定，及违反应当承担的相应民事责任，本书不做详细解读。

二是约定竞业禁止，是当事人基于合同的约定而产生的竞业禁止义务，如案例二中谷歌和李开复。微软起诉他们的一个重要证据是李开复与微软签署过一份竞业禁止协议，这份协议限制他离职后在竞争对手的企业中所能从事的工作范围。但这类协议并不是在美国各州都合法，在微软总部所在地华盛顿州是受法律支持的，而李开复将在美国加利福尼亚州及中国为谷歌工作，加利福尼亚州法律不支持公司与员工间的竞业禁止协议。

什么是竞业禁止协议

电影《天下无贼》中，黎叔的一句“21 世纪什么最贵？人才！”流传甚广。

这句话基本上可以作为风险投资人回答诸如“评估创业公司时最看重什么”之类问题的最好答案。的确，风险投资人在进行项目决策时，最为看重的还是创业团队。一个好的商业模式落到执行力差的团队手里，可能会被毁掉；而一个普通的商业模式，执行力强的团队可以让它成长为上市公司。

风险投资人在投资之前要考察创业团队，当然要通过一些协议的签署，在投资后维持住创业团队，并且要防止他们万一离开公司之后，从事跟公司相同或相似的业务，给公司带来损失。竞业禁止条款就是为这个目的而设计的一个条款。

投资协议条款中，关于竞业禁止的典型条款如下：

竞业禁止：每个创始人及重要员工都要按投资人接受的形式签署 1 年期的竞业禁止和劝诱禁止协议。

竞业禁止条款通常是投资协议条款里的标准条款。这个条款中，一般只说明公司的创始人及重要员工要跟公司签署一份竞业禁止协议，至于协议的具体内容，需要另行谈判讨论。

竞业禁止协议主要内容是：在任职期间或从公司离职后的一段合理的期限内：

（1）公司创始人或员工不得创立竞争性公司或为其他竞争性公司工作；

（2）公司创始人或员工不得将公司客户带给新的雇主；

（3）创始人或员工不得劝诱公司的员工和客户背弃公司。

竞业禁止协议不是保密协议。竞业禁止协议是针对“人”的，防止公司的核心“人员”的对公司造成损害。对于公司的客户名单、营销计划、技术文件等商业机密、知识产权的保护，风险投资人会要求跟创始人及员工签署单独的保密协议，当然也有法定的保护机制。

竞业禁止协议的谈判要点

对公司创始人来说，通常竞业禁止协议是不可避免的，跟风险投资人谈判前，要掌握以下要点：

（1）竞业禁止期。风险投资人要求的竞业禁止期是 1 年左右，具体的期限跟创始人的能力背景有很大关系。对负责销售和市场的创业者，风险投资人可能会要求更长的时间，避免创业者重新创业或跳槽后，影响公司的市场和客户。而对于负责技术的创业者，风险投资人可能要求的竞业禁止期限要短一点，因为技术在短时间之内可能会发生更替。另外，竞业禁止期限也应该与创始人离开公司的方式挂钩。如果创始人是主动、无理由离开，风险投资人可以要求较长的竞业禁止期限。但如果创始人被迫辞职、被解雇，或者有足够充分合理的理由离开公司，那么就应该缩短竞业禁止期限。6 个月至 1 年的竞业禁止期限是比较常见和合理的。

（2）严格定义竞争对手及工作范围。竞业禁止协议要求创始人在竞业禁止期限不得为竞争对手工作。这里就有两个问题：一是要明确哪些类型的公司属于竞争对手，创始人不可以为这些公司工作或创办这类公司。但是定义竞争对手比较费事，而且不容易严格操作。

二是要明确哪些性质的工作属于禁止范围。创始人的公司如果是一个短视频的网站，且有竞业禁止协议在身，他离开公司后，可以在其他网站上发布短视频，但是如果他自己重新做一个短视频网站，那就不行。关键问题是要用严格的语言，限定什么特定类型的公司、什么工作性质才是竞业禁止的范畴。

这两个范围当然约束得越窄对创始人越有利，比如：

- 在离职两年之内，不能从事互联网相关产品的研发和应用；
- 在离职两年之内，不能从事互联网教育类产品的研发和应用；
- 在离职两年之内，不能从事外语教育类互联网产品的研发和应用；
- 在离职两年之内，不能从事成人外语教育类互联网产品的研发和应用。

以上这些条款，涉及的范围由大到小，有可能当事人在离开公司以后，确实在很大程度上不能实施专业相关工作。

（3）支付补偿。离开公司的创业者丧失从事自己熟悉、有专业技能的工作机会，那么要求相应的补偿是非常合理的。通常的补偿方案是不低于正常的工作报酬，当然也可以争取更为优惠的补偿方式。风险投资人不可能简单地不让创始人过日子，让别人歇着，理应要给予补偿。

（4）针对关键人。通常风险投资人会要求创始人、管理团队和重要的研发、销售人员签署竞业禁止协议，而不会涵盖公司的所有人员。这样做可以减少不必要的沟通，另外，如果受竞业禁止协议非核心人员离职后，在竞争对手公司谋职，对于公司其他核心人员是个反面的激励，可能诱使他们离职。

竞业禁止协议是双刃剑

通常来说，竞业禁止协议是保护公司的利益，或者也可以说是保护股东的利益。风险投资进来之后，成为公司的股东，自然要想办法保护自己利益。

一方面，如果创始人股东拒绝竞业禁止协议或者是对这个协议非常反感，那么风险投资人可能会担心，自己作为新股东的利益无法得到足够的保护，从而考虑放弃投资。

创始人一旦签署了竞业禁止协议，就要受到相应的约束，哪怕有重新创业或跳槽的想法，也要三思而后行。如果创始人真的违反了竞业禁止协议，加入竞争对手的公司，那他所面临的法律风险将会比任何可能的实际法律结果都严重，因为这可能会让他未来的雇主不愿意雇用他，甚至未来的投资者不敢再投资他。

另一方面，创始人也是公司的股东，他的利益也需要通过要求员工跟公司签署竞业禁止协议的方式进行保护。很多创业公司在风险投资之前并没有太多的保护机制，而风险投资人在保护自己的同时，也保护了创始人的利益。

从财务角度看，关键员工签署的竞业禁止协议实际上是公司的无形资产，反映在资产负债表的商誉中，所以公司与关键员工签署的竞业禁止协议是提升股东的价值。

对于大多数初创型公司，竞业禁止协议的效力很明显，它会激励创始人和关键员工拼命工作，推动发展公司。对于成熟企业，竞业禁止协议也会让股东有动力花费公司资源开发人力资本，而不会担心员工出去创立一家竞争公司或被竞争对手挖走。

设想这样两个情景：

情景一：你辛辛苦苦工作了三五年，或者 10 年创办了自己的公司，一开始你甚至不拿工资，或者为了聘请好的销售经理不惜降低自己的工资，自己拿房子担保借款，在销售淡季和公司发展停滞时天天失眠。换句话说，你投入了你全部身心，并承担了巨大的个人风险来创办和发展你的公司。这期间，你聘请了一些有能力的员工，有些是刚刚从学校出来的新人，他们渴望学习和进步。你给他们提供很好的薪水和福利，将他们介绍给客户，并教导他们在工作中成长。

某一天，某个关键员工走进你的办公室，告诉你他要离开了。离职后没几天，你就发现他在你的竞争对手那里上班，或者在附近租了一个小办公室开张营业了，并且开始给你的客户打电话。这个时候再考虑竞业禁止协议就太晚了。

情景二：有一家竞争对手比你规模大、市场地位强，一心要置你的公司于死地，这个竞争对手打算挖走你的销售总监，要是没有竞业禁止协议来约束他，竞争对手就会无所忌惮地挖人，你的销售总监也会没有顾虑，你面临的结果可能就会很糟糕。如果这个竞争对手挖走的是你的人力资源总监，他知道你的员工中，谁是高手，谁是庸才，那公司的麻烦就更大了。所以，为了公司的利益，应该防止这种事情的发生。作为创始人，要让高级管理人员和核心员工签署竞业禁止协议。

针对投资人的竞业禁止

针对风险投资人要求创业者签署竞业禁止协议，创业者也自然会提出相对应的要求：风险投资人也应该同意不投资竞争性的公司。但事实上，从来没有看到过这样的协议。相反，有些风险投资人会在投资协议条款清单中明确提出，有权利投资竞争性的公司。

投资协议条款中的典型条款如下：

本协议各方认可投资人可能会投资与公司业务有竞争性的企业（竞争企业），投资人不对本协议各方承担任何与这样的投资相关的索赔义务，也不会对任何投资公司的合伙人、董事、管理者、雇员或其他代理人因协助竞争企业（无论这些行为是否损害了公司的利益）而产生的索赔承担任何义务。

根据以上条款，投资人可以这么做：第一，不受竞业禁止或劝诱禁止协议的约束；第二，投资你的竞争对手，并劝诱你的员工或客户离开，并不会因此而向公司股东和公司承担任何责任。

有些风险投资人看好一个行业或领域，但是没有把握哪家公司能做得最好，在投资额不大的情况下，同时投资几家类似的公司。这样的风险投资人会要求上述条款，并且会告诉创始人这个条款是公平合理的。

当然这样的投资方式也有一个可能的解决方案，就是要求在风险投资人内部负责投资竞争性公司的投资合伙人之间建立防火墙，进行信息、投资后管理、退出机制、奖励机制等的完全屏蔽。但是根据通常的基金规模，要实现这个做法似乎是不太可行，甚至不可能。因此，创业者为什么要接受呢?

总结

竞业禁止协议常常是创始人和风险投资人谈判的热门话题，也会是创始人与公司员工之间的热门话题，创业是一个艰苦的长期过程，没有一个团队是永远的。这个协议是为了保护公司的利益和风险投资人的利益，但创始人也需要它来保护自己的利益。

对于投入资金的风险投资人，资金的安全和公司的发展壮大是他们的生存的基础，他们理应要创始人和核心关键员工不能侵犯公司的利益。对于投入时间和金钱的公司创始人，他们辛苦工作，承担风险，雇用、教导和奖励核心员工，他们当然应该合理保护自己的投资。

对于竞业禁止协议，创始人及员工都要了解并理解条款内容。记住，没有人强迫你接受投资或接受某个职位，你接受是因为你看到了一个更好的机会。但是，随之而来的是义务。

十一、股利

风险投资人给创业公司出具的投资协议条款中的股利（Dividends）条

款，会让很多第一次融资的创业者非常反感和困惑："风险投资人给我们公司投资 500 万美元，每年要求投资额 10% 的股利，也就是 50 万美元。可公司每年的利润才多少？这看起来不是股权投资，岂不是成了借贷吗？而且还是高利贷！"

什么是股利条款

专注于早期项目投资的风险投资人，通常是期望获得高额的"风险回报"，即所谓"高风险、高收益"。考虑到投资的极低成功概率，风险投资人对被投资公司期待 10 倍、100 倍，甚至更高倍数的回报是很正常的。如果把这种高额回报称之为"大餐"的话，股利只不过是一点"配料"。至于风险投资人为什么要求股利条款，通常的解释是为了防止所投资的公司发展不好，因此需要通过股利的方式给予一些回报。

投资协议条款中，典型的股利条款如下。

股利：一旦董事会宣布发放股利，A 类优先股股东有权优先于普通股股东每年获得投资额 8% 的非累积股利，A 类优先股股东还有权按可转换成的普通股数量，按比例参与普通股的股利分配。

不同的股利条款，通常是在于对股利的不同约定，比如：

- 股利比例，即股利为投资额的百分比，通常的比例范围是 5%~15%/ 年；
- 是否为累积股利（Cumulative Dividends），即如果股利当年没有支付，是否会一直累积，直到支付为止；
- 是自动股利还是董事会宣布股利，即投资人是每年自动获得股利（不一定发放），还是只有经过董事会宣布发放股利时才能获得；
- 股利是否为复利（Compound），即当股利为可累积股利时，如果当年没有发放，下一年度这部分未付股利将计入投资额计算新的股利；
- 是否有参与权（Participation），即投资人在优先获得其要求的股利

（优先股利）后，是否还要跟普通股股东一起分配剩余的股利。

对于股利的支付方式，公司拥有选择权，可以选择以现金支付，也可以选择普通股支付，即实物支付。

股利对投资回报的影响

假设创业者经过艰苦的谈判，跟一家早期风险投资公司达成这样的股利条款：股利比例为投资额的 10%、每年自动产生、可累积、非复利。这种情况下，风险投资人要获“大餐”级别的 10 倍回报就得需要 100 年，而 10 倍的回报才能算是一笔成功的投资。风险投资项目通常是 5~7 年，通过股利是永远无法获得 10 倍回报的。

如果这家风险投资公司投资了 100 万美元，而这家公司非常成功，5 年获得了 50 倍（5 000 万美元）的回报，那么上述的股利条款也只会将投资人的回报增加 50 万美元（5 年、每年 100 万美元的 10%，合计 50 万美元），风险投资公司的总回报从 5 000 万美元增加到 5 050 万美元。因此，这种“配料”股利是不会真正影响一笔成功投资的回报。另外，风投基金的寿命期通常是 10 年，即使在第一天就把钱投进去，持有 10 年到最后一天，通过 10% 的自动股利能够获得的回报也仅仅是 1 倍。

当然，上述的案例是公司比较乐观情况下的计算。如果公司发展不好，风险投资人无法吃到“大餐”，那“配料”就会比较重要了，尤其是投资金额比较大的时候更为明显。

比如，风险投资 4 000 万美元，持有一家公司 40% 的股份（即公司投资后估值为 1 亿美元），如果投资人要求的是不参与分配的 1 倍清算优先权，股利方式是每年 10% 累积股利，公司在 5 年之后以 8 000 万美元的价格被出售。这种情况下，由于公司的出售价格低于风险投资时对公司的估值，公司价值缩水了。风险投资人可以执行清算优先权，拿回 1*X* 的投资额（4 000 万美元）及股利（每年 400 万，5 年共 2 000 万美元）。很明显，投资人拥有股利时的回报（6 000 万美元）与没有股利时的回报（4 000 万美元）之间的差异就很大了。

由上面的例子可知，如果仅从数字上看，投资额越大，以及期望的退出回报倍数越低，股利就会显得越重要。这也是为什么偏后期的风险或私募投资中，股利的条款会很重要，因为这些投资的金额很大（常常超过 5 000 万美元），并且投资人期望的投资回报倍数也没有风险投资要求的那么高。

股利条款的潜在作用

既然股利对于风险投资而言不太重要，为什么他们在投资协议条款中也要求股利条款呢？我认为其中原因有以下几条：

第一，表面上，这是一个标准的条款，几乎所有风险投资人会这么要求，所以没有风险投资人会放弃。另外，也是给公司的财务顾问或律师提供一个为公司提供增值服务的机会。

第二，风险投资人在投资后要控制风险，包括经验管理风险和投资回报风险，股利只是众多控制投资回报的手段之一。

第三，其实有很多创业者对股利的要求比风险投资人还要强烈，他们可能经营公司很多年，但一直在滚动投入，希望风险投资之后，自己能够分红享受创业成功的成果。但风险投资人却不希望这样，他们希望企业能将利润全部投入发展，公司尽快做大，他们尽早实现获利退出。所以，有些风险投资人会要求比较高比例的、“董事会宣布”的、有参与权的股利条款。即使创业者通过董事会决议发放股利的话，相信能够拿到手的不会有多少。这样，创业者也就没有了发放股利的动力。

第四，如果是可累积的股利，如果不选择以现金形式发放，而选择普通股形式，那么本质上，这会慢慢增加风险投资人的持股比例。这是投资人要的一个小伎俩，每年的比例可能不多，但会对普通股股东（创始人）产生额外的稀释，并将慢慢提升风险投资人的持股总比例。

公司要对可累积股利保持谨慎态度，如果股利是可累积的，所有应付而没有发放的股利，风险投资人在特定的时候是会要求得到支付的。比如，在公司发生清算事件时、要求公司回购其股份时 / 要求将优先股转换成普通股时等。所以，在清算优先权条款中，公司通过清算事件收回的资金要在支付投资人的应付而未付股利之后，再进行分配。

另外，创业者应该认识到累积股利是公司资产负债表中的负债项，这也许会降低公司的借贷能力和偿债能力的评价。

创业者的谈判要点

作为创业者，你在投资协议条款谈判时应该将股利发放对公司未来可能的影响降至最低。要点如下：

- 不要要求风险投资人去除股利条款，他们基本上都会要的；
- 要求股利非自动获得，而是“当董事会宣布”时才获得和发放；
- 要求非累积股利；
- 尽量要求最低的股利比例，比如 5%；
- 要求在获得优先股利后，风险投资人不参与普通股的股利分配。

绝大多数创业公司不会产生足够的现金来支付股利，风险投资人也通常不指望能够获得股利。另外，即使风险投资人想要通过股利的方式获得一定回报的话，因为董事会里有创始人、管理团队成员、不同的投资人，这样的董事后构成基本上可以保证股利很难被宣布发放。

据统计，绝大多数风险投资人从来没有遇到一个被投资的创业公司实际支付股利。尽管如此，股利仍然是非常典型的风险投资条款。根据银行利率、投资人的风险偏好等因素，创业者在股利条款上的谈判结果，有三种可能（见表 6-12）：

表 6-12　创业者股利条款上谈判结果的三种可能性

	条款内容
最优情况条款	如果董事会宣布，A 类优先股将优先于普通股获得投资额 5% 的非累积股利
中立情况条款	如果董事会宣布，A 类优先股将优先获得投资额 8% 的非累积股利；然后，优先股按照可转换成普通股的数量参与普通股一起分配股利
最坏选择	A 类优先股每年将获得 15% 的累积股利，并在公司发生清算事件或回购的时候支付。对于其他股利或分红，A 类优先股按照可转换的普通股数量参与普通股一起分配

十二、合格上市

在过去 30 年的中国创投实践中，首次公开募股始终是投资人实现退出的最主流方式。尽管存在诸如并购、老股转让、回购等其他退出渠道，但实现起来会受制于多种因素，不如首次公开募股渠道更为清晰流畅。

风险投资人持有被投资公司的优先股通常在其首次公开募股之前要转换成普通股，优先股附属的一些权利也就消失了。通常，风险投资人希望首次公开募股能达到几个条件：发行额度、每股价格或公司发行前估值。发行额度通常设置得比较高以保证首次公开募股的合理性，因为他们担心在一个募资很少的小型股票市场，上市后通常其流动性会有问题。

所谓合格上市条款，通常指公司和创始人在投资协议中承诺，公司应在某一特定时限前，完成在某些特定地域 / 证券交易所的首次公开发行股票及上市工作，且上市后公司的市值、股价或募资额应达到约定的规模。

典型的合格上市条款如下：

合格首次公开募股：公司于 2029 年 12 月 31 日前，在经投资人认可的境内外证券交易市场通过首次公开发行股票方式实现股票上市安排，或被该等证券交易所上市公司以投资人认可的方式收购投资人届时所持公司全部股权。

在合格上市条款中，通常需要关注如下因素：

合格上市的时间要求

风险投资基金的管理人在向出资人（LP）募资设立基金时，往往会约定基金的存续期限，以期管理人能在该期限内完成基金的投资和退出工作。考虑到基金本身的存续期，投资人对被投公司的合格上市往往会提出一定的时间要求。这种时间要求的主要衡量因素包括：

（1）被投公司的发展情况

合格上市的时间应综合参考被投公司的发展阶段、财务情况来确定。公司上市的前提是能满足目标证券交易所对拟上市企业的各项业务能力、财务指标、企业治理等方面的要求。对于某些特定类型的企业，交易所规则本身就会要求其达到一定前置的运营条件后方可申请上市（如新药研发企业主要管线的研发工作应达到一定进度，如完成二期临床）。

（2）市场形势和监管风向

全球各主要证券市场均受到全球经济形式和交易所所在地经济形式的影响。在经济基本面积极时，上市所需筹备、审核时间往往较短，市场情绪热烈，合格上市的时间可安排得更为紧凑；而在经济形式不佳、市场热情有限时，合格上市的时间则不建议安排得过于激进。

同时，境内证券市场受到政策导向影响的程度相对较大。纵观 A 股市场过去十几年的审批情况，受限于市场的景气程度，监管部门有时会出现首次公开募股关窗 / 实质关窗 / 暂时收紧的情况。合格上市条款的时间要求也应充分参考投资行为发生时期的监管政策。

合格上市的地点

境内外各主要交易所对于拟上市企业的标准各有不同，对于企业类型也各有侧重。合格上市条款通常需要对上市地点/交易所板块进行明确，以便公司、投资人向同一目标努力。主流的合格上市目的地包括上交所、深交所、北交所、纽交所、纳斯达克、香港联交所等。

合格上市地点的选择应当结合公司的业务属性、赢利能力等综合考虑。举例而言：

（1）北交所定位于服务专精特新的中小企业。如公司的规模较大、赢利能力较强，投资人出于上市后的板块定位、市值空间等角度考虑，往往不愿将北交所作为合格上市的目的地；

（2）香港市场对于部分行业的估值较低、流动性相对有限。如某些行业企业在香港联交所上市时可能面临市值/流动性压力的，则投资人为退出考虑，可能更倾向企业在上交所或深交所上市。

合格上市的对赌

有些风险投资人在投资协议条款中，会包含一个针对首次公开募股的对赌条款（Ratchet Term），规定如果公司首次公开募股时价值或每股出售价格使投资人的投资收益（按首次公开募股时价格计算）低于某个特定的标准，公司首次公开募股后，创始人要对风险投资人进行补偿，比如无偿转让一部分股份给投资人。在我国香港上市的“人和商业”，就遇到了这种情况，首次公开募股价格低于私募投资人的投资价格，创始人对投资人进行股份补偿。

公司创始人的谈判地位可能决定了这个条款的友好性，对创始人来说，没有这个对赌当然是最好。如果风险投资人一定要求，则要尽量降低估值、发行价格的门槛，或者降低投资人要求的回报率，以降低可能的风险。当然，创始人也可以要求如果公司进行首次公开募股时风险投资的回报大于一定的标准，风险投资人也要对创始人进行补偿，比如转让一部分股份给创始人，或者取消投资人一部分股份的投票权、分红权等。

十三、其他条款

在投资协议条款中，还有一些内容是比较重要的，比如：

优先投资权

这个条款是风险投资人发明的，现在被用得越来越多，所以慢慢变成一个主要制度安排了，比较适合用在天使投资阶段。优先投资权的意思是说，如果投资人投了一家早期公司，结果公司失败了。没关系，失败就失败了，损失投资人认了。但如果在一段时间之内，这位失败的创业者又重新创业，那么他新创立的公司，原来的投资人有优先投资的权利。

这个权利还可以延伸，延伸到投资人在上一家被投公司上赔了钱，那么在新公司寻求补偿，创业者给投资人出让一些额外的股份。真实的案例中，有创业者第一次失败了，第二次创业又找原来的投资人融资，多给了投资人一些股份。

优先投资权背后的逻辑，是因为投资人投的是年轻人，而年轻人第一次创业失败率非常高，一旦创业失败了，投资人是不是全部损失呢？不是，至少对创业者来说不是。他积累了经验和资源，再创业时成功的概率就会提高。实际上投资人再投他，成功的概率在增加，所以对投资人和创业者来说，这样的权利是合理的。

股权代持

代持是股权持有的一种方式，代持与自己持有，同样都是持有股权，只不过股权委托给他人代为持有。

正常的代持是完全合法的，除非是有一些限制的情况，比如法律规定不能通过代持方式来投资的事项。

还有法律规定有些外国人不能参与投资的限制领域，也不能通过代持的方式投资。代持投资这件事没问题的，但是一旦参与了这家公司的投资，这家公司就算外商投资企业了，对外资投资有一个投资行业指导目录，有限制的、鼓励的、禁止的。如果是禁止的行业，要么投资行为无效，要么公司的业务不能做，因为如果做就变成非法经营了。

还有，对于上市公司的高管，法律规定不能通过代持方式涉及关联交易等问题。

在国内首次公开募股，有两件事很严格：期权和代持。首先在公司上市之前，所有的股份兑现条款之类的安排，都不被允许。

其次就是代持，从理论上讲代持不是不行，但要严格披露，实际上如果代持特别多、特别复杂，会成为一个内伤，证监会可能不批准。所以上市之前，所有的代持全部需要变更为本人持有。

排他性条款

作为一位创业者，要想在一轮融资中获得最佳结果，就要有多个选择机会。但是，选择投资人的时刻总会到来，你必须从“搜寻投资人”模式转换到“成交”模式。其中包括选择你的领投风险投资人，并与其就最终的条款清单进行谈判。

排他性条款（No-Shop Agreement）必然是条款清单中的一项内容，有点类似一夫一妻制，你的新投资人肯定不希望你背着他继续看起来像随时可以嫁人一样。典型的排他性条款内容如下：

排他性条款：公司同意有诚意地尽快达成交易。公司及其创始人同意他们不得直接或间接地：采取任何行动来征求、发起、鼓励或协助其他任何法人或企业的任何提议、谈判或要约的提交：除投资人以外的，与出售或发行该公司的股票或者对该公司或该公司的股票或资产的重要部分进行的收购、出售、租赁、许可或其他处置有关的事项。或者进行与前述事项相关的任何讨论、谈判或执行任何相关协议，并应立即通知投资人任何第三方关于前述事项的请求。如果双方同意最终文件不依据本条款清单执行，那么公司在本部分没有进一步的义务。

在某种程度上，排他性条款更多的是感情上而不是法律上的承诺，尽管这通常是条款清单中少数具有约束力的条款之一。

排他性条款增强了这样一种信号："好的，就让我们赶快完成这笔交易吧，别再浪费时间去寻找更好的或不同的交易对象了。"在任何情况下，创业者都需要给排他性协议绑定一个期限，虽然你偶尔也能让风险投资人同意为期 30 天的排他期，但通常的期限是 45~60 天。这样就达成了双向的承诺，你同意在约定时间内不再寻求另外的投资人，风险投资人同意在一个合理的时间范围内把交易完成。

现在，有些创业者仍然把这项条款视为一项单边的协议；换句话说，创业者同意了排他性条款，但事实上风险投资人并没有允诺任何事情。在大多数情况下，我们不会把排他性条款看得特别重要，因为它有时间期限。我们反而觉得对创业者来说，在签约时考验风险投资人是否会贯彻投资的承诺才是更为要紧的事。

特别是在某些情况下，风险投资人在与合伙人就一项投资达成内部一致前，就早早出具了条款清单。现在这种情况已经很少见了。如今很多早期的风险投资人不会马上费神地起草烦琐的条款清单，并为此开始进行谈判，除非他们非常看好并觉得达成交易的可能性很大。除此以外，如果某家风投公司早早给出条款清单，但迟迟不能完成交易，这种消息传出去对风投公司的声誉也有潜在的负面影响。在互联网时代，这种声誉会像传染病一样四处传播。

尽管投资人参与投资的项目很多，遇到过的排他性条款对交易产生关键影响的案例往往寥寥无几。但作为风险投资人，缺少排他性协议会给他们带来不利影响（例如，投资人同意签订投资协议，但公司另寻他人了），或者投资人处于排他性协议的履约方，其他人受到了负面影响（例如，有收购方与投资人联系，但最终无法完成交易）。

下面是两个案例：

投资人A签署了投资X公司的条款清单，该清单中没有包含排他性条款。投资人A正致力于完成该投资（在30天的进程中我们还有15天）并进行法律文书的往来。创始人之一打电话给投资人A，说他们刚刚收到了另外的一份收购要约，并希望争取一下。投资人A告诉他，没问题。只要收购不是同时进行，投资人A依然会推进这笔投资交易。投资人A相当坦诚地告诉创业者这笔交易的利弊，并出于他们的经济利益考虑也鼓励他们争取该要约（这对他们来说是一笔大买卖）。最终他们成交了，然后作为感谢，给了投资人A该公司的一小部分股权作为对投资人A的回报，这完全在投资人A的意料之外也完全不必要，但是很感谢他们的慷慨。

在另一个案例里，投资人B已经完成了对一家公司的投资，这家公司处于新一轮融资的成交阶段，且公司估值较先前有了显著上升。公司与一家新的风险投资机构签订了排他性协议。在完成前一周，投资人B收到了该公司的一位战略投资人发来的收购提议。投资人B立即将这一消息告诉了新的领投投资人，他很有风度地中止了排他性协议，并等待投资人B下一步的行动——是愿意接受收购还是继续进行融资。投资人B与收购方进行了几周的谈判，并与新投资人定期进行协商，询问他们在投资人B选择不被收购的情况下是否仍有兴趣完成这一轮投资。他们表现出了难以置信的支持和耐心，公司还支付了到目前为止所有的法律费用。最终，投资人B接受了收购。新的投资人尽管对这样的结果很失望，但还是支持了投资人 B 的决定。

这两个案例都是比较少见的情况，几乎在所有的经历中，排他性协议最终无关紧要。在上述案例中，交易关联方的素质及特质使这两个案例与众不同，而且这比法律条文更加重要。

作为创业者，你也应该问清楚，在风险投资人终止投资流程时排他性条款是否立即失效。而且要争取将收购要约作为例外情况，因为融资和收购时常相伴相随。即使你并不希望被收购，你也不能仅仅因为与风险投资人在进行融资谈判就不再考虑被收购的可能性了。

创始人行为

在条款清单中，有时还包含关于创始人行为（Founders’ Activities）的条款。典型的条款内容如下：

创始人行为：每位创始人都应该将自己的工作时间 100% 地投入公司中。参与任何其他的专业事务都需要董事会的批准。

毫不奇怪，风险投资人希望作你为创始人，能够全身心地投入到你的公司里。如果这段话悄然出现在条款清单里，那么风险投资人要么最近吃过亏，要么多疑，要么就是担心有一位或多位创始人可能在从事着该公司以外的一些工作。对风险投资人来说，添加这项条款就是要看看有谁会提出反对。如果有，就会引起一场有趣的对话。

当然，这对创始人来说是一个左右为难的局面。如果你确实同时在做一些别的事情，而且不打算公开，你就在违反这项条款的规定，而且在开始融资前你就破坏了你们之间的信任。如果你公开了这些事项或者反对这项条款（这样就预示着你确实在做别的事），就会加剧风险投资人的担心。所以，创始人要特别小心对待。通常的建议是，除非你确实在做一些别的事，不然就同意这项条款好了。

当投资人与那些已经有其他义务或承诺的创始人合作时，如果他在整个过程中提前跟投资人坦白，投资人会非常欣赏这种做法。这样，投资人就可以用一种双方都满意的方式处理这些情况。即使一些情况无法处理，大家也都希望可以早点发现问题，这样投资人就不会浪费自己的时间，也不会浪费创业者的时间。

当然，也有风险投资人能坦然接受创始人身兼多职的情况（特别是对于那些经验丰富的创业者，或者与风险投资人有过很长时间合作历史的创业者），但这是例外情况，不是普遍现象。

如果你无法同意创始人行为条款，就不要去找专业的风险融资。或者你们可以商议非常明确的例外事项，但可以肯定的是会涉及条款清单中的其他条款内容（例如，股份兑现或知识产权条款）。